马钢

MA GANG

年鉴

NIAN JIAN

《马钢年鉴》编辑委员会 编

方志出版社

1 2017 年 3 月 8 日，安徽省委副书记信长星到马钢调研

❷ 2017 年 1 月 5 日，全国总工会副主席、书记处书记陈荣书一行到马钢（合肥）公司送温暖

❸ 2017 年 9 月 11 日，全国总工会书记处书记、党组成员石岱到马钢考察调研

1 2017年3月31日，马钢邀请中国第一重型机械集团公司董事长、党委书记，新兴际华集团有限公司董事长、党委副书记刘明忠作《创新体制机制——新兴际华集团深化改革之路》主题讲座

2 2017年4月28日，由中国钢铁工业协会主办、马钢协助承办的典型钢铁企业“去杠杆”工作交流研讨会在马钢召开

③ 2017 年 7 月 4 日，冶金工业质量经营联盟 2017 年理事长联席会议在马钢举行

④ 2017 年 6 月，马钢参加第十七届中国国际冶金工业展，马钢产品在会展中展出

⑤ 2017年4月26日，马钢与中国中车举行战略合作协议签字仪式

⑥ 2017年5月27日，马钢（合肥）公司转型升级项目——连续镀锌生产线建成投产

⑦ 2017 年 3 月 3 日，马钢举行凹山选厂节能减排升级改造项目——碎矿前移预备性工程开工仪式

⑧ 2017 年 4 月 9 日，马钢举行高端汽车零部件用特殊钢棒材——优棒生产线工程开工仪式

⑨ 2017 年 7 月 18 日，马钢举行型材升级改造项目开工仪式

⑩ 2017 年 9 月 20 日，马钢举行南区钢渣处理综合利用工程热负荷试车仪式

⑪ 2017 年，马钢有效落实年度去产能任务，二铁总厂 10 号高炉永久关停

⑫ 长材事业部北区 1 号转炉永久关停

⑬ 2017 年 10 月 10 日，马钢股份公司二铁总厂 2 号高炉大修技改工程竣工

⑭ 2017 年 9 月 20 日，马钢隆重举行“9·20”纪念日升旗仪式暨新区投产 10 周年庆典

⑮ 2017 年 9 月 20 日，马钢举行“十三五”转型升级重点工程全面开工暨重型 H 型钢项目开工仪式

⑯ 2017 年 10 月 19 日，马钢召开 2017 年产品技术服务年会

⑰ 2017 年 10 月 24 日，马钢召开 2017 年物流服务商大会

⑱ 2017 年 12 月 9 日，马钢召开 2018 年钢材产品客户大会

⑲ 2017 年 4 月 21 日，长江流域钢厂矿石采购交流会在马钢召开

⑳ 2017 年 8 月 25 日，中车－马钢技术交流会在马钢举行

㉑ 2017 年 1 月 25 日，马钢举行响应国家去产能号召，永久性关停 10 号高炉座谈会

㉒ 2017 年 11 月 27 日，马钢集团公司召开 2017 年技术创新大会

23

24

25

㉓ 2017年4月7日，马钢召开2017年多元产业工作会议

㉔ 2017年3月17日，马钢股份公司举行两化融合管理体系建立与实施启动会

㉕ 2017年8月31日，马钢召开物流公司（板块）申报5A级物流企业宣贯暨启动大会

㉖ 2017 年 9 月 23 日，马钢举办首届创新方法大赛

㉗ 2017 年 10 月 16 日至 18 日，马钢举行档案专业人员第三届业务技能竞赛

㉘ 厂区管线美化亮化

㉙ “八线四面”厂区重点参观线路绿化美化

❶ 2017 年 4 月 6 日，马钢召开基层党组织标准化建设动员会

❷ 2017 年 3 月，日本株式会社 ITEC 向马钢赠送百株樱花树，这百株樱花树被种植在马钢办公楼南侧飞马游园内

③ 2017 年 4 月 16 日，马钢举行首届职工健身运动会启动仪式

④ 首届职工健身运动会羽毛球比赛

5 首届职工健身运动会游泳比赛

6 2017 年 11 月 11 日，马钢举行首届职工健身运动会闭幕式

编辑说明

1.《马钢年鉴》坚持以马克思列宁主义、毛泽东思想、邓小平理论、“三个代表”重要思想、科学发展观、习近平新时代中国特色社会主义思想为指导，坚持辩证唯物主义和历史唯物主义的立场、观点、方法，全面、系统、真实地记载了2017年马钢的生产经营建设、改革发展及精神文明建设等方面的情况，为读者提供了认识、了解马钢的最新信息资料。

2. 本卷《马钢年鉴》设特载、专文、企业大事记、概述、综合管理、党群工作、精神文明建设、马钢股份有限公司、马钢集团矿业有限公司、马钢工程技术集团有限公司、其他二级单位、合资公司、统计资料、人物和附录共15个类目，147个分目，807个条目，757千字。统计资料栏目中的统计资料数据均以集团公司汇总统计后的数据，并统一称为马钢集团统计资料。

3. 本卷《马钢年鉴》框架设计采用类目、分目和条目分类法编排。条目标题一律使用黑体字并加【】。企业大事记栏目中的“△”符号表示与前一条大事同一日期。

4. 本卷《马钢年鉴》由集团公司及股份公司职能部门、二级单位及分(子)公司供稿并经负责人审核。主要数据由统计部门提供。计量单位采用中华人民共和国法定计量单位。

《马钢年鉴》编辑委员会

编辑工作人员

编　　辑　姜国强　李一丹

美术编辑　包清武

摄影编辑　刘正发

图片摄影人员

刘正发　张明伟　陈　闻　赵陶春　张　文　陶建平　张克飞

姜　宁　胡　迅　左　俊　许　庆

目　　录

特　　载

专　　文

企业大事记

概　　述

综合管理

党群工作

精神文明建设

马钢股份有限公司

马钢集团矿业有限公司

马钢工程技术集团有限公司

其他二级单位

合资公司

统计资料

人　　物

附　　录

特载

马钢年鉴

徽、实现制造强国做出更大的贡献。

（办公室）

领导考察、调研

【安徽省委副书记信长星到马钢调研】 2017年3月8日，安徽省委副书记、省委党校校长信长星到马钢奥瑟亚公司和轮轴事业部进行调研。省委办公厅副主任徐飞，市领导魏尧、吴桂林和马钢领导丁毅陪同调研。

下午5时，信长星首先到马钢奥瑟亚化工有限公司。在马钢奥瑟亚公司，信长星驻足观看了马钢"加速转型升级、迈向行业高端"展板。集团公司总经理、股份公司董事长丁毅向信长星详细介绍了奥瑟亚煤焦油深加工项目及马钢其他板块发展规划。马钢奥瑟亚一期工程为引进韩国技术兴建的年加工35万吨焦油精制项目，2016年9月进入试生产阶段，生产出来的产品已远销海外。在听取了现场的介绍和汇报之后，信长星对马钢近年来坚持创新驱动、产品升级、全球战略，推动钢铁主业、钢铁上下游紧密相关性产业以及战略性新兴产业向高端价值链发展，所采取的做法和取得的成绩给予充分肯定；对马钢坚持走绿色煤化工发展之路，不断推进煤化工产品延伸加工，实现资源高效、清洁利用的做法表示赞赏。信长星勉励马钢持续聚焦供给侧结构性改革，在产业发展中积极贯彻五大发展理念，大力发展多元产业、大力拓展国际市场，力争取得更大的成绩。

随后，信长星调研车轮二线。沿着干净、整洁的生产线参观通道，轮轴事业部相关负责人向信长星介绍了马钢车轮的生产工艺流程和历史沿革。信长星观看了车轮生产线，不时停下脚步，驻足观看。在主控室，他向事业部相关负责人详细询问了马钢车轮的应用范围、竞争优势以及市场销售情况。在车轮样品展示区域，信长星仔细观察车轮的外观结构，并询问这些车轮的质量和品种。在了解到马钢车轮处于国内领先，在世界上也属于先进水平，并已实现高速标准动车组车轮批量生产时，信长星十分高兴。他要求马钢在推进企业发展、加快转型升级的过程中，持续聚焦供给侧结构性改革，积极贯彻五大发展理念，持续提升车轮产品性能与安全性，助力中国高铁全面国产化；抓住"一带一路""中国制造2025"、长江经济带建设等战略机遇，瞄准钢铁行业高端制造的方向，全面推动改革创新，大力实施品牌战略，不断提升企业竞争力，为建设美好安徽、实现制造强国做出更大的贡献。

（办公室）

【安徽省委常委、省纪委书记刘惠到马钢调研】 2017年3月23日，安徽省委常委、省纪委书记刘惠到马钢调研。市领导魏尧、钱沙泉，马钢领导高海建、陈冬生陪同调研。

上午8时，刘惠调研长材事业部大H型钢生产线。在入口展板处，刘惠仔细观看，认真听取产品情况介绍。集团公司党委书记、董事长高海建介绍说，马钢是我国第一家拥有热轧H型钢生产线的企业。近年来，马钢先后开发出海洋石油平台用H型钢、铁路车辆用H型钢、高强耐候H型钢等一批高科技含量、高附加值产品。马钢H型钢产品不仅在国内拥有良好的市场和口碑，而且远销世界多个国家和地区。2017年，马钢规划改造新建一条重型H型钢生产线和一条新的中型材生产线，进一步提升高端化产品配套能力，在高端型材产品领域继续引领行业发展方向。沿着整洁的参观通道，刘惠观看了马钢H型钢生产线从加热开坯到轧制成型的全过程。在火热的生产现场，刘惠不时驻足停留，向长材事业部负责人详细询问了马钢H型钢的应用范围和市场竞争优势。刘惠希望，马钢在推进企业发展、加快转型升级的过程中，要持续聚焦供给侧结构性改革，积极贯彻五大发展理念，抓住"一带一路"、"中国制造2025"、长江经济带建设等战略机遇，瞄准钢铁行业高端制造的方向，全面推动改革创新，大力实施品牌战略，不断提升企业竞争力，为建设美好安徽、实现制造强国做出更大的贡献。

刘惠对马钢党风建设和反腐倡廉工作情况也十分关注。高海建说，近年来，在省、市的正确领导下，马钢认真落实党和国家反腐倡廉重大决策和部署，突出监督执纪问责，强化"两个责任"落实，推进矩阵式党建工作，取得了党风建设和反腐倡廉工作新的成效，为马钢生产经营和改革发展提供了有力的纪律保证。刘惠对此表示肯定。他强调，马钢要进一步推动"两个责任"的落实，强化各级党委主体责任和纪委监督责任；持之以恒抓好作风建设，努力建设忠诚干净担当的干部队伍，不断提高纪检监察工作整体水平。

（办公室）

【全国总工会书记处书记石岱到马钢调研】 2017年9月11日下午至9月12日上午，中华全国总工会党组成员、书记处书记石岱到马钢考察调研。省总工会党组书记、副主席徐建，市领导孙勇、季翔、龚明，马钢领导高海建、张晓峰、唐琪明陪同调研。

在9月11日下午召开的企业工作汇报会上,集团公司董事长、党委书记高海建对石岱一行到马钢表示热烈欢迎,对全总、省总及市总工会一直以来对马钢发展的关心支持表示感谢,并简要汇报了马钢生产经营情况。高海建说,2017年以来,马钢紧紧围绕“坚定不移深化改革、坚持不懈做强品牌”全年工作主题,积极抢抓国家推进供给侧结构性改革政策机遇期和窗口期,拓市场、调结构,稳生产、降成本,强管理、提效率,做品牌、促转型,延续了2016年下半年以来良好的生产经营势头,取得了好于预期的经营效果。马钢正处于加快转型发展的关键时期,马钢将积极融入“一带一路”、“中国制造2025”、长江经济带建设,加快转型升级步伐、推动多元产业协同发展,大力实施绿色制造和清洁生产,努力在适应新常态中追求卓越,带领全体职工携手共建美好家园。高海建表示,近年来,马钢认真落实国家有关要求,把加强产业工人队伍建设作为扭亏增效、转型升级的重要举措,健全完善技能人才队伍建设体系,注重发挥高技能人才示范带动作用;创新技能培训体系,不断提升职工队伍整体素质;大力弘扬劳模精神、劳动精神、工匠精神,营造有利于职工成长成才的良好环境;建立完善社会保障体系,切实维护职工合法权益。

集团公司党委常委、工会主席张晓峰介绍了集团公司工会建设情况。张晓峰说,近年来,集团公司工会深入贯彻习近平总书记关于工人阶级和工会工作的重要论述,紧紧围绕保持和增强工会工作和工会组织的政治性、先进性、群众性这条主线,聚焦工会法定职责,强化维权服务职能,找准定位积极作为,团结动员广大职工为公司深化改革、做强品牌奋力拼搏。

在听取相关情况汇报后,石岱指出,党中央高度重视创新驱动发展战略,尤其是产业工人队伍建设和职工创新创效工作。在全面建成小康社会进程中,面对供给侧结构性改革的新形势和新任务,要实现制造业强国梦和“中国制造2025”目标,就必须推进产业工人队伍建设,全面提升职工队伍素质。她希望,马钢工会进一步发挥好桥梁纽带作用,勇于担当责任,充分发挥作用,调动广大职工的积极性、主动性,凝聚广大职工的智慧、力量,围绕中心、服务大局,在强化企业民主管理、推动产业工人队伍建设、促进企业员工共同成长等方面继续努力,为马钢加快转型升级步伐、实现更好发展做出新的贡献。

在9月12日上午召开的一线劳模和职工代表座谈会上,石岱围绕产业工人队伍建设、企业对劳模、工匠的培养机制等方面内容与一线劳模和职工代表等进行座谈。在听取相关发言后,石岱指出,人才是企业发展的基础,希望马钢能够不断创新工作方式,在广大职工中大力弘扬劳模精神、劳动精神,培养职工的创新精神,充分调动全体职工的积极性,统一思想,凝聚发展合力。不断完善工作机制,努力在人才引进、培育、使用、留住等方面下功夫,关心职工的思想动态、关注职工的诉求,做好职工创新经验的总结提炼和“传、帮、带”工作,提升职工的技术素质,为企业可持续发展提供人才保证。

调研期间,石岱还先后到轮轴事业部展厅、车轮生产线、自动化公司程鹏创新工作室、安徽祥云科技有限公司实地考察。

(办公室)

【安徽省总工会党组书记、副主席徐建到马钢高温一线慰问职工】 2017年7月6日下午,安徽省总工会党组书记、副主席徐建深入马钢生产一线,看望慰问坚守高温岗位的职工,为职工们送去慰问金和慰问品。集团公司党委书记、董事长高海建,集团公司党委常委、工会主席张晓峰陪同慰问。

夏季“送清凉”是省总工会的一项传统活动,重点是走访慰问高危、高温作业行业、重点工程建设项目以及露天作业、农民工相对集中的一线,向一线职工发放防暑降温用品,提供暑期健康服务,帮助职工强化高温天气作业劳动保护意识,提高自我保护能力。每年,省总工会领导都会到马钢看望慰问盛夏坚守岗位的一线职工,为职工送上慰问金和组织的关怀。

下午2时,徐建一行到二铁总厂4号高炉生产现场。此时正值高炉出铁,炉前工们在出铁口旁紧张忙碌着,工作服早已被汗水浸湿。“工作辛不辛苦?身体能不能顶得住?”徐建关切地询问。“现在的工作条件比过去好多了,烟尘异味少了,炉台上也没那么热了。”听到职工们的回答,徐建非常高兴,他与职工们一一握手并送上慰问金,叮嘱他们,平时一定要注意休息,保持良好的身体状况和精神状态。徐建到中控室,职工们正紧张地进行着上料等各道工序操作,幕墙居中的一面大屏幕上,高炉各项实时参数一目了然,整个高炉生产尽收眼底。在向二铁总厂负责人了解高炉生产的基本情况后,徐建表示,高温季节,铁前系统生产一线的工作环境最艰苦,劳动强度最大,一定要让职工们吃好休息好,防暑降温用品一定要跟得上,希望马钢认真做好各项防护措施,确保安全生产和职工健康。随后,徐建与高海建、张晓峰共同为现场职工送上了防暑降温用品。

高海建对省总工会的关怀表示感谢。他说，面对高温酷暑，马钢各级工会组织始终把职工健康安全和防暑降温工作摆在突出位置，不断加大对高温一线职工的慰问力度，保证防暑降温资金全部到位，为职工创造良好的工作环境。马钢各级领导干部时刻把职工安危冷暖放在心上，结合“两学一做”学习教育常态化制度化和“讲重作”专题教育，深入现场与职工同甘共苦，帮助职工解决实际困难，团结带领广大职工共同走好马钢转型发展、品牌建设的“新长征”。

（办公室）

要事记述

【深入学习宣传贯彻党的十九大精神】 2017年，在党的十九大胜利召开后，马钢党委认真贯彻落实中央、省委和省国资委党委的部署，切实把认真学习、广泛宣传、全面贯彻党的十九大精神作为首要政治任务，着力在学懂弄通做实上狠下功夫，扎实推进党的十九大精神大学习、大宣讲、大培训、大调研、大落实，掀起全员学习热潮，营造浓厚宣传氛围，倡导立足岗位实践，把全面深入学习宣传贯彻党的十九大精神同马钢实际结合起来，推动党的十九大提出的各项目标任务在马钢落地生根、开花结果。

1. 掀起全员学习热潮。一是认真组织收看党的十九大盛况。10月16日，马钢党委下发《关于认真组织收听收看党的十九大开幕式的通知》，就组织集中收听收看党的十九大开幕式作出具体安排。10月18日，马钢党委理论学习中心组成员在公司办公楼19楼会议室集中收看党的十九大开幕式。各部门、各单位以党委中心组理论学习会的形式，组织党委理论学习中心组成员集中收看党的十九大开幕式。各部门、各单位组织优秀党员、劳动模范等各类先进典型代表，一线职工代表，以及党群工作人员等10000余名党员和职工，借助会议系统、马钢电视、马钢宣网媒体平台、互联网和智能手机等途径，集中收听收看党的十九大开幕式，第一时间了解大会盛况及精神。

二是迅速贯彻落实中央及省委部署。在10月27日召开的公司战略评审会上，马钢党委及时传达党的十九大精神及10月26日省委常委扩大会议精神。11月1日，马钢党委召开常委（扩大）会议，要求当前和今后一个时期，公司领导要把到联系点宣讲党的十九大精神作为一项重要的政治任务，排上重要的工作日程。根据省委常委扩大会提出的“深入学习、广泛宣传、坚决贯彻党的十九大精神”的指示要求，11月4日，马钢党委下发《关于在全公司范围内迅速组织开展学习宣传贯彻党的十九大精神的通知》和《关于全面深入学习宣传贯彻党的十九大精神的实施意见》。11月11日上午，马钢党委以视频会议方式，在公司两级领导班子中传达全省学习宣传贯彻党的十九大精神大会的主要精神，就做好党的十九大精神学习宣传贯彻工作进行再部署、再动员。

三是领导干部以上率下带头学习。11月1日下午，马钢党委中心组举行理论学习会，深入学习宣传贯彻党的十九大精神，认真学习习近平总书记在中央政治局第一次集体学习时的重要讲话精神，传达省委常委扩大会、省纪委常委扩大会精神，结合实际研究部署马钢的学习宣传贯彻工作。11月6日下午，马钢党委2017年第5次党委书记专题会传达了11月6日上午全省学习宣传贯彻党的十九大精神大会主要精神特别是李锦斌书记讲话精神，并就当前和今后一个时期马钢全面贯彻落实中央及省委统一部署和要求，认真学习宣传贯彻党的十九大精神和习近平总书记在瞻仰中共一大会址时的重要讲话精神。从11月中旬开始，分期分批举办各单位党委书记、公司中层以上管理人员等党的十九大精神培训班，要求公司两级领导班子先学一步、学深一步，以上率下、步步深入，准确把握十九大报告的深刻内涵、精神实质，把重大思想学明白、基本观点搞清楚、践行要求悟深透。

四是掀起全员全面全覆盖学习热潮。按照马钢党委统一部署，公司纪委、武装、统战、工会、团委、离退休中心等党群部门和单位分别制定了相应的学习培训、宣传宣讲实施方案，并组织纪检干部、武装干部、各界人士、工会干部、青年职工、离退休干部职工党员等，开展了十九大精神的学习。各二级单位党委理论学习中心组迅速组织开展十九大精神专题学习研讨会，组织党员领导干部带头学习；各基层党支部充分运用“三会一课”等形式，召开党员大会、组织主题党日、开展集中学习和主题党课宣讲，把十九大精神覆盖每一个支部、武装每一名党员，引导广大党员原原本本学、深入思考学、融入实践学，努力将学习贯彻十九大精神的政治热情转化为不忘初心、牢记使命的自觉行动。

2. 营造浓厚宣传氛围。一是提前精心策划。党的十九大召开前后，马钢党委组织公司新闻宣传系统精心策划、精细部署宣传工作,先后制定印发了《马钢迎接党的十九大宣传工作计划》、《党的十九大期间新闻报道方案》、《马钢电视新闻十九大期间宣传方案》、《关于做好学习宣传贯彻党的十九大精神氛围营造工作的通知》等计划方案,先后发布了迎接十九大、喜庆十九大和学习贯彻十九大精神的宣传标语,对切实做好党的十九大宣传工作进行了周密部署。

二是强化主题宣传。党的十九大召开前,《马钢日报》、马钢电视、马钢宣网和马钢家园微信平台统一开辟"喜迎十九大"专栏,加大宣传力度。党的十九大召开期间,公司党委宣传部、新闻中心严格落实上级要求,集中版面和采编力量,全体工作人员放弃假日、连续奋战,《马钢日报》共增刊3期、扩版2次、加版20版,为创刊以来首次;马钢电视开设了"党啊,我有话对你说"专栏,播发电视专题报道11篇。党的十九大胜利闭幕后,马钢主流媒体开设了"十九大精神在江淮"、"十九大精神在马钢"、"十九大精神与我们这一行"专栏;马钢新媒、"马钢家园"微信体充分利用独特优势开展特色宣传活动。期间,马钢各单位在沿街位置、厂区重要道路、职工密集区、办公大楼等处,通过悬挂横幅、电子屏滚动播放、宣传栏标语等形式,营造了浓厚的宣传氛围。

三是深入基层宣讲。从11月上旬开始,公司领导班子成员结合分管工作,分赴党建工作联系点,带头到基层厂矿开展第一轮宣讲;11月中下旬,公司领导班子成员每人牵头1-2个专题,分赴基层结合第二轮宣讲进行调研。11月7日下午,马钢党委邀请省委宣讲团成员、省发改委主任、省皖江办主任张韶春来马钢轮轴事业部基层党支部宣讲党的十九大精神。11月21日下午,马钢又邀请省委讲师团成员、省社科院城乡经济研究所所长孔令刚为公司宣讲团成员,以及新区四钢轧总厂等7家单位260名职工宣讲党的十九精神。11月22日上午,马钢召开省国资委党委党的十九大精神宣讲团报告会暨马钢矩阵式党建基层案例发布会,省国资委党委党的十九大精神宣讲团成员王小平作宣讲报告。11月29日上午,省人社厅第三专题宣讲组来马钢宣讲党的十九大精神。与此同时,马钢党委组建了由13名成员组成的学习贯彻党的十九大精神马钢党委宣讲团。11月27日至12月15日,宣讲团分赴各二级单位开展宣讲,共作报告38场,职工听众4000多人。各二级单位党委书记也牵头组织班子成员结合工作调研,深入作业区和班组点对点、面对面宣讲,推动学习宣传贯彻工作往实里走、往深里推。

四是发放学习资料。马钢党委订购了《中国共产党章程》29000余本、党的十九大报告单行本29000余本,发放到每一名党员手中,订购了700余本《党的十九大报告辅导读本》,发放到所有基层支部,引导各级党组织和广大党员原原本本学,联系实际悟,更好地学习领会党的十九大精神。

3. 倡导立足岗位实践。一是结合工作实践。马钢党委全面梳理工作,主动对表对标,找准各项工作的主攻点,把学习贯彻党的十九大精神与企业转型升级、健康发展的要求结合起来,与年初确立的目标任务结合起来,与推动2017年工作圆满完成和2018年工作顺利开局结合起来,切实用十九大精神破解难题、推动工作,用生产经营和改革发展的实际成果检验学习宣传贯彻十九大精神的成效。12月21日下午,集团公司党委书记、董事长魏尧在技术中心调研时指出,中国经济发展进入了新时代,全面贯彻落实党的十九大精神,以习近平新时代中国特色社会主义思想为指导,自觉践行新发展理念,推进马钢实现更高质量发展,这既是中央对国企的要求,也是马钢的使命担当。魏尧强调,要以党的十九大精神为统领,贯彻落实中央经济工作会议精神,自觉践行新发展理念,坚持技术先行、创新驱动,加快推进马钢实现高质量发展。在12月29日召开的集团公司十八届二次(股份公司八届二次)职工代表大会闭幕式上,魏尧发表题为《深入贯彻习近平新时代中国特色社会主义思想,为推动马钢实现高质量发展而不懈奋斗》的讲话,就推动马钢实现高质量发展,提出来五点要求:大力实施创新驱动发展战略,加速提升创新竞争力;扭住关键深化改革,持续激发企业内在活力;坚持人才兴企,夯实企业可持续发展根基;坚持共建美好家园,共享改革发展成果;坚定不移全面从严治党,展示新形象新作为,为马钢更加主动、更加坚定、更加自觉地把思想和行动统一到党的十九大精神上来,推动党的十九大精神在马钢形成生动实践,确立了方向、指明了道路。

二是聚焦重点推进。马钢以迎接党的十九大胜利召开和学习贯彻党的十九大精神为牵引,紧紧围绕"坚定不移深化改革、坚持不懈做强品牌"工作主题,全面发力、重点突破、纵深推进,创造了盈利水平新纪录,创造了高效生产新水准,创造了改革管理新突破,创造了美好家园新气象,取得了备受瞩目的骄人业绩,谱写了浓墨重彩的崭新篇章。新时代需要新思路,新平台需要新作为。刚刚闭幕的集团公司十八届二次(股份公司八届二次)职工代表大会,审议通过了《以党的十九大精神为指引,加速提升创新竞争力,奋力实现新时代马钢全面精益运营的新跨越》的工作报告,确立了"以党的十九大精神为指引,贯彻中央经济工作会议部署,牢牢把握高质量发展这个根本要求,大力实施创新驱动战略,加速提升创新竞争力,奋力实现新时代马钢全面精益运营的新跨越"的马钢 2018 年工作思路,以及加速提升钢铁产品创新竞争力、加速提升多元产业创新竞争力、加速提升市场创新竞争力、加速提升现场创新竞争力、加速提升管理创新竞争力、加速提升技术创新竞争力、加速提升文化创新竞争力等 7 项重点工作举措。

（庆　辉）

【开展品牌建设】 2017 年,马钢在荣获全国质量奖的新平台上,不忘初心,继续前行,找准短板,精准发力,把品牌建设作为深化改革、塑造竞争新优势的重要抓手。围绕"坚定不移深化改革,坚持不懈做强品牌"工作主题,按照"自上而下、总体策划、系统提升"及"一三四五"工程总体思路,以"2017 年马钢品牌建设战略行动计划"为抓手,系统策划、全面落实品牌建设 20 项重点任务。

1. 在公司品牌建设管理委员会领导下,各单位成立品牌建设专项工作组,建立品牌专员队伍,构建立体化的品牌建设推进网络,有利保障了全年各项品牌建设重点任务有序推进,按期完成。

2. 引进中国质量协会顶级品牌专家团队,通过 2700 余份问卷调查、21 位高层领导和 33 位中层管理人员面对面访谈、14 家单位走访调研、1400 余人次精准品牌专项培训,应用"世界咖啡汇谈"、"六顶思考帽"等先进分析工具,对标 POSCO、宝钢等品牌建设成功典范,完成了马钢品牌建设现状诊断和标杆企业品牌建设经验分析,确定了马钢品牌定位"成为最具创新竞争力的钢铁材料多元化企业集团",进一步提炼为"创新竞争力",明确了马钢品牌核心价值"奔腾不止,共享无限",初步梳理出马钢品牌架构,制定并发布首个《马钢品牌战略规划》,全面启动导入品牌培育管理体系,发布集团公司品牌培育管理手册。

3. 技术创新体系建设及管理创新能力提升有效支撑公司品牌建设。2017 年,《高寒地区结构用热轧 H 型钢关键制造技术研究与应用》和《马钢高速车轮技术研究与产品开发》分别荣获冶金科技一等奖和安徽省科技一等奖。集团公司受理专利 396 件,授权专利 313 件,荣获安徽省专利优秀奖。主持或参加制修订国际标准 2 项,主持制修订并发布国家及行业标准 8 项,同时,马钢作为钢铁企业中排名第一的核心单位,参与《品牌培育管理体系实施指南钢铁行业》标准的制订。高性能轨道交通新材料及安全控制重点实验室评估为优秀,汽车轻量化技术创新战略联盟由伙伴单位上升为成员单位。认定省高新技术产品 16 项,鉴定省级新产品 4 项。同时,马钢管理创新实现"里程碑"式突破,全年荣获中企联、中钢协和安徽省管理创新成果 17 项。

4. 积极开展品牌营销,大力弘扬品牌文化,传播马钢品牌形象。召开以"绿色制造,构建美好生活"为主题的马钢产品技术服务年会,参加第十七届中国国际冶金工业展并荣获"最佳组织奖",以第五届全国品牌故事大赛为平台,讲述马钢品牌故事,传递马钢品牌声音,马钢荣获全国总决赛演讲二等奖、征文三等奖及最佳组织奖。围绕"造物育人",开展了马钢劳模、马钢工匠、马钢年度人物、"奋战两大战场"优秀技术业务人员等各类先进典型评选宣传活动,营造了"把本职工作做到极致就是品牌"的氛围。

5. 升级公司宣传品,剪辑制作了集团公司宣传片,拍摄了大 H 型钢和热轧结构钢宣传片,剪辑制作了《记忆马钢》、《精彩马钢》、《美丽马钢》三部音乐专题片,拍摄制作了行业第一部 VR 宣传片——马钢轮轴全景仿真 VR 宣传片。

6. 实施形象提升工程,塑造马钢品牌新形象。在多元板块全面推行 6S 现场管理,开展为期一百天的现场环境专项整治活动。以"6S 管理"为基础,以三铁总厂等 8 家单位为试点,TnPM 全力推进,打造精益工厂。马钢工装升级换装,新款工装时尚、简洁,成为马钢一道活动的风景线。完成马钢标志物美化亮化一期工程,大幅提升了马钢的环境形象。

7. 开展群众性品牌创新活动,鼓励"人人创品牌、处处树品牌"。以南山矿"卜维平工匠基地"、三铁总厂"铁前系统工匠基地"、冷轧总厂"钢轧系统工匠基地"和设备检修公司"设备运行保障系统工匠基地"为试点,按照"6 个有"标准有序推进工匠基地建设,四个工匠基地全部通过验收并按期投入使用。开展工匠评选活动,共评选出"杰出工匠"4 名,"优秀工匠"14 名。新增马鞍山市大师工作室 4 个。打造马钢 QC 品牌,展示企业质量改进风采。2017 年度共注册登记 QC 小组课题 762 项,参加国家、行业及省级优秀 QC 成果发布获奖 41 项。

8. 策划开展"2017 品牌就在身边工程",在全公司范围内营造全员参与品牌建设的良好氛围,"把本职工作做到极致就是品牌”的理念深入人心。

9. 积极申报参加工信部品牌培育示范试点企业评选、质检总局2017品牌价值第三方评价等活动,持续改进品牌培育管理体系运行有效性,不断提升马钢品牌价值。

10. 以马钢品牌战略规划为指导,以品牌培育管理体系为规范,公司品牌建设实现由零散化、碎片化向科学化、系统化转变。2017年,马钢集团实现营业收入797亿元,利润总额56亿元,品牌建设成果全面开花。5月,马钢荣获“守合同重信用企业”称号。6月,马钢被中国冶金报社评为“十大卓越品牌钢铁企业”。7月,马钢入选工信部2017年第一批绿色制造体系示范企业。股份公司利润排名钢铁行业上市公司第四位。公司钢材(不含特钢、车轮)销售均价比钢协统计的大中型钢企的均价高约160元/吨,与标杆企业价差缩小超过300元/吨。新增冶金产品实物质量“特优质量奖”及“金杯奖”、“冶金行业品质卓越产品”、“安徽名牌产品”、“安徽工业精品”荣誉各一项。350km/h中国标准动车组车轮拿下CRCC国内首张认证证书,高速车轮荣获2017“质量之光”年度魅力品牌,马钢荣获螺纹钢、桥梁板、汽车板优质生产企业。多元产业营业收入突破219亿元,实现利润14亿余元。欣创公司成功挂牌新三板,多家公司外部市场销售占比进一步提高。无论是钢铁主业还是多元产业,均实现了品牌建设硬指标与软要素的同步提升。

(李　勇　王媛婷)

【开展模拟职业经理人制度试点工作】 1. 开展背景。2016年以来,总体上看马钢经营状况逐步走出低谷,钢铁主业效益大幅提升,多元产业经营规模不断扩大,公司经营质量改善进步明显,外部市场也不断拓展。但从长远来看,公司抵御系统性风险的能力仍较弱,特别是2013年实施重大资产重组后,集团公司本部所肩负的经营压力仍然巨大,公司转型发展任务依然艰巨,迫切需要进一步强化担当意识、市场意识、发展意识,深化市场化运营机制转型,提升企业管理效率。根据中央《关于深化国有企业改革的指导意见》、安徽省国资委《关于印发省属企业实行职业经理人制度试点工作方案的通知》(皖国资企干〔2017〕149号)以及省委省政府相关文件精神,马钢积极开展深化改革和转型发展工作,不断强化市场意识、竞争意识,并于2017年初启动了三家子公司模拟职业经理人制度试点,希望通过此项工作,进一步完善现代企业制度,逐步建立“能进能出、能上能下、能高能低”的选人用人和市场化薪酬分配制度,形成与现代企业制度要求相适应的高级经营管理人员选拔任用机制。

实施过程中,马钢结合自身实际情况,按照党管干部和党管人才原则,充分发挥党组织在模拟职业经理人试点工作中的作用,此次三家子公司试点总体方案历经多次改革会议讨论修改,相关进展向集团公司党委进行了持续汇报,集团公司党委会专题讨论后,形成总体方案框架,之后提交集团公司董事会讨论通过,最终形成《马钢集团公司推行模拟职业经理人制度第一批试点实施方案》。

2. 实施过程。确定试点企业名单。依据股权多元化、市场化程度高、产业板块代表性强,以及急需转换管理体制与经营机制等遴选条件,公司确定的首批试点名单为欣创公司、新型建材公司、比亚西公司、耐火公司四家单位。考虑到耐火公司与中建材进行合资合作的实际情况,经公司研究,耐火公司试点工作将在新的合资公司正常运营后,再择机启动。

编制试点工作方案和推进计划。积极与相关合资方股东进行沟通,就推进三家单位模拟职业经理人制度试点工作达成一致。在此基础上,重点推进规范法人治理结构、加强党组织建设、确定经营层职数、修改合资公司章程、明确市场化薪酬制度体系、建立市场化退出机制等工作,编制首批模拟职业经理人制度试点工作方案和推进计划,并履行相关决策程序。

现有经营层成员身份转换。三家试点单位经营层需全体解聘,依照个人自愿选择职业经理人身份。不愿选择职业经理人身份的,集团公司根据岗位需要,另行安排。选择职业经理人身份的,参照《马钢员工进入合资企业工作劳动关系及相关事项的管理办法》执行,聘用者自愿与马钢解除劳动合同,不支付经济补偿金,不保留原职级,参照公司层级体系管理,工龄连续计算,与聘用的子公司签订劳动合同。

确定总经理。由集团公司党委推荐人选,董事会确定总经理及其权限。

经营层其他人员转任与选聘。经营层其他人员按照党委决策前置程序,由总经理提名,董事会决定是否聘用。其中比亚西公司、新型建材公司经营层成员,由集团公司党委工作部牵头,在公司内外部公开招聘,确定相关人选。

3. 规范管理与考核。完善法人治理机构,落实董事会职权。一是规范董事会构成,董事会和经营层分设。二是划分董事会及经营层的权利事项和权利边界。三是建立权力与责任清单,依据公司章程,在《聘用协议书》中予以明确。所有经营层成员由董事会聘用和解聘，打破由集团公司任命的做法，与所聘企业签订劳动合同，由董事会组织考核和评价，对董事会负责。

实行契约化管理。职业经理人自任职之日起与董事会签订《聘用协议书》，约定聘任岗位、聘任期限、目标任务、劳动报酬和考核激励等权利义务，一企一策。职业经理人的权利和义务，由《公司章程》和签订的《聘用协议书》，予以明确。职业经理人的任职时间一般自签订《聘用协议书》之日起计算，三年一届。任期届满，根据聘期考评结果，由董事会研究决定是否续聘，并按有关规定办理任免手续。

目标量化考核。董事会对职业经理人采取年度评价和任期评价双层考评模式，分别设置年度经营目标框架和任期经营目标。突出业绩导向，增强量化考核，聚焦绩效表现，客观反映模拟职业经理人的履职能力和工作态度，考核结果与薪酬激励和岗位聘任挂钩。考核评价包括三方面内容：年度经营业绩目标框架、年度党建工作评价、任期评价等。

经营层成员实行市场化薪酬分配制度。职业经理人的薪酬按照市场化原则进行设计。主要内容是：薪酬由基本薪酬、绩效薪酬、职务补贴及任期激励四部分组成，任期激励基数为各年基本薪酬、绩效薪酬之和的20%。基本薪酬根据上年度本企业和马钢集团公司在岗职工平均工资加权计算。绩效薪酬与年度经营业绩考核及党建工作考核结果挂钩。职务补贴含车贴、通讯费等，按集团公司统一规定执行。任期激励根据任期内综合考核评价结果确定，任期经营业绩实行百分制评价。

完善日常监管。职业经理人的人事档案、因私出国境证件照管理和审批等，根据干部管理权限，由相应的党委组织人事部门负责管理。建立违规经营投资责任追究制度，严格界定违规经营责任，对发生违纪违法行为的，严格依纪依法处理。

职业经理人制度在国有企业深化改革中还处在试点摸索阶段，没有成熟的先例可循。通过试点推进，不断总结经验，并进一步完善，扩大实施范围，发挥其内在机制，促进职业经理人和企业、员工共同成长和发展。

（袁中平）

【举行“9·20”纪念日升旗仪式暨新区投产10周年庆典】 2017年9月20日上午，马钢在四钢轧总厂办公楼前，隆重举行“9·20”马钢纪念日升旗仪式暨新区投产十周年庆典。公司全体领导，公司机关部室主要负责人，公司各二级单位、部分合资公司及利民公司党政主要负责人，新区各单位领导班子及职工代表，新入职大学生代表共同参加了升旗仪式和庆典活动。

仪式由集团公司党委副书记、总经理、股份公司董事长丁毅主持。

上午9时20分，庄严的升旗仪式正式开始。在雄壮的乐曲声中，22名马钢职工身着升旗礼服护卫旗帜至升旗台。在雄壮的国歌声中，五星红旗冉冉升起，参加仪式的全体职工高唱国歌。随后，伴着昂扬激越的《马钢之歌》乐曲声，两面马钢旗帜徐徐升起。“我是光荣的马钢人，我宣誓……”在领誓人的带领下，大家庄严宣誓。在9月20日这个特殊的日子里，马钢时隔一年后再次举行职工宣誓，旨在进一步激励全体职工弘扬马钢精神，加快转型升级，着力打造品牌，凝聚强大合力，共筑美好家园。

集团公司党委书记、董事长高海建在仪式上发表重要讲话。高海建指出，今天我们隆重举行升旗仪式及马钢新区投产十周年庆典，为的是感念过往，汲取继续前行的力量；放眼未来，汇聚建设美好家园合力。今天的升旗宣誓活动和纪念仪式，是一次正知正念的再教育，是一次家园文化的再播种，更是一次铸“根”强“魂”的再动员。高海建指出，十年前的今天，我们见证了500万吨钢铁精品新区的建成投产，创造了工程建设的“马钢速度”；十年后的今天，我们全力推进产品升级、产业链延伸、国际化经营，推动高端板带产品由“跟跑者”向“竞跑者”转变。十年来的巨大变化充分证明，马钢是一个有梦想的企业，是一个有底蕴的企业，更是一个有希望的企业。高海建强调，中华民族经过近40年改革开放，比历史上任何时期都更接近中华民族伟大复兴，马钢也同样迎来了加速发展、再次崛起的历史机遇。走在转型升级、健康发展的“新长征”上，我们每一位马钢人，都要牢记企业使命，弘扬企业精神，感恩在心，相向而行，为建设一个家园文化生态更加健康、核心竞争能力更加坚实、职工工作生活更加美好的新马钢而不懈奋斗，以更加优异的成绩迎接党的十九大胜利召开！

三铁总厂、四钢轧总厂负责人作为新区建设和生产经营建设的代表在庆典活动上发言。

仪式结束后，大家共同参观了新区投产十周年图片展。

（办公室）

【举行“十三五”转型升级重点工程全面开工暨重

型H型钢项目开工仪式】 2017年9月20日上午10时28分,马钢隆重举行"十三五"转型升级重点工程全面开工暨重型H型钢项目开工仪式。马鞍山市委书记魏尧、市长左俊,马钢领导高海建、丁毅,市委常委、秘书长吴桂林,公司全体领导出席开工仪式。相关市直部门、花山区、雨山区领导,公司机关部室、各二级单位、部分合资公司及利民公司主要负责人,"十三五"转型升级重点项目部代表,长材事业部领导班子及职工代表参加开工仪式。

开工仪式由集团公司党委常委、股份公司总经理钱海帆主持。

集团公司党委常委、副总经理严华首先介绍了"十三五"转型升级重点工程情况。他说,2017年是马钢"十三五"转型升级重点工程建设的关键之年,项目涉及范围广,专业跨度大。他相信,在市委、市政府及相关部门的关心帮助下,在公司全体员工的共同努力下,马钢"十三五"转型升级重点工程一定能够顺利实现规划目标,为马钢深化改革创新、加快转型升级、实现健康发展提供强有力的支撑。

集团公司党委书记、董事长高海建,集团公司党委副书记、总经理、股份公司董事长丁毅,为8家重点工程项目部代表进行了现场授旗,希望各项目部以此为动力,勇于担当、尽心履职、全力以赴、奋勇争先,精心打造品牌工程。

重型H型钢项目部代表在仪式上表示,将精益求精确保工程质量,全力以赴保证工程进度,扎扎实实做好安全环保工作,确保重型H型钢项目工程四大目标的顺利实现。

丁毅在仪式上讲话。他代表马钢,对出席仪式的市委、市政府及市直各部门领导表示欢迎,对承担工程项目建设重任的项目部、参建单位表示感谢。丁毅强调,实施"十三五"转型升级重点工程,是马钢贯彻落实国家供给侧结构性改革、省"五大发展行动计划"、提高高端产品供给的战略抉择,是推进产品升级和产业链延伸、打造钢铁强势品牌的重大举措,也是落实经济强市战略、深化钢城一体融合发展的具体实践。丁毅要求,各项目部牢记使命,担当责任,全力打造精品工程,全力打造安全工程,全力打造廉洁工程。各参建单位要大力弘扬工匠精神,精心服务,精心施工,精益求精,打造施工"品牌"。丁毅希望,市委、市政府及市直各部门,能够一如既往地为马钢提供支持和帮助,共同推动马钢转型升级、健康发展。

左俊在仪式上致辞。他代表市委、市政府,向项目的开工建设表示热烈祝贺。左俊说,马钢在全市产业转型升级中一直一马当先,站在队伍的最前列。特别是近几年,马钢顺应形势的变化,与时俱进,调整发展战略,深化改革,推进产品升级、产业链延伸、国际化经营、多元产业体系蓬勃发展,转型升级取得了巨大的成绩。马钢全面启动的"十三五"转型升级重点建设项目,个头大、业态新,市场前景广阔,上马投产以后必将进一步增强马钢的核心竞争力。左俊强调,2017年,是全市实施项目建设年的第一年,马钢今天开工建设重型H型钢等项目,是对项目建设年最有力的支撑。左俊表示,市委、市政府将全力支持,从市级层面全面做好服务。左俊要求,项目所在地的县区以及市直有关部门,要主动服务、靠前服务、有效服务,开辟绿色通道,及时帮助解决项目建设当中的各类问题,并希望马钢精心组织、科学调度、高效推进,力争项目早竣工、早投产、早见效,为打造千亿马钢、建设"三个强市",尽早发挥作用。

魏尧、左俊、高海建、丁毅共同为项目开工开启水晶球,标志着马钢"十三五"转型升级重点工程全面开工。

马钢"十三五"转型升级重点工程建设以"转型升级、健康发展"为导向,围绕"十三五"发展目标,落实"去产能"计划,推动企业转型发展和产业布局优化调整,系统谋划实施一批重点转型升级项目。主要包括,轮轴系列、汽车零部件用钢配套、板带升级改造系列、型材改造系列、矿山转型、铁前系列升级改造以及其他类项目。其中,新建重型H型钢生产线主要定位于目前国内不能生产的重型系列、厚壁系列和宽翼缘系列等高附加值及钢板桩系列产品,从而使马钢形成中小型、大型、重型H型钢产品全系列。

(办公室)

【马钢股份公司荣获2017年全国首批绿色工厂称号】 为加快马钢股份公司绿色制造体系构建,深入实施绿色发展战略,马钢于2016年底启动申报马钢股份公司"绿色工厂"工作,先后完成了自评价报告编制、第三方评价机构评价、省级工业和信息化主管部门评审推荐、部级专家论证、复核以及网上公示等环节,2017年8月23日,国家工信部发布2017年全国第一批绿色制造示范名单,马钢股份公司荣获首批国家级"绿色工厂"称号,马钢环保品牌创建取得了新突破。该荣誉的获得,将使马钢长期得到国家和省、市政府各类政策、资金的支持。

(能环部)

【高品质整体机车车轮荣获2016年度中国钢铁工业产品开发市场开拓奖】 2017年1月19日，马钢高品质整体机车车轮荣获中国钢铁工业协会授予的2016年度“中国钢铁工业产品开发市场开拓奖”。

长久以来，国内机车车轮一直依赖进口。经15年潜心攻关，马钢掌握了高品质整体机车车轮生产制造和质量控制的关键技术，达到国内领先和国际先进水平，在填补国内空白的同时，成功替代进口产品，还广泛出口到北美等国家和地区。自2004年投入生产以来，马钢开发出近20种型号整体机车车轮产品，基本实现高品质机车车轮产品全覆盖，产品被列入国家和省级重点新产品目录。项目取得发明专利10项，企业专有技术秘密51项，为打造高附加值“中国制造”铁路机车产品的出口奠定了坚实的关键材料基础支撑，对推动中国铁路行业装备与关键材料的全面国产化与技术创新起到积极的示范作用。

在项目研发过程中，马钢积极引入APQP、EVI、TRIZ等先进理念与方法，成立车轮项目组，实现了以专业化、服务型为特色的“研产销”一体化运作模式，建立了快捷高效的信息沟通渠道，满足客户不断升级的个性化要求。通过组建主动式客户服务团队，建立客户服务人员档案，规范客户服务活动，构建了客户服务网络与客户关系管理数据库。在制造过程中，马钢对产品生产周期实施管理实现产品提速，通过主工序快速换型，缩短交货周期，实现生产单元柔性生产，为客户多品种生产创造条件。同时，机车车轮实行全制程单件跟踪和“一轮一档”信息化管理，产品质量有了切实保障。

（谢世红）

【高寒地区用H型钢轧制技术获冶金科技一等奖】 2017年，马钢研发的“高寒地区结构用热轧H型钢关键制造技术研究与应用”项目荣获由中国钢铁工业协会、中国金属学会授予的冶金科学技术奖一等奖。

“高寒地区结构用热轧H型钢关键制造技术研究与应用”项目是马钢着眼国家能源战略发展需求，坚持“油气开采、材料先行”，于2010年初牵头启动的。经过7年多的自主研发，成功攻克了高低温韧性热轧H型钢产品的经济型合金体系成分设计、异型坯表面裂纹发生率高、产品性能不均和稳定性差等诸多技术难题，开发出-40℃、-50℃、-60℃系列高寒地区结构用热轧H型钢。

马钢通过该项目研究，申报国家发明专利6项，其中已授权4项，主持起草相关国家标准1项、行业标准2项，形成企业技术秘密9项，发表科技论文7篇，形成了完整的具有自主知识产权的高寒地区结构用热轧H型钢制造与应用技术，总体水平达到国际先进。同时，通过该项技术开发和攻关，马钢率先实现了产品工业化生产、率先取得欧盟CE证书、率先通过法国Technip公司认证、率先获得法国道达尔公司全球油气项目供应商等4项国内第一，以及4.5—50毫米翼缘厚度热轧H型钢全覆盖的国内唯一。马钢已为全球最大的油气结构工程Yamal项目供货该产品近5万吨，产品累计销售31.04万吨，新增产值15.22亿元，新增利税5.04亿元。

业内相关专家表示，该项目在高低温韧性H型钢关键制造技术上得到了突破，在产品经济性和质量稳定性上实现提升，具有显著的行业示范效应。同时，该项目的研发成功，打破了国外技术及产品在此领域的垄断，满足了国内外极地装备建设急需，显著提升了中国热轧H型钢工业竞争力与品牌影响力，保证了产业链上高性能材料的战略安全，为“一带一路”战略的实施提供了高性能结构钢材料支撑。

（谢世红）

【成功开发鹅颈用热轧H型钢】 马钢继成功开发海洋石油平台、极寒地带油气、铁路车辆耐候、高强耐火抗震、高强度钢桩、特高压输电线路等一系列高附加值热轧H型钢后，2017年，再次借助国家全面治超对半挂车轻量化契机，积极依托自主创新和H型钢品牌效应，深度开发出专用车鹅颈用热轧H型钢产品，填补了国内专用车鹅颈用热轧H型钢空白，赢得了行业话语权。

东莞中集专用车有限公司是全球单体产能最高的半挂车制造及出口基地，长期使用马钢供美标热轧H型钢生产集装箱半挂车车架。近年来，随着国家环保和治超政策的不断推进落实以及力度的不断加大，各大汽车生产商均提出整车及配件的轻量化要求。为了降本增效、维护市场、稳固行业领先地位，客户向马钢提出了研发“鹅颈钢”的需求。为了加快由钢材生产商向钢铁材料服务商的转变步伐，在得知客户这一需求后，马钢股份公司技术中心型钢研究所联合长材事业部立即着手准备相关材料与其进行对接。以此项目为契机，充分发挥“研产销”优势，坚持客户需求为导向，马钢借助APQP运行模式及EVI服务理念，在精准识别客户需求后，为客户量身打造差异化产品，提供全流程贴身个性化服务。客户对产品尺寸公差要求精确到毫米级,且产品规格为非标规格,本身尺寸已接近轧机的极限,就现行的轧机状况,产品开发进度一度受阻。技术中心型钢研究所联合长材事业部开展了大量研究工作,一方面通过"五位一体"的客服团队,加大与客户的沟通交流,同时多次开展技术评审会,依托APQP项目组,进行新产品的开发试轧、小批量轧制;另一方面成立专项课题组,不断优化试验方案,逐个击破技术难题,并积极与马钢工程技术集团合作,多次修改设计工艺,最终成功开发出满足客户要求的专用车鹅颈用热轧H型钢产品。

截至2018年3月,已批量生产750吨合格品并交付客户使用。据反馈,客户对马钢开发的专用车鹅颈用热轧H型钢产品实物质量给予了高度评价和赞扬。马钢"鹅颈钢"的成功开发一举提高了马钢品牌的综合效益和核心竞争力。

(彭　林)

【马钢邀请中国第一重型机械集团公司董事长、党委书记,新兴际华集团有限公司董事长、党委副书记刘明忠作专题讲座】 2017年3月31日,马钢邀请中国第一重型机械集团公司董事长、党委书记,新兴际华集团有限公司董事长、党委副书记刘明忠在马钢办公楼413会议室举行的党委中心组(扩大)学习会上,作《创新体制机制—新兴际华集团深化改革之路》主题讲座,旨在帮助公司中、高层领导干部开阔视野、扩展思路,把握改革发展的原则和方向,增强改革的信心和决心,进一步营造想改革、谋改革、抓改革、促改革的良好氛围。

刘明忠兼任两家央企的董事长,在国有企业改革方面有着丰富的理论知识和多年的实践经验。新兴际华集团是集资产管理、资本运营和生产经营于一体的大型国有独资公司,世界500强企业,2016年实现营业收入2136.56亿元,利润总额51.61亿元。在对新兴际华集团公司基本情况进行了简要介绍后,刘明忠重点介绍了新兴际华集团近年来在企业改革方面所采取的深化三大治理体系、坚持管理技术创新、推进板块化管理、加快七大结构调整、持续打造大政工格局等先进经验以及在市场化选聘与契约化管理方面的探索。在授课过程中,刘明忠所提出的"用人交给市场、花钱交给制度"、"集中的权力分散化、隐蔽的权力公开化"、坚持"哪壶不开提哪壶"等关于市场化选聘、绩效考核的精彩论述,让所有与会人员印象深刻、获益匪浅。讲座的最后,谈及对于国有企业改革发展的思考和体会,刘明忠提出,国有企业要坚定改革信心,要突出"尝试";国企改革不能偏离现代企业制度这条主线,要突出"机制";国企改革不能隔离各要素推进,要突出"联动";国企改革不能求全责备,要突出"容错";国企改革要坚持深入基层、扎根市场。

本次学习会由集团公司党委书记、董事长高海建主持。集团公司、股份公司副总师及以上领导,各二级单位党政主要负责人和部分班子成员,机关各部门主要负责人,企管部、人力资源部负责人和全体科室负责人,公司办公室调研室全体人员参加会议。

(庆　辉)

【马钢与埃克森美孚签订战略合作框架协议】 2017年11月30日下午,马钢股份公司与埃克森美孚(中国)投资有限公司合作30周年庆典暨战略合作签字仪式在马钢宾馆举行。值双方合作30周年之际,马钢与埃克森美孚签署了战略合作框架协议,双方正式结为战略合作伙伴。马钢领导高海建及田俊、章茂晗和埃克森美孚(中国)投资有限公司总经理王易明等,共同回顾双方30年来的合作历程,深入探讨未来合作,共同展望美好未来。

埃克森美孚与马钢的合作最早可追溯到30年前。1987年,国内第一条高速线材生产线在马钢投产。这条生产线采用国际领先的加工工艺,对润滑产品有着严苛的要求。埃克森美孚作为设备制造商的推荐用油,成为当时高速线材轧制产线上唯一被使用的润滑油品牌,双方的合作也由此展开。30年来,双方利用在各自领域积累的经验,积极应对钢铁行业的严峻挑战,携手并进,谱写了合作的佳话。

致辞中,集团公司党委书记、董事长高海建表示,埃克森美孚是一家有着150年悠久历史的世界著名企业,在为马钢生产经营、改革发展提供优质产品支持的同时,其精益求精的工作精神,先进的管理经验也成为马钢学习借鉴的宝贵财富。近年来,马钢坚持创新驱动,推进精益运营,持续做强品牌,深耕家园文化,大力推动产品升级、产业链延伸和国际化经营,取得了良好的生产经营业绩。特别是2017年,马钢集团、马钢股份都实现了自马钢成立以来最好的经营成果。他希望,埃克森美孚与马钢进一步加强合作交流,互为供方,互为市场,共享全球资源,共享创新理念,不断谱写合作共赢新篇章,成为相互信赖、相互支撑、相互促进的合作典范。

致辞中,埃克森美孚(中国)投资有限公司总经理王易明表示:"30年来,埃克森美孚与马钢风雨同舟,共同成长。我们希望借此战略合作为契机,继续为马钢提供高性能的产品和专业服务的基础上，进一步扩展双方在产品、技术和人员培训等方面的合作与交流，开启共赢新篇章。”

股份公司副总经理田俊与埃克森美孚（中国）投资有限公司副总经理黄卫防代表双方在战略合作伙伴协议上签字。股份公司总经理助理、销售公司总经理章茂晗与埃克森美孚（中国）投资有限公司副总经理曾红卫代表双方互换了礼物。交流会上，双方通过视频资料加深了彼此了解。来自马钢、埃克森美孚的数位领导、专家就液压管理、技术服务、全球资源等主题进行了展望和分享。

（办公室）

【马钢与中国中车签署战略合作协议】 2017年4月26日，马钢与中国中车签署战略合作协议，开启了战略合作新篇章。

中国中车党委书记、董事长刘化龙，中国中车副总裁孙永才，中国中车总工程师张新宁，马钢集团公司党委书记、董事长高海建，马钢集团公司总经理、股份公司董事长丁毅，马钢集团公司副总经理、总工程师苏世怀，马钢股份公司总经理钱海帆及股份公司总经理助理杜松林出席了战略合作协议签字仪式。两家单位的有关部门和单位负责人参加签字仪式。

多年来，马钢与中国中车保持着良好的合作关系，双方交往日益密切，建立更深层次的战略合作关系势在必行。马钢将瞄准产品升级、产业链延伸与国际化经营的主攻方向，致力于打造轨道交通产业的材料服务商，为中国中车提供满意的产品及优质的服务，推动双方合作迈上新台阶。

（孙曼丽）

【高速车轴生产线建成投产】 2017年1月23日上午9时，随着火红的钢坯从加热炉缓缓滑出，再从锻造液压机组退出，标志着马钢高速车轴生产线锻造工序热负荷试车圆满成功。

当天上午8点58分环形炉炉门缓缓开启，红坯从炉内驶入炉外辊道。经过20米的辊道，进入锻造工序。锻造工序主体设备是一台锻造液压机，它的东西两侧各有一台同样型号的操作机。东侧操作机伸出蟹状夹钳，将红坯夹起，夹持送入锻机工作台，压机上部活动锻锤压下，将红坯一端由方形锻压成多角形；随后，西侧操作机工作，配合液压机，将红坯另外一端压制成型，然后送入冷床，锻造工序热负荷试车圆满成功。

2017年4月18日，完成了系统热负荷联动试车并正式交付生产，高速车轴生产线建成投产。

在铁路总公司及省市的大力支持下，马钢于2016年4月开工建设一条全新的高速车轴生产线，该生产线坯料由特钢公司提供，通过进环形加热炉加热，再进行锻造、热处理、粗加工，形成车轴成品，从而填补马钢有轮无轴的空白。

（办公室）

【马钢合肥板材公司转型升级项目——连续镀锌生产线建成投产】 2017年5月27日，马钢合肥板材公司转型升级项目——连续镀锌生产线建成投入试生产。安徽省委常委、合肥市委书记宋国权，集团公司党委书记、董事长高海建，合肥市委常委、秘书长韦弋，CMI工业总裁乔·菲利克斯·达席尔瓦，马钢领导钱海帆、严华、任天宝、王炜，合肥市相关县区领导和有关部门、单位领导，马钢相关单位负责人，以及十余家用户企业的三十余名客户代表参加了试生产仪式。

作为公司淘汰落后转型发展项目之一，2014年9月20日，马钢集团公司与合肥市委市政府在合肥板材共同举行了马钢（合肥）公司转型发展动员大会暨连续镀锌线项目开工仪式，拉开了合肥公司转型发展的序幕。

连续镀锌生产线项目立足高新高效，节能低耗，绿色环保，智能制造。项目投资概算13亿元。主要建设内容包括1条热镀锌生产线、1条半自动包装线及配套的公辅设施。原料带钢由本公司酸洗—冷连轧机组提供，厚度为0.25毫米～2.0毫米、宽度为700毫米～1430毫米、镀锌后带钢成品厚度为0.25毫米～2.0毫米。设计年产量32万吨，其中GI:24万吨，AS:8万吨。产品级别包括CQ、DQ、DDQ、EDDQ、SEDDQ、HSS、DP、HF等，产品定位为高档家电用板及部分热冲压成型汽车板。产品镀层品种包括GI纯锌镀层、AI-Si镀层，镀层重量为双面等厚、差厚镀层。产品表面处理工艺包括表面光整、无铬钝化处理、无铬耐指纹、无铬自润滑。产品定位于轿车高强钢、高级家电板，其核心产品填补省内空白，产品市场前景广阔。该项目投产后，合肥板材公司具有年产120万吨退火卷、32万吨镀锌卷的生产能力。

（朱道林）

【二铁总厂2号高炉大修技改工程竣工】 2017年5月18日，二铁总厂2号高炉大修技改工程开工。该工程总投资3.7亿元，计划工期145天。

二铁总厂2号高炉大修技改工程是马钢顺应国家供给侧结构性改革，加快结构调整，转变发展方式，提升高炉装备和节能环保水平,拓展降本增效空间,加强铁前品牌建设,提升马钢核心竞争力的重点工程。2号高炉于2003年10月26日建成投产。此次2号高炉大修技改工程除高炉本体框架、热风炉、槽下系统无较大改造外,其余全部彻底改造。尤其是高炉炉底冷却水管至炉顶钢圈法兰全部改造性更换,炉型优化;高炉净化水冷却系统改为软水冷却系统,出铁场平坦化及风口平台改造;新增出铁场顶吸式除尘和炉顶除尘;高炉煤气湿法除尘改造为全干法除尘,TRT升级改造;将热INBA法渣处理改造为环保型底滤法渣处理系统;扩建高炉制粉中心,搬迁2号高炉制粉喷吹系统,实现2号、3号、4号三座高炉集中控制与管理;对土建维修、炉顶、槽下系统及三电设备进行检修和更新,完善设备功能;高炉系统美化、亮化等改造项目,不仅大幅提高高炉经济运行的质量与效益,而且将取得环境效益和社会效益。

在工程建设中,各参战单位在大修工程指挥部的统一指挥协调下,紧密配合、协同作战,按照"安全质量第一、工期控制有效、施工紧张有序、项目干净彻底"的指导思想,全力推进工程网络节点。项目部不断优化工期节点,明确各施工区域责任并落实到人;各施工单位发扬敢拼敢干、善打硬仗的工作作风,克服高温、暴雨影响,以及工期紧、任务重、项目多、点多面广战线长、高空立体交叉作业频繁,施工和安全管理难度大等重重困难,倒排工期、倒逼节点,精心组织、攻坚克难,通过引进绳锯作业方式,并首次实行24小时作业制、全天候奋战,保证工程整体进度按网络计划有序推进。公司相关部门强化对施工单位的管理和追责,严格执行工程奖惩制,为大修工程安全优质高效推进提供坚强保障。

经过连续126天夜以继日的艰苦会战,9月20日上午8时28分,大修技改后的二铁总厂2号高炉正式进入烘炉阶段。按照145天的计划工期,2017年10月10日15时58分,2号高炉顺利点火开炉。标志着2号高炉正式开启第二代炉役。10月11日8时18分,大修技改后的二铁总厂2号高炉第一炉铁水从1号出铁口喷涌而出。以此为标志,二铁总厂2号高炉大修技改工程圆满完成。

二铁总厂2号高炉投产后,10月16日铁水日产量达到5507吨,负荷、喷煤比、利用系数一路攀升,在短短的6天时间内就已经达产,比计划7天时间达产提前了1天。

(办公室)

【举行优棒生产线工程开工仪式】 2017年4月9日上午,马钢高端汽车零部件用特殊钢棒材——优棒生产线工程开工仪式在特钢公司隆重举行。马钢领导高海建、丁毅、钱海帆、严华、任天宝,中冶华天高级顾问陈道明,公司相关部门和单位负责人出席开工仪式。

仪式由集团公司党委常委、副总经理严华主持。

集团公司董事、党委常委、股份公司总经理钱海帆在会上致辞。他指出,建设高端汽车零部件用特殊钢棒材——优棒生产线,是马钢落实打造钢铁强势品牌要求、加速进军高端汽车零部件用钢市场、推进特钢公司转型升级的重要举措,对促进特钢产线协同、产品配套、产业链延伸,建设国际先进、国内一流的特钢公司,具有十分重要而深远的意义。该生产线建成后,将实现马钢优质合金棒材规格配套,有利于进一步增强马钢产品在汽车、轨道交通、工程机械等高端制造行业的竞争优势。他希望,项目建设各方按照"起点高、投资省、速度快、效果好"的工程建设总要求,加强项目建设过程控制,细化各项节点目标,精细筹划,精心施工,打造一流精品工程,为马钢转型发展、做强品牌做出积极贡献。

上午10时18分,集团公司总经理、股份公司董事长丁毅宣布优棒生产线正式开工。施工人员开工打桩,随着第一根桩稳稳地插入工程工地,标志着该条生产线的施工建设拉开序幕。开工仪式上,中冶华天、马建集团相关负责人分别作为工程设计单位、工程建设单位代表发言。

马钢高端汽车零部件用特殊钢棒材——优棒生产线是马钢"十三五"结构调整的重点工程项目,设计年产量40万吨。工程建设包含一条全连续、控轧控冷和高精度轧制的先进棒材轧制生产线;一条高精度矫直、高精度内外部无损探伤的高效离线精整线。全线采用"中国制造2025"智能制造理念开展自动化控制设计。产品定位于高端市场,致力于汽车齿轮、汽车轴承、轿车悬挂弹簧、稳定杆,以及发动机曲轴、紧固件等汽车关键零部件用钢;轨道交通弹簧、轴承,高端模具等高端制造用钢。该条生产线的建成,将填补马钢优质合金棒材直径16毫米-90毫米规格区间的空白,满足埃斯科特钢公司以及高端汽车零部件用户对于热轧棒材原料的需求。

(办公室)

【举行型材升级改造项目开工仪式】 2017年7月18日上午11时08分,马钢在长材事业部隆重举行型材升级改造项目开工仪式。

开工仪式由集团公司党委常委、副总经理严华主持。马钢领导高海建、丁毅、钱海帆、严华等，工程技术集团、马建集团、设计研究院、钢结构公司、重机公司、检修公司、型材项目部及公司相关部门和单位负责人出席开工仪式。

马钢型材升级改造项目是马钢积极落实国家去产能政策和马钢“十三五”结构调整的重点工程项目，是维护马钢型材市场品牌地位，提升型材产品质量，丰富型钢产品系列重大部署。这条高端型钢生产线及其配套工程总投资4.5亿元，设计年产量60万吨。项目紧邻长材事业部南区炼钢、连铸工序，减少了火车、汽车钢坯红送环节，极大提升了能源利用率，是一条代表国内先进技术的型钢生产线，能够生产角钢、工字钢、槽钢和H型钢。该项目由马钢工程技术集团总承包，工期为一年。

（梁　军）

【举行南山矿凹山采场生态修复工程启动仪式】 2017年9月1日上午，南山矿隆重举行凹山采场生态修复工程启动仪式。

集团公司党委书记、董事长高海建出席仪式，集团公司党委常委、副总经理、矿业公司董事长杨阳，集团公司原副总经理施兆贵，集团公司原总经理助理崔宪，矿业公司、南山矿、兄弟矿山、向山镇领导，南山矿历任老领导、凹山车间历任老领导、功勋矿工代表、凹山车间历年各类先模人物代表、南山矿各单位党政工主要领导、机关各科室主要负责人及相关人员参加仪式。高海建在出席仪式时强调，面对马钢转型发展新征程、面对南山矿建设生态矿区的“规划图”，要传承南山精神，弘扬家园文化，强化使命担当，为打造国内一流矿山、建设马钢美好家园做出新的更大贡献。

仪式上，高海建和南山矿经理朱青山、全国劳动模范卜维平共同为凹山采场生态修复工程启动仪式激活水晶球。

（办公室）

重要会议

【马钢集团公司党委召开干部大会宣布安徽省委关于集团公司主要负责人职务调整决定】 2017年12月18日上午，马钢集团公司党委召开干部大会，宣布安徽省委关于集团公司主要负责人职务的调整决定。省委决定：魏尧任马钢（集团）控股有限公司党委委员、常委、书记，提名担任董事长；免去高海建马钢（集团）控股有限公司党委书记、常委、委员、董事长职务；董事长职务，按《中华人民共和国公司法》和有关规定办理。

省委常委、组织部部长严植婵出席会议并讲话。省委组织部副部长肖超英宣布省委决定。省国资委党委书记、主任李明，马鞍山市委书记张岳峰出席会议。高海建主持会议并发言，魏尧、丁毅分别发言。

魏尧在会上发言时表示，完全拥护、坚决服从省委决定。马钢是一个具有光荣传统的企业，在近60年的发展历程中，创造出了辉煌业绩。近几年来，面对严峻的市场形势，在省委、省政府的坚强领导下，在以高海建为班长的集团公司党委的带领下，马钢全力打好家园保卫战，成功扭亏脱困，目前发展势头良好，我们对高海建为马钢发展付出的大量心血、作出的重要贡献表示衷心感谢。

他表示，省委、省政府对马钢的发展始终高度重视，很高兴能够来到马钢工作，他将紧紧依靠职工、依靠管理团队，共同把工作做好，不辜负省委的重托和全体员工的期望。一是旗帜鲜明讲政治。深入学习领会习近平新时代中国特色社会主义思想和党的十九大精神，牢固树立“四个意识”，切实做到“五个纯粹”，始终在思想上政治上行动上同以习近平同志为核心的党中央保持高度一致，坚决落实好省委、省政府的各项部署要求，准确把握新时代党的建设总要求，认真履行第一责任人职责，不断提高企业党建工作水平。二是全力以赴促发展。始终把发展作为第一要务，贯彻新发展理念，保持工作的连续性、稳定性，遵循市场规律，强化开放意识，全面精益运营，齐心协力把企业发展进一步抓紧抓实抓好，不断提高企业盈利能力。三是坚定不移抓创新。坚持把创新作为引领发展的第一动力，加快企业转型升级步伐，强化品牌意识，大力发展优势产品，加快实施高端制造，积极推进业态融合，不断提升企业创新竞争力。四是扭住关键促改革。紧紧围绕建设国有资本投资运营集团战略定位，与时俱进推进企业深化改革，进一步健全法人治理结构，强化董事会规范化建设，加强企业内部管理，提高国有资本效率，不断增强企业发展的动力活力。五是团结奋进聚合力。充分发挥集团公司党委的领导核心和政治核心作用，推进党的领导和完善公司治理相统一，落实党委决策前置程序，重大问题集体讨论决定，广泛听取各方意见建议，充分调动领导班子和广大干部职工的积极性、创造性,着力营造干事创业的良好环境。六是严于律己作表率。严格遵守《廉洁自律准则》,以身作则、严于律己、带好队伍。

魏尧指出,当前马钢正处在推进转型升级、健康发展的关键时期,实现新的更高的经营目标和更高质量的发展,需要付出艰苦努力。他坚信,在省委、省政府的坚强领导下,在省国资委和市委、市政府的关心支持下,有班子成员的密切配合,有全体员工的积极支持,马钢的明天一定会更加美好。

丁毅在会上发言。他表示坚决拥护省委关于马钢领导班子成员调整的决定。魏尧对马鞍山市和马钢的情况都比较熟悉,他将和经营团队一道,全力以赴支持魏尧的工作,进一步凝聚马钢深化改革、转型发展的共识和力量,推动企业持续追求卓越。他指出,近年来,在高海建的带领下,马钢紧紧围绕省委省政府提出的"三步走"要求,坚持党建导航,文化引领,大力推进产品升级、产业链延伸和国际化经营,推动企业迈上了转型升级、健康发展的新平台。他表示,将在以魏尧为班长的党委领导下,深入贯彻党的十九大精神,践行新发展理念,牢牢抓住政策机遇,围绕战略定位,着力抓重点、补短板、强弱项,以全面精益、全面协同、全面创新推动马钢发展质量变革、效率变革、动力变革,增强企业创新力和竞争力,不断开创马钢转型发展的新局面。

高海建在发言中表示,坚决拥护省委的决定,将按照党员领导干部"忠诚、干净、担当"的要求,做好领导岗位交接各项工作。他于1982年来到马钢,从基层技术人员一步步成长为企业的主要负责人,人生最宝贵的年华都留在了这里,感谢组织上的培养,感谢马钢领导班子的团结努力和支持,感谢广大干部职工在马钢最困难的时期携手同心共克难关,感谢马钢这个赖以生存的家园给予他的一切。经过几年不懈努力,马钢正逐步脱离困境,走向健康发展之路。不忘初心、牢记使命。他相信在习近平新时代中国特色社会主义思想的指引下,在省委省政府的坚强领导下,在方方面面的支持下,在以魏尧为班长的党委带领下,迈上新时代新平台的新马钢,一定能够借势奋起,乘势而上,实现转型升级、健康发展的新跨越,为建设现代化五大发展美好安徽作出新的积极贡献。

集团公司副总师及以上领导,股份公司副总师及以上领导,机关各部门公司中层副职以上管理人员,二级单位党政主要负责人(含主持工作的公司中层副职管理人员),部分合资企业党政主要负责人参加会议。

(办公室)

【马钢召开党委五届二次全体(扩大)会议暨2017年党委工作会】 2017年2月24日下午,马钢党委五届二次全体(扩大)会议暨2017年党委工作会议在公司办公楼413会议室召开。会议传达学习省委中心组理论学习会暨市厅级主要领导干部学习贯彻党的十八届六中全会精神专题培训精神,认真总结2016年公司党的工作,全面部署2017年党的工作主要任务。会议强调,马钢全体共产党员要准确把握全面从严治党的新思想和新论断,以"四个意识"为基准,旗帜鲜明讲政治,扛起责任作表率,做政治上的明白人,纪律上的规矩人,开启马钢全面从严治党、加强党的建设新征程。马钢党政工团各级组织要坚定信心,同向同行,主动担当,切实把党建工作深度融入、嵌入生产经营和改革发展各个环节,为马钢深化改革、做强品牌提供坚强有力的组织保证,以优异成绩喜迎党的十九大胜利召开。

集团公司党委常委高海建、丁毅、杨阳、陈冬生、钱海帆、蒋育翔、陆克从、严华在主席台就座。集团公司及股份公司副总以上领导,公司党委委员、纪委委员,机关各部门主要负责人及党群部门科级以上管理人员,各二级单位党委和行政主要负责人、副书记、纪委书记、工会主席及党办、党群工作部、团委、武装部负责人,公司党委巡察办成员、矩阵式党建工作领导小组办公室成员、"两学一做"学习教育协调小组办公室成员,部分合资企业党的工作主要负责人,现场评议代表出席会议。

会议由集团公司党委书记、董事长高海建主持。

会上,高海建首先传达了省委中心组理论学习会暨市厅级主要领导干部学习贯彻党的十八届六中全会精神专题培训班精神。高海建指出,省委举办全省市厅级主要领导干部学习贯彻十八届六中全会精神专题研讨班,体现了省委强烈的政治意识、大局意识、核心意识和看齐意识,为全省广大党员干部树立榜样、作出示范。李锦斌书记在培训班上的专题报告主题鲜明、内容丰富、寓意深刻,是新形势、新常态下推动五大发展美好安徽建设的行动指南,对全省各项工作指明了方向、提供了遵循。马钢各级党组织要把学习贯彻党的十八届六中全会精神、习近平总书记在省部级专题研讨班上的重要讲话作为党委中心组学习的重要内容。要切实担负起全面从严治党的政治责任和领导责任,结合推动"两学一做"学习教育常态化、制度化,扎实开展"讲看齐、见行动"学习讨论活动,抓好党建工作各项任务的落实,推动党内政治生活、党内监督呈现新面貌和新气象，以优异成绩迎接党的十九大胜利召开。

受高海建委托，集团公司党委副书记、总经理丁毅在会上做了题为《充分发挥党组织的领导核心和政治核心作用，为马钢深化改革、做强品牌提供坚强有力的组织保证》的报告。丁毅指出，2016 年，公司各级党组织和广大党员深入学习贯彻习近平总书记系列重要讲话特别是视察安徽重要讲话精神，坚决贯彻中央关于供给侧结构性改革的重大决策部署，以矩阵式党建工作为抓手，以“两学一做”学习教育和“讲看齐、见行动”学习讨论为强大动力，紧紧围绕“聚焦‘两大战场’、锐意变革突破”工作主题，深度融入生产经营和改革发展，为打赢家园保卫战、夺取“十三五”良好开局提供了坚强政治保证。

在从十个方面对公司党委 2016 年工作进行回顾总结之后，丁毅指出，2017 年是马钢全面深化改革、加快转型发展、建设美好家园的关键之年，迫切需要各级党组织聚焦深化改革，强化问题导向，坚持精准发力，压紧压实责任，充分发挥领导核心和政治核心作用；迫切需要各级党组织聚焦做强品牌，深度融入，主动服务，在助推企业品牌建设中打响马钢党建品牌；迫切需要各级党组织聚焦“关键少数”，强化“四个意识”，引导党员领导干部把爱党、忧党、兴党、护党落实到经营管理各项工作中，迎难而上、开拓进取，开创马钢转型升级、健康发展新局面。丁毅提出了 2017 年公司党的工作总体思路，并部署了五项主要工作任务。一是深化宣传思想政治工作。二是扎实推进基层党组织建设。三是打造高素质干部队伍和人才队伍。四是深化党风廉政建设和反腐败工作。五是充分发挥群团组织作用。

集团公司党委常委、纪委书记陈冬生，代表马钢纪委做了题为《坚持标本兼治，强化党内监督，推动全面从严治党向纵深发展》的工作报告。报告指出，2016 年，公司纪委聚焦中心工作，突出监督执纪问责，强化“两个责任”落实，推进矩阵式党建工作，全面履行党章赋予的职责，取得了党风建设和反腐倡廉工作新的成效，为马钢生产经营和改革发展提供了强有力的纪律保证。报告明确了 2017 年马钢党风建设和反腐倡廉工作的总体要求与主要任务。一要深入学习贯彻党的十八届六中全会精神，进一步严明纪律和规矩；二要加大督查和问责力度，进一步压实管党治党责任；三要以遏制增量为重点，进一步做好日常监督执纪工作；四要突出问题导向，进一步强化监督保障功能；五要正风肃纪不松懈，进一步深化作风建设；六要持续深化“三转”，进一步加强纪检监察机构自身建设。陈冬生还在会上通报了近几年典型案件情况。

在对会议进行总结时，高海建指出，以此次会议为新的起点，马钢全体党员要深刻认识、准确把握国有企业党建工作在新形势下面临的新机遇、新任务和新挑战；要以“四个意识”为基准，坚决维护党中央权威和习近平总书记党的领导核心地位，旗帜鲜明讲政治，坚定不移守规矩，身体力行作表率，坚决推动全面从严治党向纵深推进，全面开启马钢全面从严治党、加强党的建设新征程。就如何贯彻落实会议精神，深入推进全面从严治党，做好下一阶段党建工作，高海建提出三点具体要求。第一，各单位要采取多种形式，及时将省委中心组理论学习会暨市厅级主要领导干部学习贯彻党的十八届六中全会精神专题培训精神，以及此次会议的精神传达到各级党组织和全体党员，切实增强政治意识、大局意识、核心意识、看齐意识，准确把握全面从严治党的新思想和新论断，坚决做政治上的明白人，纪律上的规矩人。各级党组织的主要负责人要把责任放在心上、扛在肩上，把该担当的责任担当好，按照省委关于学习贯彻党的十八届六中全会精神的要求，认真落实公司党委工作报告、纪委报告作出的各项重点工作部署，注重结合当前公司生产经营形势，注重结合公司职代会精神，注重结合本单位、本部门工作实际，把全员思想引导到做合格党员上去，把全员合力凝聚到完成年各项目标任务中去。第二，要动员和部署全体党员和广大职工进一步围绕深化改革，做强品牌，发挥党群组织的积极性和能动性，进一步立足实践，创新思路，扎实工作，努力以贯彻落实会议精神的实际成效，推动生产经营和改革发展各项工作。公司下一步将出台党建工作指导意见，确保党建工作深度融入、嵌入生产经营和改革发展各个环节。第三，针对当前基层党组织不同程度存在的“四化”问题，要列出问题清单、明确工作重点。要加强和规范党内政治生活，准确把握党内政治生活的政治性、时代性、原则性和战斗性，切实做到对党忠诚、为党分忧、为党担责、为党尽责；各级党组织要牢牢把握意识形态工作的领导权、主导权、管理权和话语权，占领主阵地，唱响主旋律、传递正能量，要理直气壮、大张旗鼓地深入挖掘推广生产经营各项工作中涌现出的先进典型和经验，努力营造“比、学、赶、超”的良好氛围；领导干部要坚持“跟班蹲点”不动摇、不走样，坚持从群众中来，到群众中去，让现场的问题在现场解决，进而凝聚起全员参与改革攻坚、做强品牌的强大合力。

会上,公司领导签订了廉洁从业公开承诺书。四家基层单位党委书记作抓党建工作现场述职,三家基层单位纪委书记作现场述责述廉,并先后回答了公司领导和现场评议代表针对各单位党建工作、纪检工作开展情况所提出的问题。公司领导就现场述职述责述廉进行了点评。

(办公室)

【马钢召开庆祝建党96周年暨基层党建重点工作推进会】 2017年6月30日下午,马钢党委召开会议,纪念党的生日,回顾党的光辉历程,总结公司上半年党建工作,研究部署下一阶段党建工作主要任务,激励和动员公司各级党组织和广大党员进一步发挥战斗堡垒和先锋模范作用,为实现公司全年各项目标任务而努力奋斗。

集团公司党委书记、董事长高海建出席会议并发表重要讲话。集团公司党委副书记、总经理丁毅主持会议。集团公司党委副书记、纪委书记陈冬生通报总结了公司2017年以来的党建工作。集团公司党委常委杨阳、钱海帆、蒋育翔、陆克从、严华在主席台就座。集团公司、股份公司副总师及以上领导,公司党群部门主要负责人,各二级单位党委(总支、支部)主要负责人、党群工作部(政治处)负责人,公司党委巡察办成员、矩阵式党建指导组成员,部分合资企业党组织主要负责人参加会议。

根据会议安排,陈冬生首先从11个方面对公司上半年党建重点工作进行了认真总结。2017年以来,公司党委强化理论武装,深入学习贯彻十八届六中全会精神,深入推进矩阵式党建工作,全面开展基层党组织标准化建设,加强领导班子和中层管理人员队伍建设,持续推进问题整改和专项治理,大力开展重点宣传工作,促进家园文化落实落地,压实管党治党责任,落实全面从严治党各项要求,保持惩治腐败高压态势。同时,落实中央省委要求,加大精准扶贫工作力度。通过深入推进28项党建重点工作,充分发挥党建工作对生产经营的"融入""服务"和"监督""保障"作用,为公司顺利完成上半年生产经营目标提供了坚强的思想组织保证和精神文化支撑。

高海建在会上发表重要讲话。高海建首先在会上通报了当天召开的全省"两学一做"学习教育常态化制度化暨"讲重作"专题警示教育推进会精神,并要求公司各级党组织迅速传达学习,狠抓任务落实,紧紧扭住专题警示教育的主题和目标,牢牢扣住关键环节,细化实化方案,有力有序有效推进专题警示教育,推动企业转型升级健康发展,推动政治生态不断净化优化,推动家园文化不断升温升级。随后,高海建和与会人员共同回顾了党的96年光辉历程。高海建指出,纪念建党96周年,就要旗帜鲜明、坚定不移地坚持中国共产党的领导,进一步加强和改进企业党的建设,团结带领广大党员和全体职工坚定理想信念、高举伟大旗帜,鼓足精神干劲、推进转型发展,在中华民族伟大复兴的进程中奋力实现马钢人的"美好家园梦"。就进一步推动公司党建工作全面进步、全面加强,高海建提出八点意见。一要持续抓好"两学一做"学习教育常态化制度化工作;二要扎实开展"讲政治、重规矩、作表率"专题教育;三要深入推进基层党组织标准化建设;四要持续深化矩阵式党建工作;五要持续深化党风廉政建设;六要积极推进智慧党建;七要持续抓好宣传舆论、意识形态和思想政治工作;八要充分发挥群团组织作用。指出,党建工作抓实了就是生产力。他号召公司各级党组织和广大党员,振奋精神,永葆初心,继续前进,按照中央和省委的统一部署,在思想上高度重视,在行动上认真落实,通过推进"两学一做"学习教育常态化制度化和"讲重作"专题教育,把党建工作越抓越紧、越抓越细、越抓越实,把党建工作深度融入企业生产经营和改革发展,打造良好政治新生态,开创党建工作新局面,以昂扬的精神和优异的成绩迎接党的十九大胜利召开。

丁毅对会议进行了总结,并就贯彻落实会议精神提出三点要求。一是认真传达学习此次会议精神。二是围绕融入服务中心工作,抓好党建重点工作落实。深化"两学一做"学习教育常态化制度化、"讲重作"专题教育、矩阵式党建工作,不断提升基层党建科学化水平。三是牢固树立大局意识,凝聚深化改革、做强品牌强大合力。发挥党组织引领、带动作用,团结广大职工积极作为,努力开创各项工作新局面;发挥宣传媒体作用,及时挖掘典型,相互借鉴,为各项工作顺利推进营造良好氛围。

南山矿业公司、二铁总厂两家基层党组织负责人先后在会上作了交流发言。

(办公室)

【马钢召开竞争力分析大会】 2017年5月5日上午,马钢召开竞争力分析大会,按照精益运营理念、卓越绩效管理模式和品牌建设的总体要求,客观分析企业竞争力现状,总结经验与成绩、增强发展信心,找准"短板"和不足、明确改进方向,不断推进马钢竞争力分析工作常态化、长效化、系统化和精准化。

集团公司副总师及以上领导，股份公司总经理助理、副总师及以上领导出席会议。公司机关各部门主要负责人，公司各二级单位、分(子)公司党政主要负责人，部分合资企业行政主要负责人，公司高级技术主管，各APQP正、副组长及销售负责人参加会议。

集团公司总经理、股份公司董事长丁毅主持会议。

股份公司总经理钱海帆在会上发布了股份公司2016年及2017年第一季度竞争力分析报告。报告在介绍钢铁行业总体概况后，从运营、销售及采购、产品制造成本、技术经济指标等方面，通过大量翔实的数据，对股份公司竞争能力进行了全面剖析。分析结果显示，得益于产品结构的调整优化，生产制造的稳定顺行，经营能力的有效提升，股份公司竞争能力显著提升，在行业中已处于上游水平。尤其2017年一季度经营业绩创2008年以来单季度新高，竞争实力更进一步。报告同时指出，虽然股份公司竞争力有所进步，但与标杆企业相比仍有差距。为此，钱海帆就下阶段如何持续提高公司经营能力、持续改进提升产品研发能力和制造水平、坚持产线对标、加速创新能力建设、持续优化人力资源、改进资金计划设计流程、深入推进能源环保经济运行、坚定不移抓好安全生产工作等八项重点工作提出了具体要求。

集团公司副总经理、矿业公司董事长杨阳在会上首次发布了矿业公司竞争力分析报告。报告首先回顾了2016年矿业公司经济运行情况，通过主要经营指标对比后认为，马钢矿业资产在国内十大矿业公司中总体规模不大，但实现利润处于中上等位置。报告指出，2017年前4个月，马钢矿业经济运行呈现出生产规模再上新台阶、实现矿价和效益双提升、固定资产投资项目和资金来源双增加、产品质量综合水平显著提高、安全生产稳定顺行、资金紧张状况及流动资产周转有所好转、重点工作全面推进等主要特点，并面临着铁矿石价格震荡下行、各矿山生产成本逐步上升等问题。为此，杨阳提出了认真贯彻落实集团公司决策部署，坚持高效化和柔性化组产，抓好安全工作，加快推进重点工程项目建设，实现全方位降本增效，“多挣钱、多疗伤”促进矿山健康发展，持续推进管理创新等下阶段的七项主要措施。

丁毅在会上指出，竞争力分析工作自2015年开展以来，呈现出“重视程度不断提升、分析范围不断扩大、分析指标不断优化”等三个方面变化，工作日趋成熟，具备了向全集团全面推广的基础和条件。就进一步深化竞争力分析工作，丁毅强调了三点意见。第一，凝聚“三个共识”，深化对竞争力分析的认识。要充分肯定竞争力分析所取得的明显成效；要充分认识竞争力分析所蕴含的科学方法；要充分把握竞争力分析所聚焦的战略定力，从而进一步深化认识、凝聚共识。第二，聚焦竞争全要素、服务进终端，实现“五个拓展”。即着力推进从钢铁主业拓展到多元产业，从硬指标拓展到软环境，从重经营拓展到做品牌，从数据分析拓展到模型分析，从两头市场拓展到全要素，从而不断优化竞争力分析，进一步发挥竞争力分析在查找问题、挖潜增效、弥补“短板”、系统优化、全面提升上的重要作用。第三，聚焦“六大能力”建设，支撑竞争力持续提升。要坚持以品牌建设为统领，重视提升市场把握能力、产品竞争能力、协同发展能力、创新驱动能力、人才开发能力、可持续发展能力，不断提升马钢竞争优势。

集团公司董事长、党委书记高海建在会上发表重要讲话。高海建指出，竞争力分析是促进管理系统化提升、推进企业战略目标实现的科学方法和重要工具。通过长期坚持、持续改进、知己知彼，来不断提升马钢的综合竞争能力。此次会议上的股份公司、矿业公司竞争力分析报告，对马钢竞争力现状有了清晰判断和客观定位，也为马钢的品牌建设和改革发展梳理了重点、确立了方向。高海建强调，马钢上下必须牢固树立“一盘棋”思想，坚持市场导向，瞄准自身“短板”，持续改进工作，不断提升马钢竞争力。2017年以来，钢铁市场大起大落，在急剧变化的市场行情中，必须保持认识上的清醒、目标上的协同、战略上的坚定。通过竞争力分析，采取横向比、纵向比和系统比，可以看到，虽然我们在进步，但与行业标杆相比仍有较大差距。这说明，马钢的品牌优势不强，特别是在市场低迷时，一些高附加值产品订单份额的减少，更加充分地暴露了这方面问题。公司上下必须人人知晓公司的差距在哪里，公司的进步空间在何方，公司的产品应当靠什么立足，公司的效益要从哪里争取。只有这样，公司才能在日趋激烈的市场竞争中立于不败之地。马钢上下必须人人增强家园意识，各级管理人员要本着“持正向善”做到“舍己从众、便利从心”，全体职工要携手同心、相向而行，大家心往一处想、劲往一处使，一点点进步、一步步改善、一件件落实，支撑马钢竞争力持续提升。高海建强调，党建工作是国有企业的“根”和“魂”，也是提升竞争力的关键所在。马钢各级党组织必须落实好“两学一做”学习教育常态化、制度化各项举措，在深度融入生产经营的过程中，不断加强和改进马钢党的建设,为马钢持续提升竞争力提供坚强政治保证和组织保证。高海建要求,必须把思想政治建设摆在首位,坚持用党章党规、党的创新理论,拧紧党员干部理想信念的“总开关”,充分发挥“关键少数”的示范带动作用,把提升企业竞争力的行动和成效作为检验真学实做的一项“心指标”;必须深化矩阵式党建工作,把党建工作紧紧融入、牢牢嵌入生产经营全过程,更好地发挥党建工作对企业生产经营和改革发展的促进作用;必须坚持改革创新,在深化企业改革上下真功夫、用新办法,敢于闯难关、敢于涉险滩、敢于啃“硬骨头”,善做善成、抓紧抓实,确保在今年的改革中实现新突破、取得新成效。高海建最后强调,市场竞争愈演愈烈,只有具有竞争意识,敢于竞争、善于竞争、赢得竞争,才能加快发展、开创未来。高海建表示,通过持续开展企业竞争力分析,不断将粗放式、碎片化管理变成精益式、体系化管理,马钢的竞争能力一定会显著提升。他号召全体职工,抓住历史机遇,开启新的长征,为把马钢建成品牌马钢、效益马钢、美好马钢而努力奋斗。

(崔家冀)

【马钢集团公司十八届二次(股份公司八届二次)职工代表大会召开】 马钢集团公司十八届二次(股份公司八届二次)职工代表大会于2017年12月28至29日在马钢会堂召开。大会应到代表597名(其中:集团公司代表267名,股份公司代表330名)。

大会听取和审议了集团公司总经理、股份公司董事长丁毅所作的题为《以党的十九大精神为指引、加速提升创新竞争力、奋力实现新时代马钢全面精益运营的新跨越》的工作报告;集团公司党委常委、工会主席张晓峰作了题为《集团公司十八届一次(股份公司八届一次)职工代表大会以来民主管理工作报告》。集团公司董事长、党委书记魏尧发表了题为《深入贯彻习近平新时代中国特色社会主义思想、为推动马钢实现高质量发展而不懈奋斗》的重要讲话。

大会期间,代表们听取和审议了《集团公司2017年社会保险以及企业年金、住房公积金缴费和管理情况的报告(含股份公司)》《集团公司2017年职工福利费使用情况和2018年使用方案的报告》《集团公司2017年业务招待费使用情况的报告》《集团公司2018年绩效考核方案》《集团公司职工董事工作报告》《集团公司职工监事工作报告》《股份公司职工福利费2017年使用情况和2018年度使用方案的报告》《股份公司2017年业务招待费使用情况的报告》《股份公司2018年生产经营绩效考核方案》《股份公司职工监事工作报告》。大会审议通过了《关于丁毅同志工作报告的决议》《集团公司2018年职工福利费使用方案》《股份公司2018年职工福利费使用方案》,并对集团公司和股份公司领导人员进行了民主评议。

(江　宁)

专 文

深入贯彻习近平新时代中国特色社会主义思想 为推动马钢实现高质量发展而不懈奋斗

——在马钢(集团)控股有限公司十八届二次(马鞍山钢铁股份有限公司八届二次)职工代表大会上的讲话

魏 尧

(2017 年 12 月 29 日)

马钢(集团)控股有限公司十八届二次(马鞍山钢铁股份有限公司八届二次)职工代表大会,圆满完成所有议题,即将胜利闭幕。这次大会是在公司上下深入学习贯彻党的十九大精神、积极抢抓供给侧结构性改革机遇、努力建设马钢美好家园的关键时期召开的一次十分重要的会议。会议期间,丁毅同志代表公司所作的工作报告,对今年工作进行了客观总结,对明年工作作了全面部署。全体代表进行了热烈而富有成果的讨论,审议通过了职代会报告等重要文件,提出了许多建设性意见和建议,公司将认真研究并积极予以吸纳。

回顾 2017 年,在省委省政府的正确领导和省国资委党委及方方面面的关心支持下,公司牢牢抓住市场机遇,因势而谋、顺势而为、乘势而上,企业盈利水平创出新高,职工收入明显增长,企业形象持续提升,展现了一个充满希望、充满力量的马钢,也展现了马钢转型升级、健康发展、建设美好家园的光明前景。这既得益于去产能、清除“地条钢”等国家政策的落地,得益于钢材市场的好转,也得益于公司上下的艰苦奋斗、共同努力。

不久前召开的党的十九大和中央经济工作会议,作出了中国特色社会主义进入了新时代、我国经济发展也进入了新时代的重大判断。新时代经济发展的基本特征,就是由高速增长转向高质量发展。高质量发展,就是能够更好满足人民日益增长的美好生活需要的发展,是体现新发展理念的发展,是创新成为第一动力、协调成为内生特点、绿色成为普遍形态、开放成为必由之路、共享成为根本目的的发展。

推动高质量发展,就要建设现代化经济体系,这是我国发展的战略目标。实现这一战略目标,必须牢牢把握高质量发展的要求,坚持质量第一、效益优先;牢牢把握工作主线,坚定推进供给侧结构性改革;牢牢把握基本路径,推动质量变革、效率变革、动力变革;牢牢把握着力点,加快建设实体经济、科技创新、现代金融、人力资源协同发展的产业体系;牢牢把握制度保障,构建市场机制有效、微观主体有活力、宏观调控有度的经济体制。推动高质量发展是当前和今后一个时期确定发展思路、制定经济政策、实施宏观调控的根本要求,也是马钢贯彻新发展理念、实施创新驱动、加速转型升级的重要遵循。我们要不忘初心,继续前进,以党的十九大精神为指导,深入学习贯彻习近平新时代中国特色社会主义思想、特别是习近平新时代中国特色社会主义经济思想,落实省五大发展行动计划,推动马钢实现高质量发展。

即将到来的 2018 年,是贯彻落实党的十九大精神的开局之年,是改革开放 40 周年,也是马钢成立 60 周年,做好明年各项工作意义十分重大。总体来看,我国宏观经济环境仍将保持稳中向好的发展态势,钢铁产品需求保持相对稳定。但产能严重过剩、供需失衡的矛盾不会根本解决,钢铁企业必须抓住历史机遇期,推动质量变革、效率变革、动力变革,实现更高质量、更高性能、更优服务。我们要观大势、谋全局、干实事,树立强烈的忧患意识,居安思危,未雨绸缪,创新驱动不松懈、转型发展不停步。必须坚持稳中求进工作总基调,把稳和进作为一个整体来把握,该稳的要稳住,该进的要进取,既不能被动应付、不思进取,也不能急躁冒进、急于求成。必须积极投身“三大攻坚战”,打好防范化解重大风险攻坚战,提高内控体系运行有效性,防范资金、安全、环保、质量、稳定等各类风险;打好精准脱贫攻坚战,坚决履行国有企业的社会责任;打好污染防治攻坚战,践行“绿水青山就是金山银山”的理念,抢抓环保刚性执行为国有大型企业创造出的利好和市场机遇,坚定不移去产能,积极主动调结构,全方位推进绿色发展,打赢蓝天保卫战,巩固可持续发展优势。必须坚持以新发展理念统领发展全局,牢牢把握高质量发展这个根本要求,突出问题导向,系统梳理短板,制定针对性解决方案,强化创新驱动,推进全面精益运营,打响马钢品牌。

关于明年的工作,职代会报告已作了全面部署,希望大家认真抓好落实。下面,我就推动马钢实现高质量发展,讲五点意见:

一、大力实施创新驱动发展战略,加速提升创新竞争力

创新是引领发展的第一动力,是企业核心竞争力的源泉。抓创新就是抓发展,谋创新就是谋未来。我们抓发展、抓转型,推动结构调整转型升级,提高经济运行的质量和效益,核心就是创新。谋划工作必须把发展的基点放在创新上,大力实施创新驱动发展战略,坚持不懈做强品牌,增强企业创新力和竞争力。一要强化观念创新。省委李锦斌书记多次指出,“创新理念上的差距是最大的差距,创新发展上的短板是最大的短板”,“大创新大发展、小创新小发展、不创新难发展”。我们要把观念创新作为创新的首要任务,拓展全球视野、强化开放思维、树牢创新意识,进一步谋划好推动马钢高质量发展的思路、举措,实现资源配置最优化和整体利益最大化。二要强化全产业链创新。立足于提高钢铁产业供给体系质量,瞄准国内外一流企业,深入对标,练好内功,奋力赶超;立足于推动多元产业上台阶、上水平,推进上下游产业链延伸,高度重视金融产业发展,加快推进智能制造,充分运用 PPP、多式联运、托管运营等新型商业模式,培育新的效益增长点;立足于提升国际化经营水平,积极融入“一带一路”等国家战略,坚持引进来、走出去,不求所有、但求所用,有效利用外部人才、资金、资源等各类要素,做到优势互补、开放合作、借力发展、共赢未来。三要强化两场创新。既要聚焦现场,着力调动管理人员、技术人员和一线操作职工的积极性;又要聚焦市场,坚持以满足客户需求为导向,深化 EVI 服务,为客户提供个性化产品和系统解决方案。四要强化协同创新。优化整合创新资源,围绕集团产业创新和钢铁产品创新,建立集团技术资源等各种资源共享的研发体系和协同创新体系;坚持以需求为牵引,强化应用技术研究和产业化的有效衔接;完善激励机制,激发各类人才创新潜力。

二、扭住关键深化改革,持续激发企业内在活力

始终坚持把改革作为最大的红利,牢牢把握社会主义市场经济改革方向,与时俱进深化改革,力争在重要领域和关键环节取得决定性改革成果,持续释放改革红利,做强做优做大国有资本。一要增强改革意识。习近平总书记指出,改革开放只有进行时没有完成时。我们要充分认识到深化改革对于马钢转型升级、健康发展的重要性、紧迫性,真正树立“将改革进行到底”的坚定意志和必胜决心。二要抓好顶层设计。改革方案质量好坏,是改革方向是否正确、改革举措能否落地见效的关键。要以全局观念和系统思维谋划改革方案,既做到贯彻落实上级改革任务与推动自身发展有机结合,又确保改革举措聚焦关键问题、满足职工期盼。对重要改革方案,要加强科学论证,征求多方意见,制定配套文件,确保成熟一个、推出一个、成功一个。三要力求重点突破。深化供给侧结构性改革,坚定不移落实国家去产能政策要求,大力破除无效供给,统筹好工作、落实好任务、争取好政策、运用好资金,坚决打赢化解钢铁过剩产能攻坚战;以建设规范高效的国有资本投资运营集团为方向,完善集团管控模式,拓宽模拟职业经理人、层级管理试点范围,提高国有资本效率;以发展混合所有制经济为重点,积极引入优质战略投资者,大力推进子公司产权多元化改革,深入推进股权投资,加快资产证券化步伐。与此同时,要统筹好改革改造,组织实施一批重点技术改造项目,推动马钢体制机制增活力、工艺装备上水平、产品质量大提升。

三、坚持人才兴企,夯实企业可持续发展根基

人才是实现民族振兴、赢得国际竞争主动的战略资源,是企业的第一资源。实现马钢高质量发展必须依靠人才。我们必须树立强烈的人才意识,寻觅人才求贤若渴,发现人才如获至宝,举荐人才不拘一格,使用人才各尽其能,重点关注素质提升和结构优化,大力弘扬竞争文化,着力完善人才发展机制,健全灵活的用人方式、用人机制、激励模式,使各类人才创业有机会、干事有平台、发展有空间,为推动高质量发展提供强有力的人才支撑。一要打造走在时代前列的科技人才队伍。实现企业高质量、可持续发展,需要一批和时代共同进步、始终走在时代前列的科技人才队伍。我们既要创新“政产学研用”合作机制和高素质人才引进机制,搭建平台让外部资源为我所用;又要在内部人才培养和使用上大胆创新,打通成长通道,拓展成长空间,完善事业留人、待遇留人、感情留人的机制,让各类人才的创造活力竞相迸发、聪明才智充分涌流。广大科技工作者要树立全球化视野,聚焦市场现场解决实际问题,支撑当期效益;加强前瞻性技术研究,引领未来发展。二要锤炼技能过硬的产业工人队伍。产业工人是创新驱动发展的骨干力量。要按照政治上保证、制度上落实、素质上提高、权益上维护的总体思路，大力弘扬精益文化和工匠精神，推进新时期产业工人队伍建设，造就一支有理想守信念、懂技术会创新、敢担当讲奉献的产业工人队伍。三要建设高素质专业化干部队伍。坚持正确选人用人导向，注重在基层一线培养锻炼干部、在基层一线选拔使用干部，做到以发展论英雄、凭实绩用干部；加大干部轮岗交流力度，强化干部岗位培训，提高干部队伍适应马钢高质量发展要求的素质和能力；坚持严管和厚爱结合、激励和约束并重，完善干部考核评价机制，为干部大胆创新探索撑腰鼓劲，不断激发干事创业活力。

四、坚持共建美好家园，共享改革发展成果

党的十九大报告强调，“必须始终把人民利益摆在至高无上的地位，让改革发展成果更多更公平惠及全体人民”。马钢是全体职工赖以生存、享受美好生活的共同家园。我们要坚持发展为了职工、发展依靠职工、发展成果由职工共享，大力弘扬家园文化，团结带领广大职工共建美好家园、共享美好生活。一要激发职工主人翁热情。坚持全心全意依靠职工办企业，通过深化改革、结构调整、产业发展等途径，积极为管理、技术业务、操作维护三支职工队伍搭建“有事做、有活干”的平台；完善考核激励奖惩机制，强化全员担当意识，“让每一名职工都视厂如家”，激发全体职工干事兴业的积极性和主动性。二要保障职工民主权益。健全以职代会为基本形式的民主管理制度，深化厂务公开，发挥好广大职工参与民主管理、民主决策和民主监督的积极作用，落实好职工群众知情权、参与权、表达权、监督权。三要增进职工安全感获得感。就业就是民生，稳妥做好去产能和深化改革过程中转岗职工的再培训、再就业，维护职工的劳动权、就业权；安全就是福利，牢固树立“发展决不能以牺牲人的生命为代价”的思想，建立完善安全生产责任制体系，强化外来单位监督管理，抓好重大危险源（点）管控，切实防范重特大安全生产事故的发生，创造良好的安全工作环境；收入就是保障，建立健全工资总额与效益挂钩浮动机制，让改革发展成果更多惠及全体职工。

五、坚定不移全面从严治党，展示新形象新作为

习近平总书记指出，坚持党的领导、加强党的建设是我国国有企业的光荣传统，是国有企业的“根”和“魂”。我们必须准确把握新时代党的建设总要求，充分发挥党组织的领导核心和政治核心作用，把方向、管大局、保落实，为实现马钢高质量发展提供坚强有力的政治保证。一要旗帜鲜明讲政治。坚持以习近平新时代中国特色社会主义思想武装头脑，坚定维护以习近平同志为核心的党中央权威和集中统一领导，牢固树立“四个意识”，切实做到“五个纯粹”，始终在思想上政治上行动上同以习近平同志为核心的党中央保持高度一致。二要抓好正面舆论宣传。深化形势任务教育，组织开展好典型宣传、专题宣传和网络宣传，提高新闻舆论的传播力、引导力、影响力和公信力。三要打造基层坚强堡垒。以提升组织力为重点，深化基层党组织标准化建设，把各级基层党组织建设成为宣传党的主张、贯彻党的决定、领导基层治理、团结动员职工、推动改革发展的坚强战斗堡垒。四要持之以恒正风肃纪。持续加强作风建设，继续整治“四风”问题；完善巡察工作制度，实现巡察全覆盖；强化监督执纪问责，运用监督执纪“四种形态”，抓早抓小、防微杜渐；加强纪律教育，强化纪律执行，为实现马钢高质量发展提供有力的纪律保证。

新时代，新目标，新征程。让我们以永不懈怠的精神状态和一往无前的奋斗姿态，真抓实干，埋头苦干，为推动马钢实现高质量发展而不懈奋斗！

以党的十九大精神为指引　加速提升创新竞争力　奋力实现新时代马钢全面精益运营的新跨越

——在马钢(集团)控股有限公司十八届二次(马鞍山钢铁股份有限公司八届二次)职工代表大会上的报告

丁　毅

(2017年12月28日)

回顾与总结

即将过去的2017年,是马钢发展历程中极不平凡的一年。一年来,我们以迎接党的十九大胜利召开和学习贯彻党的十九大精神为牵引,紧紧围绕“坚定不移深化改革、坚持不懈做强品牌”工作主题,全面发力、重点突破、纵深推进,取得了备受瞩目的骄人业绩,谱写了浓墨重彩的崭新篇章。

——我们创造了盈利水平新纪录,集团利润总额创出历史新高。

——我们创造了高效生产新水准,主要产品产量全面迈上新台阶,大高炉长周期稳定顺行,重点产线效率明显提升。

——我们创造了改革管理新突破,模拟职业经理人、员工持股、层级管理试点推行,管理创新、科技创新成果丰硕。

——我们创造了美好家园新气象,家园文化、精益文化、竞争文化深入人心,绿色马钢深入创建,职工收入大幅增长,企业凝聚力、行业影响力显著增强。

回顾一年来的工作,我们牢牢抓住供给侧结构性改革政策机遇,系统谋划“1345”品牌建设工程,强化顶层设计、落实推进机制,导入培育体系、发布品牌规划,开展系统培训、营造浓厚氛围,全力打造钢铁强势品牌、多元个性品牌、管理精益品牌和文化特色品牌,既在硬指标上取得新突破,也在软要素上实现再提升,推动马钢迈上了新时代转型发展的新平台。全年生产成品矿760万吨、铁1817万吨、钢1971万吨、钢材1857万吨;预计集团实现营业收入802亿元,利润总额58亿元。具体来说,体现在四个方面:

一、全力打造钢铁强势品牌,相对竞争优势巩固提升

产品结构持续优化。紧盯战略客户需求,扩大高附加值产品比重,预计全年品种钢比例49.3%,新产品开发销售量286万吨,产品结构调整增效5.9亿元。持续巩固轮轴产品领先优势。预计全年车轮及环件销量16万吨,比上年增长25%;获铁标货车轮订单6.6万吨,销售大功率机车轮5000件、轮对2800套;开发轮轴新产品98个。有效拓展板带产品后发优势。预计全年销售汽车板230万吨,汽车面板、高强汽车板分别比上年增长78%、20%;销售硅钢56万吨,W470及以上高牌号硅钢占比18%;成功开发DP980高强钢、冷轧搪瓷钢、新能源汽车电池壳钢等高端产品;汽车板通过上汽通用、东风、中国一汽认证,家电板通过美芝认证,硅钢和磁极钢产品通过哈电集团认证,油井专用管通过宝鸡钢管认证。充分发挥长材产品传统优势。预计全年外销H型钢140万吨(高附加值造车材19万吨)、工业线材30万吨、特钢47万吨;专用车鹅颈用热轧H型钢、2000兆帕级高强度钢丝绳用钢填补国内空白;H型钢通过韩国工业标准和俄罗斯质量标准认证。

市场经营抓住商机。市场研判积极有效。经营决策体系不断完善,分品种的市场分析及价格监测体系建立运行,两头市场趋势研判准确性进一步提升。精益采购深入实施。“广开大门、提高标准”的要求有效落实,安全、稳定、高效、可持续、有竞争力的供应链建设稳步推进,二方、三方审核不断扩大;内部供应链系统联动一体化持续加强,矿石、煤焦等大宗资源实现低库存、安全保供常态化运营;采购策略动态优化,预计全年采购降本2.7亿元。服务+技术型营销持续深化。新开发中车集团、东风汽车、沃特玛、西门子电机等重点客户和战略客户115家;“五位一体”客服体系功能有效发挥,APQP项目组和EVI应用技术服务成效明显;板带产品网上接单系统成功运行,客户移动服务平台基本建立,电商平台销售增量明显。国际化经营有力推进。预计全年钢材出口105万吨;与瓦顿的技术融合和营销协作不断加强,获力拓公司维修车轮订单1.4万件、德铁轮对订单4200套,拓展南非、印度、马来西亚等新兴市场;H型钢应用于非洲蒙内铁路、科威特国家石油公司项目。

精益制造提质增效。生产实现稳定高效。完善高炉体检、预警和应对制度,强化配煤配矿和原燃料质量管控,铁前稳定顺行超过1300天,经济技术指标不断改善;2号、3号高炉大修后实现快速达产。充分释放关键产线效能,四钢轧炼钢平均日产突破80炉,2250轧线月产突破49万吨,特钢实现满负荷生产;降低铁钢比,累计增产钢30万吨;优化产线分工和计划排程,板带订单条目兑现率同比提高0.5个百分点。产品质量明显提升。持续开展工艺及装备技术攻关,加强质量流程管控,强化质量责任追溯和专业考核,预计全年吨材质量损失比上年下降0.62元,质量异议起数比上年下降41%。系统经济运行持续深化。推进关键产线设备综合效率评价(OEE),强化运行稳定性和功能精度技术攻关,设备运行保障能力不断提高;优化检修模型,柔性组织重点检修项目,深入推进区域总包;拓展备件零库存和功能总包范围,预计全年资金占用比上年下降1.4亿元。深入推进节能降耗,预计全年吨钢综合能耗583kgce/t,比上年下降14kgce/t;四钢轧1号转炉、三铁B号高炉在全国性对标竞赛中分获“冠军炉”和“优胜炉”称号。去产能有效落实。主动关停1座500立方米高炉和1座40吨转炉,退出炼铁产能62万吨、炼钢产能64万吨,顺利通过省市验收和国家抽查;积极争取政策支持,用好用活奖补资金,人员安置稳妥有序。

二、全力打造多元个性品牌,竞相发展格局初步形成

经营绩效明显改善。坚持“四个结合”、处理好“五个关系”,加快多元发展上台阶、上水平,七个板块全面实现经营性盈利,预计全年多元产业营业收入219亿元,净利润14亿元。矿业公司、财务公司、新型建材利润总额均超过1亿元,欣创公司、物流公司利润总额均超过5000万元,投资公司、资产经营公司综合收益均超过5000万元,检修公司实现经营性扭亏。

主营业务加快发展。矿产资源业板块,深化经营型矿山建设,推进柔性生产和提质降杂增效,预计全年精矿平均品位65.1%,比上年提高0.5个百分点;罗河矿成本、品位、效益指标均处于板块第一位。工程技术板块,推进TRT、磨辊间运营总承包和烧结、球团、1580、2250轧线设备运营总承包,高效完成2号高炉大修等重点工程及各类应急抢修,承揽博望河综合整治、湖北襄阳高铁站钢结构等6个外部工程项目。贸易物流板块,加快打造5A级综合服务型物流企业;加强汽运、航运、港务、仓储一体化联动,支撑股份公司物流降本3000万元;推进长协矿落地销售、铁矿石期现结合轮库交易,贸易收入比上年增长43%。节能环保板块,联合中冶华天成功中标马鞍山市区水系治理项目,成功托管铜陵旋力特钢环境设施,建成运营山西“七一”煤矿瓦斯发电项目。金融投资板块,成功开展产业链客户买方信贷和上游客户票据贴现、应收账款保理业务,进一步盘活闲置和低效存量资产,有效开展资本与股权投资运作。信息技术板块,保产服务能力持续提升,新兴业务稳步发展,外部合同额首次突破1亿元。新材料及化工能源板块,矿粉营销服务和市场协同水平持续提升,耐材总包定价模式不断完善,还原铁粉产销量创历史新高;奥瑟亚收入和利润大幅增长,金马能源、盛隆化工获得良好投资收益。

企业活力不断激发。资源整合有序推进。电气修造公司整合到检修公司,华阳设备诊断公司整合到欣创公司,钢结构公司和检修公司的工程机械、吊装物流业务专业化整合正在实施。剥离整合化工业务,组建化工实体。深化矿粉资源区域整合,实现水渣全加工。合资合作深入拓展。完成表面技术公司股权多元化改革,推进设计院、检修公司引战投工作。合资设立瑞泰马钢新材料科技公司、南大马钢环境科技公司、中冶华欣水环境治理公司、安徽马钢防锈材料公司,全年引入资金5.9亿元。资产证券化步伐加快。欣创公司挂牌“新三板”,以项目管理的方式加快推进4家单位挂牌上市前期工作。

创新能力有效提升。产品创新实现突破。成功开发贴标签机器人、雾化器、新型移动带式输送机、超音速喷涂炉辊、高等级还原铁粉等新产品,被认定为省高新技术产品12项。服务模式创新取得实效。8个APQP和10个EVI项目扎实推进,设备运营和技术服务总承包力度加大,PPP、EPC等运营模式有效拓展,多式联运成为国家示范项目。资质增项升级加速推进。工程技术板块获建筑工程施工总承包特级资质、钢结构专业承包一级资质,节能环保板块获环境工程设计乙级资质、环境第三方检测CMA资质。

三、全力打造管理精益品牌,系统性和成熟度持续

提升

深化改革稳步推进。加强改革顶层设计。建立例会制度,系统谋划改革方案,梳理改革清单,推动改革落地。扎实开展改革试点。2家单位入选省首批深化改革创新发展试点,3家单位试点推行模拟职业经理人、合肥公司试点实施层级管理、粉末冶金公司试点开展员工持股。持续深化"授权组阁、竞聘上岗"。开展了公司部分中层副职管理人员、财务总监以及电气修造、马建、新型建材经营团队竞聘工作。不断优化考核体系。完善绩效考核办法,推进"双百分"综合考核,实施重点工作专项激励。

人力资源优化不断深入。坚持稳中求进、系统推进、精准施策、补齐短板,通过产线定员对标、统一两级机关设置标准、实施大工种区域化作业、完善离岗安置政策、补充新员工等途径,预计全年优化人力资源3826人、在岗人员净减少3287人。完善分类分层培训体系,实施重点人才培养工程。规范高层次人才聘用管理,市场化引进2名关键技术人才,增补12名高级技术主管和39名首席技师。推进劳务集中管理和优化整合,集团层面规范的劳务协同平台基本构建。

体系管理加速拓展。集团公司申报省政府质量奖和8家单位申报市长质量奖工作积极推进,股份公司对标管理、质量和环境管理体系换版工作有效开展,多元产业标杆管理、"三标一体化"和内控体系建设全面启动,3项成果获冶金行业现代化管理创新成果一等奖,矿业公司成为冶金矿山首家"三标一体化"管理体系认证企业。系统构建两化融合体系,协同办公平台、集团本部财务信息化系统及工程技术集团"业财一体化"ERP系统上线运行,股份一体化计划系统和质量管理信息化系统(IPS&QMS)、矿业公司财务共享中心加快建设。

专业管理持续加强。深化技术创新管理。承担国家、省级在研项目16项,获冶金行业科技进步奖一等奖1项、省科技进步奖4项;主持制修订并发布国家标准和行业标准8项,获授权专利313项。优化资金管理。香港公司实现独立融资,市场化债转股稳步实施,集团公司10亿元中票和股份公司30亿元短融成功发行,争取政策资金16.2亿元。加强工程建设管理。高速车轴生产线、合肥板材镀锌线、南区钢渣综合利用、还原铁粉节能技改等项目建成投产,重型H型钢、中型材升级改造、特钢优棒、瑞泰马钢新材料制造基地等项目开工建设。强化安全环保管理。深入落实安全生产责任制,扎实开展"百日除患铸安"专项行动和外来单位安全专项整治,安全生产态势总体平稳;严格落实环保刚性要求,顺利通过中央环保督察,股份公司被认定为首批国家级"绿色工厂"。深化精益现场管理。着眼于建设精益工厂,成立TnPM专项改进小组,全面启动多元板块现场环境专项整治。

四、全力打造文化特色品牌,凝聚力和美誉度显著提高

文化引领持续加强。深入推进家园文化、精益文化、竞争文化建设,加强多元板块子文化建设;隆重举行"9·20"马钢纪念日升旗仪式暨新区投产十周年庆典,广泛开展年度人物宣传,成功举办"钢铁家园、精彩无限"大型宣演活动和首届职工健身运动会,职工的家园认同感和自豪感进一步增强。

企业形象明显提升。发布公司宣传片、重点产品和多元产业宣传画册,实施重点区域美化亮化提升工程,启用新版工作服。联合开展"感受江南一枝花"大型网络视频直播,组织参与质检总局企业品牌价值第三方评价,积极参加第十七届中国国际冶金工业展、第五届全国品牌故事大赛并获最佳组织奖。

企业执行力显著提高。运用卓越绩效方法,建立从制定战略行动计划、签订目标责任书、开展竞争力分析、推进战略执行评审到发布精益运营案例的工作落实推动机制,做到工作有目标、任务有分解、过程有跟踪、效果有评价、贡献有奖励。

全员创新创效不断深化。大力弘扬劳模精神和工匠精神,深入开展马钢劳模、杰出工匠、优秀工匠评选活动,组织开展第八届职业技能竞赛。搭建职工岗位创新创效平台,4个工匠基地建成投用。深化群众性经济技术创新活动,成功举办首届职工创新成果发布会,初步构建"六位一体"职工经济技术创新模式。扎实推进"品牌就在身边工程",营造了"人人树品牌、处处创品牌"的浓厚氛围。

共建共享有力体现。深入落实民主管理和厂务公开。恢复和补缴企业年金,补提企业补充医疗保险,职工收入比上年大幅提升。切实履行社会责任,有效实施精准帮扶,积极开展定点扶贫。

回顾一年来实践,党建强根铸魂充分体现。坚持党的领导加强党的建设成效卓著,"四个意识"切实增强,组织嵌入、程序前置深入贯彻,基层党组织标准化建设全面推进,党委领导核心和政治核心作用充分发挥,为夺取生产经营新业绩提供了坚强政治保证。

回顾一年来实践,蓬勃向上势头充分彰显。从全体干部职工身上,我们深刻感受到了承接使命愿景、建设美好家园的坚定信心,深刻感受到了奋战两大战场、做强马钢品牌的有力担当,深刻感受到了直面困难挑战、持续创新超越的变革意志,深刻感受到了岗位创新创效、全员相向而行的浓厚氛围。这就是信念的力量、文化的力量、变革的力量、团队的力量!在此,我代表公司向全体干部职工表示衷心感谢并致以崇高敬意!

回顾一年来实践,诸多有益经验值得总结。集中体现为:文化引领、战略导向、精益运营、聚焦两场、板块协同、体系支撑、变革突破一以贯之,这是公司取得优异绩效的重要根源,也是公司近年来理念、思路、方法持续深化的重要结晶,更是我们必须长期坚持的基本方略。实践充分证明,无论环境如何变化,强身健体始终是第一位的。我们要多做"打基础、利长远"之事,可能不会立竿见影,但必定能在潜移默化中改变马钢,这是我们获得长久竞争优势的必由之路!

形势与任务

2018年是贯彻党的十九大精神的开局之年。党的十九大报告指出,经过长期努力,中国特色社会主义进入了新时代,这是我国发展新的历史方位;贯彻新发展理念,建设现代化经济体系,必须坚持质量第一、效率优先,以深化供给侧结构性改革为主线,推动经济发展质量变革、效率变革、动力变革,提高全要素生产率,着力加快建设实体经济、科技创新、现代金融、人力资源协同发展的产业体系;深化国有企业改革,发展混合所有制经济,培育具有全球竞争力的世界一流企业。这是在新的历史起点上,以习近平同志为核心的党中央对建立现代化经济体系、发展实体经济、深化国企改革作出的重大部署,为新时代国有企业做强做优做大指明了方向,提供了根本遵循。

纵观外部,钢铁行业面临的主要矛盾已经转化为产业结构与市场竞争需求不适应、绿色发展水平与生态环境需求不适应的矛盾。我们要认真把握面临的新情况新变化:两头市场复杂多变,对经营绩效影响巨大;环保政策刚性执行,对原辅料供应、物流稳定和内部生产带来新的挑战;高端产品同质化竞争、客户"零库存"和原材料深加工流程前移,对品种质量、服务水平和运营能力提出更高要求;钢企兼并重组加速,对未来市场竞争格局产生重大影响;互联网、大数据、人工智能与实体经济深度融合,对钢企"两化融合"带来新的课题。我们必须强化危机意识,着力提高因势而谋、顺势而为的能力,加速产品升级、产业链延伸和国际化经营,奋力抢占钢铁行业新一轮转型发展的制高点。

审视自身,马钢已迈上转型升级、健康发展新平台。主体装备全面大型化现代化,"轮轴、板带、长材"三大类产品基本定型,"1+7"产业协同发展格局基本构建,体系化管理模式有效建立,党组织政治优势充分发挥,家园文化、精益文化和竞争文化深入人心,大钢地位有力巩固,行业影响力明显增强,具备了向更高水平进军的基础和条件。在新的平台上,我们也要清醒看到存在的突出矛盾和问题。从钢铁产业来看,市场研判能力还需提升;高端产品认证和大规模定制化生产需要加速;海外直供渠道开拓和落实国际化经营战略仍有空间;职工年龄、素质、技能结构还不适应产品产线升级和企业转型需要;去产能后的铁钢资源再平衡,对动态优化组产模式、刚性执行销售计划、精准推进高效生产提出更高要求。从多元产业来看,市场化经营意识不够强,发展模式创新和发展步伐不够快,特别是资金投入、大型项目谋划、专业化人才、机制配套等要素的支撑明显不足。从整个集团来看,创新驱动不够有力,板块协同不够高效,精益运营不够系统,特别是与投资运营集团相适应的组织、业务和管理流程还未有效建立。这些问题归结起来,就是"发展不平衡不充分"。我们必须强化问题导向,着力提高驾驭问题、解决问题的能力,突破瓶颈,补齐短板,持续跨越。

新时代需要新思路,新平台需要新作为。应对形势变化、破解发展难题,关键在于加快三个转变:

——要加快钢铁产业由生产制造商向材料服务商转变。聚焦"一三五"产品竞争战略,扩品种、提品质、强品牌,为下游用户提供优质产品、精益服务和系统解决方案。

——要加快多元产业由保产服务型向市场经营型转变。强化资金、资本、资产成本观念,合理授权,自主运营,引入战投,激活机制,推进产业链服务与产业经营相结合,打造若干具有区域或行业影响力的精益产业,引领整体上台阶、上水平。

——要加快集团公司由产业经营型向投资运营型转变。强化集团高效管控,定战略、提目标,搭平台、建机制,作评价、拿收益,统筹资源配置与利益协调,推动产业相互支撑、协同发展、做强做优做大,实现国有资产保值增值。

加快三个转变,关键在于创新,动力在于创新,路径也在于创新。我们必须强化创新自觉,着力提高谋划创新、推动创新的能力,驱动马钢展示新作为、实现新转变、创造新业绩。

基于以上分析,2018年工作思路是:**以党的十九大精神为指引,贯彻中央经济工作会议部署,牢牢把握高质量发展这个根本要求,大力实施创新驱动战略,加速提升创新竞争力,奋力实现新时代马钢全面精益运营的新跨越。**

工作主题是:**加速提升创新竞争力**

创新是引领发展的第一动力,创新竞争力是马钢的品牌定位。应当看到,创新是马钢的基因,创新就是竞争力,竞争力需要创新。

加速提升创新竞争力,必须坚持全面创新。要推进观念创新。坚持人无我有、人有我优、人优我精,做到高品质与低成本、原创性与改良性、现实性与前瞻性有机统一。要推进要素创新。围绕产品、产业、市场、现场、管理、技术、文化等关键要素,通过聚焦市场引领式创新、聚焦现场嵌入式创新、聚焦问题支撑性创新,增强市场力、现场力和问题解决力。要推进环境创新。发挥好现有创新平台作用,运用好创新工具和创新方法,落实好高端人才培养、引进、使用和激励机制,营造好"鼓励创新、宽容失败"的发展环境,充分激发广大职工创新热情。

加速提升创新竞争力,必须坚持全面协同。要强化目标协同。以集团整体利益最大化为衡量,牢固树立一盘棋思想,统筹局部与全局、当期与长远、显绩与潜绩,既要奋力追求当期绩效,也要着力打基础、利长远。要强化工作协同。以系统效率最大化、兼顾相关方利益为方向,促进板块与板块、长江钢铁与股份本部、轮轴本部与马钢瓦顿协同发展,通过优势互补、协同降本、联动创效,实现更高质量、更有效率、更可持续发展。要强化机制协同。完善市场定价、挂钩考核、收益奖励等分配机制,努力健全讲求效率、注重公平的体制机制,共谋发展、共创价值、共享成果。

加速提升创新竞争力,必须坚持全面精益。要树立精益思想。精益不仅仅是制造单元的运营管理方法,也不仅仅是现场管理和环境整治,而是全要素、全流程、全方位的变革,是推动企业持续改善、追求卓越的重要方法、路径和衡量。要明确精益方向。推进采购、研发、制造、营销、人力资源、财务等全价值链精益运营,制造过程建立以"生产效率、品质、交货期、成本、安全、士气"六要素(PQDCSM)为核心的精益评价方法,永无止境追求"零化"目标,业务和管理过程持续提升成熟度。要打造精益流程。各单元、各部门及上下道工序都要树立客户意识,通过系统梳理、动态优化业务、管理和经营流程,建立以客户为中心的运营体系。要锻造精益团队。坚持领导重视、全员参与、造物育人,落实一线职工改善提案、技术技能人员焦点课题和层层精益改善项目,以自下而上的改善力支撑自上而下的经营力。要倡导精益方法。深入推进铁前流程化、钢轧专业化、产业板块化、管理体系化、效率信息化,既要善用精益工具,也要善借外力外智,提高解决问题的能力、效率和效果。要建设精益生态。坚持理念革新、体系构建、项目牵引、机制推动、成果固化,推动"精益"深深根植于全员的思想和行为之中。

各位代表,同志们!在激烈的市场竞争中,惟改革者进,惟创新者强,惟改革创新者胜。我们要始终保持艰苦奋斗、戒骄戒躁的作风,以时不我待、只争朝夕的精神,以全面创新增动力,以全面协同提效率,以全面精益强质量,奋力谱写新时代马钢做强做优做大的崭新篇章,为开创现代化五大发展美好安徽建设新局面作出积极贡献!

目标与措施

2018年总的目标要求是:在同等外部条件下,与上年比,指标有进步、排位不下滑,保持有较强竞争力的经营绩效。

主要目标是:

——成品矿735万吨,铁1830万吨、钢1985万吨、钢材1882万吨。

——集团营业收入800亿元,利润总额40亿元以上。

重点工作措施是:

一、加速提升钢铁产品创新竞争力

聚焦"一三五"产品竞争战略,加快品种升级、结构优化、质量改善,推动产品迈向中高端。

持续深化结构调整。加速"轮轴、板带、长材"三大类产品升级步伐。对轮轴产品,扩大高速车轮、大功率机车轮、地铁车轮、低噪音车轮市场份额,抢占修复市场,实现增量增效;大力开发重载、高速、弹性车轮,加快高速轮对、高速车轴的开发和试制进度。对板带产品,提升高强汽车板、面板及合资品牌供货比例,拓展热成形、激光拼焊等深加工业务;黏住家电行业优质客户,持续开发冷轧、镀锌、酸洗、彩涂等高端产品,拓展高端家电市场;聚焦新能源汽车用钢,加快研发生产薄规格、高磁感、低铁损硅钢产品。对长材产品,瞄准国际重大油气工程、海洋工程、钢结构住宅等市场,开发高耐蚀、耐低温、高强度H型钢,扩大造车材等高附加值产品比例;拓展工业用线棒材市场,重点开发合金冷镦钢、弹簧钢、齿轮钢、轴承钢等产品；特钢产品继续向轨道交通、能源核心设备、汽车、高端制造等用钢领域进军。

巩固提升产品质量。充分发挥APQP项目组和“五位一体”客服体系功能，准确识别客户需求，优化产品设计和过程设计，做好应用技术服务，满足客户个性化需要。建立“不接受缺陷、不制造缺陷、不传递缺陷”生产流程管控机制，强化质量过程控制，严把出厂检验关，着力提升镀锌、连退、硅钢等重点产品质量稳定性；完善板带产品厂际间质量仲裁、确认、回退及质量叫停机制。

大力推进认证工作。以产品认证和体系审核为突破口，大力拓展优质客户订单、形成批量，促进产品结构调整，支撑大规模定制化生产，扩大市场占有率。抓好东风神龙、上汽大众、广汽等高端合资品牌汽车主机厂认证，促进高端客户开发。继续推进轮轴产品国内外认证，扩大出口比例。抓好特钢产品在汽车、城市轨道交通、风电用钢等高端制造领域认证工作。

二、加速提升多元产业创新竞争力

坚持产业链服务与产业经营相结合、规模与效益相结合、专业化与效率相结合、品牌与辐射力相结合、创新与风控相结合，加速上台阶、上水平。

加快向市场经营型转变。要着力“走出去”，切实增强市场意识，依托而不依赖内部市场，聚焦核心业务，集中优势资源，融入全市、辐射周边，黏住优质客户，打响产业品牌。要着力引战投，引入资金、技术和市场，加快推进自动化、表面技术、张庄矿、新型建材资产证券化步伐。要着力强服务，坚持以客户为关注焦点，深化APQP和EVI服务延伸，大力推进全程物流、多式联运、合同能源管理、第三方治理、PPP、EPC、托管运营、功能总包、融资租赁等运营模式，实施客户满意度第三方评价，全方位推进服务增值。要着力抓创新，大力培育拥有自主知识产权的核心技术和产品，加速资质增项升级，增强产业核心竞争力。要着力优平台，完善板块业务、资源协同运营机制，增强协同发展、联动发展能力；加快经营型、专业型、创新型人才培养，注重提升职工队伍整体素质；系统推进体系化管理和信息化建设，实现由“碎片化”向“体系化”转变；健全内控体系，防范资金风险。

矿产资源业板块。完善运营管控模式，系统推进质量、精益、平安、人文、科技、可持续“六大矿山”建设。大力推进提质增效，成品矿综合品位超过65%。强化资源综合利用，提高选矿金属回收率，加快罗河矿硫铜分离。推进桃冲矿转型发展，打造安全稳定辅料保供基地。力争全年营业收入42亿元、利润总额1.5亿元。

工程技术板块。整合优化内部业务和资源，发挥板块协同效应；规范劳务管理，提高人力资源效率。加速引入战投，完成设计院改制，加快检修公司合资合作步伐。围绕产业链服务与产业经营，在提升内部总承包项目运营质量的同时，积极开拓钢结构建筑产业化、市政工程等外部市场。力争全年营业收入36亿元、利润总额1800万元。

贸易物流板块。加快物流资源优化整合，推进汽运、航运、港口、仓储物流专业化总包；依托多式联运示范工程，启动公铁、公水集疏运枢纽中心建设；消除物流系统瓶颈，持续提升物流保产服务水平；积极申报5A级综合服务型物流企业。拓展新的贸易模式和渠道，扩大长协矿落地销售等贸易；以期现结合贸易方式，建立常态化流水库存；发挥上海、澳门子公司区位优势，实现国际贸易业务低成本运营。力争全年营业收入57亿元、利润总额1亿元。

节能环保板块。推行“互联网+集中监控”模式，提升托管运营服务水平。积极拓展外部市场，推进瓦斯发电项目后续工程建设、水环境综合治理项目。加快节能环保技术和产品产业化步伐，实现水处理、大气治理等重点技术自主研发新突破。力争全年营业收入9亿元、利润总额7000万元。

金融投资板块。稳定内部贷款规模，深化产业链金融服务，强化境外资金归集，推进跨境融资，拓展外汇业务；抓住绿色金融机遇，开拓新的融资渠道，降低融资成本。加大股权、证券投资力度，设立基金产品，开办融资租赁公司及保理公司。盘活土地、房产等存量资产，全面完成“三供一业”分离移交。力争全年综合收益5亿元。

信息技术板块。增强信息化技术集成应用服务能力，加快工业机器人产业培育和推广应用，推进安徽工业云平台产业联盟建设，打响马钢自动化品牌。力争全年营业收入4亿元、利润总额3700万元。

新材料及化工能源板块。继续推进矿粉资源区域整合，按期建成瑞泰马钢新材料制造基地项目，加速粉末冶金公司新产线达产达效，做优做大和菱实业包装、车桥、捆带等业务；力争新材料板块全年营业收入23亿元、利润总额1.8亿元。加快化工能源板块资源整合，编制板块发展规划，推进一体化运营，力争全年营业收入27亿元、利润总额1.3亿元。

三、加速提升市场创新竞争力

坚持开拓在市场,服务在市场,创效在市场,构建精益型采购营销新格局。

提升研判创效能力。加强两头市场信息管理,完善市场价格监测体系,建立数据分析模型,提高市场研判准确率,强化市场研判对采购、销售、制造等各环节的引领。

深入实施精益采购。贯彻"广开大门、提高标准"要求,持续打造安全、稳定、高效、可持续、有竞争力的供应链,建立完善适应环保新要求和季节性特点的应急保产预案,推行最优价采购策略,巩固完善供应链各环节有效联动的运行机制,实现系统降本、结构降本。持续对战略供方开展有效评价,对关键供方推行 EVI 服务,健全供应商准入和退出机制。

持续推进精益营销。高效做好销售计划和营销策划。优化直供客户结构,支撑大规模定制化生产。强化战略客户培育,深化 EVI 服务,扩大高附加值产品比例和市场占有率。全面开展客户分级评价,实施差异化营销服务政策,完善产品质量客服体系,促进产销高效对接。持续开展客户满意度第三方评价。

提升国际化经营水平。发挥海外平台功能,注重"借船出海",大力开发海外直供终端和专业贸易商,提高优势产品出口比例,全年出口钢材占股份公司本部钢材总量10%左右。细分海外市场,规避反倾销风险。推进轮轴本部与马钢瓦顿深度融合,深化与中车、铁总的战略合作,加速轮轴产品产业化和国际化进程。

四、加速提升现场创新竞争力

坚持工作在现场,思考在现场,创新在现场,打造精益工厂。

全面创建精益工厂。遵循样板先行、重点突破、全面推进、稳步实施原则,在总结试点经验的基础上,建立评价体系,完善创建机制,拓展创建范围,提升创建水平。

强化稳定高效生产。矿山系统要主动适应市场变化,优化调整产线、工艺和流程,坚持高效化和柔性化组产,充分释放优势产能,为高炉稳定顺行提供支撑。股份公司推行目标计划值管理,促进资源配置最优化和组产效益最大化;铁前系统完善高炉体检、预警和应对机制,加快系统配套工程项目建设,推行高炉长寿技术,持续优化配煤配矿结构,完善环保限产条件下的生产应急预案,实现高水平长周期稳定顺行和指标提升;钢轧系统针对部分产线关停及新产线投产,优化资源配置,降低铁钢比,提高连铸生产效率,确保系统高效联动、生产稳定受控;加强订单管理,优化组产模式和产线分工,实现小批量大规模定制化生产;开展热轧温度和板形控制、热轧产品和镀锌汽车外板一次合格率提升等专项攻关,减少带出品。

提升设备综合效率。深入推进精益 TnPM,强化设备综合效率评价、功能和精度管理,提升设备运行管控能力。推进设备信息化系统升级改造,强化新技术应用,提升设备性能,支撑高端产品制造。完善专业化、市场化保产机制,提高检修效率,确保检修质量。整体推进协议制、功能性总包等备件采购模式,推行供应商管理库存,加大国产化力度,强化修复管理,实现经济高效保供,降低维修费用。优化柔性检修模式,满足组产需要。

提高绿色发展水平。牢固树立"绿水青山就是金山银山"的理念,加快由"要我环保"向"我要环保"转变,系统梳理制约企业可持续发展的环保短板,开展焦炉烟气脱硫脱硝、危废内部处置等技术攻关,快速实施燃煤锅炉超净排放、烧结机尾电除尘提效改造等项目;制定环保限产应急预案,坚持环保设施与主体设施同步运行,全过程控制污染物的产生和排放,持续提升环境绩效。以降低吨钢综合能耗为目标,围绕管理节能、结构节能、技术节能,完善能源精益化运营管控模式;按计划有序关停 2 座高炉和 2 座转炉;推进能源信息化建设,大力推进合同能源管理,快速实施煤调湿等一批节能降耗项目,提高二次能源利用率,全年吨钢综合能耗降至 580kgce/t 以下。

五、加速提升管理创新竞争力

围绕"三个转变",聚焦核心问题,以项目化管理为抓手,完善管控模式,优化资源配置,推进流程再造,提升专业管理,不断增强企业发展活力。

模拟国有资本投资运营集团运作。强化集团管控顶层设计。坚持党的领导,完善分类管控模式,优化组织设置,强化权责对等,构建界面清晰、管控科学、运行有效的母子公司架构,完善各司其职、各负其责、协调运转、有效制衡的法人治理结构。坚持定战略、提目标。健全集团战略闭环管理机制,深化战略宣贯、推动战略承接、强化战略执行、评估战略绩效,支撑集团战略目标有效落地。坚持搭平台、建机制。坚持增强活力与强化监管相结合,进一步落实板块发展公司分管领导负责制,完善子公司法人治理结构,推进董事会规范化建设,扩大模拟职业经理人制度试点范围,增强活力,传导压力,激发动力。遵循市场机制有效、微观主体有活力、宏观调控有度,完善内部市场化经营机制,矿石、钢材、耐材等产品按市场价格定价，适时动态调整；内部服务实行基本服务价格与产线效率效益挂钩相结合的定价方式；内部工程推行 EPC 工程总包及工程招标定价；实施费用单位模拟子公司运作，进一步激发自主经营活力、创造力和市场竞争力。坚持作评价、拿收益。改进考核体系和办法，强化目标管理、对标考核、分类考核，建立工资总额与效益挂钩浮动机制，推行经济增加值（EVA）考核，加大外部创收创效提奖力度，有效发挥绩效考核导向作用。健全投资收益机制，强化集团资金、资产、资源有偿使用，建立集团资产收益机制和内部资产合理流动机制，落实子公司分红政策，提高分红比例。

提升品牌培育管理体系运行效果。完善品牌培育管理体系，建立品牌评价体系，创建品牌培育示范企业。构建品牌培训体系，打造品牌培训师队伍，提升品牌专业人才队伍职业素养。整合品牌营销传播体系，统一策划传播途径、传播活动，塑造具备创新竞争力的品牌形象。以“品牌就在身边工程”为抓手，持续营造全员创品牌的浓厚氛围。

持续优化人力资源。进一步提高劳动生产率。深化股份公司产线对标和矿山系统流程再造、区域整合，提高人力资源效率；进一步优化整合劳务资源，提高集中度。优化人力资源结构。重点改善员工年龄与素质结构，加大关键岗位新员工补充和高端紧缺人才引进力度，稳妥安置去产能人员，开展优秀劳务工转录试点工作。深化人才培养开发。完善分类分层培训体系，构建员工岗位胜任能力模型，探索以项目管理方式开展针对性培训，促进精益方法推广运用和职工技能素质持续提升；试点推行培训学分制；持续推进技术技能专家和技能大师队伍建设。推进人力资源管理变革。完善多元产业人力资源管控模式，推进子公司劳动关系规范管理；探索推行研发人员、自动化公司层级管理试点。

系统推进精益流程建设。持续优化流程。坚持以服务对象为中心，强化“下道工序就是客户”的理念，系统梳理、精心设计、持续优化内部流程，降低管理成本，提高管理效率。坚持体系化管理。钢铁产业纵深推进，多元板块全面推行，实现管理由“碎片化”向“体系化”转变；推进综合管理体系全覆盖，建立自评价机制，确保集团公司和主要子公司通过“三标一体化”管理体系认证；深入推进卓越绩效管理，集团申报省政府质量奖，8 家试点单位争创市长质量奖；持续推进内控体系建设，有效防范各类风险。强化信息化支撑。加快建成集团财务集中核算和共享中心，推进板带产品 IPS 和 QMS 项目、轮轴产品 QMS 系统等“两化融合”项目。实施专业化整合。重组香港公司，打造境外投融资、贸易、人才培养及管理平台；整合股份公司计量业务，争创国家计量标杆企业。

持续提升专项管理水平。多渠道降低资金成本。拓展融资渠道，优化融资结构，扩大境外融资规模；严格控制存货和应收账款资金占用，推进中期票据、可交换债发行和市场化债转股，降低资产负债率和财务费用；提高子公司融资能力；积极争取各类政策资金支持。强化项目投资管控。按照“注重回报率、严把立项关、强化后评价”的思路，统筹推进项目投资和工程建设管理；建立项目经理负责制，强化项目后评价和责任追溯；加强过程管控，确保重型 H 型钢、硅钢升级改造等项目有序推进，特钢优棒、中型材升级改造、凹山总尾矿库安全避险等项目按期建成。加强安全生产管理。坚持党政同责、一岗双责、齐抓共管、失职追责，建立安全生产责任清单，强化安全生产责任制刚性执行；加强安全管理专业队伍建设；巩固外来单位安全专项整治成果，规范外来单位及人员安全管理，切实提高安全生产绩效。

六、加速提升技术创新竞争力

把技术创新摆在更加突出的位置，以增强自主创新能力为核心，聚焦市场、现场和问题，加大技术创新力度，支撑品牌建设，培育马钢可持续发展优势。

加强技术创新体系和研发平台建设。完善技术创新体系，探索建立集团技术资源共享机制，将技术中心打造成钢铁材料、绿色制造、应用技术、共性技术的综合研发平台；探索建立多元产业专业技术创新平台，加强多元产业技术创新管理，提高集团整体协同创新能力。加大国家、省及行业研发平台建设力度，整合研发资源，加快科研大楼建设，完善科研基础设施，申报国家级技术创新中心；强化经费保障，研发费用比上年增长 10%；完善技术创新激励机制，调动技术人员投身研发的积极性和主动性。

加快技术创新关键领域突破。聚焦轨道交通、重型 H 型钢、汽车新材料、绿色生产、智能制造等战略产品和关键技术，实施一批重大技术创新项目。强化钢铁及多元板块综合性、基础性、前瞻性研究。完善“政产学研用”技术创新机制，大力推进开放性协同创新，加快关键技术突破。

完善知识产权管理。健全技术创新、知识产权与技术标准互动支撑机制，深入实施知识产权战略，围绕市场和国际化经营推进专利布局,提高知识产权的创造、运用、保护和管理能力。以知识产权分享机制为纽带,促进创新成果知识产权化。

七、加速提升文化创新竞争力

坚持以文化力提升竞争力,推动马钢特色文化创造性转化、创新性发展,培育更基础、更广泛、更深厚的文化自信,厚植造物育人土壤,持续增进职工获得感。

牢牢掌握意识形态主动权。意识形态决定文化前进方向和发展道路。围绕"学懂、弄通、做实"要求,全面深入学习宣传贯彻党的十九大精神,扎实开展"不忘初心、牢记使命"主题教育,推动习近平新时代中国特色社会主义思想深入人心。坚持正面舆论导向,加强形势任务教育和典型宣传,持续弘扬正能量。落实意识形态工作责任制,加强网络阵地和网络内容建设,旗帜鲜明反对和抵制各种错误观点。

丰富文化体系内涵。践行社会主义核心价值观,打造家园文化、精益文化、竞争文化互相融合、互为支撑的特色文化体系。大力弘扬"感恩在心、胸有朝阳、公平正义、风清气正"的家园文化,凝聚精神力量;大力弘扬"精心履责、用心工作,把本职工作做到极致就是品牌"的精益文化,坚守卓越态度;大力弘扬"以奋斗者为本、以业绩论英雄"的竞争文化,彰显机制活力。

推动文化落地生根。大力宣贯特色文化体系,完善理念识别系统,更新视觉识别系统,把文化理念转化为职工的情感认同和行为习惯。以纪念马钢成立60周年为契机,组织开展系列庆祝活动。加强职业道德建设,深化群众性精神文明创建活动,提高全员道德水准、职业素质和文明素养。推进子公司文化建设,形成体系完整、管理清晰的母子公司文化格局。

大力推进造物育人。人是企业的宝贵资源,造物先育人。牢固树立"人人皆可成才"思想,落实《新时期产业工人队伍建设改革方案》,造就一支有理想守信念、懂技术会创新、敢担当讲奉献的精益职工队伍。大力弘扬工匠精神,持续推进工匠基地建设,培养一批"匠人"。构建多层次创新创效平台,聚焦两大战场现实难题,组建改善团队,策划实施一批重点改善项目;深化劳动竞赛、合理化建议、"双五小"攻关等群众性经济技术创新活动,提升职工岗位创新创效水平。坚持严管和厚爱结合、激励与约束并重,建立鼓励创新的激励机制和容错纠错机制。通过案例发布、分享经验、比学赶超,营造"人人讲创新、事事求精益"浓厚氛围。

提升企业知名度美誉度。完善各类宣传片和宣传册,加强门户网站等渠道、载体建设。持续推进厂区亮化美化工程,打造都市美丽工厂。完善集团商标品牌管理体系,加强诚信体系建设。认真履行社会责任,切实做好精准扶贫,积极参与公益事业,发布社会责任报告。

增进职工获得感幸福感。落实"依靠"方针,保障职工民主权利和合法权益,落实好职工群众知情权、参与权、表达权、监督权。完善帮扶体系,扩大职工互助帮困资金救助范围,提高精准帮扶效果。关爱职工健康,完善职工体检工作,深化"四室"创建,持续开展全民健身运动。坚持发展成果惠及全体职工,稳步提高职工收入水平。

2017年我们携手奋进,砥砺前行,创造了辉煌业绩。即将到来的2018年,让我们不忘初心,牢记使命,锐意进取,埋头苦干,为实现新时代马钢全面精益运营的新跨越不懈奋斗!

全面落实新时代党的建设总要求
为推动马钢高质量发展提供坚强政治保证

——在马钢2018年党委工作会议上的报告

魏　尧

（2018年3月16日）

2017年是马钢经营创造骄人业绩的一年，也是公司坚持党的领导加强党的建设取得丰硕成果的一年。一年来，在省委、省国资委党委的正确领导和关心指导下，公司各级党组织和广大党员以党的十九大精神和习近平总书记系列重要讲话精神为指导，深入学习贯彻习近平新时代中国特色社会主义思想，紧紧围绕"坚定不移深化改革、坚持不懈做强品牌"工作主题，扎实推进党建工作深度融入中心、服务大局，有力发挥了企业党组织把方向、管大局、保落实作用，为马钢转型升级、健康发展提供了坚强政治保证。

一是党的十九大精神学习宣贯持续深入。认真落实省委《关于全面落实中央〈决定〉精神扎实推进党的十九大精神学习宣传贯彻工作的意见》，深入开展"大学习、大宣讲、大培训、大调研、大落实"，通过党委中心组学习、集中轮训、宣讲团宣讲、专题宣传等，不断掀起学习宣传贯彻十九大精神的热潮。坚持用党的创新理论武装头脑，深入学习贯彻习近平新时代中国特色社会主义思想，扎实推进"两学一做"学习教育常态化制度化和"讲重作"专题警示教育，广大党员干部"四个意识"不断增强、"四个自信"更加坚定。

二是宣传思想文化建设不断加强。形势任务教育、典型宣传和品牌传播深入开展，唱响了马钢主旋律，持续传递正能量。深化企业文化建设，家园文化、精益文化、竞争文化正在深入人心。落实意识形态工作责任制，通过强化网络宣传和舆情监管等多种举措，意识形态阵地话语权、主导权更加巩固。精神文明建设力度持续加大，9家单位获"第十一届安徽省文明单位"、24家单位获"第五届安徽省省属企业文明单位"称号。

三是基层党组织标准化建设全面推进。认真落实上级党委要求，全面推进基层党组织标准化建设，建立了8个标准体系，印发了《基层党支部工作手册》，10家单位试点工作稳步开展，629个基层党支部对标达标工作有序推进。修订了《基层党委换届选举工作管理办法》，指导18家基层单位完成换届，成立了2个直属党（总）支部和9个重点工程项目部临时党支部，基层组织保障进一步强化。党员教育管理得到加强，在生产经营一线和高知识群体、青年中发展党员成效显著，全年发展新党员340名。

四是党建工作责任制有效落实。坚持党要管党、全面从严治党，深化矩阵式党建工作，进一步发挥了融入服务和监督保障功能。落实党组织研究讨论是董事会、经理层决策重大问题前置程序的要求，将党建工作要求纳入集团公司及下属子公司章程。扎实推进中央巡视组巡视"回头看"22个问题、省委巡视反馈29个问题、12个方面违规行为专项治理138个问题整改，均取得明显成效。稳妥完成了党组织隶属关系调整工作。完善双百分考核办法，开展了各单位领导班子和领导人员年度综合考核。完成了8家单位常规巡察和4家单位专项巡察，约谈了14名基层单位负责人，内部巡察震慑力进一步彰显。

五是干部队伍和人才队伍建设不断深化。坚持德才兼备、以德为先，树立正确选人用人导向，突出政治标准，健全科学选人用人机制，全年提拔公司中层管理人员39人，交流75人。欣创公司、比亚西公司、嘉华建材公司3家单位模拟职业经理人制度试点工作稳步推进，对经营层成员实行任期制、契约化管理。严格控制编制职数，科级管理人员队伍结构持续优化。坚持党管人才原则，增补了12名高级技术主管和39名首席技师，市场化引进了2名关键技术人才。

六是作风建设持续加强。深入贯彻落实中央八项规定、省委三十条和马钢二十条规定要求，坚持不懈反对“四风”。修订了《关于严禁设立“小金库”的规定》、《关于规范收入分配秩序、严肃收入分配纪律的暂行规定》等制度,作风建设长效管理机制初步构建。打造跟班蹲点“升级版”,公司领导党建工作联系点制度得到有效落实。

七是反腐倡廉深入推进。严格落实“两个责任”,建立党委书记、纪委书记“两个责任”清单,实行领导人员述责述廉和落实“两个责任”定期报告、考核评议工作机制,落实“两个责任”实现了具体化、程序化、制度化。党风建设和反腐倡廉工作责任制得到刚性执行,党风廉政建设实行“一票否决”。严格执行中高层管理人员问责制度,对7名公司中层管理人员分别给予了行政警告、诫勉谈话、扣发绩效年薪等处理。严格执行监督执纪“四种形态”,惩治腐败保持了高压态势,全年给予党纪处理8人、诫勉谈话3人、批评教育4人。

八是群团组织作用有力发挥。认真贯彻落实《中共中央关于加强和改进党的群团工作的意见》及省委实施意见精神,大力支持群团组织开展工作、发挥作用。南山矿、三铁总厂、冷轧总厂、检修公司四个工匠基地建成投用,职工岗位创新创效平台更加丰富;成功举办了首届职工创新成果发布会,常态化开展劳动竞赛、提合理化建议活动,扎实开展“青”字号品牌工程,群众性经济技术创新活动不断深入。

与此同时,武装、统战、信访、保密、科协、文联、女职工、关工委等工作积极融入中心、服务大局,为公司转型升级、健康发展作出了积极贡献。

在肯定成绩的同时,我们也要清醒地看到,国有企业坚持党的领导加强党的建设任重而道远,全面从严治党永远在路上,党的领导、党的建设弱化、淡化、虚化、边缘化问题仍不同程度的存在。**一是个别单位仍存在重业务、轻党建的现象**。党建融入和嵌入生产经营还不够;部分党组织战斗堡垒作用有待加强;少数党员先锋示范作用发挥不充分。**二是少数基层组织党建工作责任制落实不到位**。部分基层党组织书记履行第一责任人职责还不到位;少数领导干部对抓党风廉政建设韧劲不足,“一岗双责”落实不到位;基层党务工作队伍建设有待加强。**三是党建工作机制须进一步完善**。内部党建工作交流机制不健全;党建工作考核结果运用还有待加强。我们必须高度重视,采取过硬措施,切实加以解决。

2018年是贯彻党的十九大精神的开局之年,是改革开放40周年,也是马钢成立60周年,做好今年乃至今后一个时期的工作,意义重大,使命光荣。我们要进一步增强忧患意识、机遇意识和担当意识,多做打基础、利长远之事,加快“三个转变”、推动高质量发展,努力建设“运营良好、环境友好、家园美好”的千亿马钢。推动马钢高质量发展,既是全体职工共同的奋斗目标,更是各级党组织和广大党员的光荣使命,迫切需要充分发挥国有企业党建独特优势,把方向、管大局、保落实,在新征程中展示新形象、实现新作为。**我们必须进一步强引领**,坚持党对企业的领导不动摇,把党的领导融入公司治理各环节,严格落实党组织研究讨论是董事会、经理层决策重大问题的前置程序的要求,保证党和国家方针政策、重大部署在企业贯彻执行;**必须进一步强服务**,坚持服务生产经营不偏离,把提高企业效益、增强企业竞争实力、实现国有资产保值增值作为企业党组织工作的出发点和落脚点,深度融入产业培育、机构改革、精益运营、品牌塑造等重点工作,以改革发展成果来检验党组织的工作和战斗力;**必须进一步强创新**,坚持建强基层党组织不放松,借鉴精益理念,树立品牌思维,运用创新方法,着力补齐短板、破解难题、夯实基础,确保企业发展到哪里、党的建设就跟进到哪里、党支部的战斗堡垒作用就体现在哪里。

2018年公司党建工作的总体思路是:**以习近平新时代中国特色社会主义思想为指导,深入学习贯彻党的十九大精神和省委十届六次全会精神,全面贯彻落实新时代党的建设总要求,坚持党的全面领导,以加强党的政治建设为统领,深入推进党的政治建设、思想建设、组织建设、作风建设、纪律建设,把制度建设贯穿其中,深入推进反腐败斗争,进一步强引领、强服务、强创新,充分发挥企业党组织把方向、管大局、保落实作用,为推动马钢高质量发展提供坚强政治保证。**

2018年主要工作任务是:

一、着力加强党的领导和党的政治建设

坚守政治责任。把坚持党中央权威和集中统一领导作为党的政治建设的首要任务,严格遵守政治纪律和政治规矩,不断提高政治觉悟和政治能力,切实树牢“四个意识”、坚定“四个自信”、做到“五个纯粹”,始终与党中央保持高度一致。推进党的领导和完善公司治理相统一,切实把党的领导融入公司治理各环节,使党组织发挥作用组织化、制度化、具体化。

严肃党内政治生活。严格执行《关于新形势下党内政治生活的若干准则》,加强对党内生活状况和贯彻执行准则情况的督促检查,严肃查处违反准则的行为。落实民主集中制,“三重一大”事项必须经集体讨论，按少数服从多数作出决定。严肃认真开展批评和自我批评，严格执行“三会一课”、组织生活会、谈心谈话、民主评议党员等制度。

净化党内政治生态。把净化优化党内政治生态放到更加突出的位置，大力弘扬忠诚老实、公道正派、实事求是、清正廉洁等为主要内容的共产党人价值观，坚决反对搞两面派、做两面人。巩固拓展“讲政治、重规矩、作表率”专题警示教育成果，发展积极健康的党内政治文化。

二、着力加强党的思想建设和宣传舆论工作

强化理论武装。深入学习宣传贯彻习近平新时代中国特色社会主义思想和党的十九大精神，坚持学懂弄通做实，坚持既严谨又生动，总结经验、不断拓展，推动学习宣传贯彻往深里走、往实里走、往心里走。按照中央统一部署和上级党委要求，扎实开展“不忘初心、牢记使命”主题教育，用习近平新时代中国特色社会主义思想武装头脑、指导实践。完善党委中心组学习制度，发挥好党委中心组理论学习“排头兵”作用，分层分类抓好公司中层管理人员、基层党组织书记、党员和党务骨干集中轮训。抓好经常性学习教育，继续深入学习习近平总书记视察安徽重要讲话和关于国企改革发展党建的重要论述，推进“两学一做”学习教育常态化制度化。

做好舆论宣传和意识形态工作。坚持团结稳定鼓劲、正面宣传为主，加强形势任务教育、典型宣传和品牌传播，讲好新时代马钢故事，展现马钢品牌形象。围绕纪念改革开放40周年、马钢成立60周年，组织开展系列主题宣传活动。加强思想政治工作，做好机关机构改革、去产能人员分流安置、混合所有制改革、多元产业拓展、并购重组等工作推进过程中的解疑释惑和思想疏导工作，确保体制机制改革工作顺利推进。压紧压实做好意识形态工作的政治责任、领导责任，管好守好阵地，确保意识形态领域平稳可控。

深化企业文化和精神文明建设。贯彻落实《马钢集团公司“十三五”企业文化建设规划纲要》，丰富完善马钢特色文化内涵，加大特色文化体系宣传力度，增强职工对企业文化的认知度和认同度。践行社会主义核心价值观，深化群众性精神文明创建，切实把职工群众的思想信念、精神动力和价值追求凝聚到企业改革发展的目标上来。

三、着力建设高素质专业化干部队伍和人才队伍

加强干部队伍建设。坚持党管干部原则，保证党对干部人事工作的领导权和重要干部的管理权，突出政治标准，注重专业能力和专业精神，选优配强各级领导班子，提升干部队伍适应新时代马钢高质量发展要求的能力和本领。深化干部人事制度改革，继续推进职业经理人制度试点工作，扩大试点范围。坚持严管和厚爱结合、激励和约束并重，完善考核评价机制，建立激励机制和容错纠错机制，充分调动干部干事创业的积极性主动性创造性。

大力发现储备年轻干部。着眼推动高质量发展，放眼各个产业、各个领域、各个层级，统筹选育管用，加强政治历练，优化成长路径，进一步完善年轻干部发现储备、培养锻炼、选拔使用和管理监督的全链条机制。注重“精准滴灌”、建立“成长档案”、实施跟踪培养，保证使用上有梯队、选择上有空间。

抓好人才队伍建设。坚持党管人才原则，实行更加积极、更加开放、更加有效的人才政策，用好用活现有人才，引进紧缺人才，培养后备人才，构筑推动高质量发展的人才优势。建立健全市场化薪酬分配机制，确保人才引得来、干得好、留得住。以现有资深高管和首席技师为基础，开展马钢专家和技能大师队伍建设。积极推荐公司各领域的高层次人才参加政府津贴、全国技术能手、“特支计划”、省属企业“538英才工程”等评选。

四、着力加强基层党组织建设

完善党建工作责任制。认真落实《省属企业党建工作责任制实施办法》，各级党组织要切实履行好主体责任，书记履行党建工作第一责任人职责，专职副书记履行直接责任人职责，班子成员履行“一岗双责”。进一步明确各级组织党群工作部门职责和基层单位党组织工作责任，建立健全基层党组织机构，动态优化调整组织设置。落实党建工作经费。

全面提升基层党组织组织力。以提升组织力为重点，突出政治功能，把基层党组织建设成为宣传党的主张、贯彻党的决定、领导基层治理、团结动员职工、推动改革发展的坚强战斗堡垒。实施党支部建设提升行动，担负好直接教育党员、管理党员、监督党员和组织群众、宣传群众、凝聚群众、服务群众的职责，引导广大党员发挥先锋模范作用。加强基层党组织带头人队伍、党员队伍和党务工作者队伍建设。

创新基层党组织活动内容和方式。以矩阵式党建为抓手，以基层党组织标准化建设为支撑，以争创基层党建个性化品牌为载体，深化“四强四优”创争等主题活动，完善重点工程项目临时党支部运行模式，推行党支部主题党日制度，推动党建工作与生产经营管理等领域融合发展。积极推广"互联网+党建"模式,搭建公司党建信息化管理平台。探索完善劳务协力工党员管理模式。

五、着力加强作风纪律建设和反腐倡廉工作

驰而不息改进作风。认真贯彻落实习近平总书记关于纠正"四风"不能停步、作风建设永远在路上的重要指示精神,严格执行省委贯彻落实中央八项规定精神深入推进作风建设的实施细则,继续在常和长、严和实、深和细上下功夫。认真查找"四风"突出问题特别是形式主义、官僚主义的新表现,扎实开展作风建设督查,严肃查处顶风违纪行为。加强对党员干部"八小时以外"监督管理。

全面加强纪律建设。加强经常性纪律教育,既对广大党员提出普遍性要求,又对"关键少数"特别是领导人员提出更高更严的标准,进行更严的管理和监督。切实加强组织管理,严格执行请示报告制度,引导党员干部正确对待组织,自觉接受党组织教育和监督。强化典型示范和警示教育,用身边事教育身边人。维护纪律严肃性,对违纪问题发现一起就查处一起。

扎实推进反腐倡廉工作。进一步落实党风廉政"两个责任",把握运用好监督执纪"四种形态",抓早抓小、防微杜渐。健全巡察机制,统筹安排常规巡察、深化专项巡察、强化机动式巡察,推进内部巡察全覆盖。继续保持惩治腐败高压态势,坚持无禁区、全覆盖、零容忍,严厉整治发生在职工身边的腐败问题。推动预防职务犯罪工作长效化管理,维护正常的经营秩序。

六、着力加强统战武装和群团工作

扎实做好统战武装工作。以落实"五大发展行动聚力工程"为抓手,更加扎实有效做好统战工作,健全基础台账,推进统战工作规范化建设。做好党外代表人士经常性教育引导工作,团结党外知识分子,为企业改革发展凝聚人心、汇聚力量。扎实做好拥军优属工作,提升"双拥"工作覆盖面和影响力。

充分调动群团组织积极性。坚持党建带工建、带团建,重视和支持工会、共青团在党委领导下独立自主地开展工作。认真落实《新时期产业工人队伍建设改革方案》,造就一支有理想守信念、懂技术会创新、敢担当讲奉献的职工队伍。加强企业民主管理,落实职代会、厂务公开、互助帮困等制度,扎实为职工办实事;深化群众性经济技术创新活动,激发职工"微创新"积极性主动性。加强青年工作,强化思想政治引领,密切联系服务青年,深化"青"字号工程,引导青年岗位建功。

深化和谐企业建设。坚持发展依靠职工、发展成果共享,建立与社会经济增长相适应、与企业经营绩效相挂钩的职工收入增长机制,增长幅度不低于安徽省和马鞍山市职工年均收入增长比例。高度重视安全和环保工作,压实责任,强化措施,加大投入,着力为职工创造安全、绿色、美好的工作环境。切实做好维护稳定和信访工作,加强维稳信息研判,及时发现和处置倾向性、苗头性问题,维护企业发展大局稳定。

新时代,新征程,新作为!让我们拿出勇气、拿出干劲,不忘初心、牢记使命,锐意进取、真抓实干,持续提升党建工作质量,为推动马钢高质量发展提供坚强政治保证。

企业大事记

马钢年鉴

2017 年马钢大事记

1 月

9 日　集团公司总经理、股份公司董事长丁毅在公司办公楼接待了到访的找钢网联合创始人王常辉、高级副总裁兼首席战略官郎永淳一行。

9 日-11 日　马钢党委召开 2016 年度民主生活会征求意见座谈会。集团公司党委副书记、总经理丁毅主持召开 9 日上午座谈会;集团公司党委常委、纪委书记陈冬生主持召开 11 日上午座谈会。基层单位厂长(经理)、党委书记、基层党支部书记、公司党代会基层代表和机关部门负责人参加会议并就集团公司领导班子作风建设、马钢生产经营、改革发展、企业党建、管理改进等方面提出意见建议,围绕进一步开创马钢转型升级、健康发展新局面讲思路、说想法、谈举措。

10 日　马钢召开 2017 年供应商(链)大会。来自国内外的 130 家、300 多名马钢重点供应商代表参加了会议。集团公司总经理、股份公司董事长丁毅在会上提出五点要求。

△　集团公司总经理、股份公司董事长丁毅在马钢办公楼会见了到访的林德集团东亚区总裁方世文一行。双方就深化合作等共同关注的话题进行了坦诚友好的交流并达成共识。

11 日　集团公司党委书记、董事长高海建会见了到访的中冶京诚北京凤凰工业炉工程技术有限公司董事长金纯、总经理孟凡民一行,双方就开展战略合作事宜进行了广泛而深入的沟通交流。集团公司副总经理严华、股份公司总经理助理杜松林,以及相关单位负责人陪同会见。

12 日　滕州市重点企业招商推介暨地企战略合作座谈会在马钢召开。滕州市委副书记、市长刘文强,枣矿集团董事长、党委书记满慎刚,枣矿集团副总经理殷涛,沙钢集团有限公司董事长助理、供应处处长罗治凯,马钢集团公司党委书记、董事长高海建,集团公司党委常委、副总经理蒋育翔,集团公司党委常委、董事陆克从,以及来自滕州市、枣矿集团、沙钢集团和马钢的相关负责人参加座谈会。

13 日　马钢举行二铁总厂 3 号高炉点火开炉仪式。马钢领导丁毅、钱海帆、严华、任天宝及高海潮、黄发元、田俊、张文洋为 3 号高炉点火,各相关部门单位领导和参战单位代表参加了仪式。

△　马钢召开《全国质量奖评审反馈报告》交流会。中国质量协会专家梁健、王帅宗,马钢领导丁毅、唐琪明、钱海帆、蒋育翔、严华及黄发元、杜松林、田俊、张文洋出席会议。公司相关部门、单位负责人参加会议。丁毅在会上提出四个方面的要求。

17 日　马钢党委召开中心组理论学习会,学习贯彻中央政治局召开的民主生活会精神,特别是习近平总书记在会上的重要讲话精神,传达学习《十八届中央纪委第七次全体会议公报》和省委书记李锦斌在全省国有企业党的建设工作会议上的讲话精神。集团公司党委副书记、总经理丁毅主持学习会。马钢党委中心组成员参加学习会。办公室、党委工作部、党委宣传部、纪委机关、企管部负责人列席学习会。

19 日　市委常委、常务副市长周善武在市与马钢相关部门、单位负责人的陪同下,到马钢自动化公司参观调研。调研中,周善武希望马钢将工业机器人运用于冶金行业贴标、喷码、搬运、上下料、测温取样、化验室等环节,推广至更广泛的生产领域,将云计算中心建设成为具有产业互联网特色的应用平台,同时进一步加强与市各部门的对接。他表示,市委市政府将一如既往地全力支持企业建设,努力推动市与马钢共同加快发展。

22 日　中钢协常务副会长、公司原董事长、党委书记顾建国到马钢调研座谈。马钢领导高海建、丁毅、杨阳、张晓峰、苏世怀、唐琪明、陈冬生、陈昭启、钱海帆、蒋育翔、陆克从、严华、任天宝及高海潮、张乾春、王炜、黄发元参加调研座谈。

23 日　马钢召开生产经营咨询会。王天九、王树珊、杭永益、李宗泌、顾章根、朱昌逑、苏鉴钢等原马钢副总以上老领导出席咨询会。会议由集团公司党委书记、董事长高海建主持。集团公司领导丁毅、杨阳、张晓峰、苏世怀、唐琪明、陈昭启、蒋育翔、陆克从、任天宝参加咨询会。

24 日　集团公司党委书记、董事长高海建在公司办公楼接待了到访的中冶华天董事长康承业一行。集团公司党委常委、董事、股份公司总经理钱海帆,集团公司党委常委、副总经理严华,公司相关部门和单位负责人参加了会见。

25 日　马钢召开永久性关停 10 号高炉座谈会,对 10 号高炉永久性关停后续工作进行部署协调。马钢领导高海建、丁毅、钱海帆、严华及高海潮、黄发元、田俊出席会议。公司相关部门和单位负责人、二铁总厂有关负责人及相关人员参加会议。会议由股份公司副总工程师黄发元主持。丁毅在会上提出三点要求。

本月　马钢全面开展 2016 年度“双百分”综合考核工作。

本月　马钢股份公司荣获省“环保诚信企业”称号。

本月　马钢全流程信息化电子招投标平台上线试运行。

本月　马钢特钢成功进军重卡汽车主要零部件用钢市场。

本月　马钢铁道车辆用耐候 H 型钢打入非洲市场。

本月　马钢高速车轴生产线锻造工序热负荷试车成功。

本月　气体分公司“食品氮”通过省食品药品监督管理局现场检查审核,获省局食品级氮生产许可证。

本月　马钢申报的《大型钢铁企业以提质增效为目标的全方位结构调整》成果荣获全国企业管理现代化创新成果二等奖。

2 月

7 日　马钢召开 2017 年安全环保工作会议。公司领导高海建、丁毅、杨阳、张晓峰、苏世怀、唐琪明、钱海帆、严华及高海潮、田俊、张文洋出席会议。公司机关部门和各二级单位负责人等参加会议。集团公司总经理、股份公司董事长丁毅主持会议。集团公司党委书记、董事长高海建提出四点要求。

8 日　马钢召开合理化建议管理委员会会议。集团公司总经理、股份公司董事长丁毅主持会议。马钢领导张晓峰、苏世怀、唐琪明及高海潮、乌力平、黄发元出席会议。管理委员会成员单位负责人,各专业评审组组长、联络员及管委会办公室成员参加会议。丁毅在会上提出三点要求。

9 日　集团公司党委书记、董事长高海建接待了到访的中冶焦耐公司董事长于振东一行,双方就拓宽合作领域、共谋发展事宜进行了友好交流。马钢领导丁毅、严华,工程管理部、煤焦化公司相关负责人参加会见。

13 日　集团公司总经理、党委副书记、股份公司董事长丁毅接待了来自全国 23 家金融机构的调研人员,就来宾们关心的问题进行了解答。马钢领导陈昭启及张乾春、王炜、张文洋,公司计财部、制造部、销售公司、采购中心主要负责人参加接待。

14 日　马钢党委召开中心组学习会。集团公司党委书记、董事长高海建主持学习会。马钢党委中心组成员参加学习会。公司党委办公室、党委工作部、党委宣传部、纪委机关、企管部负责人列席学习会。

16 日　省委第二十综合考核组到马钢,对省管领导班子和领导干部开展 2016 年度综合考核工作,并于当天上午召开动员会。考核组组长、省政协社会和法制委员会副主任刘志祥作动员讲话。集团公司党委书记、董事长高海建主持会议并代表集团公司党政领导班子做工作总结。考核组副组长、省国资委监事会主席陈新出席会议并在主席台就座。省委第二十综合考核组成员,省国资委第五监事会领导,集团公司副总师及以上领导,股份公司总经理助理、副总师及以上领导出席会议。机关部室全体公司中层管理人员,各二级单位党政主要负责人,部分合资企业主要负责人,部分职工代表及“两代表一委员”参加会议。

21 日　集团公司党委书记、董事长高海建率队与中车集团董事长、党委书记刘化龙在北京中车集团总部进行了会谈,双方就开展战略合作事宜进行了广泛而深入的沟通交流。马钢集团公司副总经理、总工程师苏世怀,中车集团公司总工程师张新宁及两家公司的有关部门领导及人员参加了会谈。

22 日　马钢召开 2017 年度品牌建设首次推进会。集团公司总经理、股份公司董事长丁毅主持会议。马钢领导张晓峰、唐琪明、陈冬生、钱海帆、蒋育翔及高海潮出席会议。公司品牌建设委员会成员和有关部门、单位负责人参加会议。

24 日　马钢召开党委五届二次全体(扩大)会议暨 2017 年党委工作会议。集团公司党委常委高海建、丁毅、杨阳、陈冬生、钱海帆、蒋育翔、陆克从、严华在主席台就座。集团公司及股份公司副总以上领导,公司党委委员、纪委委员,机关各部门主要负责人及党群部门科级以上管理人员,各二级单位党委和行政主要负责人、副书记、纪委书记、工会主席及党办、党群工作部、团委、武装部负责人,公司党委巡察办成员、矩阵式党建工作领导小组办公室成员、“两学一做”学习教育协调小组办公室成员,部分合资企业党的工作主要负责人,现场评议代表出席会议。集团公司党委副书记、总经理丁毅在会上就2017年公司党的工作总体思路,部署了五项主要工作任务。

27日 马钢召开生产经营动员会暨2017年经营目标承包书签字仪式。集团公司总经理、股份公司董事长丁毅主持会议。集团公司及股份公司副总以上领导,机关各部门主要负责人及各二级单位主要负责人参加会议。丁毅在会上提出三点要求。

本月 马钢高品质整体机车车轮获“中国钢铁工业产品开发市场开拓奖”。

本月 马钢专家李翔、胡惠华获2016年国务院特殊津贴。

本月 马钢张庄矿井下-480m全自动控制无人运输系统单列机车试运行成功。

本月 马钢张庄矿顺利取得安全生产许可证,迈入正式生产阶段。

本月 马钢工程技术集团获钢结构专业承包一级资质。

本月 马钢马建集团公司获建筑工程总承包特级资质。

本月 马钢特钢公司顺利通过蒂森克虏伯VDA6.3过程审核。

本月 马钢煤焦化公司获“技术创新型焦化企业”称号。

本月 马钢利民公司获“安徽省支持就业示范单位”称号。

本月 马钢汽车板APQP组获市十佳道德模范集体。

本月 马钢欣创公司获水污染防治工程专项设计资质。

3月

2日 马钢召开品牌建设动员大会暨品牌培育咨询项目启动会。中国质量协会秘书长段永刚、省质量技术监督局副局长张文静及市质监局等有关领导受邀出席会议。集团公司、股份公司副总及以上领导出席会议。公司机关部门主要负责人,二级单位党政主要负责人和分管负责人,部分合资公司主要负责人,公司高级技术主管,APQP项目组正、副组长及销售负责人,各单位品牌专员参加会议。

△ 马钢召开集团公司工会九届十次(股份公司四届十次)全委(扩大)会议。集团公司党委书记、董事长高海建出席会议并作重要讲话。集团公司党委常委、工会主席张晓峰主持会议。集团公司工会九届(股份公司工会四届)委员会委员、经费审查委员会委员,各单位工会主席、女工主任(负责人),公司工会机关科级人员参加会议。

6日 中车集团大连机车车辆有限公司董事长、党委书记闵兴一行在马鞍山市委常委、常务副市长周善武的陪同下到马钢考察,参观了马钢轨道交通装备有限公司轮对生产线和马钢车轮二线。集团公司总经理、股份公司董事长丁毅,集团公司副总经理、总工程师苏世怀接待了来宾。

7日 集团公司总经理、股份公司董事长丁毅在马钢办公楼接待了到访的中国光大银行副行长张华宇一行。集团公司领导陈昭启及张乾春参加会见。

8日 安徽省委副书记、省委党校校长信长星一行先后到马钢奥瑟亚化工有限公司和轮轴事业部进行调研。省委办公厅副主任徐飞,马鞍山市领导魏尧、吴桂林和马钢领导丁毅陪同调研。

15日 马钢开展义务植树活动。马钢领导丁毅、杨阳、张晓峰、唐琪明、陈冬生、陈昭启、陆克从、任天宝及高海潮、张乾春、张文洋、王炜、黄发元集体乘车,到位于二铁总厂4号高炉的植树点参加义务植树活动。

16日 马钢召开集团财务系统信息化建设启动会。马钢领导丁毅、陈昭启、蒋育翔及张乾春出席会议,公司相关部门、单位负责人参加会议。会议由集团公司党委常委、副总经理蒋育翔主持。会上,丁毅就如何做好集团财务系统信息化建设工作,提出三个方面的要求。

17日 铜陵有色金属集团控股有限公司副总经理徐五七一行到马钢交流企业“三供一业”分离移交的做法、难点和体会及钢铁行业去产能过程中资产处置、人员安置的方案。公司相关部门负责人等陪同接待。

△ 马钢召开重型热轧H型钢在锅炉钢结构行业应用研讨会。中国钢结构协会锅炉钢结构分会常务副理事长贾天新、秘书长孙洪鹏,马钢领导丁毅及高海潮,全国钢标委型钢分委员会秘书长刘宝石出席会议。

20日 马钢举行桃冲矿业公司姑山矿露转井工程开工暨项目承包签字仪式。马钢领导丁毅、杨阳,中煤五建副总经理孙勇,马鞍山经济技术开发区南部园区、当涂县政法委、马钢相关部门和单位有关领导及人员出席仪式。仪式由集团公司党委常委、副总经理、矿业公司董事长杨阳主持。

△　马鞍山市委副书记、市长左俊到马钢轨道交通装备有限公司考察调研。

21 日　安徽省银监局副局长桂宗稳一行到马钢调研。马钢领导丁毅、陈昭启与桂宗稳一行进行了座谈交流。马鞍山市银监分局、马钢财务公司负责人参加了座谈。

22 日　安徽省纪委驻省国资委纪检组组长方无一行到马钢调研。马钢领导高海建、陈冬生、陆克从及张乾春接待了方无一行。公司相关部门和单位负责人参加了调研座谈会。

23 日　马钢召开 IATF16949 标准转换和 ISO9001 标准换版项目启动大会。马钢领导高海建、陆克从及高海潮、田俊、张文洋、王炜、黄发元、杜松林出席会议。公司相关部门主要负责人、质量管理体系联络员，相关单位主要负责人及分管领导、技术质量部门科长、质量管理体系联络员、内审员，股份公司高级技术主管参加会议。

△　安徽省委常委、省纪委书记刘惠一行到马钢调研。马鞍山马鞍山市领导魏尧、钱沙泉，马钢领导高海建、陈冬生陪同调研。

△　马钢召开综治委全委会会议。集团公司董事长、党委书记、综治委主任高海建，集团公司党委常委、工会主席、综治委副主任张晓峰，综治委成员单位相关负责人参加了会议。会上，高海建提出四个方面要求。

24 日　集团公司党委书记、董事长高海建在公司办公楼接待了到访的大连重工·起重集团董事长丛红一行，双方进行了深入友好的交流，并在具体项目合作上达成了广泛共识。集团公司党委常委、副总经理严华陪同会见。公司有关部门和单位负责人参加会见。

28 日　安徽省政协主席徐立全到马钢调研。马鞍山市领导魏尧、李群、吴桂林，马钢领导高海建、张晓峰等陪同调研。

31 日　马钢召开公司党委中心组(扩大)学习会。会议邀请中国第一重型机械集团公司董事长、党委书记，新兴际华集团有限公司董事长、党委副书记刘明忠作《创新体制机制——新兴际华集团深化改革之路》主题讲座。集团公司、股份公司副总师及以上领导，各二级单位党政主要负责人和部分班子成员，机关各部门主要负责人参加会议。

本月　马钢车轮为中国标准动车组批量供货。

本月　马钢型材升级改造项目工程正式启动。

本月　马钢与渤海装备公司签订战略合作协议。

本月　马钢股份公司两化融合管理体系建设工作正式启动。

本月　欣创公司通过安徽省住建委认证审核，获水污染防治工程专项设计资质。

本月　马钢与南钢签订废钢基地合作意向书。

本月　马钢与安徽青阳恒基矿业中心、青阳县迎春炉料有限公司、安徽省泾县盛达炉料有限公司等 3 家冶金石灰供方签订长期合作协议。

本月　马钢人防办获评“全省人民防空先进单位”。

本月　马钢海洋石油平台用 H 型钢通过中海福陆重工二方审核。

本月　马钢弗卡斯石灰窑大修竣工点火开窑。

本月　检测中心女工温惠蓉获“全国五一巾帼标兵”称号。

4 月

5 日　马钢召开劳动竞赛委员会会议。公司领导丁毅、张晓峰、苏世怀、唐琪明、钱海帆出席会议。会议由集团公司总经理、党委副书记、股份公司董事长丁毅主持。

6 日　马钢召开基层党组织标准化建设动员会。马钢领导高海建、陈冬生出席会议。公司机关党群部门负责人，各单位党委主要负责人，党群工作室主任培训班、组工干部培训班全体学员等参会。会上，集团公司党委书记、董事长高海建提出三点要求。

7 日　马钢召开 2017 年多元产业工作会议。马鞍山市领导左俊、周善武、章正，马钢领导高海建、丁毅、杨阳、张晓峰、苏世怀、唐琪明、陈昭启、钱海帆、蒋育翔、陆克从、严华、任天宝及高海潮、田俊、张文洋、张乾春、乌力平、王炜、黄发元、杜松林出席会议。公司机关部门主要负责人，股份公司二级单位党政主要负责人，多元板块各单位党政主要负责人及生产经营分管负责人，部分委派到合资公司的经营负责人，部分合资公司兼职董事、监事、公司监事办专职监事等参加会议。

△　马钢党委召开中心组学习会，传达学习《中共安徽省委关于进一步加强国有企业党的建设工作的意见》、全国宣传部长会议和全省宣传工作会议精神，学习贯彻 2017 年全国两会精神摘要及省委省政府关于“打造内陆开放新高地”的指示精神。马钢党委中心组成员参加学习会。公司党委办公室、党委工作部、党委宣传部、纪委机关、企管部负责人列席学习会。

13 日　集团公司党委书记、董事长高海建在马钢办公楼接待了到访的光银国际投资有限公司行政总裁王晶一行。马钢领导丁毅、蒋育翔及杜松林陪同会见。公司相关部门和单位负责人参加会见。

16 日　马钢正式启动首届职工健身运动会。集团公司领导高海建、丁毅、杨阳、张晓峰、蒋育翔、陆克从、严华参加开幕式。集团公司党委常委、工会主席张晓峰主持开幕启动仪式。公司机关各部门主要负责人，各二级单位党政工负责人，组团参赛的各单位代表团团长（副团长）、运动员、裁判员、职工代表等千余人参加了启动仪式。

20 日　马钢召开一季度多元产业工作例会。马钢领导丁毅、杨阳、苏世怀、唐琪明、陈昭启、蒋育翔、陆克从、严华、任天宝出席会议。有关部门和单位负责人参加会议。会议由集团公司总经理、股份公司董事长丁毅主持。

21 日　马钢党委召开中心组理论学习会，传达学习了中共中央办公厅印发的《关于推进“两学一做”学习教育常态化制度化的意见》。

21 日-22 日　马钢举办品牌知识专题培训班，中国质量协会品质与品牌培育推广中心专家周云老师受邀到马钢作专题讲座。公司领导丁毅、张晓峰、苏世怀、唐琪明、陈昭启、钱海帆、蒋育翔、陆克从、严华、任天宝及高海潮、田俊、张文洋、张乾春、乌力平、王炜、黄发元出席培训。公司各部门、各二级单位及分子公司、部分合资公司行政主要负责人或品牌分管领导，公司各 APQP 项目组组长和销售负责人，各单位品牌专员参加培训。

24 日-27 日　公司领导分十组前往各基层单位，为受表彰的先进集体和劳动模范送奖并进行慰问座谈。

25 日　马钢召开 2017 年人力资源工作会议。集团公司党委副书记、总经理、股份公司董事长丁毅主持会议。集团公司副总师及以上领导，股份公司总经理助理、副总师及以上领导；公司机关各部门主要负责人及人力资源工作科室负责人；集团公司和股份公司各二级单位（分子公司）党政主要负责人及人力资源、党群工作科室负责人参加会议。会上，丁毅就做好 2017 年人力资源优化工作，提出三个方面的要求。

26 日　马钢召开迎接中央环保督察工作再动员大会。会议传达了安徽省委、省政府相关电视电话会议精神，马鞍山市委、市政府相关工作部署；通报了马钢环保管控工作安排。马钢领导丁毅、陈冬生、陆克从、严华及田俊、张文洋出席会议。公司各部门和单位主要负责人及相关单位分管领导出席会议。集团公司党委常委、副总经理严华主持会议。

△　马钢与中国中车签署战略合作协议。中国中车董事长、党委书记刘化龙、中国中车副总裁孙永才，中国中车总工程师张新宁，马钢集团公司党委书记、董事长高海建、马钢集团公司党委副书记、总经理、股份公司董事长丁毅，马钢集团公司副总经理、总工程师苏世怀，马钢股份公司总经理钱海帆及股份公司总经理助理杜松林出席了战略合作协议签字仪式。两家单位的有关部门和单位负责人参加签字仪式。

27 日　马钢召开 2017 年管理创新工作会议。会议分析总结 2016 年公司管理创新工作开展情况，审定公司 2016 年度管理创新成果奖及管理创新先进单位，讨论 2017 年向国家、行业及省申报的马钢管理创新成果，部署 2017 年管理创新工作重点任务。马钢领导丁毅、蒋育翔及田俊、张文洋、张乾春出席会议，公司管理创新委员会委员参加会议。丁毅就做好下阶段管理创新工作提出四点要求。

△　马钢召开 2017 年一季度安委会。集团公司总经理、股份公司董事长丁毅主持会议。马钢领导杨阳、苏世怀、唐琪明、陈昭启、陆克从、任天宝及高海潮、

张文洋出席会议。安委会成员单位主要负责人等参会。会上,丁毅对下阶段如何完善安全生产工作提出四点要求。

28日　由中国钢铁工业协会主办、马钢协助承办的典型钢铁企业“去杠杆”工作交流研讨会在马钢召开。中钢协常务副会长顾建国、银监会法规部主任张劲松出席会议。集团公司党委书记、董事长高海建,集团公司总经理、股份公司董事长丁毅,集团公司副总经理、总会计师陈昭启,集团公司副总会计师张乾春,全国10家“去杠杆”典型钢铁企业负责人及银监会有关负责人参加了会议。

本月　合肥板材公司镀锌线机组热负荷试车正式启动。

本月　马钢优棒生产线工程举行开工仪式。

本月　马钢召开集团公司十八届一次(股份公司八届一次)职代会第一次联席会议。

本月　公司党委巡察组分别进驻输送设备公司和四钢轧总厂开展巡察工作。

本月　南山矿被安徽省总工会授予“幸福家园”光荣称号。

本月　欣创公司山西“七一”煤矿瓦斯发电项目,成功实现并网发电。

5月

4日　马钢召开2017年厂容绿化委员会会议,总结上一年工作,讨论确立2017年工作重点。集团公司领导高海建、唐琪明、严华出席会议。马钢绿委会成员单位负责人参加会议。

5日　马钢召开竞争力分析大会。集团公司副总师及以上领导,股份公司总经理助理、副总师及以上领导出席会议。公司机关各部门主要负责人,公司各二级单位、分(子)公司党政主要负责人,部分合资企业行政主要负责人,公司高级技术主管,各APQP正、副组长及销售负责人参加会议。丁毅在会上强调了三点意见。

9日　马钢与中信证券签署战略合作协议。马尧等中信证券及中信期货有关领导,马钢领导丁毅、陈昭启、蒋育翔及张乾春出席签字仪式。

10日　马钢召开2016年度耐材总包业务总结暨优秀分供方表彰会。集团公司总经理、股份公司董事长丁毅,集团公司董事、股份公司副总经理陆克从出席会议。公司相关部门和单位负责人、受表彰的优秀分供方代表参加会议。

11日　马钢召开2号高炉技术改造工程动员会。公司领导丁毅、严华、任天宝及黄发元出席了会议。相关部门和单位负责人,项目总包单位中冶华天相关负责人参加了会议。动员会由集团公司副总经理严华主持。

△　马钢与中国电信安徽公司在合肥签署战略合作协议。马钢领导高海建、蒋育翔,中国电信安徽公司领导殷一平、郑家升出席签约仪式。

13日　日本企业向马钢赠送百株樱花树仪式在公司办公大楼南侧飞马游园内举行。集团公司党委书记、董事长高海建代表马钢,接受了日本株式会社爱铁柯向马钢赠送的百棵樱花树,并与株式会社爱铁柯(总部)代表取缔役会长大畑榮一一起为樱花林纪念碑揭幕。集团公司总经理、股份公司董事长丁毅主持赠送仪式。

18日　马钢召开二季度品牌建设推进专题会。集团公司总经理、股份公司董事长丁毅主持会议。马钢领导张晓峰、苏世怀、唐琪明、陈冬生、蒋育翔、陆克从及高海潮出席会议。公司品牌建设委员会成员和有关部门、单位负责人参加会议。中质协专家在会上发布了《马钢品牌现状诊断报告》和《钢铁行业标杆企业品牌建设分析报告》。

△　集团公司党委书记、董事长高海建,集团公司总经理、股份公司董事长丁毅在马钢办公楼接待了山西焦煤集团董事长、党委书记武华太一行。集团公司党委常委、股份公司副总经理陆克从,公司办公室、市场部、采购中心、炼铁技术处、煤焦化公司相关负责人陪同会见。

20日　马钢党委召开中心组(扩大)学习会暨在“讲政治、重规矩、作表率”专题教育中开展专项治理工作动员会。集团公司、股份公司副总师及以上领导出席会议。公司各二级单位和分子公司党政主要负责人、党委副书记、纪委书记,机关各部门主要负责人,公司党委巡察组成员参加会议。会议由集团公司党委副书记、纪委书记陈冬生主持。会上,高海建就各部门、单位严格落实责任,抓实抓好专项治理工作提出了三点要求。

21日　高海建和严华来到设在检修现场的2号高炉大修项目指挥部,向参战单位负责人详细询问大修工程进度,并就施工组织、安全、质量、工期管理等方面提出了明确要求。

23日　安徽省政协常委、省第二环保督察组组长陈强率督察组一行到马钢督察环境保护工作。马鞍山市长左俊，马钢领导丁毅、严华等陪同督察。

25日　马钢首届职工经济技术创新成果发布会在南山矿职工培训中心举行。集团公司副总师及以上领导，股份公司总经理助理、副总师及以上领导出席会议。公司机关各部门负责人，各二级单位（分子公司）党政主要负责人、工会主席、总工程师及基层创新骨干代表参加会议。集团公司党委常委、工会主席张晓峰主持会议。会上，集团公司总经理、股份公司董事长丁毅就职工经济技术创新工作开展提出了三点意见。

27日　马钢（合肥）公司镀锌线试生产仪式举行。安徽省委常委、合肥市委书记宋国权，集团公司党委书记、董事长高海建，合肥市委常委、秘书长韦弋，CMI工业总裁乔·菲利克斯·达席尔瓦参加仪式，马钢领导钱海帆、严华、任天宝及王炜，合肥市相关县、区领导和有关部门、单位领导，马钢相关部门、单位负责人，以及来自十余家用户企业的三十余名客户代表参加了试生产仪式。仪式由集团公司党委常委、副总经理严华主持。

本月　马钢镀锌汽车面板首次实现批量生产。

本月　马钢H型钢成功运用于港珠澳大桥沉管隧道工程。

本月　马钢老年大学被中国老年大学协会授予首届"全国示范老年大学"光荣称号。

本月　二铁总厂2号高炉大修工程开工，工程总投资3.7亿元，计划工期145天。

本月　特钢公司模铸生产线首次顺利浇注完成客户所需的大型钢轧辊MT42.5和MT50锭型。

本月　马钢食品级氮在取得生产许可证三个多月后实现了首次销售。

本月　马钢抽调扶贫工作队赴阜南县李集村开展定点扶贫工作。

6月

7日　集团公司党委书记、董事长高海建，集团公司总经理、股份公司董事长丁毅，在公司办公楼会见了到访的美国巴克曼公司董事局主席凯瑟琳一行；集团公司副总经理蒋育翔、严华，巴克曼首席执行官马吉鼐、巴克曼中国公司董事总经理张名、巴克曼中国工业水处理总监马伟东参加了会见。

8日　集团公司党委书记、董事长高海建，集团公司总经理、股份公司董事长丁毅接受了新华社安徽分社、中国新闻社安徽分社、人民网安徽频道及安徽卫视等九家主流媒体，关于马钢品牌建设典型的相关情况的采访，并座谈交流，安徽省技术质量监督局质量处副处长娄毅，公司党委宣传部、企管部、科技质量部、市场部、制造部及销售公司相关负责人等参会，会议由集团公司党委副书记、董事、纪委书记陈冬生主持。

9日　公司在欣创公司五楼会议室召开多元板块现场环境专项整治启动会。公司领导丁毅、张晓峰、蒋育翔出席启动会。公司机关各部门主要负责人、公司多元板块各单位党政负责人和分管领导参加启动会。

△　集团公司党委书记、董事长高海建会见中国冶金报社社长、总编辑陆闻言，副总编辑吕兵一行。就进一步加强合作，探索钢铁行业盈利模式，助推马钢更快更好发展，进行深入交流和探讨。集团公司党委副书记、董事、纪委书记陈冬生参加会见。

12日　集团公司党委书记、董事长高海建接待了到访的SAP（中国）有限公司副总裁王思聪一行；集团公司党委常委、副总经理蒋育翔陪同接待。企管部、自动化公司、制造部等相关单位负责人参会。

13日　马钢在重机公司召开多元产业运营改善座谈会。公司领导丁毅、蒋育翔、任天宝及田俊、张乾春出席会议。公司相关部门和单位负责人参加会议。座谈会由集团公司党委常委、副总经理蒋育翔主持。

△　马钢党委召开学习贯彻十八届六中全会精神暨"两学一做"学习教育、"讲政治、重规矩、作表率"专题教育讲座。安徽省纪委有关领导、马鞍山市检察院领导受邀作《中国共产党纪律处分条例》解读和《以习近平总书记依法治国新思想为统领，大力推进国有企业治理体系和治理能力现代化》专题辅导。集团公司、股份公司副总师及以上领导，集团公司、股份公司各二级单位和分子公司党政主要负责人、党委副书记、纪委书记，机关党群部门中层以上管理人员，机关各部门主要负责人，公司党委巡察组成员参加讲座。讲座由集团公司党委副书记、纪委书记陈冬生主持。

14日　安徽省经信委党组书记、主任牛弩韬一行到马钢调研。集团公司党委书记、董事长高海建，马鞍山市委常委、副市长季翔陪同调研。

21日　马钢党委召开中心组理论学习会，重温习近平总书记视察安徽时的重要讲话精神，认真学习习近平总书记对推进"两学一做"学习教育常态化制度化的重要指示精神和李锦斌书记在省委常委会扩大会议暨"讲重作"专题警示教育动员会上的讲话精神。马钢党委中心组成员参加学习会，公司党委办公室、党委工作部、党委宣传部、纪委机关、企管部负责人列席了学习会。

22 日　马钢召开迎接中央环保督察总结大会,集团公司总经理、股份公司董事长丁毅,集团公司副总经理严华及股份公司副总经理田俊、股份公司副总经理张文洋出席会议。公司各部门和单位主要负责人及相关单位分管领导参加会议。会上,丁毅对做好下一阶段环保工作提出五点要求。

28 日　安徽省政府安委会安全生产巡查组在巡查组组长、原省安监局巡视员朱峰的率领下,到马钢巡查安全生产工作情况。马钢领导高海建、杨阳陪同现场巡查并出席检查汇报会。马鞍山市政府有关陪同人员参加会议。

30 日　马钢党委召开庆祝建党 96 周年暨基层党建重点工作推进会,集团公司党委书记、董事长高海建出席会议并发表重要讲话。集团公司党委副书记、总经理丁毅主持会议。集团公司党委副书记、纪委书记陈冬生通报总结了公司 2017 年以来的党建工作。集团公司党委常委杨阳、钱海帆、蒋育翔、陆克从、严华,集团公司、股份公司副总师及以上领导,公司党群部门主要负责人,各二级单位党委(总支、支部)主要负责人、党群工作部(政治处)负责人,公司党委巡察办成员、矩阵式党建指导组成员,部分合资企业党组织主要负责人参加会议。会上,高海建就进一步推动公司党建工作全面进步、全面加强,提出八点意见。

△　公司召开集团公司深入推进卓越绩效管理及体系建设动员会。公司领导丁毅、杨阳、苏世怀、唐琪明、陈昭启、蒋育翔、陆克从、严华、任天宝出席会议。冶金工业质量经营联盟秘书长管炳春,市质量技术监督局,马钢相关部门、单位负责人及相关人员参加会议。会议由集团公司总经理、股份公司董事长丁毅主持。丁毅在会上提出四个方面的要求。

本月　马钢顺利通过中央环保督察。

本月　马钢党委命名 68 家单位为 27 届文明单位。

本月　马钢被《中国冶金报》评为中国卓越品牌钢铁企业。

本月　马钢顺利通过国家测量管理体系年度监督认证。

本月　马钢参加第十七届中国国际冶金工业展。

本月　马钢《薄板坯连铸连轧生产无取向电工钢技术集成与创新》《钢铁企业电能质量控制与综合节电运行关键技术研究与应用》《焦炉煤气净化系统节能减排工艺创新及固废处理关键设备技术》《优质合金钢模铸用莫来石流钢砖开发与应用》和《汽车轻量化用系列双相钢高效制造技术》五项科技成果获省科技进步奖。

本月　高海建赴阜南对口帮扶点调研扶贫工作。

本月　马钢 H 型钢成功运用于港珠澳大桥沉管隧道工程建设。

本月　马钢高耐蚀型耐候钢通过中铁检验认证中心认证。

本月　马钢成功研制花纹 H 型钢填补国内空白。

本月　马钢成功开发鹅颈用热轧 H 型钢填补国内空白。

本月　特钢公司高附加值钢锭首次冶炼浇铸获成功。

本月　轮轴事业部顺利通过韩国 RSTA 认证。

本月　马钢矿业公司获“全国安全管理标准化示范班组创建活动优秀组织单位”称号。

本月　废钢公司与韩国现代制铁签订了出口废钢销售合同,拿下废钢出口“第一单”。

本月　马钢牌 CSP 结晶器铜板研发达国内先进水平。

本月　马钢(杭州)投资管理有限公司成立,标志着马钢正式进军基金管理业。

7 月

3 日　公司召开巡察工作专题会议, 集团公司党委副书记、巡察工作领导小组常务副组长陈冬生,集团公司党委常委、副总经理蒋育翔出席会议,巡察办、巡察组相关负责人参加了会议,集团公司党委书记、董事长、巡察工作领导小组组长高海建主持会议。会上,高海建对于下一步的巡察工作提出三点要求。

6 日　安徽省总工会党组书记、副主席徐建深入马钢生产一线,看望慰问坚守高温岗位的职工,为职工们送去慰问金和慰问品。集团公司党委书记、董事长高海建,集团公司党委常委、工会主席张晓峰陪同慰问。

7 日　安徽省国资委召开省属企业深化改革创新发展试点动员工作视频会。会议对省属企业深化改革创新发展试点工作进行部署。马钢领导高海建、丁毅、杨阳、张晓峰、唐琪明、陈冬生、陈昭启、钱海帆、蒋育翔、陆克从、任天宝及张乾春,公司相关部门、单位负责人在马钢分会场参加会议。

11 日　公司召开党委中心组(扩大)学习会,特邀上海师范大学汪青松教授作题为《深入学习贯彻习近平总书记治国理政新理念新思想新战略》的主题讲座，集团公司、股份公司副总师及以上领导，集团公司、股份公司各二级单位、部分合资企业党政主要负责人、党委副书记、纪委书记、工会主席，公司党委巡察组成员，公司机关各部门全体中层管理人员参加会议。学习会由集团公司党委副书记、纪委书记陈冬生主持。会议提出三个方面的要求。

18日　马钢在长材事业部举行型材升级改造项目开工仪式。马钢领导高海建、丁毅、钱海帆、严华、任天宝及高海潮、田俊、张文洋出席开工仪式。集团公司副总经理严华主持开工仪式。公司相关部门和项目业主单位、总包方、参建单位负责人及有关代表参加了开工仪式。

20日　公司举办马钢2017年新员工入职典礼。马钢领导高海建、张晓峰、陈冬生、唐琪明出席典礼。公司相关部门负责人，各相关单位负责人及人力资源负责人，全体新入职员工参加典礼。

△　马钢召开2017年第二季度安委会。会议由集团公司总经理、股份公司董事长丁毅主持。马钢领导高海建、杨阳、张晓峰、苏世怀、唐琪明、陈冬生、陈昭启、钱海帆、陆克从、严华、任天宝及高海潮、田俊、张文洋出席会议。安委会成员单位主要负责人，今年承担重点建设、检修任务的单位主要负责人以及2017年以来发生工亡（属地）事故的单位党政主要负责人参加会议。会上，高海建提出四点要求。

22日　马钢召开二季度多元产业工作例会。马钢领导高海建、丁毅、杨阳、苏世怀、唐琪明、陈昭启、蒋育翔、陆克从、严华、任天宝出席会议。有关部门和单位负责人参加会议。会议由集团公司总经理、股份公司董事长丁毅主持。

24日　安徽省国资委以视频会形式召开省属企业专题警示教育报告会，邀请省纪委常委、省监察厅副厅长李友平作"讲政治、重规矩、作表率"专题警示教育辅导报告。马钢党委委员，党委宣传部、纪委相关负责人在马钢分会场参加会议。

31日　公司召开2号高炉大修再动员大会。集团公司党委常委、副总经理严华主持会议。集团公司党委书记、董事长高海建，集团公司副总经理任天宝及股份公司副总工程师黄发元出席再动员大会。

本月　马钢荣获"2016年度安徽省诚信企业"称号。

本月　马钢组织开展上半年安全生产大检查。

本月　冶金质量经营联盟理事长联席会在马钢召开。

本月　马钢南山矿、汽运公司、铁运公司、港务原料总厂、热电总厂、离退休中心、轮轴事业部、长材事业部、设备检修公司等九家单位荣获第十一届"安徽省文明单位"荣誉称号。

本月　马钢与澳大利亚莫纳什大学签署合作备忘录。

本月　马钢为南海石油项目供应高端管线钢。

本月　马钢海洋石油工程用H型钢首入中东，为中海福陆重工科威特国家石油公司项目供货。

本月　马钢成功生产DP980高强汽车板，在1000MPa级先进高强钢研发制造领域取得了新突破。

本月　马钢耐低温钢筋成功打入中国最大LNG项目——中海油福建LNG项目。

本月　特钢公司上半年精整线产量创投产以来最好水平。

本月　四钢轧总厂成功试轧高强薄规格酸洗板基料。

本月　表面公司与郑州机械研究所签订战略合作框架协议。

本月　招标中心首次应用综合评分法开展炼钢辅料招标。

本月　欣创公司获批挂牌新三板。股票简称欣创环保，股票代码871890，成为集团公司旗下首家登陆新三板的子公司。

本月　由南京大学环境规划设计有限公司和欣创公司共同出资的安徽南大马钢环境科技股份有限公司挂牌成立。

8月

11日　马钢党委召开中心组理论学习会。马钢党委中心组成员参加学习会。公司党委办公室、党委工作部、党委宣传部、纪委机关、企管部负责人列席学习会。

21日　马钢党委组织公司中高层党员领导干部，来到位于合肥市的省党风廉政教育基地，集中接受警示教育，集体重温入党誓词，进一步坚定理想信念和"四个意识"，夯实廉洁从政的思想根基，以优异成绩喜迎党的十九大胜利召开。

22日　股份公司召开2017年上半年经济活动分析会。马钢领导高海建、丁毅、钱海帆、陆克从及高海潮、田俊、张文洋、乌力平、王炜、黄发元出席会议。有关部门主要负责人和相关人员、股份公司各二级单位党政主要负责人及负责对标管理工作的人员、有关单位行政主要负责人参加会议。会议由股份公司总经理钱海帆主持。会上,集团公司总经理、股份公司董事长丁毅就做好下半年工作提出了六点要求。

△　安徽省军区司令员杨征、省军区战备建设局局长黄伟、省军区办公室副主任魏化勇一行在马鞍山市委常委、宣传部部长苏从勇,马钢集团公司党委书记、董事长高海建,集团公司党委常委、工会主席张晓峰的陪同下参观二铁总厂4号高炉,并进行了座谈。

23日　集团公司党委书记、董事长高海建接待了到访的大连重工·起重集团总经理邵长南一行。集团公司党委常委、副总经理严华陪同会见。工程管理部、煤焦化公司负责人参加会见。

24日　马钢召开“十三五”重点工程全面建设动员会。马钢领导高海建、丁毅、杨阳、陈冬生、钱海帆、严华、任天宝及田俊出席会议。公司各部门负责人、公司“十三五”重点工程项目所在单位党政主要负责人、纪委书记、重点工程项目经理,参建单位党政主要负责人,以及公司相关单位主要负责人参加会议。集团公司副总经理严华主持会议。集团公司总经理、股份公司董事长丁毅就做好重点工程项目建设,提出了六个方面的要求。

25日　中车与马钢举行技术交流会。中车股份公司副总工程师王星明一行与丁毅、苏世怀、钱海帆等马钢领导,就共同推动中国铁路发展进行研讨交流,就深化战略合作达成广泛共识。

28日　集团公司党委召开“讲重作”专题警示教育专题民主生活会,集团公司党委书记、董事长高海建主持会议。集团公司党委常委、副总经理以上领导参加会议。安徽省委组织部企事业干部处副处长、调研员刘松林,省纪委第七纪检监察室正处级纪检监察员杨新华等到会指导。股份公司副总经理、集团公司副总师、股份公司总经理助理和副总师列席会议。与会人员会前深入学习习近平总书记关于党内政治生活、政治文化、政治生态的重要论述和《准则》《条例》等规章制度,坚持问题导向,紧密结合实际,从思想、组织、作风、纪律等方面查找存在的突出问题。

30日　中钢协常务副会长、公司原党委书记、董事长顾建国到马钢调研座谈。马钢领导高海建、丁毅、杨阳、张晓峰、唐琪明、陈冬生、钱海帆、蒋育翔、陆克从、严华及田俊、张文洋、张乾春、乌力平、王炜、黄发元、杜松林参加调研座谈。

31日　马钢召开物流公司(板块)申报5A级物流企业宣贯暨启动大会。会议邀请中国物流与采购联合会评估办主任杨国栋作专题讲座。马钢领导丁毅、陆克从及王炜出席会议。公司有关部门和单位主要负责人,物流板块分子公司领导班子及主要业务科室负责人,第二期物流板块专业知识培训班学员参加会议。集团公司董事、股份公司副总经理陆克从主持会议。

本月　公司16个矩阵式党建区域指导组对各指导组区域单位12个方面违规行为专项治理工作,以及当期部分党建重点工作推进情况开展集中检查。

本月　国务院国资委冶金离退休干部局党支部工作骨干培训班在马钢开班。

本月　马钢启动时速400公里车轴钢及车轴研制,该产品研发已列入2017年国家重点研发计划“基于理性设计的高端装备制造业用特殊钢研发”项目。

本月　马钢成为核能材料发展联盟首届理事会单位。

本月　马钢“高寒地区结构用热轧H型钢关键制造技术研究与应用”项目获冶金科学技术奖一等奖。

本月　马钢冷轧高强汽车板喜获通用汽车全球一级工程认证。

本月　四钢轧总厂2250生产线月产49.65万吨刷新纪录。

本月　马钢公积金分中心顺利通过住建部贯标工作检查验收。

本月　马钢矿业成为全国首家通过“三标一体化”综合管理体系认证的冶金矿业企业。

本月　桃冲矿获得“三标一体化”认证证书。

9月

1日　马钢召开上半年能源工作会议。马钢领导丁毅、钱海帆、严华及高海潮、田俊、张文洋、黄发元出席会议。公司有关单位及部门负责人参加会议。会议由股份公司副总经理田俊主持。丁毅就做好下一阶段能源管理工作提出四点要求。

△　南山矿隆重举行凹山采场生态修复工程启动仪式。集团公司党委书记、董事长高海建,集团公司党委常委、副总经理、矿业公司董事长杨阳,集团公司原副总经理施兆贵,集团公司原总经理助理崔宪,矿业公司、南山矿、兄弟矿山、向山镇领导,南山矿历任老领导、凹山车间历任老领导、功勋矿工代表、凹山车间历年各类先模人物代表、南山矿各单位党政工主要领导、机关各科室主要负责人及相关人员参加仪式。仪式由南山矿党委书记李生玉主持。

6日　集团公司总经理、股份公司董事长丁毅接待了到访的沃特玛集团总裁李金林一行。

△ 集团公司党委书记、董事长高海建接待了到访的北方节能环保有限公司董事长、党委书记辛永献一行。集团公司副总经理任天宝陪同接待。马钢资本运营部、工程技术集团、合肥公司及欣创公司相关负责人参会。

7日 集团公司党委书记、董事长高海建与东风汽车公司总经理李绍烛、副总经理安铁成,在东风汽车公司总部就深化战略合作、促进合作共赢等话题,进行了深入沟通交流。股份公司总经理助理王炜,东风汽车公司相关部门负责人,马钢汽车板研发、制造、销售团队相关负责人参加了座谈。

11日 中华全国总工会党组成员、书记处书记石岱到马钢考察调研。安徽省总工会党组书记、副主席徐建,马鞍山市领导孙勇、季翔、龚明,马钢领导高海建、张晓峰、唐琪明陪同调研。

12日 马钢召开信访工作领导小组扩大会。马钢领导高海建、丁毅、陈冬生、张晓峰、唐琪明、蒋育翔、任天宝出席会议。信访领导小组成员单位主要负责人,各二级单位(分子公司)党组织负责人,有关合资公司党组织负责人参加会议。会议由集团公司党委副书记、总经理、股份公司董事长丁毅主持。高海建就如何切实做好当前和今后的信访工作提出四个方面的要求。

13日 马钢邀请中质协专家开展品牌培育管理体系专项培训。集团公司总经理、股份公司董事长丁毅主持开班仪式并作动员讲话。

15日 马钢召开精益"6S"管理推进会,邀请专家宣贯精益管理理念,总结、分享近年来现场管理工作经验、成果,对公司精益"6S"管理工作进行部署。以此次会议为开端,精益"6S"管理工作在马钢全面启动。马钢领导丁毅、张晓峰、任天宝及田俊、张文洋出席会议,公司相关部门、单位负责人参加会议。会议由集团公司党委常委、工会主席张晓峰主持。丁毅对于做好下一阶段工作提出四个方面的要求。

17日 马鞍山市委书记魏尧一行到马钢调研,实地了解马钢轨道交通装备有限公司生产经营建设情况。集团公司党委书记、董事长高海建,股份公司总经理助理杜松林陪同调研。

18日 集团公司党委书记、董事长高海建接待了到访的俄罗斯MMK公司董事长拉什尼科夫一行。中钢设备董事长陆鹏程,马钢领导丁毅、钱海帆、任天宝陪同座谈或参观。

20日 马钢举行"9·20"马钢纪念日升旗仪式暨新区投产十周年庆典,公司全体领导,公司机关部室主要负责人,公司各二级单位、部分合资公司及利民公司党政主要负责人,新区各单位领导班子及职工代表,新入职大学生代表身着马钢新款工作服,共同参加庄严的升旗仪式,仪式由集团公司党委副书记、总经理、股份公司董事长丁毅主持。

△ 马钢"十三五"转型升级重点工程全面开工。马鞍山市委书记魏尧,市长左俊,市委常委、秘书长吴桂林,公司全体领导出席开工仪式。相关市直部门、花山区、雨山区领导,公司机关部室、各二级单位、部分合资公司及利民公司主要负责人,"十三五"转型升级重点项目部代表,长材事业部领导班子及职工代表参加开工仪式。开工仪式由集团公司党委常委、股份公司总经理钱海帆主持。

21日 马钢召开三季度品牌建设推进专题会。集团公司总经理、股份公司董事长丁毅主持会议。马钢领导张晓峰、唐琪明、陈冬生、陆克从、严华、任天宝及高海潮、田俊、张文洋、张乾春、乌力平、黄发元、杜松林出席会议。公司品牌建设委员会成员单位和有关部门、单位、分(子)公司负责人及品牌专员参加会议。

25日 马建集团召开经营团队公开招聘动员大会。集团公司领导高海建、陈冬生、陈昭启、任天宝出席会议。集团公司相关部门负责人,工程技术集团主要负责人,马建集团全体中层以上管理人员、各党总支(支部)委员、全体主办人员参加会议。

△ 集团公司党委书记、董事长高海建接待了到访的南钢党委书记、纪委书记陶魄一行。马钢领导杨阳、张晓峰、唐琪明、陈冬生,南钢领导张六喜、常建华等参加会见。双方有关部门和单位负责人会见时在座。

本月 马钢与洛钼集团签署战略合作协议。

本月 马钢选手在全国品牌故事大赛中获演讲比赛两项二等奖、微电影比赛二等奖和征文比赛三等奖,获得进军全国总决赛的资格。

本月 马钢举办首届创新方法大赛。

本月 马钢第八届职业技能竞赛全面开赛。

本月 马钢股份成为全国首批绿色工厂。

本月 马钢冷轧CR1-CR4、镀锌CR1-CR4等共计8个牌号汽车板通过上汽通用汽车PSA审核。

本月 马钢彩涂板9月份订单量突破万吨。

本月 马钢成功开发新能源汽车用电池壳钢。

本月 四钢轧总厂RH精炼炉刷新月产最高

纪录。

本月 轮轴事业部获钢铁行业“青安杯”竞赛先进集体称号。

本月 马钢举行废钢合作基地建设框架协议签约仪式。

本月 马钢南区钢渣综合利用工程热试车成功。

本月 马钢输送设备公司成功自主研发国内首台履带式移动输送机。

本月 矿业公司获得“三标一体化”综合管理体系认证证书。

本月 欣创公司新三板挂牌仪式在京举行。

本月 马钢(杭州)投资管理有限公司(基金公司)通过中国基金协会备案审查,取得基金管理人资格。

10月

10日 马钢举行模拟职业经理人制度第一批试点的新型建材公司、欣创公司和比亚西公司等单位签字仪式。集团公司领导丁毅、苏世怀、唐琪明、陈冬生、陈昭启、蒋育翔、严华、任天宝及张乾春出席签字仪式。公司各机关部室、二级单位主要负责人参加签字仪式。签字仪式由集团公司总经理、股份公司董事长丁毅主持。

△ 马钢举行二铁2号高炉点火仪式。集团公司党委书记、董事长高海建,集团公司总经理、股份公司董事长丁毅,中冶华天工程技术公司董事长、党委书记康承业,参加仪式。集团公司副总师及以上领导,股份公司副总师、总经理助理及以上领导,中冶华天有关领导,公司相关部门、二级单位领导和参战单位代表出席仪式。点火开炉仪式由股份公司副总经理、二铁总厂厂长伏明主持。

13日 集团公司总经理、股份公司董事长丁毅接待了到访的德国赛夫-华兰德公司全球总裁 Detlef Borghardt 一行。

14日 国家发改委振兴司司长周建平一行,在安徽省发改委党组成员、总工程师笪艺武,马鞍山市委常委、常务副市长周善武的陪同下到马钢调研。

16日 马钢召开2017年三季度安委会。马钢领导张晓峰、苏世怀、唐琪明、陈冬生、钱海帆、陆克从、严华、任天宝及高海潮、田俊、张文洋、伏明出席会议。安委会成员单位主要负责人等参会。集团公司总经理、股份公司董事长丁毅主持会议。丁毅在会上提出五点要求。

19日 集团公司总经理、股份公司董事长丁毅接待了 BHP 澳大利亚矿业公司副总裁 Mr. Sundeep Singh 一行。公司领导陆克从及杜松林参加会见,公司有关部门和单位负责人陪同会见。

△ 集团公司总经理、股份公司董事长丁毅,集团公司副总经理唐琪明率企管部、人力资源部负责人一行到合肥公司调研,实地了解合肥公司生产经营建设情况,并听取了汇报。会上,丁毅提出了四点要求。

24日 马钢召开2017年物流服务商大会。安徽省交通运输厅副厅长江宗法,马钢领导丁毅、陈冬生、陆克从及张文洋、黄发元出席会议。公司相关部门和单位负责人,马钢物流业务合作方代表及金融机构代表共260余人参加会议。会上,对于马钢物流公司的未来发展以及如何进一步深化与物流服务商的合作,丁毅提出四点要求。

26日 集团公司党委书记、董事长高海建接待铜陵有色集团董事长、党委书记杨军一行。

△ 马钢召开对外投资业务暨董事会秘书培训班。开班仪式由集团公司党委常委、副总经理蒋育翔主持。公司有关部门负责人及业务骨干,部分子公司分管负责人及董事会秘书,监事会工作办公室专职监事参加开班仪式。

27日 马钢召开2017年战略评审会。集团公司党委书记、董事长高海建,集团公司党委副书记、总经理、股份公司董事长丁毅,集团公司副总师及以上领导,股份公司总经理助理、副总师及以上领导出席会议。机关部门主要负责人,各二级单位、子(分)公司及部分合资公司党政负责人参加会议。会上,丁毅提出了2018年战略管理和执行应关注的九项重点。

△ 集团公司党委书记、董事长高海建传达党的十九大精神及安徽省委常委扩大会议精神。集团公司党委副书记、总经理、股份公司董事长丁毅就贯彻落实会议精神提出三点要求。

31日 安徽上市公司协会副会长袁宏生、新华网安徽总经理助理鲁金茗一行到马钢采访定点扶贫工作。马钢领导高海建、张晓峰、唐琪明及伏明、王炜,公司党委宣传部、董秘室、行政事务部相关负责人出席座谈。集团公司副总经理唐琪明代表马钢接受新华网专题采访。

△ 集团公司党委书记、董事长高海建赴合肥江淮汽车总部,与江淮汽车集团股份有限公司董事长安进、江淮汽车股份有限公司总经理项兴初等就新能源汽车用钢材料、车身轻量化等项目进行了深入交流。

集团公司党委常委、股份公司总经理钱海帆，股份公司总经理助理章茂晗，江淮汽车相关部门负责人，马钢汽车板研发、销售相关人员，马钢合肥加工中心相关负责人参加了座谈。

本月　高海建受邀参加世界钢铁协会成立50周年年会。

本月　马钢干部职工踊跃收看党的十九大开幕式盛况。

本月　马钢成为东风汽车核心供应商。

本月　四钢轧月产钢达到75万吨，热轧材产量达到75.64万吨、其中2250热轧生产线产量49.35万吨，均实现历史性突破。

本月　2016年度“全国重点大型耗能钢铁生产设备节能降耗对标竞赛”，马钢四钢轧总厂1号300吨转炉获得全国200吨及以上转炉“冠军炉”、荣膺该竞赛最高奖项，三铁总厂B高炉获得4000立方米及以上高炉“优胜炉”。

本月　马钢0.5毫米规格新能源汽车用电池壳钢实现批量销售。

本月　马钢成功轧出新能源汽车驱动电机用0.27毫米新品硅钢。

本月　马钢抗震耐蚀耐火热轧H型钢跻身国家重点研发项目。

本月　马钢长钢股份销售收入首次突破100亿元。

本月　马钢长材事业部成功试轧纯钛光圆盘条。

本月　马钢长材事业部1号转炉正式关停。

本月　铁运公司提升检修能力首次成功自行中修电传机车。

本月　煤焦化公司获“2017年全国工会职工书屋示范点”称号；技术中心获“2017年安徽省工会职工书屋示范点”称号。

本月　马钢矿业公司前三季度生产成品矿572万吨创历史新高。

本月　马钢与中建国际钢结构住宅及建筑工业化项目入驻雨山经济开发区。

本月　马钢防锈材料科技有限公司举行投产仪式。

本月　马钢(杭州)投资管理有限公司进军基金业。

本月　马钢汽运公司顺利通过AAAA级物流企业现场评估审核。

本月　自动化公司外部市场合同承揽额首次突破1亿元。

11月

1日　马钢党委中心组举行理论学习会，深入学习贯彻党的十九大精神，认真学习习近平总书记在中央政治局第一次集体学习时的重要讲话精神，传达省委常委扩大会、省纪委常委扩大会精神，结合实际研究部署马钢的学习宣传贯彻工作。集团公司党委书记、董事长高海建主持学习会。马钢党委中心组成员参加学习会。公司党委办公室、党委工作部、党委宣传部、纪委机关、企管部负责人列席学习会。

7日　学习贯彻党的十九大精神安徽省委宣讲团成员、省发改委主任、省皖江办主任张韶春到马钢宣讲党的十九大精神。马钢领导高海建、丁毅及杜松林等参会，马鞍山市委宣传部、市发改委等相关部门负责人、马钢相关部门负责人参加了宣讲会。

10日　集团公司党委书记、董事长高海建接待了到访的安阳钢铁集团公司总经理、党委副书记、副董事长刘润生一行。马钢领导丁毅及伏明、张乾春陪同会见。北京科技大学教授、中国炼铁协会原料协会秘书长冯根生及双方有关部门和单位负责人会见时在座。双方围绕加快产品结构调整、转型升级展开探讨。刘润生表示，愿意与马钢不断开拓合作领域，创新合作方式，挖掘合作潜力，携手共谋发展。

11日　马钢召开学习宣传贯彻党的十九大精神视频会议，传达“全省学习宣传贯彻党的十九大精神大会”精神，就做好党的十九大精神学习宣传贯彻工作进行再部署再动员。集团公司党委副书记、总经理、股份公司董事长丁毅主持会议。集团公司党委书记、董事长高海建、集团公司党委副书记、纪委书记陈冬生，集团公司党委常委张晓峰、钱海帆、蒋育翔、陆克从、严华，集团公司、股份公司副总师以上领导参会；公司机关部委室，各二级单位、分子公司，部分合资公司及利民公司领导班子成员，在各分会场参加会议。会上，丁毅就贯彻好本次会议精神提出三点要求。

16日　马钢召开四季度安委会扩大会议暨外来单位安全专项系统整治行动动员会。集团公司总经理、股份公司董事长丁毅主持会议，马钢领导张晓峰、苏世怀、唐琪明、陈冬生、蒋育翔、陆克从、严华、任天宝及张文洋、伏明出席会议。公司安委会成员单位主要负责人、各二级单位及控股公司党政主要负责人、分管安全负责人、安全部门负责人等参会。会上，丁毅提出五点要求。

21日　集团公司召开深入推进卓越绩效管理专题会。马钢领导丁毅、蒋育翔、任天宝及张文洋出席会议。中质协有关专家,马钢相关部门、单位负责人及相关人员参加会议。会议由集团公司总经理、股份公司董事长丁毅主持。丁毅就深入推进集团公司卓越绩效管理和争创政府质量奖提出了五点要求。

22日　马钢召开省国资委党委党的十九大精神宣讲团报告会暨马钢矩阵式党建基层案例发布会。集团公司党委副书记、纪委书记陈冬生主持会议。集团公司、股份公司副总师及以上领导、省国资委组宣处相关负责人、公司机关部室主要负责人、党群部门副职、党委巡察办成员,各二级单位党政主要负责人、副书记、纪委书记、工会主席和党群工作室(政治处)负责人,部分合资企业党委(总支、支部)主要负责人和党务工作部门负责人出席会议。

27日　集团公司召开2017年技术创新大会。集团公司总经理、股份公司董事长丁毅主持会议。集团公司副总师及以上领导,股份公司总经理助理、副总师及以上领导出席会议。公司机关部门主要负责人,各二级单位党政主要负责人、总工程师,部分合资公司及利民公司主要负责人,公司续聘、新聘高级技术主管及首席技师,各类获奖成果主要完成人,奋战"两大战场"优秀技术业务人员代表,新入职大学生代表等各类职工代表参加会议。

29日　集团公司总经理、股份公司董事长丁毅接待到访的深圳新沃运力汽车有限公司董事长赵乐一行。马鞍山市委常委、常务副市长周善舞出席会议。

30日　马钢股份公司举行临时股东大会暨新一届董事会、监事会第一次会议。会议由丁毅董事长主持。集团公司党委书记、董事长高海建代表集团公司持有的国家股出席会议。出席会议的还有公司部分董事、监事和高级管理人员等。

本月　在中国钢铁工业协会和中国金属学会联合举办的2017年钢铁行业科技创新大会上,集团公司被授予"中国钢铁工业科技工作先进单位",高海潮被授予"中国钢铁工业优秀科技管理工作者",曹天明、吴坚、朱青山被授予"中国钢铁工业优秀工作者"荣誉称号。

本月　马钢2017年化解过剩产能工作通过国家抽查。

本月　马钢股份公司与埃克森美孚(中国)投资有限公司举行合作30周年庆典暨战略合作签字仪式。

本月　马钢硅钢和磁极钢产品成功通过哈电全面质量认证。

本月　马钢成为德铁亚洲首家直接供应商。

本月　马钢"薄规格高牌号无取向硅钢M35W300产品""1500兆帕级热轧、酸洗及冷轧热冲压成形用钢板""液化天然气储罐建设工程专用低温钢筋""轨道交通高速车轴用钢EA4T产品"等4项新产品通过省级新产品鉴定。

本月　一钢轧CSP双线试生产高强薄规格耐候钢取得成功。

本月　特钢公司连铸工艺生产P92产品首开国内先河。

本月　特钢公司首次完成单包钢水一次性浇铸42支模铸钢锭。

本月　特钢公司成功轧制150毫米方形钛棒。

本月　合肥材料公司第二条激光拼焊接线试生产。

本月　合肥板材公司正式实施层级管理。

本月　南山矿、三铁总厂、冷轧总厂、检修公司工匠基地竣工启用。

本月　南山矿、汽运公司、铁运公司、港料总厂、热电总厂、离退休中心、轮轴事业部、设备检修公司和长材事业部等九家单位荣获"第十一届安徽省文明单位"。

本月　汽运公司顺利通过AAAA级物流企业现场评估审。

本月　瑞泰马钢新材料科技有限公司举行揭牌仪式。

本月　物流公司牵头实施的"依托长江黄金水道、立足皖江城市带,马鞍山多式联运示范工程"入选国家多联式联运示范工程。

12月

4日　集团公司党委书记、董事长高海建会见中冶南方党委书记、董事长项明武一行。马钢领导钱海帆、严华及伏明,相关单位和部门负责人参加会见。

6日　集团公司党委书记、董事长高海建会见中国重型机械研究院股份公司党委副书记、董事长晁春雷一行,马钢领导钱海帆、严华、任天宝,相关单位和部门负责人参加会见。

9日　马钢在杭州召开2018年钢材客户大会。马钢领导高海建、丁毅、苏世怀、唐琪明、钱海帆、蒋育翔及高海潮、章茂晗出席大会。马钢研产销系统及相关部门、单位有关人员参加会议。大会由集团公司党委常委、股份公司总经理钱海帆主持。

16日　集团公司党委书记、董事长高海建，集团公司总经理、股份公司董事长丁毅，集团公司党委常委、股份公司总经理钱海帆接待了到访的淮北矿业集团公司党委书记、董事长王明胜与淮北矿业股份公司副总经理邵华一行。淮北矿业、临涣焦化、江苏炜伦和马钢办公室、采购中心等相关人员参加会见。

18日　马钢集团公司党委召开干部大会。安徽省委常委、组织部部长严植婵，省委组织部副部长肖超英，省国资委党委书记、主任李明，马鞍山市委书记张岳峰出席会议，高海建主持会议并发言，魏尧、丁毅分别发言。集团公司副总师及以上领导，股份公司副总师及以上领导，机关各部门公司中层副职以上管理人员，二级单位党政主要负责人（含主持工作的公司中层副职管理人员），部分合资企业党政主要负责人参加会议。省委常委、组织部部长严植婵出席会议并讲话，省委组织部副部长肖超英宣布省委决定：魏尧任马钢（集团）控股有限公司党委委员、常委、书记，提名担任董事长；免去高海建马钢（集团）控股有限公司党委书记、常委、委员、董事长职务；董事长职务，按公司法和有关规定办理。

21日　马钢召开多元产业体系管理及APQP、EVI项目推进专题会。集团公司领导丁毅、苏世怀、陈昭启、陆克从、严华出席会议。公司各机关部室、二级单位主要负责人参加会议。会议由集团公司副总经理、总工程师苏世怀主持。

△　集团公司党委书记、董事长魏尧到技术中心调研技术创新工作，看望科技人员并主持召开调研座谈会。集团公司副总经理、总工程师苏世怀，股份公司常务副总经理、总工程师高海潮，公司党委办公室负责人参加调研。

△　马钢节能环保产业年会在欣创公司召开。安徽省国资委调研员陆佩芳、中钢协节能环保部主任黄导、中国冶金矿山协会常务副会长项宏海、中国焦化协会会长崔丕江、中钢矿院副院长虞夏、中冶赛迪副总经理王波、鞍山焦耐院副总经理李国志、台湾大青节能科技公司董事长陈善南，马钢领导丁毅、陈昭启、严华及张乾春出席会议。马鞍山市相关部门、经开区、慈湖高新区、天长市政府领导，马钢节能环保产业合作院校领导，欣创公司股东方、战略合资方、重要客户代表，以及集团公司下属各部门、二级单位、分子公司和参股公司的代表参加会议，集团公司副总经理严华主持会议。会上，丁毅就未来进一步发展好马钢节能环保产业，提出四个方面的意见。

22日　马钢组织召开职工代表视察汇报会。马钢领导魏尧、丁毅、苏世怀、陈冬生、陈昭启、陆克从、严华出席汇报会，集团公司党委常委、工会主席张晓峰主持汇报会。全体参加视察的职工代表和职代会专门工作委员会主任、公司有关部门负责人、被视察单位负责人参加汇报会。

28–29日　马钢召开集团公司十八届二次（股份公司八届二次）职工代表大会。马钢领导魏尧、丁毅、张晓峰、苏世怀、唐琪明、陈冬生、钱海帆、蒋育翔、陆克从、任天宝及高海潮、田俊、张文洋、伏明、张乾春、乌力平、黄发元、杜松林、章茂晗，省国资委监事会主席陈新，以及全体职工代表参加会议。集团公司党委常委、工会主席张晓峰主持大会。集团公司总经理、股份公司董事长丁毅作了题为《以党的十九大精神为指引，加速提升创新竞争力，奋力实现新时代马钢全面精益运营的新跨越》的工作报告。

本月　马钢成为中国汽车轻量化技术创新战略联盟成员单位。

本月　马钢8项管理创新成果获2017年冶金企业管理现代化创新成果奖，获奖数量和质量创历年之最，其中，《基于提升有效供给能力为导向的卓越绩效管理》《基于云平台的钢铁企业两化深度融合发展》《高炉运行评价与预警保障体系的构建与实施》3项成果获一等奖。

本月　在第二届全国企业创新方法大赛上，三铁总厂赵岚、段再基的“在线可更换刀头的皮带头轮刮料装置研发”，冷轧总厂付军发、王浩、张涛的“提高烟雾抽排滤芯清洗效果”项目团队获得二等奖，技术中心郭湛、姜婷、许雁的“耐超低温钢筋拉伸试验夹具的设计”，煤焦化公司夏孝轩、郑庭、李国旭的“焦炉炉门服务车的改良设计”和南山矿业公司马守斌、黄礼桥、揣新的“基于TRIZ理论研制一种铁路自翻车滚轴装置拆装器”获得三等奖。

本月　马钢荣获第五届全国品牌故事大赛“最佳组织奖”，马钢选手获得演讲二等奖、征文三等奖。

本月　马钢在“2018（第十五届）中国钢铁产业链高峰论坛暨中联钢年会”上，荣获螺纹钢、桥梁板和汽车板优质生产企业等三个证书。

本月　马钢铁道车辆用耐大气腐蚀热轧H型钢获得中国钢铁工业协会2017年度冶金产品实物质量认定“金杯奖”和“特优质量奖”。

本月　马钢高速车轮荣获2017“质量之光”年度

魅力品牌。

本月　马钢牵头实施的国家重点研发计划专项课题《资源节约型高耐腐镀层技术与除雾霾抗菌涂层技术开发》启动会在马钢召开。

本月　马钢硅钢和磁极钢产品成功通过哈电集团全面质量认证。

本月　马钢高压锅炉管坯12Cr1MoVG系列产品顺利通过东方电气集团东方锅炉股份有限公司的供应商二方认证。

本月　马钢汽车板首次实现铁路运输出口进军中亚地区。

本月　马钢与众泰汽车举行共建《众泰汽车工程研究院&马钢股份技术中心汽车新材料与轻量化技术应用》联合实验室揭牌仪式。

本月　马钢成功开发HTRB600E高强抗震钢筋。

本月　马钢优质耐低温H型钢成功用于中俄亚马尔液化天然气能源合作项目。

本月　汽运公司获全国汽车维修行业诚信企业称号。

本月　马钢气体分公司液体产品年销售收入首次突破1亿元。

概　述

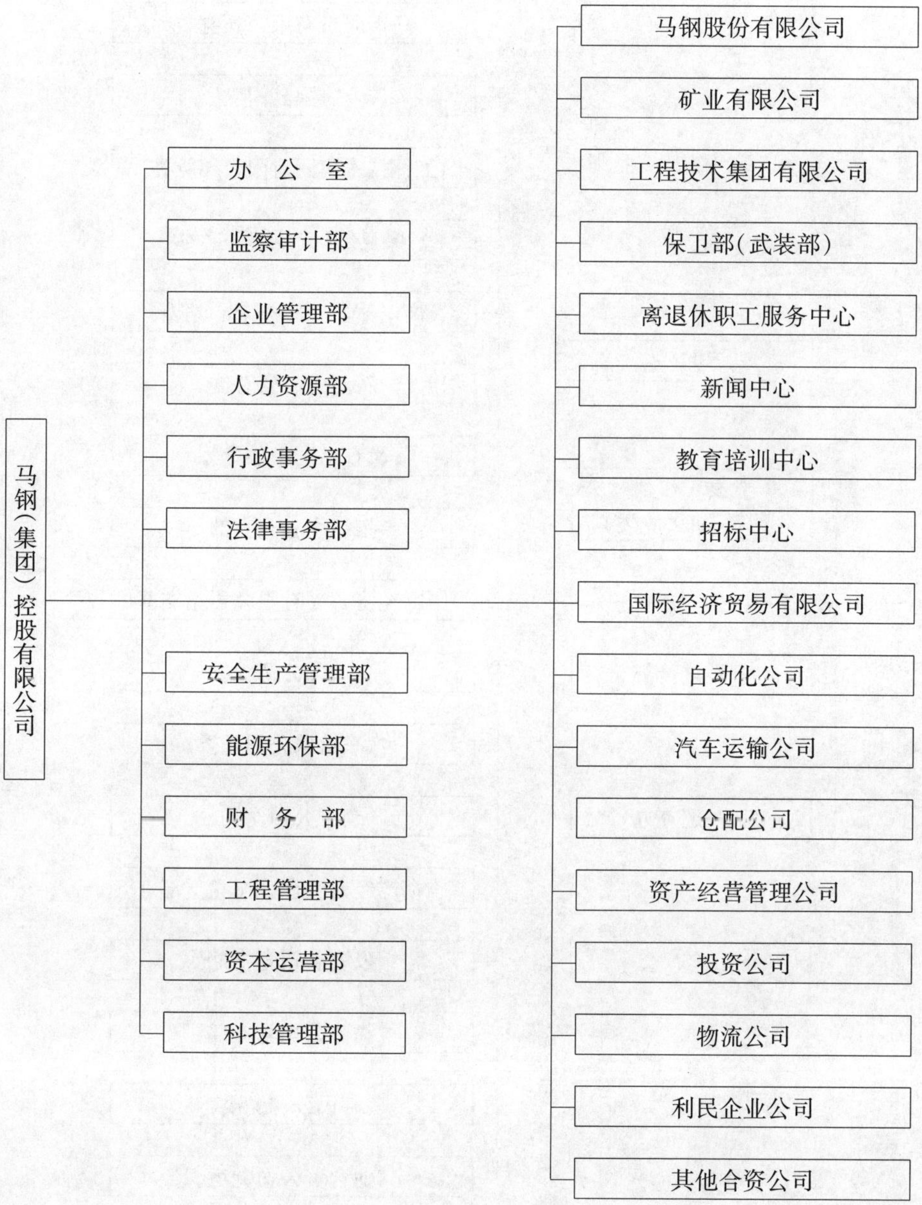

图 1　马钢（集团）控股有限公司组织机构图

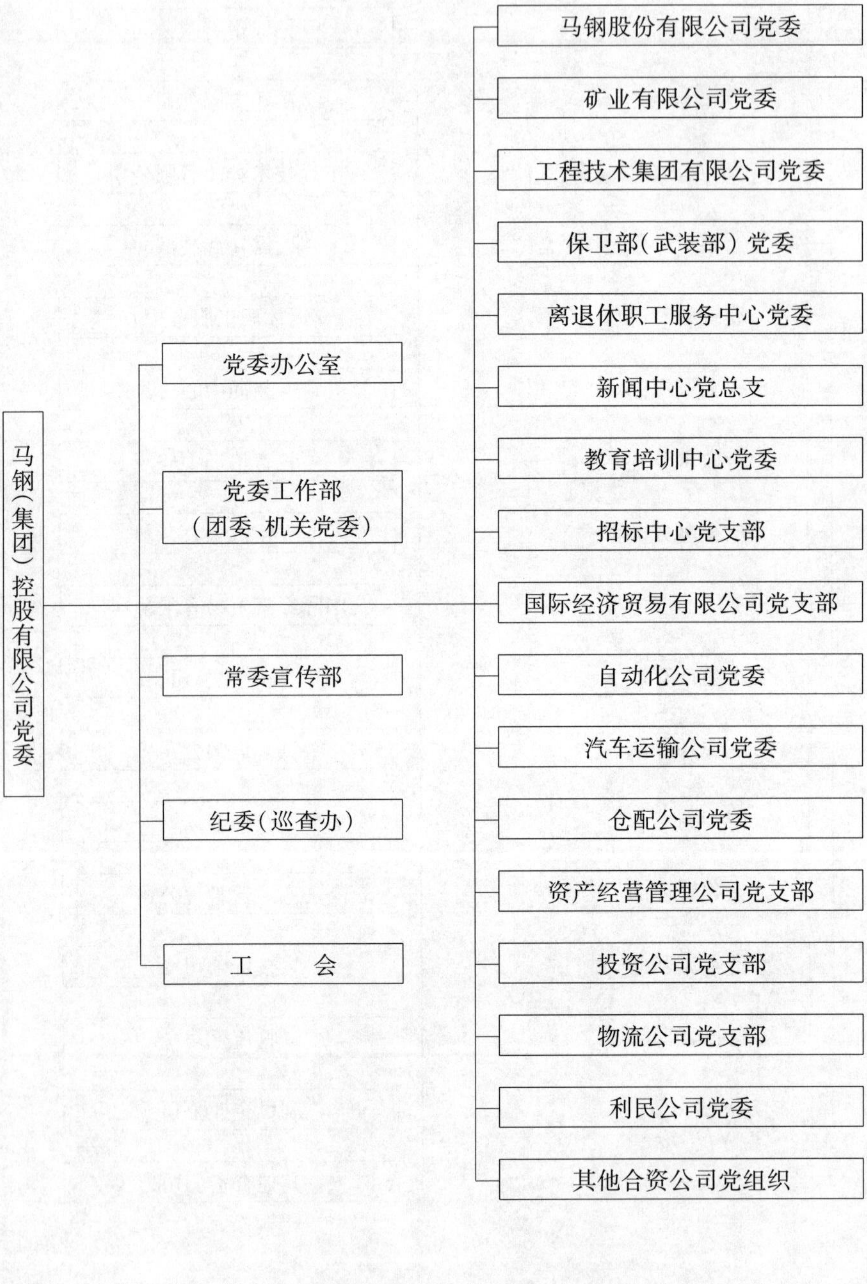

图2　马钢(集团)控股有限公司党组织机构图

企业概况

【基本情况】 马钢（集团）控股有限公司（简称“马钢”“马钢集团公司”）位于安徽省马鞍山市，是中国特大型钢铁联合企业，A+H股上市公司，由安徽省政府授权经营。截至2017年底，马钢总资产918亿元，具备2000万吨钢配套生产规模；单位从业人员人数38771人，单位从业人员人均年收入78557元（不含合肥公司、长钢公司）。马钢集团公司前身是成立于1953年的马鞍山铁厂。1958年，马鞍山钢铁公司成立。1993年，马钢作为全国首批试点企业进行股份制改制，分立为马钢总公司和马鞍山钢铁股份有限公司，马鞍山钢铁股份有限公司成为全国钢铁行业第一家A+H股上市公司。1998年，马钢总公司改制为马钢（集团）控股有限公司。2017年，主要专业设备有：焦炉8座；烧结机10台，计2451平方米；球团竖炉5座，计66.2平方米；炼铁高炉12座，计21900立方米；炼钢转炉16座；连铸机20套；轧机26套。

2017年，马钢有效落实年度去产能任务。关停1座500立方米高炉和1座40吨转炉，退出炼铁产能62万吨、炼钢产能64万吨，顺利通过省市验收和国家抽检；人员安置稳妥有序，全年分流安置人员3731人，任务完成率118.6%。

【生产经营】 2017年，马钢共生产铁矿石原矿2089万吨、铁矿石成品矿758万吨，分别比上年减少5.86%和增加4.07%；生铁1817万吨、钢1971万吨、钢材1858万吨，分别比上年增加3.00%、5.84%和5.13%；其中铁道用钢材14.01万吨，大型型钢175.13万吨，中小型型钢11.28万吨，钢筋591.24万吨，线材92.01万吨，厚钢板26.18万吨，中板46.08万吨，冷轧薄板4.52万吨，中厚宽钢带265.98万吨，热轧薄宽钢带125.77万吨，冷轧薄宽钢带249.79万吨，镀层板（带）161.96万吨，涂层板（带）9.53万吨，其他钢材2.83万吨。集团实现营业收入795.87亿元，比上年增加46.27%，主营业务收入781.73亿元；全年实现利润总额56.08亿元，归属集团母公司净利润13.95亿元。

【项目建设】 2017年，是马钢“十三五”工程建设全面开工之年。马钢“十三五”工程建设共7个系列39个项目，预计总投资70.25亿元。截至2017年底，已建成投产7项，20项重点工程正在建设。全年完成建设项目投资14.34亿元。重点工程中，二铁总厂2号高炉技术改造工程2017年5月18日开工，9月20日烘炉，10月10日投产，项目总投资3.20亿元。特钢公司优棒生产线工程开工建设，项目总投资5.90亿元。长材事业部宽翼缘重型H型钢生产线2017年9月20日开工建设，项目总投资11.97亿元。长材事业部型材升级改造项目生产线主体工程于2017年7月18日开工建设，项目总投资4.50亿元。冷轧总厂硅钢高牌号改造项目，总投资2.60亿元；其中一硅钢改造由日本三菱公司承担轧机主体部分的制造基本完成。一钢轧总厂异型坯连铸机工程，项目总投资3.30亿元，已进行项目前期技术准备和组织原有厂区公辅介质系统及管架的拆迁还建工作。煤焦化公司（南区）净化系统合并项目2017年8月6日开工建设，总投资3.80亿元。高速车轴生产线、合肥板材镀锌线、南区钢渣综合利用、还原铁粉节能技改等项目建成投产。

【科技创新】 2017年，马钢全力打造钢铁强势品牌。一是产品结构持续优化。紧盯战略客户需求，扩大高附加值产品比重，全年品种钢比例49.3%，新产品开发销售量286万吨，产品结构调整增效5.9亿元。二是持续巩固轮轴产品领先优势。全年车轮及环件销量16万吨,比上年增长25%;获铁标货车轮订单6.6万吨,销售大功率机车轮5000件、轮对2800套;开发轮轴新产品98个。三是有效拓展板带产品后发优势。全年销售汽车板230万吨,汽车面板、高强汽车板分别比上年增长78%、20%;销售硅钢56万吨,W470及以上高牌号硅钢占比18%;成功开发DP980高强钢、冷轧搪瓷钢、新能源汽车电池壳钢等高端产品;汽车板通过上汽通用、东风汽车、中国一汽认证,家电板通过美芝认证,硅钢和磁极钢产品通过哈电集团认证,油井专用管通过宝鸡钢管认证。四是充分发挥长材产品传统优势。全年外销H型钢140万吨(其中高附加值造车材19万吨)、工业线材30万吨、特钢47万吨;专用车鹅颈用热轧H型钢、2000兆帕级高强度钢丝绳用钢填补国内空白;H型钢通过韩国工业标准和俄罗斯质量标准认证。五是深化技术创新管理。全年承担国家、省级在研项目17项,获冶金行业科技进步奖一等奖1项、省科技进步奖4项(其中省科技进步一等奖1项);主持制修订并发布国家标准和行业标准8项,获授权专利313项。

【节能减排】 2017年,马钢持续推进环保治理和攻关,解决突出环境问题。全年股份公司共立项投资2.4亿元,先后完成三铁总厂A/B烧结机机头电除尘、港务原料总厂A矿槽除尘改造、301水泵房脱脂废水治理、资源分公司南部渣山综合利用、三铁总厂返矿及转底炉除尘改造等一批污染难题,提高了公司污染防控水平。按国家要求的期限提前完成马钢排污许可证申领工作。环境管理体系成功换版、能源管理有效运行,顺利持证并通过外审。全年环境污染事故为零、环境行政处罚为零,国控污染源在线日均值达标率100%;烟(粉)尘无组织排放比上年下降29.4%;政府季度监督性监测100%达标;马钢股份公司烟粉尘、SO_2、NO_X、COD等主要污染物排放比上年下降23.9%、26.2%、6.8%、31.8%;危险废物安全处置率100%;吨钢综合能耗583千克标煤,较上年下降14千克标煤,达历史最好水平。顺利通过中央环保督察。马钢股份公司荣获首批国家级"绿色工厂"称号,马钢张庄矿荣获第二批国家级"绿色工厂"称号。

【进出口贸易】 2017年,马钢完成进出口贸易总额18.60亿美元,比上年增长32%。进口12.70亿美元,其中,铁矿石进口1460万吨,进口额10.20亿美元;煤炭进口107万吨,进口额2.30亿美元;设备项目和备品备件进口计1656万美元。全年钢铁产品出口量106万吨,出口金额5.90亿美元;其中车轮轮箍出口2.90万吨,创汇4146万美元。

【企业管理】 一是深化改革稳步推进。扎实开展改革试点。2家单位入选省首批深化改革创新发展试点,3家单位试点推行模拟职业经理人、合肥公司试点实施层级管理、粉末冶金公司开展国有控股混合所有制企业员工持股试点。持续深化"授权组阁、竞聘上岗"。开展了公司部分中层副职管理人员、财务总监以及电气修造公司、马建公司、新型建材经营团队竞聘工作。二是人力资源优化不断深入。通过产线定员对标、统一两级机关设置标准、实施大工种区域化作业、完善离岗安置政策、补充新员工等途径,全年优化人力资源3826人、在岗人员净减少3287人。规范高层次人才聘用管理,市场化引进2名关键技术人才,增补12名高级技术主管和39名首席技师。推进劳务集中管理和优化整合,集团层面规范的劳务协同平台基本构建。三是体系管理加速拓展。集团公司申报省政府质量奖和8家单位申报市长质量奖工作积极推进,马钢股份公司对标管理、质量和环境管理体系换版工作有效开展,多元产业标杆管理、"三标一体化"和内控体系建设全面启动,3项成果获冶金行业现代化管理创新成果一等奖,矿业公司成为冶金矿山首家"三标一体化"管理体系认证企业。系统构建两化融合体系,协同办公平台、集团本部财务信息化系统及工程技术集团"业财一体化"ERP系统上线运行,马钢股份公司一体化计划系统和质量管理信息化系统(IPS&QMS)、矿业公司财务共享中心加快建设。四是深入落实安全生产责任制,扎实开展"百日除患铸安"专项行动和外来单位安全专项整治,安全生产态势总体平稳。五是深化精益现场管理。着眼于建设精益工厂,成立TnPM专项改进小组,全面启动多元板块现场环境专项整治。

【多元产业】 2017年,马钢全力打造多元个性品牌,多元产业经营绩效明显改善。多元产业七个板块全面实现经营性盈利,全年多元产业营业收入219亿元,净利润14亿元。矿业公司、财务公司、新型建材公司利润总额均超过1亿元,欣创公司、物流公司利润总额均超过5000万元,投资公司、资产经营公司综合收益均超过5000万元,检修公司实现经营性扭亏。一是多元产业主营业务加快发展。矿产资源业板块,深化经营型矿山建设,推进柔性生产和提质降杂增效,全年精矿平均品位65.1%,比上年提高0.5个百分点。工程技术板块,推进TRT、磨辊间运营总承包和烧结、球团、1580和2250轧线设备运营总承包，高效完成2号高炉大修等重点工程及各类应急抢修，承揽博望河综合整治、湖北襄阳高铁站钢结构等6个外部工程项目。贸易物流板块，加快打造5A级综合服务型物流企业；加强汽运、航运、港务、仓储一体化联动，支撑马钢股份公司物流降本3000万元；推进长协矿落地销售、铁矿石期现结合轮库交易，贸易收入比上年增长43%。节能环保板块，联合中冶华天成功中标马鞍山市区水系治理项目，成功托管铜陵旋力特钢环境设施，建成运营山西"七一"煤矿瓦斯发电项目。金融投资板块，成功开展产业链客户买方信贷和上游客户票据贴现、应收账款保理业务，进一步盘活闲置和低效存量资产，有效开展资本与股权投资运作。信息技术板块，保产服务能力持续提升，新兴业务稳步发展，外部合同额首次突破1亿元。新材料及化工能源板块，矿粉营销服务和市场协同水平持续提升，耐材总包定价模式不断完善，还原铁粉产销量创历史新高；奥瑟亚煤化工公司收入和利润大幅增长，金马能源公司、盛隆化工公司获得良好投资收益。二是多元产业创新能力有效提升。产品创新实现突破。成功开发贴标签机器人、雾化器、新型移动带式输送机、超音速喷涂炉辊、高等级还原铁粉等新产品，被认定为安徽省高新技术产品12项。服务模式创新取得实效。8个APQP和10个EVI项目扎实推进，设备运营和技术服务总承包力度加大，PPP、EPC等运营模式有效拓展，多式联运成为国家示范项目。

（办公室）

2017年马钢集团公司主要工作综述

【概况】 2017年，马钢以迎接党的十九大胜利召开和学习贯彻党的十九大精神为牵引，牢牢抓住供给侧结构性改革政策机遇，认真落实省五大发展行动计划部署，以深化改革为动力，系统谋划"1345"品牌建设工程，全力打造钢铁强势品牌、多元个性品牌、管理精益品牌、文化特色品牌，推动马钢迈上了新时代转型发展的新平台。

【打造钢铁强势品牌】 一是产品结构调整增效显著。紧盯战略客户需求，扩大高附加值产品比重，全年品种钢比例49.9%，新产品开发销售量286万吨，产品结构调整增效5.9亿元。持续巩固轮轴产品领先优势，全年车轮及环件销量16万吨，比上年增长25%。有效拓展板带产品后发优势，全年销售汽车板231万吨、销售硅钢57.9万吨（W470及以上高牌号硅钢占比18%）；成功开发DP980高强钢、冷轧搪瓷钢、新能源汽车电池壳钢等高端产品；汽车板通过上汽通用、东风、中国一汽认证，家电板通过美芝认证，硅钢和磁极钢产品通过哈电集团认证，油井专用管通过宝鸡钢管认证。充分发挥长材产品传统优势，全年外销H型钢142.6万吨（高附加值造车材19万吨）、工业线材26万吨、特钢46万吨；专用车鹅颈用热轧H型钢、2000兆帕级高强度钢丝绳用钢填补国内空白；H型钢通过韩国工业标准和俄罗斯质量标准认证。二是两头市场经营抓住商机。经营决策体系不断完善，两头市场趋势研判准确性进一步提升。持续打造安全、稳定、高效、可持续、有竞争力的供应链，矿石、煤焦等大宗资源实现低库存、安全保供常态化运营。服务+技术型营销持续深化，APQP项目组和EVI应用技术服务成效明显，新开发中车集团、东风汽车、沃特玛、西门子电机等重点客户和战略客户115家。国际化经营有力推进，全年钢材出口105万吨，获力拓公司维修车轮订单1.4万件、德铁轮对订单4200套，H型钢应用于非洲蒙内铁路、科威特国家石油公司项目。三是精益制造提质增效。完善高炉体检、预警和应对制度，强化配煤配矿和原燃料质量管控，铁前系统实现长周期稳定顺行。关键产线效能充分释放，四钢轧炼钢平均日产突破80炉，2250轧线月产突破49万吨。推进关键产线设备综合效率评价（OEE），加强质量流程管控，全年同品种吨材质量损失比上年下降0.67元，质量异议起数比上年下降38.96%。深入推进节能降耗，全年吨钢综合能耗583千克标煤/吨，比上年下降14千克标煤/吨。主动关停1座500立方米高炉和1座40吨转炉，退出炼铁产能62万吨、炼钢产能64万吨。

【打造多元个性品牌】 一是经营绩效明显改善。坚持"四个结合"、处理好"五个关系"，加快多元发展上台阶、上水平，七个板块全面实现经营性盈利。二是资源整合有序推进。电气修造公司整合到设备检修公司，华阳设备诊断公司整合到欣创公司，钢结构公司和设备检修公司的工程机械、吊装物流业务专业化整合正在实施；剥离整合化工业务，组建化工实体；深化矿粉资源区域整合，实现水渣全加工。三是合资合作深入拓展。完成表面技术公司股权多元化改革，推进设计院、检修公司引战投工作；合资设立了瑞泰马钢新材料科技公司、南大马钢环境科技公司、中冶华欣水环境治理公司、安徽马钢防锈材料公司。资产证券化步伐加快,欣创公司成功挂牌“新三板”,加快推进4家单位挂牌上市前期工作。四是创新能力有效提升。成功开发贴标签机器人、雾化器、移动带式输送机、超音速喷涂炉辊、高等级还原铁粉等新产品,被认定为省高新技术产品12项。工程技术板块获建筑工程施工总承包特级资质、钢结构专业承包一级资质,节能环保板块获环境工程设计乙级资质、环境第三方检测CMA资质。

【打造管理精益品牌】　一是深化改革稳步推进。扎实开展改革试点,欣创公司、自动化公司入选省首批深化改革创新发展试点,新型建材公司、欣创公司、比亚西公司3家单位试点推行模拟职业经理人,合肥公司试点实施层级管理、粉末冶金公司试点开展员工持股。持续深化“授权组阁、竞聘上岗”,开展了公司部分中层副职管理人员、财务总监以及电气修造、马建、新型建材经营团队竞聘工作。二是人力资源优化不断深入。通过产线定员对标、统一两级机关设置标准、实施大工种区域化作业、完善离岗安置政策、补充新职工等途径,全年优化人力资源3826人;增补12名高级技术主管和39名首席技师,市场化引进2名关键技术人才;推进劳务集中管理和优化整合,构建集团层面规范的劳务协同平台。三是体系管理加速拓展。集团公司申报省政府质量奖和8家单位申报市长质量奖工作积极推进,3项成果获冶金行业现代化管理创新成果一等奖,矿业公司成为冶金矿山首家“三标一体化”管理体系认证企业。四是专业管理持续加强。深化科技创新管理,获冶金行业科技进步奖一等奖1项、省科技进步奖4项,授权专利313项。加强工程建设管理,高速车轴生产线、合肥板材镀锌线、南区钢渣综合利用、还原铁粉节能技改等项目建成投产,重型H型钢、中型材升级改造、特钢优棒、瑞泰马钢新材料制造基地等项目开工建设。强化安全环保管理,扎实开展“百日除患铸安”专项行动和外来单位安全专项整治,安全生产态势总体平稳;严格落实环保刚性要求,顺利通过中央环保督察,股份公司被认定为首批国家级“绿色工厂”。

【打造文化特色品牌】　一是文化引领持续加强。深入推进家园文化、精益文化、竞争文化建设,隆重举行“9·20”马钢纪念日升旗仪式暨新区投产十周年庆典,扎实开展年度人物宣传,举办首届职工健身运动会,职工的家园认同感和自豪感进一步增强。二是企业形象明显提升。发布公司宣传片、重点产品和多元产业宣传画册,实施重点区域美化亮化提升工程,联合开展“感受江南一枝花”大型网络视频直播,积极参加第十七届中国国际冶金工业展和第五届全国品牌故事大赛并获最佳组织奖。三是企业执行力显著提高。运用卓越绩效方法,建立从制定战略行动计划、签订目标责任书、开展竞争力分析、推进战略执行评审到发布精益运营案例的工作落实推动机制,做到工作有目标、任务有分解、过程有跟踪、效果有评价、贡献有奖励。四是全员创新创效不断深化。搭建职工岗位创新创效平台,4个工匠基地建成投用。深化群众性经济技术创新活动,成功举办首届职工创新成果发布会,组织开展第八届职业技能竞赛,构建“六位一体”职工经济技术创新模式。五是共建共享有力体现。深入落实民主管理和厂务公开。恢复和补缴企业年金,补提企业补充医疗保险,职工收入比上年大幅提升。切实履行社会责任,有效实施精准帮扶,积极开展定点扶贫。

【坚持党的领导,加强党的建设】　一是树牢“四个意识”。认真贯彻习近平总书记系列重要讲话精神特别是视察安徽重要讲话精神,全面推进党的十九大精神的深入学习和宣传贯彻,扎实开展“两学一做”学习教育常态化制度化和“讲重作”专题警示教育,增强政治意识、大局意识、核心意识、看齐意识,坚决维护党中央权威和集中统一领导。二是发挥“两个作用”。坚持加强党的领导和完善公司治理相统一,将党建工作要求纳入公司章程,把党组织研究讨论作为董事会、经理层决策重大问题前置程序,做到决策程序前置、组织机构嵌入、工作活动融入,有力发挥了“把方向、管大局、保落实”作用;抓好中央巡视组巡视“回头看”、省委巡视组反馈意见巡视整改和12个方面违规行为专项治理,确保落地见效。三是压实“两个责任”。强化矩阵式党建区域指导,实施“双百分”考核和基层党委书记、纪委书记党建述职评议,推动公司重点工作部署全面落实;大力推进基层党组织标准化建设,打造坚强战斗堡垒;常态化开展内部巡察,保持震慑力。四是抓实“关键少数”。严格落实好干部标准,持续开展“授权组阁、竞争上岗”,推行模拟职业经理人制度试点,旗帜鲜明为敢于担当、踏实做事、不谋私利的干部撑腰鼓劲;坚持党管人才,搭建平台、畅通渠道、加大激励,促进各类人才成长成材。

（办公室）

2017 年党委工作

【持续深入学习宣贯党的十九大精神】　认真落实省委《关于全面落实中央〈决定〉精神扎实推进党的十九大精神学习宣传贯彻工作的意见》，深入开展“大学习、大宣讲、大培训、大调研、大落实”，通过党委中心组学习、集中轮训、宣讲团宣讲、专题宣传等，不断掀起学习宣传贯彻十九大精神的热潮。坚持用党的创新理论武装头脑，深入学习贯彻习近平新时代中国特色社会主义思想，扎实推进“两学一做”学习教育常态化制度化和“讲重作”专题警示教育，广大党员干部“四个意识”不断增强、“四个自信”更加坚定。

【不断加强宣传思想文化建设】　形势任务教育、典型宣传和品牌传播深入开展，唱响了马钢主旋律，持续传递正能量。深化企业文化建设，家园文化、精益文化、竞争文化正在深入人心。落实意识形态工作责任制，通过强化网络宣传和舆情监管等多种举措，意识形态阵地话语权、主导权更加巩固。精神文明建设力度持续加大，9 家单位获“第十一届安徽省文明单位”、24 家单位获“第五届安徽省省属企业文明单位”称号。

【全面推进基层党组织标准化建设】　认真落实上级党委要求，全面推进基层党组织标准化建设，建立了 8 个标准体系，印发了《基层党支部工作手册》，10 家单位试点工作稳步开展，629 个基层党支部对标达标工作有序推进。修订了《基层党委换届选举工作管理办法》，指导 18 家基层单位完成换届，成立了 2 个直属党（总）支部和 9 个重点工程项目部临时党支部，基层组织保障进一步强化。党员教育管理得到加强，在生产经营一线和高知识群体、青年中发展党员成效显著，全年发展新党员 340 名。

【有效落实党建工作责任制】　坚持党要管党、全面从严治党，深化矩阵式党建工作，进一步发挥了融入服务和监督保障功能。落实党组织研究讨论是董事会、经理层决策重大问题前置程序的要求，将党建工作要求纳入集团公司及下属子公司章程。扎实推进中央巡视组巡视“回头看”22 个问题、省委巡视反馈 29 个问题、12 个方面违规行为专项治理 138 个问题整改，均取得明显成效。稳妥完成了党组织隶属关系调整工作。完善双百分考核办法，开展了各单位领导班子和领导人员年度综合考核。完成了 8 家单位常规巡察和 4 家单位专项巡察，约谈了 14 名基层单位负责人，内部巡察震慑力进一步彰显。

【不断深化干部队伍和人才队伍建设】　坚持德才兼备、以德为先，树立正确选人用人导向，突出政治标准，健全科学选人用人机制，全年提拔公司中层管理人员 39 人，交流 75 人。欣创公司、比亚西公司、嘉华建材公司 3 家单位模拟职业经理人制度试点工作稳步推进，对经营层成员实行任期制、契约化管理。严格控制编制职数，科级管理人员队伍结构持续优化。坚持党管人才原则，增补了 12 名高级技术主管和 39 名首席技师，市场化引进了 2 名关键技术人才。

【持续加强作风建设】　深入贯彻落实中央八项规定、省委三十条和马钢二十条规定要求，坚持不懈反对“四风”。修订了《关于严禁设立“小金库”的规定》《关于规范收入分配秩序、严肃收入分配纪律的暂行规定》等制度，作风建设长效管理机制初步构建。打造跟班蹲点“升级版”，公司领导党建工作联系点制度得到有效落实。

【深入推进反腐倡廉】　严格落实“两个责任”，建立党委书记、纪委书记“两个责任”清单，实行领导人员述责述廉和落实“两个责任”定期报告、考核评议工作机制，落实“两个责任”实现了具体化、程序化、制度化。党风建设和反腐倡廉工作责任制得到刚性执行，党风廉政建设实行“一票否决”。严格执行中高层管理人员问责制度,对7名公司中层管理人员分别给予了行政警告、诫勉谈话、扣发绩效年薪等处理。严格执行监督执纪“四种形态”,惩治腐败保持了高压态势,全年给予党纪处理8人、诫勉谈话3人、批评教育4人。

【有力发挥群团组织作用】 认真贯彻落实《中共中央关于加强和改进党的群团工作的意见》及省委实施意见精神,大力支持群团组织开展工作、发挥作用。南山矿、三铁总厂、冷轧总厂、检修公司四个工匠基地建成投用,职工岗位创新创效平台更加丰富;成功举办了首届职工创新成果发布会,常态化开展劳动竞赛、提合理化建议活动,扎实开展“青”字号品牌工程,群众性经济技术创新活动不断深入。与此同时,武装、统战、信访、保密、科协、文联、女职工、关工委等工作积极融入中心、服务大局,为公司转型升级、健康发展作出了积极贡献。

(办公室)

董事会

【董事会工作】 2017年,马钢集团公司董事会依据《中华人民共和国公司法》《马钢(集团)控股有限公司章程》和《马钢(集团)控股有限公司董事会议事规则》以及国家有关法律、法规的规定,认真履行职责,坚持规范运作,有效发挥了董事会在公司重大决策等方面的重要作用。全年集团公司董事会共召开10次董事会议,会议决议主要内容有:

1. 审议通过《关于欣创公司与南大环境规划院合资设立环境研究院的议案》。董事会同意安徽欣创节能环保科技股份有限公司(以下简称“欣创公司”)与南京大学环境规划设计研究院有限公司合资设立安徽南大(马钢)环境研究院股份公司(以下简称“合资公司”),从事环境咨询、监理、规划与评价,以及环保工程与市政工程的设计和工程总承包等业务。合资公司注册资本1000万元,股本总额为1000万股,均为人民币普通股,每股面值1元。欣创公司认购490万股,持股49%,以现金方式出资;首期注资100万元。

2. 审议通过《马钢集团公司2017年度全面预算方案》。

3. 审议通过《关于为矿业公司凹山尾矿总库环境影响区域避险安置项目融资提供担保的请示》。董事会同意为矿业公司向国家开发银行申请1.005亿元项目贷款提供担保;免于反担保、免收担保费。

4. 审议通过《关于马钢物流公司设立合肥子公司的议案》。董事会同意马钢物流公司设立合肥子公司,即马钢(合肥)物流有限责任公司。该公司注册资本200万元,由马钢物流公司一次性交纳;经营范围为货运代理、船舶代理、铁路运输代理、码头装卸、物流仓储、公路运输、工程机械租赁等。

5. 审议通过《关于马钢国贸公司设立澳门子公司的议案》。董事会同意马钢国贸公司通过协议收购香港上市公司中国智慧能源集团控股有限公司全资子公司丽盛工业澳门离岸商业服务有限公司(RISING GROUP INTERNATIONGAL LIMITED)100%股权的方式,在澳门设立全资子公司,即美泰澳门离岸商业服务有限公司(MITEC M ACAO COMMERCIAL OFFSHORE LIMITED,以下简称“美泰澳门公司”),协议收购价格为100万港币。美泰澳门公司的经营范围以钢铁相关原燃料的离岸业务及进出口业务为主。

6. 审议通过《关于合资新设耐火材料公司暨淘汰马钢耐火材料落后产能和装备的议案》。董事会同意集团公司与瑞泰科技股份有限公司(以下简称“瑞泰科技”)合资设立瑞泰科技马钢高温材料有限公司(以下简称“合资公司”),主要生产、研发和经营耐火材料产品,计划年生产销售耐火材料产品10万吨;整体淘汰落后的耐火材料产能和装备。(1)设立合资公司。合资公司注册资本20000万元,其中马钢集团公司出资8000万元,持股比例40%,瑞泰科技出资12000万元,持股比例60%。双方均以现金方式出资。(2)盘活耐火材料公司土地资产。结合“去产能”政策对原耐火材料公司实施整体搬迁,土地变现用于对合资公司的出资。(3)做好生产平稳过渡,适时注销原耐火材料公司。合资公司新生产线投产前,原耐火材料公司继续做好马钢股份公司的生产保供;新生产线投产后,由合资公司购买原耐火材料公司可利用装备,对原耐火材料公司落后产线和厂房全部拆除淘汰,适时注销原耐火材料公司,妥善实施人员转移、业务转移以及债权债务和资产处置等工作。

下一步,集团公司将按市场化原则优先向合资公司提供内部市场,活化企业机制,激发经营层活力;瑞泰科技向合资公司提供技术支持并拓展外部市场;合资公司向产业链的关键环节和高端布局,提高产品附加值和竞争力,实现可持续发展。

7. 审议通过《关于马钢表面技术有限公司股权转让的议案》。董事会同意工程技术集团根据股权评估值,将持有的价值2000万元的表面技术公司股权协议转让给马鞍山慈湖高新技术产业开发区投资发展有限公司;同意工程技术集团按照股权评估值确定挂牌价格,将持有的表面技术公司价值不超过3000万元的股权在安徽省产权交易中心挂牌交易。本次股权转让完成后,工程技术集团持有表面技术公司股权约83%。下一步,工程技术集团做好表面技术公司的资产审计和评估工作。

8. 审议通过《关于股份公司收购江汽物流公司持有的合肥加工中心6%股权的议案》。董事会同意马钢股份公司以协议方式收购安徽江汽物流有限公司持有的马钢(合肥)钢材加工有限公司6%股权,以评估值作为股权收购的基准价格。

9. 审议通过《关于审议股份公司12条外转供电线路资产评估结果的议案》。董事会同意马钢股份公司12条外转供电线路资产评估结果,同意履行内部备案程序。

10. 审议通过《关于审议集团公司章程修正案的请示》。

11. 审议通过《关于设立马钢(杭州)投资管理有限公司的议案》。董事会同意投资公司投资设立马钢(杭州)投资管理有限公司。该公司注册资本为2000万元,由投资公司以现金方式出资;公司经营范围为投资管理、资产管理。投资公司要做好风险管控。

12. 审议并原则通过《关于工程技术集团成立设备检修子公司的议案》。董事会原则同意工程技术集团成立设备检修子公司,即马钢集团设备检修工程有限公司。该公司注册资本为5000万元。

13. 审议并原则通过《关于工程技术集团合资成立三联设备技术服务有限公司的议案》。董事会原则同意安徽马钢工程技术集团有限公司(以下简称"工程技术集团")与安徽三联泵业股份有限公司、马鞍山雨山经济开发区经济发展有限公司共同出资设立安徽马钢三联设备技术服务有限公司(以下简称"合资公司")。合资公司注册资本为1000万元。其中,工程技术集团出资460万元,股权比例为46%。

14. 审议了《关于欣创公司参与组建中冶华欣公司(PPP项目公司)的请示》。为稳妥开展混合所有制试点,董事会决定暂缓实施该项目。

15. 审议通过《关于马钢股份公司对马钢瓦顿股份有限公司增资事项的议案》。董事会同意马钢股份公司对马钢瓦顿股份有限公司增资4000万欧元。马钢瓦顿股份有限公司要制定新的经营方针和采取经营改善措施,度过2017年、2018年的经营低迷期,努力实现2019年盈利的目标。

16. 审议通过《关于拟对马钢(香港)有限公司进行重组的议案》。董事会同意对马钢(香港)有限公司进行重组,即由马钢股份公司以现金收购马钢国际经济贸易有限公司持有的马钢(香港)有限公司9%股权,将马钢(香港)有限公司重组为马钢股份公司全资子公司。股权收购(转让)方式:以协议方式进行收购(转让);股权收购(转让)价格:以2017年3月31日为评估基准日,以评估值作为股权收购(转让)基准价格。下一步,要做好对马钢(香港)有限公司的资产评估工作。

17. 审议通过《关于马钢股份公司在迪拜设立子公司的议案》。董事会决定在迪拜先设立办事处,为推动下一步工作做准备。

18. 审议通过《关于欣创公司拟合资设立欣川节能环保公司的议案》。董事会同意安徽欣创节能环保科技股份有限公司(以下简称"欣创公司")与北京日川环保科技股份有限公司共同出资设立贵州欣川节能环保有限责任公司(以下简称"合资公司")。合资公司注册资本为1960万元。其中,欣创公司出资999.6万元,股权比例为51%。为做好合资公司经营管理和风险控制,董事会要求欣创公司做好风险管控;同时,通过合资公司经营团队带资入股,实现经营团队与股东风险共担、收益共享。

19. 审议通过《关于股份公司为香港公司提供融资授信担保的请示》。董事会原则同意股份公司为香港公司30亿元融资授信提供担保。香港公司要建立有效的内控体系,做好风险防范;股份公司要做好风险管控。

20. 审议通过《关于组建马钢招标咨询有限责任公司的议案》。董事会同意利用现有招标中心资源,组建马钢招标咨询有限责任公司。该公司注册资本为1000万元。

21. 审议通过《关于马钢粉末冶金公司员工持股改革试点方案的议案》。董事会同意马钢粉末冶金公司员工持股改革试点方案。下一步,要优化方案,稳步实施。

22. 审议通过《关于马钢股份公司在迪拜设立子公司的议案》。董事会同意马钢股份公司在迪拜设立子公司。该公司注册资本为400万迪拉姆。

23. 审议了《关于审议工程技术集团转让表面公司股权项目资产评估结果的议案》。董事会审查了本次资产评估的合法性,原则同意该资产评估结果。

24. 审议了《关于审议投资公司对江苏共昌公司增资扩股项目资产评估结果的议案》。董事会审查了马钢集团投资有限公司对江苏共昌公司增资扩股项目资产评估的合法性,原则同意该资产评估结果。

25. 审议通过《关于成立金海岸名邸房地产开发公司的议案》。董事会原则同意由集团公司出资设立金海岸名邸房地产开发公司。该公司注册资本为5000万元;其资产以现有金海岸名邸项目资产重新登记,按国有资产划拨注入。

26. 审议通过《关于欣创公司参与组建中冶华欣公司(PPP项目公司)的请示》。董事会同意安徽欣创节能环保科技股份有限公司(以下简称"欣创公司")与中冶华天工程技术有限公司、马鞍山江东控股集团有限公司、安徽黄河水处理科技股份有限公司共同以现金出资方式出资设立马鞍山中冶华欣水环境治理有限公司(以下简称"合资公司")。合资公司注册资本为69600万元;按照30%、40%、30%分期注资。其中,欣创公司出资26448万元,股权比例为38%。为做好合资公司经营管理和风险控制,董事会要求欣创公司继续完善评估程序,同时做好风险管控。

27. 审议了欣创公司《关于欣创公司转让中冶华欣公司(PPP项目公司)18%股权的请示》。因该项目未进行专题论证,董事会决定暂缓作出决策。

28. 审议通过《关于公司与建行实施第一期市场化债转股的请示》。董事会同意集团公司与建行实施第一期市场化债转股工作方案。(1)批准马钢集团公司、马钢(杭州)投资管理有限公司参与设立"马鞍山马钢降本增效基金合伙企业(有限合伙)",其中:马钢集团公司作为有限合伙人分三批出资5亿元(第一批1.25亿元、第二批2.75亿元、第三批1亿元),马钢(杭州)投资管理有限公司作为普通合伙人分三批出资195万元(第一批48.75万元、第二批107.25万元、第三批39万元)。(2)批准组建后的"马鞍山马钢降本增效基金合伙企业(有限合伙)"通过马钢财务公司向马钢集团公司委托贷款的协议,批准马钢集团公司分批通过委托贷款方式贷入25亿元资金。(3)批准马钢(杭州)投资管理有限公司在完成基金管理人资格备案后,与"马鞍山马钢降本增效基金合伙企业(有限合伙)"签订基金管理协议,管理基金事务。(4)批准市场化债转股相关协议及《承诺函》。[具体包括:马鞍山马钢降本增效基金合伙企业(有限合伙)有限合伙协议、委托贷款合同、合伙权益转让协议、马鞍山马钢降本增效基金合伙企业(有限合伙)管理协议、最高额质押合同、马鞍山马钢降本增效基金合伙企业(有限合伙)托管合同、资金账户监管协议、募集账户监管协议。](5)董事会授权集团公司副总经理陈昭启代表公司与建行等签订市场化债转股相关协议。

29. 审议通过《关于房地产项目部委托贷款额度和期限的请示》。董事会同意房地产项目部委托贷款总额度控制在9亿元,单笔贷款期限为一年;审批流程按照公司《委托贷款管理办法》相关规定办理。

30. 审议通过《关于清理集团设计研究院下属子企业的请示》。董事会同意对马钢集团设计研究院有限责任公司下属马钢集团测绘有限责任公司和马鞍山马钢矿山岩土工程勘察联合公司两家子企业的处置方案。

31. 审议通过《关于马钢(香港)有限公司增加注册资本的议案》。董事会同意马钢(香港)有限公司将未分配利润9000万港元转增注册资本,增资完成后,马钢(香港)有限公司注册资本增至3.5亿港元。

32. 审议了《关于马钢国贸公司对澳门子公司增资的议案》。为稳妥实施国际化经营战略,董事会决定暂缓实施该议案。

33. 审议通过《关于马钢集团公司2017年度预算调整的请示》。

34. 审议通过《关于集团公司〈固定资产投资项目审批办法〉修订的请示》。董事会同意将集团公司2014年下发的《固定资产投资计划管理办法》修订为《固定资产投资项目审批办法》。

35. 审议通过《关于马钢三家单位开展模拟职业经理人制度试点实施方案的议案》。董事会同意在欣创公司、新型建材公司、比亚西公司开展模拟职业经理人制度试点实施方案。下一步,公司将稳步开展模拟职业经理人制度试点工作。

36. 审议通过《关于国贸公司对美泰澳门离岸公司增加注册资本的议案》。董事会同意国贸公司对其全资子公司美泰澳门离岸商业服务有限公司增加注册资本1000万美元。国贸公司要做好风险管控。

37. 审议通过《关于国贸公司对上海马钢国贸公司增加注册资本的议案》。董事会同意国贸公司对其全资子公司上海马钢国际贸易有限公司增加注册资本3000万元。增资完成后,上海马钢国际贸易有限公司注册资本将由2000万元变更为5000万元。国贸公司要做好风险管控。

38. 审议通过《关于转让持有的黄山有限公司1.95%股权的议案》。董事会同意将公司持有的黄山有限公司1.95%股权转让给深圳安徽实业有限公司。(1)股权转让方式。采取协议转让方式。(2)股权转让价格。以2017年3月31日为评估基准日的资产评估价值为基准,将公司持有的黄山有限公司1.95%股权对应价值作为转让价格。

39. 审议通过《关于淮北矿业股份有限公司重组上市有关事项的议案》。马钢集团公司为淮北矿业股份有限公司股东,目前持有其4000万股股份,持股比例为0.592499%。董事会同意淮北矿业股份有限公司借壳安徽雷鸣科化股份有限公司重组上市,并就内部决策事项作出以下决定:(1)原则同意安徽雷鸣科化股份有限公司以发行股份的方式收购本公司所持有的淮北矿业股份有限公司0.592499%(股份数:40000000股)的股份,并与安徽雷鸣科化股份有限公司签署发行股份及支付现金购买资产协议。(2)同意以2017年7月31日为评估基准日,由安徽雷鸣科化股份有限公司、淮北矿业(集团)有限责任公司委托的具有证券、期货从业资格的审计机构、评估机构对淮北矿业股份有限公司进行审计、评估,以评估机构出具的、国有资产监督管理部门核准备案的《资产评估报告》所确定的评估价值为定价参考依据,并与上市公司协商后确定标的资产的最终交易价格,具体待评估报告正式出具后,由安徽雷鸣科化股份有限公司与本公司签署发行股份及支付现金购买资产协议之补充协议确定。

40. 审议通过《关于批准子公司章程修正案的请示》。董事会认为,本次子公司章程修改符合省国资委党委关于将党建工作要求纳入省属企业公司章程的相关规定,符合各子公司实际情况,决策程序符合公司章程规定,董事会批准马钢集团矿业有限公司、安徽马钢工程技术集团有限公司、马钢集团物流有限公司、马钢国际经济贸易有限公司、安徽马钢耐火材料有限公司及马鞍山博力建设监理有限责任公司等6家全资子公司修改后的公司章程。

41. 审议通过《关于集团公司注册发行中期票据的请示》。董事会决定:(1)批准注册发行30亿元中期票据。(2)中期票据仍由中信证券主承销、建设银行联席承销。(3)中期票据注册发行仍由中诚信国际担任评级机构。

42. 审议通过《关于股份公司煤化工资源整合的议案》。董事会批准股份公司煤化工资源整合方案。

43. 审议通过《关于粉末冶金公司员工持股试点实施计划相关工作事项安排的议案》。董事会批准粉末冶金公司员工持股试点实施计划;公司各相关部门和单位要按照计划中的各项要求积极稳妥地做好各项工作。

44. 审议通过《关于物流公司增加注册资本的议案》。董事会批准集团公司以现金方式对物流公司增资2.8亿元,增资完成后,物流公司注册资本由2000万元变为3亿元。

45. 审议通过《关于新型建材公司重组整合、做强做大的议案》。董事会批准新型建材公司重组整合方案。公司各相关部门和单位要按照方案中的各项内容和要求积极稳步推进重组整合工作。

46. 审议通过《自动化公司新三板挂牌申报工作实施国有股权转让的请示》。董事会决定:(1)批准启动自动化公司挂牌新三板申报工作。(2)批准将马钢集团公司持有的自动化公司100%股权中的5%转让给马钢集团投资有限公司,本次转让以中介机构出具的2016年审计报告净资产值为基础确定。

【董事会秘书处工作】 1. 做好董事会会务工作。完成了10次董事会会议的材料准备、会议记录以及各项会务工作。完成董事会决定事项和董事会决议共26份文件的起草和审签下发工作,同时做好文件资料的整理及存档等工作。为有关部门提供公司董事会决议或董事会决定事项等文件,为公司生产经营和改革发展服务。

2. 做好与省国资委监事会的工作联系和接待工作。完成省国资委监事会到马钢出席集团董事会会议、公司职代会以及一季度到马钢参加公司领导测评工作的联系、安排和接待等工作。

3. 做好董秘处其他相关工作。一是做好省国资委要求的重要工作。完成省国资委要求的关于省属企业进一步支持和配合监事会工作制度的起草制订工作。完成2016年度省属企业综合考核的迎检相关工作。完成省国资委要求的“创新发展企业”申报的协调上报工作。完成上报省国资委2017年度集团公司“三重一大”事项汇总工作。二是做好子公司章程修改的协调工作。完成集团公司党委《关于将党建工作要求纳入子公司章程有关事项的通知》文件的起草和下发,并做好协调工作。三是做好董秘处相关材料的撰写工作。完成公司章程修改的相关工作,完成“公司章程第七章公司党组织”和“第十四章重大事项的报告和备案”的修改方案。完成集团公司2017年战略行动方案有关加强集团董事会规范化建设具体措施及进度目标的起草工作。完成集团公司2017年风险识别、评估表有关决策风险识别相关内容的起草工作。完成“中国企业诚信星级评价”申报协调工作。完成“2013年以来集团公司‘三重一大’事项”“关于集团管控、风险管理方面违规行为专项治理自查自纠情况”“2013年以来集团公司董事会规范化运作情况”等材料的整理起草工作。

4. 根据公司董事会要求做好相关日常服务工作。

5. 根据董事会秘书处工作职责做好相关管理工作。

(姜国强)

综合管理

办公室管理

【文秘工作】 在承办会务方面。认真组织了品牌建设动员大会、精益管理推进大会、多元产业大会、技术创新大会、干部大会、战略评审大会、党委工作会议、多元产业大会、职代会及集团公司、股份公司各类大型会议、专题会议3000多次,其中党委常委会19次,党委书记专题会6次,集团公司总经理办公会11次,股份公司总经理办公会17次等。重点协助做好了马钢(合肥)公司镀锌线项目试生产仪式、马钢"9·20"纪念日升旗仪式暨新区投产10周年纪念仪式、马钢"十三五"转型升级重点工程全面开工暨重型H型钢项目开工仪式、物流服务商大会公司、特钢优质棒材生产线开工仪式等活动。

在公务接待方面。参与并组织了铁煤炭行业化解过剩产能国家督导组一行,接待省委副书记、省委党校校长信长星一行,省委常委、省纪委书记刘惠一行,国家发改委振兴司周建平司长一行,国家钢铁行业化解过剩产能验收抽查工作组一行和一重集团、新兴际华、中国中车集团公司等企业董事长重要接待活动200余次。

在公文处理方面。全年共处理市级及以上外单位发来正式文件约4050件,其中:通过省国资委综合办公平台共接收文件及邮件资料约480份,通过市政务办公平台接收正式文件和通知约2826件,接收处理各类密级文件278份;向省国资委及市里上报正式文件128份;处理公司各单位请示报告680余份,办理公司及各部门、单位来文1643份;制发公司各类文件589份、含通知102份;接收编排冶金工业信息中心《冶金信息电讯》52期。

【调研信息工作】 在文稿起草方面。全年办公室共起草完成公司各类文稿445篇,主要包括:一是专项工作材料。在公司战略管理专项方面,起草完成《马钢2017-2021年发展规划》、《马钢股份公司2017-2021年发展规划》等。在去产能专项方面,起草完成向国家抽查组和省验收工作组汇报去产能工作材料、去产能中央奖补资金使用情况自查报告等材料。在巡视整改专项方面,起草完成《中央巡视组巡视整改进展情况年度总结报告》及季报告,马钢集团公司党委12个方面违规行为专项治理工作自查自纠情况报告等。在品牌建设专项方面。起草完成品牌建设动员大会暨品牌培育咨询项目启动会、三季度品牌建设推进专题会等会议材料。二是公司重要会议讲话材料起草工作。起草完成公司党委五届二次全体(扩大)会议暨2017年党委工作会议、职代会、基层党组织标准化建设动员会、传达全省学习宣传贯彻党的十九大精神大会精神视频会议、公司竞争力分析大会等重要会议材料。三是公司重要汇报及发言材料起草工作。起草完成马钢关于贯彻落实省委书记李锦斌重要批示精神情况的报告、省委综合考核迎检、贯彻全国全省国有企业党建工作会议精神情况汇报、马钢深入学习宣传贯彻党的十九大精神情况的报告等。四是公司相关制度文件起草工作。起草了《落实党组织研究讨论是董事会、经理层决策重大问题前置程序的要求的实施意见》、《公司领导人员公务用车制度改革方案》等制度和文件。

在调查研究方面。一是承担了公司级管理创新课题——基于卓越绩效的战略管理,并按时结题。二是参与改制单位改革发展调研,并形成调研报告。

在信息服务方面。围绕提高信息价值和及时性,主动适应公司领导需要,紧跟公司当期生产经营工作部署,聚焦公司强化党建、深化改革、做强品牌等重要举措,借鉴学习其他大钢先进典型经验和做法,丰富完善了《信息编报》内容。如:《党建理论名词解释》《国内部分大钢企业2017年工作思路及工作部署》《2017世界级钢企竞争力分析》《宝钢加快推进国有资本投资公司试点工作》等。全年共编发信息编报38期,信息资讯10期,信息专报129期,办公室网站信息更新2223条。

【专业管理工作】 在保密工作方面。完善了保密制度建设,下发了《马钢"七五"保密法治宣传教育实施方案》《关于印发〈马钢集团公司定密工作程序规定〉的通知》等保密规章制度。认真开展保密检查工作,组织公司其他专业保密办,运用计算机保密终端检查工具对有关计算机进行检查,将检查生成的总体检查报告上交市保密局。按照市机要局要求,按时领取了涉密网络相关设备,并接待了市相关部门对公司涉密网络相关设备的安装、指导。通过市机要局对公司涉密机房的实地验收查看,公司机房进行了整改,安装了电子摄像头、指纹门禁识别等硬件设施,进一步完备了防泄密系统各项设备。马钢保密工作被中国钢铁工业协会授予"冶金系统密码保密先进单位"。

在协同办公系统建设方面。截至2017年12月初,集团所属的机关部门和二级单位已全部上线(包括合资企业19家)。系统内共有注册用户8885人,上线的机关部门和二级单位90家,累计建立包括公文、行政事务及各类业务类流程333条,设立各类流程表单474张。全面完成了集团机关部门和二级单位及部分合资企业的推广工作,项目进度比原计划提前6个月。2017年8月,公司要求在机关所有部门实现无纸化办公,为此,办公室牵头组织机关各部门梳理主要业务流程59条,在系统内已基本搭建测试完毕,基本实现了公司机关各部门的主要业务流程的电子化及系统化。该系统一期项目获"2016年马钢管理现代化创新成果"二等奖。

在公积金管理方面。全年公积金分中心住房公积金归集额为76427.37万元,发放公积金贷款1063笔,贷款金额26794.8万元。经审核批准,向797名职工发放住房补贴2196万元。审批大学生职工购房首付款贷款85笔,发放贷款1270万元。

在公务用车服务方面。全年出车13182台次,行驶146.5万公里(其中市内用车8284台次,行驶34.53万公里;长途用车4898台次,行驶111.97万公里)。消耗燃油149759升;按标准考核节油51329升;全队单车平均10.22升/100公里。与上年同期相比:节油增加2655.45升,油耗降低1.09升/100公里,创历史最好水平。

在史志编纂及展示方面,较好地完成了《中国钢铁工业年鉴》、《安徽年鉴》、省冶金工业协会和《马鞍山年鉴》要求的材料供稿工作。完成了市统计局2017年版《马鞍山市情》有关马钢生产经营和改革发展概况和过去五年来所取得的成就及图片资料的报送任务。高质量地完成了2017年版《马钢年鉴》的编纂出版工作。根据公司2016年机构改革情况,不断完善集团公司、股份公司、集团公司二级单位和分(子)公司以及合资公司等各栏目板块。对马钢在2016年生产经营建设和改革发展方面所取得的成就及大事要事进行大力宣传;重点突出了马钢改革与发展和全力应对市场严峻挑战等方面的内容。完成省纪委书记到马钢调研的展板设计、制作和现场布置工作。

在集团公司董事会秘书处工作方面,全年完成11次董事会会议的材料准备、会议记录及各项会务工作。完成董事会决定事项和董事会决议共26份文件的起草下发工作。完成省国资委监事会到马钢出席集团董事会会议、公司职代会以及一季度到马钢参加公司领导测评工作的联系、安排和接待等工作。完成省国资委要求的关于省属企业进一步支持和配合监事会工作制度的起草制订工作。完成2016年度省属企业综合考核的迎检相关工作。完成省国资委要求的"创新发展企业"申报的协调上报工作。完成上报省国资委2017年度集团公司"三重一大"事项汇总工作。完成集团公司党委《关于将党建工作要求纳入子公司章程有关事项的通知》文件的起草和下发,并做好协调工作。完成公司章程修改的相关工作,完成"公司章程第七章公司党组织"和"第十四章重大事项的报告和备案"的修改方案。完成集团公司2017年战略行动方案有关加强集团董事会规范化建设具体措施及进度目标的起草工作。完成集团公司2017年风险识别、评估表有关决策风险识别相关内容的起草工作。完成"2013年以来集团公司'三重一大'事项""关于集团管控、风险管理方面违规行为专项治理自查自纠情况""2013年以来集团公司董事会规范化运作情况"等材料的整理起草工作。

与此同时,驻京办、驻沪办较好地完成了公司相关接待服务工作。高质量地完成了《马钢年鉴》的编印工作。认真做好集团公司董事会秘书处工作,全年完成11次董事会会议的材料准备、会议记录及各项会务工作。做好董事会秘书处的文件起草和下发工作。完成董事会决定事项和董事会决议共26份文件的起草下发和审签工作。

【信访工作】 (此条目详见第124页"党群工作"栏目中的专题条目)

【档案工作】 (此条目详见第105页"综合管理"栏目中的专题条目)

(杨定国)

企业管理

【改革改制】 编制《马钢集团进一步深化改革方案》并上报省国资委,明确了马钢进一步深化改革工作的基本思路、重点内容、改革目标,以规范董事会建设和推行职业经理人制度为着力点,力争在重要领域和关键环节取得决定性改革成果,并对马钢今后一段时期的改革发展产生指导意义。积极推行模拟职业经理人制度试点,遴选欣创公司、比亚西公司、新型建材公司3家子公司开展第一批模拟职业经理人制度试点工作。牵头组织申报首批安徽省深化改革创新发展试点单位，在各子公司中进行遴选并择优申报，其中自动化公司、欣创公司2家单位成功入选首批试点企业名单，对试点工作的各项内容进行整理、细化，启动试点企业初步诊断和方案编制工作，明确试点工作推进机制及责任体系。积极推进粉末冶金公司员工持股试点工作，在现有国有控股混合所有制企业基础上，进一步强化公司治理，完善股权结构，将企业改制为国有资本控股、非公资本参股、员工持股的混合所有制企业。开展组建招标公司实施方案编制工作，成立马钢集团招标咨询有限公司。开展煤化工板块资源整合方案编制工作，对煤焦化公司化工业务实施剥离整合，优化资源配置，分别设立炼焦总厂和化工能源科技有限公司，注销煤焦化公司，夯实煤化工及新材料板块发展基础；开展股份公司计量业务整合方案编制工作，优化资源配置，统筹推进计量设备改造与新技术应用，规范计量数据管理与运用，提升公司生产制造与经营决策过程中相应数据的可靠性，积极创建国家计量标杆企业；开展党委宣传部、新闻中心改革方案编制工作，促进全面整合宣传部和新闻中心人才资源，创新体制机制，激发人的活力，提升工作效率，支撑企业文化建设；开展设计院改革方案编制工作，实现集团设计研究院转型发展，创新经营管理模式，引入战略投资者，激发体制机制活力。牵头开展股份公司相关业务整合剥离工作，具体有：关停二铁总厂等6家单位原有的9条净化水生产线，统一交由力生公司集中供应，解决职工饮水安全隐患；将长材事业部和一钢轧总厂的两个新建工程水处理站合并，由能控中心统一管理；司磅业务剥离，将长材事业部司磅业务的相关资产和人员全部划拨至计量处；针对二铁总厂和三铁总厂的水渣业务，明确利民公司和新型建材公司的分工界面；将铁运公司车辆段铆焊作业外委业务，交由钢结构公司承接；将股份公司26名车辆运输人员划拨至汽运公司；部分门卫人员划拨等。

【推进卓越绩效管理模式】 组织制定下发了《马钢集团公司深入推进卓越绩效管理行动计划》，确定了“迈上两个台阶、实现六个提升”的工作目标，其中“两个台阶”：打造管理精益品牌上台阶，综合竞争能力上台阶；“六个提升”：资源整合能力明显提升，管理现代化水平不断提升，科技创新能力明显提升，品牌影响力逐步提升，绿色发展能力持续提升，经营管理水平继续提升。组织策划了集团公司申报省政府质量奖工作，争创2018年省政府质量奖，遴选了矿业公司、工程技术集团、欣创公司、和菱实业公司、自动化公司、新型建材公司、汽运公司、表面技术公司等8家子公司作为试点单位，导入卓越绩效管理模式，对管理成熟度高、推进工作成效显著的子公司，推荐申报马鞍山市市长质量奖，完成了8家子公司的初步评价，并反馈评价报告。

【体系建设】 编制发布《马钢集团公司推进体系建设工作计划》，策划集团公司质量、环境、职业健康安全管理体系认证，组织集团公司质量、环境、职业健康安全体系内审员培训。子公司体系认证方面：指导矿业公司完成“三标一体化”体系建设，并顺利通过认证审核；取得了“质量、环境、职业健康安全”三体系证书；汽运公司、表面技术公司、自动化公司、合肥板材公司等子公司已进入进场工作阶段；组织物流公司推进5A级物流企业申报工作，下发了《马钢集团物流公司申报5A级物流企业推进计划》，并按计划推进。“两化融合”体系方面：组织发布《马钢股份公司两化融合体系建立与实施工作》，组织两化融合相关人员培训、现状诊断、文件编制、新型能力确认、目标指标体系建立等工作。2017年8月完成体系试运行，10月组织体系内审，2017年年底已通过评定审核。

【风险管理与内控工作】 编制发布《2017年集团公司内控体系建设与运行工作计划》《集团公司风险控制管理办法》；牵头组织开展2017年集团公司、股份公司和各子公司的风险评估工作，动态识别公司面临的各类风险，有针对性地制订风险应对措施，2017年共识别出733个风险点，其中重要风险305个、一般风险428个，按责任归属，确定了各个风险的责任单位，由各单位对识别的风险进行原因分析和评价，提出改进措施并组织实施，定期向国资委汇报相关业务情况和未结诉讼事项；组织开展香港公司、澳洲公司、欧邦彩板公司、轨道交通公司、合肥板材公司、物流公司、工程技术集团、投资公司等子公司的内控体系建设；确保各子公司按计划完成《内控手册》的发布运行；加强对新型建材公司、汽运公司、工程技术集团、物流公司、合肥板材公司、欧邦彩板公司等单位的内控体系建设指导，进行内部控制与风险管理培训。

【现场管理】 持续开展现场管理日常巡查和年度检查工作，认真落实整改，实现闭环管理，组织现场巡查组，每月到现场进行检查，对发现的问题进行拍照；督促各单位定期检查，对发现的问题持续整改，使现场环境有了进一步改善和巩固。深化生产作业现场的6S管理，开展“现场6S标准化”示范工作，固化近年来定置管理取得的成果，科学合理地设置定置管理点,加强检查和考核,达到场所分区、物品分类、标志明显、图牌卡物相符;选择部分单位(南山矿、检修公司、三铁总厂、四钢轧总厂、车轮公司)作为示范,促进现场员工形成良好习惯,提升员工素养。牵头组织集团多元板块现场专项整治,在公司多元板块范围内开展为期一百天的现场环境专项整治;以“环境经营”为理念,以“6S管理”为抓手,围绕现场作业、生活、文化、生态环境等开展专项整治,取得了较好成效。牵头组织实施厂区美化亮化提升工作。围绕公司“品牌”发展战略,牵头组织对厂区主要参观路线、标志性构筑物进行美化、亮化,清洁沿线建筑物外立面和设备设施,对沿线各类管线进行防腐除锈并规范颜色、标识,进一步提升和传播马钢新形象。通过上述工作,逐步达到“规范现场、持续改进、提高素养”的目标。事故管理与制度执行情况检查方面:继续强化对各类违纪违章事件和事故的管理力度,牵头并参与事故的调查处理,做好各类事故的统计及大事故以上的调查分析,同时根据公司要求,对一些具有较大影响的事故,要求责任单位分管领导在周六早会上做检查,牵头组织对公司规章制度的执行情况进行检查,树立制度的权威,强化各级管理人员的执行力;督促各专业管理部门落实管理职责,检查履职情况。

【绩效管理】 一是根据公司战略目标和“十三五”发展规划,梳理、建立公司级综合指标体系,根据《关于对公司发展规划进行滚动调整的通知》(集办〔2016〕29号),结合公司中长期战略目标,在公司原“十三五”主要经营指标的基础上,本着减少重复性评价指标的原则,从财务、客户与市场、内部运营、学习和成长四个维度,对集团公司、股份公司发展规划(2017-2021)主要经营指标进行调整,将集团公司原22项指标调整为18项指标,股份公司原18项指标调整为24项指标。二是按市场化原则构建绩效评价体系,进一步完善绩效考核办法。依据公司“十三五”战略规划和年度预算目标,本着“以绩效定收入、以标杆为目标、以过程保结果、以专项带全局、强化系统联动”的原则,进一步修订、完善了马钢集团公司《经营绩效管理办法》、股份公司《生产经营绩效管理办法》。三是围绕公司工作重点,建立、完善专项考核办法和激励政策。具体有:制定下发了《多元产业APQP及EVI项目专项激励办法》《能源经济运行专项奖励办法》;《检修工程项目管理考核办法》等,修订完善了《聚焦现场突击队专项奖励办法》《对外技术和管理输出管理办法》等,根据《检修工程项目管理考核办法》,组织与各项目部签订《检修项目目标责任书》,根据公司《2017年公司“包、保、核”行动计划》,定期跟踪评价降本增效、“包、保、核行动计划”进展情况,推动“保障”工作落实。四是进一步完善公司中高层管理人员绩效评价体系,起草并报送省国资委《马钢(集团)控股有限公司企业负责人2016年度和2014-2016年任期经营业绩考核总结报告》及《马钢(集团)控股有限公司企业负责人2017年度和2017-2019年任期考核目标建议值报告》;构建了股份公司领导班子经营业绩评价指标体系,进一步完善了股份公司经营层业绩评价体系,实现科学评价经营管理能力和经营业绩;重新修订《马钢集团公司各单位领导班子和领导人员综合考核工作办法(试行)》,对考核板块划分、考核指标设置以及考核维度等方面进行了改进;对集团公司12家全资子公司和5家合资企业及轮轴事业部年度生产经营目标,分别制定了《2017年经营目标承包书》;对4家模拟职业经理人单位制定了年度和任期绩效考核办法。

【管理创新】 一是创新管理体系和运行机制,2017年管理创新工作会议,对如何做好马钢管理创新工作,进一步营造良好创新环境、完善创新运行机制、加强成果推广应用做出部署。会议还明确,马钢要以战略为引领,构建从项目申报、立项、实施、评审、发布、推广完整的管理流程,形成持续创新能力,铸就卓越管理品牌。会议审定销售公司、二铁总厂、轮轴事业部、张庄矿、欣创公司5家单位为马钢管理创新先进单位,75项成果被审定为马钢管理创新成果,其中一等15项、二等26项、三等34项。二是确保公司级管理创新项目有序推进。聚焦关键领域,研究、实践一批重点创新项目,全年下达公司级管理创新项目25项,单位级管理创新项目211项。公司管理创新项目实行项目责任制,项目经理是项目实施的主要责任人,负责组建项目团队并具体组织实施。三是结合产业政策和行业热点,择优向行业、国家推荐一批能代表马钢品牌和形象的创新成果。2017年,马钢共有17项管理成果在国家级、中钢协、安徽省管理创新成果评审中获奖,获奖数量和质量均创历年之最,在业内外树立了良好的品牌形象。其中《基于提升有效供给能力为导向的卓越绩效管理》《基于云平台的钢铁企业两化深度融合发展》《高炉运行评价与预警保障体系的构建与实施》3项成果荣获冶金企业管理现代化创新成果一等奖,成为2017年冶金行业一等奖获奖数量最多的企业;《基于环境经营与城市融合发展的绿色和谐示范钢铁企业建设》荣获安徽省企业管理现代化创新成果一等奖;

《近城大型露天矿区基于系统理论的协调发展》荣获国家级管理创新成果二等奖；另有多项成果获冶金行业、安徽省管理创新成果二、三等奖。四是总结成功经验，推广一批优秀创新成果，具体形式有召开交流座谈会，表彰先进，案例发布等。

【对标管理】 一是认真开展股份公司对标管理工作，组织修订股份公司《对标管理办法》，制定下发《马钢股份公司2017年对标工作实施方案》，明确对标目标、对标内容、行动路线和进度计划，持续开展全员参与的全要素、全过程对标管理活动，引导相关单位找差距、补短板，不断改进。二是全面组织集团多元板块开展标杆管理，制定了集团公司《标杆管理办法》和《马钢集团公司2017年标杆管理工作实施方案》，指导多元板块建立标杆指标体系，建立评价机制。

【关联交易管理】 组织审核关联交易协议日常补充协议。编制2017年股份公司关联交易控制计划，严控控制各单位关联交易实际额，及时汇总各类协议情况并上报董事会审议，矿石购销、持续关联交易、节能环保、后勤综合服务、金融服务五大协议均在额度控制范围内。针对业务流程调整，规范相应经济关系。规范股份公司与集团公司之间日常关联交易管理，协调相关单位解决定价机制、费用结算等方面问题，协调安永审计中提出的钢晨实业和国贸公司关联交易有关事项，处理耐火材料、欣创公司、国贸公司关联交易相关额度及业务模式问题，解决股份公司与原钢渣公司历史遗留的往来账款以及三渣线资产问题。

【信息化管理】 一是围绕"十三五"信息化规划内容及年度工作计划，推进重点信息化项目建设。主要有集团信息化试点项目，集团财务系统信息化，马钢一体化计划系统、板带质量管理信息系统（IPS&QMS）及基础网络设施配套升级改造项目，股份公司客户服务管理移动平台，"十三五"长材系列技改工程（中型材、重型H型钢、特钢优棒产线）配套信息化项目（含公司检化验系统升级改造）前期工作。二是配合公司机构调整、管理变革举措及业务提升要求，及时组织信息系统改造及新项目开发实施。具体有铁前信息化二期项目，汽车、家电板OTP订单跟踪平台应用推广工作，电子招投标平台在试点单位上线运行基础上推广，启动马钢数字档案馆项目二期建设，推进马钢轮轴产品QMS系统、埃斯科特钢信息化项目、公司新门禁管理信息系统前期工作，组织提供相关系统转换升级的支持等。三是加强信息化管理、注重运行高效，保障信息安全等。具体有加强整体ERP系统运行保障管理，开展整体ERP系统月结分析及日成本核算问题分析，按月组织完成信息化专业管理及日成本工作绩效评价。加快云资源应用，推进公司重要系统和二级单位管理系统向云平台迁移，积极开展整体ERP系统内控测试与公司重要信息系统和重点网站安全自查；积极配合省网信办、省经信委、市国安局、市等保办开展的各项信息安全检查工作；保障IT运行环境安全可靠，组织软件正版化检查及统计备案工作，并接受政府主管部门的审查。针对2017年全球爆发大规模比特币恶意勒索病毒感染，及时跟踪和转发信息安全预警并组织做好预防措施，定期开展SAP系统用户清理和不相容岗位系统权限检查，保障信息系统运行环境安全可靠。

（胡善林）

人力资源管理

【规划配置】 1.人力资源优化工作。（1）总体设计，制定优化方案。以"十三五"战略目标为引领，基于劳动生产率现状，对标行业先进企业，结合马钢人力资源现状分析，确定2017年人力资源优化的总体思路，下发《马钢集团公司2017年人力资源优化指导意见》（马钢集〔2017〕69号文）。明确2017年马钢集团人力资源优化总体目标：集团公司各类在岗人员减少3000人，2017年末在岗人数控制在39209人以内。其中股份公司减少2000人，集团分子公司减少1000人。（2）统一规范，核定岗位定员。一是统一两级机关配置标准。股份公司二级单位两级机关党群系统由公司按统一标准配置，常规配置是科级3人，技术业务岗7人；集团召集相关部门确定党务工作人员配置264人，党务人员占比1.06%，不低于1%。对二级单位两级机关按党群行政、生产技术安全、设备、经营系统和分厂机关五大分类，结合管理员工数、结合产线数量、工序复杂程度、生产区域、关键设备数等因素，制定两级机关配置方案。二是实施产线定员对标评审。股份公司按铁前、钢轧、公辅、经营系统组成八个工作小组组织产线人力资源对标，以对标结果为基础，结合各单位产线实际，按"所有产线按满负荷生产配置定员；结合产线数量、专业分工、管辖区域等因素，加强技术人员配置；结合设备自动化水平现状；压缩机关和非生产性岗位设置；辅助业务专业化整合、剥离或外包"的原则对科级机构、作业区、具体岗位逐个进行评估,核定总定员24809人,股份公司二级单位2017年定员方案并行文下发。同时,开展人力资源优化潜力分析,从产线不饱和生产以及对非主营业务外包梳理、技术改造、自动化升级改造等角度分析评估,结合各单位人员分流安置的难易程度,深挖人力资源继续优化的潜力,下发了股份二十家单位1920人的优化指标。三是下达集团分子公司优化指标和定员。在对现有集团分子公司人力资源的结构分析的基础上,下达了集团矿业公司、工程技术集团及其他分子公司的优化指标1177人。参照股份公司二级单位机构设置与岗位定员模式,对集团各分子公司定员进行梳理,按“成熟一家、下发一家”的原则,先后下发了仓配分公司、物流公司、财务公司、监理公司等十家单位定员指标。矿业公司、工程技术集团已在调研的基础上进行机构和岗位的梳理,在矿山系统和工程技术集团层面内部进行统一规范。(3)开展调研,加强沟通协调。为保证优化指标的完成,人力资源部多次去二级厂矿开展人力资源优化调研,深入了解各单位目前在岗人员状况,评估其人力资源优化潜力。听取了各单位人力资源优化工作进展、采取的措施,及实际操作中的困难和建议,同时要求各单位做好预案,让符合政策的员工有序、有计划离岗,避免“井喷式”现象发生,避免对生产和经营造成影响,确保生产稳定顺行。要求各单位认真梳理主营业务与非主营业务,结合员工离岗情况,撤销部分辅助岗位设置,将部分辅助业务择机外包,释放辅助岗位人员,引导符合条件的员工选择离岗政策,其他员工通过转岗培训补充到生产一线。(4)建立平台,加强沟通。为及时了解、掌握各单位人力资源优化工作进展及动态,建立劳动组织、劳务管理QQ工作群。一方面,解答二级单位提出的人力资源优化方面的问题;另一方面,要求各单位及时上报工作进展,并以月报形式定期反映各单位工作进展及存在问题。截至10月底共编发12期人力资源优化推进工作简报。(5)优化成果。截至11月,人力资源优化成果:2017年集团在岗人员净减少3287人(其中办理离岗3826人,补充新员工539人),超额完成2017年净减少3000人的任务。

2.劳务集中管理。(1)系统策划,制定劳务集中工作方案。为加强劳务用工管理和集团管控,打造集团层面规范的劳务协同平台,进一步优化劳务用工,将利民公司培育成具有较强竞争实力的专业化劳务管理公司,全面优化公司人力资源结构并完成去产能人员分流安置任务。制定了《关于集团公司劳务集中管理的工作方案》(马钢集〔2017〕41号),全面启动劳务集中管理工作。(2)明确工作原则和工作思路。“两个稳定,三个不变”,两个稳定“生产稳定顺行,劳务队伍稳定”;三个不变:“业务范围、工作内容不变,管理考核方式不变、劳务工不变”。按“先集中、再优化”的整体思路,分步实施,有序推进。劳务集中工作按3月底股份公司完成、6月底集团分子公司完成、9月底利民公司完成整合优化方案。(3)严格工作程序。一是制定劳务集中实施方案。归口管理部门(单位)制定劳务集中实施方案和可集中项目清单。二是评估集中项目及承揽方式。利民公司根据归口管理部门(单位),评估可集中项目清单及承揽方式。三是项目审定。人力资源部汇总归口管理部门或子分公司、用工单位以及利民公司意见,报公司劳务集中管理领导小组审定。四是召开项目对接会。明确劳务集中的程序步骤、项目合同变更方式以及时间节点等事项,发放劳务集中管理告知函。五是签订合同。利民公司与劳务单位就劳务工劳动关系处理、劳务项目工作界面、职责分工及各类税费等问题进行沟通,并在确定的时间节点之前重新签订总、分包合同。(4)劳务集中工作成果。多次组织协调,针对劳务集中过程中的可集中项目评审、项目对接、集中工作进度跟进、重复缴税、安全、利民公司加强管理力量等问题组织过30余次对接协调会。已集中劳务费用情况:已集中费用4.76亿元,占总费用41%,项目数181个,其中:股份3.2亿元,项目数106个,集团其他分子公司1.56亿元,项目数75个。(5)劳务清退补偿。2017年共办理五批劳务清退补偿,共有149名劳务提出申请,申请补偿金额238.86万元。依据相关法律法规,对每一位提出申请的劳务工的相关资料进行严格审查、认真把关,并积极与法务部、计财部、用工单位等进行沟通,最终共办理清退劳务134人的补偿手续,涉及费用216.1万元。

3.层级管理。根据职代会精神和公司领导要求,公司确定合肥板材公司(后简称:合钢公司)为层级管理试点单位,人力资源部领导带队赴合肥板材公司进行多次交流、对接岗位评价、作业长推行绩效考核、层级管理推进工作,并开办多场相关业务培训班。对相关的一揽子方案进行探讨,经人力资源部和合钢公司协同工作,已完成《马钢(合肥)板材公司员工岗位层级管理实施方案》。经审核,合钢已具备层级管理转换运行条件,待公司领导审批后正式运行。

4.去产能。(1)奖补资金申请。根据相关政策完成2016年安置人员费用统计,从奖补资金中申请2016

年安置人员费用27907万元,并分解到各单位。在2017年人员安置过程中,继续收集资料,核对人员信息,统计发生费用,已从奖补资金中申请1月-4月安置人员发生费用1913万元,5月-8月安置人员费用约8430万元正向市相关部门申请。(2)接受相关审计。先后接受市财政延伸审计、省审计厅、国家审计署南京特派办、财政部审计组等审计单位对马钢集团2016年去产能及脱困升级人员安置情况及资金申请使用情况的审计。(3)安置人员材料审核及档案存档。按市人社局要求收集安置人员材料,配合人社局审核。完成2016年安置13321人的材料审核,2017年1月-8月安置2173材料已报市人社局审核。同时根据档案集中要求,收集、整理相关档案、文件等材料,2016年安置人员档案已报公司档案处汇总存档。

【员工管理】 1. 人力资源优化配套工作。一是规范员工离岗政策办理。截至10月底,2017年共办理编外141人,保留劳动关系54人,协商一致解除劳动合同587人。二是完善离岗政策。按照公司相关要求,按节点完成编外管理、保留劳动关系、协商一致解除合同等政策的修订发布工作。三是离岗安置政策解读辅导。为帮助各单位理解优化政策,自人力资源优化工作启动以来,积极做好政策的宣传引导工作。

2. 新员工补充。(1)高校毕业生招聘工作。2017年度高校毕业生招聘工作,在北京科技大学、东北大学、安徽工业大学共组织20多场校园专场招聘和网络招聘,共招聘高校毕业生298人(其中研究生81人)补充到技术业务一线岗位,夯实人才基础。冶金、材料、机械、自动化等重点专业基本满足单位需求。(2)高端操维岗招聘工作。根据公司新员工补充工作安排,2017年操维岗招聘工作经过笔试、面试及体检等环节,共招聘安徽冶金科技职业学院等高职院校毕业生242人补充到操作维护一线岗位,改善一线员工年龄、知识、技能结构。

3. 全员岗位绩效考核。根据公司全员岗位绩效工作推进计划安排,组织相关单位研讨全员岗位绩效工作推进存在的问题和难点,于8月汇总整理各单位2017年上半年绩效考核结果,督促全员岗位绩效工作推进,确保全年工作目标的实现,下发绩效考核情况通报一期。完成2017年全员岗位绩效考核过程跟踪和年度验收评估工作。

4. 员工内部配置。一是按要求做好员工日常调动工作。截至9月,根据公司内部各单位人员配置需要,2017年各单位申请内部调动96人次,根据调配会研究内部调动员工84人次。二是配合人力资源服务中心,完成25名转岗学员中具备上岗条件员工的上岗调动手续。三是根据需要做好内部招聘工作。根据相关部门和单位的需要,2017年组织资本运营部、科技管理部、财务部等单位内部招聘,积极配合招聘单位,做好招聘的组织及人员的协调、调动等工作。四是配合公司相关部门做好人员调动工作。2017年根据公司领导指令及党委工作部等单位的工作需要,配合做好中层管理人员的调动及调整等工作。

5. 相关制度建设及其他。(1)劳动纪律管理。2017年员工管理科配合公司劳动纪律督查组对二级单位不定期进行劳动纪律督查,共下发五期督查通报。同时做好各单位劳动纪律报表的收集工作。(2)员工满意度调查及分析。根据体系审核的要求,2017年员工满意度87.8%,后期将做好员工满意度测评分析工作。(3)员工离职办理。按照管理程序,对各单位自愿离职、进入合资公司及违规违纪解除劳动合同进行手续办理,2017年1月-10月,办理自愿离职84人,进入合资公司14人,因违规违纪解除劳动合同13人。(4)完成耐火材料公司合资改革中的141人劳动关系调整。

【薪酬管理】 1. 工资总额管理。一是积极推进工资总额预算管理。2017年省国资委已将集团公司工资总额纳入省国资委统一管理,根据省国资委对工资总额实行预算管理的要求,集团公司对各单位工资总额进行梳理,提出了实行工资总额包干、预算、审批制不同的管理模式,进一步规范了集团公司工资总额管理。二是完成集团、股份公司2017年工资总额预算编制工作。三是下达了集团、股份各二级单位2017年工资津贴包干基数。四是整理汇总了2016年集团、股份各单位职工收入情况、完税凭证、工资基金计划材料,为统计分析工作提供保障。五是2017年共审批两公司各单位工资基金计划,人数44248人,金额32.83亿元,人均7.42万元。其中,集团公司人数15885人,金额11.94亿元,人均7.52万元;股份公司人数28363人,金额20.89亿元,人均7.37万元。

2. 薪酬发放管理。一是按时完成两公司56家单位(含两个机关部门及单位)月度薪资发放总额的审批发放与职工薪酬资金入户工作。2017年共审批发放金额33.29亿元,在册人均7.52万元,与2016年相比实际发放工资总额增长18.4%,人均工资增长23.6%。其中,集团金额11.82亿元,在册人均7.44万元,与2016年相比实际发放工资总额增长20.6%,

人均工资增长21.8%;股份公司金额21.47亿元,在册人均7.57万元,与2016年相比实际发放工资总额增长17.3%,人均工资增长24.6%。二是及时整理集团、股份公司各单位年度工资总额审批发放数据,完成2016年度、2017年上半年工资总额发放情况总结及分析报告。三是做好公司机关薪酬发放。2017年根据公司规定认真管理好两公司机关薪酬发放管理工作。严格按公司规定审核、申报、统计使用好工资基金,全年共审核、汇总、制作、发放股份公司机关职工工资总额0.84亿元,代扣代缴个人所得税295.11万元,2017年股份公司机关平均在册人数817人。审核、汇总、制作、发放集团公司机关职工工资总额0.82亿元,代扣代缴个人所得税381.47万元,2017年集团公司机关平均在册人数780人。

3.薪酬调查。2017年8月,根据国务院国资委开展2016年薪酬调查的文件要求,组织集团公司15家子公司及集团本部开展了2016年薪酬调查工作,并在9月25日前按时上报国资委及公司主要领导。

4.薪酬与履职待遇专项治理。根据集团公司党委的统一部署,由公司人力资源部牵头、企业管理部、科技管理部参加,对近三年各单位薪酬与履职待遇进行专项治理,对违反规定领取薪酬、兼职取酬的予以清退,违反履职待遇规定的予以纠正,超出待遇的部分予以清退;完善公司相关管理文件。

【人才开发与培训】 1.人才队伍建设。根据公司人才工作实际,制定了《马钢集团人才工作要点》全面指引人才工作。坚持高端引领策略,关注重点少数,引导人才队伍持续健康发展。一是完善高级技术主管队伍,以股份公司为代表,初步完成高管岗位定编设计。依据问题导向原则,根据公司发展需要,结合高管专业和年龄结构,增补了12名高管。二是强化高技能人才队伍建设。2017年公司一批高技能人才经过多年磨砺,已经成熟,通过宣传发动、申报评审、人才工作小组讨论等环节,增补了39名首席技师,增补后首席技师各工种(岗位)基本涵盖了公司各主要和关键工种(岗位)。在国家职业技能政策大的调整背景下,积极协调,继续坚持公司技能人才规划,开展高级技师内部考评,顺利举办了转炉炼钢工、干法熄焦工、汽轮机运行值班员和电焊工四个工种的高级技师考评,28名技师通过了高级技师五个环节的内部考评。三是积极实施人才引进。征集人才引进需求,汇总识别形成人才清单,积极借助政府、猎头等各类平台与资源,已经成功引进一名汽车板研发与生产制造高端人才,一名汽车板应用人才。通过国资委等多种渠道与国内几个著名高校的博士生进行了接洽,邀请了一名留学澳洲博士来马钢进行考察交流。同时也借助政府渠道,将马钢引进人才清单在公众媒体发布。四是研究使用政策,拓展人才发展通道。积极推荐高层次人才参加政府人才工程和各类专家人选推荐申报。为公司高层次人才打造发展第二通道。截至10月底,4人入选省学术与技术带头人(后备人选),2人入选省战略性新兴产业领军人才,4人获市级技能大师工作室。获各项人才奖补资金136万元。

2.大工种区域化作业培训。围绕支撑人力资源优化,系统思考大工种推进方法与路径,通过开展基层调研、座谈讨论等多方听取意见和建议,修订并重新发布了《大工种管理办法》。坚持人均有效工作时间提高这一衡量标准,围绕通过员工能力提升改善劳动组织效率的目标开展大工种设计,建立大工种清单,构建大工种能力清单,识别员工能力差距,制定员工大工种培训计划并组织实施。截至10月底,公司发布了三批94个大工种目录清单,其中一专多能76个,区域化18个。共涉及矿业2家单位、工程技术集团1家单位,股份11家二级单位。截至10月底共计1161名职工参加大工种培训。兑现大工种培训奖励11.02万元。

3.后备人才队伍培养。深化新入职大学生引导式培养。在前三年实践基础上,2017年总结提炼,巩固充实明确引导式培养的目的和要求,构建新入职大学生培养模型,以基层培养为核心,设计入职培训、岗位认知培养、岗位能力培养、能力拓展培养、项目引导培养5个培养模块,通过"导师带徒",采取集中培训和分散施教等多种形式,提高新入职大学岗位适应能力,促进新入职大学生成长与公司人才规划协调发展。2017年共有282名高校毕业生分配到39个二级单位及部门进行为期18个月的培养。拓展订单式培养。在前两年取得成功经验的基础上,订单式培养扩大到非安徽冶金科技职业学院等其他高职院校或高等学校。以突出满足公司需要为宗旨,实现培训目标与企业用工需求的无缝对接。2017年,来自20多所高等职业学院和高校60名与马钢协定就业协议的高校应届毕业生参加了13家,到拟从事的高端操作维护岗位开展了为期4个月的订单式培养。

4.分类分层培训实施。管理类按照中层及以上管理层,科级管理层,作业管理层三个层次实施培训。50名中青年中层和科级管理者参加公司与复旦大学联合开展的工商管理课程班学习,深化管理基础,了解国内形势，积淀个人修养，提高管理能力。32名青年后备干部围绕党建理论、经济形势、管理理论与实践等参加集中学习。根据分类原则，科级管理层按照技术质量、经营管理、生产等不同类别开展培训，突出公司战略展开需求、各自管理特点以及专业需要，共开展了七期培训班，498名科级管理人员参加了培训。作业层则围绕基层工作关系、工作指导、工作改善和工作安全等现场管理重点问题，组织专题研修，共开展了两期98名作业长参加了研修。实施两期人才培养，98名职工参加后备作业长任职资格培训并明确了10%的淘汰率。技术业务类则是以高级技术主管为代表实施各层级知识更新工程。开展高管讲坛2期，共89人参加。以高管为代表开展各级知识更新工程，例如走向未来炼铁工程师知识更新，共1119人参加。开展质量、两化融合、能源、测量等体系培训，共713人参加。操作维护类则是以首席技师为代表实施技能提升。以大师工作室创建为抓手，培养高技能人才412人。开展各类技能鉴定，共培训1385人。

5. 重点工作培训策划。一是强化品牌体系培育培训。根据年度计划开展品牌培育管理体系标准解读、如何建设品牌、塑造卓越的国际化品牌和品牌相关知识普及培训1456人。二是加强多元产业培训。以物流板块为代表，实施“马钢物流板块专业知识培训”，来自物流板块各单位共122名职工参加了跨度达两个月的培训。三是围绕生产经营需要，与专业部室共同开展相关专业培训与考核，钢轧系统关键岗位共有1300余人参加操作标准考试；以铁前点检员为开端，实施股份公司点检员能力测试工作，共有456名铁前设备点检员参加了考试；面对设备新技术、管理新要求，修订完善了《马钢点检培训教程》。四是持续开展国际化人才培养，与海外事业部、教培中心等根据公司产业链延伸需求，开展法、德、韩、俄语等小语种初中级培训，共有260名员工参加；围绕公司重点项目需要，举办重型H型钢工程英语强化培训；开展国际化人才导师带徒，5名学员得到了用人单位的认可，均经评聘被用人单位转为涉外经营岗位正式员工，一名经过选拔的优秀人才到香港公司岗位代培。五是持续创新方法培训。与科协、教培中心联合举办了第一期马钢创新大赛，共有95名选手，39个项目参加比赛。继续开展创新方法培训，280名生产骨干参加了创新方法理论与实践，创新成果总结与答辩，以及参加创新认证工程师资格考试。

【劳动保险】 1. 政策落实。一是贯彻实施市人社局调整社会保险缴费基数、阶段性降低社会保险费率等相关规定。按省市规定，降低了养老保险费费率1%、失业保险费费率1%，每月少缴440万元，预计全年少缴5000万元。现企业缴纳的养老、医疗、失业、工伤和生育保险费率分别为19%、8%、0.5%、1.3%和0.25%。二是按省市规定，马钢2017年度稳岗补贴返还约2500万元。但省市新规定，企业申请稳岗补贴应未受过环保部门行政处罚，针对马钢2016年度受过三次环保处罚向公司进行汇报，并与省市进行多次沟通，现等待省市回复。马钢社会保险费缓缴经请示市人社局，由于当期社保支付出现赤字，市财政局未同意。三是依据省市相关规定，经与市人社局沟通，争取到省厅拨付马钢四家单位淘汰落后产能1087名职工安置补助资金538万元。与公司财务部联合下发《关于马钢2016年淘汰落后产能职工安置补助资金规范使用的通知》，明确安置补助金538万元全部用于社保缴费，并对四家淘汰落后产能单位1087名职工社会保险缴费进行审核、确认。四是按省市规定，申报2016年去产能脱困升级离岗安置730人社保补贴1058万元，并组织安排市人社局对730人档案进行审核、确认。现市里已拨付社保补贴1011万元，余款47万元市人社局明确明年初拨付。五是按照省市规定，与公司安管部、行政事务部和党委宣传部磋商有关工伤保险集中宣传活动，下发公司2017年工伤保险集中宣传活动通知和举办工伤保险相关知识专题讲座通知。六是根据公司《企业年金计划》及公司生产经营情况，向公司提出恢复企业年金报告，经公司同意，下发了公司恢复企业年金缴费通知，自2017年3月1日起恢复缴费。七是根据公司规定，结合2017年省市调整企业退休人员基本养老金精神，下发了公司内部退养人员及军转干退养人员调整退养工资通知。

2. 人力资源优化配套工作。一是在市人社局的大力支持下，2016年12月，组织实施股份公司第二批78人因身体原因不能正常顶岗且申请鉴定未达到编外条件的待岗人员病残评估分类评审工作，一类的没有，达到二类的13人、三类的56人，未达到的9人，且经单位公示，评审结果无异议。二是按照公司要求，为进一步推动员工离岗安置，对公司原居家休养政策进行调整，征求各单位意见，提交公司职代会讨论。经公司职代会审议通过，2017年1月下发了《马钢集团化解过剩产能期间员工居家休养暂行规定》，并编写离岗安置政策解读相关材料。三是根据公司离岗政策调整，2017年2月下发《马钢集团化解过剩产能期间离岗退养人员相关待遇调整的通知》,并对距法定退休年龄2年内居家休养待遇调整进行审核。四是按照公司要求,为进一步做好集团公司化解过剩产能实现脱困发展人员退出安置工作,对公司离岗安置政策进行调整。经公司职代会联席会审议通过,2017年4月下发了《马钢集团公司离岗政策调整的若干规定》,并编写离岗安置政策解读相关材料。五是1月–10月审批办理员工居家休养股份公司834人,集团公司722人。每月对各单位在岗人员办理居家休养和退休人员进行统计汇总。统计分析办理居家休养人员基本情况。按照国家去产能要求,整理2016年、2017年办理居家休养2700多人材料,并归档建册。六是按照公司要求,2017年7月下发《关于集中一次开展因身体原因不能正常顶岗员工病残评审工作通知》,10月组织实施156人因身体原因不能正常顶岗员工病残评审工作。达到一类的2人,二类的28人、三类的107人,未达到的19人。

3. 日常管理。一是退休审核,1月–10月经市人社局审批1486人退休。二是根据单位申报,对特钢、二铁和煤焦化涉及25个一条二项工种上报市人社局确认备案。三是退养调资,内部退养400人,人均月增资139元;其中,内部退养军队转业干部12人,人均月增资再增加150元。合计月增资5.74万元。四是申报因病、非因工市劳动能力鉴定224人,鉴定达到大部分丧失劳动能力及以上的76人。五是社会保险征缴,按时审核各单位每月社会保险缴费,并及时申报市人社局;7月1日按时调整社会保险缴费基数。1月–10月公司实际缴纳各项社会保险费共计9亿元,其中养老保险6.18亿元、失业保险0.22亿元、医疗保险2.22亿元、大病救助险0.03亿元、工伤保险0.29亿元、生育保险0.06亿元。六是核对市征缴中心反馈的社会保险征缴结算表相关信息,对信息不一致的,正在有计划与市征缴中心核查,并对核查有误信息提交变更报告。七是养老保险系统维护,1月–10月新增职工526人、两公司内部职工调动335人次、解除合同698人、在职转退休1486人、在职死亡46人、退休人员死亡725人。八是企业年金管理,按时审核各单位每月年金缴费,2017年3至10月合计缴费1.08亿元;按时传递每月人员信息变更数据和年金支付信息,1月–10月核对1681人职工企业年金申请支付、转移相关信息;因人事变动,调整年金理事会成员;召开了一年一度年金理事会会议。九是工伤待遇审核,审批6人工伤职工一次性伤残补助金93420元、2人工伤丧葬费补差59180元,审批32名工伤人员协商解除合同一次性就业补助金1970142元,调整了公司自行认定的52名工伤退休人员生活护理费标准。十是数据统计,按时报送相关数据统计报表及午餐费报表;每季度为马钢股份短期融资券项目提供数据;为劳动保障年审、2016年社会责任报告编制提供数据;为省国资委、钢协、统计局提供数据;为财务部、计财部、行政事务部、安管部、科技部、工会、办公室调研室等部门提供数据;提交股份公司人力资源结构分析报告。十一是解答有关退休待遇、年金支付以及工伤待遇信访事项。

(陶培西)

行政事务管理

【厂容绿化管理】 2017年,共审批实施了14项绿化建设项目,累计投入资金1500余万元。新建地被色块92543平方米,铺种草坪71586平方米,栽植乔灌木5918株,移植乔木3269株,移植灌木2156.95平方米,养护面积464万平方米。全年道路保洁238万平方米,清理生活垃圾21000余吨。根据马钢品牌建设战略要求,组织实施了"八线四面"绿化、美化提升工程,在绿化建设过程中充分利用区域优势,注重将"点、线、面"相结合,利用丰富花木品种,在道路拐角处建造层次分明的景观造型"点";道路两侧种植乔木和低矮灌木,形成以绿化带为主的"线";在开阔成块的场地种植花卉树木及色块,形成色彩斑斓的"面",打造了绿化精品工程。完成了日本ITEC公司向公司赠送的100棵樱花树的选址、种植以及交接仪式组织工作和"3·12"大型义务植树活动。

【爱国卫生管理】 2017年,共抽查了55家单位1027个"四室",下发卫生整改通知书22份,考核通知书7份,考核金额4000元,对需整改的364个"四室"进行了验收。与党委宣传部联合开展2017年度"最佳四室"微信评选表彰活动。根据公司多元板块现场管理专项整治工作要求,对多元板块"四室"建设工作进行现场指导,促进多元板块"四室"建设水平整体提高。加强调研,围绕进一步提高"四室"建设达标率,积极探索"四室"等级评定管理新模式。此外,在全公司范围内开展春季、秋季除"四害"行动,通过投放灭鼠毒饵,灭蚊、灭蟑药剂,防止虫媒传播疾病,防止各类传染病的暴发流行。动员各单位参与卫生创建活动,指导17家单位省市级卫生先进单位的复审迎检工作，并组织了6家单位参与2017年省市级卫生先进单位、无烟单位及健康单位创建活动。

【后勤服务管理】 2017年，完成15471人健康体检工作，为女职工增加了乳腺钼靶检查项目。采取多种措施为职工提供多方位和更便捷的服务。例如：定期现场督察食堂和饮用水卫生状况，在部分食堂试点设立“三低窗口”，为“三高”及患糖尿病的职工建立健康档案长期随访，组织职工开展“万步有约”健步走活动，到各单位进行健康宣讲，开通职工体检报告和工作餐费查询系统等。积极落实企业补充医疗保险政策，全年为退休和在职职工、医疗统管人员、工伤职工处理7个项目的医疗费用近6000万元，其中，覆盖面最广的大病重症医疗补助款报销2714人次，合计金额1233.6万元。完成马钢企业补充医疗保险基金收支的专项审计工作，并对审计出的问题及时进行整改，确保基金管理和使用更加规范。根据国家相关规定，对2017年和2018年补充医疗基金的进行计提。履行职工人身商业保险的管理职责，开展了政策咨询和争议调处工作，全年帮助公司职工得到商业险赔付1417人次，赔付金额524.62万元，近10起索赔纠纷得到妥善解决。

【公益支持管理】 新增定点帮扶地城镇李集村的脱贫任务，并选派3名管理人员组成驻村扶贫工作队赴新结对李集村开展扶贫工作。在马楼村10户特困户的基础上，将李集村27户特困户纳入“一对一”干部包户、结对帮扶对象。组织部分公司领导和中层管理人员开展帮扶工作，带领包户干部队赴贫困户家中进行入户走访慰问，了解贫困户致贫原因和帮扶需求，制定了因户施策的帮扶措施，为因病致贫的家庭提供医疗救助，为有劳动能力的家庭提供养殖资金，为住房不安全的家庭修缮房屋。在认领帮扶项目上，公司出资在李集村实施“农机合作社项目”，在马楼村实施未脱贫户危房改造项目。此外，向马楼村和李集村小学生赠送安全书包，向贫困户捐款捐物进行节日慰问，向李集村村部、医务室和马楼村村部捐赠空调和办公设备，向马楼村小学捐赠电脑建电子阅览室等。驻村扶贫工作队也定期走访贫困户，积极帮助贫困户落实政府的相关扶贫政策。通过一系列举措，全方位做到“扶贫扶智扶精神，脱贫脱困脱俗气”。继2016年马楼村实现“村出列、户脱贫”目标后，2017年，李集村也顺利实现“村出列、户脱贫”目标。除了将定点扶贫工作作为公司公益支持活动的重点工作外，在市“慈善一日捐”活动期间，向市慈善总会捐款60万元；组织了1752名职工参与无偿献血，献血量466800毫升。

【办公楼综合管理】 加强公司办公楼安全稳定运行的监督管理，随时与维保单位保持联系，及时掌握特种设备日常、阶段、年度检验检测情况。同时，通过对办公楼每日进行隐患排查、落实问题汇总分析机制、组织入驻单位对办公楼安全稳定运行进行季度满意度调查等方式，一方面对维保工作进行监督与考核，另一方面及时进行土建维修。2017年，处理各类故障、隐患以及零星维修2374项。实施了办公楼系统维修工程和413会议室LED屏改造工程，其中，办公楼系统维修工程根据公司办公楼系统维修推进会要求，确立了周例会制度，及时跟踪进度和协调解决各类问题。全年服务会议1600余场、4000人次，圆满完成公司文艺汇演、职代会、品牌建设启动大会等重要会务工作。加强公共区域的卫生保洁，积极配合有特殊需要的单位做好卫生突击保洁工作；同时，组织办公楼各入驻单位做好办公区域卫生保洁工作。坚持定期对各单位劳动纪律、办公楼现场管理和办公楼入驻各单位卫生包干区进行检查，对发现的问题及时进行通报考核。此外，认真做好办公用品、劳保用品、卫生洁具的采购和发放以及办公室调整、办公家具的安装等各项服务工作。

（庞　湃）

法律事务管理

【基本情况】 2017年，法律事务部完成《关于推进马钢集团法治建设实施意见》的起草并上报公司；组织开展2014-2016年法制工作三年目标落实情况考评工作；持续推进集团公司去产能职工分流安置工作，参与职工安置方案设计与讨论，分析法律风险，起草职工安置方案及相关法律文书；参与重大项目提供法律服务，包括与瑞泰科技合资、表面技术公司重组、自动化公司与泰尔公司智能制造合作、马建重组、集团设计院重组、和菱防锈纸合资、设立中东公司等十多项重大项目，法律顾问全程参加项目内部研究、外部商谈，参加项目可研、招投标等流程，开展尽职调查，审查起草框架协议、合作协议、公司章程和法律意见书等法律文件；继续组织处理美国337条款调查等涉外法律事务。办理工商登记事务12件；办理临时授权委托107件；

办理常年授权委托27件,注销23件;新刻制合同专用章15枚。完成各单位授权委托证书的年检、备案工作;办理各分子公司自行授权备案93份。审查各单位送审重大合同50件,章程协议30余份,出具法律意见400余条;审查公司及下属单位重大管理制度12件,出具法律意见42条。办理各类诉讼及仲裁案件50起,涉案金额总计1.6亿元,另有12起案件,不涉及具体金额;结案30起,挽回或减少直接经济损失达5450余万元;办理破产案件5起,向破产管理人申报债权480余万元,提出约60万元的债务异议;办理各类非诉案件50起,涉及软件著作权纠纷、拆迁补偿纠纷、劳动争议、解除合同纠纷、合同审查等各类问题;办理协助执行案件60余起,妥善处理法院协助执行事务,维护企业和职工权益。举办合同管理资格(持证上岗)培训2期,共225人参加培训;为物流公司、罗河矿、表面公司各举办一期合同管理知识培训,参加培训人数120余人。

【重大法律事务(包括涉外事务)】　2017年,为做好重大项目的风险防控,公司法律顾问充分发挥法律事务管理的专业优势,主动参与、密切配合,全力做好法律服务工作,为重大项目保驾护航。一是瑞泰科技合资项目。以耐火公司为基础与瑞泰科技的合资项目是新材料板块重要投资项目,公司法律顾问全程参与调研谈判,洽谈起草出资人协议,拟定合资公司章程,多次赴省工商局和国家工商总局解决名称核准问题,大力协助马钢瑞泰新材料合资公司完成设立工作。二是表面技术公司重组项目。工程技术集团通过转让表面技术公司股权,引入合作方泰尔重工,重组表面技术公司,法律顾问参与项目洽谈讨论,起草战略合作框架协议,起草股权转让协议及公司章程修正案,积极为重组工作提供服务。三是去产能职工分流安置工作。为积极响应国家去产能号召,抓住转型升级的历史机遇,公司持续开展去产能职工分流安置工作,公司法律顾问积极配合公司工会及人力资源部,参与讨论制定职工分流安置方案,分析法律风险,确保公司去产能工作稳步推进。四是马建重组项目。为帮助马建集团走出经营困境,在公司主要领导的关注下,马建集团重组工作近两年来一直在持续推进。工程技术集团尝试与制定了多种方案,法律顾问自始至终参与各类方案讨论,开展尽职调查,梳理债权债务,评估诉讼清欠情况,为公司决策提供有力支撑。五是集团设计院重组项目。法律顾问起草《关于清理集团设计研究院下属子企业的请示》,上报集团公司董事会。六是钢渣处理综合利用合资项目。股份公司拟以资源分公司为基础开展资源综合利用合资项目,经过选择,公司与马鞍山市九鹏嘉腾机械实业有限公司进行洽谈,就合作目的、产品、经营团队、定价机制、资产评估等问题进行了交流沟通。为促进合资项目稳妥推进,法律顾问参加谈判,开展对九鹏嘉腾的尽职调查,起草法律尽职调查报告,为公司决策提供依据。七是三联泵业合资项目。公司拟以设备检修公司与三联泵业组建合资公司,法律事务部组织召开出资人协议、章程讨论会,指派法律顾问参加合资可研报告评审,对合资事宜进行法律评估,出具法律意见书,组织起草合资公司章程,修改拟定出资人协议。八是工程技术集团技术服务公司合资项目。为顺利达成合资目的,法律顾问多次赴建诚国际参加讨论会,开展尽职调查,出具尽调报告,参加项目评审会,就合资公司法人治理结构、合资目的等提出意见。九是和菱防锈纸合资项目。和菱公司与武汉洪福合资设立防锈纸公司项目,公司组织多次合作谈判及会议讨论,法律顾问全程参加合资项目讨论会,就技术服务协议、房屋租赁协议、设备租赁协议的讨论制订提供法律服务。十是美标H型钢合资项目。股份公司与厦门日上公司合资设立美标H型钢项目,法律顾问多次配合资本运营部参加合资项目讨论会,起草合资合同及合资公司章程。十一是设立中东公司项目。为开拓中东地区市场,公司决定设立中东公司,为尽可能防范风险,多次组织召开中东公司设立工作讨论会,法律顾问积极参加讨论,评估法律风险,草拟相关协议,办理公证事宜,为中东公司设立提供法律服务。十二是化工公司项目。公司拟在煤焦化分公司基础上设立化工公司,法律顾问参与项目讨论会,草拟公司章程,并提出法律风险提示。十三是莫桑比克项目。莫桑比克项目是公司启动的又一个涉外投资项目,尚在调研阶段,法律顾问参加项目专题讨论会,草拟尽调清单,积极为项目推进做准备。

【纠纷事务管理】　2017年,各类经济纠纷、劳动纠纷显著增多,同时,部分经营单位清欠工作呈现集中、多发态势,且清欠难度大。截至2017年10月31日,集团公司、股份公司共受理诉讼及仲裁案件46起,涉及劳动争议、买卖合同纠纷、建设工程合同纠纷、金融借款合同纠纷、人身损害赔偿纠纷、行政诉讼等。涉案金额总计约1.6亿元,另有12起案件,不涉及具体金额。已结案26起,另办理2016年未结案件4起,挽回或减少直接经济损失总计达5450余万元。办理破产案件5起,向破产管理人申报债权480余万元,提出约60万元的债务异议。办理各类非诉案件50起，涉及软件著作权纠纷、拆迁补偿纠纷、劳动争议、解除合同纠纷、合同审查等各类问题。办理法院协助执行案件60余起，包括长钢公司系列协助执行案件、上海沄沓后续工程款系列协助执行案件等，同时妥善处理法院协助执行事务，维护企业和职工权益。继续开展典型案例汇编工作，按计划完成发布2017年上半年典型案例分析6起，根据案件办理情况向相关单位提出管理建议书，指导涉诉单位完成整改。

【工商登记和临时授权委托管理】 一是工商登记审批事务。2017年，股份公司、集团公司共办理工商登记审批事务12件，按时完成集团、股份公司工商年报公示和股份公司的外商投资企业联合年报工作，并接受市场监管局年度抽检；完成瑞泰马钢新材料公司、设备检修公司、仓配分公司、招标咨询公司等工商设立登记，指导协助各子、分公司完成各类变更登记，重点解决集团公司及下属企业名称未经国家工商总局核准备案问题，按工商部门要求集中组织整改集团下属32家冠名“马钢”的不规范企业名称，彻底解决历史遗留问题；按照省国资委党委关于将党建工作纳入公司章程的有关要求，完成集团公司章程修改，并集中组织集团公司全资、控股子公司开展章程修改工作，该项工作于年底全部完成。二是临时授权委托事务。2017年集团公司、股份公司共办理临时授权委托事务107件，其中集团28件，股份79件。为响应公司无纸化办公的要求，重新梳理授权委托审批流程，实现从申请单位发起到法律事务部审核再到公司批准的全程网络化审批，提高了审批效率。

【合同管理】 一是规章制度及重大合同的审查起草工作。审查各单位送审重大合同近50件，出具法律意见300余条，包括仓配分公司送审的与股份公司(采购中心)签订的2017年度仓储配送保产服务协议，销售公司的《中板委托加工合作协议》，物流公司的《库房租赁合同》等；审查《资产转让管理办法》《技术秘密管理办法》等重大规章制度12件，出具法律意见42条。审查2017年度集团(股份)意外险、家财险、国内货运险、海洋货运险保险协议。经过多方调研、讨论以及在合同检查中的总结，广泛征集企管部、设备部、财务部等部门意见，完成集团公司《合同管理办法》的修订。二是常年授权委托和合同专用章管理。审查并办理常年法人授权委托27份，注销23份；基本完成各单位授权委托证书的年检、备案工作；办理了设备部、制造部、工程管理部和销售公司等相关授权事项及人员的变更，办理各分子公司自行授权备案93份。新刻制合同专用章15枚；缴销合同专用章9枚，其中包括6枚因章面磨损而重新刻制。三是合同管理检查。2017年12月6日至22日，公司组织对下属15家子、分公司(原检查单位12家，新增单位3家：合肥板材公司、长江钢铁、康泰公司)以及业务主管部门开展年度合同管理检查工作，现场检查后，将对各单位取得的成绩以及检查中发现的问题逐个进行书面反馈，对检查不合格的单位进行通报及考核，并要求各单位对照检查反馈意见进行整改，限期提交整改报告。2017年9月12日至22日，对公司下属17家子、分公司以及业务主管部门开展年中合同管理检查工作，现场检查后对各单位检查中发现的问题逐个进行了口头反馈，书面反馈及考核将在年底随同年度检查结果一同通报。四是合同管理资格(持证上岗)培训及合同文本培训。2017年6月7日至9日，举办了公司第一期合同管理知识培训，10月17日至19日，举办了第二期合同管理知识培训，两期培训共有225人参加。另外，应部分子(分)公司要求，法律事务部还在物流公司等单位举办专场培训，包括：2016年11月26日至28日，开展物流公司合同管理培训工作；2017年3月28日至29日，开展2017年度罗河矿合同管理培训工作；2017年10月26日，在表面技术公司举办买卖合同、运输合同、承揽合同文本条款培训。

【商标管理工作】 延续上年商标续展工作，继续完成办理8件商标的续展工作；协调雨山市场监督局处理对公司驰名商标宣传的投诉案件，维护公司合法权益；审查输送公司商标注册申请，就商标注册申请相关的程序和实体问题提出意见。2017年是公司“车轮”“钢结构建筑”两件省著名商标的有效期届满之年，公司法律顾问积极与市工商局商标科沟通配合，收集准备相关资料，完成该两件省著名商标的再认定申报工作。为配合公司品牌体系建设，法律顾问积极参与、承担品牌管理手册部分内容的编写工作，并着手修改《商标管理办法》，完善公司商标管理体制。

【其他法律服务】 一是对安徽冶金科技职业院与联运公司校企合作事项进行法律调研，审查修改双方合作合同；二是处理一重马鞍山公司工程款纠纷案上诉费用及土地税缴纳等问题，向公司出具意见；三是审查讨论物流公司申请集团公司债转股事项；四是多次讨论资源分公司固废处置涉及环保法规要求相关问题，指导修改完善招标合同；五是审查嘉华新型建材董事会议事规则并出具法律意见；六是参加矿业公司4

家矿山设立分公司工作主题讨论会,并联系工商局协商处理相关问题;七是就埃斯科特钢申请授信免于购买保险的请示出具书面意见;八是就广州、重庆区域销售公司清算工作拟定汇报材料;九是参与太白镇、年陡乡劳务工信访问题讨论,提出法律意见。

(叶春辉)

安全生产管理

【基本情况】 2017年,公司认真贯彻落实国家、省有关安全生产工作精神和部署,深入推进安全风险管控"六项机制"建设,积极开展"百日除患铸安"和"外来单位安全系统整治"专项行动,扎实开展安全专项治理活动,重点加强检修、建设工程安全管理,规范做好特种设备、职业卫生管理工作,加强安全培训教育和宣传,不断增强应急救援能力建设,公司安全生产持续稳定。全年公司职工工亡事故1起,工亡1人;重伤事故1起,重伤1人;轻伤事故28起,轻伤28人。属地工亡事故4起,工亡4人。

【风险管控】 根据省、市关于开展安全生产风险"六项机制"建设的工作要求,公司制定了《马钢公司构建完善安全生产风险"六项机制"强化安全生产风险管控工作实施方案》,组织各二级单位开展安全生产风险"六项机制"建设完善工作。公司组织开展了对风险点(危险源)的全面重新辨识查找、研判等风险管控措施的梳理确认工作,对确认的风险点均制定落实了相应的管控措施和管控责任。9月,公司与市安监局联合举办了一期安全生产风险管控"六项机制"建设专题培训班,公司各二级单位及控股企业主要负责人、安全科长、安全管理人员等共120余人参加了培训。

【专项行动】 一是深入开展安全生产"百日除患铸安"专项行动。公司制定下发了《马钢"百日除患铸安"专项行动工作方案》,组织各单位从7月至10月,集中4个月时间,分三个阶段开展"百日除患铸安"专项行动,重点对安全生产管理责任落实情况、安全生产管理制度建立和执行情况、安全风险管控情况、隐患排查治理情况、应急管理情况、深入开展专项治理情况进行整治。配合市安委办三个督察组分别对公司冶金、矿山、危险化学品单位开展"百日除患铸安"专项行动情况进行督查。此次行动,公司各二级单位共计开展检查575次,参加检查的人数为1263人次,共排查隐患873项,整改完成864项,暂时未完成整改的,已落实临时监控措施,按计划实施整改。

二是开展外来单位安全专项系统整治行动。根据公司"2017年四季度安委会扩大会议暨外来单位安全专项系统整治行动动员会"的布置,公司制定了《外来单位安全专项系统整治行动实施方案》,集中两个月左右时间,分三个阶段,在全公司范围内全面开展外来单位安全专项系统整治工作。此次专项整治行动是以问题为导向,严格落实各项安全防范责任和措施,强化相关方安全管理,坚持"零偏差",将相关方员工等同本单位职工一样管理。坚持同时、同步、同理念,按照"四统一原则"(统一标准、统一要求、统一培训、统一奖惩)来完善,实现全方位安全生产。公司成立由集团公司总经理丁毅为组长,相关分管领导为副组长的领导小组,负责此次专项整治行动的组织、协调等工作。领导小组下设办公室,包括综合组、工程建设督查组、检修协力督查组、工序委托劳务督查组,由相关部门和单位分管负责人及专业管理科室主管人员、部分二级单位安全管理专家等组成。各单位制定本单位《行动方案》,按照公司总体部署和要求,扎实有序推进。根据外来单位系统整治的要求,为强化全员安全生产责任落实和责任追究,加强安全生产过程管控,公司发布了《生产安全事故事件中层管理人员问责管理办法》和《马钢公司安全生产禁令(试行)》。此次发布的《问责管理办法》是马钢迄今为止第一次专门针对中层管理人员的管理办法,也是迄今为止最严格、严厉的管理办法,旨在深入落实安全生产责任制,强化安全生产约束机制,提升公司中层管理人员的安全责任意识,促进安全生产工作落实,防范各类安全事故发生。《马钢公司安全生产禁令》中,对相关方管理提出了具体的要求,进一步明确了对相关方的管理重点。公司正在对《外来单位及人员安全管理办法》进行修订,对外来单位重点强化准入环节、过程监管环节以及考核与评价环节等方面的要求。

【专项治理】 一是开展有限空间治理。为确保有限空间作业安全,公司组织各单位认真开展有限空间安全条件确认和专项检查工作。组织专业人员对长材事业部等8家主线单位开展了有限空间作业安全专项检查,重点检查各单位对有限空间的辨识情况、有限空间管理制度建立情况、有限空间作业审批情况、有限空间的应急预案及演练情况等。二是开展应急管理专项检查。组织相关部门及人员对制造部、设备部、保卫部以及四钢轧总厂等主线单位开展了应急管理专项检查，重点检查各单位应急预案体系建立情况、应急演练情况、应急装备配备情况、岗位人员对应急处置措施的掌握情况以及各级管理人员对自身应急职责的执行情况。三是强化危化品管理。为切实加强公司危化品生产、储存、经营、运输等环节的安全管理，公司制定下发了《马钢公司危险化学品安全专项整治工作方案》，对危化品的生产、储存、使用、营业、运输等各个环节进行排查，及时整改和消除各环节存在的安全隐患。四是开展工贸行业领域“五项治理”。公司制定下发了“五项治理”工作方案，组织各单位针对涉氨制冷、有限空间、液态金属吊运、工业煤气、粉尘防爆等开展专项治理工作。通过各单位自查、公司督查、县区互查等方式确保排查做到全覆盖，公司对二级单位“五项治理”开展情况进行了监督检查。

【重点检修建设项目管理】 2017年，公司多项重点检修和建设工程同步开展，高危作业密集，通过严格落实各环节的安全保障及监管措施，重点工程项目均保持了平稳的安全态势。根据现场施工作业的实际需要，在施工关键节点、较大危险作业时，组织安全管理人员全天候不间断开展安全巡查，确保各类施工作业始终处于安全可控状态。为切实做好二铁总厂2号高炉大修等工程项目安全管理工作，公司督促各项目单位和施工单位按照规定健全工程安全管理体系，加强施工全过程的安全管理工作。公司成立了安全巡查组，每天对重点检修改造施工现场开展安全巡查，包括夜间抽查，及时发现和消除施工过程中的安全隐患。2017年7月11日，三铁总厂A高炉中控室电器室发生火灾，导致该炉紧急休风，在A高炉抢修期间，成立“三铁总厂A高炉抢修现场安全巡查组”，制定巡查组职责，并明确提出要求。巡查组带领安全管理人员24小时跟班蹲点，开展现场巡查。对危险作业方案进行审查，督促安全监管措施落实到位，组织协调施工现场需解决的安全问题，检查各级安全管理人员履职情况，制止现场各类违章违纪行为。建立安全管理微信群，及时将巡查情况以及下一阶段安全管理重点工作进行通报和布置。组织安全管理人员对B高炉及其他类似区域开展专项检查，防止类似事故再次发生，确保A高炉抢修平稳有序进行。

【应急能力建设】 为了进一步提高公司应对各类突发生产安全事故的应急救援能力，锻炼应急队伍，检验公司应对各类突发生产安全事故的综合指挥能力、快速反应能力和协调作战能力，6月30日，公司在三铁总厂A高炉举行了“2017年马钢公司高炉炉缸烧穿、爆炸、煤气中毒及火灾事故应急演练”，省、市部门相关领导、公司各相关部门、二级单位及合资企业负责人、分管领导、安全管理人员等相关人员进行了观摩，由于前期准备充分，参演人员熟练地完成了高炉炉缸烧穿、爆炸、煤气中毒及火灾事故的应急救援和处置工作，演练取得了圆满成功。演练开幕式上，省安监局应急办主任魏文斌宣读了“安徽省金属冶炼应急救援队马钢队成立的决定”，并对马钢队进行了授牌。10月12日–14日，安徽省第二届危化品应急救援技能竞赛在安庆市举行，公司组织专业应急救援队伍代表马鞍山市参加了此次竞赛，获得了团体第三名，其中理论竞赛获得团体第一名，并获得了多个个人和团体奖项。

【特种设备管理】 组织对各单位特种设备目录进行重新梳理，进一步明确特种设备的监督管理范围；组织开展了特种设备相关作业单位的特种作业资质审查工作。按照国家最新特种设备法律法规以及市质监局相关文件要求，2017年底前大型起重机械需要安装监控系统，安管部与设备部按要求组织各单位进行安装工作。为了加强对特种设备日常运行安全管理，公司每季度对各单位的特种设备使用情况进行专项检查，全年共检查了27家二级单位，发现安全隐患58项，已整改完成。

【职业健康监护】 一是强化源头治理，开展职业卫生“三同时”工作。组织开展长材事业部中型材升级改造工程、重型材改造工程（轧钢部分）等职业卫生预评价，对二铁总厂新高炉和烧结系统等开展职业卫生控制效果评价，最大限度地消除或减少职业病危害。按照省市安监部门要求，选择重机公司等重点单位组织开展职业病危害因素现状评价。公司根据实际情况和轻重缓急，专门安排资金741余万元实施安措技改项目，用于整改安全隐患，治理职业危害严重岗位作业环境。二是加强职业危害防控，加强职业危害超标岗位的治理工作。切实加强职工职业健康监护，按计划完成职工健康体检工作，2017年共完成对二铁总厂、三铁总厂等31个单位的职业健康体检，体检人数18305人。聘请职业卫生服务机构开展职业危害因素检测，完成港务原料总厂等32家单位的职业危害因素检测工作。完成岗位粉尘监测点644个，岗位噪声监测点456个，高温监测点56个。按照国家安监总局的最新规定，规范了所有接触职业病危害因素岗位的警示标示及中文说明，做好现场职业危害因素告知。三是加强劳务工职业健康管理。新修订发布了《职业卫生与职业病管理程序》《职业健康监护管理办法》,并对做好劳务工职业健康管理作出全面的部署安排。四是开展职业卫生培训,组织举办了一期职业卫生评估工作宣贯培训班,特邀省、市职业卫生专家进行授课,各单位安全科长、职业卫生管理人员以及重点车间安全员130多人参加了培训。

【防暑降温工作】 2017年高温天气持续时间较长,在公司领导的高度重视和直接布置下,相关部门和各单位精心组织和认真落实防暑降温各项措施,对员工广泛开展防暑降温知识的宣传教育;组织开展防暑降温工作专项检查,对检查中发现的问题,及时进行整改;对作业环境较为艰苦、露天作业、生产、施工任务较重的单位增加防暑降温费用计划,确保生产一线现场作业人员的防暑降温饮料供应。开展防暑降温物品满意度调查工作,向生产一线员工发放《员工防暑降温物品问卷调查表》400余份,收集基层一线员工的意见,进一步完善防暑降温服务工作。

【安全宣传培训】 年初,编制下发了《2017年公司安全培训工作计划》,开展特种作业人员、特种设备操作人员和管理人员的培训取证和复审工作;举办危化品单位、矿山单位及其他生产经营单位负责人及安全管理人员安全资格培训班。2017年共对909名安全管理人员,342名特种作业人员,987名特种设备操作人员进行培训。6月1日公司总经理丁毅发表专题文章启动"安全生产月"活动,公司各部门和单位大力宣传安全生产知识,营造浓厚的安全生产氛围。"安全生产月"期间,公司举办了"学意见·谈感悟·促改革"和"全面落实企业安全生产主体责任"主题征文活动;开展了"6·16"安全生产宣传咨询日活动;举办了安全生产大讲堂;组织职工观看安全宣传教育片,参加"安全为天、责任如山"演讲比赛、"安全生产月"文艺汇演,在全市首届"三项岗位人员"安全知识大赛中获得团体第一名、特种作业人员4个第一名、多个第二名的好成绩,通过开展一系列的活动提高了广大职工的安全意识和自我防护能力。公司相关部门联合开展了工伤保险集中宣传活动,发放标语横幅、宣传挂图、普法读本和宣传手册,制作宣传展板,举办工伤保险知识讲座,开展"6·27"工伤保险集中宣传日宣传活动等,增强广大职工知法遵法守法意识,维护职工工伤保险权益。在公司召开的安委会会议上,对《中共中央国务院关于推进安全生产领域改革发展的意见》、李锦斌书记李国英省长关于安全生产工作的指示批示精神,以及《中共安徽省委、安徽省人民政府关于推进安全生产领域改革发展的实施意见》进行了集体学习,并布置全公司层层开展学习宣贯工作。公司两次举办了安全生产大讲堂,组织公司各单位负责人参加培训,特邀国家安监总局办公厅安全监察专员兼总局督查室主任李豪文进行授课,对《中共中央国务院关于推进安全生产领域改革发展的意见》的出台背景和具体要求进行了详细解读。

(郭佩琼)

能源环保管理

【基本情况】 2017年,集团公司深入贯彻国家"生态文明建设"重要战略思想,依据国家政策、法规要求,强化节能环保合规性管理,有力推进绿色发展战略目标实现。现场环境风险管控水平进一步提升。南区渣处理等一批污染治理项目的建成提高了公司环保装备能力。环境管理体系成功换版、能源管理有效运行,顺利持证并通过外审。按国家要求的期限提前完成马钢排污许可证申领工作。积极争取政府资金、政策支持。2017年争取了省、市环保专项资金和绿色工厂奖励等共计2400万元。马钢顺利通过为期一个月的中央环保大督察。马钢股份公司荣获首批国家级"绿色工厂"称号。

【主要绩效指标完成情况】 2017年,主要绩效指标持续进步。全年环境污染事故为零、环境行政处罚为零,国控污染源在线日均值达标率100%;烟(粉)尘无组织排放比上年下降29.4%;政府季度监督性监测100%达标;股份公司烟粉尘、SO_2、NO_X、COD等主要污染物排放分别比上年下降23.9%、26.2%、6.8%、31.8%;危险废物安全处置率100%;吨钢综合能耗583千克标煤/吨,较上年下降14千克标煤/吨,达历史最好水平。

【能源环保管理】 1.强化目标责任管理。为适应国家环保严格监管的新要求,结合公司实际,完善目标责任内容,增加关键绩效指标和重点管理要求。2017年初,集团公司分别与股份公司、长钢公司、矿业公司、工程技术集团签订目标责任书。股份公司完善季度考评细则,依据污染负荷情况对签订目标责任书十二家二级单位进行分组考评。

2.能源、环境管理体系运行有效。系统策划推进环境管理体系换版工作,明确战略环境管理的工作思路，制定“环境美好、绿色发展、都市工厂”的环境方针，完成各层级40个文件（手册及程序文件）的修订，2017年12月通过第三方机构换版认证。自2016年7月公司能源体系取得认证之后，能源体系的有效性不断加强。从目标、指标确定到主要能源使用的管控与评价，都纳入到日常运行管理，2017年6月、10月分别对二级单位、管理部门开展了体系内审，开具了103项不符合项并督促整改验证，12月初，能源体系通过国金衡信年度审核认证。

3. 积极主动响应国家能源环保新政，有序开展各项工作。一是依法依规开展建设项目环评、能评工作。贯彻落实新环评法要求，进一步优化流程、强化报批前预评审制度，加强对咨询单位约束机制，实施政府受理公示与环评修改同步进行等举措，2017年完成马钢股份煤焦化公司（南区）净化系统合并项目等13个项目的环评工作。依据国家新《固定资产投资项目节能审查办法》及属地政府管理规定，强化项目事中、事后监督，完成中型H型钢、资源分公司北区钢渣处理等5个项目能评工作。二是全力推进建设项目环保验收工作。快速适应国家建项目试生产备案制、验收第三方监测和新修订《建设项目环境保护条例》新变化，在政府老验收办法关门前自主验收规则尚未明确时，完成了冷轧总厂新增脱脂机组工程等6个项目竣工环保验收。三是积极协调集团公司能源消耗总量控制指标不足问题。《马鞍山市“十三五”节能工作方案》明确：马钢公司“十三五”期间能耗增量指标为70万吨，2017年马钢公司年综合能源消费量为1035万吨标煤，虽然全年股份公司本部能耗指标可以完成，但为今后的发展考虑，能环部代公司行文至省国资委，请求省政府协调将合肥公司能耗指标置换到马钢本部，从根本上解决了马钢能耗指标不足问题。四是超前完成排污许可证申领工作。随着排污许可核心制正式被环保部确定为我国环境管理新方向，为尽早获得合法排污身份证，能环部按照分步实施原则开展取证工作。2017年6月取得热电排污许可；2017年12月取得焦化、电镀行业排污许可；2017年12月股份公司提前完成排污许可申报工作。马钢排污许可证申领工作得到环保部、省厅的认可，并受省厅邀请在全省做经验介绍，马钢排污许可工作走在全省前列。五是未雨绸缪，积极应对国家污染防治新要求。在开展专题培训的基础上及早开展相关工作，先后组织开展焦炉烟气脱硫脱硝技术交流和方案编制，土壤排查，污染源全面达标评估，在线设监控施完善及内部验收等工作，相关工作取得积极进展。

4. 持续推进环保治理和攻关，解决突出环境问题。持续加大治理力度，2017年共立项投资2.4亿元，先后完成三铁A/B烧结机机头烟气、焦化生化废水治理、301脱脂废水治理、资源公司南部渣山综合利用和北区渣山环境综合整治等一批污染难题，提高了公司污染防控水平。突出环境问题整治取得突破。针对019新料场及北区渣山等突出问题，增强意识，创新管理，按期完成环境整治，得到上级环保部门肯定。

5. 以环境风险管控为核心，落实现场防控，保持全年政府行政处罚为零。完成股份公司环境应急预案体系建立及政府报备工作；强化现场检查，无组织排放控制水平持续提升，政府季度监督性监测100%达标；完善污染源在线监控管理，全年在线排口日均值100%达标；强化核辐射环境安全管理，顺利通过省环保厅等组织的核查；全年股份公司环保专业考核46.45万元。

6. 加大固废（危废）管理力度。通过现场暂存点规范管理，外委处置全部实现网上申报，转移联单，台账齐全；内部处置模拟外部处置模式，采用内部转移联单，及时转移，及时处置，保证危险废物100%安全处置。积极推进六汾河污泥和乳化液渣进热电总厂锅炉焚烧项目，参与公司固废系统项目方案编制，开展无价值固废招议标，提高了公司固废（危废）管理水平。

7. 以中央环保督察为重点落实各级环保督察迎检，形成大型长流程钢铁企业环保协同管理机制。针对中央环保大督察，公司上下高度重视，把中央环保督察作为一次全面体检、全面提升的机遇，通过氛围营造、高位推动、提前准备、精心组织、过程管控、应急响应、系统联动，多部门协同环保管理，督察期间实现了环境指标优良，环境质量优异的良好环境绩效，环境投诉少，得到了外界一致好评。全年针对环保部、省市环保部门、长江水保局等专项督查及暗访，以及上级政府检查视察等工作，严格落实现场常态化管控，顺利通过各类督查迎检。

8. 管理、技术创新取得新成果。“大型钢铁企业基于G20峰会环境管控模式的探索与建立”“创新驱动，建立健全能源管理体系，提高管理绩效成果”两项目分获2016年公司管理创新成果二、三等奖；“马钢港务原料总厂块矿烘烤电除尘改造工程”“推焦水封除尘技术优化与应用”“SDA脱硫系统经济运行技术研究”三项目获2016年公司技术创新成果二、三等奖；马钢股份公司《基于环境经营与城市融合发展的绿色和谐钢铁企业建设》获安徽省第十三届企业管理现代化创新成果一等奖殊荣。

(王 琼)

财务管理

【预算管理】 深化全面预算管理,严控指标落实。根据集团公司年度预算目标,狠抓各单位预算指标分解落实,并到重点单位了解预算目标分解完成情况,确保预算保障措施的执行、经营压力的传递、预算指标的分解。对各单位月度经营计划进行刚性考核;规范月度经营情况快报和分析制度;每月下达月度生产经营计划,组织召开集团公司经营快报分析会;在总经理办公会上对季度经营情况重点分析点评;对重点单位的经济活动运行情况进行动态评价监督。因国家加快推进供给侧结构性改革,在化解钢铁过剩产能、取缔“地条钢”等政策措施推动下,钢铁行业稳中向好,市场预期与年度预算偏差较大,持续对公司全年经营情况进行再判断,2017年两次对预算目标重新审核调整,并报省国资委审批。配合公司为战略执行情况评估报告提供财务资料,预测总体经济指标完成情况、“十三五”期间指标预计情况,并分析多元板块各项指标完成情况。正确评价集团公司在钢铁行业的竞争力情况,分析上半年集团公司特别是多元产业竞争的优劣势。

【资金管理】 强化资金统筹管理,确保安全稳定。坚持细化分解落实各项资金管控措施,确保现金流安全顺畅,确保生产经营和重点工程项目资金需求。根据现金预算和内部存款余额双重指标核定供应各单位资金,理顺集团资金管控模式。坚持以收定支、量入为出原则。优先保证生产经营资金周转,保证重点工程项目支出,压缩非生产性支出、非重点项目支出,严格控制对外投资,从严控制其他支出。面对2017年融资成本快速上升、规模趋紧、续贷及时性受限的现状,全年新增融资10.2亿元;组织发行中票10亿元、协助股份公司发行短融30亿元;完成市场化债转股两批共19亿元资金投放工作,用于置换高息债务;通过设立权益基金委托贷款的方式使集团净流入资金15亿元,降低资产负债率约2%,降低财务费用约700万元/年;本部财务费用实际发生3.9亿元,比预算4.9亿元降低20%。全集团财务费用实际发生14.3亿元,比财务费用预算16.3亿元降低12%。

【税费管理】 提高税收筹划水平,争取财税返还。积极与省财政厅、国土厅、地税局沟通协调汇报,牵头协助公司相关职能部门和各分子公司,统筹做好争取国家政策资金扶持工作。全年争取各项政策资金16.16亿元,增加当期利润13.08亿元。作为公司降本增效的重要措施,财税政策返还增加了预算收入,增加了公司现金流入。针对国家铁矿石资源税实施从价计征改革,多次赴省国土资源厅、财政厅、地税局等部门沟通协调汇报,最终争取到公司享受2013-2015年度资源补偿费减免政策,共计减免4650万元。

【资产管理】 强化资产及投资项目管理,理顺职责程序。积极开展梳理各项固定资产投资项目,加强投资项目评审,严格投资决策程序。参与集团公司对外投资项目的可行性研究、项目效益测算等投资项目立项前期的调研分析工作,并提出财务意见。对工程技术集团拟收购马建集团股权等8项股权重点投资项目,进行了涉及财务相关事宜的处理。组织每月对固定资产投资重点项目进展情况进行汇总分析,及时监控项目进展和资金需求情况。加强对投资项目立项的前期程序和资料的审查,按照投资决策程序报公司决策。对集团公司本部17项、分(子)公司5项固定资产投资项目进行了核查。加强投资收益管理,收取物流公司等7家公司2016年分红3131万元。规范产权管理程序,完善系统维护。强化子公司的产权管理主体责任,明确了产权登记各项基础工作程序。共办理安徽科达售电有限公司等14家单位的产权变更登记手续。完成马钢集团公司2016年度产权登记信息汇编上报工作。加强国有资产监管,防止资产流失。根据公司资产管理相关制度规定,审核办理有关固定资产的验收、报废、调拨、销售等相关手续,监督包括去产能在内的各项固定资产处置流程,协调处理固定资产管理中出现的问题。

【清欠工作】 持续加大清欠力度,降低资金占用。财务部作为公司清欠办公室牵头部门,积极组织、协调联合清欠,制定2017年应收账款周转率考核指标,组织召开清欠工作专题例会,通报指标完成情况,督促加大应收款清欠力度,严控新增应收账款。在工程管理部的协调下,实现三方抹账清欠1.52亿元;督促各分(子)公司制定信用管理制度,对外部销售货物强调继续执行先款后货的销售政策,避免产生新的坏账,减少坏账损失;协同企管部制定了《外部超信用期应收款项清欠奖励办法》,用于奖励超信用期、清欠难度大的应收款项回笼；协调法律事务部积极为各单位重难点清欠提供法律援助。年末应收账款余额19.02亿元，应收账款周转率9.43次，比考核值7.56高1.87，完成应收账款周转率清欠目标。

【风险监管】 加强财务风险管理，做好监控防范。制定《2017年财务风险管理重点工作计划》，财务部相关人员与公司派出的专职监事共同组成检查小组，对投资公司等五家子公司进行了财务风险专项检查，重点关注内控制度建设情况、《子公司财务风险管理办法》执行情况、高风险投资业务开展情况及2016年财务风险查排中发现问题的整改落实情况等，并就可能存在的风险事项提出改进建议，完成了财务风险专项检查情况报告。同时，重点抽查了部分单位的财务风险管理工作，重点检查其财务风险管理制度的制订和对下属子公司财务风险的管控工作，提出了整改建议。加强对重点风险项目、风险点进行专项监控，做好风险预防工作。按照公司经营绩效管理办法，制定管理制度执行情况检查评价2017年工作计划，抽查集团所属单位，每月提交财务制度检查评价报告，提出其执行风险及相关改进建议。制定下发《关于在推进"两学一做"、"讲重作"专题教育中开展财务管控专项治理工作的通知》，对集团各所属分(子)公司固定资产投资及并购、资金管理及账务处理、产权、股权、资产转让、风险防控等方面组织开展自查自纠，规范业务操作流程和管理规则，切实加强公司财务管控。根据整改任务分解表，落实整改措施，按照整改期限持续进行整改，并将专项整治工作总结报公司。

【社保年金】 加强社保年金管理，维护职工利益。做好社会保险管理，按时足额缴纳。截至2017年，马钢实际缴纳各项社会保险共计11.04亿元，其中养老保险7.65亿元，失业保险0.266亿元，医疗保险2.66亿元，大病救助险0.04亿元，工伤保险0.35亿元，生育保险0.066亿元。集团公司离退休职工42748名，由市社保发放的基本养老金约12.55亿元，由马钢支付离退休人员企业补贴约1.77亿元。发放率、准确率达到100%。加强年金基金受托管理，确保保值增值。编制并提交《2016年度马钢企业年金受托管理报告》等5份报告、分析和建议；做好受托管理，保证年金收益；填报马钢企业年金2016年年度报表；做好企业年金企业和职工缴费、向受益人支付企业年金待遇等；督促托管人和账户管理人及时无误地履行职责，对各管理人的合法性、合规性进行监督，对各年金组合进行业绩跟踪，按季度发送业绩函，以保证年金收益达到业绩基准以上；聘请利安达信隆会计师事务所有限责任公司对交由中国银行托管的马钢企业年金基金进行了2016年度财务审计；认真做好企业年金恢复缴费及补缴的各项管理工作；积极研究年金不同受托管理模式的利弊影响，提交公司评估建议报告。

【化解产能】 积极开展去产能工作，配合做好财务事项。财务部积极做好化解过剩产能职工安置专项资金争取、落实、管理和使用工作。全年职工分流安置资金共管账户收到奖补资金1.35亿元，分三批从共管账户中申请奖补资金3.83亿元。接受省审计厅、审计署南京特派办、财政部驻皖特派办的审计和督查，配合公司落实整改意见。

【重点工作】 一是统筹优化融资结构，确保渠道畅通。面对2017年融资成本快速上升、规模趋紧、续贷及时性受限的现状，财务部统筹优化融资结构，拓展创新融资方式，调整融资策略，降低融资成本，确保现金流的安全稳定。保持现有规模，增加融资渠道。增加合作银行，分散融资风险；开展新增授信和融资工作。拓展融资方式，降低融资成本。继续保持直接融资渠道，突破银行用信限制，缓解筹资压力，降低财务费用。调整融资策略，加速资金周转。在利率市场化背景下，不断比较各种融资方式的融资成本，灵活调整融资策略，在保证现金流平稳的前提下最大限度降低融资费用，在2017年资金成本大幅上升的不利形势下，确保财务费用完成年度预算目标。帮助指导子公司独立开展融资，解决自身资金需求，针对国家政策及金融市场变化影响，做好风险预案。二是实施保险集中管理，维护整体利益。2017年公司保险集中管理工作的重点从"降费率"转为"提服务、保赔付"。将职工商业险中的重大疾病赔付险种由25种扩大到33种，并明确了释义，切实提升了职工理赔保障。同时在车险、财产险、货物运输险等险种上通过续标、费率商谈的方式续保，保费同比均有5%-10%的下降，实现了以较少保费支出取得较大保障的预期目标。三是推动共享服务，优化财务资源。财务部主导参加的集团本部信息化工作有序展开，逐步建立与公司管理相适应的财务信息化体系和本部财务共享中心。2017年1月，集团公司本部金蝶EAS平台财务信息化如期上线，经过半年的新老系统并行，经差异对比分析后，于2017年7月正式运行，实现了本部财务集中核算和费用报销共享。通过制定EAS系统管理办法，统一科目体系，统一客商平台搭建等手段，实现了财务信息化系统的统一管控，已经在工程集团和矿业公司信息化实施过程中发挥了初步的管控效果,也为未来集团全面核算上线搭建了良好的基础。

【管理创新】 加强管理创新,推广品牌建设。进一步加强管理创新力度,结合公司大力推广品牌建设的重点工作,制定《财务部“2017 品牌就在身边”实施方案》,成立财务部品牌建设专项工作组,申报机关青年“岗位创品牌”大赛项目三项。制定《财务部全面开展“创建品牌、我在行动”专项活动通知》,引导全体员工为公司品牌建设提供更加优质高效服务。切实将工匠精神落实在实际工作,打造“一支部一品牌”,创建财务部“三精两益”品牌党支部,立足管理职能,联系重点工作,做到“核算精细、监督精准、评价精确、时时讲效益、事事重效益”的品牌目标。重点在财务信息化建设、财务风控管理、财务旬报(月报、季报)分析评价、市场化“债转股”、年金计划的税收筹划等方面进一步强化管理创新。

【制度建设】 为进一步提高专业化管理水平,不断完善健全财务制度建设,修订完善已有的财务制度,明确责任分工,满足当前公司发展的实际工作需要。本年度修订或新颁布管理文件 5 份。分别是《固定资产投资项目审批管理办法》《委托贷款管理办法》《资产转让管理办法》《EAS 财务系统管理办法》《存出证券投资款管理办法》。组织完成 2016 年度财务会计制度汇编。

【队伍建设】 及时更新财务人员信息,实施动态管理。定时梳理集团公司全体财务人员及财务负责人员信息,汇总分析人员各项结构组成,为集团内部岗位交流、人员任用等提供基础资料。对委派财务负责人员严格按照管理办法进行人员管理、绩效考核。注重知识更新,提高专业素养。财务部组织开展了形式多样的业务培训,4 月,组织集团所属 52 家单位参加税法宣传月马钢专场培训讲座;组织 22 家单位参加省国资委产权管理局专家国有产权登记专题讲座;组织参加法务部组织的合同管理培训;分两批组织集团公司 55 人次,参加国家会计学院资金管理专业知识培训学习。组织集团公司申报 2016 年高级会计师 8 人评审资料汇总报送。组织集团公司财务人员会计从业资格证到期换证工作。

(范　玲)

审计管理

【基本情况】 2017 年,监察审计部紧紧围绕公司“坚定不移深化改革,坚持不懈做强品牌”的工作主题,统筹利用内部监督资源,扎实开展内部审计工作,并积极推动审计及内控审核发现问题整改,推进内部审计工作全覆盖,为规范内部管理、增强集团管控能力、促进提高经济效益、防范经营风险发挥了积极的作用。全年完成审计项目 29 项,其中,生产经营审计 8 项,领导人员经济责任审计 10 项,建设项目审计 7 项,内控审计 1 项,专项审计 3 项,发现账外资产 1798.76 万元,潜亏 15088.41 万元,审减工程造价 923.23 万元,提供审计信息和建设性意见 217 条。组织 2016 年度优秀审计项目评选,评选出优秀审计项目 11 项,并推荐一个项目参加安徽省审计厅组织的优秀内部审计项目评选,获优秀审计项目。

【生产经营审计】 强化审计监督作用,积极开展生产经营审计,促进基层单位规范经营管理活动、提高管理效率和经济效益,为公司生产经营决策提供参考。先后对马鞍山马钢比欧西气体有限责任公司、安徽欣创环保科技股份有限公司、马钢工程技术集团设备检修分公司、马钢输送设备制造有限公司、马鞍山港口(集团)有限责任公司、马钢(广州)钢材加工有限公司、股份公司第一钢轧总厂和冷轧总厂 8 家单位进行了生产经营审计,审计揭示:存在将马钢内部承接工程对外转包、收入及成本不实、大量账外物资、合同管理不规范、在建工程转固不及时等问题。

【经济责任审计】 按照干部管理权限和分级负责原则,坚持离任必审、凡审必严,对由公司管理的基层单位行政主要负责人经济责任履行情况实施审计,为公司改善经营管理、加强干部监督管理提供有价值的信息,并有计划地开展任中经济责任审计,推进经济责任审计全覆盖。2017 年,根据公司党委工作部的委托,先后对合肥店埠河港务有限公司原董事长方啸云、安徽中联海运有限公司原董事长叶毅、检测中心原主任杨本华、港务原料总厂原厂长何大顺、马钢比亚西钢筋焊网有限公司原总裁张平远、马钢(合肥)钢铁有限公司原董事长张庆奇、马钢电气修造公司原总经理陈黎明、马钢气体销售分公司原经理熊佑发、新闻中心原主任于进、马钢嘉华新型建材有限公司原董事长兼总经理周浩锋等10名领导人员进行任期经济责任审计。审计发现：存在物资采购不规范、制度执行不到位、财务核算待改善、外部拓展市场力度不够，以及自身承接业务能力较弱、大量分包、大量土地闲置等问题，引起公司领导高度重视，要求各单位加快整改。

【内控审核】 加强集团管控，制定《2017年子公司内部控制体系审核计划》，在2017年实施的各类审计项目中充分关注内部控制体系的健全性和有效性，并跟踪近年内控缺陷整改情况，促进公司内控体系有效运行。组织开展股份公司内控测试，发现运行缺陷14个，其中重要缺陷1个；设计缺陷5个；分别提出了整改建议，督促相关单位和部门予以整改，将整改结果报内控办和监察审计部。促进子公司不断完善优化内控体系，指导销售公司对上海公司等5家子公司进行内控审核，发现一般缺陷40个；指导矿业公司对姑山矿等5家子公司进行内控审核，发现重要缺陷3个，一般缺陷21个；指导澳洲公司、工程技术集团设计研究院颁布《内控手册》，耐火公司、自动化公司修订《内控手册》，促进各子公司防范风险、提高经济效益，为经营目标顺利实现提供保障。

【建设项目审计】 以规范项目管理和资金管理，提高投资效益为目标，加强对公司立项的重大建设项目审计监督，先后完成嘉华混凝土公司环保建设费用审计、马鞍山铁矿资源综合利用国家级示范基地马钢高村项目审计、马钢新区后期结构调整二能源配套项目审计、股份公司煤焦化公司5号焦炉大修项目审计、股份公司第二炼铁总厂1号、2号竖炉大修改造项目审计、张庄铁矿项目审计、铁运公司铁水第二运输通道项目审计7项，审减工程款923.23万元，建议调整投资2100万元。对2016年以来审减扣款进行跟踪督促，落实1670多万元。审计发现：存在部分工程项目合同内容粗糙、EPC总包合同管理方式与实质不符、初步设计的内容部分未实施、招标评标不规范等问题。

【跟踪审计】 注重审计成果运用，落实审计问题整改，在审计报告中明确整改要求，90天内报送整改情况，监察审计部根据情况适时安排核查。改变以往被审计单位负责整改、审计部门负责督促，其他部门不管不问的“单打一”问题整改形式，突出审计部门主导、协调和职能部门监管、督促作用，实行公司主要领导统一部署，公司分管领导、职能部门按职责跟踪督促，监察审计部和企管部负责责任分解、审核监督，被审计单位限期整改，其他单位组织自查自纠、即知即改的联动机制，力争达到问题发现“一个点”、问题整改“带一片”、规范管理“促全面”的效果。监察审计部每月梳理现场审计发现的问题，每季度向集团公司总经理办公会汇报审计及内控审核情况，并提出整改建议，会同企管部下发整改通知，分解落实整改责任。对审计发现问题较多的单位，由公司主要领导对其主要负责人进行约谈，由分管领导组织相关职能部门到被审单位进行实地检查，提高审计的权威性和时效性。2017年跟踪审计发现的223个问题，已整改190个，正在整改21个，未整改12个，整改完成率85.2%。有的单位根据审计意见或建议，梳理业务流程，重新修订制度，如气体公司、嘉华建材公司修订了销售管理办法，新闻中心修改了稿酬领取方式。有的单位借助审计建议将多年未解决的问题予以解决，如比欧西气体公司的资金未归集到财务公司的问题，在比欧西公司和财务公司的努力下，终于将1.3亿多元资金归集至财务公司。合肥公司修订了多年与红四方签订的《蒸汽供用合同》，维护了双方权利；合肥公司还停止了已收取多年的中标服务费。

【专项审计调查】 为进一步加强集团管控，维护公司利益，促进规范管理，根据公司主要领导的指示精神，监察审计部组织实施了马钢企业补充医疗保险、马钢集团公司2015年至2016年党(团)费缴纳、使用和管理、马鞍山钢铁建设集团公司及天开路桥生产经营3项专项审计，提出部分需要规范的事项。审计揭示：报销管理情况有待加强，基础资料支撑不足；防范资金风险意识薄弱；会计科目设置不规范；合同管理、股权管理及对外投资管理不规范；未严格按会计制度计提固定资产折旧、应收账款坏账准备及相关费用。

【制度建设】 在充分调研的基础上，出台《马钢集团关于规范聘请中介机构开展审计等工作的实施意见》，并建立马钢集团中介机构备选库，集中管理聘请中介机构开展审计等业务。转发了《安徽省人民政府办公厅关于加强内部审计工作的指导意见》(皖政办秘〔2016〕210号)、《关于印发〈安徽省部门和单位内部管理领导干部经济责任审计实施办法(试行)〉的通知》(皖审发〔2016〕118号)等文件，进一步明确上级内审工作要求。根据上级要求，制定了《马钢集团公司中层管理人员任前经济责任告知办法(试行)》，进一步健全和完善马钢经济责任审计制度，增强集团公司中层管理人员经济责任意识。继续组织编制《内部审计操作指南》，完成资金管理、应收款项、存货管理、长期资产、权益、生产与外包、采购业务、销售业务、废旧物资审计、工程审计、合资经营、内控测试、清产核资、SAPGUI 等 14 项分类编制,指导审计实践。

(陈梦君)

工程管理

【重点工程项目进展情况】 2017 年,是马钢“十三五”工程建设全面开工之年。马钢“十三五”工程,公司已确定实施的项目共 7 个系列 39 个项目,预计总投资 70.25 亿元。截至 2017 年底,已建成投产 7 项,20 项重点工程正在建设。根据公司重点项目建设目标,将矩阵式党建与矩阵式项目管理高度融合,从资金保障、机构建设、工序协调等方面进行介入,增强项目的过程管控及日常协调。全年,共完成建设项目投资 14.34 亿元。

1. 公司重点建设项目。二铁总厂 2 号高炉技术改造工程,项目总投资为 32000 万元。2017 年 5 月 18 日开工,9 月 20 日烘炉,10 月 10 日投产,运行情况良好。特钢公司优棒生产线工程,项目总投资 59000 万元。中冶南方威仕炉公司总包的加热炉设备已进场安装;旋流沉淀池逆作法施工第三段结构已在施工;主厂房钢结构制作安装,北部厂房屋面瓦开始铺设。加热炉和烟道基础主体结构施工完成;新增用地区域厂房和设备基础桩基施工基本完成;水处理区域房所和平流池结构施工按计划推进,部分水处理设备进行安装。长材事业部宽翼缘重型 H 型钢生产线项目,项目总投资 119648 万元。2017 年 9 月 20 日举行了开工仪式,已进行外围拆迁还建工作。长材事业部型材升级改造项目,项目总投资为 45000 万元,生产线主体工程于 2017 年 7 月 18 日正式开工建设,主轧线原料跨、主轧跨厂房基本形成,已组织设备基础和主轧跨 5M 平台的柱基础施工;主轧跨行车正在组织安装,进入主体设备安装阶段;2 号连铸机改造单项工程已热负荷试车并投入运行。冷轧总厂硅钢高牌号改造项目,项目总投资 26000 万元,其中一硅钢改造由日本三菱公司承担轧机主体部分的制造基本完成,国内配套的改造由中冶南方负责实施,设备制造加紧进行;二硅钢工程抛丸机区域进行土方开挖,桩头破除及垫层施工,A 列线和 A1 列吊车梁安装完成,局部开始钢结构安装,深基坑活套区进行土方开挖。冷轧总厂热镀锌机组能力提升改造项目,项目总投资 780 万元,4 号镀锌线已建成投产,1 号、3 号镀锌线还未启动。一钢轧总厂异形坯连铸机工程,项目总投资 33000 万元,已进行项目前期技术准备和组织原有厂区公辅介质系统及管架的拆迁还建工作,厂区原有设备拆除及设备基础等建构筑物破除已完成。四钢轧热轧平整分卷检查线工程,项目总投资 9500 万元,2017 年 1 月 18 日正式开工建设,9 月 28 日顺利完成穿带热试,项目已完成工程建设进入试生产阶段。四钢轧总厂 1580 热轧 3 号加热炉工程,项目总投资 8900 万元。2017 年 7 月 5 日正式开工建设,烟道和炉子本体部分土建施工已结束,烟囱第二十三带(34.50 米)混凝土浇筑结束,已组织炉体设备和工艺管道的施工。煤焦化公司(南区)净化系统合并项目,工程计划投资 38000 万元。2017 年 8 月 6 日正式开工建设,各系统正在按计划推进。姑山矿露天转地下项目,项目总投资 3.5 亿元,已立项 2.67 亿元,主井竖井开掘完成 300 米、改造吊盘;副井井筒开掘完成 280 米深度;由于工艺原因,矿业公司重新论证缩小规模建设的可行性工作基本完成,除主副井掘砌外,其他工作暂停。南山矿凹山选厂升级改造项目碎矿前移工程,项目总投资 1.05 亿元,粗破碎站—中细碎厂房—筛分厂房一条生产线设备及相关转运站、通廊设备和电气已安装,并单体调试完成,即将投运。南山矿凹山总尾矿库安全避险项目,项目总投资 2.45 亿元。粗破碎站、各转运站设备安装完成;24 号、27 号通廊钢支架正在安装,25 号通廊胶带机安装、26 号通廊钢结构安装暂停,等待征地完成后实施。

2. 其他项目推进情况。精品车轮加工检测线搬迁工程原车轮加工精品检测线完成搬迁已正常生产,引进的数控机床完成安装调试;新建高速车轴生产线工程于 2017 年 1 月 18 日热加区进行热负荷试车,2017 年 3 月底已完成全线热负荷试车,进入生产阶段;车轮公司 2 号、3 号车轮检测线技术改造工程,其中 2 号线 2017 年年底完成设备安装和调试,3 号线 2018 年 3 月底完成设备安装调试;车轮公司新建弹性车轮生产、压装线工程土建工作全部结束进入设备安装阶段,2017 年底完成设备安装和调试工作。三铁总厂烧结返矿新建除尘系统工程 2017 年 10 月 25 日开工,2018 年 1 月底竣工投运;三铁总厂转底炉新建除尘系统工程于 2017 年 10 月 25 日开工,2018 年 1 月底竣工投运。埃斯科特钢项目棒材区一期,法方搬迁热绕弹簧钢生产线已试生产,其他生产线基本完成设备安装和调试,进入试生产阶段。北区罩式炉继续带气热调,酸洗机组设备安装基本结束,系统进行单试和联试并整改和消缺,计划下月带酸进行带负荷试车;拉拔线继续组织设备基础、电缆沟、地坪等施工,完成设备安装。长材南区铁水倒罐站改造工程于2017年3月5日开工,已交付生产使用。四钢轧总厂钢渣处理改造工程,已进入调试、试运行阶段。南区钢渣综合利用工程已建成投产。煤焦化公司新区煤场防风抑尘网、煤焦化公司老区生化水调节池大修改造、新老区焦炉烟囱在线监测系统等项目已建成投产;新区焦炉机车无人化及智能化改造项目按计划推进。

3. 房地产开发项目管理。推进金海岸名邸一期住房销售工作,已销售住房122套,1.39亿元,回笼资金1.34亿元。

【项目管理工作】 1. 加强制度化建设,规范工作程序。一是保障股份公司、集团公司工程管控体系有效运行。继续推进公司级管理文件的制定和修订工作,更新换版了集团公司《工程建设项目信息与统计管理办法》《工程建设项目竣工验收管理办法》《建设工程造价管理办法》《总图管理办法》《土地管理办法》等5份2012年老版文件,新制定股份公司《边坡监测管理办法》、集团公司《矿山重点工程资金支付管理办法》等2份文件,修订了集团公司《工程建设项目施工现场管理办法》《工程建设项目招标管理办法》和股份公司《基建技改工程采购管理办法》《基建技改工程结算管理办法》《基建技改设计管理办法》等5份文件。二是落实招标、评标工作的规范化操作。按照公司要求,在设备和建安的招标过程中招标人员坚持按规范操作、严格执行招标程序,强调工作纪律,主动接受依法监督。强化对合格分承包方的动态管理,采取抽查方式对分承方进行动态考核。原设备合格分承包方共计612家,2017年年审,因未通过年审取消21家,另经各方推荐、资质审查筛选,新增入网单位38家,在网单位总数为629家。建安合格分承方名册共有106家单位,通过资质审验的合格单位104家,新增入网12家,2017年基本完成了合格分承方的资质的电子文档归集。三是加强内部体系管理,做好各项迎审工作。为了提升和完善管理体系运行水平,结合新制定和修订的公司级管理文件,对工程管理部作业文件进行整合修订,制定了《工程管理部管理体系作业文件修订工作计划》,并组织、推进计划的实施。针对马钢711电缆火灾事故及现场检查的情况,完成了主题为“工程质量管理”的管理体系运行改善报告。为确保公司战略行动计划的落地实施,组织编制工程管理部战略行动方案,分解、下达《工程管理部2017年战略行动方案分解工作计划》。做好环境管理体系换版、两化融合管理体系建立相关工作,以及环境管理体系换版、两化融合管理体系内部审核的迎审工作。四是组织管理制度执行情况的检查。为使检查评价工作落到实处,制定了《工程管理部管理制度报告情况检查评价工作计划》,并按计划推进,完成10项制度检查评价报告提交公司。

2. 推进工程质量、监督和现场管理工作。一是认真贯彻落实《工程建设项目施工现场管理办法》,每季度会同企管部、安管部、保卫部、能环部、质量监督站、档案处组织工程质量和施工现场联合检查。全年按季度组织了四次重点工程项目施工质量和现场管理检查。二是按照公司安委会《马钢“百日除患铸安”专项行动工作方案》的通知要求,工程管理部及时制定了《马钢建设工程“百日除患铸安”专项行动工作方案》,并组织开展了2017年马钢建设工程“百日除患铸安”专项行动。三是配合安管部、保卫部进行安全大检查、消防大检查等工作。配合安管部组织的项目试生产前安全专项检查。四是对在建工程进行质量监督、巡查、抽查,主要侧重工程实体质量;重点对在主体结构、钢结构制作安装以及影响结构安全及使用功能的部位进行到场监督;配合冶金质量总站开展“质量月”活动。

3. 进一步推进股份公司建设项目的竣工验收等相关工作。一是项目的竣工验收,通过梳理,全年共完成19个项目的竣工验收核销,组织9个项目竣工验收评审。二是工程项目后评价工作,根据计划财务部《股份公司2017年度固定资产投资项目后评价计划》的通知要求,完成了二铁总厂2号烧结机烟气脱硫工程、冷轧总厂电解脱脂机组工程、能控中心301水处理提标改造工程和高线改造工程的实施过程后评价工作。三是工程项目审计工作,组织完成新区后期结构调整二能源配套工程、煤焦化公司5号焦炉大修工程、二铁总厂1号、2号竖炉大修改造工程和铁运公司铁水二通道工程的审计资料提供、汇总编制审计报告回复意见;组织完成铁运公司铁水二通道工程内部工程审计的资料提供工作。

4. 围绕公司战略布局,推进土地总图管理。一是继续推进去产能工作,合理利用土地资源。二是充分发挥协调职能,做好土地总图日常管理。强化与政府各相关部门的沟通与联系,认真解决了项目建设用地、征迁、交通、水利等方面的问题。

【主要业务工作】 1. 招标采购管理。完成设备采购210项,金额30911万元,其中通过招标、比价、顺标方式完成设备采购188项,金额26436.07万元,设备招标率为89.52%。完成建安采购标段140项,金额179746.41万元,其中采用招标方式116项,金额132245.82万元,招标率为95%(不含内部承接)。

2.工程合同管理工作。合同签订总数437份,合同总金额237881.06万元,其中建安合同218份,合同金额221590.39万元,设备合同123份,合同金额12751.02万元,其他费合同96份,合同金额3539.65万元;报量审批597份,报量审批总金额135370.75万元,其中建安报量审批265份,审批金额118067.11万元,设备报量审批246份,审批金额14855.42万元,其他费报量审批86份,审批金额2448.21万元;工程款支付总额143416.69万元,其中建安(其他)费支付128165.32万元,设备费支付15251.37万元;帮助马钢公司内部单位进行债权债务的清欠,通过三方转账协议共清欠15236.40万元。

3.工程造价管理工作。一是建安工程招议标标底编制工作。完成项目标底编制任务115项,确定标底金额25267.64万元。二是工程(索赔)结算办理工作。办理工程索赔、开口合同结算83项,结算金额50307.86万元。三是工程费用测算工作。工程费用测算47项,测算费用金额60006.38万元。四是股份公司及集团公司检修预算审核工作。审核检修工程预算(含集团)3006份,审批金额53148万元,审减率30.63%。五是外委造价咨询工作。完成了四钢轧总厂炼钢连铸工程、二铁总厂2号烧结机烟气脱硫工程、三铁总厂链篦机-回转窑烟气脱硫工程、一铁总厂1号及3号脱硫脱硝工程、二铁1号及2号竖炉烟气脱硫工程、三钢轧总厂高线改造工程、四钢轧总厂新增重卷检查线工程、冷轧总厂新增电解脱脂机组等项目造价咨询费用的工程结算。

4.定额管理。结合建安工程营改增,完成了2012年版《冶金工业建设工程预算定额》的启用工作。

5.工程材料价格管理。完成造价、检修施工单位委托的材料核价420余份,5200余条;提供甲供材结算清单96份;编制完成了12期马钢建设工程材料信息;建立了马钢嘉华商品混凝土公司商品混凝土调差管理流程。

6.工程资料档案管理工作。共接收、登记、整理工程图纸2734多份,24061套;共计发放施工单位、招标单位图纸1016份,8128套;发放公司相关单位图纸2734份,16404套;共登记收发地勘报告、可研报告、方案设计、初步设计等文本81套,970本;向公司档案馆移交完工资料386卷;整理归档2800余套图纸资料入库。

7.加强项目打包结算工作。加强在建工程建设的同时,积极推进已完项目的结算工作进度,以利于投资费用的最终决算和加快项目的竣工验收和转固工作。完成了2015年已完项目打包工作,其余项目打包正常进行,为后续的结算工作提供支撑。

8.总图及土地管理。一是根据市场形势变化和公司生产经营情况,重新整理了公司去产能实施计划,向市国土局上报了2018年公司去产能土地储备计划和公司项目用地计划。组织相关单位完成了向阳中学地块、粉末冶金剩余地块宗地测量、土地房产资产评估,取得市土地管理委员会、市常务会议关于两地块去产能的同意意见,协助签订了两地块《国有土地使用权有偿收回合同》。根据雨山区请求,组织完成了金奥博地块土方施工和高压线迁建等净地移交工作;协助马建集团解决相关土地支付障碍。二是土地管理及征迁工作。协调高端汽车零部件特殊钢棒线材深加工项目优棒工程用地征迁工作;督促市相关部门推进三台路改造工作;协调重型H型钢项目用地事宜;推进北区钢渣处理综合利用项目征地工作;协调慈湖高新区征迁补偿、用地报批、规划立项等各项工作;会同花山征管局对三姚村道口房和南山机压泵房进行征迁;针对蓬莱路建设征迁马钢车轮公司中转楼问题,积极协调公司相关部门和单位确认该楼栋产权权益,并根据现实情况推荐康泰公司具体与花山区商谈安置及补偿事宜;根据公司下属单位要求和公司意见,完成表面公司地块土地评估、转让协议签订工作,办理自动化公司、股份公司综合储油站土地评估工作,配合嘉华建材土地转让前期相关工作;协调市湖南路、三台路、湖北路铁路道口平改立过程中涉及马钢事项。三是总图规划管理工作。根据市规划要求,积极推进马钢新建项目规划报批工作,已建立规划办证群,促使各项目规划报批往前推进;二硅钢新增常化机组项目完成报建资料;2号高炉大修项目、四钢轧总厂热轧平整分卷检查线工程、长材事业部型钢升级改造工程规划方案完成;一铁焦炭库料场改造工程已经完成图审工作。四是以问题为导向,加强土地巡查工作。由于国家规划政策的调整,并且公司近年规划调整较多,各二级用地单位对规划用地、项目建设用地规划审批等意识较为薄弱,造成公司规划用地误区,土地利益受损,甚至可能“无意识”违法,导致公司被政府处罚的情况。以此为导向,2017年建立了土地总图分级巡查制度,将定期巡查与日常巡查相结合,将巡查与服务相结合。利用巡查机会,宣讲了土地、总图管理制度,规划办证意义和程序,加强了与各单位的对接工作,对各单位发现的土地总图管理问题进行现场指导,共组织土地总图定期综合巡查4次,巡查了44家土地及总图管理情况。日常巡查各巡查组共提供巡查记录77份,及时发现并阻止了南山石山村15号楼非法占用公司土地建设、技校篮球场未经批准擅自建设车棚、二钢厂区非法占地种菜,发现并协助处理了利民工业园未办规划手续建设、姑山矿被非法占地进行复垦、旧车市场未经批准建设调蓄池等问题,发现并完善了教培中心二期用地建设手续问题等,为维护公司利益打下了基础。

(胡　勇)

资本运营管理

【产业投资】 1. 组织完成了多项对外投资与合作工作。完成了集团公司与瑞泰科技公司合资设立瑞泰马钢新材料科技有限公司有关决策程序工作。完成了欣创公司与南大环境规划院合资设立南大马钢环境科技公司。完成了马钢股份公司与武汉洪福公司合资设立安徽马钢防锈材料科技公司。完成了国贸公司通过收购丽盛公司设立子公司及增资事项的研究和论证,负责履行公司决策程序以及省发改委备案工作。完成了马钢股份公司在迪拜设立马钢中东公司的研究和论证,负责履行公司内部决策程序,以及省国资委核准、省商务厅与省发改委备案。完成了马钢集团物流公司增资事项决策程序。完成了上海马钢国贸公司增资事项决策程序。完成了马钢(香港)公司以未分配利润9000万元港币转增注册资本事项内部决策程序,并报请省国资委备案。完成了马钢瓦顿公司增资事项的有关决策程序工作,并报请省国资委批准,省发改委、省商务厅备案。

2. 有序推进合资合作项目。与拟合作方就成都加工中心项目进行了磋商,初步确定了合作方式,成立项目工作组,组织完成尽职调查和市场调研,初步编制完成了项目可行性研究报告并经相关专业部门进行评审,形成方案经马钢股份公司总经理办公会审议通过。成立了项目工作组,完成了武汉加工中心项目的市场调研,编制了项目可研报告并完成可研评审工作。完成了嘉兴加工中心项目合作框架协议和可免责项目入园协议的签署,组织完成主要合作方江苏大明的尽调和项目考察,形成项目情况汇报上报公司。与拟合作方诚兴公司进行了交流,组织相关部门对项目进行了研究,完成了拟合作方诚兴公司的尽职调查,初步编制完成项目可行性研究报告并经专家评审论证。根据公司领导的批示,与拟合作方厦门日上集团、台湾维钢国际就热轧H型钢加工配送及销售项目进行了交流,形成项目初步方案上报公司。组织开展了钢渣处理综合利用项目定价机制专题研究和项目效益测算结果审查工作,协助资源分公司形成合作框架协议并签署,组织开展了对拟合作方尽职调查并上报公司。参与南非车轮项目讨论研究,委托HATCH公司完成了南非及SADC国家市场调研工作,与Naledi公司、IDC探讨南非DCD Ring Roller公司收购的相关事宜,签订了合作备忘。组织相关部门就物流集装箱联运项目进行了研究,对拟合作方进行了尽职调查,形成了项目方案,拟履行公司决策程序。

3. 组织开展公司管理制度的修订。初步对《马钢集团公司股权投资管理办法》进行了修订,并草拟了《马钢集团公司投资项目负面清单》,待组织相关部门评审论证。完成了《马钢股份公司对外管理通则》的修订,经马钢股份公司董事会审议通过后于2017年4月正式发布。

【产业管理】 一是内部资源整合。完成欣创公司整合集团相关资源即收购华阳设备诊断公司工作。推进香港公司股权重组整合。二是资产证券化。配合完成参股公司金马能源在香港的上市工作。配合推进淮北矿业股份公司重组上市,履行内部决策程序,配合淮北矿业集团开展相关工作及完成向证监会的报审材料。筹划新型建材公司做强做大、重组上市工作。三是小股权清理整合。对公司小股权进行全面梳理,逐家制定清理整合措施、形成整体方案,召开专题会经数次完善后报公司总经理办公会研究通过。完成香港黄山公司1.95%股权转让。处置马鞍山一重股权,多次与一重集团进行沟通,商议优化处置方案。根据政策要求,研究上海大宗电子转型和关停意见报公司。四是非主业企业及四级企业清理整合。形成清理整合方案报省国资委。完成慈湖加工中心级次提升工作。推动四级企业的提升工作。推动僵尸企业的清理工作,组织推进一重马鞍山股权处置,考克里尔公司股权的收购及中日资源公司的清算工作。推进深圳粤海马公司清理。五是公司治理。配合修改集团公司章程。拟订《关于明确集团管控几个具体事项的请示》报公司,提出分级管理、规范决策程序等思路。对子公司规范运作进行指导,如形成规范美洲公司董事会运作的意见报公司同意后,督促相关部门执行。提出物流公司完善法人治理结构的建议及修改公司章程的程序等。对公司各级公司董监高成员进行梳理,会同党委工作部提出调整整体方案报公司,及时履行子公司董监高人员调整决策程序。六是对外投资企业议案管理及服务。全年审查30余家对外投资企业股东大会、董事会议案,履行向公司报批程序及意见反馈,严格审查重大事项,防范风险。加强对合资企业的服务工作,组织完善及签订奥瑟亚一揽子协议,妥善处理盛隆化工增添纪委书记事宜,协调粉冶焦粉供应,埃斯科融资贷款,瓦顿增资报批等。七是省国资委专项检查问题整改。总结阶段性工作进展报省国资委,陪同公司领导到省国资委汇报。跟踪督促问题整改,监事会对马钢检查的24项问题,已有23项进行销号。八是公司十二个专项治理工作。牵头股权、资产转让专项治理工作,梳理问题、制定整改措施、总结汇报,推进整改落实工作。

【产业规划】 一是积极做好产业规划工作。根据2016年规划评审工作部署,测算多元产业板块构滚动规划目标,起草下发多元产业滚动规划调整通知,收集多元产业滚动规划。承办季度多元产业例会,承接化工新材料板块月度例会。参加中钢协举办的"中国钢铁工业转型升级战略和路径"课题研究。推进产城共融发展,起草《着力"钢城一体"培育全市支柱产业的建议》。完成《面向打造资本运营公司的多元产业构建》和联合电钢轧辊资源整合2项管理创新成果,分获二等奖、三等奖。完成《2017年省国资委落实省委省政府五大发展行动计划实施方案》新增重大项目及责任分解。开展军民融合发展研究。二是推进公司重点工作。根据"十三五"规划对集团公司的战略定位,梳理集团公司功能、职能定位、部门设置、职能分解、公司治理结构等,编制《马钢集团公司管控方案》。推进马建集团改革,制定马建集团资产重组方案,制定工作实施计划等。推进自动化公司、表面公司挂牌新三板工作。完成《关于实施子公司目标契约化管理的建议》。三是推动数据库建设。完成数据库方案设计及数据库平台搭建。四是积极参与信息产业发展。与冶金规划院交流冶金工业云情况。向工信部信软司汇报马钢云建设情况。参加贵阳工业云发布会、斐讯北京数据中心发布会,参加相关交流活动。

【专职监事】 一是派出监事工作组,启动专职监事工作。按照集团公司《关于向所属子公司派出专职监事工作组的通知》要求,资本运营部将15名专职监事分成5个工作组,派到65个子公司,部门班子成员分组将专职监事送到相应子公司,正式启动了派出专职监事工作。二是健全制度,规范监事工作。2017年上半年先后制订《专职监事工作管理办法》《工作纪律管理制度》《保密工作制度》《专职监事考核评价管理办法》,下半年制订实施了专职监事监督工作中问题反馈及整改落实管理办法。三是做好日常监督检查。2017年,专职监事列席各子公司股东会、董事会、监事会54次,职代会和员工大会24次,生产经营例会151次,参加子公司工程建设、项目评审、资产重组等专题会69次。深入生产经营现场调查195次。定期提交月度监督报表和季度工作报告,指出问题,提出建议,增强日常监督的实效性和及时性。四是把握关键,突出重点监督检查。专职监事把规范子公司董事会召开程序、"三重一大"决策程序和关键经营指标状况,作为监督的重要内容。对部分子公司董事会成员缺额、超期任职、决议内容不规范等问题,及时向有关子公司提出整改要求,督促董事会规范运作,切实发挥董事会在法人治理结构中的重要作用。提前介入子公司"三重一大"事项,把握节点,跟踪监督。定期调阅子公司财务报表,及时了解和报告子公司经营状况。五是开展专项调研。2017年先后对比亚西公司、马钢共昌联合轧辊公司、欣创欣巴公司、马钢欧邦彩板公司、祥云公司、埃斯科特钢公司、嘉华新型建材公司和工程技术集团进行了认真调研,分析了这些子公司中存在的法人治理不规范、管理制度不健全、内控体系不完善等问题,形成调研报告上报公司。六是对问题进行反馈并跟踪整改情况。2017年专职监事通过月报、季报、专项调研报告等途径及时向公司报告子公司运营情况及存在的问题。对发现的问题进行分析研究,妥善处理。对需要进一步了解的问题,专职监事继续跟踪关注;对已经明确且子公司能够自行解决的问题,专职监事通过书面或口头等方式反馈子公司研究解决;对需要提请公司解决的问题上报公司。2017年通过管理建议责任通知、问题整改提示函、调研报告反馈函的方式向子公司反馈问题63个,已整改45个。七是参与巡察、审计。2017年专职监事参加公司巡察、审计、财务风险排查共计16次。对巡察、审计、财务风险排查和专项检查中提出的问题,跟踪督促有关子公司整改落实。八是强化培训,增强业务能力。组织专职监事参加公司产权管理、财务、法律、经营管理等培训班4期,培训58人次,参加省国资委举办的监事业务培训2期,培训10人次。

(陶 颖)

科技管理

【品牌建设】 系统策划制订《2017 年马钢品牌建设战略行动计划》,全面推进品牌建设 20 项重点任务落实。组织各单位成立品牌建设专项工作组,建立品牌专员队伍,构建立体化的品牌建设推进网络。引进中质协顶级品牌专家团队,开展品牌专项培训(1400 余人)、问卷调查(2700 余份)、面对面访谈(54 位中高层)、走访调研(14 家),应用"世界咖啡汇谈"、"六顶思考帽"工具,完成品牌现状诊断、标杆企业品牌,确定马钢品牌定位、核心价值、品牌架构,制定发布首个《马钢品牌战略规划》,全面启动导入品牌培育管理体系,发布集团公司品牌培育管理手册。品牌传播提升马钢形象,2017 产品技术服务年会、十七届冶金工业展、第五届全国品牌故事大赛等效果明显。实施"2017 品牌就在身边工程","人人创品牌、处处树品牌"、"本职工作做到极致就是品牌"的理念深入人心。参加工信部品牌培育示范试点企业评选、质检总局 2017 品牌价值第三方评价,不断提升马钢品牌价值。公司钢材(不含特钢、车轮)与宝武集团价差缩小超过 300 元/吨。新增冶金产品实物质量"特优质量奖"及"金杯奖""冶金行业品质卓越产品""安徽名牌产品""安徽工业精品"等。350 千米/小时中国标准动车组车轮拿下 CRCC 国内首张认证证书,高速车轮荣获 2017"质量之光"年度魅力品牌。多元产业营业收入突破 219 亿元,实现利润约 14 亿元。矿业公司等六家公司利润总额超过 5000 万元,欣创公司成功挂牌新三板,多家公司外部市场销售占比提高。品牌建设实现了硬指标和软要素同步提升。

【技术创新体系建设】 围绕公司战略,编制下达了马钢"十三五"期间技术创新规划,推进技术创新战略管控。组织开展了 2017 年国家级技术中心评价和省认定企业技术中心评价。完善技术创新管理制度,修订完善公司《科技成果管理办法》《专利管理办法》《技术秘密管理办法》等制度。推进科技平台建设,"高性能轨道交通新材料及安全控制安徽省重点实验室"在 2017 年度安徽省重点实验室定期评价中获得优秀;马钢在"汽车轻量化技术创新战略联盟"评价中获优秀,由伙伴单位晋升为成员单位;省级"高性能建筑用钢产业技术创新战略联盟"获钢铁行业产业技术创新试点联盟。在完善马钢股份公司创新体系的同时,加强多元产业创新体系建设,2017 年工程技术集团获批建设省级技术中心,嘉华新型建材、自动化公司、马钢奥瑟亚等 4 家企业获批市级技术中心和市工程技术研究中心。

【科研攻关】 瞄准当期生产经营难题和未来发展核心技术培育布局科研项目,2017 年开展公司级以上的科研及攻关项目合计约 163 项,其中承担国家项目、安徽省科技重大专项及其他政府项目 17 项(国家项目 8 项、省项目 9 项),集团管控项目 25 项,科研项目完成率 92.9%,股份公司科研项目创效约 2.38 亿元,有力地支撑了公司的生产经营。2017 年分批次组织了 100 位高级技术主管的技术难题评审,共计立项 206 个项目,涵盖了公司科研攻关、产品开发、经营管理、生产降本、共性技术、设备精度、工程技术等方方面面,按照"季度检查,过程管控"的方式,项目推进总体良好,完成率约 90%。积极研究政府科技政策,争取国家财政补贴资金支持,2017 年在科技创新平台建设、科技攻关项目、研发仪器设备、标准制订、专利奖励、科技成果、战新产业基地建设等多方面立项 24 个项目,争取政府资金 3563.4 万元,积极推进技术开发费减免税工作,预计马钢股份公司获准享受税前加计扣除技术开发费额度约 2 亿元。

【新产品开发】 2017 年,下达新产品开发项目 30 个,转产新产品 35 个,新产品项目管理力度较 2016 年有较大幅度提升。钢铁主业新产品创效显著。2017 年,马钢股份公司新产品销售总量 286 万吨,占总收入比例 22.1%,较上年上升 1.2 个百分点,其中,新研发产品销售量 62.78 万吨,比上年增长 43%,销售利润 2.25 亿元(边际贡献 6.02 亿元),单位利润约 350 元/吨。一批高附加值、高技术含量新产品如 Al-Si 镀层热成形钢、镀锌汽车面板、新能源汽车电池壳钢、耐低温钢筋、专用车鹅颈用热轧 H 型钢等实现批量稳定销售。其中,专用车鹅颈用热轧 H 型钢成功应用于中集专用车辆,满足半挂车轻量化需求,填补国内空白;耐低温钢筋成功应用于中国最大 LNG 项目—中海油福建 LNG 项目,这是马钢耐低温钢筋继供应中石化、中石油后首次进入中海油公司,也标志着马钢耐低温钢筋产品全面进入中国三大石油公司;新能源汽车电池壳钢成功应用于行业龙头企业深圳沃特玛集团。多元产业亮点颇多。智能制造领域,自动化公司成功开发了贴标机器人;高端设备领域,输送设备公司自主开发的移动带式输送机在南山矿一次性试车成功,钢结构建设公司成功开发出6立方米底卸式矿车及2立方米固定式矿车;新材料领域,粉末冶金公司开发的高等级还原铁粉用于制作高品质软磁铁粉芯,2017年销售量达1200吨,煤焦化公司开发的低含硫量焦油全方位支撑了马钢奥瑟亚的优质提产高效。安徽省高新技术产品及省级新产品认定继续保持良好态势,集团公司获认定省级新产品2个、高新技术产品16个,其中多元产业高新技术产品12个。

【EVI和APQP项目管理】 钢铁主业推进EVI技术服务战略成效显著,2017年共开展用户EVI项目19项,新增销售订单15万吨,创造销售利润6100万元。重庆长安、力帆等对马钢的EVI技术服务高度认可。"以EVI技术服务战略推动商业模式创新"管理创新项目获2017年冶金行业管理创新成果二等奖,公司管理创新成果一等奖。推行供方EVI战略理念。将EVI的理念拓展到产业链上游的供方,2017年针对中信铌和江苏维苏威高级陶瓷公司两家供方,开展供方EVI项目2项。多元产业APQP及EVI项目运行机制初步构建。2017年,按照卓越绩效模式的"方法-展开-学习-整合"要求,在总结股份公司APQP及EVI工作经验的基础上,将APQP及EVI的理念和方法推广拓展到多元产业板块,按集团项目管控的模式引导推进,滚动立项,月度检查与点评,全年共下达实施多元板块APQP和EVI项目18项,其中APQP项目8项,新增销售约4000万元,EVI项目10项,新增销售约8300万元,取得良好效果。

【技术标准管理】 强化技术标准管理,积极组织推进国际标准、国家标准和行业标准制订项目。2017年组织申报国家和行业标准制订项目26项,其中国家标准1项、行业标准25项,包括6项能源消耗限额标准和13项绿色设计产品评价标准;全年共有4项标准新获立项,其中1项国家标准和3项行业标准;全年主持制修订并发布的标准8个,其中国家标准4项、行业标准4项;参与制修订并发布的标准5个,其中国家标准4个、行业标准1项。作为主要起草单位(钢铁企业中排名第一)参加了《品牌培育管理体系实施指南钢铁行业》行业标准的制定工作。截至2017年,公司共主持制订发布国家标准20项,行业标准30项。

【知识产权管理】 积极推进知识产权战略,强化知识产权保护,2017年公司申报专利490件,超额完成年度计划,国家知识产权局受理专利396项,其中发明专利156项,实用新型240项;授权专利313项,其中发明134项,实用新型179项。2017年国际专利(PCT申请)方面,新申请贝氏体车轮方面国际专利3件,《直筒型真空精炼装置及其使用方法》获日本、美国专利授权。《热轧H型钢轧后控制冷却装置》专利获2017年安徽省专利优秀奖。按照公司专利管理办法规定,对2016年授权的"屈服强度650兆帕级大规格含铌拉杆用热轧圆钢及其热处理工艺"等229件专利奖酬进行兑现。按照公司计算机软件著作权管理办法规定,对2016年登记的"马钢冷轧带材拉矫区域控制系统V1.0"等15项计算机软件著作权奖酬进行兑现。完善公司技术秘密管理,针对公司人员流动对企业技术秘密泄露的问题,向公司提出《关于加强员工商业秘密管理的请示》。

【科技成果管理】 加大科技成果培育力度,2017年5个项目获冶金行业科技进步奖、安徽省科技进步奖,其中"马钢高速车轮技术研究与产品开发"等4个项目获得安徽省科技进步一、三等奖,"高寒地区结构用热轧H型钢关键制造技术研究与应用"项目获国家冶金科技进步一等奖。

【质量管理体系及产品认证】 顺利完成公司IATF16949和ISO9001标准换版工作,产品质量和客户满意度稳定提升。质量管理体系运行有效,公司的32项体系和产品认证证书保持率100%。2017年共策划组织外审和内审57次,其中二方审核21次,三方审核26次,内审10次,对开具的374个不合格项和整改项均已进行了整改,整改率100%。重点产品通过上汽通用、东风神龙、一汽解放、北汽福田、中集集团、哈电集团等知名企业认证,为公司开拓高端市场、拓展高端用户提供了有力支撑。精心策划、认真组织供应商二方审核,对44家供应商47个品种进行文件资料审核,对40家供应商进行了现场审核,覆盖了采购系统、设备系统等主要供应商,较好地传递了马钢的质量管理理念、标准要求,完善了质量管理体系,支撑了精益采购体系的构建。积极组织全集团范围内的QC活动,2017年注册QC小组课题762个,参加全国、行业、省级各项优秀质量管理小组评选活动和成果发表比赛,41项成果获奖,其中国家级奖项6项、省级奖项19项、行业级奖项16项,4个QC小组被评为"全国优秀质量管理小组"。

【科协工作】 2017年,公司科协围绕公司重点工作,立足于"四服务一加强"工作职责,重点开展了技术讲座、学术研讨、科普活动、群众性技术创新活动、科技论文征集评审及优秀论文评选等活动。围绕科研课题、技术攻关、产品开发和生产实践中的重点、难点问题组织开展专题讲座共计 32 场次；依据目标导向和问题导向原则，围绕公司技术发展和重点领域，借助外力外智，邀请国内外专家、科研院校专家、产学研合作单位、相关企业来马钢开展重点技术交流和学术研讨共计 18 场次，有效支撑公司破解技术难题；组织科技人员参加重点学术交流会、研讨会等共计 20 余场次，征集报送论文 62 篇。成功举办 2017 年“全国科技活动周”活动和“全国科普日”活动，活动期间重点开展了科技政策宣讲培训、创新成果展览展示、科普知识展览、科普知识讲座、专题学术交流等活动共计 30 余项。积极开展群众性技术创新活动。联合工会和团委扎实开展“讲理想、比贡献”竞赛活动，评出一等奖 1 名、二等奖 3 名、三等奖 6 名。举办了以“方法支撑创新，创新培育品牌”为主题的首届马钢创新方法大赛活动，全公司总计 15 支代表队、39 个创新项目、97 名参赛选手参加了大赛决赛，评出项目成果一等奖 4 项、二等奖 8 项、三等奖 12 项、总分前五名的团体 7 个。组织参加了中国科协主办的第二届全国企业创新方法大赛，2 个项目获得二等奖，3 个项目获得三等奖。开展了马钢 2017 年优秀科技论文评选活动，征集论文 215 篇，评出获奖论文 44 篇，其中一等奖 9 篇，二等奖 12 篇，三等奖 23 篇。组织开展了马钢创新方法推广应用论文评选活动，评出 10 篇获奖论文，其中一等奖 1 篇，二等奖 4 篇，三等奖 5 篇。组织推荐“马钢高速车轮”项目参加了中国科协举办的“第十九届中国科协年会先进材料创新展览会”，通过展板展示、实物展示、视频播放、现场互动等形式充分展示了马钢高速车轮先进材料研发、生产制造能力和取得的重点科技成果，取得了良好效果，为马钢重点产品宣传和展示马钢品牌形象增光添彩。国家副主席李源潮等国家领导人应邀参观了此次展览，并对马钢高速车轮的展览表示赞许。

（秦玲玲）

外事工作管理

【基本情况】 2017 年，办理出国（境）团组 134 批 517 人次，其中包含公司领导 25 人次、境外工作 26 人次、APEC 旅行卡 9 张和集团公司领导多次往返批件；办理外专邀请 63 人次；办理外专签证延期 5 人次；安排公司重要外事接待 65 批，338 人次。

【外事审批】 外事审批制度得到落实，外事规定得到遵守。1. 坚持公司党委对外事工作的集中统一领导，所有外事审批和重要外事活动由公司董事长批准。2. 一是切实落实外事审批三级分级负责、职责分明。外办严格按照国家对外方针和政策以及外事管理规定认真履行职能，给公司外事决策和外事实务把握政策规定，给董事长当好参谋。二是来华邀请按照程序执行，根据国家外交政策认真履行邀请权，特别是对敏感国家邀请严格按照政府反恐部门要求执行，确保国家安全。三是构建廉洁高效因公出访机制。认真贯彻中央八项规定，严格审批出访人员，每位团员都按照因事定人原则，确保国别、人员与任务一致，停留天数与效益一致，杜绝无实质内容的参观、考察，杜绝非正常“对方付费”团组等容易滋生腐败的现象，也使出访任务的完成更加高效。四是出访团组以效益为第一要素，一个项目多个任务能合并执行的就合并，能压缩天数执行的就压缩在外停留天数，为公司降低成本。五是所有出访团组都由团长签署《出国人员安全保密教育责任书》，并要求传达到每位团员，同时对重要团组、敏感时期团组和赴敏感国家团组开展全部人员安全教育，并请国家安全局人员专门授课；赴台湾团组，由台办专门进行赴台教育。2017 年 500 多人次出访做到了零事故。3. 与党中央和国家对外方针政策保持高度一致。一是根据中央办公厅、中央组织部、外交部及省有关部门对国有企业外事管理的要求和新精神，结合公司实际情况，强调了党委对外事工作的领导和外事责任。外办成立了海外党支部，将各常驻国外分公司党员组织起来，与公司的党组活动进行同步，加强了海外党建工作。二是根据公司党委保密委员会要求，管理公司范围的涉外安全保密工作，结合外事审批权和外事接待管理，认真按照政府和公司保密委员会和反恐办要求，具体分解和落实反恐、反敌特、对外邀请和商业秘密保护等工作，设置了一道政府信任，企业放心的涉外安全屏障。

【外事服务】 外事工作始终围绕公司的生产经营开展，为公司生产经营服务，为马钢产品升级、产业链延伸和国际化经营服务。

1. 在省政府加强省管干部出访管理时，能够精准明白省政府的要求，积极提供相关资料主动让省领导了解马钢领导出访的实际任务，为公司领导准时出访提供了保障。2. 对于执行合同、产品推销、售后服务以及重要的技术交流和国际化经营等方面的外事审批实行简化审批程序，按照合同进度和生产经营需要，特事特办，按照时间节点顺利出访，极大便利了合同的顺利执行和产品推销等国际商务活动。全年出色完成了公司出国(境)团组护照、签证任务并且完全按照团组时间节点落实了团组行程安排。3. 外办每周及时登记备案常驻马钢外国人情况,随时掌握外国人变动情况,主动与国家安全局、市公安局和市人社局联系,确保常驻外国人合法有序在马常驻。4. 与海外事业管理部密切合作,加强了海外业务和人员的管理,包括海外常驻人员直系亲属的证件管理,杜绝了直系亲属利用常驻人员工作之便办理违规居留。

【外事联络和接待】 1. 认真履行外事职能,外办积极保持与政府上级机关、各使领馆和行业协会通畅联络,为马钢对外交往提供灵敏信息和快捷通道。圆满完成了公司领导与法国总理的冷餐会,加深了法国政府对马钢的印象;成功安排了公司领导参加在厦门举行的金砖国家工商论坛和在比利时召开的第50届国际钢协大会,扩大了马钢知名度。2. 为公司高层的外事活动提供标准、周到服务,赢得了公司领导的信任。

【外事制度管理】 1. 2016年根据公司实际情况制订并实施的《因公临时出国经费管理办法》,使公司团组在外费用减少了二成,同时根据不同时期和不同国别情况进行了二次修订;严格执行境外区间交通费规范管理。2. 加大预算审核和外汇核销力度。出国(境)团组预算以任务批件为依据,与行程挂钩,由出国(境)团组填写《出国(境)团组行程表》,并经单位领导或项目负责人签名,外办审核后由财务制作预算。《行程表》是预算根据,同时也是外办预订机票和出国(境)团组核销的依据。3. 外汇核销与护照收缴、《出访小结》有机结合。团组核销时必须同时交回团组所有人员的因公护照和《出访小结》,将护照收缴工作、总结报告与核销工作有机结合,护照收缴率100%。

(尤峙峰)

保卫工作管理

【基本情况】 2017年,保卫部以服务生产经营建设为主线,以创建保卫优质品牌为目标,认真履职,开拓进取,为公司深化改革、做强品牌提供了有力支撑。全年保卫部共接报警75起。抓获嫌疑人3095人次,其中移交公安机关处理715人次(刑事强制措施101人、行政拘留119人、行政罚款4人、教育放行491人)。驱赶闲杂人员1851人次。缴获各类物资1600余吨。铁路看护物资70.9万节;公路押运物资3.89万车次;担任警卫、勤务任务101起。马钢获得"全市综治工作(平安建设)先进单位"。保卫部先后荣获"省属企业十九大维稳安保工作先进集体""马鞍山市第17届文明单位""全市无偿献血先进集体""马钢第27届文明单位""马钢维稳先进单位""马钢综治先进单位""马钢法制宣传依法治厂先进单位"等荣誉称号。

【维稳反恐】 一是维稳工作。关注维稳动态,加强形势研判和风险监控,建立完善预警机制和应急处置机制,认真开展马钢内部矛盾纠纷集中排查化解工作,积极稳妥处置各类突发事件,确保了全国"两会"、党的"十九大"等敏感时期马钢政治治安大局的稳定。全年共收集各类维稳信息8条,上报市政法委维稳办、防邪办和国家安全领导小组信息共5条;处置各类突发事件18起,参与联调中心调解处理工伤、工亡及意外死亡等事故8起。二是反恐工作。针对新增反恐职能,明确职责,完善机制,检查督促目标单位抓好隐患整改,夯实基础工作,推动反恐怖工作的有效开展。先后召开了马钢反恐工作第一次会议和"十九大"维稳反恐专门会议,发布了《反恐怖工作管理办法》,举办了1期反恐怖知识培训班,组织了3次反恐预案演练。党的"十九大"期间联合公安机关共开展反恐专项检查4次,提出完善意见7条;开展突击夜查3次,发现隐患5处,均已整改;下发整改通知书1份,考核2家单位;日常巡检30余次,为党的"十九大"胜利召开创造了安全稳定的政治、社会环境。

【综治消防】 一是综治工作。围绕建设平安马钢,深化综合治理工作,狠抓综治责任制的落实,年初与14家综治委成员单位、50家二级单位签订了年度综治工作(平安建设)目标管理责任书,下发了综治、普法、禁毒三个工作要点。加强检查督导,治安隐患治理,落实群防群治,持续深化以案促防工作。全年深入15家重点发案单位对其整改落实情况进行督导,下发《治安隐患整改通知书》3份;通报外协违规情况7次,涉及用工单位6家、外协单位6家;对存在严重问题的9家单位进行考核扣奖。二是消防工作。围绕消防安全"四个能力"建设,建立健全消防工作责任体系、消防安全网格化管理体系与火灾隐患排查治理的长效机制,通过把工作重点从事后处理转移到事前防范,从源头上减少火灾隐患和火灾危害,实现了全年无重特大火灾爆炸事故的目标。全年通过专项检查、季节性防火检查、“四不、两直”检查、“百日除患铸安”活动等各种形式的消防检查,共查出一般隐患问题588项,其中当场整改467项,限期整改121项。针对查处的火灾隐患及问题,逐一跟踪落实,确保隐患整改到位。特别是针对电缆火灾,坚持源头治理、综合治理,在全公司开展了电缆防火专项整治行动,对电缆隧道、电缆竖井、电缆桥架以及电气房所等开展了地毯式专项检查与排查,对查出的隐患问题抓紧整改落实,有效预防重特大火灾的发生,为公司生产、经营和建设创造了良好的消防安全环境。

【治安管理】 一是精准打击犯罪团伙。以深挖团伙案件及隐案、积案为主攻方向,拓宽情报收集、案源摸排渠道,完善案件侦办流程,对犯罪团伙实施精准打击。2017年共打掉14个犯罪团伙,成功破获“2·8”团伙盗窃马钢厂区电瓶车案、“6·23”团伙盗窃特钢公司合金案、“9·5”团伙盗窃四钢轧氧化铁皮案、“10·12”团伙盗窃马钢江边原料码头打捞矿案等一批有影响的重特大案件,为公司挽回了重大经济损失。二是开展“大巡防”工作。3月开始启动了“大巡防”工作,“机动车定点巡逻”“携犬徒步巡逻”“‘警灯闪烁’交管摩托车巡逻”三种方式相结合的治安巡逻模式,形成多层次、全覆盖的治安防控网络,提升了路面见警率,有效管控了厂区治安面,增强了职工群众的安全感。三是为重点工程保平安。以公司重点工程安保工作为重点,在固化成功经验的基础上,通过优化警力部署,突出协同作战,全面提升服务保障能力,为二铁2号炉大修、特钢优棒项目、长材中型材改造、长材连铸2号机升级改造项目、三铁A炉抢修、新区系统检修等工程建设和项目检修创造了良好的治安环境。四是深入开展专项整治行动。1月下旬,以打击偷盗煤炭、焦炭为重点的“惊雷”专项整治行动圆满收官,取得了预期效果。4月,组织开展了为期3个月的“平安行动”,进一步净化了厂区道路交通环境。在系列整治行动中查处车辆违停1100余起,抛洒1200余起,“三超”240余起。2017年共查纠各类交通违章车辆10300余辆次。11月,针对公司“十三五”重点工程建设项目全面铺开,迅速组织实施了“守护家园”专项整治行动,全力为重点工程保平安。

【门禁管理】 优化整合区域内门禁、巡防执勤力量,实行上下联动、内外联勤、区域联防,大力推行“责任区制”。针对重点工程项目建设全面铺开,加强源头管控,把好人员车辆进门关;严查细过,恪尽职守,筑牢“最后一道防线”。针对湖南路道口“平改立”、厂区及周边道路施工改造,及时做好门禁疏导工作,为职工出行提供便利。全年门禁查验车辆773.59万辆次,门禁刷卡985.04万人次;门禁查违2031起;收取物资“三单”71.95万张。办证中心办理车辆通行证9.42万张、门禁卡4.17万张;查询服务2万余次;为45家单位发放物资“三单”17856本;查验物资“三单”存根17825本。

(吴　雄)

离退休职工管理

【老干部工作】 截至2017年12月31日,马钢离休干部225人,其中副厅级(含享受)以上待遇的有16人;退休干部611人,其中副厅级以上的有35人。2017年,根据中央办公厅和国务院办公厅下发了中组部〔2016〕3号文件《关于进一步加强和改进离退休干部工作的意见》和省委〔2016〕51号文件精神,结合公司领导的重要指示,认真学习,并从政治、生活加以贯彻落实。

一是政治方面。通过召开各类会议和举办讲座、组织老干部集中观看党的十九大开幕式等,不断加强离退休干部政治理论学习;安排老干部、老领导代表参观马钢新高炉及车轮轮箍生产线及赴浙江金华马钢销售公司加工中心参观考察活动;召开了“离退休干部畅谈十八大以来变化、喜迎党的十九大胜利召开”座谈会,老干部发言材料编印成册。在全市开展的畅谈建言评选活动中,中心获得优秀组织奖。同时,还组织老干部参加了省市为迎接党的十九大胜利召开而举办的书画展。二是生活待遇方面。切实保障离休干部特需经费等各项政策待遇的落实。每月初为老干部赠送生日礼品,组织安排老干部两年一次的体检,全年及时为异地居住老干部医疗费报销40余万元。开展了大走访活动,对公司、中心原老领导及遗孀以及异地居住的离退休老干部进行了走访慰问和谈心活动,确保了“三个机制”的健康运行,得到了省委督察组的充分肯定。

【退休(内退)服务管理】 截至2017年12月31日,马钢离退休职工共计36708人,中心以“大服务理念”为突破口,整合有限人力资源,完善服务网络、细化服务项目,发挥最大效能,把服务重心倾向退休人员中的弱势群体,尽心尽力缓解他们生活中遇到的各种困难。为了解决部分退休职工大病就医后的特殊困难,体现企业对退休职工的关心,根据调查摸底,起草了调研报告上报公司,经过公司批准,对患重大疾病发生个人支付4000元以上的退休职工,按比例进行一次性救助,共计审核救助2538人,金额118万多元。审批护理补助约20万元;非职工居民医疗参保费报销22万多元;为符合条件的老同志发放医疗预付金130万元;为1万余人次离退休职工办理了住院补助;协助市社保调整补发工伤人员生活护理费,完成近2700名离退休职工的生存认证工作;建立困难退休职工动态资料库,在春节、重阳节、七一、国庆节以及党的十九大前夕,对570名退休职工、12名内退职工困难家庭进行了走访慰问、帮扶救助。全年,中心共审核发放离退休职工企业补贴1.22亿元,协办离退休职工丧事706起,登门走访慰问1万余人次;看望住院人员7000余人次;接待来信来访来电6万余人次。

【基础管理】 坚持以服务为本、以问题为导向,进一步加强基础建设。参照公司"双百分"考核模式,修订了经济责任制考核办法,每季度对各科室、服务站进行全面考核检查,随时纠正问题,做到"服务规范,规范服务"。创新服务方式,为离退休干部办理了银行卡,实行了生活待遇现金发放旧模式向快捷便利新模式的转变。根据离退休职工居住区域变化情况,对片、组进行了重新划分,并对片长、组长人员进行了逐步调整,完善了三级服务网络,为各项服务管理工作的顺利完成提供了有力的保障。全年共接收新退休人员1337人,核对退休职工1500人养老信息;完成3万多名退休职工养老金调整工作;按时办理内退转退休102人;为2500多名异地居住的退休职工核对、发放二代医保卡,并组织人员赴上海等地集中发放。整理、分类、归档中心历年离退休职工各类报表近万份。中心车队安全行驶7万余公里,确保服务无事故。

【工作调研】 1.2017年,离退休中心加强了信息调研工作相关制度的建设,信息调研工作常态化,科室及各服务站兼职信息员积极提供各类调研稿件;宣传报道工作服务大局、扎实工作,全年在《马钢日报》上报道164篇、图片报道22幅;在马钢电视台播发新闻及专题20余条次,中心宣传网站编发信息140余条。2.根据省委老干部局的文件精神,中心组织工作人员对二百多名离休干部进行了调查,完成离退休干部统计及专题统计的上报工作,并将调查结果及时上报省老干部局。加强了对公司267名退休劳模摸底调查,慰问看望困难劳模18人次,慰问金额89400元。按时完成市委老干部局开展的全省老干部调研、信息上报工作。荣获省老干部信息工作先进单位,调研报告获省、市老干部局通报表彰。3.按照省、市和公司对退休人员社会化管理工作的总体部署,通过深入细致的调查研究,系统地分析梳理了退休人员移交过程中可能出现的各类问题,向公司做了全面汇报,为公司正确决策提供了准确的依据。同时,与市人社局成立联合工作小组,多次召开了工作对接推进会,就移交过程中涉及的费用、场地、待遇、党员组织关系、档案、矿山管理模式等具体问题进行多次协商沟通,在一些问题上基本达成了共识,为下一步积极稳妥地推进退休人员的社会化管理工作奠定了基础。中心在经过认真调查研究的基础上提出建议:在退休人员整体移交后,采取"政府委托、马钢代管"的模式,以政府购买服务的形式,委托马钢代为行使对马钢退休人员的管理服务职能,既缓解移交中出现的难题,又可以实现平稳过渡。此方案基本得到市和公司领导的认可。这种模式如果能够顺利实施,意味着现有的服务管理机构、人员等将会在一定的期间内保持不变,意味着广大退休职工的服务管理的重任必须一如既往,继续承担。

【老年文化活动】 在精神文明创建活动中始终按照"巩固、创新、发展"的工作思路,融会贯通公司"家园文化"建设新内容,党政工齐抓共管,充分发挥三级网络组织作用,把创建工作纳入经济责任制、满意度考核,凝聚共建美好家园强大合力,为创建工作注入了新鲜活力。马钢老年大学入学人数持续增长,秋季学期仅校本部和东校区就达5460人次,三所矿山分校也健康发展,全校总入学人数突破5600人次,班级数190个,聘任教师92人,不仅保证了本校教学活动需要,还为安工大老年大学、马钢矿山分校和市福利院的"校外班"提供了师资。组织老年大学学员赴市福利院慰问演出,为周边单位的离退休职工提供学习机会。重阳节期间,开展"马钢健康老人评比",共评出30位健康老人和"2016年度离退休职工先进片组长评比"评出先进片长29名,先进组长82名,并给予了表彰。三八节组织离退休职工女处干、女片长、女劳模参观马鞍山市建设新面貌活动。参加全省离退休干部台球比赛及全市离退休干部掼蛋、门球、麻将、台球、乒乓球、象棋、围棋等文体比赛;中心工会组织职工参加公司首届职工健身运动会,取得了游泳、乒乓球、大众体育3个道德风尚奖;扑克女团第七名;多人混合跳第八名;乒乓球男子乙组第一名;游泳、乒乓球、飞镖均取得个人奖项,获总团体分奖二等奖、体育道德风尚奖、组织奖、特别贡献奖。组织离退休职工片长、书记进行交流参观活动。组织代管单位退休职工参观本市新农村建设活动。21个离退休活动室接待老同志24万人次。

【荣誉】 2017年,离退休中心先后荣获"全国示范老年大学、全国老年大学宣传工作先进单位、安徽省第十一届文明单位、省新四军老战士史料抢救工作先进单位、马鞍山市第十七届文明单位、市老干部工作先进单位、马钢第27届文明单位、马钢人口与计划生育工作标兵单位、法制宣传依法治厂先进单位、维护稳定工作先进单位、平安创建工作优胜单位"等荣誉称号。

(薛力兵)

档案工作管理

【基本情况】 2017年,马钢档案工作按照公司"坚定不移深化改革、坚持不懈做强品牌"工作主题,围绕公司中心工作,服务马钢生产大局,着力构建新型企业档案资源管理体系、利用服务体系和安全管理体系,为奋力谱写新时代马钢转型发展新篇章做出了应有的贡献,荣获省属企业档案工作先进集体。

【数字档案馆建设】 组织数字档案馆(室)一期项目建设。完成了数字档案系统开发、OA系统、标准管理体系平台、SAP中的FICO模块及多媒体数据等业务系统归档接口研发工作,并通过了一期项目验收。推进国家档案局试点项目建设,组织研发在线业务表单归档接口和数据上传平台,确定业务数据长期保存策略,制定相关业务标准,按季度报送工作进度报告,取得了阶段性成果。推进增量档案电子化和存量档案数字化工作。组织扫描永久、长期卷5157卷、61876页/13G,并同步建立二级目录,完善了档案电子目录体系。推进工程项目档案数字化技术创新工作,确定热电总厂、煤焦化公司、港务原料总厂作为第一批试点单位,组织修订了马钢纸质档案数字化加工流程及技术规范,扫描工程图纸32447张。

【档案资源建设】 制定并印发了《公司档案处员工管理实施办法》。股份公司北区档案人员、档案库房、档案资源和档案利用实现了集中统一管理,切实履行股份公司档案工作监督检查和档案接收整编、保管、开发利用、档案数字化等工作职责,对厂管项目档案资料进行集中管控。全年共接收、整编各门类档案51764卷(件)。顺利通过了国家、省级去产能工作验收组专项验收。组织拍摄"精彩马钢人"摄影大赛等公司重大活动图片采集工作,采集、整理、归档2016年公司重大活动照片档案305张。配合工程管理部办理工程备案手续,参加公司重点工程季度质量和现场检查,采用"一站式"服务工作模式,对工程项目档案资料进行现场检查、指导和验收。

【档案开发利用】 全年提供各类档案利用38651卷(件)、10869人次,其中公司档案馆提供利用23745卷(件)、4186人次。积极开展档案编研工作。组织编制了公司组织沿革、全宗介绍、大事记,组织编写了《马钢档案开发利用典型效益实例汇编》(第10辑)。

【档案品牌建设】 一是推进档案工作规范化。组织宣贯国家档案局新发布的《归档文件整理规则》、《会计档案管理办法》等标准规范,组织修订了《马钢会计档案管理标准》《马钢管理类档案管理标准》《马钢建设项目档案管理标准》和《建筑安装工程施工技术文件材料管理指南》,制定了《马钢境外公司档案管理暂行办法》。二是提升档案专业管理水平。公司举办2期档案业务培训班,安排人员参加了省档案事务所举办的文书档案、会计档案、工程档案业务培训班。积极参加中钢协、省属企业档案工作协作组活动,并利用公司档案学会和档案业务协作组的交流平台,相互学习、共同提高。三是组织开展业务技能竞赛。大赛分别在二铁总厂、特钢公司、股份公司北区、长江钢厂等四个赛区举行,56名档案专业人员参加了此次大赛,17名优秀选手分别荣获管理类、科技类一、二、三等奖。四是改善档案基础设施条件。建立健全安全防范机制,落实档案安全管理制度和安全责任制,做好档案库房"八防"工作。开展了北区档案库房改造、档案密集架迁移工作,新增了档案用房,招标采购了档案密集架,进一步改善了档案保管条件。五是强化档案工作品牌管理。根据公司"坚定不移深化改革、坚持不懈做强品牌"的工作主题,持续开展建设"业务好、服务好、协作好、绩效好、环境好"的"五好"档案馆(室)工程。积极参与马钢青年创建岗位品牌和公司"品牌建设在身边"活动,不断提升档案服务基层的创新意识、能力和水平。开展省属企业、全国钢铁企业档案工作创新管理课题研究,并在省档案学会、全国钢铁企业档案学术研讨会上发布,获得了优秀论文奖,增强了马钢档案工作品牌效应。

(查满林)

海外事业管理

【海外营销布局】 2017 年,海外事业管理部贯彻公司国际化经营战略,积极推进并完成股份公司在迪拜设立马钢中东公司的各项内外部审批和备案程序,以及境外注册、办公室租赁等各项前期工作。推进完成马钢国贸公司通过收购方式在澳门设立子公司—美泰澳门离岸商业服务有限公司。

【外贸促进政策争取】 2017 年共牵头组织申报省、市外贸政策项目 12 项,争取各项外贸政策资金到账 1606 万元,比上年增加 880 万元,增长 121%。

【海外公司管理】 2017 年,结合澳洲公司托管运营的实际,完成了《澳洲公司(托管运营)内部控制和风险管理手册》。提出对海外公司档案进行管理,协助档案处推出《海外公司档案管理办法》,指导并要求各海外公司属地的档案管理工作。完善海外公司预算管理,合同管理,人事管理以及日常人员请假管理、公司费用监管等。组织召开海外公司年度工作会议,编写《海外管理动态》六期及《海外公司简报》六期。澳洲公司托管运营管理风险可控、业务有序、利润可观。通过远程管理保障澳洲公司运营顺利,按季度参加合营企业会议,重点开展了合营矿山即将终止后的相关事项研究和安排。结合海外党建的特殊性,创新工作方式,进一步推进"矩阵式"党建工作。

【国际化人才培养】 国际化人才培养工作稳步推进、层级培养体系初步建立。一是联合人力资源部实施了一期 2016-2017 年国际化人才借调顶岗培训 6 人,相继被招聘选调到正式外贸岗位工作。11 月增加安排了一期 2 人到轮轴事业部的借调顶岗培训。二是筹划并实施了赴香港公司人才培养计划。选拔 2 名员工于 2017 年 3 月到香港公司开始为期一年的工作培训。

(俞　斌)

党群工作

马钢年鉴

组织、干部工作

【"两学一做"学习教育常态化制度化】 1. 深入推进"两学一做"教育。根据中央关于推进"两学一做"学习教育常态化制度化的意见和省委关于开展"讲政治、重规矩、作表率"专题教育方案,印发相关实施意见、"讲重作"实施方案和专题警示教育方案,把思想教育摆在首位,从坚持抓领导干部、抓基层支部入手,确保"两学一做"学习教育融入日常、抓在经常,取得实际成效。抓住关键少数,围绕三个研讨主题、六个方面学习内容,通过5次中心组(扩大)学习会,开展集中学习研讨。开展了"三个一"活动。公司领导结合党员活动日制度和下基层推进矩阵式党建工作要求,深入基层参加基层支部组织生活会,上一堂党课,与基层管理人员谈心谈话,督导"两学一做"学习教育常态化制度化和"讲重作"专题教育开展。各基层党组织通过专题和双重组织生活会的形式,确保上级精神层层落实,有效覆盖到全体党员。公司629个党支部召开专题组织生活会,制定具体贯彻落实计划,共查摆问题1266个。广大党员对照民主评议情况,结合"七一"评先推优,认真进行了一次"党性体检"。按照省国资委开展10个违规行为专项整治要求,结合实际,自我加压,组织开展12个违规行为专项整治。

2. 全面开展专题警示教育。根据专题警示教育要求,公司全体中层以上党员管理人员在深刻对照反思的基础上,以实录摘编的形式撰写了心得体会。公司党委在年初已经召开民主生活会的基础上,按照要求,7月,又召开了一次专题民主生活会。开展会前谈心谈话64人次,广泛征集五个方面45条意见建议,领导班子成员认真撰写对照检查材料。所有二级单位党委也全部完成规定动作。集团公司领导严格落实"双重组织生活会"制度,并指导参加31家基层单位的民主生活会和14个基层党支部的组织生活会。"讲重作"专题警示教育中,公司组织开展学习教育193场次,4973名党员参加了教育活动;开展学习卜维平等马钢先锋模范、全省优秀共产党员陈道玉、黄忠诚先进事迹726场次;运用反面典型开展警示教育335场次,18364人次参加;各单位共举办专题辅导报告69场次,2469名党员干部参加了辅导学习。公司专题及警示教育活动,共接受省委组织部、省纪委、省"两学一做"协调小组、省国资委党委等的多次阶段性督导检查,得到了上级组织和督导组认可。

【矩阵式党建工作】 1. 深入推进,总结提升。制定《马钢集团公司党委关于贯彻落实〈中共安徽省委关于进一步加强国有企业党的建设工作的意见〉进一步深化矩阵式党建工作的实施意见》,编写《马钢矩阵式党建工作标准化流程》。根据公司领导分工情况,重新调整成立了16个矩阵式党建区域指导组,明确指导组和公司领导的具体工作任务,加强协调指导,固化工作职责、工作流程、评价和反馈机制。集团公司党委书记、董事长高海建率先垂范,创新方式,注重实效,将调查研究、跟班蹲点、谈心谈话和督导工作等融为一体,深入基层一线,完成"全套动作"。21名公司领导全部参与下基层抓党建活动共计31次。公司领导层成员下基层跟班蹲点81人次,中层管理人员跟班蹲点817人次,共收集意见1380条,解决947条。在公司"十三五"重点工作项目建立10个临时党支部,多次召开临时党支部党建工作专题会,促进临时党支部建设,全面促进重点工程项目建设。注重总结提升,起草公司上半年党建工作总结、贯彻中央精神全面加强企业党建工作总结以及矩阵式党建工作经验等材料,其中矩阵式党建工作荣获公司管理创新一等奖,并被省国资委党委作为先进经验推荐到国务院国资委。10月启动了基层单位矩阵式党建经验案例征集发布活动,共征集85个案例,通过系统收集、归纳整理、评比,开展了成果分享发布,总结传播经验,进一步发挥矩阵式党建作用。

2. 以上率下,提升实效。采用到基层送奖形式,对先进基层党委、党务工作部门、基层党支部、优秀共产党员和党务工作者予以表彰。公司党委常委带队,到基层组织开展座谈、调研和上党课系列活动,营造良好氛围。指导组深入基层党建联系点,指导基层单位开展"两学一做"学习教育常态化制度化和"讲重作"专题教育,深入开展12个违规行为专项整治进展情况督查。采用工作组形式,针对难点热点问题、重点工作,因地制宜推进工作、解决问题,二级单位也将矩阵式党建工作模式作为提升本单位工作水平的重要抓手,认真组织实施。南山矿围绕生产经营等18个项目持续开展矩阵式督查、长材事业部建立党建工作室整合党建资源等,充分发挥了矩阵式党建工作优势;牵头合肥公司党委与工程技术集团等三家下属驻肥机构党支部间合作共建、助推技术中心党委与奇瑞汽车研发总院定期实施党建交流、煤焦化公司党委与非公混合制企业奥瑟亚公司建立党建横向协作等,进一步丰富了矩阵式党建工作内容。起草改制企业党建工作调研提纲,落实调研方案,成立马建集团党建指导组,在马建集团脱困中发挥党组织和党员领导干部示范引领作用。

【基层党组织标准化建设】 1. 系统谋划推进,加强检查督促。按省委组织部和省国资委党委要求,及时制定下发工作方案与实施计划,结合实际,精心部署,强力推进,全面推行公司基层党组织标准化建设。按照定量与定性相结合的方式,建立了8个基层党组织可遵照执行、上级党组织可考核监督的标准体系;编印使用《基层党支部工作手册》。公司党委4月6日召开基层党组织标准化建设动员会后,又多次召开基层党组织标准化推进会,总结工作,部署任务,争创省属企业基层党组织标准化建设示范单位。通过基层单位党务工作人员培训、各单位专题辅导培训会等形式,对基层单位进行业务培训和指导;各单位党委也相应组织基层支部书记、党小组长等开展了业务培训。加强对各基层单位的实地调研,党委工作部除派员参加协作区专项活动外,还多次按规定时间和规定要求,直接到基层单位党委和党支部进行工作督导。公司党委也分别于7月中旬和下旬对公司61家二级单位党委(直属总支、支部,下同)进行了全覆盖的党组织标准化建设专项督查,下发检查通报,针对发现的问题及时召开工作例会和推进会要求整改。

2. 创新组织方式,提高工作效率。在公司定期召开党委书记工作例会的基础上,建立基层党群工作室主任例会制度,总结部署工作,加强工作交流。召开基层创建党组织标准化示范点推动会,选取10家创建试点单位,以周工作例会和现场督导形式强力推进。在试点基本成熟通过公司初步验收后,将公司二级单位党委划分成立了10个工作协作区,采用创建试点单位牵头,以点带面,加强相互学习交流,共同提升,确保各级党组织全面达标。以硬件建设满足“6+X”标准为切入点,同步开展软件资料和记录的完善整改工作。各级党组织根据标准和手册,开展对标自查,对不符合项梳理分析,制定形成“三个清单”,全面实施整改,同时建立标准化建设管理台账,实行挂图作战,持续改进。公司629个基层党支部协同共进,取得了一定成效,广大党员意识得到加强,党组织作用发挥更加充分,各级党建责任更加明确,职工群众对党组织的认同得以提高,增强了党组织的战斗力和凝聚力。

3. 稳妥完成党组织隶属关系调整。根据省委组织部《关于调整部分省属企业及省属企业分支机构党组织隶属关系的通知》(皖组通字〔2017〕14号),及时制定公司工作方案,顺利完成集团公司党组织隶属关系调整。多次赴省国资委党委汇报情况,与市委组织部召开专题对接会,就交接工作基本达成一致。要求各基层单位党委(含直属总支、支部)暂时冻结党员关系接转,对本单位党组织和党员信息进行整理上报,对党费账目进行核对,及时收缴并向市委组织部集中缴纳了2017年1月–5月党费。6月15日与市委组织部签署集团公司党组织关系调整备忘,将组织关系介绍信和党员名册等报省国资委党委,完成关系接转,马钢集团公司党组织关系正式隶属于省国资委党委管理。对长江钢铁196名党员和合肥公司300名党员组织关系由属地管理调整为集团公司管理进行现场指导和沟通协商,于6月9日分别与原隶属上级组织完成组织关系转移,签署备忘,由集团公司党委统一进行接收。

4. 有效加强组织建设和党员管理。修订《基层党委换届选举工作管理办法》,对需换届的基层党委(直属总支、支部)进行了梳理,明确换届要求。指导重机公司等18家单位完成了换届选举,办理了相关审批手续。对3家单位延期换届申请进行了审核。批准成立了投资公司、制造部等2个直属党(总)支部,指导重点工程项目部成立9个临时党支部。修订《基层单位党员领导人员民主生活会管理规定》,配合公司领导班子开好2016年度民主生活会和“讲重作”专题警示教育民主生活会,做好相关材料准备、上报等工作。组织指导和督促基层单位开好民主生活会和专题组织生活会。根据上级要求,及时下发了《关于调整2017年党费缴纳基数的通知》,指导基层单位完成了党费交纳基数核算,确保党费上缴足额合规。研究制定了《马钢党费收缴和使用管理办法》,起草下发了《关于公布2017年上半年各单位缴纳党费情况的通知》,对2016年省管党费和市管党费使用情况进行公示,增强了党费收缴使用的透明度。按上级统一部署,全面完成公司700余个党组织、2.9万余名党员基本信息采集工作,基本实现系统数据上线,得到省国资委肯定。按规定理顺党组织关系传递流程,及时接转党组织关系160人次。起草下发公司2017年发展党员工作计划,重点在生产、工作一线和高知识群体、青年中发展党员,全年按计划发展新党员340名。积极开展“双向培养”,举办入党积极分子培训班4期,授权部分单位自办班2期,共培训293名入党积极分子。春节和“七一”期间及十九大召开前夕,对360名困难党员进行了救助,公司党委和二级单位党组织上门慰问一批特困党员和老党员。

【干部人事制度改革】 1. 持续推进竞争上岗工作。总结公司中层管理人员"授权组阁、竞争上岗"经验,获公司管理创新项目一等奖。加强经验推广运用,持续推进管理人员竞争上岗。严格按照程序,在全公司范围内公开推荐、选拔股份公司副总经理和总经理助理各1名。通过公开竞聘选拔2名财务总监,为张庄矿和合肥公司分别选拔1名副总经理。协助设备检修公司做好电气修造公司经营团队内部公开竞聘,选拔了2名副总经理。协助马建公司组织实施经营层高级管理人员内部公开竞聘,选拔了3名副总经理。同时,指导和帮助财务部、表面技术公司等单位,公开选拔科级管理人员,加大公开竞争性选拔力度。

2. 探索模拟职业经理人制度。学习借鉴职业经理人理论研究成果、先进企业实践经验、上级部门实施意见,参与制定《马钢推行模拟职业经理人制度实施方案》。梳理推行模拟职业经理人制度组织工作程序,落实党组织研究讨论是董事会、经理层决策重大问题前置程序的要求。参加公司改革例会,与相关单位进行沟通,选择欣创公司、比亚西公司、嘉华建材公司3家单位作为首批试点,推行经营层成员任期制、契约化管理。组织试点单位提交组阁人申请、经营层组成人员、机构设置等建议材料,协助制定职业经理人聘用协议,并报公司研究决定。同时根据公司统一部署,帮助试点单位完善党委会、董事会建设,促进试点工作顺利推进。

【中层管理人员选拔任用管理】 1. 规范选拔任用。进一步明确和规范公司中层管理人员选拔任用管理,梳理制定了公司中层管理人员选拔任用、动议和酝酿一般程序、拟提拔人选考察及考察材料写作等工作规范。按照企业好干部"二十字"方针,严把"入口关",提升公司中层管理人员队伍整体素质。以配齐配强基层单位党委书记、纪委书记、工会主席为重点,加大干部交流轮岗力度,进一步增强管理人员责任意识和担当意识。经推荐考察,提拔39人(副总经理3人,总经理助理1人,中层正职12人,中层副职23人);交流公司中层管理人员75人。

2. 注重管理监督。严格落实干部人事任免等重要事项向上级报告制度,向省委组织部报告了公司领导兼任合肥公司、瑞泰马钢科技公司、嘉华建材公司董事长职务。督促公司各单位严格落实干部人事任免等重要事项在研究决定前,事先报告,事后备案。做好公司省管领导填报2016年度个人有关事项报告工作。做好公司中层管理人员离任审计工作。在持续开展管理人员诫勉谈话、任前谈话的基础上,修订公司领导与中层管理人员谈心谈话管理办法,落实年度谈心谈话活动安排,全面掌握公司中层管理人员工作情况和思想动态,加强日常监督。严格按照上级文件精神,办理因公出国(境)人员备案和因私出国(境)审批,集中保管备案人员因私证件,并向市公安局报备登记备案人员信息变更手续。

3. 加大培训力度。系统总结党的十八大以来干部培训工作并报上级部门。把十八届六中全会精神和习近平总书记系列讲话精神作为管理人员培训的重要内容,全面加强思想理论教育。组织40名基层单位党委书记参加省属企业党委书记专题培训班。举办党的十八届六中全会精神专题讲座,近200名公司中层以上管理人员参加学习。开展经营管理类等科级管理人员轮训班以及中青年干部、新提拔干部、党支部书记、党群工作室主任和组工干部等培训班,将品牌建设作为培训班主要培训内容之一,培训管理人员700余名。加快培养高层次、职业化、专业化和国际化经营管理人才。选派17名公司中层以上管理人员参加省国资委在中国人民大学举办的高级职业经理人研修班,4名公司中层管理人员参加在省委党校举办的职业经理人制度与队伍建设高级研修班。与人力资源部和教培中心共同举办2017年工商管理(MBA)核心课程班。在科级管理人员分类、分专业培训基础上,开展党性教育移动课堂活动,组织青干班学员和基层党务工作人员到湖南韶山、泾县等红色教育基地接受革命传统教育。

4. 强化实践锻炼。加强与上级部门联系,选派3名干部分别到蚌埠市五河县挂职副县长、省国资委和省总工会挂职锻炼;选派9名年轻干部到市直部门挂职,做好服务和管理工作,在实践中锻炼干部。按照省委组织部《关于进一步加强省直和中央驻皖单位选派帮扶干部工作的通知》要求,在2014年选派1名干部到阜南县王堰镇马楼村开展扶贫的基础上,又在全公司范围内选派3人组成扶贫工作队,进驻阜南县地城镇李集村开展扶贫工作。公司领导也多次率队专程前往阜南县马钢对口帮扶点,参加马钢爱心捐赠活动,与阜南县、镇、村各级干部进行座谈,探望走访贫困家庭,慰问扶贫干部,调研指导工作,让干部在一线锻炼成长。

5. 细化基础管理。认真贯彻落实干部档案管理规定,做好公司中层副职以上管理人员人事档案材料收集、归档及档案保管和使用。加强拟提拔干部档案任前审核,做好审核表归档。共办理34卷新提拔干部和退休干部档案转接;归入中层副职以上管理人员档案中履历、学历、职称、考察材料以及干部任免审批表等200余份。按照政策规定,做好干部来信来访联系接待工作,组织信访调查与回复。认真做好公司"两化融合"、环境体系审核等相关工作。

【科级管理人员宏观管理】 1.严格精减原则,控制编制职数。加强科级管理人员编制审批,根据人员和机构调整变化需要,及时核定部分单位科级管理岗编制。根据公司人力资源优化工作推进需要,重新核定股份公司20家单位科级管理岗位编制,完成汽运公司、资产经营公司等集团公司内部单位的科级管理岗编制审核。截至10月底,公司科级管理人员编制1900余个,较人力资源优化前有了大幅度下降。

2.严格任免审批,提升队伍素质。做好科级管理人员选拔任用业务指导和审核工作。严格执行公司有关规定,审批各单位科级管理人员任免,建立公司科级管理人员数据库,加强基层单位科级管理人员选拔任用管理,适时组织跨单位交流轮岗,持续优化科级管理人员队伍结构,提升队伍素质。截至10月底,科级管理人员1936人,其中:研究生318人,本科1245人,大专338人;高级职称712人,中级职称881人,平均年龄46岁,40岁以下364人。

【"双百"考核工作】 1.配合上级工作。全面梳理和制定迎接省委综合考核工作流程图和材料目标清单,为今后迎接省委综合考核提供借鉴。按照省委《关于完善省委管理的领导班子和领导干部综合考核工作的意见》和《省属企业领导班子和领导人员综合考核工作办法》要求,较好地完成了省委综合考核组对马钢考核的协调工作以及考核相关资料的准备和上报。综合考核动员大会民主测评和评议的现场组织、现场资料查看、解答等工作。集团公司领导班子2016年度综合考核结果为"好"等次,党政主要领导考核结果为"优秀"等次。根据省委综合考核组反馈的意见,起草上报党建方面存在问题整改方案并督促整改落实。

2.巩固考核成果。坚持开展基层党委书记抓党建述职评议,对基层党委书记书面述职报告提出具体要求,并在一定范围内公布。组织部分党委书记和纪委书记现场述职评议。根据规定,基层单位党委书记和纪委书记进行年中述职,提交述职报告,职能部门整理后向公司党委常委会进行专题汇报。组织参与公司机关部门和二级单位"双百"考核工作,完成各单位领导班子和领导人员考核评价材料的撰写。收集公司中层管理人员述职报告,汇总各单位领导班子和领导人员"双百"考核结果,报经公司同意后,与公司中层管理人员年薪适当挂钩。在先进评比、培训人员推荐等工作中,注重考核结果运用,完善激励和约束机制。根据公司"双百"考核要求,修订完善党建、干部管理等方面考核细则,全面建立日常考核记录制度,努力提高考核的针对性、可操作性和科学性。

【部门自身建设】 1.实施战略行动计划。制定并落实部门战略行动计划和品牌建设责任清单,分解战略行动和品牌建设任务,按要求进行季度和月度工作总结,突出特色工作和工作亮点,报公司企管部和科技管理部,在为专业管理部门提供经验的同时,接受专业管理部门的管理和监督。积极参加公司相关工作会议,汇报品牌建设等重点任务完成情况,学习借鉴其他部门好的做法,不断推进部门承担的公司重点工作。

2.落实反馈问题整改。按季度统计省委巡视组巡视反馈问题整改完成情况,收集相关牵头单位承担的反馈问题整改落实情况材料,报经公司党委同意后及时上报。截至10月底,省委巡视反馈的11个方面29个问题,已经完成26个。按季度对中央巡视组巡视回头看反馈问题中,涉及党建、干部管理方面问题整改落实进行总结,及时报送相关材料。对12个违规行为专项整治中党建及选人用人方面存在的问题进行整改,并分别撰写自查自纠报告和工作总结,与相关统计资料一并上报。

3.组工干部主题实践活动。制定印发通知、召开动员会,全面开展"迎接党的十九大,做合格组工干部"主题实践活动。把主题实践活动与党建标准化建设等工作结合起来,通过10个党建标准化建设片区工作例会,定期组织组工干部开展学习研讨、经验交流,把主题实践活动融入组工干部的日常工作。共组织40多次学习活动,500多名组工干部及部分党员参加了学习。全体组工干部围绕5条具体标准,撰写研讨提纲,分片开展集中研讨,统一思想认识。分批组织近百名组工干部分别赴泾县新四军旧址纪念馆和金寨革命纪念馆接受革命传统教育,向革命先烈敬献花篮、肃立默哀、重温入党誓词,坚定理想信念。开展主题征文活动,共收集62篇征文。全体组工干部通过"三对照",紧密联系实际,认真开展对照检查,查找不足和差距,形成个人对照检查材料,围绕存在的问题,制定明确的整改措施,明确整改时限。

4.切实加强员工队伍建设。坚持高标准、严要求。坚持全体员工理论学习轮流谈体会做法,提高学习效果,提升员工政治理论修养。加强人员调整和岗位交流,选派员工挂职,共涉及员工5人,占现有员工总数的31.25%。根据岗位调整,合理组织分工,建立设置AB岗制度。梳理制作固化工作流程图,帮助员工熟悉业务。征集合理化建议19条(其中等级以上19条),发挥员工的聪明才智。开展2次征文活动,征集文章30多篇,全体员工结合业务工作实际,撰写论文、调研报告、学习心得等文章。在标准化建设等重点工作中,打破科室界限,实行项目管理,拓宽员工业务知识范围,促进员工综合能力提升。

5.提升部门形象和服务水平。发扬组织部门的优良传统,维护组织部门良好形象。严格按照公司党委要求,全面加强党组织建设,组织开展党组织活动,完善员工激励和约束机制。开展“结对共建”,丰富形式和内容。严格按标准开展党员民主评议。坚持和完善绩效考评制度,并按月与奖金全额挂钩。制定落实优质服务活动计划,开展流程图制作比赛,并在部网站上公开,方便基层同志工作,进一步提高工作透明度,接受各方面的监督。开展基础管理劳动竞赛,围绕团结协作、工作质量、基础资料等方面,以科室为单位,组织2次评比表彰,激发员工的集体荣誉感,强化为基层服务的意识,促进部门管理能力和服务水平不断提升。

(徐乃文)

宣传思想工作

【学习宣传贯彻党的十九大精神】 1.深入推进党的十九大精神学习宣传活动。党委宣传部切实把学习宣传贯彻党的十九大精神作为首要政治任务,在公司上下迅速掀起了学习宣传贯彻十九大精神的热潮。一是认真组织公司两级党委中心组学习贯彻十九大精神。党的十九大胜利召开后,按照公司党委的要求,宣传部全力为公司党委中心组学深学实学透十九大报告原文、新党章、习近平新时代中国特色社会主义思想等,认真做好学习秘书各项工作。2017年,印发了两级党委中心组学习安排意见,制定了“讲重作”专题教育学习研讨工作方案,结合马钢实际,精心策划组织开展公司党委中心组理论学习会。二是认真组织策划十九大精神宣讲工作。党委宣传部策划了宣讲方案,编写了宣讲提纲和课件,组建了宣讲团。截至2017年底,宣讲团共举办宣讲报告会38场,面向4000余名职工宣讲了党的十九大精神。督促二级单位党委组织党政干部、政工人员深入660多个党支部宣讲十九大精神,实现了十九大精神宣讲全覆盖。三是主动邀请上级宣讲团成员来马钢宣讲党的十九大精神。宣传部先后邀请省委讲师团成员、省社科院城乡经济研究所所长孔令刚等专家,为马钢党委宣讲团成员以及广大干部职工宣讲党的十九大精神,同时,订购新党章2.9万余本、十九大报告单行本以及辅导读本3万余本等,发放到每一名党员、每一个支部,深化了公司广大干部职工对十九大精神的理解和把握。

2.大力营造学习宣传贯彻的浓厚氛围。党的十九大召开前后,党委宣传部先后制定了一系列工作计划和方案,发布了宣传标语,对十九大宣传工作进行了精心策划、周密部署。在十九大召开前,组织《马钢日报》、马钢电视、马钢宣网和马钢家园微信平台,统一开辟“喜迎十九大”专栏,广泛宣传十八大以来,马钢奋力应对市场危机,打赢家园保卫战的重要成就。在党的十九大召开期间,马钢各媒体又统一开辟“喜庆十九大”专栏,集中版面和采编力量,加班加点,放弃所有节假日,抓好会议宣传和氛围营造工作。10月18日,党的十九大开幕当天晚上的安徽新闻联播的头条新闻,播放了马钢电视台拍摄的马钢职工收看开幕式畅谈感受的报道,收到良好的宣传效果。党的十九大胜利闭幕后,马钢各媒体开设了“十九大精神在江淮”“十九大精神在马钢”“十九大精神与我们这一行”专栏,发表学习贯彻十九大精神新闻报道近百篇。宣传部还组织各单位通过密集悬挂横幅、电子屏、宣传栏、标语、招贴画等形式,营造了浓厚的党的十九大宣传氛围。

3.精细组织确保十九大宣传安全。十九大召开前夕,党委宣传部与7家单位签订了《党的十九大安全保障责任书》,对公司网络媒体实施做好服务保障党的十九大网络安全工作登记,实行全方位监控,认真落实责任。严格执行全公司宣传应急值班制度,宣传部领导带头实行24小时值守,严守重要岗位、重点部位,预防突发事件,各单位也都遵照实施了宣传应急值班制度,确保了党的十九大期间的宣传安全和大局稳定。

4.强化意识形态阵地管理。认真落实马钢《党委意识形态工作责任制实施细则》的明确要求,强化意识形态阵地管理,在全公司范围内组织开展了全面普查和统计工作,严格落实各二级单位一年两次汇报意识形态工作情况的报告制度。制定下发马钢《党委网络意识形态工作责任制实施细则》和《关于做好服务保障党的十九大网络安全工作的实施方案》,对公司各级网络意识形态阵地进行安全检查和督查。党委宣传部牵头相关部门人员组成督查小组,对新媒体推广应用情况进行了督查。对重要信息系统安全保护、马钢网站安全保护、马钢网信(网宣)、外宣工作机制体制建设等开展了自查自检,与市公安机关签订了网络安全承诺责任书,确保网络安全。

5. 扎实开展职工思想政治工作研究。组织公司思想政治工作者认真落实全面从严治党、全面加强国有企业党建工作新要求,围绕公司做强品牌、推进改革、加快转型发展和深化家园文化建设等重点工作开展思想政治研究工作,全年收到各单位报送的思想政治工作研究论文152篇,其中多篇论文在2017年中国冶金政研会年会上获奖。

【舆论宣传】 1. 扎实开展品牌宣传活动。精心制作发布了集团公司宣传片、股份公司宣传片以及大H型钢和热轧结构钢两部产品专题宣传片。在台湾举办的商务活动中,马钢宣传片引起岛内媒体广泛关注,产生了较大反响。在马钢厂区和产线拍摄制作的《钢铁力量》展示片在国家科技馆滚动播放,进一步扩大了马钢影响。与找钢网、腾讯网联合开展"带你感受江南一枝花"网络视频直播活动,点击观看达184.8万人次,"绿色马钢装点美意生活"的企业形象深入人心。制作了《记忆马钢》、《精彩马钢》、《美丽马钢》3部音乐专题片,并拍摄制作了行业第一部VR宣传片——马钢轮轴全景仿真VR宣传片。同时,积极推进和指导各产业板块和分子公司宣传片的制作。策划实施了第十七届中国国际冶金工业展参展工作,荣获展会最佳组织奖,提升了马钢文化软实力和影响力。

2. 广泛开展形势任务宣传教育。组织各单位积极做好马钢职代会精神和党委工作会议精神的宣传,编印职代会学习材料发到班组、作业区。加大人力资源优化过程中的宣传思想工作力度,制定宣传工作计划,发布公司离岗安置政策解读,组织各单位深入细致地开展舆论宣传、新闻宣传和思想政治工作等,确保了人力资源优化工作的顺利推进。围绕公司工作主题和重点任务,开展重点工程建设、品牌建设工作、推进供给侧改革、产业结构调整、产品科研开发、市场开拓、绿色生产、环境保护、多元板块发展以及矩阵式党建、党建工作标准化、"讲重作"专题教育、家园文化建设等重点专题宣传活动,统一职工思想,凝聚改革发展合力。

3. 深入开展典型宣传活动。组织开展马钢2017"年度人物"评选宣传活动,根据"好中选优"的原则,评选宣传了党建先锋、品牌尖兵、改革勇士、最美马钢人等4个类型的26名年度人物。同时,还完成了2016年12名"榜样·马钢尖兵"年度人物和32名"马钢尖兵"新闻人物的表彰工作,开展了公司劳模、优秀党员、"马钢工匠"、"岗位之星"等专题宣传,多角度、全方位展现马钢群英的感人事迹和优秀业绩。编印了《家园卫士事迹集》。

4. 积极开展新闻宣传工作。围绕公司改革发展、生产经营和党建重点任务,充分利用中央、省市媒体平台的影响力,积极沟通联系、主动交流信息,围绕打响马钢产品品牌,策划开展了轮轴、汽车板、家电板、硅钢、H型钢等拳头产品以及马钢党建工作、家园文化建设、节能环保、防汛保产等专题宣传活动,新华社、中国新闻社、中央人民广播电台、中央电视台、人民网、新华网、《中国日报》、《安徽日报》等国家以及省市重要媒体频繁到马钢采访,有关马钢的正面报道经常见诸媒体重要版面。2017年接待省级以上媒体40余批次,对外宣传发稿2000余篇,展现了马钢良好形象,有效提升了公司的市场影响力和品牌美誉度。同时,进一步严明外宣纪律,强化制度管控,确保外宣工作规范、有序。

【网络宣传和舆情监管】 1. 精心打造网络宣传主阵地。以马钢宣网为马钢网络宣传主阵地,2017年马钢宣网报道发稿2600篇,图片新闻近700组,马钢宣网日均访问量在1万人次左右,已发展为公司意识形态、舆论宣传工作重要的主阵地和舆论场。同时,精心办好马钢外网,提升企业形象,编发审核马钢官网新闻、公告、信息披露300余篇,日均访问量在2000人次左右,使马钢外网成为社会各界了解马钢、认识马钢的重要载体。2017年,外网发布新闻、公告、信息披露共计300余篇。为强化宣传工作,宣传部还在公司食堂和人流较为集中的区域,安装视频播放设备。在12家公司食堂共计安装了58台播放机,覆盖职工近万人。

2. 积极推广微信新平台。2017年,编发审核"马钢家园"微信号各类信息921条,利用微信平台先后制作发布"9·20"马钢纪念日、劳模H5系列、图说马钢系列,制作发布微视频、开办千字文征文活动。10月起,马钢家园微信号每周末,策划推出一期便民服务活动,先后推出如何正确佩戴党徽,马钢标识规范应用,马钢卡、社保卡功能及挂失等专题,受到广大职工的好评。马钢家园微信关注人数超过3万人,全年审核网友互动留言近2万条,2017年12月进入国资委中国企业新媒体指数榜前一百,被评为2017年度全国企业电视"十大有影响力的微信公众号",逐步形成了强大的"舆论场"。

3. 开展网络特色宣传活动。围绕公司重点工作任务,先后组织开展了"我在岗位拜大年"随手拍活动、组织开展"高温下感动"摄影赛、"强品牌我当先"新闻赛、"讲述品牌好故事"微信创意大赛、建党96周年"永远跟党走"网上党建知识竞答、《"声"动马钢》微信专栏展播等活动。在"9·20"马钢纪念日前后,先后制作了微视频《马钢纪念日"9·20"》、手机动画(H5)《"9·20"马钢新区这十年》、图文《"9·20"马钢人的节日》等,以多种新媒传播形式展示马钢新区投产十周年取得的成就。与行政事务部联合开展2017年马钢"最佳四室"微信投票评选活动,投票数总达15万票。经过多年努力,公司已逐步形成了网站(马钢宣网、马钢官网)、论坛(宣网论坛)、微信号(马钢家园)等多元化多平台的宣传工作信息化系统。

4. 强化网络舆情监管。建立舆情监控值班制度,启动公司网络安全项目,建立网上行为日志管理,加强网络监管。构建快速回复反馈机制,引导相关单位对宣网论坛上职工发表的舆情和涉及职工切身利益的意见建议进行了回复。坚持每月重点汇总分析网上有关马钢的信息,及时跟进应对重点舆情。编发《网络舆情快报》、《每月宣传和舆情分析》,报送公司主要领导,供公司决策参考。加强公司网评员、信息员、网络管理员三支队伍培养建设,发表针对性网评正面引导,疏导情绪、化解矛盾。同时,与《中国冶金报》开展舆情联动,加入舆情监控平台。加强与省市网宣部门及网络媒体沟通联系,召开了马钢与市社会网络媒体座谈交流会,策划邀请市网络媒体来马钢参观采访,发布反映马钢正能量的信息。

【企业文化建设】 1. 不断提升企业文化建设水平。起草、发布了《马钢"十三五"企业文化建设规划》,明确了马钢"十三五"企业文化建设方向和具体内容。围绕推进多元板块个性品牌建设,全面启动了多元板块企业文化建设工作,指导多元板块各分子公司开展企业文化建设。认真做好马钢工作服升级改进工作。全面启动多元板块文化环境整治工作,积极配合有关部门做好公司办公楼维护改造和马钢厂区美化亮化工作。严格企业文化项目申报审核制度,对钢结构公司、物流公司、气体公司等单位制作的宣传片、宣传画册进行审核把关,指导各单位按照《马钢视觉识别系统手册》要求建设厂门、厂牌、标牌等。

2. 着力开展家园文化建设。大力宣传和弘扬"胸有朝阳、感恩在心、公平正义、风清气正"的家园文化理念。与公司工会等单位联合举办了"钢铁家园、精彩无限"大型宣演活动,充分展现了马钢人昂扬向上的精气神,传递了好声音,激发了正能量,弘扬了家园情。9月20日上午,马钢在新区四钢轧总厂办公楼前,隆重举行"9·20"马钢纪念日升旗仪式暨新区投产十周年庆典,重温光辉历史,弘扬优良传统,展望美好未来,激励全体干部职工为共建共享马钢美好家园,共筑共圆钢铁强国之梦而努力奋斗。面向新入职职工和转岗职工,举办了三场马钢企业文化和家园文化专题培训讲座,向新入职职工发放了《家和万事兴》和《新阅读》,增强职工对马钢的认同感和自豪感。

【精神文明建设】 1. 持续推进精神文明建设。修订、发布了新版《马钢文明单位创建管理办法》,起草了《马钢文明单位考核细则》。认真完成马钢第27届文明单位的评选、表彰工作,马钢二级单位、控股合资企业和机关部门共68家单位获评。在马鞍山市第17届文明单位评选中,马钢推选的26家单位获评;在第5届省属企业文明单位评选中,22家马钢二级单位上榜,比上届增加6家;在安徽省第11届文明单位评比中,马钢推选的9家单位获评,比上届增加1家省级文明单位。南山矿蝉联第五届全国文明单位。积极配合开展马鞍山市复评全国文明城市测评各项工作,为马鞍山蝉联全国文明城市作出应有贡献,宣传部等4家单位和2名个人被市委、市政府授予先进单位和先进个人的荣誉称号。

2. 认真培育践行社会主义核心价值观。广泛开展社会主义核心价值观宣传教育活动,以职业道德为重点开展公民道德建设,组织开展第八届职工道德论坛征文活动,共收到各单位选送的征文116篇,进行了评比、表彰。2017年,马钢推报的检测中心职工王强家庭被授予全省"最美家庭",技术中心汽车板APQP项目组被评为市"十佳"道德集体,5名职工获评马鞍山好人。宣传部荣获省属企业"好家庭、好家风、好故事"演讲比赛优秀组织奖。组织参加了全市"江南之花"文艺会演和市环保文明主题文艺会演,马钢推送的节目荣获全市"江南之花"文艺会演第一名、环保文明主题文艺会演二等奖。组织参加2017年"找钢网杯"全国钢铁行业围棋大赛,马钢代表队囊括团体冠军和个人冠、亚军。

(路　斌)

统一战线工作

【基本情况】 2017年,马钢党委认真贯彻落实习近平新时代中国特色社会主义思想和党的十九大精神,始终高度重视统一战线工作,积极组织开展统一战线工作,为马钢的改革发展稳定发挥了应有作用。马钢共有民主党派成员201人,副高级以上党外知识分子500余人,无党派人士9人,少数民族人士80人,各级人大代表2人,侨眷48人,台胞亲属30人。

【建立健全统一战线工作机制】 马钢充分发挥党委总揽全局、协调各方的领导核心作用,建立健全党委统一领导、统一战线部门牵头协调、各单位共同推进的统一战线工作机制,整合统一战线资源,做到各司其职、各尽其责、相互配合,形成统一战线工作的强大合力。

一是建立集中统一的统一战线工作领导机制。马钢党委在政治上关心、在工作上支持,从基础上配齐配强各民主党派基层组织的领导班子,积极支持民主党派和无党派人士参与企业改革管理、民主监督、加强自身建设,夯实政协委员的队伍基础。在马钢党委每年召开的党委工作会议上,都专题研究企业统一战线工作在转型升级、改革发展中的重大问题,把统一战线工作切实抓在手上,摆上位置。马钢两级党委领导班子尤其是一把手,带头学习宣传和贯彻落实统一战线政策法规,落实全省统一战线部长会议及全市统一战线部长会议等文件精神。基层党委也积极为政协委员参政议政创造条件,提供平台。自动化公司党委领导班子主动和党外知识分子交朋友,每年邀请部分代表人士参加本单位工作评议,征求意见和建议。聘请部分市、区政协委员和党外知识分子担任监督员,对工作开展情况进行监督,有效促进了工作开展。

二是切实履行党委抓统一战线工作的主体责任。马钢把是否重视统一战线工作、能否善于做统一战线工作,作为检验各级党委书记政治上是否成熟、能力上是否合格的重要标准,把党委书记抓统一战线工作作为一条政治纪律、政治规矩来落实和推动,不讨价还价,不打折扣,不搞变通。2016年以来,集团公司党委将统一战线工作的检查、考核、评估,纳入集团公司“党建”、“发展”双百分考核中,作为二级单位领导班子工作评价的重要内容,着力推动基层统一战线工作顺利开展。党的十九大以来,马钢举行的各届十九大精神的宣贯培训,都将政协委员、统一战线代表人士与公司中层管理人员同批次、同课堂进行培训。使政协委员围绕公司生产经营中心工作参政议政有视野、有平台、有目标,切实增强履职能力。

三是健全有效运转的统一战线工作协调机制。马钢建立了党委领导、统一战线部门及有关部门、单位参加的统一战线工作联系会议制度,根据工作需要及时召开相关成员单位会议,研究、交流工作情况,制定具体工作措施,协调解决各种问题。每年召开与政协委员、各民主党派、各界人士的座谈会、情况通报会、恳谈会,广泛听取意见和建议。公司党政主要领导分别固定联系2-3名党外代表人士,经常交流谈心,加强联谊,沟通思想。四钢轧总厂、工程技术集团、轮轴事业部、技术中心等政协委员和统一战线人士较多的单位,认真与政协委员、民主党派、基层支部建立了对口联系制度,彼此交换意见、共同推进工作。公司统一战线部门积极做好组织协调工作,为党委和统一战线成员的沟通协商做好衔接、联络工作,为政协委员统一战线成员民主协商提供一定的资金、物质等保障。

【加强党外代表人士队伍建设】 一是加大教育培训,提升统一战线队伍素质。马钢每年都把党外代表人士的教育培训纳入公司教育培训总体规划,建立联合调训机制,对党外代表人士培训工作做出统一安排,分层分级分类实施培训。按照“干什么、学什么,缺什么、补什么”的原则,有计划、有步骤的选送党外代表人士参加各类专题研修学习。同时,坚持将统一战线干部专题培训班纳入公司员工培训的重点项目,在举办各类年度重点培训班次时,都统筹安排党外代表人士参加,全面提高党外代表人士的业务能力。党的十九大胜利召开后,及时组织统一战线人士学习党的十九大精神,马钢党委宣传部长亲自为他们宣讲十九大精神,切实做到学懂、学透、学深。同时,有计划地选派一些政治素质好、发展潜力大的党外代表人士参加实践锻炼,帮助他们丰富阅历、积累经验、增长才干。

二是强化使用安排,拓宽选拔任用渠道。根据马钢高质量发展对人才队伍的强烈需要,根据党外人才广、多、专的特点,注重在马钢各行各业中发现人才,培养人才,选用人才。打破党外后备人才在少数人中选拔的传统模式,在马钢各部门单位通过广泛选拔,民主推荐和组织考察,建立包括党外高知、党外各级人大代表、少数民族人才在内的马钢党外人才库,把党外人才资源与党内人才资源统筹考虑。重点抓好党外干部发现、培养、使用、管理四个关键环节，按照省、市委统一战线部的部署要求，在马钢范围内开展党外代表人士和党外代表人士梯次选备人选推荐工作，分三批次向省、市委统一战线部推荐马钢党外代表人士57名，充实了马钢党外代表人士队伍。积极做好市政协十届马钢委员基本情况的登记汇总上报工作。顺利完成了市政协十届委员人选推荐及市十三届人大常委人选推荐考察工作。

三是加强人才储备，培养党外后备干部。马钢将党外后备干部纳入公司党政后备干部队伍建设的总体规划，统一部署、同步实施。重点做好条件比较成熟、拟提拔使用的党外后备干部的培养工作。坚持备用结合，实行动态管理。同时，把党外干部培养工作任务分解落实到各部门单位，要求基层党组织有计划、有步骤地引导一定数量的优秀干部留在党外，为提高党外后备干部队伍素质提供保障。随着党外人士年轻化的趋势日趋明显，马钢在发现党外代表人士方面注重向年轻群体延伸，把一批政治素质好、思想觉悟高的中青年人才纳入联系培养的范围，逐步形成党外代表人士的合理结构和年龄梯次，确保党同党外人士合作共事的连续性、稳定性。发挥互联网、内部论坛、微信群等新媒体优势，更多的吸引、团结年轻的党外知识分子。公司团委在青年党外知识分子的生活上给予关心，帮助他们解决大学生购房免息贷款，积极改善大学生公寓条件。公司人力资源部还挤出资金为大学生发放生活困难补助，从而稳定了青年大学生队伍，凝聚了奉献马钢的合力。

【发挥统一战线作用】 马钢党委始终把发挥统一战线工作优势、凝聚智慧与力量、服从和服务于马钢工作大局，作为统一战线工作的出发点和落脚点，牢牢抓住生产经营建设和改革发展的关键环节，调动一切积极因素，努力调动统一战线人士的积极性，同心同德，群策群力，维护和发展企业团结的政治局面，为马钢抗御市场危机，加快转型发展做出了积极贡献。

一是以献计献策为切入点，为马钢发展提供智力支撑。马钢统一战线人士结构具有多学科、多领域、多层次的优点，对此，马钢充分发挥统一战线人士人才荟萃优势，积极组织他们为企业改革发展建言献策。公司党委组织各界人士开展建言献策活动，工会开辟合理化建议平台，对政协委员、各界人士的意见建议进行重点收集，被有关职能部门采纳，产生了良好的经济效益。强化新媒体中的代表人士作用，加强线上互动、线下沟通，让他们在净化网络空间、弘扬主旋律等方面展现正能量。马钢政协委员、党外知识分子先后在内部局域网发布《转型时代马钢的对策》《推进战略性非钢产业发展的策略及路径思考》《马钢的战略性问题和紧迫性问题》等高质量的调研报告，引发了职工网友的广泛关注和热烈讨论。

二是以爱岗敬业为主题，为马钢转型发展提供精神动力。开展好各种围绕中心、服务大局的主题实践活动，是新时期党外代表人士队伍建设工作的基本工作方式和工作手段。马钢统一战线部门利用各种形式，充分调动党外代表人士的积极性、主动性和创造性，以做好本职工作的实际行动推动企业改革发展。不定期召集党外代表人士开展座谈、协商，征求意见建议。在马钢召开的党外人士协商会、座谈会和情况通报会上，党外人士结合自身工作实际，围绕深化降本增效、反对“四风”、维护群众利益等方面提出了10余条意见和建议。将开展“看马钢”活动，作为联系党外人士的桥梁，组织党外人士（包括离退休人员）参观马钢新区、车轮公司、彩涂板厂、H型钢等先进生产线，使他们亲身感受马钢改革发展成果，有力地增强了他们作为马钢人的自豪感和为马钢发展贡献力量的责任感。2017年上半年开展了“爱马钢、建家园”主题征文活动，共收到42个单位报送的征文作品138篇，各民主党派7个基层组织报送征文作品21篇，党外人士投稿率达80%，有14人获奖。充分展示了马钢各界人士热爱马钢、珍惜岗位、主动担当，共建共享美好家园的精神风貌。

三是发挥人大代表、政协委员履职作用，破解发展难题。马钢努力为人大代表、政协委员依法履职创造条件，提供保障。人大代表和政协委员也把履行职责作为首要任务，针对马钢发展亟待解决的问题，将实地调研与对策研究相结合，主动发出声音，积极呼吁，通过参政议政的渠道，着力解决马钢当前遇到的难题。马钢各级人大、政协代表提出的议案、提案，在企业土地征用、环保整治、创新扶持、减轻企业负担等方面发挥了积极作用。

（江　霞）

纪检监察工作

【基本情况】 深入贯彻落实党的十八届六中全会、十九大和习近平总书记系列重要讲话精神，按照中央纪委、省纪委、省国资委党委和公司党委工作部署，围绕公司“坚定不移深化改革，坚持不懈做强品牌”的工作主题，坚持全面从严治党，强化监督执纪问责，认真履行纪检监察工作职责，推进党风建设和反腐倡廉工作重点任务落实。深度嵌入公司各项重点工作，加强执行上级决策部署和公司改革发展各项举措落实情况的监督检查，参与公司品牌建设、人力资源优化、去产能、巡视问题整改、事故事件调查等工作，加强“十三五”重点工程建设项目监督工作，强化融入服务和监督保障作用，为公司生产经营管理和改革发展提供有力的纪律和监督保证。

【优化政治生态】　发挥理想信念引领作用，不断强化党性宗旨、党风党纪和社会主义核心价值观教育，协调推进“两学一做”学习教育常态化制度化、“讲重作”专题教育，通过开展学习研讨、对照检查、专题警示教育，编发专刊简报，组织习近平总书记重要讲话精神专题学习，邀请上海师范大学和省纪委、马鞍山市检察院专家、领导开展专题讲座，组织中高层管理人员180余人到省廉政教育基地开展党风党纪和警示教育，引导党员干部特别是领导人员树立“四个意识”，坚定“四个自信”，提升政治定力。进一步严明纪律要求，加强党内监督，维护党章党规党纪严肃性，开展各项纪律执行情况的监督检查，落实《中国共产党问责条例》及安徽省的实施办法，推进纪律建设，使各级党员干部心有所畏、言有所戒、行有所止。规范党内政治生活，督促各级领导人员结合党员活动日制度和矩阵式党建工作要求，深入基层开展工作调研、讲党课、跟班蹲点、谈心谈话、送奖、慰问等，提高党员干部对党忠诚、勤勉敬业的思想自觉和行动自觉。落实中高层管理人员问责管理，对4起事故事件涉及的7名公司中层管理人员制发问责决定书，分别给予行政警告、诫勉谈话、扣发绩效年薪等处理。

【压实“两个责任”】　层层压实全面从严治党责任，健全责任体系，细化责任要求，完善落实党风廉政建设“两个责任”约谈、考核和评议、责任追究等工作机制，形成一级抓一级、层层抓落实的工作格局。参与组织公司中高层管理人员述责述廉，部分基层单位党委书记、纪委书记在公司党委工作会议上述责述廉和接受评议，协助公司党委对117名中层管理人员及助理进行任前廉洁谈话，组织基层单位党委书记、纪委书记及直属总支、支部书记提交履职尽责情况报告。根据巡察发现的问题线索，配合公司领导对维护党的纪律不力的1家单位4名领导班子成员集中进行了诫勉谈话。

认真履行纪委监督责任，落实党风建设和反腐倡廉工作责任制，严把各类评选申报、代表预选和拟提任人员的廉洁审核关口，实行“一票否决”，强化各级领导人员“一岗双责”意识。严格执行中高层管理人员廉洁从业公开承诺制的规定，组织公司党委常委和领导班子成员带头签订承诺书，组织2016年7月以后新提任和岗位调整的98名公司中层管理人员进行廉洁从业公开承诺。常态化开展责任制检查考核，年初结合公司综合考核，对基层单位落实党风建设责任制情况进行检查，考核结果与领导班子及成员工作绩效、评优评先挂钩兑现；年中在组织各单位自查的基础上，组成6个督查组，对16家单位重点任务落实情况进行专项督查，并参与公司9个矩阵式党建区域指导组，对各基层单位党风廉政建设、12个方面违规行为专项治理等情况进行了集中检查。

【用好“四种形态”】　准确把握和运用监督执纪“四种形态”，协助党委加强基层单位领导班子民主生活审核指导和开展谈心谈话，把“咬耳扯袖”工作融入日常、抓在经常，提高实效。制定《马钢集团公司2017-2019年纪检监察目标管理实施细则》，加强基层单位信访举报工作指导、监督。规范受理信访举报和处置问题线索，加强信访监督和信息分析。全年受理各类群众举报185件，办结158件，进行函询20人次、谈话5人次、诫勉谈话17人次、责令纠错53人次，挽回损失、进行处罚、纠正违规资金等共计40多万元。

保持惩治腐败高压态势，对检察机关、市纪委等移送和公司督查中发现的共计18件问题线索进行初核，制发责成立案通知书、纪律检查建议书、监察建议书、立案决定书15份，责成相关单位对8名严重违纪的党员职工予以立案审查和处理，给予党纪处理8人、诫勉谈话3人、批评教育4人，同时收缴全部违纪所得，给予相应的经济处罚；对其中1名涉嫌违法犯罪问题线索移交司法机关依法处理。配合检察机关、公安机关对4起违法犯罪案件进行调查取证和处理。

加强执纪审理工作，审结案件20件，涉及20人，其中给予开除党籍11人、留党察看2人、党内严重警告1人、党内警告6人，解除劳动合同6人、留用察看1人、待岗察看1人。针对重大、有影响的案件，涉案单位以案为鉴，认真剖析，吸取教训，加强教育和监督，扎实开展个案预防工作。马钢作为省属企业代表参加了省纪委执纪审理工作座谈会。

【持续正风肃纪】　持之以恒落实中央八项规定

精神，严格执行省委三十条、马钢二十条规定要求，查处违反中央八项规定精神问题3起，其中违规公款吃喝1起、公车私用2起，对11名当事人给予诫勉谈话、责令作出书面检查、退出餐费及补缴车辆使用费等处理。配合市纪委处理1名中层管理人员在操办其女儿婚宴时违规收受礼金的问题，给予当事人党内警告处分。协调推进"酒桌办公"专项整治等工作，组织基层单位围绕公务接待情况，采取检查报销票据、调查了解、接受举报等方式，对本单位贯彻落实"禁酒令"，特别是使用公款购买消费高档白酒问题进行全面排查。持续加强重要节假日等时间节点党纪党规、廉洁从业宣传教育，畅通监督渠道，及时印发通知提出要求，在元旦、春节、五一、端午、中秋、国庆等节点，组织两级纪检监察机构开展作风建设督查和明察暗访，推动正风肃纪向基层延伸。密切关注"四风"问题新动向，有针对性地制定完善《关于严禁设立"小金库"的规定》《关于规范收入分配秩序、严肃收入分配纪律的暂行规定》等制度，组织基层单位开展无"小金库"承诺和公示，构建作风建设长效管理机制。

【强化效能监察】 进一步规范和巩固效能监察工作成果，修订集团公司《效能监察管理办法》《立项效能监察实施办法》，对2015-2016年度6家先进单位和32个优秀效能监察项目进行了评比和表彰。整合监督资源和力量，发挥专业优势，不断强化对人、财、物管理等重要领域和生产经营管理重点环节权力运行的制约监督。开展"强化机旁备件集中管理，提高备件使用率"的公司级专项监察，协调督促相关单位、部门完成11个机旁库的集中统一管理，制订《机旁备件管理办法》，开发、试用MRO系统的机旁备件管理模块，减少数亿元资金占用。对冷轧总厂酸洗切边卷管理及销售开展即时性效能监察，发现并堵塞漏洞4项，为公司挽回直接经济损失213万元，并通过完善定价机制，年增加销售收入1400余万元。持续深化项目联络员制工作，成立4个联络组，对47家单位49个项目进行规范性指导，实现全覆盖。继续加强设备检修工程外委、原辅料质量检验、能源介质外转供等专项工作的监督检查，并有重点地开展专题调研、专项监察和专项治理，制发监察建议书4份，提出监察建议16条。全面启动马钢"十三五"发展规划工程建设项目监督工作，成立监督机构，明确工作职责，制定工作纪律，派出监督组，修订廉洁承诺书，编发《监督工作手册》。针对公司招标管理制度执行情况开展专项检查，印发通报，对违规单位和人员进行考核；配合公司领导对2016年下半年4家、2017年6家责任单位主要负责人进行整改约谈，促进问题整改。

【预防职务犯罪】 制定《马钢集团公司预防职务犯罪2017-2020年工作实施意见》和重点任务分解，深化职务犯罪预防工作。加强纪律检查和警示教育，组织专题教育讲座，利用网络、新媒体等现代信息手段，加强党规党纪教育和廉洁文化、家园文化宣传，编印专刊简报8期；更新网上知识测试系统300题，组织20余家二级单位开展科级人员网上知识测试逾700人次。深刻剖析党的十八大以来查处的典型案件，组织编写《警醒Ⅲ——马钢反腐倡廉典型案例剖析》教育读本，发放4000余册，并开展学习体会文章评选，用好反面教材，促进规范管理。推进廉洁风险防控常态化管理，组织基层单位开展廉洁风险防控测试工作。马钢预防职务犯罪工作经验，受到省纪委、省检察院、省国资委纪检组好评，创新"互联网+教育"工作模式、编印典型案例剖析读本用身边事警醒身边人等做法先后在相关网站、《廉政风云》刊物上予以报道。

【加强自身建设】 持续深化"三转"，突出"管理的再管理、监督的再监督"职能，优化内部人员配置，强化监督力量，逐步减少事务性和参与性工作。突出执纪监督和查办案件，重点受理和办理对党员、监察对象的检举控告，查办上级交办件及司法机关移交的问题线索。全年梳理分析出问题线索140件，占全年信访量的75.6%；坚持"多办少转"，注重提高自办件质量，办结84件，占全年办结件的53.2%。加强基层单位纪委组织建设和业务指导，组织纪检监察人员业务培训，开展革命传统教育，提高纪检监察人员政治素质、业务能力和执纪水平。严格执行监督执纪工作规则，梳理优化信访监督、纪律审查等监督执纪工作流程，强化自我监督，把监督执纪的权力关进制度的"笼子"，努力建设一支让组织放心、职工群众信赖的纪检监察队伍。大力倡导调查研究和理论研讨，部分成果被省纪委驻省国资委纪检组简报摘要编发或向上级机关推荐，1篇论文获中国冶金政研会二等奖，3篇论文在全国钢铁企业纪检监察工作研究会十三次年会论文评选中分获一、二、三等奖。公司纪委原信访检查室副主任潘兴炉被评为全省纪检监察系统先进工作者。

（鲁世宣）

党委巡察工作

【完善巡察工作机制】 深入贯彻落实全面从严治党要求,进一步深化矩阵式党建工作,结合实际制定了《马钢集团公司党委推进巡察全覆盖的工作方案》,从"加强组织领导、健全制度体系、稳步推进实施"三个方面整体谋划、系统安排巡察工作,明确时间表和路线图,做到渐次开展、压茬推进,推进公司党委本届任期内对直属基层党组织的全面巡察。建立了听取巡察工作汇报制度,公司党委常委会、巡察工作领导小组分三次听取了巡察情况报告,制定《马钢集团公司党委2017年巡察工作意见》,研究对巡察发现问题的处理,加强巡察队伍建设,全力支持巡察工作,把巡察工作推上新高度。年中,公司党委召开巡察工作专题会,重点研究了巡察、审计、监事工作协调推进、形成监督合力的问题,部署进一步加强巡察工作,打造公司巡察工作升级版等相关事项,把巡察工作向纵深推进、向基层延伸。针对巡察发现的问题,公司领导落实党风廉政建设"一岗双责",督促分管领域和联系单位强化问题整改,有效发挥巡察的震慑、遏制和治本作用。巡察机构严格台账管理,建立问题清单、任务清单、责任清单和管理建议台账,定期对账、跟踪督办、办结销号,督促整改工作落在实处。

【系统谋划科学组织】 根据公司党委工作部署,巡察办科学合理安排全年巡察工作任务,拟定了具体的实施计划、工作程序、工作重点和要求,确立巡察对象,全年组织实施了两轮巡察,针对巡察工作任务重的实际,严格按照相关规定的标准和条件,采取选调公司中层管理人员后备干部以及通过内部调剂、临时抽调等方式充实巡察力量,2017年共抽调68人次,成立了6个巡察组。坚持问题导向,聚焦重点工作,把被巡察单位学习宣传贯彻党的十九大精神、落实全面从严治党要求,以及深化矩阵式党建工作和贯彻执行重大决策部署放在巡察工作突出位置,同时将"两学一做"学习教育常态化制度化、"讲重作"专题警示教育及12个方面违规行为专项治理、公务用车的使用和管理等工作作为重点巡察内容。对具有业务关联性的单位开展同步巡察,促进巡察组间加强协作,便于集中发现系统性和规律性问题,梳理企业内控缺陷,达到防范风险、强化管理、促进工作的效果。根据公司工作部署,启动对"十三五"重点工程建设项目的监督,制定了《关于对马钢"十三五"重点工程建设项目开展巡察的实施方案》,督促检查工程建设有关法律、法规和公司相关制度、规定的贯彻落实,防范廉洁风险,打造优质高效廉洁工程。

【驻点巡察】 4月27日至7月19日,三个巡察组采取"一托三"的巡察方式,分别对销售公司、铁运公司、四钢轧总厂、汽运公司、热电总厂、姑山矿进行了常规巡察,对输送设备公司、商品混凝土公司和广州加工中心开展了专项巡察;11月1日至11月16日,三个巡察组分别对采购中心、检测中心进行了常规巡察,对粉末冶金公司开展了专项巡察。巡察组进驻被巡察单位,均按照程序召开巡察工作动员会,各组组长进行动员,宣布巡察工作时间、重点内容,公布信访举报途径;公司领导陈冬生和巡察办负责人出席动员会,对巡察工作提出明确要求;被巡察单位主要负责人代表各自领导班子作表态发言;《马钢日报》、马钢宣网及被巡察单位宣传媒介同步公开巡察公告。驻点巡察期间,巡察组按照"广泛听、深入谈、全面看、仔细查"的工作要求,组织了651人次参加对12家单位领导班子以及49名领导班子成员的民主测评;听取被巡察单位党委、行政、纪委专题汇报;编制被巡察单位中层以上管理人员个别谈话安排表,开展个别谈话391人次;为全面掌握情况,在听取汇报、受理信访、个别谈话、调阅资料等方式的基础上,坚持"下沉一级",深入到40个基层分厂(车间)、作业区走访调查,广泛收集基层干部职工的意见和建议,做到点上深入挖掘,跟踪锁定,切实把问题摸准摸透,佐证扎实。公司领导陈冬生和巡察办负责人多次到驻点指导巡察工作,掌握巡察进展情况,帮助巡察组解决难题。

【督促巡察问题整改】 巡察组通过深入调查了解,发现了党建工作逐层弱化、党风廉政建设"两个责任"落实不到位、执行选人用人制度规定不严、工程项目管理不规范、物资和资源管理粗放、采购管理存在薄弱环节、财务制度执行不严、薪酬分配违规、分(子)公司风险管控意识不强等方面存在的179个具体问题。为准确把握问题,巡察组集中全组智慧,对巡察报告中提到的每个问题的表象、本质及其内在联系等,进行全面深入地分析,形成客观系统的认识,提出的整改意见和建议能够"对症下药",及时向公司巡察工作领导小组提交《巡察工作报告》,向公司党委常委会汇报巡察工作开展情况,综合反映巡察发现的问题,提出初步处理意见和建议。根据审定结果,巡察组按要求向被巡察单位反馈问题，并提出相应整改建议97条，同时将问题线索移交相关职能部门处理，督促被巡察单位进行全面整改。巡察机构和相关部门指导被巡察单位制定整改方案、分解细化整改措施，全年12家被巡察单位根据巡察组反馈意见，认真梳理问题清单，逐条落实整改责任，制定整改措施416项，建立长效制度163项，整改工作取得阶段性成果。为强化巡察震慑作用，落实责任追究，集团公司领导召集纪委（监察审计部）、巡察组负责人，对被巡察单位15名党政主要负责人（含科级1人）进行了约谈，对4名相关责任人进行了诫勉谈话，指出问题，督促整改，并责令相关人员上缴违规领取的薪酬。

【强化巡察成果运用】 坚持问题导向，进一步完善巡察成果共享机制，推动标本兼治，在解决个性问题的同时，重点解决共性问题，分两次下发巡察情况通报，对巡察发现的主要问题和处理结果进行公开，要求各单位、部门引以为戒，自查自纠，强化制度执行。在集团公司党委开展的12个方面违规行为专项治理工作中要求对2015年、2016年巡察发现问题的《管理建议书》落实情况开展专项治理，巡察办及时跟进督办，加强统计和分析，系统评估整改工作，查找整改过程中存在的问题，跟踪督促解决，进一步巩固整改效果。同时注重对普遍性、倾向性问题的总结归纳和分析判断，2017年底，巡察办就巡察发现的带有一定普遍性的问题，提出问题整改的管理建议28条，以公司党委办公室行文印发《关于下发〈2017年巡察发现问题的管理建议书〉深化问题整改工作的通知》，从公司层面分解落实责任领导和责任单位（部门），巩固巡察成果，深化成果运用，使发现问题、推进整改、深化改革、做强品牌、促进发展环环相扣，形成巡察工作的“闭环效应”。

（江　勇）

工会工作

【群众性经济技术创新工作】 以“品种开发、品质提升、品牌创建”为主攻方向，着力打造“六位一体”职工经济技术创新模式，有效助推了公司生产经营建设。发挥劳动竞赛“提质增效”作用。先后组织开展铁前系统“指标升级和均衡高效生产赛”“钢后系统对标赛”“矿山质量效益赛”“设备综合效率OEE竞赛”“能控节能降耗赛”“EVI项目赛”“十三五”期间重点工程赛，以及“大干四季度、建功十三五”全员劳动竞赛，极大地调动了广大职工的积极性、主动性和创造性。大力提升职工队伍整体素质。结合公司人力资源优化、大工种推进和行业技能竞赛等，开展马钢第八届职业技能竞赛。在近5000名岗位职工中选拔出1700名选手参加本届职业技能竞赛，表彰了15名“岗位技术状元”、75名“岗位技术能手”、60名“优秀选手”。营造了崇尚劳动、追求卓越的浓厚氛围。

深化品牌创建活动。以产品研发、设备改进、质量提升为重点，加大扶持力度，创建了一批职工（劳模）创新工作室。召开马钢首届职工经济技术创新成果发布会，命名表彰钢结构公司张烨等杰出工匠4名、一钢轧总厂解文中等优秀工匠14名；编发《群众性经济技术创新工作指南》，总结发布一线职工创新成果6项。制定出台《马钢工匠基地建设管理办法》，矿山、炼铁、冷轧、检修工匠基地相继建成并逐步发挥作用。稳步推动合理化建议常态化开展、实施和转化工作，共征集合理化建议8796条。积极开展岗位创新活动，25家单位申报岗位创新创效成果172项，其中33项成果获公司级表彰；自动化公司程鹏的“优化冷轧薄板精整处理线控技术”项目荣获省“首届职工技术创新成果”二等奖。

【企业民主管理】 不断完善健全以职工代表大会为基本形式的民主管理制度，切实落实好职工群众知情权、参与权、表达权和监督权。做好公司去产能职工分流安置有关工作，就《关于公司离岗安置政策调整的若干规定（讨论稿）》，广泛征集职工群众的意见和建议，充分协商各方，促进职工安置平稳有序和职工队伍稳定。落实《安徽省人民政府关于在化解钢铁煤炭行业过剩产能中做好职工安置工作的意见》，全年完成去产能稳岗转岗培训1703人次。发挥职工代表参政议政积极作用，围绕公司新产品开发、品牌建设、重点工程和多元产业，组织公司职工代表开展视察。深入推进厂务公开，将厂务公开民主管理工作纳入公司党委巡视工作，实施专项巡查。突出源头参与，平等协商、按期续签新一轮《集体合同》《女职工权益保护专项集体合同》《工资专项集体合同》。指导耐火材料公司等改革改制单位依法履行民主程序，维护好职工合法权益。调整集团公司劳动争议调解委员会成员，妥善做好去产能职工转岗安置中劳动争议调解工作，积极宣传劳动法律法规和企业规章制度，促进建立规范有序、和谐稳定的劳动关系。

【维权帮扶工作】 深入实施“春送慰问、夏送清凉、金秋助学、冬送温暖”四季送品牌工作。开展困难职工生活状况调查,对中央帮扶平台中 543 户困难家庭情况进行排查、核实、清理,完成“一对一”结对帮扶 240 户。“两节”期间,各级工会走访慰问困难职工近万人次,发放慰问金、救助款 754 万元。职工互助帮困资金全年救助大病职工、家属 504 人次,发放包括离退休职工在内的大病救助金近 600 万元。43 名困难职工子女领取“金秋助学”金 14.5 万元。认真审核在档非因公死亡职工供养直系亲属 448 户 453 人,全年累计发放抚恤金 268 万元。职工互助保障计划全年参保 3.6 万余人次,上缴互助费 236 万元,办理赔付 562 起,发放赔付金 125 万元。参与公司职工商业保险续保、条款修订及理赔工作,全年 39 名职工获重疾理赔款 312 万元。安排包括“劳动模范”“马钢尖兵”“十大女杰”在内的职工休养近 1800 人。高温酷暑期间,筹集资金 200 余万元,由公司领导带队上炉台、走轧线、进班组,看望慰问坚守高温岗位的一线职工。各基层工会也积极筹措专项资金,为职工购买和发放各类防暑降温用品,保证了职工平安度暑,维护了职工职业安全与健康权益。

【职工文化建设】　强化社会主义核心价值观教育,丰富职工文化建设。大力弘扬劳模精神和工匠精神,积极开展劳模和各类先进集体评选表彰工作,公司命名表彰了 22 名劳动模范、12 个先进厂(公司)、6 个先进部室;经推荐,轮轴事业部钟凛等 16 名职工被授予省劳模、市劳模等荣誉称号。唱响主旋律,与党委宣传部共同举办年度新闻人物选树活动,联合开展“马钢的故事”宣演活动,2500 余名职工现场观看宣演节目并受到了教育。成功承办全国工会职工书屋创新发展论坛,港务原料总厂、煤焦化公司等一批单位被授予全国总工会、省总工会职工书屋示范点称号。《职工大讲堂》精心选题,相继宣传了品牌、工匠、创新等理念知识和一线职工的创新做法。成功举办马钢首届职工健身运动会,50 家单位 4000 余名职工参加了历时近 8 个月的 9 大类赛事。

【工会自身建设】　公司各级工会组织认真学习习近平总书记关于工人阶级和工会工作重要论述,学深悟透,抓好落实。党的十九大召开后,通过安排工会干部集中收听收看、组织座谈交流、举办工会干部培训班等,深刻领会十九大精神以及习近平新时代中国特色社会主义思想的精神实质,引导工会干部牢固树立“四个意识”,不断增强“四个自信”,坚决维护习近平总书记在党中央和全党核心地位,坚决维护党中央权威和集中统一领导,积极引导广大职工听党话、跟党走。认真落实《关于新形势下党内政治生活的若干准则》和《中国共产党党内监督条例》等党内法规,组织开展“两学一做”学习教育和“讲、重、作”专题教育,深入推进工会系统党风廉政建设,努力把“两个责任”落到实处。

按照全总《工会基层组织选举工作条例》要求,督促基层工会按期换届并将两委委员等工会干部配备到位。积极争取整合全总、省、市等培训资源,采取“送出去、请进来、派下去”的方式,加大工会干部培训力度。670 余人次参加公司级以上业务培训,促进了公司专兼职工会干部业务素质提高。进一步推进“互联网+”工会服务平台建设,采集完成 57 家工会基层组织和 4.5 万余名会员信息。完成公司工会信息化工作平台覆盖移动端的 APP 设计。各级工会认真贯彻落实中央八项规定和全总、省总加强基层工会经费收支管理的有关精神,严肃财经纪律,加强财务管理,扎实开展工会经费审查和工会主席离任审计,为工会各项工作提供了坚实的物质保证。

【女职工工作】　发挥女职工组织优势,深入推进巾帼建功竞赛,开展巾帼岗位“展风采,树形象”活动、第八届“十大女杰”评选活动、“爱心牵手行”巾帼志愿活动、“树品牌展巾帼风采,读好书育家园情怀”活动,深化和谐家庭创建,女职工队伍整体素质进一步提升。

【荣誉】　2017 年,集团公司工会先后荣获全国“安康杯”竞赛优胜企业、全总工会财务工作先进单位、全国职工互助保障先进单位荣誉称号;公司产业工人队伍建设系列读书学习活动被评为全国工会职工书屋品牌活动示范项目;在中央网信办和全总网络部开展的“网聚职工正能量,争做中国好网民”主题活动中,集团公司工会荣获二等奖。

(张　伟)

人民武装工作

【基本情况】　2017 年,马钢武装工作坚持以习近平强军思想为指引,认真贯彻新形势下军事战略方针,狠抓后备力量建设、战备训练、国防动员等各项工作的落实,确保了年度各项任务的圆满完成。

【后备力量建设】　按照军分区统一部署,完成了 2017 年度民兵组织整顿工作。公司基干民兵组建任务分为三类，一是应急力量，马钢民兵应急队伍编为应急排；二是专业力量，有防空分队、防化救援分队、工程抢修分队、保交护路分队、装备维修分队共五个分队；三是普通民兵，普通民兵为2017年重点建设队伍。根据上级军事机关的要求，完成了民兵工作管理系统、退伍军人管理系统、地方与军事专业对口技术人员管理系统和预编预备役人员管理系统的登记录入工作，并制作上报了马钢基干民兵花名册、马钢现役部队预编预备役人员（查找人员）花名册、马钢预备役部队预编人员（防化侦测员）花名册。

【军事训练】 推进训练模式转变，抓好民兵分队训练和学生军训工作。以强军目标为统揽，坚持为战而训、按纲施训，加强训练作风建设，着力提升实战化训练水平。按照军事训练计划，2017年11月5日至25日指导南山矿武装部开展民兵防化分队训练，参训人数为29人。训练主要课目包括防毒面具、防毒衣、侦毒器的使用，侦检方法、防化学侦察战术、防化救援等，并开展了防化实地侦检演练。根据武装部年度工作计划安排和相关学校申请，9月份从相关单位抽调年轻优秀退伍军人担任教员，协助相关学校完成了学生军训任务。

【国防动员】 认真贯彻全国民兵工作会议精神，大力开展动员潜力调查，提高动员准备的针对性。及时调整补充国防动员委员会和武委会领导成员，协调落实各项机构，明确职责任务。按公司指示及市经信委的要求，联系协调公司科技管理部完成马钢“服务国防和军队建设信息采集”任务。根据市军分区指示，完成收集整理马钢军史资料材料上报工作。增强国防教育，提高全员国防观念。在全体干部职工中大力开展战备教育、民兵光荣传统教育。指导各二级单位武装部充分发挥现代传媒功能，逐步建立全方位、多渠道的国防教育平台，组织形式多样的国防教育活动，进一步提高广大干部职工的国防意识。邀请教员到有关单位开展国防知识讲座，落实“全民国防教育日”活动，让全体职工牢固树立经济建设与国防建设协调发展的思想。

【双拥和民兵参建工作】 “八一”期间对公司45名特困复转退军人进行了慰问，并走访慰问了马鞍山军分区、马鞍山武警支队、马鞍山消防支队等驻军单位。指导各单位结合实际加强军民共建，通过座谈会、表彰、慰问等形式做好双拥工作。开展了纪念建军90周年系列活动、双拥模范城迎检工作；完成了在企业退休的1953年底后入伍参战参试退役战士情况统计审报与审批工作以及17名退休的“涉核”老兵体检任务；向市民政局上报了“两参”人员花名册；完成了军分区下达的专武干部情况调查与统计工作。指导各二级单位武装部积极贯彻落实公司职代会、党委工作会议精神，适应新的形势和任务的要求，认真抓好民兵“参建”工作，动员民兵骨干在公司去产能，加快转型发展中充分发挥突击队作用，为共建共享马钢美好家园凝聚智慧和力量，确保“参建”活动的质量和实效。

【防汛工作】 做好防汛准备工作。4月上旬，起草下发了2017年马钢防汛工作意见，启动了汛期24小时值班，组织开展了矿山尾矿库汛前检查。5月上旬会同物资公司对防汛物资进行清仓盘库，备足备齐防汛物资。举办了防汛抢险知识培训班和防汛抢险演练。组织承担防汛任务的13家单位上堤熟悉地形，认领任务。全力应战，确保防守堤段安全度汛。6月9日，根据市防汛指挥部发布的防范强降雨紧急通知，马钢迅速启动应急预案，通报情况，提出要求，明确责任。公司防汛办和各防守单位进行了巡堤查险，防汛排涝工作全面进入“临战”状态。10日下午降雨逐渐停止，由于应对及时，措施有力，马钢生产未受影响，防汛排涝工作经受住了考验。整个汛期，公司防汛办密切关注雨情、水情变化，积极协调处置内涝隐患，组织防守单位开展巡堤查险工作，有力保障了公司担负的8309米江河堤坝的安全度汛。

【人防工作】 完成人防工程的维护和改造。按照省政府、省人防办、市人防办的要求，开展对马钢早期人防工程的专项治理工作。完成了马钢人防“九一”工程战备医院4洞室的除险支护及洞室被覆、“九一”工程1号洞口房的危房改造项目；对1号洞口二处的老旧危房进行拆除。加强人防工程安全管理，对人防工程进行防火、防汛、防漏电、防塌方、防有害气体侵蚀及灭虫、灭蚁等经常性检查，有力保障了人防工事的安全。配合市人防办做好马钢集团公司防空救灾警报器的卫星定位工作。对安装在马钢的24台防空救灾警报器进行检查和维护，保持了较好的使用状态。完成了全市“9·18”防空警报试鸣工作，鸣响率达100%。

（吴　雄）

保密工作

【基本情况】 2017年,马钢保密工作认真落实上级保密组织的工作要求,着力夯实基础管理,大力构建人防、物防、技防相结合的综合防范体系,确保了国家秘密和商业秘密的安全,为马钢盈利水平创出新高提供了有力的支撑。

【保密责任落实】 2017年,根据公司党委的安排,公司保密委员会及时召开第四十二次会议,明确了全年保密工作的指导思想及重点任务。根据公司领导层的分工变化及机构调整,及时调整了公司保密委员会。按照公司定密工作程序规定,确定了公司定密责任人和指定定密责任人。为确保保密责任的最终落实,公司党委将保密工作纳入对各单位领导班子和领导人员的年度综合考核中,引导各级领导干部高度重视保密工作,在实际工作中做到与业务工作同部署、同检查、同考核。

【保密制度建设】 公司制定了《马钢集团公司定密工作程序规定》,为定密工作的规范化、精准化提供了制度保证。为加强对公司各类商业秘密的管理,科技、信息等专业保密办修订下发了《技术秘密管理办法》《马钢集团公司信息系统安全管理办法》等规章制度。

【保密监督检查】 认真组织公司涉密人员开展保密自查。科技保密办对2016年度科技论文保密审查工作进行抽查。信息保密办针对公司整体ERP系统、马钢外网等公司重要信息系统和重点网站进行了信息安全自查。2017年,省保密局、省国防科工办对公司开展了两次保密工作安全检查。经过公司保密办、军工保密办、党委宣传部等相关单位的共同努力,马钢保密工作顺利通过检查,得到了省保密局、省国防科工办的较高评价。

【保密宣传教育】 按照中央保密办、国家保密办关于开展领导干部保密教育轮训的有关文件精神,组织集团公司领导及公司军工涉密人员分批分次赴省保密教育中心参加保密教育轮训。公司下发了《马钢"七五"保密法治宣传教育实施方案》,力争通过5年努力,建立具有马钢特点的保密法治宣传教育体系。科技保密办先后在合肥板材、三铁总厂、南山矿等多家单位开展技术秘密管理讲座,并多批次开展了对新入职的大学生保密知识讲座。外事办对出国(境)团组开展全部人员安全教育,并邀请国家安全局人员专门授课。

【保密专业管理】 强化网络信息安全系统管理。在党的十九大召开前,对公司网络进行安全检查,对关键服务器、互联网网站等进行了漏洞扫描。加大军工科研生产管理力度,认真完成各项军工生产及保密管理任务。在技术秘密管理上,针对技术秘密文件不能通过公共网络进行传递,又要及时进行传递和保护等实际问题,在知识产权管理系统中加入技术秘密审批、备案和创新奖申报平台。

(陈 扬)

信访工作

【基本情况】 2017年,马钢集团公司信访办受理信访事项总量817件次,其中来信80件,来访737人次;发生集体访21批376人次。与上年相比,信访总量下降30.9%,来信上升110.5%,来访下降35.6%,集体访批数下降34.4%、人数下降62.8%。处理市长公开电话479件,比上年下降4.6%。省、市交办的信访事项15件,办理网上信访18件,均按时上报,报结率100%。至今没有省、市交办的信访积案,保证了公司信访总体形势平稳、有序,在职职工队伍和离退休职工队伍稳定。

【工作目标完成情况】 2017年,马钢集团公司在职职工进京一人(未被国家局和公安机关登记),离退休职工未发生进京非正常访、进京越级访和集体上访,赴省上访人数较上年略有下降;省市交办的信访事项办结率达100%。在全省和全国"两会"及党的十九大期间等重点时段,出色完成了信访稳定任务。在全省信访工作会议上,马钢集团公司再次被省委省政府授予"2016年度全省信访工作目标管理优胜单位"称号。安徽省国资委授予马钢集团公司"2016年度省属企业信访工作优秀单位"称号。同时,省国资委还授予马钢集团公司信访办"十九大维稳安保工作先进单位"称号。

【主要工作开展情况】 上半年,集团公司召开了2017年度马钢集团公司信访工作领导小组会议,分析信访形势,排查信访隐患,落实信访工作责任,并下发了《2017年马钢集团公司信访工作意见》,对年度马钢信访工作做出了具体部署。公司领导坚持群众路线和为民办实事的思想，认真批阅职工群众来信，批阅数占来信总量的70%；同时，认真执行领导处理信访问题决策制度，针对出现的疑难信访问题，及时召开信访专题会讨论研究，全年公司领导共召开信访专题会21次。

2017年，中央环保督查到安徽，根据公司《中央环保督查组督查期间马钢迎检工作方案》的统一安排和部署，公司信访办强化应急响应机制，对涉及环保问题的投诉，及时明确责任单位进行转办交办，并对办理情况进行跟踪督办、反馈，落实专人负责，每天实行“零”报告制度。督查期间共受理环保投诉建议16起，均提前完成整改落实。与此同时，认真接待和处理各类突发事件和集体访，及时掌握情况，耐心安抚疏导，实时关注事态发展，准确及时上报信息，为领导决策提供可靠依据，并认真按照公司领导批示办理，跟踪落实稳控措施到位，与责任部门和单位一起，及时做好事件处理工作。

【落实源头预防】 信访办按照公司《关于建立马钢重大事项社会稳定风险评估机制的实施意见(试行)》文件要求，坚持信访形势分析，进行信访问题排查，评估信访稳定态势，对重点信访事项落实领导包案责任制。对信访事项中反映较多的人事劳资、工伤待遇、职工住房、困难帮扶、厂区环境污染等问题，职能管理部门强化工作职责，严格按政策和规定办事，保持政策和规定的严肃性，避免因执行政策和规定不严谨而引发信访问题。在涉及职工切身利益的重大决策时，把信访稳定、风险预防放在首位，通过广泛宣传，让职工早知情。在重大决策实施过程中，通过信访渠道的早介入，加强与职工的沟通，及时解疑释惑。为妥善处置原马钢医院内退职工集体访可能引发的突发事件，公司信访办根据《马钢集团公司突发事件总体应急预案》《马钢中高层管理人员群体性事件问责细则(试行)》，制定了《原马钢医院内退人员集体访突发事件专项应急预案》，将工作重心前移，健全工作机制，落实工作责任，大部分矛盾纠纷得到及时化解，一些可能影响稳定的集体访得到有效控制。

【重点时期信访工作】 根据国家、省、市对重点时期信访稳定工作的部署，公司信访办在全国“两会”、省“两会”及十九大期间，选派一名信访工作人员参加市接访劝返工作组，做好信访维稳和接劝返工作。特别是党的十九大召开是2017年党和国家的大事，也是对信访维稳工作的严峻考验。对此，公司领导高度重视，及时召开信访工作领导小组扩大会议，部署相关工作，信访维稳部门迅速行动，通过“超前排查，关注源头，密切配合，有效稳控，认真落实责任追究”等措施，保证了党的十九大期间公司信访形势稳定，并成功化解了一起在职职工因个人离婚纠纷案的进京事件，未给马鞍山市及马钢集团公司造成不良社会影响。同时，对省、市交办的重点信访隐患和重点信访稳控对象，及时进行梳理，并依据《信访条例》相关规定，落实责任单位、包案领导、责任人，确保在重点时期未发生去省进京上访。在重点时期，信访办坚持24小时值班制度，及时掌握公司的信访动态，实行零报告制度。由于公司领导重视，在各部门共同努力下，在重点时期，马钢信访形势稳定，没有发生大规模越级上访事件，受到省国资委的表彰。

【信访工作规范运作】 2017年，围绕国家、省对于基层信访督查工作的开展，公司信访办加强与市信访局的沟通，对于信访事项办理的各项要求进行逐条自查和完善。一是对信访人反映的问题，提出的诉求，认真给予研究，依法依规，妥善处理，并依据国务院《信访条例》和《安徽省信访条例》的相关规定，严格执行信访事项受理、告知、反馈、送达程序，每一环节均规范操作，并留下痕迹，严格规范信访办理流程。二是积极引导信访群众严格按照信访事项首办、复查、复核三级信访程序反应诉求，有效规范信访秩序。三是根据省国资委要求，开通“安徽省信访信息系统”，以网络信息化平台，切实提高信访事项办理质量和办理效率。

（张　磊）

机关党的工作

【理论宣传教育】 一是加强理论学习。以深入学习贯彻落实党的十八届六中全会精神和习近平总书记系列重要讲话精神为重点，坚持党委中心组学习制度，组织党委中心组理论学习会(或扩大学习会)48次。按季度编发两期党委中心组和职工理论学习计划，编辑理论学习要点72个学习思考题。要求各党总支、支部以“三会一课”制度为平台，建立学习教育的长效管理机制，做到学习内容、人员、时间和记录的“四落实”，努力提升机关管理人员的政治素养和理论水平。

二是明确任务，稳步推进。按照公司党委的统一安排部署,制定“两学一做”常态化制度化专题教育及“讲政治、重规矩、作表率”专题教育活动任务分解表,明确各项工作任务。完成机关21个部室“两学一做”学习教育常态化制度化督导报表汇总和上报工作。安排2个支部作为省委“两学一做”常态化、制度化督导备查单位。

三是认真组织党委民主生活会及各部门的组织生活会。根据公司党委统一部署,制定了机关党委“讲重作”专题警示教育民主生活会会议方案,下发征求意见登记表,征求各部门对机关党委的意见建议,为开好民主生活会做好准备。同时,对各部门的组织生活会提出了具体的要求,严格按照“会前征求意见、会上开展批评与自我批评、会后制定整改措施”的程序和要求,按期召开组织生活会。全面落实双重组织生活会的要求,安排机关党委的领导参加部门的组织生活会。

【党建特色工作】 一是优质服务主题实践活动。以改进机关工作作风为主线,以提升服务质量与效率为重点,以确保服务对象满意为标准,扎实稳步推进“优质服务”主题实践活动。通过首问负责、限时办结、一次性告知、责任追究等方面责任落实,规范工作流程、办事程序和制订部门服务承诺书,创新工作方式,着力营造文明、和谐、优质、高效的服务环境,积极树立机关部门的新形象。

二是“创建品牌、我在行动”专项活动。引导公司机关全体员工积极响应公司号召,为公司品牌建设提供更加优质高效服务,在公司机关全面开展“创建品牌、我在行动”专项活动,引导员工树立和实践“把本职工作做到极致就是品牌”理念,组织开展机关青年“岗位创品牌”大赛等品牌创建活动,共征集到41个岗位创新项目,并对优秀的作品进行了表彰,促进机关管理工作创品牌。

三是“优质服务、结对共建”。深化矩阵式党建工作,打造跟班蹲点升级版,开展以“优质服务、结对共建”为主题的机关部门与基层单位党建结对共建活动,机关35个党支部分别与基层党支部结对子。各党支部根据活动要求,纷纷组织机关党员与基层党员共同开展学习教育等活动,通过与基层职工零距离接触、面对面交流,进一步了解基层的需求,增强与基层的互动,促进机关职能部门参谋、监督和高效服务作用的发挥。公司领导带头深入到基层结对党支部开展党建结对工作,为基层党员上党课,并落实了双层组织生活会。全年机关部室跟班蹲点共682人次,收集职工建议156条,已解决89条。

【党建基础工作】 一是党建标准化建设。扎实推进机关部门党建标准化建设工作,机关21个部室党组织按要求完成了国有企业基层党组织标准化建设摸底自查工作,形成了“三个清单”。机关党委选取基础条件较好的计量处党总支、公积金中心党支部、党委工作部党支部等作为试点,先行推进党建标准化工作,建立党员活动室,规范党建工作基础台账。机关党委在公积金中心党支部党员活动室召开党建标准化现场推进会,进一步明确了党建标准化工作要求。机关党委场所建设已经完成,根据机关办公条件的实际情况,在有条件的部门按照要求建立独立的党员活动室,对公司机关集中办公的部门,采取共用党建活动室的方式。党员活动室的方案已基本设计完成,并已全部安装落实到位。

二是提升党建业务水平。针对机关部门党建工作存在的问题,机关党委举办了一期机关党建业务培训班,组织机关各部门具体从事党建工作的人员,学习相关业务工作流程,交流《党支部工作手册》规范填写的要求,建立季度机关党建工作交流督查机制,按季度开展支部工作交流督查,规范基层党组织活动。

三是评先表彰活动。“七一”前夕,评选表彰了10个先进基层党组织和55名优秀共产党员。推荐2个党支部,3名优秀共产党员,1名优秀党务工作者出席公司党委表彰;1个支部和3名党员分别被评为公司党员安全“两无”先进集体和个人。根据《关于开展2017“年度人物”评选宣传活动的通知》要求,组织推荐5人作为“年度人物”候选人。开展了困难党员慰问工作,共慰问14名生活困难党员,班子成员分别带队上门慰问生活困难党员。在“七一”期间,组织机关近两年的入党人员20多人,赴濮塘烈士陵园开展瞻仰缅怀、重温入党誓词活动。

四是形势任务教育。通过报纸、电视、网络等形式,组织开展各种形势任务教育,让职工知形势、明责任,尽职责,增强主人翁意识、凝心聚力,有效地调动职工工作的积极性。在二季度,围绕习近平总书记系列讲话、五大发展理念、四个全面、马钢和青年的成长等几个方面,给机关部室40多名机关团员、青年党员代表上了一次专题党课。通过党委书记讲党课活动,为机关广大青年团员的成长发展指明了方向,提供了动力,增强青年职工的大局意识、责任意识。

【党风廉政建设】 一是围绕机关部室承担的管理职责和制定的管理制度,认真履行了监督检查职能,促进了管理水平的提升。组织机关处级人员执行廉洁从业规定自查情况统计汇总和上报工作。2017年，机关纪委审理了一起违纪违法案件，并根据《中国共产党纪律处分条例》对违纪违法党员作出了党内警告处理。按照个案预防工作的运行程序，开展个案预防工作，总结汲取违纪违法案件教训，认真落实党风廉政建设“两个责任”，在有关部门全体党员干部、员工中开展预防和警示教育工作。

二是按照公司廉洁风险防控工作要求，开展了检查和整改汇总上报工作。采用各机关部门自查和机关纪委抽查等方式进行，共涉及机关21个部室，78个流程，102个部门科室，232个风险点，涉及的一级风险点51个。各风险点均按要求制定的防范措施，并已按要求整改完成。

【群团和武装工作】　一是工会突出重点，融入中心工作。为机关女职工推荐发放《品牌是什么》《设计幸福》等书籍，征集了读后感46篇，并向公司工会女工部选送26篇读书心得文章。组织开展《马钢--我的家园我的家》女职工主题征文活动，共征集文章27篇；为机关545名女职工《女职工特殊疾病保险》的续保工作；组织开展了“职工文明家庭”评比、表彰，选出29户文明家庭；被评为2016年度女职工工作先进单位。

二是机关工会开展了公司机关2017年合理化建议征集活动，向各部室下发了《关于开展机关2017年合理化建议征集活动的通知》，机关工会共收到合理化建议466条。经过精心准备，8月23日，机关工会组织专家按经营（节能环保）、设备、企业管理和财务管理四类对合理化建议进行了集中评审。经过分组评审和集中合议评审，评审出二级合理化建议9条；三级合理化建议21条；四级合理化建议60条；五级合理化建议88条；一般性合理化建议204条。

三是为机关1544名职工办理互助帮困会员的申请交费；为9个部门14名职工办理了商业保险的赔付申请；定期完成抚恤人员抚恤证的审批工作。完成机关工会组织状况、会员信息的采集、会员信息卡身份证复印材料的核实、会员信息的录入等工作。定期做好工会财务日常业务的核报及报表的编制工作。在2016年度工会财务工作检查中，被评为先进单位。

四是共青团夯实基础，增强服务能力。开展各项活动促团员青年岗位成才，通过组织团员青年参加南山矿现场清扫学雷锋志愿者活动等，提升素质，服务团员青年立足岗位成才。

五是武装打牢基础，完成工作任务。根据民兵整组文件要求，做好机关民兵信息采集等工作并按时上报公司武装部。在八一建军节前夕，做好对机关复、转、退军人的登记、核实工作，开展了纪念建军90周年慰问机关复员、转业、退伍军人活动。

（苗高琪）

共青团工作

【青年思想引导】　加强理论学习。认真学习贯彻十九大精神。开展“放飞新时代青春梦、十九大精神走进青年”宣讲活动，公司及基层团委目前共开展宣讲活动二十余场，引导青年高举团旗跟党走，同心共筑中国梦。根据上级团组织的统一部署，在全公司范围内开展“学习总书记讲话、做合格共青团员”教育实践。动员共青团员以支部为单位，以自学和集中学习相结合的方式深入学习习近平总书记系列重要讲话精神。并在学习过程开展了学习心得撰写、民主评议团员、专题团课、“我的青春我的梦”征文活动，引导青年牢固树立正确的世界观、人生观、价值观，坚定不移跟党走、坚定对中国特色社会主义的“四个自信”。以活动塑造青年。组织“3·5”志愿服务活动、集中开展入团仪式、重温入团誓词活动，联合科协开展“讲理想、比贡献”演讲比赛，激励青年向上向善。大力选树青年典型，组织团内表彰，评选第十三届“马钢杰出青年岗位能手”，举行“青春榜样——十大杰出青年岗位能手故事汇”活动，以榜样的示范作用带动青年。

【青年岗位建功】　加强质量观念教育，通过开展青年岗位质量因素分析、质量知识竞赛、质量事故图片展、青年质量标兵评选、岗位承诺等活动，引导青年严把现场质量关，努力以质量赢得市场；将降本增效工作与现场管理结合起来，与减少排放和物资回收结合起来，动员团员青年开展“我身边的浪费行为”自查、随手拍等活动；紧盯现场，拓展青年突击队服务内容；进一步深化青年“双五小”技术攻关活动。吸引更多青年职工参与技术创新、小改小革，全年共立项316项。深化“青”字号品牌活动。围绕企业安全生产，扎实做好青年安全工作，安全月期间，联合安管部、工会，组织开展“学意见·谈感悟·促改革”主题有奖征文活动；推进“青安杯”竞赛、开展“青年安全生产示范岗”创建活动，切实将创建与降本增效等中心工作结合，建立有效机制。

【服务青年健康成长】 积极拓宽青年成长渠道。关注青年职业发展。持续开展导师带徒工作,在青年操作人员中,缔结了8个工种、100余名师徒对子,涵盖中、高两个等级。热情关注青年生活,组织新春大学生座谈会,公司主要领导亲自出席座谈会并就青年成长的诉求一一做了回应。继续关注单身宿舍大学生生活,联合康泰公司举办"七色路"健步行,联合工会、康泰公司为大学生公寓送清凉,并组织单宿青年座谈会。联合工会女工部、团市委两次开展马钢青年大学生职工交友联谊活动,260多名单身男女参加活动。持续开展大学生住房首付款贷款工作,全年共为近百名大学生职工办理购房首付款低息贷款。充分发挥桥梁和纽带作用,定期收集青年关心的热点问题,及时解疑释惑,定期向公司党委报送《青年动态》,为公司事关青年工作决策提供参考和依据。

【团的自身建设】 加强团的组织建设。认真贯彻落实《中共中央关于加强和改进党的群团工作的意见》精神,不断完善团的各项工作。按照"有利于联系团员青年、有利于增强内在活力、有利于整合工作资源"的原则,努力构建与团员青年群体变化相适应的组织体系。及时根据企业结构调整和机构改革设立团的组织,实现对青年的有效覆盖。指导煤焦化公司、特钢公司、教培中心召开团代会。继续开展团支部、青年工作组主题活动竞赛,增强基层团组织活力。组织"团员先锋岗(队)"创建,进行一个省级"团员先锋队"的创建申报工作。充分发挥协作区平台的作用,帮助、指导协作区开展活动,整合资源、优化管理、加强交流。深入推进共青团改革,大力推进从严治团,加强团干部管理,出台《马钢基层团干部到公司团委机关挂职管理办法》,选调基层团干部到公司团委机关挂职锻炼。不断加强自身建设,召开九届七次全委(扩大)会议。举办团干部培训班,开展各级团组织负责人讲团课活动,提高培训的针对性,不断丰富学习交流载体,建设学习型团组织。主动深入基层一线,开展团干部"1+100"活动,加强与基层青年职工的密切联系,与青年交朋友,听取青年意见,解决遇到的难题。

【荣誉】 2017年,马钢团委荣获2016年度全国钢铁行业"青安杯"竞赛优胜单位、共青团安徽省委举办的"放飞新时代青春梦,安徽青年学思践悟十九大精神"线上答题活动"优秀组织奖"等荣誉称号。

(杨 成)

精神文明建设

综 述

【精神文明建设概况】 2017年,马钢精神文明建设紧紧围绕公司"坚定不移深化改革、坚持不懈做强品牌"的工作主题,以"双争双创"主题活动为主线,努力融入、服务和推动公司生产经营和改革发展,精心策划开展精神文明建设各项工作,讲述马钢好故事,唱响马钢主旋律,弘扬马钢正能量,激发马钢凝聚力,为推进马钢转型升级、健康发展,共建共享美好家园提供了坚强的思想舆论保证和精神文化支撑。

1. 认真开展党的十九大宣传工作。马钢精心策划、认真组织党的十九大宣传工作。大会召开前后,先后制定了《马钢迎接党的十九大宣传工作计划》《党的十九大期间新闻报道方案》《马钢电视新闻十九大期间宣传方案》《关于做好学习宣传贯彻党的十九大精神氛围营造工作的通知》等计划方案,先后发布了迎接十九大、喜庆十九大和学习贯彻十九大精神的宣传标语,对切实做好党的十九大宣传工作进行了周密部署。

在十九大召开前,《马钢日报》、马钢电视、马钢宣网和马钢家园微信平台统一开辟"喜迎十九大"专栏,加大迎接十九大胜利召开的宣传力度,广泛宣传十八大以来,马钢坚决贯彻落实中央、省委的重要决策部署,在加强党建工作、深化企业改革、强化品牌建设、推进管理创新、家园文化建设等各方面奋力拼搏,打赢家园保卫战的重要成就。营造浓厚氛围,进一步激发广大职工群众的工作激情和家园亲情。在十九大召开期间,《马钢日报》、马钢电视、马钢宣网和马钢家园微信平台统一开辟"喜迎十九大"专栏,集中版面和采编力量,党委宣传部、新闻中心严格落实上级要求,全体工作人员连续奋战,通宵达旦,加班加点,放弃所有节假日,无一人请假离岗,《马钢日报》共增刊3期、加版12版;扩版3次、加版20版,为创刊以来首次。马钢电视开设了"党啊,我有话对你说"专栏,播发电视专题报道11篇。十九大胜利闭幕后,马钢主流媒体开设了"十九大精神在江淮""十九大精神在马钢""十九大精神与我们这一行"专栏。马钢新媒体充分利用独特优势开展宣传活动,积极刊发学习贯彻十九大精神新闻稿件和宣传微信。其间,马钢各单位在沿街位置、厂区重要道路、职工密集区、办公大楼等处,通过悬挂横幅、电子屏滚动播放、宣传栏标语等形式,营造了浓厚的宣传氛围。

2. 进一步加大文明创建活动力度。一是着力开展家园文化建设。大力宣传和弘扬"胸有朝阳、感恩在心、公平正义、风清气正"的家园文化理念。年初"两节"期间,举办了三场"钢铁家园、精彩无限"大型宣演活动,充分展现了马钢人昂扬向上的精气神,传递了好声音,激发了正能量,弘扬了家园情。9月20日上午,马钢在新区隆重举行"9·20"马钢纪念日升旗仪式暨新区投产十周年庆典,重温光辉历史,弘扬优良传统,展望美好未来,激励全体干部职工为共建共享马钢美好家园,共筑共圆钢铁强国梦而努力奋斗。面向新入职职工和转岗职工,举办了三场马钢企业文化和家园文化专题培训讲座,向新入职职工发放了《家和万事兴》和《新阅读》,增强职工对马钢的认同感和自豪感。

二是持续推进文明创建基础工作。积极推进《马钢文明单位创建和管理办法》的修订工作,起草《马钢文明单位考核细则》;认真完成马钢第27届文明单位的评选、表彰工作,二级单位、控股合资企业和机关部门共68家单位获评。在马鞍山市第17届文明单位评选中,马钢推选的26家单位获评。在安徽省第11届文明单位评比中,马钢推选的9家单位获评,比上届增加一家省级文明单位。南山矿蝉联第五届全国文明单位。检测中心职工王强家庭被授予全省"最美家庭"。积极配合开展马鞍山市复评全国文明城市测评各项工作,为马鞍山蝉联全国文明城市作出了应有贡献。

三是积极宣传践行社会主义核心价值观。强化以职业道德为重点的公民道德建设,组织开展第八届职工道德论坛征文活动,收到各单位报送的征文116篇;开展2017年职工思想政治工作课题研究,收到各类理论文章152篇,分别进行了评比表彰。认真完成了安徽省道德模范、一、二、三季度马鞍山好人、马鞍山文明家庭等活动的组织和推荐工作,在市"双十佳"评选活动中,技术中心汽车板APQP项目组被评为市"十佳"道德集体,3名职工获评马鞍山好人。荣获省属企业"好家庭、好家风、好故事"演讲比赛优秀组织奖。组织参加了全市"江南之花"文艺会演和市环保文明主题文艺会演,南山矿鼓舞队荣获全市"江南之花"文艺会演第一名。

四是稳步推进企业文化建设。围绕推进多元板块个性品牌建设,全面启动了多元板块企业文化建设工作,指导多元板块各分子公司开展企业文化建设。认真做好马钢工作服升级改进工作,强化马钢工作服的统一和规范管理。全面启动多元板块文化环境整治工作,做好厂区美化亮化工作。严格企业文化项目申报审核制度,对二级单位制作的宣传片、宣传画册进行审核把关,指导各单位按照《马钢视觉识别系统手册》要求建设厂门、厂牌。

3.不断强化网络文明建设。一是精心打造网络主阵地。以马钢宣网为马钢网络文明建设主阵地,扎实办好"宣网报道",开展重点宣传,全年马钢宣网报道发稿近2000篇;"一线传真"和"图片报道"栏目聚焦一线,着力讲述职工自己身边人身边事,"一线传真"发稿近1000篇,"图片报道"发稿1000多组。同时,精心办好马钢外网,提升企业形象,使马钢外网成为社会各界了解马钢、认识马钢的重要载体。在公司食堂和人流较为集中的区域,安装视频播放设备,滚动播放马钢重要新闻。在12家公司食堂共计安装了58台播放机,覆盖职工近万人。

二是推广微信新平台。组成督查小组,对15家单位新媒体推广应用情况进行了督查。在微信平台先后制作发布公司"9·20"马钢纪念日、劳模H5系列、图说马钢系列,制作发布微视频、开办千字文征文和马钢朗读者。马钢家园微信关注人数近3万人(马钢在职职工约4.3万人),每月互动留言约1700余条,新媒指数在钢铁行业排名靠前,"马钢新媒"APP下载订阅数量也在稳步增长中,逐步形成了强大的"舆论场"。

三是开展带有网络特色的文明创建活动。围绕公司重点工作任务,先后组织开展了"我在岗位拜大年"随手拍活动、组织开展"高温下感动"摄影赛、"强品牌我当先"新闻赛、微信集"赞"分享朋友圈有奖送礼品活动、"讲述品牌好故事"微信创意大赛、建党96周年"永远跟党走"网上党建知识竞答活动、"家园事、家园人、家园情"千字文主题征文活动。在"9·20"马钢纪念日前后,先后制作了《微视频|马钢纪念日"9·20"》、《"9·20"|马钢新区这十年(H5)》,图文《"9·20"|马钢人的节日》等,以视频、H5动画、图文等多种形式展示马钢新区投产十周年取得的成就。

四是强化网络舆情监管。启动公司网络安全项目,建立网上行为日志管理,加强网络监管。构建快速回复反馈机制,引导相关单位对马钢宣网论坛上职工发表的30多个可能引发持续热点的舆情,或者涉及职工切身利益的意见建议进行了回复。编发《网络舆情快报》《每月宣传和舆情分析》,及时报送公司主要领导,供公司决策参考。加强网评员、信息员、网络管理员三支队伍培养建设,并评聘了一批特约网评员,有组织针对性发表网评,进行正面引导,疏导网上情绪、化解矛盾。同时,加强与省、市网宣部门及网络媒体沟通联系和互动联络,召开了马钢与市社会网络媒体座谈交流会,策划邀请市网络媒体到马钢参观采访,发布反映马钢正能量的信息。

4.大力开展舆论宣传和引导工作。一是加大典型宣传力度。组织开展马钢"2017年度人物"评选宣传活动,各单位选拔、报送100多名推荐人选,经过两轮评选,宣传党建先锋、品牌尖兵、改革勇士、最美马钢人等4个类型26名年度人物的先进事迹。年初,完成了2016年的12名"榜样·马钢尖兵"年度人物的评选表彰工作和32名"马钢尖兵"新闻人物的表彰工作,并编印、发放了《2016年榜样马钢尖兵事迹集》。

二是加大对内宣传力度。做好马钢职代会精神和党委工作会议精神宣传,编辑、印发了马钢职代会学习材料。逐步展开了矩阵式党建、家园文化建设、二铁总厂2号高炉技术改造工程等重点工程建设、推进品牌建设工作、重点产品科研开发和市场开拓、加强环境保护绿色生产、多元板块发展以及党建工作标准化、"讲重作"专题教育专项治理等重点宣传。尤其是加大了人力资源优化宣传思想工作力度,数易其稿制定了详细的宣传工作计划,并起草印发了相关文件,组织各单位开展舆论宣传、新闻宣传和思想政治工作等,"马钢家园"微信发布了《@马钢人,这里有公司离岗安置政策调整解读》,阅读近万人次阅读量,被广泛分享,确保了人力资源优化工作的顺利推进。

三是加大对外宣传力度。围绕公司改革发展、生产经营和党建重点任务,与外部媒体积极沟通联系,新华社、中国新闻社、中央人民广播电台、中央电视台、人民网、新华网、《中国日报》《安徽日报》等国家以及省市重要媒体频繁到马钢进行采访,有关马钢的正面报道经常见诸媒体重要版面。2017年接待省级以上媒体40余批次,对外宣传发稿2000余篇,有效提升了公司的市场影响力和品牌美誉度。完成了《2015-2016年新闻作品选》的编印、发放工作。

四是加大宣传阵地管理力度。在全公司范围内组织开展了宣传阵地全面普查和统计工作。马钢及各单位现有纸质出版物32种,内部电视3家,局域网网站49家,互联网网站18家,微信公众号21个、工作微信群157个、APP客户端3个以及电子屏、宣传橱窗、黑板报449块。同时,对马钢内外门户网站、新媒体平台以及各单位网站、"两微一端"(微信、微博和新闻客户端)等网络宣传阵地进行安全检查和督查。对重要信息系统安全保护、马钢网站安全保护、马钢网信(网宣)、外宣工作机制体制建设等开展了自查自检,与市公安机关签订了网络安全承诺责任书,确保网络安全。对马钢互联网官网、马钢宣网、宣网论坛、马钢家园微信号和马钢新媒APP客户端等公司新媒体平台进行了自查自纠。

5.积极推进品牌文化建设。一是精心策划制作多部宣传视频。先后制作、发布了马钢股份公司宣传片和马钢集团公司宣传片,适用重要场合播放,并组织拍摄了大H型钢和热轧结构钢宣传片。同时,还制作了《记忆马钢》《精彩马钢》《美丽马钢》三部音乐专题片,拍摄制作了行业第一部VR宣传片——马钢轮轴全景仿真VR宣传片。积极推进和指导各板块和分子公司宣传片的制作。

二是精心设计平面宣传品。为参展第十七届中国国际冶金工业展设计了宣传册页、折扇、书签、手提袋等宣传品,为彩涂产品客户交流会制作了彩涂板产品宣传画册。策划设计、制作集团公司宣传画册,并将根据公司品牌传播的需要,分别制作股份公司十大类产品的宣传画册、多元板块宣传画册等。

三是策划开展品牌展示活动。以马钢厂区和产线为样本拍摄制作的《钢铁力量》展示片在国家科技馆超宽屏上滚动播放,进一步扩大了马钢影响。5月,与找钢网、腾讯网联合开展"郎永淳,以钢铁的名义,带你感受江南一枝花"为主题的大型网络视频直播活动,当天直播吸引了184.8万人次点击观看,让"绿色马钢装点美意生活"的企业形象深入人心。策划实施了第十七届中国国际冶金工业展参展工作,荣获展会最佳组织奖。组织参加2017年"找钢网杯"钢铁行业围棋大赛,马钢代表队获得团体冠军,个人赛的冠、亚军,为公司赢得了荣誉,提升了马钢文化软实力和影响力。

(路　斌)

【"关心下一代"工作】 2017年,马钢关工委坚持以习近平总书记关于"关心下一代"工作重要指示为指导,认真学习贯彻党的十九大精神,深入贯彻落实中国关工委、省关工委、省国资系统关工委工作会议精神,突出主题,提升青工素质;创新机制,增强工作活力;发挥优势,拓展服务领域;强化自身,提高服务能力,不断推动马钢"关心下一代"工作创新发展。

1.突出主题,提升青工素质。2017年,马钢关工委始终把全面提升青工素质作为关工委工作的出发点和落脚点,引导青工践行社会主义核心价值观,成为有理想、有担当的一代新人。

一是传承红色基因,凝聚砥砺前行的正能量。2017年,马钢关工委深入开展了"传承红色基因,放飞中国梦"主题教育活动,充分利用重大历史事件、国家公祭仪式、烈士纪念日,展示爱国主义深刻内涵,培育广大青工的爱国主义精神。在建军90周年和新四军成立80周年之际,马钢关工委制作《爱我中华,扬我国威》主题教育展板进行展出。与团委、新四军历史研究会一起举办了《新四军传说故事汇》成书座谈会,向团员青年赠书,讲好新四军故事,传承红色基因。同时要求各基层关工委,通过集邮、讲课、展板、征文、微视频等形式,广泛开展"传承红色基因"活动。围绕马钢的家园文化建设,打造家园文化升级版,引导青工牢固树立家园意识。通过座谈会、演讲、历史图片展览等形式和丰富多彩的活动,使党史国史军史教育与理想信念教育、革命传统教育、中华美德教育等活动有机结合,传承红色基因,坚定理想信念,把社会主义核心价值观落实到爱岗敬业的工作实践中。为了认真落实习总书记关于家风的讲话精神,深化社会主义核心价值观教育,《关心报》开辟了"薪火相传话家风"栏目,先后刊载稿件7篇。

二是围绕集团公司2017年"坚定不移深化改革、坚持不懈做强品牌"的工作重心开展工作。围绕"做强品牌",马钢关工委组织了大师进校园活动,通过讲座的形式,请马钢大师、能源总厂袁军芳为安徽冶金科技职业学院大学生进行言传身教。围绕提高质量、巩固成果,结合弘扬"工匠精神",马钢关工委与公司科技管理部、新闻中心、马钢法治办等配合,以"贯彻《产品质量法》,弘扬工匠精神,打造马钢品牌"为主题,开展了学法用法征文活动,收到35个单位征文57篇。同时,马钢关工委会同宣传部、工会等部门开展了"第八届职工道德论坛"征文评选活动,引导广大青工不断增强职业道德素养。一些单位还邀请技术专家开展科普知识讲座,推动青工在实际工作中更好地将知识转化为成果。

三是配合有关部门开展法制教育和禁毒宣传。马钢关工委专门下发了《关于积极参与禁毒宣传工作的通知》,要求基层关工委开展多种形式的宣传教育,结合禁毒工作和6月26日国际禁毒日,通过标语口号、黑板报、专栏、报纸、电视等传统媒体进行禁毒宣传,利用网络论坛、LED显示屏、QQ群、QQ空间、微信、短信等新媒体平台进行禁毒宣传,形成"珍爱生命,拒绝毒品"的良好氛围。南山矿等单位还组织了禁毒讲座,开展“无毒青春,健康生活”禁毒宣传教育活动。关工委还就禁毒工作深入姑山矿、四钢轧总厂等单位进行专题调研,并现场指导基层单位开展好禁毒工作。形成了47名“五老”为骨干的网吧监督员队伍,召开了网吧监督员座谈会,总结经验,不断提升监督水平。

四是关注青工成长成才。各单位根据自身的工作特点,为青工成长成才服好务。三铁总厂召开大学生青工座谈会,听取他们对生产发展、提标降本、家园文化建设等的意见和建议。检修公司开展了“师带徒”活动,对青工进行传帮带,25对师徒签订了《师带徒合同书》。不少单位坚持多年的“讲理想、比贡献”演讲,为青年大学生搭建了展示的舞台,拓宽了成才空间。

五是关心青工业余生活。青工既是关工委的工作对象,也是关工委的服务对象。2017年,马钢关工委班子成员多次前往大学生宿舍进行工作调研,听取大学生青工对生活环境、业余文化生活等方面的意见和建议。与康泰公司协调沟通,并争取到集团公司的资金支持,改造了机关公寓篮球场,维修了轮箍公寓洗漱间吊顶,为铁运公寓安装了晒衣晒被架等,及时解决大学生们生活中遇到的困难和问题,鼓励青年大学生坚定信心,艰苦创业,牢固树立“家园意识”,忠诚企业,为马钢作贡献。长材事业部积极开展全方位的关爱活动,在“困难救助、伤病探视、保险服务、节日走访、生日祝福、婚恋交友、购房首付贷款申请”等方面,帮助青工解决实际问题。一些厂矿关工委还协同有关部门开展了“珍爱生命,关注健康”知识讲座和应急救援演练,并组织了“约会春天”“相亲饭桌”等联谊活动,为青工组建家庭牵线搭桥,受到青工欢迎。

2. 创新机制,增强工作活力。2017年,关工委主动加强与工会、党委工作部、宣传部、保卫部、团委等的协调配合,努力做到活动联办、阵地联建、资源共享,并形成了有效的工作机制。

一是学习调研机制。关工委加强学习,把握工作的规律性;坚持调查研究,掌握真实情况,掌握工作主动权,提高工作的针对性。

二是工作对接机制。关工委与宣传部、团委、工会、保卫部等管理部门先后举行工作对接会,各方就全年将要开展的工作和活动进行了认真的谋划与安排,不断有序推进,收到了良好的效果。

三是工作联动机制。关工委工作基础在基层、效果在基层。马钢关工委在实际中注重工作的联动,力戒以会议贯彻会议,以文件贯彻文件。一方面不干扰基层厂矿领导的工作,不定期邀请厂矿关工委或联络员来关工委座谈,通报情况,交流经验,以便准确把握基层青工的思想动态。另一方面以基层的实际工作业绩验证关工委的工作思路。

四是工作宣传机制。马钢关工委在办好《关心报》的同时,创新宣传机制,探索网络化工作方式,搭建网络交流平台,努力打造关心下一代工作与互联网融合的新格局。在《马钢家园》微信平台发微信210多条,对集团公司重要新闻、重大举措进行正面的引导,正面评论,增加正能量,营造良好的舆论氛围和环境。建立了“马钢关工委网页”,关工委各项活动报道,随时在网页上更新,还有工作资料、《关心报》电子版等,全部挂在网页上,便于查阅。建立了马钢关工委QQ工作群、马钢关工委微信平台。运用微信传播手段的快捷便利,关工委制作发表《不忘初心,继续前进》《无毒青春,健康生活》《回顾建军光辉历史,铭记先辈革命初心》《铁军新四军》等短视频4部。通过这些活动,使关工委工作做到了在创新中发展,在发展中提高,提高了关心下一代工作的效率和水平。

3. 发挥优势,拓展服务领域。马钢拥有一支“不忘初心、乐于奉献”的“五老”队伍,为发挥“五老”优势,扩大关心下一代工作的覆盖面,马钢关工委大力拓展工作渠道,让马钢“五老”这个群体在社会生活的各个层面发挥作用,贡献力量。

一是坚持深入基层调查研究。马钢关工委班子成员先后到南山矿、姑山矿、四钢轧总厂、重机公司、设备检修公司、钢构公司、康泰公司、安冶院等单位进行工作调研,指导关工委工作。南山矿关工委围绕生产经营和生态矿山建设,多次组织“五老”人员深入一线,就矿山的资源开发和生态保护、尾矿坝安全度汛、技术改造等提出了具体的建议。铁运公司关工委注重抓组织机构落实、人员队伍落实和活动时间落实,把重心放在运输保产上,组织“五老”人员手把手向青工传授技术。离退休中心下属7个服务站关协组织,坚持开展“三服务”活动:即服务于社区建设,服务于校园建设,服务于家庭建设。在“三服务”活动中,广大“五老”人员任劳任怨,无私奉献,开展了形式多样的志愿服务活动。在网吧监督、平安驿站等工作中,尽心尽力,为净化社会文化环境,促进未成年人健康成长,推进平安和谐社会建设作出了突出贡献。

二是尽量减轻青年职工负担。据不完全统计,2017年各单位为子女考入大学的困难职工发放“爱心助学”“金秋助学”等款项35万余元。不少单位还组织了暑期夏令营、办好兴趣班,解除青年职工的后顾之忧。离退休中心各服务站,非常关心马钢的特困退休单亲或靠爷爷奶奶生活的儿童,为他们申请济困助学金6000元,救助12人。

三是开展了"十佳五老"的评选和表彰工作。这次受到表彰的先进个人,政治意识、大局意识、核心意识、看齐意识强,胸怀大局,信念坚定,带头践行社会主义核心价值观。围绕公司中心工作的大局,扎扎实实地做好关心下一代工作,工作有特色,有效果,受到各界的关注。淡泊名利,不为名、不为利、不求回报,严于律己,乐于奉献,是广大青工的良师益友。在这次表彰会上,邀请受表彰的先进个人代表在会上介绍了他们的事迹和经验,通过先进典型事迹进一步激励"五老"人员深入学习贯彻党的十九大精神,在开创关心下一代工作新局面中,积极作为,提高广大青少年的思想觉悟、道德水准、文明素养,有力推进马钢的"双创"工作,进一步提升关工委基础基层建设水平。

4.强化自身,提高服务能力。按照上级"建设一个学习型、服务型、创新型关工委"的要求,按照政治性、先进性、群众性、服务性规范关工委工作,不断提高服务青年、服务基层的能力。2017年,马钢关工委组织关工委委员定期进行学习,先后组织了党的十九大精神、习总书记关于关心下一代工作重要指示、市委办公室印发的《关于进一步推动关心下一代工作创新发展的意见》等专题学习,坚定"不忘初心、乐于奉献"和做好关工委工作的信心。

(关工委)

【人口和计划生育工作】 2017年,马钢人口和计划生育工作,全面贯彻党的十九大会议精神和公司职代会精神,深入落实国家《人口和计划生育法》《安徽省人口和计划生育条例》等相关法律法规,以实施全面两孩政策为重点,注重宣传倡导、政策引导和服务关怀,提高计划生育管理的针对性和实效性,全年实现职工的人口计生政策知晓率、奖励政策兑现率、出生人口政策符合率100%和政策外生育为零的目标,圆满完成市委、市政府与马钢签订的人口和计划生育管理目标任务。

1.目标责任制管理稳步推进。围绕市委、市政府与马钢签订的人口和计划生育管理目标任务,公司各级计生组织强化目标管理,层层落实目标责任。一是公司分别与各单位和公司相关部门签订了《2017年度人口和计划生育目标管理责任书》,明确了单位"一把手"负责制。公司相关部门施行综合治理、齐抓共管,将责任横向到边,各单位将责任延伸到分厂(车间)、作业区和班组,以计划生育三级管理组织网络为依托,做到一级抓一级,层层抓落实。同时,在班组实行人口计生联保连带责任制,当事人负直接责任,将责任纵向到底。二是各级计生组织加强人口和计划生育工作的督查考核,自下而上,强化执行力。2017年底,公司计生办对各单位目标管理责任制落实情况进行了督查考核,并进行评分和排名,考核覆盖率达100%,各单位均完成了与公司签订的目标责任任务。三是加强重点人群管理,坚持对无生育指标的育龄职工采取见面访视和孕环情检查相结合方式,强化了日常访视和服务工作。特别是以政策性离岗人员为重点,及时登记造册,并将婚育信息通报到员工居住地所在街道,实施双向管理,信息通报率达100%。注重重点人群管理的方式和方法,对重点人群中有生育指标和无生育指标的实施动态管理,建立分类台账。

2.政策宣传常抓不懈。为了不断增强职工的国情和国策意识,加强正面的政策宣传和舆论引导,公司各级计生组织通过多种多样的宣教形式,让职工践行国策由被动变为主动,形成良好的舆论宣传氛围。一是举办人口和计划生育业务培训班,让各单位专兼职计生管理人员及时了解国家最新的人口形势和熟练掌握计划生育政策,提高认识,统一思想。二是在全公司范围内组织开展了"生育保险杯"人口和计划生育知识答题活动,全公司有近8000名职工参与答题,营造了良好的舆论宣传氛围。三是各级计划生育组织除了利用各自的宣传媒体宣传全面两孩政策外,还以"5·29"协会活动日、"7·11"世界人口日、"9·25"公开信发表纪念日以及"12·1"世界艾滋病日等为契机,组织了形式多样的宣教活动,在职工中倡导性别平等和科学、文明、进步的婚育观念。《马钢人口和计划生育工作简报》作为固定宣传阵地,定期集中宣传和展示各级计生组织的工作,为各单位提供了一个交流工作、总结经验的平台。

3.生育关怀行动深入人心。按照"老人老办法,新人新办法"的原则,做好全面两孩政策实施前后计划生育家庭奖励和扶助政策的衔接,切实保障计划生育家庭的合法权益。一是认真审核发放独生子女父母奖励费用。全面两孩政策实施后,为了确保独生子女父母的各项奖励发放准确到位,在奖励发放时抓住两个重点进行审核,一个重点是符合"老人老办法"的职工,另一个重点是全额和非全额发放的职工。通过认真审核,全年发放独生子女父母保健费232万元,为1311名退休职工发放一次性奖励393万元,为1574名职工报销学杂费104万元,为1508名职工报销托费27万元。二是认真处理各类来电来访。对政策咨询、独生子女证号码查询、新政落实不到位等各类来电来访给予热情主动的接待,全年共处理各类来电来访150余人次。三是加大对计划生育特殊家庭的帮扶力度,为他们带去公司的人文关怀,全年慰问计生特殊家46户,发放款物28500元;同时,向符合条件的计划生育特殊家庭宣传市帮扶政策,帮助他们应有权益能够得以及时落实。

(庞　湃)

其他工作

【文联工作】　2017年,马钢文联以党的十九大和马钢第五次党代会精神为指引,深入学习和贯彻落实中央文艺工作座谈会和中共中央《关于繁荣发展社会主义文艺的意见》精神,紧紧围绕公司职代会提出的工作主题,结合文联自身特点积极开展一系列形式多样、内容丰富的文艺创作和文艺活动,为公司改革发展、稳定顺行做贡献。

一是围绕主题开展工作。在党的十九大召开之际,举办"不忘初心,牢记使命"马钢职工美术书法作品展。二是积极组织参加上级文化艺术活动。组织参加了安徽省广播电视台举办的"心有力量,歌声响亮"首届安徽省合唱大赛。组织参加了《"中国梦劳动美·安徽篇——喜迎党的十九大"全省职工书画摄影集邮作品联展活动》。三是结合公司生产实际开展工作。在高温期间举办"精彩马钢人"摄影展。举办马钢职工运动会摄影展。四是坚持文化下基层,到车间、班组一线,面对面为职工服务。在春节前夕组织书法骨干去四钢轧总厂、二铁总厂、三铁总厂、特钢公司、气体公司、利民公司、公司机关为职工义务书写春联,送文化到基层。

(张悠炳)

【举办首届职工健身运动会】　为深入贯彻《中华人民共和国体育法》,实施全民健身国家战略,按照新时期体育改革的方向和要求,2017年4月至11月,马钢举办了首届职工健身运动会。本届运动会的主题是"快乐运动,健康职工"。运动会由马钢集团公司工会主办,马钢体育协会以及南山矿工会、设备检修公司工会、一钢轧总厂工会、轮轴事业部工会、煤焦化公司工会承办。

根据马钢职工体育活动开展的特点,结合职工的实际需求,注重参与性和广泛性。首届职工健身运动会共设游泳、三人篮球、乒乓球、羽毛球、象棋、围棋、拔河、竞技扑克和大众体育(含6个独立项目)等九个项目。其中,乒乓球、羽毛球以联赛的形式纳入到运动会中。本届运动会比赛设立了总团体分一、二、三等奖,体育道德风尚代表团,优秀组织奖和组织奖,特别贡献奖和贡献奖等四大类奖项。

4月16日,公司在轮轴事业部体育馆举行了隆重、简洁的运动会启动仪式。本届运动会共有50个单位组成49个代表团参赛。运动会期间,各单位精心组织,广大职工积极参与,"快乐运动,健康职工"运动会主题和"群众性与参与性"特点贯穿始终,进一步推动全民健身运动和职工体育活动的开展,丰富了职工业余文化生活,营造了积极健康的家园文化氛围。

经过近七个月的比赛,南山矿代表团、一钢轧总厂代表团、设备检修公司代表团、铁运公司代表团获得总团体分一等奖,12个代表团获二等奖,33个代表团获三等奖。12个单位获体育道德风尚代表团,12个单位获优秀组织奖,7个单位获特别贡献奖。11月11日,公司在轮轴事业部体育馆举行了首届职工健身运动会闭幕式。

(杜　方)

马钢股份有限公司

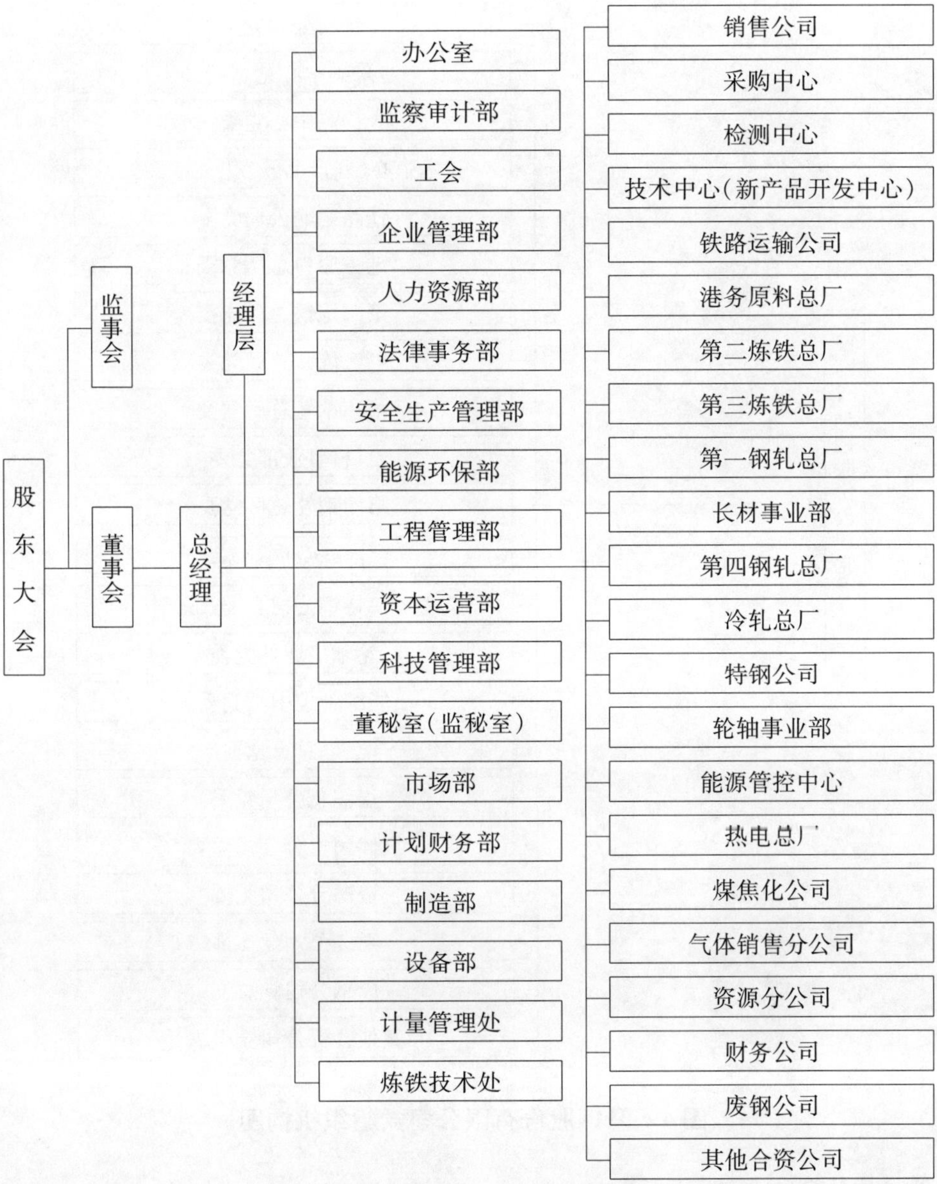

图 3　马钢股份有限公司组织机构图

说明：机关部门中：办公室、监察审计部、工会、企业管理部、人力资源部、法律事务部、安全生产管理部、能源环保部、工程管理部、资本运营部、科技管理部为集团公司设置，股份公司挂牌，其管理职能由股份公司委托集团公司行使

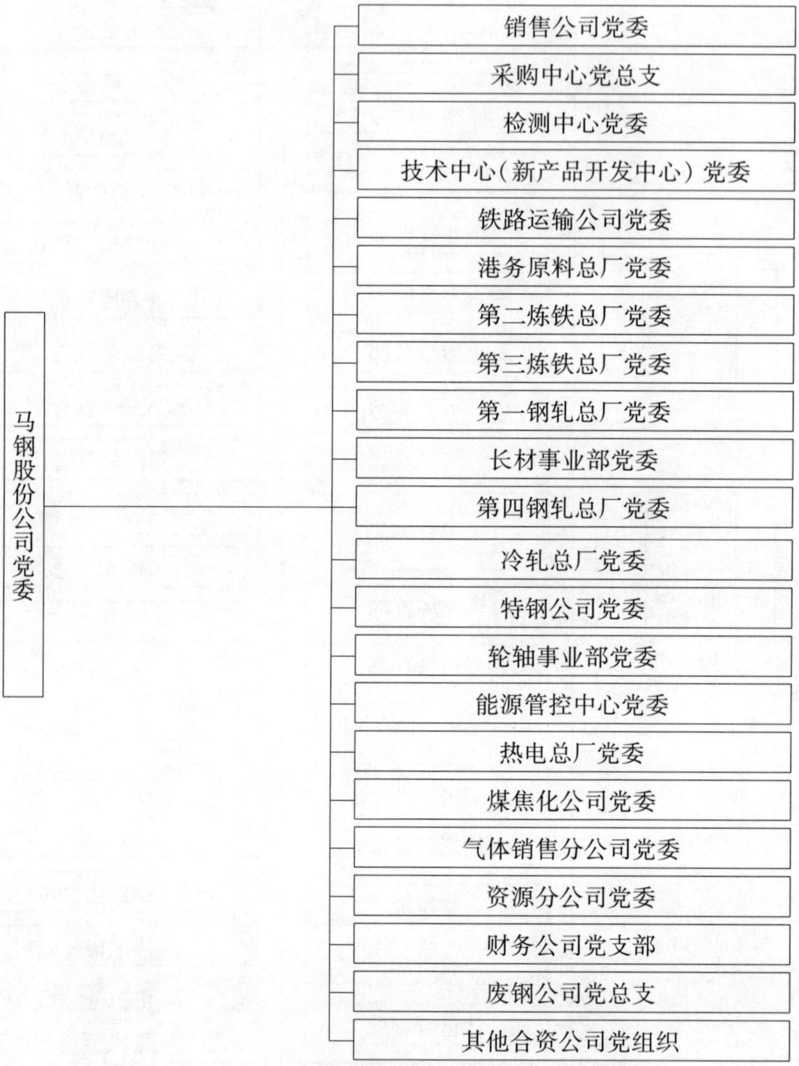

图4　马钢股份有限公司党组织机构图

说明:股份公司党委隶属于集团公司党委,日常事务由集团公司党委代行

董事会

【股东大会】 2017年,公司召开两次股东大会,即2016年度股东周年大会、2017年第一次临时股东大会。

1. 2016年度股东周年大会。

会议于2017年6月12日,在安徽省马鞍山市九华西路8号马钢办公楼以现场方式召开。会议议题是:

(1)审议及批准董事会2016年度工作报告;

(2)审议及批准监事会2016年度工作报告;

(3)审议及批准2016年度经审计财务报告;

(4)审议及批准聘任安永华明会计师事务所(特殊普通合伙)为公司2017年度审计师并授权董事会在2016年基础上决定其酬金的方案;

(5)审议及批准2016年度利润分配方案;

(6)审议及批准为子公司马钢(香港)有限公司提供担保的议案。

此外,会议还听取了公司独立董事2016年度述职报告。

上述议题均获得大会批准,没有否决或修改提案的情况。

大华会计师事务所(特殊普通合伙)闫成成先生被委任为该次股东大会的点票监察员。公司境内律师北京市中伦(上海)律师事务所陈屹律师、吴轶律师出席该次股东大会,并出具法律意见书。

上述内容刊登在2017年6月13日《上海证券报》及上海证券交易所网站(http://www.sse.com.cn)、香港联合交易所有限公司网站(http://www.hkex.com.hk)上。

2. 2017年第一次临时股东大会。

会议于2017年11月30日,在安徽省马鞍山市九华西路8号马钢办公楼以现场方式召开。会议议题是:

(1)审议及批准公司章程及其附件修改方案;

(2)审议及批准关于公司第九届董事会董事报酬的议案;

(3)审议及批准关于公司第九届监事会监事报酬的议案;

(4)选举丁毅先生、钱海帆先生、任天宝先生、张文洋先生为公司第九届董事会董事;

(5)选举张春霞女士、朱少芳女士、王先柱先生为公司第九届董事会独立非执行董事;

(6)选举张乾春先生、秦同洲先生、杨亚达女士为公司第九届监事会非职工代表出任的监事。

上述议题均获得大会批准,没有否决或修改提案的情况。

大华会计师事务所(特殊普通合伙)安徽分所王翠翠女士被委任为该次股东大会的点票监察员。公司境内律师北京市中伦(上海)律师事务所吴轶律师、王凡律师出席该次股东大会,并出具法律意见书。

上述内容刊登在2017年12月1日《上海证券报》及上海证券交易所网站(http://www.sse.com.cn)、香港联合交易所有限公司网站(http://www.hkex.com.hk)上。

【董事会日常工作】 一、2017年董事会共召开九次董事会议

董事会决议的主要内容是:

1. 批准关于胡顺良先生辞去董事会秘书职务的议案;

2. 聘任田俊先生、张文洋先生为公司副总经理;

3. 批准关于对2017年去产能设备关停及封存的议案;

4. 批准公司为马钢瓦顿股份有限公司("瓦顿公司")提供不超过4200万欧元的融资担保;

5. 批准出售公司12条外转供电线路;

6. 批准资源分公司北区钢渣处理综合利用工程项目立项及投资概算;

7. 批准冷轧总厂硅钢高牌号改造项目立项及投资概算;

8. 批准第四钢轧总厂钢渣处理改造项目立项及投资概算;

9. 批准长材事业部型材升级改造工程项目立项及投资概算;

10. 批准瓦顿公司运行改善计划;

11. 听取企管部关于2017年公司领导班子经营业绩评价标准的汇报;

12. 批准2016年四季度存货跌价准备变动、坏账准备变动和固定资产处置议案;

13. 通过《关于会计政策变更的议案》(根据财会〔2016〕22号财政部关于印发《增值税会计处理规定》的通知规定进行损益科目间的调整);

14. 通过公司2016年经审计财务报告;

15. 通过公司2016年税后利润分配的预案；

16. 通过董事会2016年工作报告；

17. 支付安永华明会计师事务所(特殊普通合伙)2016年度报酬；

18. 建议股东大会续聘安永华明会计师事务所(特殊普通合伙)为本公司2017年度审计师并授权董事会决定其酬金；

19. 根据股东大会授权及董事会薪酬委员会对相关董事、高级管理人员2016年薪酬考核意见,批准董事、高级管理人员2016年薪酬；

20. 通过公司2016年度报告全文及年度报告摘要；

21. 批准公司2016年度内控评价报告；

22. 批准公司2016年度社会责任报告；

23. 批准修订《马鞍山钢铁股份有限公司对外投资管理通则》；

24. 审议2016年度关联交易事项；

25. 批准二铁总厂2#高炉渣处理大修工程项目立项及投资概算；

26. 批准高端汽车零部件特殊钢棒线材深加工项目立项及投资概算；

27. 批准煤焦化公司焦炉机车无人化及智能化改造工程项目立项及投资概算；

28. 批准新建重型H型钢轧钢生产线项目立项及投资概算；

29. 委派马钢(香港)有限公司、马钢瓦顿股份有限公司人员；

30. 听取审核(审计)委员会对会计师事务所年度审计工作的总结报告；

31. 听取董事会战略发展委员会履职情况报告；

32. 听取董事会审核(审计)委员会履职情况报告；

33. 听取董事会提名委员会履职情况报告；

34. 听取董事会薪酬委员会的履职情况报告；

35. 听取钱海帆总经理关于公司2016年生产经营的报告；

36. 听取企管部关于公司2016年内控情况的汇报；

37. 听取企管部关于公司2016年关联交易情况的汇报；

38. 听取安管部关于公司2016年安全生产工作情况及2017年主要工作计划的汇报；

39. 批准关于2017年一季度存货跌价准备变动的议案；

40. 批准公司2017年一季度报告；

41. 批准公司对子公司马钢瓦顿股份有限公司增资4000万欧元；

42. 批准收购马钢国际经济贸易有限公司持有的马钢(香港)有限公司9%股权；

43. 批准公司为子公司香港公司提供不超过等值30亿元人民币的担保；

44. 通过2016年年度股东大会议程；

45. 批准四钢轧总厂1580mm热轧生产线新建3#加热炉工程项目立项及投资概算；

46. 批准马钢板带一体化计划排程和质量管理信息化项目立项；

47. 批准投资设立马钢中东公司；

48. 委派马钢(澳洲)有限公司人员；

49. 听取计财部关于2016年重点固定资产投资建设项目实施情况的报告；

50. 听取瓦顿公司关于其2017年第一季度运营改善情况、2017-2020年运营改善计划的汇报；

51. 听取企管部关于2017年一季度关联交易情况；

52. 听取企管部关于2017年一季度内控工作情况的汇报；

53. 委任董事任天宝先生为公司授权代表；

54. 批准长材系列升级改造工程公辅配套项目立项及投资概算；

55. 批准冷轧总厂2130酸轧磨辊间新增一台EDT毛化机项目立项及投资概算；

56. 批准煤焦化公司老区净化系统合并项目立项及投资概算；

57. 听取计财部关于埃斯科特钢有限公司建设资金缺口解决方案的报告；

58. 学习《上海证券交易所上市公司股东及董事、监事、高级管理人员减持股份实施细则》；

59. 批准2017年二季度坏账准备变动和固定资产处置的议案；

60. 批准《关于会计政策变更的议案》(根据财会〔2017〕15号财政部关于印发修订《企业会计准则第16号——政府补助》的通知规定进行相应调整)；

61. 批准公司2017年未经审计半年度财务报告、半年度报告全文及摘要；

62. 通过公司章程及其附件修改方案；

63. 批准冷轧总厂2130冷轧带钢废水提标改造工

程项目立项及投资概算；

64. 批准能控中心二硅钢废水处理站提标改造工程项目立项及投资概算；

65. 批准板带一体化计划排程和质量管理信息化项目投资概算；

66. 批准埃斯科特钢有限公司修订章程的议案；

67. 批准马钢（香港）有限公司将其9000万港元的未分配利润转增注册资本；

68. 委派马钢（合肥）钢铁有限责任公司人员；

69. 批准收购安徽江汽物流有限公司持有的马钢（合肥）钢材加工有限公司6%股权；

70. 听取钱海帆总经理关于2017年上半年生产经营情况的汇报；

71. 听取市场部关于2017年上半年套期保值工作的总结；

72. 听取安管部关于2017年上半年安全生产工作情况及下半年主要工作计划的汇报；

73. 听取企管部2017年上半年关联交易情况汇报；

74. 听取企管部2017年上半年内控情况汇报；

75. 听取企管部关于公司竞争力分析报告；

76. 听取瓦顿公司2017年上半年情况汇报；

77. 提名丁毅先生、钱海帆先生、任天宝先生、张文洋先生为公司第九届董事会董事候选人；

78. 提名张春霞女士、朱少芳女士、王先柱先生为公司第九届董事会独立董事候选人；

79. 通过关于第九届董事会董事报酬的议案；

80. 聘任伏明先生为公司副总经理；

81. 批准公司2017年第一次临时股东大会议程；

82. 批准重型H型钢生产线异型坯连铸机工程项目立项及投资概算；

83. 委派马钢（合肥）钢铁有限责任公司、安徽马钢嘉华新型建材有限公司、安徽长江钢铁股份有限公司、马鞍山钢铁无锡销售有限公司、马钢（广州）钢材加工有限公司、广州马钢钢材销售有限公司人员；

84. 批准关于公司煤化工资源整合的议案；

85. 批准对部分固定资产进行报废处理；

86. 批准公司2017年第三季度报告；

87. 批准煤焦化老区0号干熄焦工程项目立项及投资概算；

88. 批准港务原料总厂新料场功能置换固废处理系统工程项目立项及投资概算；

89. 听取企管部关于公司2017年1-9月份关联交易情况汇报；

90. 听取企管部关于公司2017年三季度内控情况汇报；

91. 听取瓦顿公司关于2017年三季度情况的汇报；

92. 选举丁毅先生为本届董事会董事长；

93. 选举丁毅先生、张春霞女士、朱少芳女士、王先柱先生为董事会战略发展委员会成员；

94. 选举朱少芳女士、张春霞女士、王先柱先生为董事会审核（审计）委员会成员；

95. 选举张春霞女士、朱少芳女士、王先柱先生、丁毅先生为董事会提名委员会成员；

96. 选举王先柱先生、张春霞女士、朱少芳女士、任天宝先生为董事会薪酬委员会成员；

97. 委任丁毅先生为董事会战略发展委员会主席；

98. 委任朱少芳女士为董事会审核（审计）委员会主席；

99. 委任张春霞女士为董事会提名委员会主席；

100. 委任王先柱先生为董事会薪酬委员会主席；

101. 聘任钱海帆先生为总经理；

102. 聘任高海潮先生为常务副总经理、总工程师，陆克从先生、田俊先生、张文洋先生、伏明先生为副总经理；

103. 批准一钢轧总厂新建六机六流方坯连铸机项目立项及投资概算；

104. 委派马钢（合肥）板材有限责任公司等子公司人员；

105. 批准解散广州马钢钢材销售有限公司和马钢（重庆）钢材销售有限公司，并成立清算组；

106. 批准控股子公司马钢集团财务有限公司与马钢（集团）控股有限公司之间2018年《金融服务协议》；

107. 批准公司与马钢（集团）控股有限公司之间2018年《后勤综合服务协议》。

二、2017年董事会专门委员会工作情况

（一）战略发展委员会

战略发展委员会共召开一次会议，会议主要内容是：审议通过《马鞍山钢铁股份有限公司董事会战略发展委员会2016年履职情况报告》。

（二）审核（审计）委员会

审核（审计）委员会共召开六次会议，主要工作如下：

1. 与公司管理层和财务部门讨论公司未经审计的

2016年财务会计报表,就有关问题进行了解和沟通,同意提交公司外聘会计师事务所审计,同时与外聘会计师事务所讨论年度审计的工作时间安排。

2. 定期听取公司关于内控相关工作的汇报,并就内控审计中发现的问题督促公司改进。

3. 经审议,同意《关于会计政策变更的议案》,将利润表中的"营业税金及附加"科目调整为"税金及附加"项目。

4. 审阅公司2016年经审计的财务报告,并与公司审计部门及外聘会计师事务所就2016年经审计的财务报告及有关问题进行讨论和沟通,认为公司在所有重大方面均遵循了《企业会计准则》的要求,并进行了充分的披露,不存在重大疏漏。

5. 经审议,通过外聘会计师事务所从事2016年度公司审计工作的总结报告。

6. 经审议,同意支付安永华明会计师事务所(特殊普通合伙)2016年度报酬共计人民币518.5万元,包括年度审计费人民币460万元(含内控审计费人民币60万元)和中期财务报告执行商定程序费人民币58.5万元。

7. 经审议,同意续聘安永华明会计师事务所(特殊普通合伙)为本公司2017年度审计师。

8. 经审议,2016年度《矿石购销协议》项下的持续关联交易为本公司与马钢(集团)控股有限公司("集团公司")在日常业务过程中按正常商业条款或不逊于由独立第三方提供之条款进行的交易,符合本公司及股东的最佳利益,2016年度采购矿石的总金额未超过该协议规定的上限人民币3,815,450,000元;2016年度马钢集团财务有限公司与集团公司之间发生的《金融服务协议》项下的持续关联交易按一般商业条款进行,符合本公司及股东的整体利益,并且未超过列明的上限,即最高日贷款余额不超过人民币5亿元,利息、手续费及服务费不高于人民币5000万元;其他日常关联交易均为本公司与集团公司在日常业务过程中进行的交易,与一般商业条款比较,其条款对本公司至少同样有利,报告期该等交易按照相关协议条款进行,且未超过列明的上限。

9. 经审议,认为公司对外担保情况合法合规。截至2016年12月31日,公司为全资子公司马钢瓦顿股份有限公司提供担保合计人民币2.5亿元,欧元1000万元。此外,公司的控股子公司安徽长江钢铁股份有限公司为其全资子公司提供担保合计人民币1.5亿元。

10. 审议通过公司2016年度内部控制评价报告。

11. 审议通过《马鞍山钢铁股份有限公司董事会审核(审计)委员会2016年履职情况报告》。

12. 审阅了公司2017年第一季度未经审计的财务报告,认为公司在所有重大方面均遵循了《企业会计准则》的要求,并进行了充分的披露,不存在重大疏漏。

13. 审阅了公司2017年半年度未经审计的财务报告,认为公司在所有重大方面均遵循了《企业会计准则》的要求,并进行了充分的披露,不存在重大疏漏。

14. 审阅了公司2017年第三季度未经审计的财务报告,认为公司在所有重大方面均遵循了《企业会计准则》的要求,并进行了充分的披露,不存在重大疏漏。

15. 选举朱少芳女士为审核(审计)委员会主席。

此外,审核委员会还与外聘会计师事务所讨论了2017年度审计计划。

(三)提名委员会

提名委员会共召开五次会议,会议主要内容是:

1. 根据钱海帆总经理提名,按照规定对田俊先生、张文洋先生进行审查后认为:该两人符合担任公司副总经理资质,建议董事会聘任田俊先生、张文洋先生为公司副总经理。

2. 审议《马鞍山钢铁股份有限公司董事会提名委员会2016年履职情况报告》。

3. 提名丁毅先生、钱海帆先生、任天宝先生、张文洋先生为公司第九届董事会董事候选人(不包括独立董事)。

4. 提名张春霞女士、朱少芳女士、王先柱先生为公司第九届董事会独立董事候选人。

5. 根据钱海帆总经理提名,按照规定对伏明先生进行审查,认为其符合担任公司副总经理的要求,建议董事会聘任其为公司副总经理。

6. 选举张春霞女生为提名委员会主席。

7. 提名钱海帆先生为公司总经理。

对公司总经理提请董事会聘任的常务副总经理、总工程师、副总经理人选进行了审查,认为高海潮先生、陆克从先生、田俊先生、张文洋先生、伏明先生均符合公司高级管理人员任职资格,建议董事会予以聘任。

(四)薪酬委员会

薪酬委员会共召开三次会议,会议主要内容是:

1. 按照相关规定,根据公司情况,结合相关董事、高级管理人员分管工作范围及主要职责情况,对该等人士2016年经营业绩进行了考核,并将考核结果提交董事会会议审议。

2. 审议通过薪酬委员会2016年履职情况报告。

3. 公司第九届董事会在本公司领取薪酬的五名董事(其中执行董事两名,独立董事三名)任期内年度报酬总数额不超过人民币280万元(含税),其中独立董事的年度报酬每人不超过人民币8万元(不含税)。在本公司领取薪酬的两名执行董事任期内的年薪将按照公司业绩及个人贡献,由董事会薪酬委员会提出意见后,董事会批准实施(在股东大会批准的年度报酬总数额范围内,由股东大会授权董事会批准实施)。另外,独立董事因其履行在公司的职责而发生的差旅费由公司承担。

4. 选举王先柱先生为薪酬委员会主席。

三、董事会对股东大会决议的执行情况

公司董事会根据股东大会授权,决定了安永华明会计师事务所(特殊普通合伙)进行2016年年度财务报告审计、财务报告相关内部控制审计及执行中期商定程序的酬金。

公司运作遵守相关国家法律、法规、规章及规范性文件,决策规范、合理,生产经营正常运营。

【董事会秘书室工作】 2017年,董事会秘书室以全力推进精益运营为核心,为公司规范运作做了大量工作,且通过加强与证券监管机构、证券中介机构的沟通,以及对投资者的服务,努力维护公司在资本市场的形象。

1. 股东大会及董事会工作。共筹备或承办2次股东大会及9次董事会会议、1次董事会战略发展委员会会议、6次董事会审核(审计)委员会会议、5次董事会提名委员会会议、3次董事会薪酬委员会会议,准备相关会议文件,做好与会务有关的组织、记录等各项工作,及时对董事会所决定的事项拟文、行文,并且按规定作必要的公告。在相关部门的配合下,向独立董事提供公司生产经营情况,汇报监管机构最新监管要求,为其履职提供便利。

2. 信息披露工作。就公司重大事项在境内外共起草或发布通函2份、公告45份,信息披露工作做到了及时、准确和完整。编制及披露2016年年度报告、2016年度社会责任报告、2017年半年度报告及2017年第一季度、第三季度报告,圆满完成了公司定期报告的相关披露工作。

3. 董事会换届工作。公司第八届董事会于8月31日届满。国家对党政干部兼任企业董事日益严格的限制性规定,直接影响了公司新一届董事会董事候选人的提名工作,为保持董事会工作的连续性及稳定性,本室提前与监管机构进行沟通,并根据公司实际,稳妥推进董事会的延期换届工作。公司董事会于2017年10月11日召开会议,提名新一届董事会董事候选人,公司股东大会于2017年11月30日批准新一届董事会董事。

4. 规范运作工作。按照全国、全省国有企业党的建设工作会议精神及省委《关于进一步加强国有企业党的建设工作的意见》、马钢集团公司党委《关于将党建工作要求纳入子公司章程有关事项的通知》精神,同时,考虑到公司作为A+H股上市公司的特殊情况,本室根据《公司法》,并结合中证中小投资者服务中心的建议,起草《公司章程》及其附件修改方案,拟将党建工作纳入《公司章程》,公司股东大会于2017年11月30日批准该修改方案。

5. 制度建设情况。根据企管部关于制度执行情况检查的相关通知,对公司股东大会议事规则、董事会议事规则、监事会议事规则、董事会审核(审计)委员会工作条例、董事会战略发展委员会工作条例、董事会薪酬委员会工作条例、董事会提名委员会工作条例、董事会秘书工作制度、投资者关系管理制度、信息披露管理办法、内幕信息知情人登记制度等规则、制度、办法的执行情况进行检查,检查结果显示相关规则、制度、办法执行有效。

6. 投资者关系管理工作。组织一次境外路演,参会的基金经理或分析员共约90人,包括富达、富国、美林、高盛、瑞信、摩根斯坦利、汇丰等国际大行或基金的基金经理或分析员;接待来访的投资机构17批,电话会议约30次,通过E互动回答投资者问题30人次,并认真负责地回复了许多中小股东来电;继续为马钢职工解决有关马钢股票的历史遗留问题,为职工或职工家属提供账户查询、咨询等服务。协助公司领导做好与中介机构的协调工作,使投资者和市场有关人士对公司有较为客观、公正、全面的认识。

7. 关联交易工作。会同企管部,一方面做好公司关联交易的日常管理;另一方面,开展2018年《金融服务协议》和《后勤综合服务协议》的相关工作,并在2017年12月27日的公司董事会会议上审议通过。

8. 汇同资本运营部,做好对相关子公司的规范管理工作。

(徐亚彦)

监事会

【监事会工作】 2017年,监事会在各位股东的大力支持下,以维护和保障股东利益为己任,认真履行《中华人民共和国公司法》和《公司章程》所赋予的监督职能,为公司的规范运作和健康发展发挥了应有的推动作用。

一、监事会会议情况

1.2017年,公司监事会共召开了8次会议,在及时全面了解公司生产经营情况和财务状况的基础上,审议通过了公司财务报告和年度报告、社会责任报告及内部控制评价报告等24项议案。审议的所有事项均符合《中华人民共和国公司法》及《公司章程》的有关规定,审议程序合法合规。

2.本年度监事会成员列席了公司2次股东大会、9次董事会议,参与了公司重大决策部署落实过程,对董事会议的召开及决议形成行使了监督权和知情权,发挥了参与、议事及监督作用。

3.监事会的相关公告信息披露于《上海证券报》及上海证券交易所网站(http/www.sse.com.cn)、香港联合交易所有限公司网站(http/www.hkex.com.hk)上。

二、依法履职,发表意见

1.公司依法运作情况。2017年,监事会对公司运作情况进行了监督,监事会认为:公司能够严格按照国家有关法律、法规的要求依法运作、规范经营;公司决策程序合法有效,董事会运作规范、决策合理,认真执行了股东大会的各项决议;公司董事、总经理及其他高级管理人员恪尽职守、勤勉尽责,未发现有违反法律、法规、《公司章程》或损害公司及股东利益的行为。

2.检查公司财务情况。监事会对报告期内的公司财务体系和财务状况进行了检查,监事会认为:本年度公司财务制度健全,各项费用提取合理,财务运作规范,未发现有违规违纪问题;安永华明会计师事务所(特殊普通合伙)出具的2017年度审计报告真实、客观地反映了公司的财务状况和经营成果;公司定期报告的编制和审议程序合法、合规,不存在虚假记载、误导性陈述或者重大遗漏。

3.利润分配情况。经安永华明会计师事务所(特殊普通合伙)审计:2017年度,按照中国企业会计准则计算,本公司净利润为人民币2694049612元,扣除2017年初未弥补亏损人民币126292373元,2017年末可分配的利润为人民币2567757239元。根据《公司法》及《公司章程》的规定,按照《企业会计准则》提取10%的法定公积金,即人民币256775724元;按照总股本7700681186股,派发2017年度末期现金股利每股人民币0.165元(含税),预计派息总额为人民币1270612396元(含税),未分配利润结转至2018年度,不进行资本公积金转增股本。

4.公司重大事项情况。报告期内,监事会对公司重大资产收购、关联交易、对外担保等事项进行了监督和核查,未发现公司实施的重大经营事项存在违反法定审批程序、交易定价不合理等情况,符合公司发展的实际需要,决策程序合法合规,未发现损害公司与股东利益的行为。

5.内部控制评价报告。监事会对公司《2017年度内部控制评价报告》及报告期内公司内部控制的建设和运行情况进行了详细、全面的审核,监事会认为:公司已按照企业内部控制规范体系和相关规定的要求,在所有重大方面保持了有效的财务报告内部控制,公司内部控制制度健全且能有效地运行,不存在重大缺陷;公司的内部控制评价报告真实、客观地反映了公司内部控制制度的建设和运行情况,不存在虚假记载或误导性陈述。

6.风险监督评价报告。报告期内,公司风险管理工作做了大量富有成效的工作,对战略风险、财务风险、市场风险和运营风险、法律风险、环保风险等采取控制措施得当,各项风险处于受控状态,为公司取得较好收益起到了一定的保障作用。

7.反舞弊情况报告。报告期内,公司从制度、监督、教育、惩处等方面入手,通过有效的防治措施,加强公司治理和内部控制,规范公司和各级管理人员经营行为,切实降低了舞弊风险,维护了公司利益和股东合法权益。

8.内幕信息管理情况。报告期内,公司严格按照内幕信息管理制度的要求,做好内幕信息管理以及内幕信息知情人登记、报备工作,如实完整地记录内幕信息在公开前的报告、传递、编制、审核、披露等各环节内幕信息知情人名单。经核查,未发现有内幕信息知情人利用内幕信息进行股票交易的情况,未发生监管部门要求查处、整改的情况。

【监事会秘书室工作】 2017年,根据监事会工作部署,为公司监事能更好地履行工作职责做好相关的服务工作。

1. 监事会会务工作。共筹备召开8次监事会议，准备相关会议资料，做好会议记录和纪要的整理归档，并为会议决定事项拟文、行文。

2. 协助做好信息披露和股东大会、董事会及监事会各项决议执行情况的督办工作。

3. 为方便监事更好地履职尽责，在相关部门的配合下，及时向独立监事提供公司生产经营情况，汇报监管机构最新监管要求，为其履职提供便利。

4. 组织协调工作。一是做好监事会与证监会、国资委、上交所、联交所以及公司有关部门的沟通协调工作，建立信息渠道，发挥桥梁纽带作用。二是受理公司股东的来信来访，及时向监事会汇报。

5. 调查研究工作。调查监事会各项计划的执行情况，对监事会提出的相关专题进行调研，并提出相应的调研报告，供监事会和公司领导决策参考。

6. 关注和了解公司治理方面的问题，及时向监事会反馈情况，协助监事会加强监督。

（沐韵琴）

·专业管理·

市场营销管理

【营销管理】 1. 公司产品结构持续优化，经营效果明显提升。公司2017年产品结构调整取得良好成绩，全年板带比提升至65.4%，钢材品种钢比例达到49.9%；全部钢材直供比例达58.6%，其中板带产品直供比约69.2%，有力提升公司产品品种结构和市场拓展能力。重点产品销售取得快速提升，产品结构得到深入调整。全年汽车板比上年增长9.3%，由215万吨提升至231万吨规模，全国市场占有率达7.8%左右。家电板达到205万吨，继续保持国内行业领先优势。硅钢销量达57.9万吨，比上年增加6.4%，W470及以上高牌号硅钢13.96万吨，比上年增长9.7%。车轮及环件销售16万吨，比上年增长25%；获铁标货车轮订单6.6万吨，销售大功率机车轮5000件、轮对2800套。市场研判积极有效，经营决策体系不断完善，分品种的市场分析及价格监测体系建立运行，两头市场趋势研判准确性进一步提升。全年钢材销售1857万吨，利润总额58.09亿元，创盈利最好水平。

2. 进一步完善营销渠道，优化市场布局。围绕公司产品的市场定位和目标客户群，进一步调整和完善钢材产品销售渠道，加大优势产品布局。其中，汽车板以省内合肥和芜湖为中心，重庆和上海为两翼，面向全国市场进行销售，筹备新设武汉加工中心、成都加工中心，拓展服务终端能力，辐射中部和西南新兴市场；家电板优先供应省内战略客户确保市场份额，同时配套供应战略客户在其他生产基地的部分市场份额；型材稳固华东市场，提高专业用钢领域市场开拓水平；建筑用钢集中供应省内重点工程市场。

3. 积极推进国际化经营，勇于面对国际贸易摩擦。在美国、韩国、中东等地增设分支机构，形成覆盖亚洲、欧洲、美洲的海外市场及业务布局，后期将进一步发挥销售公司、海外公司、MGV公司等平台优势，打响马钢产品国际品牌，加大马钢中高端板材、H型钢、轮轴、优特钢等产品的海外市场销售力度。在积极推进国际化经营的同时，勇于面对国际贸易摩擦，积极应诉备受瞩目的美国337调查案件。美国钢铁公司于2016年4月26日向美国国际贸易委员会（ITC）提交了337调查起诉书，2016年6月2日，ITC正式启动调查。在ITC的立案公告中，几乎涉及了中国所有的重点钢铁企业。此次337调查中任何一个诉点一旦成立，中国涉案的钢铁产品将面临永久禁入美国的局面。面对如此巨大风险，马钢决定全力应诉，并于2017年开展了近8个月的大量证据开示和证人作证应诉工作，取得了显著效果，为后期全面胜诉奠定了坚实基础。此次美国337调查是中国钢铁企业应诉过的第一大案，此次案件的成功应诉是遏制国际贸易保护抬头的风向标，大大提升了马钢在国际市场的品牌形象，也为今后更好的拓展美国及海外市场提供了强有力保证。

4. 通过高速车轮认证，填补国内空白。高速车轮是高技术含量、高风险产品，国内外市场一直以来被欧美和日本等少数发达国家垄断。马钢作为国内最大的车轮生产厂家，为奋力赶超世界先进水平，连续多年进行艰难的探索和实践，于2015年成功研发出时速350千米/小时动车组车轮，当年6月进行装车运行考核。凭借马钢高速车轮的自主创新能力，马钢车轮完成了60万公里安全运行考核验证，于2017年1月获得CRCC认证证书，成为国内首批具备动车组车轮批量供货资质的企业，2017年已开始向主机厂小批量供货。中国标准动车组"复兴号"中的"蓝海豚"和"金凤凰"机车车轮均有马钢制造车轮。马钢高速车轮批量供货中国标准动车组,标志着马钢高速车轮已完全具备与世界先进水平车轮厂家比肩的实力,它不仅会扩大自身在中国市场的销售空间,也将为中国高铁实施“走出去”战略提供可靠的安全保障。

5.加强客户满意度监测,不断提升公司顾客满意度和忠诚度。公司结合卓越绩效管理要求,加强客户满意度监测,围绕客户关心的问题持续改善。加强客户关系管理,梳理现有客户分布情况,结合销量、品种和价格对客户贡献和忠诚度进行全面深入分析,适度调整客户结构。探索客户管理经验,加强客户资源、准入、分类和退出管理,逐步建立科学合理的客户贡献评价指标体系。2017年公司顾客满意度提高至90%以上,在上年高位基础上继续提升0.6个百分点,公司顾客满意度和忠诚度稳步提升。

(市场部)

计划财务管理

【成本管理】 2017年,成本管理重点围绕强化成本管理,提升企业效益,开展了一系列工作。一是科学设计降本增效指标,打造成本精益管控能力。遵循计划值管理的思想,采取工序产线对标降本的手段,对公司从铁前到钢后所有主要产线,选取行业先进单位作为标杆,以缩小关键经济技术指标差距为突破口,以持续梳理优化产品BOM为技术路线,科学设计了2017年各单位降本增效指标,并在实际运行中及时和各单位沟通。由于指标设计科学,考核执行公正,各制造单元降本积极性空前高涨。2017年股份公司成本精益管控能力大幅提升,全年比上年实现降本56004万元,全年整体制造成本与目标值偏差控制在3%以内,这也是多年来成本管控精度的最好水平。二是完善和深化月度生产经营计划的效益评审工作。根据效益评估的结果指导销售计划和产线分工是公司每月生产经营决策的首要任务,也是公司提高盈利能力的重要手段。计财部每月及时根据采购部门提供的原料预测采购价格以及销售部门提供的下月钢材销售价格,利用SAP系统和投入产出模型,准确评估物料的MB1版本成本以及细分到工厂、产品大类、钢种、物料层次的钢材边际利润,及时提供给市场部,为公司的销售接单、排产、资源平衡以及优化品种结构提供依据。经过努力,全年销量和结构增效20139万元。三是开展效益预测工作。为了及时反映当月公司的经营状况,计财部每周进行周成本预测,每月根据两头市场价格变化、品种结构完成情况以及二级单位成本完成情况进行效益预测,编制经营快报,并将经营结果与预算和上年同期进行对比分析,为公司经营提供依据。四是强化成本管理与考核工作,积极开展对标挖潜与降本增效工作。成本核算工作是整个成本管理工作中最基础也是最重要的一个环节。计财部充分利用SAP系统强大的核算功能,每月按公司月结时间节点完成成本月结工作,认真分析上万张生产订单的成本,发现和分析异常情况,撰写月结报告,及时与制造单元沟通,梳理和优化流程,不断提高核算的准确性;同时积极开展日成本工作。计财部牵头对日成本核算系统进行持续改进和优化,及时解决各制造单元在使用日成本分析平台时遇到的问题,提高成本分析的水平,及时发现成本异常因素,查找成本异常原因,提出改进措施,实现成本管控的PDCA及时有效循环,为公司降本增效寻找空间。五是优化研发费用核算工作。随着政府相关部门以及税务、审计对于研发费用的审核越来越严格和细致,公司原有的研发费用核算办法已不能满足各监管方的要求。计财部会同相关部门和单位全面梳理公司研发业务流程,并商安永审计,规范了研发费用核算方式,制定下发了《马钢股份公司研究开发费用核算办法》,完成了SAP系统配置的更改,新核算办法已于9月正式在信息系统上线运行,为后续科研项目申报、争取政策资金以及所得税加计扣除提供更好的财务数据支撑。六是加强绩效考核和跟踪工作。正确反映各二级单位成本完成情况是公司经营绩效评价重要的组成部分。计财部每月及时收集汇总各二级单位的考核报表、各职能部门的资料,计算各单位制造成本、边际利润、模拟利润、资金占用等指标完成情况并撰写部门绩效评价报告,及时报送企管部,为公司领导全方位、全流程整体了解各部门、各业务单元运行效果,及时调整经营策略提供数据支撑。七是开展对标挖潜及降本增效工作。为最大程度地降低成本,计财部在公司部署下,积极开展对标挖潜工作,按月撰写对标分析报告,通过和行业平均、行业先进对标,多种途径寻找降本增效空间。同时与各单位从采购降本、设计降本、物流降本、消耗降本、能源降本、系统降本等方面开展了深入细致的工作,取得了明显的效果。同时积极参与配煤配矿及铁前例会工作、汽车板质量成本工作、公司新产品评审、财务成本主数据维护工作等。

【资金管理】 1.严格资金控制,提高资金使用效率。按照"量入为出、以收定支"的原则,将采购资金的总额与销售收入挂钩,控制存货资金占用以保证生产经营现金流。

2. 采用多种融资手段,努力降低资金成本。一是紧跟市场,积极办理资本市场直接融资,调整融资结构。为解决2017年直接融资到期的资金压力,分别于2017年4月20日发行第一期20亿元短期融资券、2017年9月20日发行第二期10亿元短期融资券,票面利率分别为4.97%和4.94%,偿还到期20亿元短期融资券。通过资本市场直接融资,有效承续了债券融资额度,保证了公司生产经营和投资资金的顺利运转,同时也调整了公司的融资成本和融资结构。二是密切关注汇率和利率市场行情,及时调整美元资产和负债的配比结构,有效规避汇率风险,平衡了因汇率波动产生的汇兑损益。三是密切关注资金市场变化,适时调整融资品种,努力开展低成本融资业务。2017年,资金市场价格居高不下,2016年办理的大额电子银行承兑汇票和国内信用证融资相继到期,考虑到办理电票和国内信用证融资成本高于同期基准利率的实际情况,调整了融资品种,降低电子银行承兑汇票和国内信用证等的表外融资,通过经营性资金盈余、直接银行贷款以及资本市场债券融资等方式和手段,有效弥补了该部分到期归还的资金缺口,也有效地降低了资金的占用成本。将年初23.7亿元表外融资降低到年底的9.18亿元,降低资金成本约1100万元。四是关注海外市场资金行情,积极找寻银行用信额度,开拓跨境融资手段和增加融资总额。通过香港公司作为融资平台,进行跟单贸易项下的跨境融资,一直以来都是股份公司的重要的融资手段,但由于受人民币汇率改革,以及境外资金市场巨幅波动影响,从2016年开始,股份公司大量减少以致基本停止办理跨境融资。2017年下半年开始,境外的融资成本开始有下行趋势,后续有继续办理跨境融资的市场可能性,公司股东大会审议通过了为香港公司办理进口项下跟单贸易融资提供不超过30亿元人民币的担保总额,为香港直接办理贷款提供了有力保证。计财部通过建章立制,梳理业务流程,为后续办理跨境融资做好前期的准备工作。自2017年9月开始,通过开立即期信用证,办理境内银行的海外代付、进口押汇融资、通过办理美元背对背信用证的跨境融资以及通过香港公司办理内保外贷的海外直贷等形式和手段,逐步增加跨境融资总量,拓展跨境融资渠道,同时确保融资成本不高于境内的融资成本。五是加大银行承兑汇票付款力度。为减少流动资金付款额度,采购单位与主要供应商单位协商,加大银行承兑汇票付款方式的力度,剔除银行承兑汇票背书的方式之外,公司2017年通过各家银行和财务公司开具银行承兑汇票约60亿元,缓解了融资压力,有效地降低了利息支出。六是利用财务公司平台,提高存量资金收益率。借用财务公司资金集中管理的优势,通过分期分批,将存量资金采取定期存款和多批次七天通知存款,取得存量资金的增量效益,全年产生的利息收入比计划增加1600万元。

3. 配合公司内控管理,完善资金内控制度。一是完善资金集中支付平台操作流程,改进业务操作流程。将原来各二级单位请款通过成本科和工程科审批后,提交资金科付款的工程劳务等业务付款,通过"资金集中支付平台"进行资金集中付款,减少纸质单据传递,提高资金支付效率;同时新增了港原总厂和能控中心的出纳集中管理,使出纳集中管理单位达到18家,不仅优化了人力资源,同时也加强了资金支付的风险管理。二是加强内部控制制度的管理和完善工作。撰写了《马钢股份公司采购业务信用证申请开立以及跟单贸易融资管理办法》,通过将审批流程集中在OA办公系统审批的方式,严控风险。三是加强资金内控检查和银行账户管理工作。

【投资及资产管理】 1. 加强固定资产投资的管理。一是牵头组织重大投资项目的各项前期工作,完成各项审批、备案手续,为各项投资的开工建设奠定了基础。如重型H型钢、优棒生产线、型材升级改造、硅钢二期、煤焦化净化系统合并等重点项目。二是根据省国资委等部门要求和公司实际情况,计财部对股份公司固定资产投资项目管理流程进行了梳理和调整,对现有固定资产投资项目立项管理办法进行修订。三是组织完成项目后评价工作。为完善项目全过程管理,公司于2016年底将投资项目后评价的职能划入计财部,计财部编制了2017年项目后评价工作计划,并报经董事会批准后组织实施,后期计财部将根据集团公司相关的管理办法修订股份公司项目后评价管理办法。2017年计财部已完成对二铁总厂2号烧结机烟气脱硫项目、冷轧总厂新增电解脱脂机组工程项目后评价报告。

2. 完善固定资产管理制度,做好固定资产入账、报废、外销、盘点等工作。一是按照公司的总体部署和各项目投产时间及时做好固定资产暂估入账转固工作。2017年度新增固定资产约21.69亿元。其中公司重点项目约13.26亿元,更新改造约8.43亿元。二是积极参与公司固定资产外销、报废工作。经与相关部门共同组织鉴定审核,将公司内部没有利用价值的淘汰设备对外销售,全年处置销售原值约0.59亿元、净值0.05亿元的固定资产,实现销售收入0.09亿元;全年报废的资产原值约16.99亿元,净值约1.99亿元;因去产能及产业结构调整等原因准备关停相关产线,涉及资产原值5.2亿元,减值0.3亿元。三是配合相关部门做好固定资产盘点工作,及时发现处理固定资产使用和管理中存在的问题,使固定资产账实相符。

3.积极争取财政补贴资金。2017年争取到南区钢渣处理综合利用工程等项目政府财政补助资金1042万元。

【税务管理】 加强纳税筹划,努力降低公司税负。一是应用出口退税政策,减轻企业税收负担。针对频繁升级的出口退税客户端系统不断优化升级,及时更新出口产品代码库版本,对符合退税条件的出口产品,积极向税务机关办理出口退税申请,2017年全年能够为公司获得免、抵、退税4亿元,降低了公司的增值税税负。二是展开了公司2016年度企业所得税汇算工作。随着"营改增"的全面推行,一系列新政策法规的出台,给企业所得税汇算清缴工作增加了广度和深度,企业与税务机关统计口径存在差异,出现信息资料收集和数据采集困难等问题,计财部通过合理筹划,为股份公司获得2016年度减免企业所得税9031万元。三是利用政策,抵减公司增值税。"营改增"之后,企业向境外支付劳务费时,替境外单位代扣的增值税,可抵扣企业的增值税,计财部积极组织申报,2017年可抵减公司增值税150万元。四是积极争取财政优惠政策。获得土地使用税奖补8732万元、房产税奖补资金8460万元、申请定额缴纳水利基金、申请核定征收印花税、依法延期缴纳2017年度税款7亿元等。

【会计基础工作】 1.加强会计基础工作,保证公司财务报告的真实性、完整性。一是由计财部会计科牵头,组织相关业务科室对股份公司本部所有财务科在2016年开展的会计基础工作检查和财务风险互查互排基础上,开展了会计基础工作和财务风险"回头看",重点对去年发现的问题的整改完成情况进行了检查;由计财部驻销售公司财务科牵头相关科室,对十五个分(子)公司的财务风控及会计基础工作进行检查,要求分(子)公司对相关问题进行整改,促使分(子)公司贯彻公司财务制度,规避风险。通过会计基础工作检查强化财务会计内部控制,有效控制财务风险。二是根据SAP主数据实际运行现状,对《整体ERP系统客户、供应商、财务、成本主数据维护管理办法》进行修订,报公司审核后予以发布。三是组织编制了2016年度财务决算报告,按时公告和上报了年度财务报告;按省国资委年报要求完成了省国资委2016年报系统的编制;完成24家钢铁业上市公司的2016年报以及2017年半年报收集和财务指标的统计分析工作。

2.协调相关审计工作。一是协助安永做好联交所、上交所2016年年报及2017年季度、半年度报告的披露及期后审核说明工作。二是根据安永会计师事务所出具给公司的《2016年度管理建议书》的内容,就相关的问题配合各有关单位进行了认真整改,梳理、汇总反馈给安永审计。三是负责组织完成财政部驻安徽省专员办对马钢股份进行的2016年会计信息质量检查工作。财政部驻皖办检查组从2017年6月20日起,对马钢股份2016年度会计信息质量进行了近两个月的检查,针对检查组《征求意见函》的问题计财部做好沟通解释工作,同时向公司领导及时汇报,牵头召集相关部门反复讨论研究,不断完善公司的反馈材料,跟进检查结果的最新进展情况,并在2017年年报中对已明确的整改事项进行相关账务处理,减少对以前年度财务报告的影响。同时将以此次财政部会计检查为契机,进一步规范公司相关财务账务处理。

3.加强内部控制管理和风险评估工作。根据企管部内控办的要求,对公司财务会计方面的内控制度进行了梳理,对梳理中发现的问题进行研究并加以修订,配合公司、会计师事务所完成内控测试及整改工作;根据《关于开展2017年风险评估工作的通知》要求,计财部认真梳理开展风险评估工作,并按要求汇总上报风险评估结果及改进情况。

4.加强对外投资财务监管与风险防控。一是加强对外投资项目的财务管理:全程参与收购马钢国贸公司持有马钢香港公司的9%的股权工作;参与审核2011年公司重组长钢的期间利润工作,并提交处理意见;全程参与公司投资参股的河南金马能源公司在香港联交所主板上市的相关工作;参与为埃斯科特钢公司解决融资的相关工作;全程参与上海工贸的破产清算工作,为上海工贸公司的清算提出财务支撑;积极参与海外公司内控制度建设工作;负责或参与多个公司合资项目的谈判和财务尽职调查等。二是进一步加强对外投资的日常财务管理:按季度报送子公司财务风险分析报告,并对子公司财务风险管理提出建议;对子公司的内控执行情况进行检查,并提交相应报告供公司参考决策;按计划进行日常财务风险检查,对发现的问题提出整改意见,并跟踪整改情况。三是参与子公司相关工作。组织子公司完成财政部的财务基础工作检查,并对相关的检查问题提出整改意见,全面提高子公司的财务基础管理工作;协调子公司配合安永审计工作;牵头组织完成子公司的关联交易规范工作;负责长钢公司、金马能源公司、马钢合肥公司、马钢嘉华公司等多家公司的董事会议案审查工作;参与马钢合肥公司的资产处置工作。

5. 及时为公司的新增业务需求提供支持或提出财务处理意见。一是牵头对公司差旅费报销有争议部分撰写财务问题解答;二是积极参加公司数字档案馆项目调研,解决相关问题;三是参加各险种的保险集中招标、投保工作,不断完善保险合同的管理工作。

6. 进一步提高财务信息化管理水平。2017 年,在做好 SAP 系统各类财务主数据的日常维护与管理工作的基础上,积极优化 SAP 系统的财务应用,及时为公司的新增业务需求提供系统完善与支撑。

【统计管理】 一是夯实统计基础,理顺统计渠道。随着公司组织机构的变化和新生产线的投产,计财部对公司统计工作做出调整,增加产品分类目录与编码,确定统计方法,理顺统计报表上报渠道。二是发挥统计优势,提升统计服务能力。整理出自 1994 年以来马钢股份(集团)铁、钢、材产量、营业收入、净利润的年历史最好水平,马钢股份本部铁、钢、材产量年度、月度、历史最好水平数据;参与公司上半年竞争力分析,选取 29 家钢铁企业作为样本单位,选择 17 项经济指标作为评价指标,通过编制的竞争力模型计算企业综合竞争力指数并加以对比分析;针对公司化解过剩产能工作整理并提供相关产线的产量、产能、设备情况等方面资料;配合公司相关部门完成了公司国家级技术中心评价、公司 2016 年碳排放报告编制与审查、工信部绿色工厂申报、公司 2017 年 8 个“安徽名牌”产品申报、2017 年 2 个“安徽省著名商标”申报、2017 年度第二期短期融资券募集及项目尽职调查、联合资信马钢 2017 年跟踪评级、2016 年钢铁行业规范企业自查报告起草、公司开展燃煤自备电厂规范建设及运行专项督查的自查、《股份公司统计资料汇编》的编制、中国钢铁工业 2016 年信息化自动化及其效益状况专项统计年报的填报等方面工作。此外,积极配合有关政府部门完成定期、不定期的调研工作。三是完成对国家统计局、中钢协会、国资委、省冶金协会、省统计局、市统计局等各级政府部门月度和年度报表上报任务。五是积极配合并完成安徽省 2017 年投入产出调查省级试点工作等。

【去产能工作】 1. 马钢 2017 年去产能计划安排。计财部根据《马钢(集团)控股有限公司关于报送 2017 年化解钢铁过剩产能工作计划的报告》《马钢集团公司关于调整 2017 年化解钢铁过剩产能实现脱困发展人员分流安置计划人数的报告》《关于印发〈马钢 2017 年化解钢铁过剩产能工作计划〉的通知》,起草了 2017 年股份公司去产能计划(关停 1 座 500 立方米高炉、退出炼铁产能 62 万吨/年,关停 1 座 40 吨转炉、退出炼钢产能 64 万吨/年;全年分流安置人员 3145 人)。2. 产能退出、设备关停情况。2017 年,马钢化解过剩产能设备关停和产能退出任务全部完成。1 月 24 日,关停 1 座 500 立方米高炉;10 月 31 日,关停 1 座 40 吨转炉,共退出炼铁产能 62 万吨/年、炼钢产能 64 万吨/年。3. 人员分流安置情况。2017 年,马钢分流安置人员上报计划为 3145 人,实际分流安置人员 3153 人,其中,提前退养 2095 人,依法解除合同 633 人,内部安置 228 人,其他 197 人,任务完成率 100.3%。4. 去产能工作验收情况。2017 年 11 月 17 日,省去产能办公室组织有关部门和专家对马钢 2017 年去产能工作进行了验收。11 月 21 日,马钢 2017 年去产能验收工作顺利通过国家钢铁煤炭行业化解过剩产能验收第八抽查组的抽查。

(王晓红)

生产、技术质量管理

【基本情况】 2017 年,制造系统重点落实公司职代会提出的“聚焦‘三品’,打造钢铁强势品牌”工作措施,以“精细管理、精益制造、提升品质创品牌”为工作主题,围绕公司经营目标计划,精心策划各方面工作。

【生产组织】 一是针对 2 号、3 号高炉大修,10 号高炉、长材事业部北区 1 号转炉因去产能永久性停产等造成的公司产能起伏大、阶段性变化快的生产特点,适时采取各项有效措施,坚持以满足顾客需求和实现效益最大化为中心,牢固树立高炉长周期稳定顺行是基础的意识不动摇,坚持均衡组产,坚持低库存运行,强化预案设计,合理运用炉机调控手段,构筑生产—设备—能源高度协同的管控机制,确保了股份公司生产运行高效、稳定、受控,铁、钢、轧生产衔接紧密、平衡有序。二是健全冷料设计机制,完善基于市场变化的铁钢比效益测算流程;计划、工艺、采购及生产单元全方位联动,促进冷料结构及装入制度优化,有效推动铁钢比的降低。全年公司铁钢比完成 0.923,较目标下降 0.021,增加钢产量 33.6 万吨,支撑轧材增产 31.4 万吨。三是系统联动,推进经济运行,全面提升板带优势产线产能。在 2 号、3 号高炉开炉投产期间,精心组织,开炉铁水全部直接利用。强化铁钢平衡,细化计划管理,实现公司全年铁水“零铸块”。精细资源保供方案,组织开展生产拉练,在产品质量提升、品种结构进一步优化的同时,充分释放关键产线效能。四钢轧总厂炼钢月产量突破 75 万吨,2250 机组月产量突破 49 万吨。推进订单系统分工、酸轧机组大周期以及提升冷轧基料卷重攻关,全面支撑酸轧、连退、镀锌等后道工序的生产放量。

【品种结构】　优化板带产线分工,深化产品结构调整,提品质、创品牌,精益制造提质增效。2017 年,通过对产线的系统调研和优化,明确了各产线的分工,三条酸轧机组、四条冷轧、五条镀锌产线品种规格搭配逐渐合理,品种结构调整成果显著,逐步固化了生产模式。CSP 产线薄规格品种占比 60.5%,较去年增长 6%。其中薄规格耐候钢产量逐渐上升,非计划材逐月降低,形成了单、双线不同组产模式。2250、1580 机组高强薄规格产品生产常态化,厚度 2.5 毫米以下生产量逐步提升。具备了汽车外板 1 万吨以上的月产能力,镀锌汽车外板生产取得突破。镀铝硅产品产能稳步提升,形成了 1 万吨的月产能力。在满足管线钢质量需求的同时,积极优化炼钢和物流计划,确保了每月 3 万吨硅钢基料的保供。冷轧产品高强钢继续保持较高比例,其中高强双相钢生产实现了突破。板带产品品种钢比例达到 63.6%,较 2016 年提高 2.6 个百分点。

【订单管理】　在品种结构大调整下,订单管理为支撑销售单元接单和市场开发,顺应公司增加直供用户的需求,深入细化和创新订单分级管理机制。围绕销售公司接单和开发用户的要求,优化订单评审流程。优化计划排程规则,深入推进订单预排,开辟了上汽通用、东风神龙等高端客户的认证试模订单绿色通道,确保重点产品订单按期、保质交付。2017 年累计生产重点订单 156.2 万吨,配合销售公司开展了全年 71 款车型,1054 个零件的试模订单保供。板带订单条目兑现率 86.23%,较 2016 年稳中有升。

【技术进步】　一是开展技术攻关,突破制造瓶颈,提升工艺控制水平。持续推进“标准+a”的工艺及判定标准,以满足不同用户的要求。通过产品质量的先期策划,以工艺技术标准及信息化系统控制等形式落实工艺要求。大力组织开展工艺优化、技术攻关,解决生产现场技术质量难题,稳定产品质量,保障生产顺行,降低制造成本,有效改进质量不稳定产品的订单兑现和制造能力提升。2017 年,制造部开展公司级技术攻关 11 项,结题 4 项;公司级重大产品设计更改项目 1 个。强化产学研项目合作,改进产品质量。通过科研合作和联合攻关,提升高强、薄规格产品的轧制稳定性,充分释放关键产线产能。四钢轧总厂转炉冶炼周期缩短 5 分钟,连铸拉速提升 0.2 米/分钟,热轧平均轧制周期缩短 15 秒,钢卷卷重平均提高 0.38 吨;连退、镀锌汽车外板一次合格率分别达到了 82.8% 和 71%。二是针对现场制造过程中的难题,制造部积极组织实验攻关,有效解决或改善了制约生产和质量的问题。如烘烤硬化钢 C 含量控制范围优化、Q450NQR1 性能优化、CSP 供镀锌基料的色差、孔洞和划伤缺陷改善酸洗板软钢横折印改善、SPA-H 产品裂纹改善、硅钢表面质量改善、汽车外板一次合格率提升攻关、H420LA 及 H420LAD 产品设计流程优化攻关等。通过重点品种现场跟踪,生产、技术、质量多方联动,提升生产过程控制能力。

【质量控制】　强化质量管理,提升产品质量稳定性。2017 年,全面开展板带单元“零缺陷”出厂管理工作,持续开展质量督查,建立质量督查月度评价通报制度及跟踪整改。按期开展产品审核和制造过程审核。履行厂际间质量问题仲裁、现场检验监督、产品判定管理职责,在减少经济损失的同时,支撑了订单兑现的稳步提升。全年公司产品质量损失 8.09 元/吨,比上年下降 0.17 元/吨,产品质量异议起数 0.91 起/万吨,同品种降低 41.14%。

【客户服务】　2017 年,制造部聚焦客户需求,稳步推进“五位一体”客服体系工作。在 2016 年运行基础上,修订了《客服运行管理办法》,完善客服运行管理标准和绩效评价体系,“五位一体”客服小组由 22 个增加到 88 个,集中资源优势,为客户提供更加优质的、个性化的产品和服务。2017 年发布了《客户抱怨管理办法》,开展客户抱怨分级、闭环管理,为产品质量改进提供输入,进一步减少客户抱怨,持续提升顾客满意度和忠诚度。积极开展产品外设计工作,识别客户特殊需求,发布《特殊需求 α 清单》,推进客户需求的识别、转化、实施、跟踪、验证等工作,提高过程设计能力。完成了奇瑞汽车、重庆长安等客户共23个车(机)型90个零件和海立田、十堰常森等多家重点配套厂热轧大梁钢的特殊需求识别工作。

(卢学蕾)

设备管理

【基本情况】 2017年,设备部按照公司职代会提出的“运行有效、保障有力、系统优化、节能降耗”总要求,通过体系建设、制度健全、管理强化、贴近一线等措施,利用设备管理信息化手段和“四个融入”的工作方法,强化过程管控,优化资源配置,着力提高设备系统保障能力,设备管理取得较好的成效。

【设备管理主要绩效指标完成情况】 2017年,股份公司各产线运行稳定高效,KPI指标均达到或优于目标值,其中4小时以上设备事故次数共计15起,月均1.5起,优于公司目标值2起/月。事故故障率1.89‰,优于目标值2.5‰,故障时间、次数比上年均有所下降。OEE整体实绩66.92%,高于目标值60%。OEE评价产线共18条,全年均值好于各自目标值的产线11条,达标率61.11%。完成主要生产线和机组检修计划共计84大项,检修计划准确率100%,关键产线检修后无4小时以上事故,实现检修的三个100%目标,圆满完成公司指标。外转供电用户的日线损率控制在10%以内。直购电交易,全年实现直购电效益2.53亿元。备件资金占用10.6亿元,比上年降低2.45亿元,比期初降低1.48亿元,备件采购降本3997万元,超公司采购降本计划3107万元。

【过程管理体系建设】 一是主动对接公司质量体系等各类体系换版,积极参与上汽通用等公司对马钢的二方审核。对管理过程认真梳理,修订了程序文件和管理制度共计15部。坚持开展设备制度执行情况检查,制定了年度检查计划并予以落实。全年共计完成32项制度检查。组织开展设备四大标准评审修订,推进关键设备识别。通过以上工作,设备管理更加符合新版体系要求,满足客户对产品质量和交付的需求。二是关注人和信息化系统的能力提升。为适应公司转型升级对设备管理与维修工作新要求,加快设备管理人才队伍的培养,提升公司设备管理的精细化、科学化水平,设备部编写了《马钢点检培训教程》,作为设备管理技术人员日常工作的指导,并组织策划了点检员取证培训,铁前点检员能力测试等工作,有效促进了点检员技能水平提升,为实现点检工作“三个100%”夯实基础。开展调度专业知识考核评比,促进调度业务水平提升,提高运行管控能力。开发完善设备管理信息系统,如检修信息平台、调度综合管理平台等,通过信息化手段提高设备运行、检修的过程管理能力。三是在原有的故障率、设备开动率等指标的基础上,开展OEE、MTBF、MTTR等指标的统计分析工作,将其纳入公司《基础设施管理程序》中,对指标的统计方法、目标值设定、分析、评价、改进等进行了规范,提出了明确的要求,持续开展设备运行OEE劳动竞赛,全要素多维度改进,系统性提升产线OEE水平,充分发挥指标对设备运行水平提升的引领作用。四是细致梳理管理过程,按照流程扁平高效、提升专业能力、规范管理过程的原则对组织机构重新进行了策划。以提升系统管控能力、加强设备技术支撑、强化管理职能,细化专业分工,提高部门内部互相支持效力为目标,2017年完成并向公司提交了机构设置方案。

【运行与检修管理】 一是坚持融入现场、服务现场的工作理念,横向配合,纵向联动开展运行管控工作。通过机、电、仪专业相互支撑,一体化开展管理的“专业融入”,与生产制造部门、工艺质量部门对接的“工艺融入”,以及驻厂工作组、现场突击队等方式的“现场融入”,形成了信息通畅、反应快速,目标一致的管理模式。主动配合公司生产经营需求,保功能提精度,合理配置维修资源,努力做到设备不欠修、不过修。特别是在棒材特护工作中,组建临时特护组,明确目标和工作要求,制定应急预案,最终达到公司要求,安全运行至大修,为公司创效做出了贡献。

二是隐患管理坚持定期排查,重点治理,组织技术攻关进行隐患治理。针对三铁总厂热风总管和炉底板上翘问题,通过采取“下托上压”等一系列措施,并建立在线压力和温度监控系统,现处于可控和较稳定状态。四钢轧总厂1号转炉托圈水平支撑隐患问题,采取定期探伤检查、处理和控制裂纹生成扩展,使设备状况处于可控状态。

三是精细组织,合理安排,预先筹划,创新模式,全年设备检修工作呈现出“多、快、好、省”的状态。2017年完成主要生产线和机组检修计划共计84大项,从二铁3号高炉,到四钢轧总厂1号转炉,以及干熄焦、CSP、1580热轧、车轮二线、车轮三线等各产线检修密集展开。科学制定检修方案,向管理创新和技术攻关要效益,在冷轧总厂连退炉大修中,首次提出分区域更换耐材思路,通过对方案的反复论证,成功实施第一阶段17天更换炉墙耐材的目标,有力地支撑了公司的生产经营,对标宝钢可节省连退炉大修工期20天。同时,设备部紧紧围绕生产节奏,建立柔性检修的理念,加强横向沟通,自我加压,通过特护,实时监控等手段保障安全,最大限度发挥产线能力。安全、经济、系统实现新老区联动检修取得良好效果。新4号高炉投产后,公司生产物流、能流产生重大变化。年初,四钢轧总厂1号转炉及相关产线的检修为马钢史上最大一次系统检修,最多时投入检修人员达到8000人,第一次实施了新老区同步系统检修,对检修人力资源平衡、物流平衡、能流平衡、系统组织都是极大考验,通过长达3个月的方案准备、系统讨论,在设备部工程科的精心组织下,圆满完成了本次系统检修。在检修项目的费用管控上,规范管理,大力推行招投标工作,二铁总厂3号高炉跨年度大修,除加大内部单位承接项目外,共实施主要招标项目37项,金额3836万元,节省700余万元。大力推进检修总包新模式,扩大区域总包范围,制定区域总包管理办法,完善考核评价机制,将产品、质量、效益等因素纳入评价体系,形成联动共赢。在二铁总厂、三铁总厂、四钢轧总厂部分产线推行与检修公司协力总包工作,通过费用与产线相关KPI直接挂钩方式,打造双方目标一致,命运共同体模式。修订设备精度管理评价细则,重点强化产线运行保产的效果评价。按照公司部署,实施8条精品参观线路美化亮化工程,推进工匠基地建设,推动精益现场管理。开展隐患整治工作,全年投入相关费用约1.2亿元。

【动力能源经济运行】 一是能源公辅管理以焦炉、高炉、转炉为中心、产能设备为重点、轧线、用能设备有效保障为目标。通过“设备调度平台信息收集、发布及时掌控设备状态,建立设备预警系统前端,专业科室评价、评估、组织检修、消缺及周分析通报考核后端体系。组织检查了各单位大面积停电事故预案编制、应急设施、日常演练和记录、防雷接地测试、季节性电仪控故障防控、变配电所防火等工作执行情况。二是以TRT检修为突破点,利用检修公司检修力量,实施TRT总包,以专业促管理,以技术带动创新。三是三供一业外转供剥离工作取得阶段性成绩。供电用户完成移交10176户,占总数的30%;供水用户完成移交3282户,占总数的70%;年底完成主要区域移交工作,2018年进入收尾阶段。四是外转供电综合治理工作在经历了近三年艰难的攻关后,成效显著,马钢158家外转供电用户的日线损率控制在10%以内,指标先进!基本杜绝了马钢电力资源的流失。五是2017年安徽省电力交易市场发生重大变化,新增100家售电公司,由原来的买方市场变成卖方市场。设备部主动出击,克服困难,与马鞍山万能达发电有限责任公司等三家发电公司达成直购电交易,全年实现直购电效益2.53亿元。

【备件经济保供】 严格实施库存管控措施,备件采购需求与机旁库、在途计划及合同联动,大力拓展零库存和功能总包范围,在不形成新增库存的前提下消化历史库存6000余万元。备件资金占用10.6亿元,比上年降低2.45亿元,比期初降低1.48亿元,完成了公司计划。周转天数133天,相比去年247天明显加快。备件修复管理在MRO中开发修复模块并投入运行,新流程突出了高效规范的特点。立足于内部机制资源挖潜增效,推动建立若干修复基地。

【固定资产管理】 2017年7月,发布了新的《固定资产管理办法》,根据会计准则及公司内部控制要求,从流程的合理性和可操作性着手,明确了项目建设、资产管理部门和资产使用单位的职责。全年新增资产12.276亿元,调拨资产原值6911.7万元,销售资产原值935万元,2017年已报废原值16.92亿元,净值2.06亿元。2017年末股份公司资产原值710亿元,净值254亿元。

【技术创新管理】 2017年,设备系统《MCR型SVC装置动态响应时间的测量装置及方法》等40余项专利获得国家专利;《钢铁企业电能质量控制与综合节点运行关键技术研究与应用》获安徽省科学技术奖二等奖。《备件修复管理模式创新与优化》2017年度被公司评为管理现代化创新成果二等奖。设备部积极开展技术攻关和技术创新工作,《烧结设备集成改造系统》等获得了公司技术创新奖,另获一等奖2项,二等奖3项,三等奖3项。开展设备技术攻关和关键产线技术改进。依托设备技术高管、APQP小组活动、公司驻点技术组,组织征集了107项技术攻关课题,立项实施30项,解决制约设备稳定、质量提升、效率提升的瓶颈问题,经济效益显著。

(郑治宇)

计量管理

【计量检测完成情况】 2017年,股份公司实现A

类测量设备周期受检率100%、计量标准设备确认合格率100%、重要测量过程在线受控率100%、厂际计量仪表运行率98.1%。检定各类计量器具19273台(件),重新识别和设计了主要产线重要测量过程261项。全年实现各类物料计量检测124万车次、净重1.3亿吨,水、电、风、气等动力量实现100%计量。

【技术创新】 一是马钢首次开展快速热电偶比对工作。快速热电偶为一次性使用设备,其实际使用过程中所获得测量结果的准确性和可信性无法得到验证,一直是冶金企业难以解决的行业难题。计量管理处在充分策划调研的基础上提出完成快速热电偶高温比对项目,经过设备选型、招标、采购、现场试验、试点总结等常态工作后,于2017年8月底在股份公司公司钢轧系统全面推广。该项目的推广实施旨在为钢水测温系统的不确定度分析提供实际的分析用数据,对钢水的质量控制奠定了测量基础,填补了公司各相关产线"消耗型快速热电偶"质量控制的管理空白。二是运用信息化管理的理念及手段,首次建立马钢测量管理体系平台(MSA)运行平台。实现了股份公司67391台测量设备台账全生命周期跟踪管理,包括设备状态(在用、备用、送检、封存、报废)、使用状态(合格、限用)、设备关键信息查询、周期性溯源等。摒弃了原来各单位管各单位,缺乏管理台账的状况,为后续整体体系改进提供准确参考数据;实现了261个重要测量过程管理、实时监控管理以及重要测量过程与主测量设备相关联匹配管理;实现了体系文档资料标准化管理。三是马钢远程物资计量全面实行。运用自动化控制技术、多媒体技术、远程数据库技术、云存储技术等多项先进的互联网信息技术,构建了集图像、声音、数据、现场设备控制于一体,方便快捷、运行可靠的大厅式集中远程物资计量管理系统。公司现用于厂际计量和商贸计量的轨道衡17个计量点(19台轨道衡)、汽车衡17个计量点(20台汽车衡)、41台皮带秤均已纳入远程物资集中计量管理系统。

【计量基础管理】 一是编制发布《2017年测量管理体系内部审核计划》,采用全年滚动内审模式,每月度分类执行内审计划,为公司产品质量提升和经营决策提供可靠的测量保障。二是组织完成测量管理体系文件换版修订工作,简化工作流程,注重过程管理,合并部分文件,测量体系特有文件数量由原来20个缩减为15个。三是组织股份公司"自校准办法"评审工作,构建自校准体系,围绕校准方法、校准人员、校准设备的核心内容,控制其方法、人员、设备三大要素,满足产线溯源的实际需求。四是优化动力介质计量管控模式,提高计量数据自动采集度和准确率,完成对47条外转供线路进行了专项整治,共有230个计量点完成信息化改造,实现电量自动采集、外转供供电线路电量数据日分析。五是在各钢轧总厂推进商贸秤允差控制管理,以精准计量助力企业的效益提升。六是从人员、制度、流程入手,强化商贸物资计量监督,为公司"把好关口、守护利益、维护形象"。七是加强物资计量异议处理,延伸管理流程,在做到及时处理的同时,着重跟踪调研发货计量情况,帮助生产厂查清产生计量异议原因,并做好与客户沟通工作,计量异议数较往年大幅下降。八是改变计量培训方式。由原来单一内部培训改为"走出去、请进来、理论+实操"的培训方式。积极适应国家计量检定员资质取消的政策,通过分析二级单位培训需求,设计年度培训计划,大力培养自有培训师,实现培训形式多样化,内容丰富化,群体受众面不断增加,培训效果逐步得到体现。

(龚伟新)

炼铁技术管理

【基本情况】 2017年,围绕公司"坚定不移深化改革,坚持不懈做强品牌"的工作主题,通过深化体检和风险预警机制,加强原燃料库存控制,优化配煤、配矿结构,稳定入炉料配比,规范各项技术质量管理活动的"写所需、做所写、记所做",不断提升高炉长周期稳定顺行生产水平和技术经济指标。

【技术标准管理】 按照公司技术文件管理程序的要求,进一步修订、完善铁前技术标准及管理标准,规范铁前各项工艺技术质量管理活动。2017年制定了5个技术条件,修订了1部工艺技术规程。组织对一系列管理标准讨论完善,制定了《马钢原燃料(铁前)库存管理办法》,组织编制《马钢炼铁技术与管理》书籍。

【工艺技术管理】 工艺纪律检查和管理制度执行情况检查是验证技术标准、管理标准的"写所需、做所写、记所做"的重要抓手,通过持续检查来推进制度、措施的落实。每月组织铁前技术人员对铁前各单位的工艺纪律和专项管理制度执行情况进行检查。通过检查查找实际工作中不足之处、制度有待完善之处,对检查情况进行通报,对发现的问题提出改进意见,并跟踪上月检查问题整改落实情况,促进各类标准运行的持续改进和不断完善。

【构建完善高炉运行评价与风险预警保障体系】 2017年,继续将铁前实施高炉体检制度和风险预警机制作为保高炉顺行的重要措施,在公司8座高炉全面推行相对统一的以操作参数权重计算得出的高炉顺行指数的高炉评价体系。以数字诊断结果为炉况研判和顺行维护提供可靠的量化依据。形成了班体检、日体检、周分析和月评价四级体检体系。坚持“以高炉为中心”,从采购到生产的全系统联动,加大外部保障力度,为高炉稳定提供全方位的系统保障和服务,减少外部因素对高炉炉况的影响。铁前全系统坚守相关技术标准和规范,坚持依托系统联动平台支撑高炉稳定顺行,不断完善高炉运行评价与风险预警保障体系。在铁前系统的共同努力下,高炉连续稳定顺行。铁前管理创新成果《高炉运行评价与预警保障体系的构建与实施》荣获2017年冶金企业管理现代化创新成果一等奖。

【提升技术操作指标】 开展大型高炉提升喷煤比技术攻关,在保证燃料比不提高的前提下,以煤替焦,实现提高煤比降低燃料成本的目的。下半年大型高炉指标逐步提升,至10月,三铁总厂A、B两座高炉煤比均突破160千克/吨,二铁总厂3号、4号高炉煤比等技术指标也取得较大进步。2017年1月-10月,公司高炉燃料比为523千克/吨。三铁总厂A、B两座4000立方米高炉2017年1月-10月经济技术指标利用系数、燃料比均优于行业平均水平,排名处于行业中等偏上水平。二铁总厂4号高炉3200立方米高炉2017年1月-10月经济技术指标均优于行业平均水平,特别是利用系数达到行业平均先进水平以上,排名处于行业上游。二铁总厂1号、2号两座2500立方米高炉2017年1月-10月经济技术指标利用系数、燃料比均优于行业平均水平,排名处于行业中游。

【特殊炉况处理】 2017年,炼铁技术处积极参与、组织制定二铁总厂3号高炉开炉方案、2号高炉停、开炉方案的讨论和评审;并在3号高炉开炉、2号高炉停、开炉期间,组织技术人员跟班跟踪炉况,参与操作。1月13日,二铁总厂3号高炉顺利开炉,开炉6天产量达到2800吨。5月18日,2号高炉实现安全停炉;10月10日,高炉开炉迅速达产,开炉6天,产量达到5500吨。

【配煤配矿】 为满足高炉稳定顺行需求,进一步加大配煤配矿技术管控,配煤方面:首先,稳定自产焦配比,通过减少配煤比调整推进自产焦质量的稳定;其次,强化焦炭平衡方案的制定和优化;此外,根据行业对标,公司焦炉结焦时间比首钢、太钢短,2017年开始在新区开展《延长结焦时间、提高焦炭质量技术攻关》。配矿方面:首先,在稳定匀矿烧结性能的前提下,优化配矿结构;其次,稳定混匀矿和高炉炉料结构。此外,超细精粉配矿攻关取得成功,高炉入炉品位也逐步达到了近几年来的较高水平,实现了集团利益的最大化。同时建立了自产矿质量评价例会制度,督促自产精质量的稳定。

【库存管理】 一是继续坚持低库存运行的原则,严格控制进口矿、煤焦库存量。2017年出台了《马钢原燃料(铁前)库存管理办法》,结合冬季、雨季和月度的生铁产量来及时调整库存总量,在确保铁前稳定生产的前提下,减少公司资金占用。二是为适应市场要求,紧密结合实际生产做好需求计划。根据市场、库存、配比、生产实际等变化,及时调整采购计划,实施过程控制。1月-10月,公司煤焦库存始终保持在29万吨以上,进口矿库存控制在130万吨水平,实现了用料稳定,为公司抢抓资源,减少采购支出做出了贡献。

【铁前信息化】 2017年,在现有信息化平台基础上进行拓展,建立铁前生产大数据,为技术分析及生产指导提供技术支撑。开展的主要工作有:在现有信息化平台基础上拓展至烧结球团区域,逐步扩容铁前生产大数据,开发高炉小时、日、月自动监控技术报表,建立高炉二级系统及相关功能模块,开发检化验系统模块,集成铁前原燃料及工序产品检化验数据,实现自动报表生成,实现有害元素数据上线,开发在线自动体检及风险预警模型,开发高炉炉顶布料监控模块,开发高炉槽下仓位监控模块,开发二铁总厂焦炭分炉计量模块,开发铁前信息化高炉状态监控手机APP,谋划公司铁前大数据中心及数据开发。

【环保控制】 环保对冶金行业中的烧结、球团设备的硫排放的要求日趋严格。2017年在进行烧结匀矿和球团配矿时,一是从源头控制,采购低硫矿种,二是坚持先计算再配矿的原则进行配矿,保证配矿混合料硫含量达标。2017年,铁前烧结球团9套脱硫设施硫排放全年没有一次因原料因素而超标。

(制造部)

汽车板业务管理

【基本情况】 2017年,汽车板推进委员会以股份公司汽车板战略规划为引领,以体系和系统中的问题为导向,以前瞻性和系统性为原则,聚焦体系中的“瓶颈”、系统中的“短板”,继续在汽车板业务推进管理方面进行创新突破,推动“自上而下,强化协同、快速应对”管理模式的有效运行,确保马钢汽车板战略措施稳步实施。

【主要工作】 1. 稳定产品质量,提高订单兑现率,提升EVI服务能力,提高客户满意度,为“站稳既有市场打基础”。依托“EVI+APQP”以及“五位一体”客服小组新型技术服务模式,逐步构建起向顾客提供材料一揽子整体解决方案的汽车板研产销一体化技术营销体系,不断拓展公司直供终端顾客的服务范围和水平。一是依据市场需求变化情况和内部设备检修安排,分月平衡制定月度销售计划,有效指导销售接单,促进产品结构调整。2017年,汽车板销量达到230万吨,比上年增长7.1%;汽车板品种钢的比例达80%、再创历史新高,其中高强钢约100万吨,比上年增加25%;全国市场占有率上升至8.2%左右。二是紧盯汽车行业发展方向及顾客需求、聚焦钢铁行业前沿,强力推进高强薄规格及涂镀产品的开发。铝硅镀层热成形钢MHS-1、冷轧退火DP980实现批量生产并通过用户验证,锌基镀层热成形钢实现首卷下线并小批量应用,高冷弯性能抗氢致延迟断裂新型热成形钢研发实现突破。2017年,汽车板新产品实际生产17.99万吨,其中新增汽车板牌号39个;实施EVI项目8项,在东风、广汽、一汽、长安、吉利、上汽等重点目标企业持续开展试模认证及提升份额占比。三是整体优化汽车板产品的产线分工。重点打通了4条镀锌产线汽车板的分工、充分发挥2号镀锌线具备生产高强双相钢及汽车外板的能力;打通三条酸轧机组工艺路径相关匹配,形成了互补交叉的基料保供;对本部冷轧和合肥冷轧相关产品进行合理分工,合肥板材批量生产双相钢、磷化钢,本部重点生产汽车外板。全年汽车板订单产量兑现率90.52%,条目兑现率83.94%;较2016年分别上升0.02%、0.15%。四是以提升汽车外板生产和质量稳定为抓手,促进了全工序制造水平的进一步提升。公司已具备月产外板1万吨以上的能力,尤其是镀锌汽车外板的批量生产取得重大突破,全年累计生产汽车外板14.62万吨,合格入库12.01万吨,其中冷轧10.39万吨,镀锌汽车外板1.61万吨。五是持续改进相关产线设备缺陷,提升关键设备功能精度,有效保障汽车板生产。完成四钢轧总厂热轧平整机组带钢表面缺陷管理应用系统以及冷轧总厂2130连退线、3号镀锌线、1680酸洗线、2130酸轧线新增在线表面质量检测仪。

2. 以二方审核方式促进IATF16949体系真正有效运行,提高认证“二方审核”通过率,为突入高端市场求升级。以IATF16949:2016新版标准的转换为契机,重新策划认证范围,建立起以股份公司总部为主体、各生产单位和加工中心为生产现场的IATF16949集团认证模式;通过对新版标准和通用等顾客特殊需求的识别,梳理、优化、丰富、改进过程管理要素,加大内部审核、制造过程审核和产品审核的频次,引入VDA6.3过程审核方法,不断提升体系的运行绩效,促进体系成熟度和适应性的稳步提升。2017年,股份公司总部、一钢轧总厂、四钢轧总厂、冷轧总厂、特钢公司、埃斯科特钢公司以及合肥板材、重庆加工中心、芜湖加工中心、合肥加工中心、广州加工中心先后通过IATF16949:2016质量管理体系换版(认证)审核;股份公司本部陆续通过东风神龙、上汽通用、福田汽车、一汽解放、东风柳汽、东风商用车等自主及高端合资品牌汽车主机厂对供应商材料认证、二方现场审核等多维度的考验,得到上述知名企业的资质认可,其中马钢冷轧、镀锌等8个牌号汽车板产品获得通用汽车PSA审核批准,标志着马钢汽车板又迈上一个新台阶。

(姚　辉　李雄杰)

·二级单位(含各分公司、子公司)·

销售公司

【主要经济指标】 2017年,销售钢材1556.1万吨(不含车轮),较上年增加81.28万吨,其中销售板带材948万吨(不含供合肥热轧基料),出口102.77万吨(不含车轮),汽车板230万吨。实现税前销售收入562.41亿元,较上年增加176.01亿元。货款回笼率100%。通过现货中心线上销售钢材69万吨,销售收入30.82亿元。分(子)公司全年销售钢材562.5万吨,销售收入221.1亿元、通过剪切加工配送服务实现净利润2.02亿元。全年板带直供比达到69%,直供终端客户拥有数包括长材和特钢产品,突破1100家,其中新增的板带终端用户115家。马钢钢材吨钢平均售价税前3606元,较上年上涨995元,产品盈利能力大幅提升。

【经营管理】 2017年,销售公司紧紧围绕公司下达的经营指标、重点工作,全力贯彻集团公司关于经营转型的要求,推动营销模式变革创新。推进企业文化建设,形成销售公司独特的鲜明的经营理念、市场观、竞争观,促进马钢营销工作核心竞争力提升和发展,推动了全年各项工作顺利完成。在经营发展方面,充分发挥销售引领作用,创新营销方式,构建以用户为关注焦点的新型营销组织架构,适应市场变化;依托"研产销"机制、APQP产品小组、五位一体客服机制,开发高端产品市场;强化供应链服务,谋划国内市场新布局。紧扣"坚定不移深化改革、坚持不懈做强品牌"的工作主题,在产品结构调整、渠道优化、营销管理、队伍建设等方面取得了新突破。

一是继续推进产品结构调整。2017年汽车板销售量比上年增长9.5%,冷系列超过200万吨,稳居行业第四位,国内市场占有率提高至9.6%,主机厂占比达到25%。家电板300万吨,冷轧搪瓷钢DC01EK1.7万吨,比上年大幅增加。新开发销售新能源电池壳钢5000吨。硅钢56万吨,高牌号硅钢占比20%。热轧集装箱板14.8万吨,高强高耐候钢板2万吨,海底管线钢4万吨,填补了马钢在海底管线上的空白。板带品种钢占比达到50%,比上年增加6%,新产品开发62万吨,比上年增加43%。得益于产线资源调整和品种钢增量,2017年产品结构调整增效5.5亿元。

二是加大重点企业的认证力度。从增量经营向存量经营转变,调整客户群结构,精准定位目标客户,开发在各类行业排名靠前的优质客户。2017年,先后通过了通用、东风神龙、一汽解放等重点汽车主机厂的二方审核,马钢已成为国内五大汽车集团的合格供应商。家电产品紧盯行业前三名企业,涉足大电机、水电、新能源行业。其中酸洗产品与空压行业排名第一的"美芝—芜湖"基地展开了全面合作,全年酸洗板供货3万吨。冷轧产品与龙头企业"沃特玛联盟"建立稳定合作关系,率先进入新能源行业。硅钢产品开发了西门子电机、宁国井田电机以及LG电子等国际知名企业。热轧集装箱板通过中集集团二方审核,成为合格供应商;热轧高强高耐候钢板通过中铁CRCC产品认证;油井专用管通过宝鸡钢管认证等。

三是开展管理创新系列活动。从产品和服务、产品定价、销售渠道和品牌传播等四个主要方面策划品牌营销,打造马钢定制化服务和配套化服务的品牌形象。坚持"融入市场、融入用户"的技术服务理念,推进了19项重点客户的EVI合作项目,将EVI的理念向产业链上下游延伸,促进产业链的融合。开发了大型重点工程项目,向中海油福建LNG项目、芜湖长江二桥、省徽商银行总部大楼等供应马钢钢材,重铸了马钢"金字招牌",实现了品牌建设和经济效益的双丰收。积极推动两化融合工作,创新现代化的服务理念,主动引入信息化技术改造服务方式,打造具有马钢特色的差异化服务。开发了板带产品网上接单系统,满足客户在线提报订单,提高客户申报订单的效率和准确性。打造"马钢在线"移动服务平台,整合了马钢商务平台、物流平台、投诉平台等已有服务系统,新添了客户关系管理和询报价系统,用户可以下载手机APP客户端,实现客户移动办公。传承马钢营销文化,自主编写了《营销人员基本素养》教材,内容涵盖产品应用、业务流程、风险控制、商务政策、财务、法律、沟通等诸多与销售直接相关的基础知识,加强对客户经理的业务培训,提高销售团队的市场开拓、客户服务和风险防控的能力。

四是加强营销队伍建设。党委加强形势教育,以观念创新带动工作创新;坚持"两学一做"学习教育常态化,全面落实从严治党要求,推进基层党建标准化建设。通过巡察整改,强化廉洁从业教育,完善制度建设,开展"讲重作"专题警示教育活动。群团工作,坚持人性化管理,关心职工困难、创造人才成长环境、引导职工民主参与企业管理,进一步增强了职工队伍凝聚力、向心力。

【分(子)公司经营情况】 推进分子公司精益运营,引导分(子)公司强化品牌意识,提高服务水平,持续改善经营绩效。2017年分(子)公司销售钢材562.5万吨,比上年增长25%;主营业务收入221亿元;净利润2.02亿元。销售汽车板149万吨,比上年增长28%;品种钢234万吨,比上年增长25%。有效管控库存节奏,在2月份创造了月度销售56.6万吨的历史最高水平,预防了行情下跌风险。完成了4家公司经营内审、5家公司内控体系审核、2家公司总经理离任审计。对加工中心"闲置资产"实施效能监察,合理利用资源、取得了良好成效。新建了合肥加工中心2号激光拼焊线,增加了80万件激光拼焊板加工能力,提升汽车板供应链服务能力。

（荀 著）

采购中心

【主要经济指标】 2017年，采购中心紧紧围绕公司“坚定不移深化改革，坚持不懈做强品牌”工作主题，牢牢把握深化精益采购、提升创效能力工作目标，紧贴现场保供应，紧盯市场促降本，紧扣内部抓管理，全面完成了公司下达的各项工作目标和任务。全年采购到货总量3981万吨，其中矿石2188万吨，煤焦1062万吨，辅料508万吨，有色合金26万吨，其他采购197万吨；全年采购资金总额355亿元；全年采购到货质量综合合格率83.39%，采购计划综合兑现率99%；全年销售废旧物资1.1亿元。

【资源保供】 2017年，面对环保督察、安全监管力度加大和宏观经济政策影响，克服部分资源供求紧张、市场剧烈波动等困难，全面实现了原燃材料安全保供，矿石、煤焦等大宗资源低库存、常态化平稳运行。在煤焦资源方面，继续坚持重点供应商长期合作战略，与山西焦煤和山东能源签订中长期协议，稳定了资源数量；与淮北矿业、神火股份等签订产运需三方协议，稳定铁路发运，加强工序保障，实现安全保供。在矿石资源方面，紧贴生产现场，加强研产供联动，与四大矿山签订长协合同，锁定关键品种资源量；适时采取现货采购、港口借矿等方式弥补资源缺口，实现低库存常态化经济运营目标。在熔剂资源方面，积极拓展资源布局，新开辟4处资源点；继续巩固基地建设，与3家供应商签订战略协议，督促协调基地矿山尽快复产；实施江边料场“联堆”和“以船代库”等措施确保资源供应。在合金、耐材资源方面，与株洲冶炼、栾川钼业签订了3年长期协议；快速应对市场剧烈变化，建立总包价格与耐材原料指数联动的新定价机制，稳定了资源供应。

【降本增效】 一是动态优化采购策略降本。灵活运用对标定价、成本定价、招标定价等采购策略，对铁矿石、煤炭等大宗原燃料采取协议定价、协同采购策略，对合金、辅料、材料类采取聚量采购、竞争性采购策略，全年共实现采购降本3.17亿元。二是抢抓市场商机降本。准确研判市场，踩准时点采购。进口矿以低价锁定优质资源49万吨，与长协普指均值定价比降本2500万元；进口焦煤抢抓市场低点锁定资源24万吨，降本3800万元；钒铁、钒氮合金在低价位时加大采购量实施经营库存策略，高价位时推动研产供联动实行品种替代策略，实现采购降本4600万元；石墨电极在涨价启动初期，准确预判市场，增设库存储备，不仅缓解了保供压力，而且取得了3000万元的降本成果。三是大力推进招标降本。全年共开展了665个项目的招标，中标总金额约21亿元，招标品种和范围进一步扩展和延伸，石油化工产品招议标比例达到70%，金属机电产品招议标比例达到82%，独家供应品种也在逐步减少。四是抓准机遇推动物流降本。积极争取长协矿有利条款，实现海运费降本1580万元，滞期费降本297万元；利用港口政策变化，及时制定和调整港使费由包干制转为实报实销制方案，共节约港使费357万元。

【供应链合作】 紧扣打造“安全、稳定、高效、可持续、有竞争力供应链”工作目标，加强供应链建设，在采购多领域实施变革创新，取得可喜进展。一是EVI合作取得新进展。与世界知名企业、行业领先企业合作，深化EVI服务模式。合金板块与中信金属实施多领域研发合作，提升马钢产品品质。材料板块与帕卡濑精公司建立联合实验室，共同研发板材表面涂层技术与应用。煤焦板块通过技术交流与合作，开发了山东能源付村5级1/3焦煤、山西焦煤统购统销焦煤等新品种，满足了马钢不同焦炉的个性化配比需求。二是购销联动取得新突破。在继续推动互为市场、互为供方，在煤钢互保基础上，与咸阳宝石、贵绳、太重集团等供应商合作，为马钢拓展产品销售、开发高端产品市场、实施产品替代等方面取得可喜成果，共销售马钢产品30余万吨。三是国产化替代取得新成果。在供需双方的共同努力下，焦化干熄焦用进口钢丝绳基本实现国产化，特钢事业部Φ600毫米进口石墨电极全部实现国产化，全公司润滑油国产化比例达到了75%以上。

【基础管理】 供方管理方面，一是广开供应商引入大门，所有采购品种依托招标平台向社会公开征集供应商，全年通过平台共征集354家供应商，其中准入147家，拒绝125家，待审70家。二是严格供应商准入，通过平台自荐、招标中心初审、采购中心评审、科技管理部二方审核，严把准入程序。三是加强动态评价，完善优胜劣汰机制，引进有实力供应商111家，淘汰实力较弱供应商209家，实行供应商“黑名单”和“警示目录”制度。一体化管理方面，建立各小组月度例会、适时发布一体化运行报告的工作机制；通过5个管理平台7个功能小组的有效运作,共修订、完善14个一体化工作相关程序文件,解决34个急需改进问题;针对材料验收薄弱环节,建立了“2+2”计量抽查制度,强化过程管控,堵塞管理漏洞,初步实现了“采购实施、仓储配送、计量监督、检验验收”等各环节有序运作基本目标。质量管理方面,加强源头质量控制,实行二方审核常态化,共对48家供应商开展了二方审核;及时协调处理质量异议,对到货质量不合格的供应商,共下达31份整改通知书,因质量问题扣罚4386万元;建立质量承诺制度,对33家质量合格率低于90%的供应商,签订了3年内未达指标自愿退出承诺书。体系管理方面,积极推动IATF16949换版、环境、测量、能源、两化融合、品牌建设等体系建立和运行,对内外部42次审核发现的17个不符合项或建议项进行了有效整改。新制定、修订《进口现货矿管理办法》《供应商评价与选择管理办法》等27个管理文件,持续完善制度建设,确保各类风险控制有效。人力资源优化方面,完成了公司下达的人力资源优化目标任务,在公司层面新增评聘2名采购业务(技术)总监,内部评聘13名业务主管;建立了岗位交流常态化机制,技术业务岗位交流24人次,科级管理岗位交流9人次,岗位交流率达28%。管理创新方面,“深化供应链合作,采购工作迈上新台阶”“铁路集装箱装运焦炭的组织模式与实践”获公司管理创新成果评比二等奖,“购销联动拓市场,互利共赢创品牌”获得公司管理创新成果评比三等奖,“以产业协同为导向的全方位供应链体系建设”获中钢协管理创新三等奖、安徽省企业管理创新三等奖。

【党群工作】　扎实推进“两学一做”学习教育常态化制度化和党组织标准化建设,开展了专题学习讨论、“讲重作”专题教育等活动,召开了专题民主生活会和组织生活会。成功召开采购中心第一次党员大会。进一步加强党风廉政建设,开展参观廉政教育基地、专题讲座、征文等形式多样的教育活动,制定《廉政建设“一岗双责”制度》,不断增强广大职工廉洁从业意识。坚持开展效能监察工作,获得公司2015-2016年度效能监察工作先进单位,《建立合金辅料战略供方、提升供应链竞争能力》项目被评为一等奖。接受公司巡察组开展的常规巡察,针对巡察反馈问题迅速制定整改措施并认真组织落实。参加公司职业道德论坛、政研论文等竞赛共获3个二等奖、3个三等奖。工会工作深入落实依靠方针,开展春节送温暖、生日慰问、合理化建议、环湖健身跑等活动,参加公司健身运动会获得团体总分三等奖。

(唐　军)

检测中心

【检验流程整合优化】　一是成立原燃辅料检验管控中心,实行原燃辅料检验过程集中管控,形成自上而下的检验信息传递方式,统一管理取制样检验数据发布并屏蔽供应商信息,保证了检验的及时性、过程的可控性。二是整合取样检验业务,将分散在各检验点的人员集中管理,重新匹配LES系统用户、设置事务代码,取消了97个账号,减少了检验信息外泄风险;统筹分配检验任务,提升了检验效率。三是进一步整合实验室检验,油品和辅料实验室由物理站搬迁至检化验二站,长材北区炼钢炉下实验室并入炉台实验室,优化人员结构,提高设备利用率。四是实行特钢综判集中,将驻特钢公司炼钢、轧钢二个综合判定点进行集中,激励职工一人多岗、一专多能,为长材产品的集中综判做好准备。

【检验管理】　原燃辅料检验方面,强化过程追溯,推行取、制样记录一卡通;对取样检验记录升级,由相机拍照升级为记录仪视频录像;针对不同品种和卸料方式,确定质量督查方法及频次。规范加急检验,全年加急检验53批次。积极应对“一体化”新模式下的原燃辅料检验管理,根据保护渣、合金线、熔剂等物料特点,实行不同的抽检、取样和分级检验模式;及时与管理部门协调,反馈预警检验数据,共预警52批次,及时纠错21批,满足了公司低库存战略的需要。做好铁前工序产品及高炉稳定顺行的保障工作,严格执行混匀矿检验时限、带成分参与烧结生产;加强焦炭检验,开展铁前有害元素检测,将外购物料有害元素纳入LES系统,提高了检测效率。切实落实“提升检化验系统运行效率行动计划”要求,并对具体任务进行了分解落实,明确责任人和时间节点,较好地完成了相关工作。在公司高炉稳定顺行1300天活动中,中心获得“系统联动创效奖”受到表彰。2017年共检验外购原燃辅料1702万吨,质量扣减款2395万元,比上年增加613万元。理化检验方面,满足公司检验新需求,从技术要求、检验人员配置、设备管理等多方面统筹协调,开展马轨车轴、新材料合金硅球和钛球团矿检验等,尤其是对有害元素砷的检验;推进检测质量控制活动,改进产生检验质量波动的过程和方法，加强内外部检测质量信息的分析和反馈，固化好的经验和做法，提升检验技术能力。理化检验抽查合格率、及时率均为100%，全年未发生检验质量事故。2017 年检验收费 1.9 亿元，较 2016 年增长约 7%，超额完成年初 3% 的增长预算；实现对外检验、技术服务收入 30 万元。钢轧产品检验综判方面，持续深入推进车轮质量安全风险防控体系建设，开展车轮危害性缺陷单件确认和北美车轮的抛丸质量检查，严把车轮产品出厂关；共检验车轮 27.98 万件，确保了车轮产品“零缺陷”出厂。积极参加公司新产品开发攻关项目，落实好新产品主数据的核查、判定功能的维护，共检验新产品 25.18 万吨。综判工作及时做好技术文件的转换、宣贯、质量证明书模版的审核，共检验非板带类产品 526 万吨，判定准确率和及时率 100%。

【企业管理】　1. 体系管理方面。一是实验室认可体系完成了因实验室最高管理者变更的相关文件修订，向 CNAS 申报的 11 项技术能力变更已获认可，开展 45 项新检测标准的方法确认和能力证实，新发布 35 项检验类作业指导书，参加了 12 项国际国内比对实验的能力验证计划，已获知结果的 11 项均为“满意”。二是质量体系审核重点从符合性向预防性转移，从检化验向原料采购、取样延伸；配合公司完成 54 项大型审核认证工作，对于通用、神龙等重点客户进行特殊要求识别。三是测量体系通过了公司测量管理体系审核，并顺利通过体系认证中心安徽分中心对检测中心测量管理体系年度监督审核。四是能环体系完成中心环境管理体系换版工作，共识别环境因素 110 项，识别环境风险 7 项，处置危险废物 1 次，共计 2.3 吨，持续推进过期试剂合规处置工作。2. 安全管理方面。继续推进安全生产标准化工作和安全标准化示范班组创建，落实安全生产责任制，深入开展安全检查和隐患排查，排查隐患 93 起，全部进入隐患排查上报系统并达标；组织 3 次事故应急处置演练，提高了职工安全防护能力；实施五项治理和六项机制工作；与外来施工和协力保产单位签订了安全协议，加强安全监督和检查；新进厂和内部转岗人员 29 人安全教育率 100%，特种作业人员 22 人持证率 100%，实现了各类安全事故为零的目标。12 月，中心顺利通过五体系评审，完成了中心年度管理运营的收官之作。3. 人力资源优化方面。根据公司化解过剩产能人力资源优化指标，分解、落实任务目标以及措施步骤，全年优化 80 余人。通过大学生招聘和社会化招工等，补充大学生 5 人、高端操维岗 10 人，并安排到金相检验、车轮检验等人员紧缺岗位。开展“名师讲堂”授课活动，8 个站长走上讲堂，为职工传授贴近专业技术的培训，有效促进了经验、技术和技能传承。关注青年职工的成长，为青工量身定做培养计划，鼓励他们扎根岗位，成长为企业的有用之材。围绕全年重点工作、新项目和技术改造项目，举办自办班 38 期，培训人员 2174 人次。4. 设备管理方面。积极使用国产备件、自加工备件替代进口备件，累计节约成本 67 万多元。加大设备自修比例，全年自修 200 余次，其中检化验三站渣样机三菱机器人自主维修，节省约 100 万元的更换费。贯彻执行“操检合一”方针，开展大型仪器的集中维护 6 次，设备开动率 96%。在新增固定资产 3600 万元、检验量大幅上升的情况下，设备维护费 664.8 万元，比上年下降了 47.2 万元。5. 管理创新、技术创新和品牌建设方面。申报专利 2 项，向公司申报 3 项管理创新成果，其中《优化、整合取样业务流程》获得公司三等奖。针对检测工作的重难点问题，开展科研与技术攻关，推进 6 个公司级、14 个中心级技术攻关，开展 QC 活动 19 项；按季度组织岗位技术创新评比表彰，评审岗位技术创新成果 49 项。管理创新和技术创新有力地推动了马钢检测品牌建设，中心依托公司“十三五”期间技改项目，选出“原辅料检验信息管控中心”“实验室理化检验硬件设施改进”和“实验室升级达标竞赛”三个品牌工程，按节点有序推进，在公司品牌进展抽查中获得好评。开展“我身边的品牌故事”演讲活动，宣讲检测品牌故事，增强了职工的品牌意识。6. 实验室升级达标方面。2017 年，中心全面开展实验室升级达标竞赛，全方位对原燃辅料、理化、钢轧三个检验板块开展考评，现场跟踪验证检验的准确性、及时性、过程控制及检验记录，对发现的问题必须闭环，检验的规范性得到进一步加强。

【检验硬件设施建设】　一是为配套公司“十三五”期间技改工程，解决生产检验瓶颈，满足新增检验需求，公司批准了中心申报的《公司“十三五”配套检化验能力建设项目》，项目总投资约为 1.2 亿元。中心积极策划项目方案，包括三站快分实验室、硅钢检测自动化、炉台快分实验室、物理站酸洗低倍和提升能力等建设，工程覆盖面广、技术含量高、先进设备多，这是实验室建设中前所未有的一次新跨越。中心先后开展了 110 余次的设备技术交流，考察同行先进实验室和设备制造商 30 余次，划分了项目标段，制定了网络图，严格按节点安排项目实施，整个项目正在稳步、有序、紧张地推进中。二是实施了实验室改造建设，对检化验二站老楼、检化验三站冷板实验室、物理站金相实验室等多处区域进行功能性改造,改善了检验基础设施条件,亮化了实验室环境。同时,实施新区焦炭自动取样机的改造,通过持续跟踪、调试和比对,设备总体运行正常。

【党群工作】 一是营造凝心聚力的工作氛围。中心召开了第四次党代会,有力推动了十九大精神在检测中心宣传贯彻落实。立足建设家园文化,开展“五一”文娱活动,组织青年参加交友联谊活动、素质拓展训练,举办“青春‘靓’风采,奉献在检测”青年职工座谈会。通过跟班蹲点、基层调研等方式收集到职工意见和建议共79条,并逐一讨论、分解落实。推动基层党组织标准化建设,完成了党员活动室、党组织活动室等场所建设。二是党风廉政建设与综治齐头并进。中心与各室、站主要负责人和支部书记共23人签订了《检测中心党风建设和反腐倡廉工作责任书》;针对岗位流程优化及时辨识风险点,制定、完善防控制度和措施,确保廉洁风险防控体系处于受控状态。举办效能监察专题讲座和廉洁从业教育专题报告会,科级管理人员参加公司党风廉政和反腐倡廉知识网上测试,选聘党风建设监督信息员。三是注重文化弘扬和榜样选树。与马钢电视台合拍“检测中心特色企业文化专题片”。先后举办了“双先”和“七一”表彰大会,对先进集体和先进个人进行表彰。评选出1个标杆班组、6名标杆个人。承办了公司第八届职业技能竞赛化学分析女工实作考试,并取得较好成绩。中心被评为公司第二十七届文明单位、市十七届文明单位。四是情系职工办实事。积极做好特殊时期职工维权帮扶工作,开展“两节”慰问、“送温暖”等活动。落实好公司的防暑降温、房产补助、人力资源优化等各项政策,对涉及中心改革发展的重大事项和职工切身利益的重要问题,积极与职工沟通,维护职工权益。

(杨　彬)

技术中心
(新产品开发中心)

【科研工作】 2017年,开展科研项目115项,比上年增长30%,其中政府项目11项,获政府资金支持415万元;申报发明专利104项,完成计划的130%;授权专利33项,受理专利29项,其中《直筒型真空精炼装置及其使用方法》斩获马钢首个国际专利;形成技术秘密784项;制修订国家及行业标准6项、企业标准31项。获省级以上科技进步奖3项,《高寒地区结构用热轧H型钢关键制造技术研究与应用》获冶金科学技术一等奖,《马钢高速车轮技术研究与产品开发》、《液化天然气储罐建设工程专用低温钢筋的研制》分获省科技进步一、三等奖;获公司技术创新成果奖6项,其中高速车轮项目获特等奖;获公司优秀科研项目奖3项,其中《中、高碳钢夹杂物塑性化变性和洁净度控制技术研究》获一等奖;2个项目分获公司管理创新一、二等奖;各有4项新产品分获省高新技术产品认定和省级新产品鉴定。

【新产品开发】 实现新产品开发52万吨,比上年增长30%,销售利润1.7亿元,比较效益1.5亿元,超额完成年度计划。

车轮:350千米/小时标准动车组车轮获CRCC证书并通过复审;力拓RTG970、印度MID65批量供货;开展的国家863、973课题取得阶段性成果;新型贝氏体车轮装车考核方案通过神华评审;30吨及以上重载车轮全面进入国内外市场;成功试制160千米/小时客运机车轮;机车轮实现销售逾5000件。

汽车板:铝硅镀层热成形钢、冷轧退火DP980实现批量生产,并通过用户验证;紧跟行业前沿,锌基镀层热成形钢实现首卷下线并小批量应用;高冷弯性能抗氢致延迟断裂新型热成形钢研发实现突破,产品性能国内领先。

特钢:重点开发轨道交通、能源、汽车和高端机械制造用钢等新品70余项。大铁路车轴钢市场占有率达60%以上,树立国内第一品牌;机车、风电齿轮钢分别通过GE轨道和ZF认证,高压锅炉管用钢通过国内最具影响的三大锅炉厂认证;超临界用钢P92实现成功开发。

型钢:成功开发热轧花纹H型钢,填补国内空白;技术支撑20万吨铁道车辆用耐候热轧H型钢顺利交货;相继开发了低温钻机用钢、特高压输电塔用钢、美标船体用钢等9个新品,在重要及关键领域广泛应用。

线棒材:开发出汽车用冷镦钢和弹簧钢等新品49个牌号,汽车用冷镦钢通过国内知名汽车主机厂认证及路试,汽车用弹簧钢实现月产千吨级批量;重要用途钢丝绳用钢实现国产化。

硅钢:大电机、发电机用硅钢实现批量供货,成为哈电集团合格供应商;高牌号硅钢冷轧边裂问题攻关效果明显;成功开发M35V1700等3个牌号新能源汽车用硅钢,得到国内重点用户认可;0.27毫米和0.30

毫米超薄规格产品首试成功;取向硅钢热轧原料产量突破3万吨。

热轧结构钢:成功开发X65MO海底管线钢,应用三大海底管线工程,实现马钢管线钢从陆地走向海洋的突破;开发Q960E等薄规格超高强和耐磨钢热轧基板;油井专用管M65-P通过宝鸡石油钢管认证并批量供货;高耐蚀型耐候钢通过CRCC认证。

家电板:为镀锌新机组达产提供重要支撑,确保铝硅镀层钢板引领华南市场;搪瓷钢产品跃居国内第一梯队;功能型、环保型新产品占有率保持国内领先。新能源汽车电池用钢形成系列,快速开发电池壳用钢,填补省内空白,通过沃特玛认证并批量供货。

彩涂板:新品通过格力、索尼等行业领军企业认证,批量应用于空调、空气能热水器、电视机等大家电制造行业;在建筑领域取得新进展,为国内重点工程遮风挡雨、增添斑斓色彩。

【EVI推进】 坚持融入市场、融入用户,组织实施19个EVI项目,实现新增销售利润约9000万元,2016年结题项目持续产生效益1.5亿元。汽车板与一汽、东风、上汽等国内前6位汽车集团开展合作,通过7家用户二方审核,31个牌号、355个零件通过认证。硅钢产品取得哈电硅钢、磁极钢合格供应商资格并批量销售;中集专用车鹅颈用热轧H型钢填补国内空白;供南高齿GE风电用钢产品一举通过GE审核认证。成功召开2017年中车—马钢技术交流会、产品技术服务年会、重型H型钢在锅炉钢结构行业应用研讨会,深化EVI战略,促进马钢品牌建设。

【技术服务】 持续组织技术力量驻扎制造单元,高效解决重大工艺技术难题。一是围绕高炉稳定顺行,开展高炉长寿、入炉有害元素监控,提出有效应对措施;优化高炉大、中修工艺技术方案及投产跟踪服务;一揽子评估铁前原燃料性价比,纵深推进配矿试验,拓宽用矿品种,进一步降低炼铁成本。二是围绕炼钢工艺优化,稳步提升钢水洁净度、铸坯质量控制水平;电池壳钢实现高洁净度控制;推进超高强钢铸坯质量控制研究,实现批量生产;车轮钢质量改进完成二档攻关目标,车轮报警率稳定在1%以下;设计全新洗RH槽体工艺,助推特钢生产顺行;开展"连铸板坯角部横裂纹控制技术攻关",提高铸坯质量。三是围绕资源综合利用和节能环保,开展冷轧废乳化液在热电总厂燃烧利用研究;推动马钢高钾除尘灰建立提钾工艺;完成特钢高线加热炉弹簧钢脱碳攻关。四是围绕信息调研,深入开展热轧带钢EPS技术、汽车用锌铝镁镀层技术等调研。五是围绕对外经营,技术咨询服务创收1015万元,创利423万元,比上年增长18%;江南公司省一站营业收入365万元,比上年增长10%,均超额完成目标。

【检验工作】 强化队伍建设,优化组织机构,开展骨干竞聘上岗。建立完善检试验内部委托管理、外部委托专家评价、设备后评价等一系列管理机制。实现检验产值1372万元,检验抽查合格率99.7%,及时率97.1%,客户满意度99分。支撑APQP项目组和EVI临时任务20项,各类质量异议和失效分析18起。承担国家项目子课题1项;完成11项检测方法研究;牵头起草国家、行业标准各1项、企业标准11项;参与标准共同精密度实验13项。完成公司特种设备检验2873台、压力管道24万米,计划完成率100%,特检机构通过国家质检总局换证评审。

【企业管理】 在基础管理方面,持续推进重点工作督办;认真组织体系管理自评价,推进两化融合,修订换版作业文件,支撑公司产品认证;坚持管理制度检查,确保有效执行;建立保密管理评价考核体系,强化网络信息安全管理。在绩效评价方面,不断优化评价措施,增设"报告评价细则""人力资源优化"等内容,调整"科研项目和产品开发评价标准""评优创先"等指标,推进工序服从,强化机关首接责任落实。在队伍建设方面,完成人力资源优化指标。先后引入硅钢、特钢及模具等专业高端人才,建立唐宿元创新工作室。校园招聘32人,按照"一年现场培训、两年导师带徒和三年定向培养"模式,促进新职工快速成长。新增公司高管和首席技师各1人;启动研发人员科研绩效积分制试行;举办各类技术研修、培训,不断提升职工专业素质和岗位技能。在平台建设方面,"工业产品(车轮、H型钢)质量控制和技术评价实验室"通过工信部复评审;"安徽省汽车用钢及应用工程技术研究中心""高性能轨道交通新材料及安全控制安徽省重点实验室"获省评价优秀等级;"高性能建筑用钢产业技术创新战略联盟"被中钢协授予"钢铁行业产业及创新试点联盟"称号;大力推进马钢轮轴系统创新能力和检验平台建设。在安全设备管理方面,扎实开展安全标准化体系建设,通过二级达标企业复评审。深入落实"五项治理""六项机制""百日除患铸安"等专项行动,坚持安全检查制度,实现全年事故为零目标;完成ISO14001标准换版,持续提升环境绩效;完善设备开动率、利用率等动态管理机制,优化考核措施,确保设备高效运行。

【党群工作】 坚持“两学一做”和“讲重作”专题教育形成常态化、制度化,完善党建标准化体系,推进PDCA绩效评价,促矩阵式党建落地升级。搭建文化EVI平台,构建与用户党建、团建交流共建机制;“党支部建在项目组、党小组建在攻关组”有效开展。成功召开第三次党代会。深入落实党风廉政建设、纪检巡查责任制,全年职工违法犯罪为零。坚持群众性创新,组织以EVI项目为重点的劳动竞赛、合理化建议、青年“五小”等活动;坚持职工帮扶、“送温暖”制度;坚持“讲理想、比贡献”“和谐创新十佳”等文化活动。在文明创建中,中心获公司2017年先进单位和省“职工书屋”示范点荣誉,刘学华获“安徽省538英才工程高端人才”,汪开忠获“安徽省战略性新型产业领军人物”,赵云龙获省属企业“五四”奖章,唐宿元、胡芳忠分获市、公司劳模,徐雁获马钢“优秀工匠”称号。

(万 炜)

铁路运输公司

【主要技术经济指标】 2017年,完成铁路运输总运量4004万吨,劳动生产率2.20万吨/人·年;局车返厂率0.58%;厂车周转0.72天。主要设备检修:完成内燃机车大中修10台,完成普通车辆大修84辆,混铁水车年修50辆。主要指标:总成本3.48亿元,总收入3.69亿元;全年实现降本增效964万元,超计划484万元;安全生产实现工亡、重大行车事故、重大设备事故、重大火灾爆炸事故为零,一般行车事故得到有效控制,万吨事故率0.0022,实现连续安全运行7620天。

【运输保产】 以品牌建设为抓手,对内努力夯实运输组织基础管理工作,提升保产能力;对外加强协调与沟通,积极提高运输保产服务质量。一是根据股份公司相关产能变化对运输组织的影响,以“优化运力、经济运行”为目的,结合内部机构整合、人力资源优化等工作,制定了《2017年度运输组织方案》,精心组织、积极应对,满足了股份公司生产对铁路运输的需要。二是重点做好了铁水、卷钢跨区调运,以及热闷渣运输,南山精矿运输环保管控新增项目等,其中铁水、卷钢调运比上年分别增长了22%、143%。三是积极发挥路企联办作用,做好了铁路的到达接卸和发送组织工作。与八达物流加强合作,组织好集装箱焦炭的运输,满足了4号高炉正常生产及2号高炉大修期间的焦炭需求。与南京新干线合作组织好合肥卷钢运输增量工作,满足了合肥板材的产能提升;四是为满足马钢“十三五”期间重点工程建设期间的保产需要,在热闷渣项目建设及长材事业部南区受铁坑改造期间,陆续制定临时保产方案26个,顺利完成施工期间的保产任务。五是继续加强运输基础管理工作,进一步规范车站作业。针对调度系统管理中存在的问题,修订下发《铁运公司调度系统管理办法》《关于规范行车作业计划和执行计划的要求》,从调度纪律、交接班基础、运输组织、信息化与相关台帐等方面,形成站、部调和生产室三级管理模式。六是积极做好物流降本工作。通过铁路到达均衡管控、厂内撒落料回收、火车替代汽车新增运输项目等措施,全年实现物流降本1136万元,有力支撑了公司降本目标的完成。在股份公司工序满意度测评中,公司仍多次位于公辅系统前列,实现了预期目标。

【设备管理和技术进步】 坚持“运行有效、保障有力、系统优化、节能降耗”的方针,加强设备状态把控,不断夯实基础管理,设备管控能力进一步提升。一是推行目标值管理。从基础管理入手,做好设备运行评价。年初,针对各类设备运行要求,设定了机车、车辆、信号及工务4个专业,包含检修、运行及成本等13项目标值,每月对目标完成情况进行评价,并定期开展站方对设备运行状况的评价和协力保产季度评价工作。二是强化专业管理。以设备检查为抓手,促进点检质量提高。定期组织开展机车、车辆、铁路、信号及特种设备的专业检查,同时不定期开展动力管网、转供电、检修作业现场安全等专项检查。全年设备故障较上年下降10%,其中机车入库临修较上年下降16%,320吨混铁车燃轴点检发现率较上年提高48%,年末经评选达到“红旗设备”标准的机车15台,其中三连冠机车3台。三是做好成本与创收工作。进一步细化单体设备检修成本核算,重点开展机车一个大(架)修周期内的总成本统计核算,为做好机车经济运行提供数据支撑。同时积极组织各段现有检修力量开展外部创收工作,取得了全年外部创收收入78万元的好成绩。四是开展“320吨混铁车检修”品牌建设,通过开展混铁车轴承组装工艺精度管理、检修现场环境整治、点检和检修标准的流程梳理和优化,使320吨混铁车的检修质量得到明显提升,有力保障了混铁车在线运行安全,品牌建设初见成效。五是顺利完成了铁运公司首台电传动机车的中修工作,节约外委费用30万元,实现了十年来机车检修能力的第二次提升,为铁运公司实现机车自行检修的全覆盖迈出了新的一步。六是顺利完成了公司“十三五”期间重点工程中型材升级改造和南区渣处理综合利用的铁路改造工程。在三钢渣线信号施工中,自主承担了微机连锁程序设计、施工和调试,既节约了外委费用,又锻炼了职工队伍。另外,重型H型钢铁路改造工程正在按工程进度节点稳步推进。

【安全生产】 坚持“安全第一,预防为主,综合治理”的方针,全面落实安全生产责任,不断提升体系运行质量,强化安全风险预知预判,着力营造安全文化氛围,努力提升安全管理水平。一是明确各级管理人员责任。年初召开年度安全工作专题会议并及时下发了相关文件,与各站段签署安全生产责任书,将安全考核指标分解落实。二是有序推进安全体系及安全风险辨识管控机制建设。全年修订相关文件32个,排查、整改隐患668项,进一步夯实安全基础工作。组织开展了以风险查找、研判、预警、防范、处置、责任等“六项机制”为重点的全员安全风险辨识管控工作,共辨识查找出风险点192项,经评审确立了9项公司级的较大安全风险因素,并制定相关防范措施,明确责任人,有效控制各类事故的发生。三是持续开展铁运安全文化建设。开展了具有特色的安全月教育、事故案例警示教育、安全文化长廊、主题座谈会、反习惯性违章等系列活动。组织开展“百日除患铸安”专项行动,形成安全隐患问题清单、责任清单、整改清单108项,营造了良好的安全氛围。四是加强重点工程安全监管。通过明确安全责任区,要求施工区域各单位分阶段制定好施工期间的安全保产方案,分解落实作业现场的安全责任。建立了“重点施工项目铁运安全”微信群,通过照片、视频等形式,在隐患查报及整改落实、三违督查、事件处置等方面做到及时、准确。五是强化应急管理。修订完善了事故事件应急救援报告处理程序,开展了覆盖全员的应急演练活动。组织对信号楼电缆沟防火、临时用电、暑期消防等专项检查。此外,坚持通过视频监控查隐患、反违章,严格追究事故事件责任,事故做到件件有分析、有考核、有整改措施。全年铁路交通事故总件数20件(厂内17件,路外3件),其中行车责任事故9件。实现了连续12年无人中暑的目标。

【企业管理】 通过完善和创新各项管理制度,落实生产经营绩效考核,加快管理理念更新,进一步提高了管理的有效性和成熟度。一是以质量、环境管理体系换版等重点工作为契机,持续推进铁运公司综合管理体系建设,全年修订各类体系文件48个,在体系外审中无不符合项;同时顺利通过了安全标准化二级复审。二是建立起一套以“五项工作制度”为核心的工作机制,不断提升工作质量,按时间节点有序推进年度重点工作。三是以创新工作室为依托,大力开展技术创新活动,全年完成77项创新课题,上报专利11项,QC活动课题9项。先后荣获安徽省优秀QC成果三等奖、马钢首届创新方法大赛二等奖及马钢岗位创新创效三等奖。四是坚持在管理上积极探索和实践,注重经验的总结和成果的转化。与八达物流共同承办了“深化焦炭运输路企合作推进会”,集装箱焦炭运输已成为上海铁路局集团公司在铁路总公司的示范推广项目,为未来铁路散装物料标准化、一体化和绿色环保运输提供了一个成功的实践范例。公司申报的2016年度2个管理创新项目分获马钢管理创新二、三等奖,2017年又新申报管理创新项目7个。五是有序推进人力资源优化工作。拟订新的编制定员,积极推进指标优化,全年共计140人退出工作岗位。导入内燃机车司机技术等级评价机制,为实施层级管理打下了良好的基础。六是持续推进现场管理工作。认真开展“最佳四室”评选,抓好站段现场卫生和定置管理,督促问题整改落实。七是不断完善教育培训体系建设。每月开办一期技能人才大讲台活动;组织编写了四本实用教材和手册,不断提升培训质量。此外,参与了中钢协组织的《冶金企业铁路技术管理规程》修订,承担其中七个章节的主编工作。

【党建工作】 一是认真抓好党的十九大精神学习宣传和贯彻落实。通过中心组、支部理论学习、“三会一课”、党委成员下基层宣讲等形式学习领会十九大精神;利用网站厂报等信息交流平台实时发布十九大精神解读,使十九大精神入脑入心。二是推进创建服务型党组织建设,深化管理人员下基层“跟班蹲点”,落实“创先争优”长效机制。三是开展了党员先锋号、党员示范岗、党员责任区等党建主题实践活动为“做”的载体,深化“两学一做”常态化制度化,按照六有标准,高质量地完成党建标准化各项工作。四是制定下发《铁运公司2017年纪检监察工作意见》,组织签订了《铁运公司党风建设和反腐倡廉工作责任书》,将党委主体责任和纪委监督责任细化、落实。五是加强精神文明建设。做好网络意识形态以及舆情信息管理。申报并获得了省级、省属企业、市级、马钢文明单位。开展了2017年政研会活动,评选表彰了57篇研讨论文。六是承办了马钢第八届职业技能大赛调乘员工种比赛,开展了专项劳动竞赛和四大工种技术比武。

推进创新工作室建设,开展全员合理化建议和网上练兵活动;组织参加首届马钢职工健身运动会并荣获一等奖。建立了280多名困难职工档案,实行动态管理;开展了金秋助学活动与职场高血压疾病防控工作。七是根据马钢集团公司党委统一部署,2017年6月21日至7月6日,马钢党委第一巡察组对铁运公司进行了巡察,并于2017年9月28日反馈了巡察情况。针对反馈情况中指出的公司在基层党的建设、党风廉政建设、企业管理、工程管理等5方面涉及15项具体问题,及时制定了整改方案,坚持立行立改、标本兼治、统筹推进的原则,狠抓整改落实工作,在规定的时间内取得了阶段性成效。

【荣誉】 2017年,铁运公司先后获得了安徽省先进集体、第十一届安徽省文明单位、2013-2016年度马鞍山市先进集体、马鞍山市第十七届文明单位、马钢第二十七届文明单位等荣誉称号。

(阮　健)

港务原料总厂

【主要技术经济指标】 2017年,自备码头进料1000.2万吨,生产混匀矿1464.8万吨,外供总量4841.2万吨,分别完成计划的111.13%、99.61%、100.86%。,混匀矿一级品率100%。全年设备可开动率为99.42%,设备事故故障停机率为0.16‰。

【生产组织】 探索“五机六炉”新格局下的保供模式,不断加强生产管控能力。针对受入系统产能不足的瓶颈,以自备码头产能挖潜和系统流量提升为课题,合力攻关,自备码头接卸量首次突破1000万吨大关,系统能力屡创新高。实施了块矿烘干系统改造,全年筛分生产258万吨,比2016年增产81万吨,替代球团矿后实现铁水降本7898万元。以提高混匀生产效率为导向,开展组产新模式探索,积极做好新上系统的修、配、改工作,克服进口矿库存下滑、小品种增加以及恶劣天气等众多不利因素影响,一系统单产由2.7万吨/天提高到3.7万吨/天,二系统持续稳定高效。二铁4号高炉投产后,生产流程由456条增加到699条,原燃料处理量增加22%,完善外供保障方案,加强生产监护力度,坚持高槽位运行,未发生一般生产事故。提高了综合利用干灰和OG泥处理能力,提高了运行应急保供和汽车队料场整理能力。

【降本增效】 推进能源管理体系建设,按《总厂能源管理办法》,落实节能动态检查和节能目标责任评价考核,万元产值能耗13.05千克标准煤,完成公司年初下达13.3千克标准煤的年度目标。加强非生产用电管理,强化对外转供电的管理。落实总厂“分时用电”生产组织实施方案,做好避峰就谷用电工作。合理安排生产流程,减少系统空运转,全年节约电费65.22万元。强化备件的计划管理和修旧利废工作,回收废旧物资价值187.11万元。做好污矿的回收利用,生产成品污矿3.74万吨,参与混匀造堆3.54万吨。工会组织深入开展合理化建议活动,征集合理化建议277条,创效1300万元。细化成本指标的分解落实工作,严控修理费、劳务费及其他管理费用,全年降本729.78万元。

【企业管理】 根据公司人力资源优化的总体要求,开展全员重新竞聘上岗,并对机构设置进行适当调整。注重人才开发,公司从我厂新聘高级技术主管和首席技师各1名。根据实际情况,合理配置中层管理人员,相继对各单位管理层进行较大调整,取消了科级助理管理层级。加强教育培训工作,培训计划兑现率100%。按照公司设备管理要求,梳理设备管理标准,多层次常态化开展设备管理制度及标准执行情况检查。保证点检定修制有效执行,全年安排计划检修11086项,现场维护5419项,故障及非计划检修155项。强化设备修配改,建成总厂冷备控制系统,进一步改善了设备性能,保障了总厂设备的稳定运行。持续推进隐患排查与整改,对钢结构通廊存在的隐患进行贯穿全年的整改。吸取其他单位电气失火教训,对总厂存在的电气隐患进行识别和整改。根据《中央环保督察期间马钢港务原料总厂环境质量保障工作方案》,在历时近6个月的迎检工作中,明确各单位责任、加强整改、分级检查、提升绩效,整个督察期间没有出现无组织放散问题。编制《马钢港务原料总厂ISO14001标准换版项目方案》,发布《除尘器异常情况现场处置预案》和《煤气泄漏现场处置预案》,同时,对环境管理体系所有一级作业文件进行了修订和换版发布,顺利通过了环境管理体系内审。经公司批准,投资6000万元的“新料场功能置换固废处理系统工程”于2017年11月正式启动。加强对环保设施的托管运营管理,除尘设施同步运行率99.95%。以《马钢公司2017年安全生产工作计划》为指导,落实安全生产责任制,推进安全标准化工作。以全国安全月、总厂安全月、相关方安全月活动为契机,加强安全生产法规和制度的宣传，提高全员安全意识。以诊断式全覆盖安全检查为手段，持续深化隐患排查治理工作，查出现场隐患527项，整改率99%。以提高应急体系的针对性和有效性为目标，开展总厂煤气事故应急演练，并落实夏季、雨季、冬季安全生产保障措施。以营造总厂特色的安全文化为载体，大力普及对劳务工的“四不要”、协力检修工的“四不干”、属地分厂的“四受控”，促进了安全管理更上一个台阶。大力开展“科技兴安”，针对综合利用分厂物料黏度大、易板结的特点，与中钢矿院合作，自主开发“矿槽清堵系统”，消除了人力清仓带来的隐患，取得了显著效果。

【技术进步】 完成《减少码头卸船洒落料、提升码头作业安全性能》《块矿烘干系统产能提升技术》等攻关项目。《马钢港务原料总厂块矿烘烤电除尘改造工程》获2016年马钢技术创新成果三等奖。2017年总厂注册QC小组22个，港口分厂QC小组成果《降低烘干系统故障次数》获得2017年安徽省优秀QC小组成果三等奖。11月、12月，质量等四个管理体系和两化融合分别通过了内外审，各管理体系运行有效。测量管理体系通过外审，实施了分级计量管理，完成了CMS系统上线。

【精神文明建设】 开展“两学一做”学习教育常态化制度化和“讲政治、重规矩、作表率”专题教育。积极推进基层党组织标准化建设，建成党委议事场所和9个党员活动室，“六有”标准实现全覆盖。将矩阵式党建工作深度融入和嵌入生产建设中心。继续在外供五座高炉矿槽开展争夺“红旗岗”擂台赛活动。宣传工作坚持正面宣传为主，为总厂改革发展和生产建设营造良好的舆论氛围，在《马钢日报》、马钢宣网、《港务原料报》共刊登新闻稿件700余篇，并在全厂推广“马钢新媒”APP手机移动客户端、“马钢家园”微信订阅下载工作。2017年，总厂荣膺第十一届安徽省文明单位，连续六届蝉联安徽省文明单位。

（胡静波）

资源分公司

【主要技术经济指标】 2017年，回收各类固废229万吨，生产冶金石灰116万吨；实现销售收入2.52亿元、营业利润5100万元，降本增效2400万元；全年设备开动率大于95%；重大人身伤害事故、重大生产事故、重大火灾事故、爆炸事故、重大交通事故、重大设备事故为零。

【生产经营】 以主要业绩创历史最好水平为标志，生产经营迈上新台阶。坚持以问题为导向，完善月度生产经营分析会、每周总经理办公会、每日生产调度会、日常现场办公会等制度，形成PDCA滚动优化、持续改进的经营决策和工作部署机制。发挥石灰业务整合优势，统筹石灰保供综合平衡；适应钢铁产品升级需要，推进石灰结构战略性调整，石灰生产保供平稳有序，产量同比持续增长。针对环保高压态势和回收料场紧张局面，实施现场物料快进快出模式，推进热闷生产线尽快达产，快速做好公司大中修、技术改造中的资源回收，加大内部循环利用，固废保产经受住了严峻考验。在做好保产的同时，抢抓市场机遇，灵活调整营销策略，创新招标方式，推行片区营销承包制，建立脱硫渣价格指数与废钢市场联动机制，销售收入再创五年来新高，营业利润首次突破5000万元。推进外委劳务集中管理，优化物流方式，深入节能降耗，压缩各类费用，超额完成年度降本增效任务。与此同时，贯彻公司战略行动计划，扎实开展了生产经营对标、绩效改善行动、品牌工程建设等工作。

【工程建设】 以固废综合利用工程相继投产建设为标志，产业化发展开启新征程。南北区钢渣处理综合利用工程被列入马钢“十三五”期间重点工程，也是环保和产业化重要工程。南区工程竣工投产。在项目部精心组织下，通过各方共同努力，历经一年多时间，先后完成桩基施工、设备制作安装、铁路和渣罐改造、配套设施建设、新工艺操作规程和管理制度制定、新员工上岗培训等大量纷繁细致的工作，期间共召开12次工程投产准备会，开展5次全系统联动试车，于9月20日成功举行竣工投产仪式。投产后，建立问题排查和消缺清单制度，大力开展隐患整治，完善操作工艺，成立调度室，与铁运公司和各生产厂加强对接，规范生产秩序，推动新工艺逐步稳产达产。按照“投资省、工期短、质量优、效益好”的总体要求，北区工程快速推进。先后完成项目可行性研究、初步设计、土地征迁、技术交流等各项准备工作，10月20日正式开工，进入场地施工和设备制作阶段。为加快推动钢渣处理综合利用产业化，提前谋划钢渣棒磨磁选二期工程。与此同时，适应公司去产能总体布局，积极参与公司固废（危废）处理和综合利用系统规划，以合作模式推进烧结机头灰提钾项目，稳步推进危废基地建设，乳化液内循环利用项目已成功开展可行性研究并做好立项实施准备。

【环保工作】 以顺利通过中央环保督察为标志，环境治理、绿色厂区展示新形象。围绕大气污染治理和废水达标排放两大攻坚任务，全面强化环境质量管控，加快实施环保工程，淘汰落后生产线，严格作业过程控制，抓好环保设施稳定运行，强化重难点问题集中整治，加强客户环评资质审核，推动环境绩效持续改善。特别是在中央及省市环保督察期间，全面动员，全体行动，建立24小时值班巡查制度、问题整改清单制度、PDCA循环改进机制，先后召开6次环保整治专题会，梳理整改问题隐患200余项，补充制度台账30余份，出色完成管控任务，获得上级领导及部门高度评价和充分认可。围绕解决突出环境问题，成功实施北区环保整治、南区一期项目、渣山水系改造、厂区路面硬化、防尘设施建设五大工程，开挖回填新区和灯泡线三个污泥池5000余立方米，完成道路和料场路面硬化2.2万平方米，覆盖防尘网、防雨布9.9万平方米，实施场地绿化133.33平方米。通过全方位努力，厂区扬尘得到有效抑制，废水实现自循环，“黑色渣山”变成“绿色工厂”。与此同时，积极承接公司危废管理移交职能，全力推进公司所有危废集中管理、依法合规处置，积极探索内部妥善处置利用，全年规范危废外委处置1445吨、协调危废内部处置利用1.56万吨。

【专项工作】 以建设运行综合管理体系为标志，体系化专业化管理取得新进展。在前期完成三大标准体系共314份文件编制发布的基础上，全面推进质量、职业健康安全、环境、能源、测量五大管理体系建设，落实专人负责制，通过相关人员夜以继日的不懈努力，前四大体系顺利通过公司复评认证外审，测量体系建设步伐加快，两化融合体系建设启动开展，系统化科学化管理体系基本构建。以体系运行为推动，各项专业管理不断进步。质量管理方面，根据用户需求调整石灰供给结构，严格按公司标准抓好质量管控，恢复石灰一分厂石灰窑水洗系统，实施现场水化检验，推出质量专项奖制度，加强日常工艺纪律检查，全过程跟踪分析改进，严把外发质量关，石灰质量稳步提升。安全管理方面，推行安全重大决策党委会前置，修订发布安全生产责任制，强化安全责任挂钩考核，全力推进安全生产标准化企业创建，将相关方纳入安委会扩大会，扎实开展“百日除患铸安”和外来单位安全整治专项行动，安全生产形势总体平稳。设备管理方面，制定发布设备系统四大标准，加强日常点检巡查，推进特种设备持证上岗，定期开展煤气、行车、液压、供电等专业检查，严格落实周计划检修，积极推行能源及动力介质安全稳定运行，弗卡斯窑大修改造成功实施，2号竖窑大修正式启动，南区钢渣处理设备管理体系顺利构建，全年设备开动率大于95%。技术管理方面，制定发布技术创新管理办法，参与编制《马钢炼铁技术与管理》，顺利完成焦炭竖窑使用无烟煤替代试验，“冶金渣资源综合利用技术开发研究”进入“集团公司中长期重大研究方向项目库”。与此同时，“两线四室”专项整治扎实开展，精益现场管理全面启动，“6S”整治初见成效，厂区面貌焕然一新。

【改革管理】 根据组织安排，结合实际，对分公司领导体制和成员分工进行了调整。基于领导分工，改进领导方式和工作模式，并于10月9日成功召开分公司成立以来首次干部大会，试行逐级授权机制，推动管理重心下移，一级对一级负责，促进了各级管理者的主动担当。完善“三重一大”决策机制，创新党总支委员会、党政联席会决策内容和形式，建立以问题为导向的总经理办公会制度，科学决策和风险管控不断完善。强化重点工作督查督办机制，坚持每周综合检查通报制度，加大各专项工作考核力度，执行力持续提升。优化激励考核机制，修订生产经营绩效管理办法，建立科学KPI体系，实现收入与贡献相匹配。深化管理创新活动，制定发布了管理创新管理办法，共实施4项管理创新项目。与此同时，积极推进钢渣处理综合利用项目混合所有制改革，有序实施合资合作工作方案，完成合作框架协议签订、投资方尽职调查、出资人协议初步拟定等工作。

【党建工作】 学习贯彻党的十九大精神，落实全面从严治党要求，加强党建对经营发展的“融入、服务、监督、保障”作用。一是扎实抓好宣传思想工作。通过两级中心组、专题学习会，每周末党课讲堂、“走出去”、“请进来”、“沉下去”等多种形式，广泛深入开展“大学习、大宣讲、大调研、大落实”活动。扎实开展“两学一做”学习教育常态化制度化和“讲重作”专题教育。二是坚持党的领导和加强党的建设。深入贯彻落实全国国有企业党的建设工作会议精神，强化组织嵌入和程序前置。根据省委和公司党委部署，全面开展基层党组织标准化建设，并一次性通过公司督导组验收。三是深化矩阵式党建工作。实施区域管理模式，分公司党群部门、各区域工作组、区域内各党支部各司其职，分工协作。四是持续狠抓党风廉政建设。严格落实党风建设和反腐倡廉工作责任制，深化领导人员“一岗双责”，加强干部队伍作风建设，推进廉洁从业承诺,构建廉洁风险防控体系,全年无腐败和违纪案件。加强党风监督,在职工群众中聘任5名党风廉政建设监督员,对党员和职工进行廉洁从业诫勉谈话4人次。加强监察巡察,开展了8个方面违规行为专项治理,立项实施1项效能监察项目。

【和谐企业建设】 加强人才队伍建设,首批公开选聘4名内部高级技术业务主管,选拔6名科级管理人员,重新竞聘11名基层作业长,7名操作维护岗员工成功转技术业务岗,在7个关键岗位开展了备岗交流。持续优化人力资源,全面推行内部定员定编和工资总额包干制度,认真落实员工离岗政策,积极化解缺员矛盾,率先完成公司下达的人力资源优化目标,全年协商解除劳动合同6人、办理居家休养14人。坚持依靠方针,深化厂务公开,与利民公司联合开展"三确保三目标"劳动竞赛,在石灰单元首次开展质量提升劳动竞赛,举办了首届竖窑工技能竞赛,成立了职工创新工作室。持续改善职工待遇,恢复和补缴企业年金,补提企业补充医疗保险,建立困难职工档案,开展了"送温暖"、互助帮扶、"健身环湖走"等活动,职工收入比上年大幅提高,职工获得感不断增强。积极参与全国脱贫攻坚,开展了李集村包户结对帮扶工作。

(周功烈)

第二炼铁总厂

【主要技术经济指标】 2017年,生产合格生铁807.1万吨,烧结矿1041.4万吨,球团矿264.3万吨,分别比上年增产62万吨、65万吨、3万吨;自发电3.62亿千瓦时;高炉利用系数南区2.387吨/立方米·天、北区2.988吨/立方米·天;烧结机利用系数南区1.282吨/平方米·小时、北区1.380吨/平方米·小时,球团竖炉利用系数7.581吨/平方米·小时;无工亡、火灾、设备、爆炸事故。

【生产组织】 紧紧围绕稳定高效生产,通过完善体检预警和应对机制,全厂生产取得新进步。一是打造高炉品牌迈出坚定步伐。1号高炉炉役后期成功特护,2号、3号高炉技术改造后实现高效生产,4号高炉发挥先进装备优势指标持续改善,9号与13号高炉克服设备老化、固废(危废)集中使用等众多不利因素基本实现生产稳定。10号高炉1月23日按照公司要求,实现了永久性停炉。二是烧结生产构建新格局。强化生产过程管控,推进工艺设备优化,开展检修模式攻关,南区"三机四炉"、北区"一机两炉"组产模式逐步形成。三是球团生产保持稳定高效。紧紧围绕高炉生产需求,持续优化工艺操作,开展生产拉练,球团产量再创新高。四是全厂服务高炉理念逐步形成。全厂各工序坚持以高炉生产为中心,靠前服务,主动融入,消除系统瓶颈制约,提高效率,为高炉稳定均衡高效生产提供了可靠保证。

【降本增效】 坚持以成本控制点管理模式为抓手,深入开展对标挖潜。高炉以开展增煤节焦攻关为重点,持续探索优化操作制度,燃料比与上年比下降了9千克/吨,2号高炉投产后煤比快速突破了160千克/吨。烧结通过优化配料结构、强化生产过程管控,固体燃耗比去年下降了2.31千克/吨。球团开展高效生产攻关,工序能耗降低了2.05千克标煤/吨。深挖原料降本潜力,烧结使用固废45万余吨,高炉配用块矿100万余吨,全年原料降本1.9亿元。开展设备修旧利废,严格备件审批、强化外委项目管控,节约了设备费用支出。对北区炼铁烧结工序劳务项目进行整合,清退顶岗劳务人员,降低劳务费用200余万元。

【节能减排】 强化TRT发电设施运行管理,成功组织余热发电控制系统升级改造,全年自发电3.26亿千瓦时,比上年多发电6800万千瓦时。7套脱硫设施运行正常,综合脱硫效率达到82.55%,减排二氧化硫11000吨。烧结粉尘、瓦斯泥、钢渣、OG泥、球团返粉等固废回收利用率与危废安全处置率均100%。完成了炼铁烧结球团工序大中年修环保设施同步检修,投运效果良好。

【设备保障】 精心组织南北区烧结机错峰中修与年修,实施了北区2座高炉特护与4座热风炉大修,系统设备运行稳定,风温大幅提升。快速完成了3号竖炉中修,为球团优质、高效生产提供了强力支撑。坚持设备"零故障"运行目标,强化点检、群检责任落实,推行设备诊断,完善信息化管理,科学组织检修,设备运行水平与保驾能力全面提升。

【技改攻关】 抢抓公司发展机遇,坚持技术改造与创新。成功组织了3号高炉大修。经过95个昼夜的艰苦奋战,一次性点火开炉成功,6天达产,日产突破3000吨大关。圆满完成了2号高炉技术改造。克服了高温、雨季、先拆后建、交叉施工、24小时作业、技术难度大、工期紧等众多困难,大力进行技术改造,引进先进工艺,经过145天的艰苦奋战,一次点火投产成功,7天达产,再次创造了公司大型高炉开炉快速达产新纪录。顺利建成制粉中心二期工程。精心筹划、科学组织,项目高效、安全、顺利完成,实现工程建设与高炉保供两不误。系统改造稳步推进。3 号高炉水渣蒸汽排放治理、405 泵房冷却塔风机 DYT 永磁直驱电机、球团 2 号混匀烘干机改造等,逢修必改,生产运行更加稳定。

【企业管理】 人力资源优化稳步推进。坚决执行公司“居家休养、解除合同、保留关系、编外管理”4 项政策,广泛宣传、鼓励引导、稳中求进、精准施策,完成公司下达计划。制度体系建设逐步完善。全厂发布 122 个管理标准、325 个岗位工作标准,技术标准按照新要求进行了全面修订。安全生产平稳有序。严格检查落实各项安全管理规定,加大事故管理考核力度,强化外来人员及大修施工现场安全监管,总厂安全创造新成绩。深入推进现场管理。坚持现场管理制度化、标准化,开展新建与改造项目环境美化亮化,厂容厂貌焕然一新,有力提升了职工精气神与自豪感。

【精神文明建设】 隆重举办了 2 号、3 号高炉火种采集、火炬传递和点火开炉仪式,广泛开展了“新起点、新征程”大讨论暨主题征文活动,积极配合公司宣传系统开展了“二铁总厂转型发展探秘”系列报道,营造奋发向上氛围。开展劳动竞赛、技术比武和合理化建议征集活动,职工创新创效取得新成绩。

(*石天顺*)

第三炼铁总厂

【主要技术经济指标】 2017 年,生产合格生铁 613 万吨,烧结矿 792.61 万吨,球团矿 240.6 万吨,水渣 214.28 万吨;发电 24878 万千瓦时;铁水质量合格率 100%;燃料比 511 千克,煤比 145 千克;降本总额 57653.74 万元,吨铁降本 94.04 元。

【企业管理】 一是大力创建综合体系及人才体系建设。依托体系建设,以卓越绩效管理理念为指导,深入开展体系标准化工作,通过强化各专业体系的落地执行,把日常运行交给体系,由管理者负责完善和规范体系运行,逐步构建综合管理体系。同时以绩效激励为导向,建立规范的评价体系和晋升标准,倡导岗位成才,建设技术、技能团队,引导大批年轻的优秀人才在此体系运行下逐步成长。二是夯实安全管理基础,确保安全生产。配合公司安管部成功开展高炉炉底烧穿事故演练;开展“五项整治”、“百日除患铸安”专项活动,完成重大危险煤气作业准备、协调及安全监护。同时,积极探索安全管理新模式,推行“岗位安全环保监督员”制度,建立管理岗综合责任区,形成矩阵式安全环保等综合管理网络。以公司专项系统整治行动为契机,将专项整治行动与中修外来单位安全管理相结合,将违章考核情况在中修安全通报中曝光,有力地遏制了违章行为,实现中修安全目标。三是强化现场综合整治,提升管理硬实力。以“精益 6S”管理为切入点,分别制定各专业精益现场实施标准,以烧结区域为样板,在区域内实行定范围、定标准、定人员、定绩效、加强考核的“四定一考核”的管理措施,以点带面逐步推进。同时还对环境绩效有影响的区域进行自主改进治理,有效提升现场管理硬实力。四是持续深入推进人力资源优化工作。通过摸底分析全厂在岗人员情况,对标行业人力资源,严格编制机构定员,实行全员竞聘上岗。通过宣传离岗政策、推进技术改造、优化大工种作业等综合措施,顺利完成公司目标定员任务。强化各类人员培训,选派人员参加公司培训,开展适应性培训,邀请公司相关专家开展体系、OA、两化融合等专业培训。着力创建炼铁工匠基地,开发工艺操作仿真系统,有针对性地因材施教,实行差异化特色模拟操作培训,有效提升了职工操作技能水平。通过持续开展工种竞赛、技术比武、岗位创新创效、项目领衔等活动让技能专家逐步成长为总厂工匠、公司首席技师;通过技术组,技术室的技术研讨、交流让技术骨干逐步成长为总厂高管、公司高管,建立了各类人才的成长通道,实现了人力资源的优化。

【生产组织】 一是以月度生产经营计划为纲,推进生产经营有序开展,构建生产组织品牌。每月根据公司下达的生产经营计划制定月度生产经营计划并严格按目标组产,各单位严格按照计划刚性执行、生产运行实现高度协同。强化每周的厂长办公会及生产例会作用,及时协调生产经营计划执行中出现的各类问题,月末针对月度经营计划和月度重点工作的完成情况进行评价,同时通过周督办、周通报提高了工作效率和执行力,实现了月度生产经营计划的闭环管理。二是以深化完善体检、预警机制为手段,实现高炉长周期稳定运行。通过对高炉体检制 PDCA 管理,优化完善操作参数、制度和措施,优化顺行指数的权重,使顺行指数与高炉运行状态更加贴近,更好的指导高炉操作调整;通过对高炉体检表的动态优化和调整,高炉应对外部条件变化的能力显著增强。根据季节特点及时修订完善各类预案，规范高炉体检、预警机制的执行流程，24小时“高炉保姆”团队长期跟踪原燃料质量变化趋势，监控和预警反映原燃料质量重要指标，及时采取应对措施，实现了高炉长周期稳定顺行。

【设备保障】 一是强化设备周期性管理。通过推动协力参与巡检、自主维修、参与周修计划制订等方面尝试，制定适应各区域特点的协力考核细则，合力打造协力维保与生产稳定运行利益共同体。持续推进炉前设备运行评价和设备趋势化管理，提高炉前设备保供能力，实现B高炉长达5个半月检修周期的稳定保产。二是着力提高检修质量，坚持各类检修项目负责制，打造检修标准化品牌。完成《检修标准化管理办法》编制和发布，坚持方案在前、网络先行，从检修方案制定、任务交接、项目实施、现场巡查等各方面都严格按照标准化程序运作，确保检修安全高效。通过优化检修组织取得31小时更换1号主皮带的突破；圆满完成年末A高炉B烧结机中修工作，实现顺利开炉、快速达产。

【降本增效】 紧紧围绕公司下达的完成2017年BOM基础上再降本吨铁93元目标任务。将降本指标细化和分解到责任单位，并积极探索新的降本点，制定出详细的实施措施。一是以高炉稳定炉况为前提，重点提升高炉操作指标，实现指标降本；二是合理利用价格和价差，争取最大结构降本；三是通过技术攻关、逐步提升经济技术指标，降低成本，实现经济运行。通过对标，全方位分析A、B高炉与国内同级别高炉存在的差距，对比分析主次原因，有计划地实施，取得了明显效果，在“全国重点大型耗能钢铁生产设备节能降耗对标竞赛”中，B高炉荣获4000立方米高炉以上级别的优胜炉称号。开展B烧结机主抽变频改造项目，实现B烧结机主抽电耗较大幅降低。在线完成A热风炉预热器改型，实现效能优化提升、煤气年度千万元以上的降本增效。

【技术创新】 坚持以技术进步为引领，不断提升高炉、烧结、球团技术经济指标、积极打造操作技术品牌。充分发挥各技术组、技术室的作用，坚持工艺纪律检查，基于检查出的问题开展导向性研究，获得了丰硕的技术创新成果。开展煤比攻关项目，在燃料比基本不上升的情况下，煤比达到170千克/吨铁以上；开展渣铁处理攻关，降低炉次，稳定炉前出铁，促进炉内一次气流合理分布；开展烧结机单辊创新改造与应用，提高单辊转子的使用寿命。在实施韩方分割布料期间，全程跟踪把控炉况，借鉴分割布料优点用于正常的制度，提升了高炉技术经济指标。还积极搭建创新创效管理平台，开展技术攻关和技术创新活动，2017年总厂参与的“马钢大型高炉长周期稳定顺行关键技术研究与突破”获得技术创新成果一等奖。

【能控环保】 坚持安全发展和绿色发展理念。以完善能源管理体系和测量管理体系为工作中心，不断强化动力介质管理及能源计量完善等工作，通过提高二次能源回收指标，强化节能意识。严格实施环保管控PDCA闭环管理和强化岗位环保责任落实到位，实现清洁生产和“节能减排、达标排放”工作目标。日常管理过程中，不断加大跟踪监测和现场巡查力度，通过强化环保设备隐患排查和技术攻关改造，确保所有环保设施与主线100%同步运行。按照公司确定的污染治理项目时间节点，完成“烧结机头非脱硫段除尘器提标改造”“转底炉及烧结配料室返矿仓顶新建除尘系统”和“A/B炉矿槽除尘系统完善工程”建设，实现了低碳低耗和节能减排的工作目标。

【党群工作】 以落实“一岗双责”为主线，着力营造风清气正的发展环境。开展党的十九大精神学习贯彻“五个一”活动；着力构建党建标准化建设；制定矩阵式党建工作实施方案。完善党风建设工作责任制，制定“两个责任”清单，通过开展“两学一做应知应会试卷”和“12项违规行为专项治理”活动，积极开展自查自纠专项治理工作。重视群众路线，坚持深入基层、深入群众、充分听取职工意见；通过抓党性教育、廉政监督、调研恳谈等形式，充分发挥党组织的核心作用。开展“设备运行中后期役龄应当如何保证顺利运行”大讨论、合理化建议征集、创新创效、技能竞赛、项目领衔和“讲理想、比贡献”等活动。2017年，总厂参与的“高炉运行评价与预警保障体系的构建与实施”荣获公司冶金类管理创新一等奖。总厂在公司创新方法大赛中获奖三项，其中总厂职工赵岚、段再基的“在线可更换刀头的皮带头轮刮料装置研发”创新项目获一等奖，并代表马钢参加中国科协第二届全国企业创新方法大赛总决赛荣获二等奖；青年代表郭泽华的作品《放心吧，大高炉稳定顺行有我们》荣获全国品牌故事大赛征文类三等奖。总厂荣获公司女职工工作标兵先进单位、公司首届职工健身运动会体育道德风尚奖及团体总分二等奖、优秀组织奖等荣誉。烧结丁作业区荣获“省属企业青年文明号”，球团团支部荣获市“五四红旗团支部”；李发芝、赵岚撰写的论文获得全国钢劳联第33次年会优秀论文特等奖。

（陈艳艳）

第一钢轧总厂

【主要技术经济指标】 2017年,产钢225.94万吨,其中,板坯67.84万吨、CSP薄板坯158.1万吨;钢材213.17万吨,其中,中板58.56万吨、CSP钢卷154.61万吨。钢铁料消耗1087.04千克/吨,钢坯合格率100%,中板合格率99.99%,热轧薄板合格率99.92%,中板成材率95.48%,热轧薄板成材率97.90%。

【生产组织】 以计划执行率、计划兑现率指标为中心,根据市场变化调整组产模式,采取有效措施确保生产安全平稳有序,CSP计划执行率98.14%,比上年提高0.63个百分点;但受生产事故、质量波动等多重因素影响,CSP计划兑现率95.76%,比上年下降0.26个百分点。深入推进精益生产的理念,强化生产过程监控和结果评价。以生产稳定性为核心开展技术攻关和劳动竞赛活动,狠抓各项事故纠正预防措施的落实与完善,各类事故大幅减少。全年CSP连铸漏钢20次,万吨漏钢次数0.126次,比上年增加0.037次,主要原因是2017年最后两个月生产品种钢漏钢次数增多。全年CSP轧机堆钢53次,比上年减少8次,万吨堆钢次数0.34次,比上年减少0.03次。

【品种质量】 围绕质量改进目标,持续推进流程管控项目的实施,根据各工序需要监控的关键指标,在上年的基础上对控制清单和相应的规格线、控制限以及目标过程能力进行梳理更新,按照日监控、月分析、持续改进的工作模式进行管理,各控制点的过程能力都完成了公司设定的目标值,有力支撑了产品质量的稳定与提升。加大质量专业考核力度,每起质量问题追溯到人,考核到人。全年吨材质量损失3.94元,低于公司4.11元的考核指标,质量异议起数也低于公司考核指标。CSP品种、规格开发取得进一步突破,薄规格耐候钢单浇次1.5毫米规格生产比例超过55%,出口商品卷2.0毫米规格生产比例达50.3%,CSP双线生产薄规格耐候钢部分取得成功。硅钢性能追溯量比2016年有明显改善,加热炉炉辊造成的划伤缺陷已基本消除,铸坯划伤缺陷已经得到有效控制。孔洞缺陷的每月追溯量由年初的732吨降到年末的20吨。积极围绕当前生产稳定、工艺优化、质量提升、降本增效和设备保障等方面,开展了41项技术攻关工作和36个QC小组课题,精炼分厂LF炉甲班QC小组课题《降低精炼钢水喂线量》荣获首届安徽省质量改进经典案例暨QC小组发表赛二等奖。动态监控质量管理体系的运行状态,重点关注薄弱部位和薄弱环节的运行效果,及时整改、验证,使质量管理体系运行效果持续改进。

【设备管理】 强化"操作人员是设备安全生产第一责任人、点检人员是设备运行状态第一责任人"意识,深入落实全面规范化生产维护体系(TnPM),追求点检到位率、有效率、命中率100%和检修时间、项目、质量标准命中率100%,设备运行平稳,与上年相比,全年故障次数下降29%,故障时间下降43%。3号转炉获公司设备零故障竞赛优胜生产线,CSP生产线热连轧连续获公司设备精度管理竞赛二等奖、设备综合效率竞赛三等奖。高度关注影响产品质量的设备问题,强调设备功能投用和设备精度控制对提升品种质量的支撑作用。深化设备综合效率评价(OEE),通过设备生产过程全要素多维度评价,深入挖掘设备生产潜力。坚持工艺主导、设备主动,提高了CSP生产线功能精度。持续建设管理规范、流程高效的制度体系,以四大作业标准为基础,形成群检、专检、精密点检相互支撑的三级点检模式。强化专检对群检的覆盖,增强专检的技术管理和技术指导职能,提升专检在设备管理过程中的重要作用。项目建设全面启动,以9月20日马钢"十三五"转型升级重点工程全面开工暨重型H型钢项目开工仪式为标志,重型H型钢连铸机、六机六流方坯连铸机项目开工建设,转炉三次除尘、CSP生产线适应性改造项目处于待立项阶段。

【降本增效】 深入推进以"日成本"核算为核心的成本管理模式,以本工序历史最好水平和行业先进水平为目标,进一步对标挖潜。通过吹气扒渣减少扒损、优化转炉操作提高一倒命中率、加大含铁物料回收提高CSP翻渣率等措施,金属料消耗比上年下降0.51千克/吨。使用高碳锰铁替代低碳锰铁,高铝顶渣改质剂替代预熔型顶渣改质剂,镍铜合金、含铜废钢替代铜板、镍板,并通过降低转炉总渣料、喂线机改造等措施,合金辅料比上年多降本3.03元/吨。以合理用能和节约用能为宗旨,加大能源管理力度,并通过技术攻关和系统优化,探索、落实低产量条件下节能降耗措施。在产量大幅下降的情况下,CSP加热炉煤气能耗、中板线加热炉煤气能耗均低于上年控制水平。大力提高备件上机率,减少新产生的库存,全年备件上机率100%,并采取替代、修改等手段减少现有库存备件,库存占用资金比年初下降5600万元。加大回收备件自修和修旧利废工作力度,进一步扩大备件的修复品种,规范备件修旧的管理,全年备件自修节约费用1322万元,外委修复备件3180万元,超额完成公司下达的任务。降本增效工作按照公司下达的目标稳步推进,全年累计降本1.98亿元。

【企业管理】 不断完善安全生产责任制,定期进行评估考核,推进各项安全工作的落实。加强安全生产标准化示范班组建设,已有10个班组获公司安全生产标准化示范班组称号,1个获马鞍山市模范班组称号。建立了总厂、分厂、作业区(班组)隐患三级查报队伍,在市隐患排查治理系统绩效考评中保持着A级企业管理水平。持续推进“防火墙”工程和消防安全“四个能力”建设,不断强化和落实消防安全责任。坚持“日巡、周查和月考核”的工作制度,通过多种形式组织开展火灾隐患排查和隐患整治工作。全年工亡、重伤、重大生产事故、重大火灾事故、重大爆炸事故、重大设备事故为“零”,轻伤1人,千人负伤率0.59‰。认真落实综治工作领导责任制、目标管理责任制、重大问题责任追究制。在落实好“人防、物防、技防”的基础上,又相继在地下电缆隧道、地下油库、电气室等重要部位增设了视频监控系统,以确保重点部位安全。另外,加大炼钢区域合金料仓、热轧区域切头、切边堆积暂放处等易盗部位的巡查频次,打击各种违法偷盗行为。

【党建工作】 认真开展支部“创先争优”活动、党员双“两无”活动和“创党员示范岗,建党员模范责任区”活动。结合总厂生产经营和党建工作实际,拓展融入渠道,强化监督服务,全力推进总厂矩阵式党建工作,先后围绕10个项目开展督查活动,横向发现问题、纵向整改落实共33项,修订、制定管理制度6个,发起问责3起,大力构建“纵向到底服务生产经营,横向到边督导各项管理”的党建工作新格局。进一步强化风险岗位人员的廉洁风险防控意识,积极查找权力运行风险点,确定风险等级,加强防控管理,开展提醒教育。做好廉洁风险预警处置机制,对发现的廉洁风险信息及时进行跟踪关注。加强对“四风”问题的监督检查,督促各级领导人员增强责任意识和廉洁自律意识,增强各项纪律的刚性约束。围绕人力资源优化、生产工艺改进、产品竞争力提高等具体工作开展效能监察,努力拓展效能监察的范围和领域,进一步建立完善监督保证机制。

【精神文明建设】 紧贴公司和总厂大政方针,借助总厂报纸、网站和公司的宣传载体,做好宣传舆论工作。开展“优化产品结构,提升产品质量,我在岗位怎么做”大讨论活动。积极参加公司《铸强品牌我当先》征文活动,获得优秀组织奖。抓住总厂生产重点工序关键指标开展了12项劳动竞赛,促进了产量完成和品种质量提升。继续开展合理化建议和创新创效活动,收到合理化建议355条、创新创效成果45项。通过举办职工讲坛、“单点课”群众性互教互学等活动,为提高职工岗位技能提供了平台。开展“岗位之星”评选、“巾帼示范岗”星级赛、导师带徒、大学生工序互访等活动。建立“送温暖”活动长效机制,坚持开展日常困难职工家庭走访慰问活动,春节前夕慰问173名困难职工,发放慰问金共计25.5万元。开展金秋助学活动,发放助学金和物质奖励共计5.66万元。积极开展职工文体活动,总厂体育代表队参加公司首届职工健身运动会,荣获10块金牌、6块银牌、1块铜牌,取得团体总分第二的优异成绩。总厂拔河队代表公司参加全国拔河锦标赛、全国冶金运动会,获得一个冠军、三个亚军、三个季军等多项荣誉。

(张　荣)

长材事业部

【主要技术经济指标】 2017年,事业部产钢442万吨、材407万吨。其中南区棒材86万吨、大H型钢91.9万吨、小H型钢50.4万吨,北区线材62.6万吨、棒材71.8万吨、型一12.7万吨、型二31.5万吨。全年钢铁料消耗南区1059.7千克/吨,北区1043.3千克/吨,铁钢比南区0.910,北区0.902。综合成材率南区棒材100.33%,大H型钢96.02%,小H型钢96.51%,北区线材98.93%,棒材102.76%,型一98.73%,型二99.06%。全年吨钢降本平均110元,相比BOM降本4.79亿元。销售收入138亿元;实现净利润15亿元,比上年净增13亿元。

【企业管理】 一是生产均衡稳定高效。年产钢442万吨,材407万吨;钢轧工序人均年产钢达1060吨,比上年提升138吨。二是基建技改同步推进。“十三五”期间重点工程项目全面启动,型材升级改造投资、任务双过半;重型H型钢完成主要商务技术谈判、招标,开始建设;顺利完成棒材设备大修、南区2号连铸机适应性改造及铁水倒罐站改造项目。三是继续加强现场管理。修订完善现场管理办法,建立了自主管理、专业检查、专项督查相结合的运行制度,实现“检查—整改—考核”的闭环管理。四是稳妥推进人力资源优化。稳步完成北区去产能人员转岗安置及新岗位培训工作;优化业务流程,整合中型材分厂、技术质量室;优化岗位定员设置,岗位定编精简 413 人,其中机关定编精简 128 人。五是建立风险管控体系。初步建成长材事业部风险管控体系,梳理、识别 22 项管理风险源,并制定有效的防范及应对措施,提升了风险管控水平。六是狠抓安全管理。从强化安全教育基础、抓岗位安全技能培训入手,提高基层职工的安全意识与能力;严格落实“百日除患铸安活动”要求,确保事业部平稳的安全生产效果;全年劳动保护、教育培训、隐患整改等投入费用 1000 余万元,安全绩效嘉奖 80 余万元,考核 24 万元。

【品牌建设】 落实公司“品牌建设年”行动纲要,固化“把本职工作做到极致就是品牌”的理念,厚实品牌创建群众基础;发挥 APQP 小组功能,对产品质量进行先期策划,导入 EVI 服务,深度了解顾客关注焦点,主动介入下游用户早期研发;制订《客服运行管理办法》,规范事业部客服体系运行,提高客服工作效率,为客户提供优质、个性化的产品;补短板、求实效,改造棒材预成型、夹紧、打包装置,改进标牌悬挂方式,提升打捆质量,美化质保书外观设计;H 型钢优化包装质量,采用扁钢焊接,降低断带散捆风险,应用信息技术,增加电子质保书和实物标签二维码,提高顾客满意度;实施 H 型钢区域 20 多项亮化、美化工程,向众多前来参观交流的采购贸易商和合作伙伴展示了良好的 H 型钢品牌企业形象。

【人力资源优化】 稳妥安置北区去产能人员 116 人;招聘补充新职工 30 人,全年办理离岗 454 人;优化业务流程,整合中型材分厂、技术质量室;优化岗位定员设置,岗位定编精简 413 人,其中机关定编精简 128 人;抓好三支队伍建设,充实高层次专业技术人才队伍,新聘一名高级技术主管、四位首席技师;强化岗位培训力度,全年完成培训 237 项,累计培训 4814 人次;开展各类劳动竞赛和技术比武活动,组织近 300 名“炉机长”参加四大工种技能竞赛,24 名职工分别被授予“技术状元”、“技术能手”和“技术骨干”称号;举办“首届职工技能比武”,承办公司“第八届职业技能竞赛”型材轧钢工比赛。

【营销服务】 加大市场研判力度,研究期货变化规律,提前做出预判,调剂库存总量;营销启用“保姆式”服务,发挥直销、直供优势,借势“青皮螺”文化,推介“马钢牌”建筑钢材,线螺产品渗透重点工程,抗震高强钢筋销售量从 2015 年的 38 万吨猛增至 2017 年的 97.8 万吨,增长 257%,全年线螺产品净利润 12.3 亿元,线螺均价达到全国领先水平;H 型钢保供 19.38 万吨的铁路造车材,既实现了 1.5 亿元的丰厚利润,也奠定了马钢与中车集团整车合作关系基础;发展了中海福陆重工这一具有国际影响力的万吨级终端用户,扩大了 H 型钢在国际市场的份额和影响力;在满足中集集团 H 型钢专用车材料特殊需求的同时,延伸服务,提供了马钢集装箱板和低温螺纹钢等一揽子打包销售服务,便利了客户需求;中型材产品在资源配给紧张的现状下,合理调节资源配置,维护销售渠道,对自用终端优先倾斜,确保经销商的锁定订单交付,维护了双方的供销关系;扩大 36U 市场份额,年销售 8000 余吨,环比上升 350%,提前推广中型材新产品,鼓励经销商拓展工字钢、船用不等边角钢、平行腿槽钢等销售目标客户,利用多年积累的中型材品牌形象,在同区域市场,中型材吨材售价平均高出其他钢厂 200 元。

【技术攻关】 开展耐候热轧 H 型钢提高低温冲击韧性攻关,性能样-40℃低温冲击的一次合格率达到 97.33%,解决了一次合格率过低问题,为造车材大批量交付提供保证;合金冷镦钢低倍角裂控制攻关成效显著,合格率达到 90% 以上,较上年提高 31.5%;联合技术中心,启动“青皮”产品攻关,确定“青皮”钢筋 850℃以上的上冷床温度,完成阶段目标;“青皮 H 型钢”展开攻关,初步掌握了关键工序和工艺参数;开展认证、品牌创优创奖工作,相继通过相关产品的现场审核认证;“高寒地区 H 型钢关键制造技术研究与应用”获冶金科学技术一等奖,铁道车辆用耐腐蚀 H 型钢分别被评为特优质量奖和金杯奖。

【基建技改】 型材升级改造工程项目总投资 4.5 亿元,2017 年已投用约 3.2 亿元,占总投资的 71%,工程建设按照一级网络节点计划稳步推进;顺利完成南区 2 号连铸机适应性改造;计划总投资 11.9 亿元的重型 H 型钢项目正式启动,已完成全部技术商务谈判和招标,2018 年开工建设;棒材设备大修首创项目部管理模式,项目部 24 小时动态跟进,平衡协调检修进度,检修质量过程控制有力,项目计划 75 天,实际提前 6 天顺利完成;历时 254 天的铁水倒罐站改造项目,为典型的“边生产边施工”工程,安全风险高、施工难度大,项目部现场施工和安全监管双管齐下,实现了零事故,高质量的按期交付。

【生产组织】 以效益为核心,紧跟销售节拍,形成以销定产、以产促销的联动模式;及时共享产销信息,动态平衡内部资源,科学管控组产,优化坯料配置,调控库存结构,确保产量、品种、订单的及时兑现,有效满足了用户需求;炼钢系统紧盯四定、冶炼节奏、留碳率、过氧化比例等关键性指标,优化过程控制,同时取消化学升温、合金微调,开展快节奏高效炼钢拉练,为放量生产夯实了基础;轧钢系统严格执行计划值管理,以班产计划达标率为考核依据,确保生产任务的完成和订单的兑现,线棒产线紧紧抓住线螺价格高涨的市场机遇,全年长周期保持生产均衡稳定,班计划达标率平均达到80%以上;大H型钢产线针对铁路车辆用钢19.5万吨的大额订单,精心组织,全年订单兑现率达100%,在产量大幅提升的前提下,重点品种带出品不足3000吨,比上年下降13%。

【党群工作】 开展"两学一做"学习教育常态化、制度化和"讲政治、重规矩、作表率"专题教育;召开事业部第一次党代会,确立了未来三年事业部改革发展和党建工作的总体思路和战略部署。推进基层党组织标准化建设,深化"矩阵式"党建工作,"党建工作室"围绕学习宣传、创新增效、重点督查、家园文化建设等热点、难点问题,进行项目化运作,彰显党建优势,《以"党建工作室"驱动"矩阵式党建"》案例在公司重点发布,得到了好评。深入开展"送温暖、送温馨"活动,依托公司帮扶机制和爱心救助载体,3780名职工参加了保障计划;继续开展"困难救助、伤病探视、抚恤慰问、金秋助学"等互助关爱活动,对特困职工实施精准帮扶;从岗位重要性、劳动强度、技术难易、环境状况、工作压力等方面开展系统调研,修订生产经营绩效管理办法,通过动态调整绩效考核和奖金分配抽查,确保奖金发放公平、公正;牢固树立"以职工为中心"的思想,以中型材项目还建办公楼为契机,为职工配置办公、更衣等用品,改善工作环境;加大硬件投入,提升了职工就餐、洗浴的满意度;选拔170名职工参加马钢首届职工健身运动会和职工才艺展示等大型文化体育赛事活动,展示了长材人团结进取的良好精神风貌。

(梁 军)

第四钢轧总厂

【主要技术经济指标】 2017年,累计产钢796万吨、热轧材775万吨;炼钢工序能耗为-12.19千克标煤/吨,比上年降低2.56千克标煤/吨,保持行业先进水平。全年钢铁料平均消耗1080.59千克/吨,比上年下降4.11千克/吨,全年综合成材率97.38%,较上年提高0.15个百分点。

【生产管理】 一是以制造流程高效率、产品实现高品质、企业运营高效益为追求目标,系统探索"高效生产"模式。钢区生产方面,以连铸高拉速、恒拉速为中心,运用"量化时序管理",实施"紧凑型、准时化"生产流程管控。通过快速出钢、连铸提高拉速、RH提升效能等新技术的成熟应用,工序能力进一步提升,实现了转炉冶炼周期缩短5分钟,连铸平均拉速提高0.2米/分钟;RH真空处理时间每炉缩短5分钟,使月平均处理量达40万吨,精炼比达89%,极大地提高了品种钢比例。轧区生产方面,以精轧稳定轧制为中心,通过强化自动出钢、缩短粗轧道次间隙时间、提高"3+3道次"投用比例、实施精轧高加速轧制等手段,实现了平均轧制周期缩短15秒;在不断提高薄规格轧制稳定性的基础上,钢卷卷重平均提升0.38吨,有效提升了轧机机时产能。通过合理优化排程,实施工序、工艺环节快速响应机制,统筹库区管理,强化事故管理,推进生产稳定高效运行。全年连铸非计划停浇率2.08%,比上年降低22%,生产稳定性进一步提升;炼钢最高日产达88炉,2250热轧最高日产达682卷、超记录56卷,生产潜能进一步发挥。2017年10月,各条产线产能全面释放,钢、轧产量双双突破75万吨,创出历史新高。二是大力推进安全标准化示范班组创建,加强了危险源重新辨识、风险评价和隐患排查治理工作,先后组织开展"五项治理"、"百日除患铸安"等专项行动,全年人身伤害事故为零,安全生产风险管控有效。三是不断完善总厂、分厂、作业区三级网络构架,持续细化6S管理工作标准,将责任落实到具体岗位、具体人员,形成现场管理全员参与、群管群治的局面。对生产线相关场所进行了美化、亮化,使现场面貌焕然一新。加大备件、辅料存放区域,以及"两线四室"集中整治力度,努力打造环境整洁、物流有序、生产安全的清洁工厂。

【品种质量】 以品牌创建为抓手,强化技术创新,深化精益制造,有效运行质量管理体系,推进品种质量稳步提升。一是IATF16949顺利转版,质量体系有效运行。围绕IATF16949、ISO9001转版认证和汽车板二方审核,系统梳理各生产工序的工艺要求,新增/修订质量体系相关文件、标准398个,保证文件的可操作性和可执行性。认真对待公司内外部审核,严格体系自我评价,强化对总厂关键过程的输入、输出、资源支持等方面进行检查和验证,提高质量管理体系的符合性和有效性。基于风险思维,将“防错应用、看板管理、快速响应、分层审核、事态升级”等管理方法融入总厂日常质量管理过程中。全年总厂共接受各类外审22次,均顺利通过;成功实现IATF16949、ISO9001转版认证;汽车板顺利通过上汽通用、东风神龙等合资品牌二方审核。二是强化质量过程控制,促进产品质量提升。关注客户需求、组建了产品快速响应突击队,快速反馈客户需求与意见,提升了顾客满意度。以实施对标管理、建立各工序间评价机制为基础,促进上工序为下工序提供“零缺陷”产品。以流程管控项目为抓手,提升工序质量控制能力。通过严格质量专项考核、落实质量责任制、加大质量追溯力度,推进产品质量稳步提升。全年质量总损失由4.73元/吨下降到4.31元/吨,为“提品质”打下扎实基础。三是蓬勃开展技术创新,支撑品种开发有为。全年总厂共实施技术攻关75项、获得专利授权7项、发表科技论文15篇、申报技术秘密15项、形成QC成果37项,解决了大量制约总厂产品质量提升的难点问题。《降低汽车板冶金缺陷》攻关取得可喜进步,冷轧基料钢种夹杂比例下降12%,汽车外板夹杂比例下降29%。热轧《横折印缺陷攻关》《精轧导卫改进》《带钢氧化铁皮缺陷控制与优化技术研究》等攻关收到良好效果,各主要质量缺陷量逐渐降低,特别是横折印缺陷降幅超过50%,满足了客户要求。

【成本管控】 一是深化管理降本。围绕吨钢54元的降本目标,制订了《对标工作实施方案》,确定了13项公司级、96个总厂级对标指标,并层层分解,落实到岗位。对金属平衡、钢铁料消耗等关键要素采用清单式管理,过程中采用“日清、周结、月评”的方式进行监控、改进。二是深化能源降本。炼钢通过加大转炉煤气、蒸汽回收力度,减少溅渣护炉氮气消耗,实施了2号、3号转炉二次除尘风机变频节电改造项目,节能降耗取得明显效果。热轧通过集中备料、集中组产、提高轧线作业率、提升轧制节奏,降低能源消耗。全年能源累计降本8000多万元。三是深化技术降本。将钢铁料消耗作为重点关注指标,通过降低转炉喷溅、减少扒损和渣料消耗、增加渣钢回收、提高成坯率等措施,降本效果明显。热轧通过优化加热工艺、减少烧损加强工艺降本,通过优化中间坯坯型、减少切头切尾,制造成本不断降低。全年吨钢降本57.1元,超额完成公司目标计划。

【设备管理】 坚持“运行有效、保障有力、系统优化、节能降耗”的方针,强化设备“两个责任人”意识,以“零故障”管理为目标,以设备精度管理为载体,落实全面规范化生产维护体系(TnPM),加强设备状态把控,科学高效检修,保功能、提精度,大力推进设备管理由“保生产顺行”向“保产品质量”转变。设备点巡检管理系统(PMS)正式投用,促进了设备预防性维护及精准维护。进一步推进热轧设备综合效率评价(OEE),评价值由70%上升到74%,达到国内同行业先进水平。全年设备故障率2.9‰,比上年降低12.1%。认真落实环保责任。重点强化炼钢厂房及渣处理区域无组织放散的管控,圆满完成节能减排工作任务,未发生环境污染事故。

【综合管理】 一是拓展综合体系。以提升管理效率和成熟度为考量点,通过顶层设计、统筹策划、分类实施、系统推进,加强各体系融合互补,整合形成了质量、环境、职业健康安全、测量、能源、内控、品牌、两化融合等“八位一体”的综合管理体系。成立了标准化工作推进小组,坚持每月召开工作例会,强化对各体系的工作进行点评;对全厂综合管理体系运行情况,进行了两次全过程完整的诊断式检查评价,保证总厂综合体系运行的符合性和有效性。二是完善制度建设。坚持用制度规范管理行为,从“三重一大”决策程序、厂务公开、绩效考核等多方面开展系统自查,及时制定改进措施,并在持续改进的基础上纳入标准体系加以固化。全年新增和修订了96个管理标准,始终保持制度的有效性和可操作性。三是持续优化人力资源。总厂克服持续减员、年龄及专业结构不平衡的困难,持续推进人力资源优化。在岗位分析的基础上,优化岗位配置和劳动组合,提高工作饱和度;利用辅助业务外包、加快设备自动化改造等措施缓解部分岗位的缺员压力;利用政策性离岗、协商解除劳动合同等多种渠道妥善安置人员,共办理员工政策性离岗134人,其中在岗员工办理离岗112人,超额完成了公司下达的人力资源优化任务。人才队伍不断充实,增补了公司优秀科技人员6名、首席技师3名。

【党群工作】 认真宣贯党的十九大精神,扎实推进形势任务教育和新闻宣传。建立了“第四钢轧总厂”微信公众号,建立《微党课》、《两学一做》专栏,及时开展形势任务教育。共组织采写各类稿件1772篇,755篇文章在公司及以上媒体发表。充分发挥企业文化引领作用。评选了“家园卫士”、“最美员工”和“现场尖兵”,开展“如何把本职工作做到极致”思想大讨论,宣传总厂18位先模人物事迹。以四钢轧总厂建成投产十周年为契机,大力弘扬创业文化,制作“见证·十年”工程建设回顾影片,召开“我和四钢轧共同成长”主题座谈会,举办“创业风采”书画摄影作品展、“激情燃烧的岁月”诗歌朗诵会和长跑纪念活动,讴歌四钢轧建设品牌攻坚克难、艰苦创业的精神。通过将“贤内助”请到生产线参观,举行“圆梦团委、有你更美好”联谊活动,开展亲情寄语、亲情慰问,举办“幸福的味道”亲子活动,以及春节慰问外地大学生和困难职工,为每一位职工购买意外人身保险和大病互助保险等,不断营造家和万事兴的家园文化氛围。2017年,总厂党委办公室、热轧物流分厂党支部被评为公司基层先进党支部;总厂环境、宣传、禁毒、人口计生等工作受到公司表彰;参加马钢首届职工健身运动会获团体二等奖;党红纲被评为马鞍山市劳模、黄健被评为公司劳模。《高品质汽车板IF钢生产技术集成及应用研究》获得2017年安徽省科学技术奖三等奖,《降低IF钢终点氧大于800ppm比例》QC课题获省优秀质量管理小组成果一等奖,热轧点检分厂“现场仪表问题解决QC小组”获“冶金行业优秀QC小组”。《四钢轧钢包运行管理》等4项管理创新成果受到公司表彰。1号转炉在全国性节能降耗对标竞赛中获“冠军炉”称号。

（张海燕）

冷轧总厂

【主要技术经济指标】 2017年共生产成品板带产量465.36万吨。其中汽车板162万吨;家电板102万吨;建筑板79万吨;硅钢57.6万吨;其他用板材64万吨。多条产线机组连创佳绩。

【生产组织】 强化生产组织管理,及时了解掌握各类订单信息,优化资源配置,科学合理组产,部门与分厂各工序协调一致,抢抓外部市场利好机遇,确保各产线机组精益高效稳定运行。以BOM数据为基础,进行目标值的动态评估管理,持续推进目标计划值。不断完善日成本考核,扎实推进日成本管理,实时监控成本运行结果,提高效益评审准确率,完成公司下达的计划执行率和计划兑现率等各项指标。

【品种质量】 一是开发极限规格,满足用户需求,2130冷轧试制980DP高强钢、格力空气能热水器板、硅钢M50W270等高牌号新产品取得实质性突破。二是开展技术创新,推进产品晋级。通过现场跟踪,收集资料、采集数据、统计分析、寻查现状问题。以问题为导向展开攻关,定期组织专家评委对结题项目进行验收评审,加快产品晋级的速度。技术创新、产品创优和认证、开展QC小组、“双五小”活动取得丰硕成果。三是完善矩阵式质量监控体系,严把生产过程控制质量关。持续推进各条产线表面检测设备完善和增设工作,表检仪数据库不断充实。四是扎实开展工艺纪律检查、各类专项检查、质量督查等工作,将质量管理体系落到实处,实施日质量报警体系。每月组织对公司级和总厂级的统计过程控制管理点进行检查、自评价,确保质量管理体系在生产过程中有效运行。五是以体系审核为契机,不断健全各类管理体系。开展对原辅料、轧辊、刷辊等供应商技术考察。2017年,总厂共接受审核36次,顺利通过上汽通用汽车、东风神龙汽车、一汽解放汽车等客户二方审核以及IATF16949:2016、ISO9001:2015、ISO14001:2015转版换证审核。

【品牌建设】 总厂成立品牌建设领导组织机构,拟定品牌建设工作计划、保障措施和检查考核制度,定期召开会议评估推进工作。各单位广泛开展品牌建设、知识培训及专题讲座,大力营造“人人创品牌,处处创品牌”“把工作做到极致就是品牌”的文化氛围,引导全体员工做品牌的制造者、守护者、宣传者。建成冷轧工匠基地,组建8个工匠团队,制定工作目标与培训计划,依托冷轧工匠基地互相交流学习,针对各产线影响生产稳定、质量提升、设备功能等因素,合力攻克技术难关,为稳定生产、提质增效提供了有效支撑,为冷轧家园文化建设提供了坚实的硬件保障。12月12日,冷轧工匠基地通过了公司验收;12月20日,冷轧工匠基地被公司命名为“马钢冷轧工匠基地”。

【设备管理】 以设备综合效率(OEE)评价工作为切入点,贯彻“生产主导,设备主动”的工作方式,夯实设备基础管理。扎实开展设备事故、事件的闭环管理,杜绝和避免了重复性故障的发生。适时组织开展设备管理员、工艺技术及操作人员的培训交流活动,形成知识互补,经验共享。现场污染源整治力度持续加大,设备安全隐患排查有序进行,并及时进行整改落实。2017年,按时间节点顺利完成了19次大修、670次定修的检修计划,检修兑现率达100%。新改扩项目有序推进。全年申请立项的技改项目88项,其中工程技改项目8项,预计投资5.1亿元;一般技改项目44

项,预计投资1.3亿元;小改小革项目36项,计划投资1000万元。

【企业管理】　一是加强"三支队伍"建设,重视管理和高技能人才的培养选拔。注重敬业爱岗创新创效、攻克技术难题、把工作做到极致的品格。严格按标准选拔、任用干部,提拔6名科级管理人员;1人被聘为公司高级技术主管,3人被聘为公司首席技师;总厂内部聘任的各类高级技术主管43名。召开作业长研修分会暨作业长管理成果发布会,组织作业长横向交流,围绕基础管理工作开展专题研修。以"冷轧工匠"为榜样,通过举办职工大讲堂、导师带徒、技能大赛等形式,提高了一批高端操维职工的职业技能。二是精益管理向纵深迈进,初步建成清洁环保工厂。总厂先后开展了现场6S管理、创建清洁工厂和精益现场管理活动。各单位紧紧围绕精益现场五大要素,强力推进,实现了初期阶段现场辅导查找问题缺陷向分厂、作业区自主查找问题缺陷与改善的转变。现场各类可视化标识逐步覆盖和规范,员工的精益意识和问题意识、改善意识逐渐形成,参与改善活动逐渐由被动转化为主动。通过现场环境整治持续推进,厂容环境、生产现场面貌大为改观。人造环境、环境育人的良性循环逐步显现,为进一步提升冷轧形象奠定了良好的基础。以"环境经营,绿色发展"为理念,从生产源头开始控制,现场作业环境清洁,保障排口排放达标。2017年环保设施完好率、同步运行率达100%,全年由市环保局监管的大气排口、水排口监测达标率100%;顺利通过中央督查组的环保督察。三是人力资源优化不断深入,绩效评价体系不断规范。总厂将除罩退炉行车外,全部移交给和菱实业公司。截至2017年12月,圆满完成公司下达的人力资源优化目标。岗位绩效考核评价体系逐渐完善,严格按照考核评价标准对各单位进行测评、考核,每月对各单位绩效分、人均绩效奖、实际人均奖等项目进行趋势分析、评判,为各单位绩效评定、薪酬分配提供公平、公正、合理的依据。充分体现岗位绩效考评的杠杆作用。

【安全管理】　持续推进安全生产标准化体系运行,强化安全管理和过程监控。落实安全生产责任制,强化考核机制,持续完善、更新隐患排查治理信息系统。落实开展"安全生产月"、"百日除患铸安"、构建"六项机制"等活动。组织开展各类安全检查、相关方安全管理检查、应急预案培训演练、危险源辨识、管理制度的修订完善等工作。加强职工安全教育、落实安全教育培训、开展安全自主管理活动。消防工作基础不断夯实,持续开展消防隐患排查,开展演练培训,强化维保值守,保证了总厂消防安全。

【党群工作】　认真学习贯彻党的十九大精神,开展"两学一做"学习教育、"讲政治、重规矩、作表率"专题警示教育活动。推进基层党组织标准化建设。加强党风廉政建设。全面落实"两个责任",开展廉洁从业、预防职务犯罪教育,组织党员干部、作业长、重点关键岗位人员开展廉洁从业承诺活动。开展效能监察工作,坚持关键岗位述职述廉和廉洁从业约谈,强化党风建设和反腐倡廉工作责任制考核力度,促使党风廉政建设不断引向深入。在重点工程项目二硅钢新增常化机组项目部成立临时党支部,推行项目监督。2017年10月,总厂胜利召开第一次党代会。各党支部进行了换届选举工作。群团组织紧紧围绕中心工作,开展形式多样的文体活动,丰富职工的文化生活。

(许　柳)

特钢公司

【主要技术经济指标】　2017年,钢产量74万吨,比上年增长46%;轧材(大棒)产量27万吨,比上年增长108%;线材产量29万吨,比上年增长21.5%。吨钢降本160元/吨,超额完成公司计划;钢铁料消耗1075千克/吨钢,比上年下降10千克/吨钢。全年销售收入36.54亿元,其中特钢产品销售收入26.56亿元,比上年增加95.3%;特钢产品利润1.07亿元,比上年增长82.75%,线材产品利润760万元,均超额完成公司下达的年度目标。营销创效取得历史性突破,产品辐射到全国近80余个城市或地区。

【新产品开发】　2017年,新开发各类新产品166个,累计开发产品549个。轨道交通关键零部件用钢:成功开发国内城轨及地铁用EA4T车轴钢,250千米/小时和350千米/小时动车组轮轴通过了装车考核,并实现小批量供货;积极研发高铁齿轮用钢18CrNiMo7-6、铁路车辆用弹簧钢60Si2CrVAT。汽车零部件用钢:SCM435E、40Cr、SWRCH35KE等高端汽车紧固件用冷镦钢及55Cr3、55SiCr、51CrV4等弹簧钢实现批量生产,产品进入上汽、广汽等主机厂,商用车用22CrMoH、FM8T、42CrMo等渗碳齿轮、前轴、转向节用钢实现批量供货。能源核心装备用钢:创新工艺成功量产超临界高压锅炉管用P92连铸圆坯;成功开发以F22为代表的深海油气锻件用钢、以4340为代表的页岩气开采用钢,风电齿轮用钢进入GE。高端制造用特殊钢:成功开发以H13、P20为代表的工模具钢、高强焊丝用钢MH-700、MK70-Ti并批量生产;2000兆帕级MGBS超高强度海工粗直径镀锌钢丝绳用线材,成功替代进口。

【技术攻关】 2017年,累计承担国家省及公司项目5项,自主开展各类技术攻关64项,注册登记QC小组33个。全年累计申报专利24项,其中发明专利15项,超额完成公司年度目标。作为主要起草单位编制“石油钻铤钻杆及钻杆接头用热轧圆钢”“轨道交通车轴用EA4T轧制方坯”等10余项企业标准。“电炉工艺QC小组”荣获公司优秀QC成果和冶金行业质量管理先进小组。“马钢高速车轮技术研究与产品开发”、“超临界高压锅炉管用耐热钢P91关键技术开发及产业化”项目分别获得2016年度马钢技术创新成果奖特等奖和一等奖;“液化天然气储罐建设工程专用低温钢筋的研制”项目获2017年省科学技术进步三等奖;连铸工艺生产铁道车辆车轴LZ50钢坯荣获2017年冶金行业品质卓越产品。

【体系建设】 以IATF16949、ISO9001质量管理体系、环境、职业健康安全、能源、测量及两化融合管理体系为基础,建立和完善特钢多元卓越绩效管理体系。全年共接受各类审核26次,顺利通过了ISO9001、IATF16949、GB/T24000、GB/T28000等体系审核、产品认证及二方审核,审核发现整改完成率100%。机车车辆用齿轮钢通过了GE轨道航空标准材料认证;螺纹钢筋和轴承钢生产许可证通过国家产品质量监督检查;ER系列连铸坯通过德国铁路认证;锚链钢顺利通过CCS认证。特钢公司成功加入“核能材料产业发展联盟”,成为首届理事会单位。顺利通过森克虏伯发动机零部件(中国)有限公司、三大锅炉厂、采埃孚、GE轨道、美孚公司等国内国际知名企业的二方审核。

【生产组织】 电炉炉龄突破650大关,电炉冶炼周期由平均50分钟/炉缩短到40分钟/炉。连铸实现连续稳定浇铸52炉钢,浇铸时长44小时,连铸中包快换在Φ380毫米、Φ450毫米、Φ500毫米三种断面的基础上,扩展到Φ600毫米断面,实现全断面、全钢种系列成功快换。轧钢双炉生产,铸坯红送入炉轧制量逐月攀升,最高达5800吨。炼钢单月产量突破69100吨,轧钢最高月产达29055吨,钢轧区域生产效率总体提升15%以上。通过劳动竞赛树立班产量标杆,使方坯修磨生产稳步迈上新台阶,进一步提高了特钢坯供高线的比例。最高月度外销发货量突破4.5万吨,客户订单兑现率达到90%。

【降本增效】 钢铁料消耗月度平均值为1075千克/吨钢,原辅料消耗月度平均值为39元/吨,均完成年度目标。全面开展电极防氧化试验,电极消耗降低10%以上。大规格石油钻杆用钢AISI4145H探伤合格率提升,吨材直接降损300元/吨;利用微碳铬铁Ⅱ替代微碳铬铁生产P91系列连铸圆坯,吨钢节约合金成本600元左右。大力推进连铸坯红送,有效降低轧钢加热炉能耗。通过加强能源管控,全年炼钢工序能耗比上年下降11.02千克标煤/吨,轧钢工序能耗比上年下降1.97千克标煤/吨,高线工序能耗比上年下降14.51千克标煤/吨。进一步优化协力队伍的管理,主要协保单位人工费用与2016年相比,吨钢费用炼钢区域降幅达16.41%、轧钢区域降幅为51.25%。

【安全环保】 以隐患排查治理工作为主要抓手,强化对各危险源(点)、危险作业的管控,并通过加大对职工教育培训、预案演练,提高自我防护意识和应急处置能力,有效地控制了事故的发生。全年无重大生产、设备、火灾、爆炸事故;工亡、重伤事故为零,轻伤一人,千人负伤率为1.0‰,完成了年度安全生产目标。严格执行国家各项环保新政,落实环保刚性要求。推进环境体系换版工作,规范环保行为准则,实现现场环境监管有效。先后完成1号、2号、3号除尘卸灰、废钢切割厂房封闭改造及排水加酸系统进行优化改造,圆满完成中央督查组环保督察专项工作。

【工程建设】 优棒生产线项目的厂房钢结构、设备基础、总图道路、水处理系统土建施工已全面展开,按工程节点稳步推进,进口、国产设备订货完成95%以上。推进实施钢水扒渣站改造、新增进口方坯修磨机组等项目。

【党群工作】 扎实开展“两学一做”、“讲重作”专题警示教育等活动,深入学习宣传贯彻党的十九大精神。推进党员标准化作业示范岗建设,深入开展“党员自身和身边无安全、无质量事故”活动。创新政工例会到基层,搭建党支部工作经验分享平台,开展基层支部书记互上党课。成立优棒生产线项目部临时党支部,设立了工程项目监督组,着力加强在建工程项目的有效监督。对高线、3号门参观通道及特钢办公楼进行文化上墙落地建设,打造“最美客户休息室”,助推做强特钢品牌战略实施。组织线材、炼钢区域职工相互学习参观交流,共同营造、分享好的团队经验,真正实现产线、产品之间的优势互补。创建首个职工创新工作室;持续开展“特钢之星”和金(银、铜)牌员工评选。积极开展现场整治工作；开展“送温暖”、职工子女成才奖励、职工生日送祝福等活动，召开退休人员座谈会，建立职工互助帮困基金。开展“聚焦精彩特钢人”摄影活动，创建“特钢之声”微信新闻信息推送平台。承办中国特钢企业优特钢市场预警会，进一步扩大马钢特钢知名度。

（罗继胜）

轮轴事业部

【主要技术经济指标】 2017年，完成车轮箍环销售量16.02万吨，完成公司计划的106.8%，其中车轮销售量12.44万吨、箍环销售量3.58万吨；销售收入13.56亿元，内部利润1.98亿元。轨道交通公司生产轮对2607套，结算订单2268套，比上年增长6%；开发轮对维修、车轴新业务，全年共完成维修290套。

【生产组织】 2017年，订单量增加、规格多、交货期阶段性密集，给生产交付提出了更高的要求。生产系统以提高品种兑现率，缩短交付周期为目标，科学排产，车轮平均制造周期从上年的21.8天缩短到21.2天，产品兑现率为98.13%，比上年上升0.51%，保持行业高水平；高速车轴生产线锻造节奏从19分钟缩短到8分钟。

【安全管理】 强化安全基础管理，全年无重伤以上人身伤害事故，重大生产、设备、火灾、爆炸事故为零，千人负伤率1.2‰，比上年下降60%；在岗员工接受安全教育率、特种作业人员持证上岗率均为100%。

【产品研发】 始终坚持差异化服务满足客户的个性化需求，不断优化产品的开发、设计流程。全年共开发车轮新产品30个、新规格116个；箍环新规格653个；轮对新产品55个，车轴39个；全年申报专利20项，授权专利8项。国家重点研发计划项目《高端装备典型构件用特殊钢的示范应用研究》、省科技重大专项《时速350公里高铁用高性能车轴产品开发》通过审批，省科技重大专项《减振降噪车轮研究开发及产业化》已经立项。

【质量管理】 继续完善IRIS体系建设，扎实推进“零缺陷”管理及岗位“不接收、不制造、不放出”不合格品的质量职责。推进标准化作业，开展作业指导书适宜性和符合性的评价工作；制定《标准动车组车轮质保体系》；加强对重机公司车轮预加工工序质量的管理；完善轮轴板块质量一体化管理工作；全年QC注册61个，活动率100%，获得省及国家级奖项4个。以ISO9001:2015换版为契机，持续推进体系建设，全年接受车轮外贸商检86次，二、三方审核车轮17次，轮对7次，车轴5次，通过率100%。拥有的29张体系和产品认证证书持续有效，新通过10项次产品及产线认证。继续推动主动式客服体系建设，完善国铁客户关系网络建设，快速处置了18起早期质量问题。

【设备管理】 以“服务生产，服务质量”为中心，完善设备基础管理。全面推进点检、群检、信息化标准化管理，推进点检3个“100%”；在主要生产线开展零故障竞赛活动及OEE评价；克服了预加工工序整体划拨，精品搬迁，检修力量整体划拨的困难，圆满完成了车轮二线大修任务，树立了设备大修的模式样板。设备技术改造方面：完成精品检测线搬迁；完成4号热处理线可行性研究；新建弹性车轮生产线正在进行安装调试；投资1.6亿元的高速车轴生产线，2017年4月18日完成热负荷联动试车正式交付生产。

【现场管理】 深入开展6S现场管理工作。对精品分厂成品库、原加工分厂预加工区域等场地进行整治，车轴分厂与轮对分厂实现现场管理制度化。事业部全年共接待参观62次，现场环境得到了外来参观团队的高度认可和称赞。

【品牌建设】 全面推进轮轴品牌建设工作。紧紧围绕“竞争全要素、服务进终端”，以马钢品牌核心理论为基础，总结提炼了“快、好、优、特”的轮轴品牌形象，在响应快捷、质量卓越、服务优质、特色鲜明四方面下功夫，马钢轮轴产品的满意度、美誉度、忠诚度、差异化不断提升。《马钢车轮，追逐中国高铁梦》获“四省一市”品牌故事演讲二等奖；重新拍摄马钢轮轴产业宣传片；组团参加美国铁路展会，GE、ALSTOM、BHP上海供应商大会，参加中国国际铁路展、国家冶金展等，年末获得“中国质量之光”魅力品牌称号，马钢轮轴品牌知名度再次提升。

【党群工作】 全面开展“两学一做”“三个一”“讲重作”等专题警示教育活动。深入开展矩阵式党建以及基层党组织标准化建设。2017年11月，事业部第十二次党代会圆满召开。工会不断完善组织体系，积极融入生产经营，举办2017年职工技能竞赛、承办公司数控车工技能大赛。团委开展青年“双五小”、导师带徒、英语角及青年读书等活动，引领青年岗位建功；武装保卫和治安综合治理工作，认真落实治安联防管理责任制，全年实现重大治安案件、火灾、交通事故为零的目标。

（黄 海）

能源管控中心

【主要技术经济指标】 2017年，完成供电量84.3亿千瓦时，自发电2173.68万千瓦时；供应工业原水1.75亿吨、工业净水1.03亿吨、循环水1.16亿吨、生活水0.25亿吨、软化水1581.70千吨；年产冷风158.27亿立方米、压缩空气27.08亿立方米、蒸汽769.03万吉焦；加工输送高炉、焦炉、转炉煤气1.2亿吉焦、氢气0.19亿立方米；供应氧气7.19亿立方米、氮气7.65亿立方米、氩气0.3亿立方米。吨钢综合能耗583.4千克标煤/吨。

【安全保供】 针对公司组产方式调整变化、技改建设快速推进的实际，坚持强化标准化作业、完善保产预案等措施，保持了各系统安全稳定顺行态势。随着4号高炉投运，通过加强信息沟通协调，积极寻找富裕煤气潜在用户，实时动态调整系统运行方式，确保了系统稳定经济运行。通过实地调研，技术交流，指导相关用户开展运行参数优化、技术改造，实地解决其动力运行等技术难题。固化设备"体检"经验，完善配套预警机制，主要生产设备可开动率、功能精度完好率均为100%。先后完成隐患整治项目46项，年度检修计划兑现率93.1%，中心事故故障次数较上年下降20%。坚持项目部制管理模式，规范检修过程管理。顺利实施了三加压退役管道隐患消缺、西山、马鞍山区域110千伏架空线路系统性防雷整治、2500立方米高炉风机房2号机组大修、2号炉供水管道改造优化等项目。坚持每天调度会对主要作业活动进行风险分析和提醒，规范特殊作业安全许可，积极开展隐患排查治理，深入开展外来单位安全专项系统整治行动。细化分解年度降本任务，坚持每月开展经济活动分析，组织系统运行精细调控劳动竞赛，通过实施减少放散，降低氧氮氩最低购买量等措施提升降本增效水平。制定重点降本措施16项，年创效益850余万元，全年降本9183.2万元，超额完成公司下达的降本目标。全年实现了工亡、重伤、考核轻伤、重大生产、设备、火爆六项事故为零的目标，继续保持了市安全生产先进单位、公司安全生产金牌单位等荣誉称号。

【能源动力管控】 制定股份公司能源工作计划，从管理节能、结构节能、技术节能等方面编制重点能源经济运行措施，明确能源管理责任评价考核指标及评分标准，工序能耗在线生成扩充完善至60条，新增公司级日分析交互功能，开展能源系统诊断，完成了诊断报告及节能规划编制工作。坚持召开区域能源经济运行现场交流会、股份公司能源工作会，确定了节能项目32项，会同公司工会组织制造单元参加全国性对标竞赛，四钢轧1号转炉、三铁B号高炉分获"冠军炉"、"优胜炉"称号，全年吨钢综合能耗较上年下降14千克标煤/吨。坚持对接生产制造计划，编制重大项目的动力介质平衡保产方案，围绕提高转煤高效回收利用率等重难点问题开展攻关，继续推进外转供电整治及外供生活水剥离，基本完成了外转供用户的专项整治工作。

【技术进步和改造】 顺利实施12号变电所、六空、四加压等无人值守改造项目。一个月内整体迁移3号空压站，确保了"9·20"仪式顺利进行。完成三钢南路综合管廊五个在线支架移位和横穿施工区域供水管道移位、马钢大道与长材区域新建六个路口管线改造以及六条高压线入地，为中型材项目的顺利开工创造条件。建立联防联动系统，在加强电网运行可靠性、南北区介质联动保供、区域检修对全局产生较大影响等方面发挥积极主导作用。实行作业分级管理，完成3号高炉BFG出口管道膨胀器撕裂的抢险等急难险重任务。开展一硅钢含铬废水处理工艺参数优化试验研究等工作，确保排水达标。联合公司各单位，通过水质溯源，确定污染源头，化解环境风险。遵循"问题导向"，敏锐把握冶金能源行业发展趋势，确立水系统高效节能节水技术应用、北区钢轧35千伏供配电系统谐波治理、汽动风机小指标优化、煤气系统运行有效性研究与改善等10项高管攻关课题并如期完成。《马钢4号高炉外部供电系统方式优化和实施创新》《冶金危化气体在线封堵接管技术创新与实践》等2项成果荣获公司科技创新二等奖，《110千伏架空线路系统性防雷整治技术攻关》荣获公司科技创新三等奖，《传统长流程钢铁企业能源系统优化及关键技术研发应用》列为公司2018-2019年度科学技术奖培育项目。此外，2017年审核上报25项专利，3项技术秘密，实施103项技术进步课题、50个QC课题，较好地解决一批关键性技术难题，有力支撑能源系统高效经济运行。

【企业管理】 根据公司下达新定编及中心实际需要，按专业优化整合成立了能中一分厂、能中二分厂。进一步细化岗位编制，展开新一轮全员岗位竞聘、重新上岗工作,办理各类离岗163人,年度优化比例为10.53%。同时全员素质不断提升,大专以上学历占比由33%提高到39.5%;高级工以上技术等级由67%提高到73.5%。健全品牌建设推进网络,确定中心品牌工作重点任务,抓好顶层设计,细化分解公司品牌战略,确立15项品牌重点工作。以全力打造能源五大品牌为抓手,定期召开中心级品牌建设推进会议,通过三项支撑公司品牌建设的重点项目推进,有效推动品牌战略落实落地。有序推进体系建设,形成中心级管理标准169篇,技术标准994篇,岗位标准314篇。实施管理创新课题与精益运营课题相融合,全年申报管理创新项目19篇,1篇获一等奖,3篇获三等奖。以精益现场管理为目标,按公司要求聚焦现场,持续改进,3200汽动风机房被评为"最佳休息室"和"最佳更衣室"。完成公司八条参观线路亮化工程涉及的煤气、氧氮氩等介质管道、支架、防撞架等综合整治工作。环境管理体系运行有效,结合环境管理体系换版,完成《污染物防治管理办法》等管理标准的修订。全年COD、氨氮污染物排放总量分别低于公司年度计划指标,污染物排放达标率99%,危险废弃物安全处置率100%。在中央环保督查期间,实现环境管控目标,受到公司表扬,并在公司总结会上作经验介绍。

【党群工作】 组织多场党的十九大精神学习会、宣讲会,坚持学做结合,突出问题导向,强化督查指导。召开了中心第一次党代会,成立党建标准化模拟项目部,建立定期例会制度,作为公司示范单位通过首批验收。"两学一做"、"讲重作"专题学习教育迈入常态化、制度化轨道,推动党建工作与生产经营和改革发展深度融合。积极开展劳动竞赛与合理化建议活动,做好职工及其亲属生病住院慰问、生活困难救助、困难党员慰问等工作。开展了给全体职工送生日蛋糕和贺卡的活动、运行站所"样板小家"建设启动。组织职工自主认购植树活动,栽种各类树木259株。开展管线支架重新编号及周边环境整治,通过职工义务劳动、党员突击队等形式,历时7个月,完成3000余处标识与整治。

(陈学峰　谢　红)

热电总厂

【主要技术经济指标】 2017年,完成发电41.2亿千瓦时,供热478.6万吉焦;实现内部利润2.68亿元,超公司内部利润计划3798万元;实现安全生产"六为零",圆满完成了总厂四届二次职代会制定的各项目标。南区和北区11号、12号、13号机组发电标煤耗分别为377.67克/千瓦时、273.15克/千瓦时、301.99克/千瓦时、370.21克/千瓦时。南区、北区厂用电率分别为10.09%、6.15%。

【安全管理】 一是强化责任意识。深入学习《安全生产法》,加强安全教育培训,全员签订安全生产责任书。开展全厂危险源辨识,举办安全讲座5次,申报安全标准化示范班组3个,职工安全责任意识显著提高。二是强化安全隐患排查。积极构建隐患排查"六项机制",大力开展"百日除患铸安"和外来单位安全整治专项行动,全年开展专项督查36次,发布安全管理预警3次,排查安全隐患332项,整改率达100%。三是强化大安全理念深入。以创建"平安单位"为载体,坚持体制机制建设,大力开展综合治理工作,逐步推进关键区域高清监控覆盖,重点部位配备反恐工器具,彻底清理废弃剧毒化学品,建立对外经营风险管控制度,大安全理念进一步深化。总厂荣获市"职业卫生示范企业"和公司"平安创建优胜单位"称号,并连续11年荣获公司"安全生产金牌单位"称号。

【设备管理】 一是设备检修工作有序推进。2017年,总厂先后开展11号机组、5号炉、2号炉、1号机组大修及多台机炉小修、定修,圆满完成南区公用系统检修、综自系统升级等工作,大力开展电缆消防隐患整改和压力管道检测,检修总台时达7720小时,有效保障总厂设备稳定运行。二是设备基础管理取得实效。不断完善应急预案,提升应急反应能力。持续开展专业检查,筑牢设备管理基础。大力推进关键设备辨识及设备四大标准评审修订,加强关键设备的全寿命周期管理。总厂主要设备故障率同比去年大幅下降,机组非计划检修率同比降低42%。三是备件保障能力有效提升。严格落实备件计划评审制,优化库存结构,关键备件得到合理储备。机旁备件系统化、精细化程度提升,首批入网公司MRO系统。大力推进11号机组励磁调节器等备件国产化,加大备件修复力度,节约资金300余万元。

【生产管理】 一是基础管理不断夯实。稳步推进"包、保、核"行动计划,加强燃煤质量监控,确保生产平稳、有序、受控;强化"两票三制"管理,定期进行工艺纪律专业检查,严格整改落实,进一步提高基础管理水平。二是对标创优不断细化。以日成本管理为基础，推行指标量化及创优管理，全方位开展对标创优活动，最大程度降本挖潜。2017 年，全厂综合标煤耗 331.5 克/千瓦时，同比上年明显下降。三是技术改造不断进步。2017 年，总厂深挖技术潜力，有序推进技改技措 25 项，节能减排效果显著。其中 11 号机组喷水减温装置改造成功，夏季每月可多发电 250 万千瓦时；南区乏汽回收项目顺利投运，年回收量近 20 万吨。全年总厂发布专业技术秘密 12 项，申报专利 5 项，国家专利授权 10 项，荣获全国 QC 成果一等奖 1 项。

【人力资源优化】 2017 年，围绕公司“减总量、调结构”的人力资源优化总体思路，总厂一方面开展岗位对标，梳理机构及岗位设置，细化两级机关和产线岗位定员编制，引导和推动辅助岗位人员向生产一线流动，开展新一轮岗位选聘、竞聘工作，先后完成了科级人员、作业长和技术业务岗人员的调整交流、竞聘上岗，生产经营平稳有序。另一方面加强政策性离岗文件的宣贯，引导符合条件的职工办理离岗手续，合理合法地表达诉求，维护权益。共办理居家休养 14 人、解除劳动合同 20 人，完成公司下达的阶段性任务。

【环保工作】 2017 年，总厂以绿色热电为目标，以环保治理项目为抓手，以严格排放标准为标尺，推进总厂绿色环保事业全面进步。环境管理体系换版初步完成，4 号炉与 6 号炉烟气在线监测设施完成安装与联网，煤粉炉掺烧工业污泥改造和废乳化液掺烧项目有序推进，南区超净排改造工程基本完成。各排口在线监测数据日均值达标率达 100%，小时值达标率 99.36%，总厂环境绩效得到有效提升，顺利完成中央环保督查等超常规管控任务。

【对外经营】 2017 年是热电事业部模式运作的递进之年。对内，粉煤灰、沐浴水销售全面实现招投标制，风险管控能力加强，全年副产品销售总额达 1400 余万元。对外，继续加大“走出去”步伐，拓宽对外服务渠道，先后承接芜湖新兴铸管发电机组调试、长钢电厂集控室电源移位改造等对外服务项目，受到业主方高度赞扬。

【党群工作】 全面开展“两学一做”学习教育和“讲重作”专题警示教育，深入学习贯彻党的十九大精神，有效落实党委前置、组织嵌入原则，基层党组织标准化建设全面推进。开展小金库治理及《警醒Ⅲ》学习，组织作业长以上管理人员签订廉洁从业承诺书。全年发展党员 10 名，10 名党员转正。组队参加公司首届职工健身运动会，取得优异成绩。扎实做好困难职工帮扶工作，全年探望职工及家属 87 人次。组织参加公司第八届职业技能竞赛和设备零故障、节能降耗等劳动竞赛，开展“安康杯”、作业区升级竞赛等活动。深入推进职工创新工作室创建，开展合理化建议征集活动。职工张永福荣获“马钢优秀工匠”称号。共青团深入开展“一学一做”教育实践、“双五小”、大学生技术课题调研等活动。

（张大鹏）

煤焦化公司

【主要技术经济指标】 2017 年，累计生产焦炭 464.8 万吨，化产品销售收入 8.2 亿元，干熄焦发电 5.3 亿千瓦时，完成降本 3.2 亿元。

【生产组织】 认真落实股份公司要求，以高炉需求为关注焦点，稳定焦炭产量及质量，同时，重点关注焦油质量，为马钢奥瑟亚公司的生产经营提供了有力支撑。强化煤场管理，全年接卸洗煤 590 万吨，动力煤 43 万吨，局车停时完成公司目标。克服上半年消化大量冬季储煤、下半年煤炭资源市场品种和质量大幅波动的困难，精准施策，加强了过程管理，努力提升配煤准确性，为焦炉的保产及质量的稳定提供了原料保证。克服了 5 号和 6 号焦炉加热煤气置换、6 号焦炉地下室煤气管道泄漏隐患处理、新区配合 A 号高炉进行 7 号和 8 号焦炉系统维修等对焦炭产量及焦炭平衡带来的影响，保持了焦炉生产稳定，全年焦炭合格率一系统、二系统均为 100%，新区 99.8%，高炉保供取得新成绩，为大高炉长周期稳定顺行超 1300 天提供了有力支撑。化产系统总体实现了系统稳定、流程可控和产品优良的目标，全年生产焦油 18.8 万吨、加工轻苯 6.3 万吨。2017 年，生产秩序均衡、稳定、有序、高效的目标基本实现，完成了公司下达的生产任务。

【设备保障】 强化设备状态把控，持续开展设备星级竞赛，提高重点产线设备保供能力，强化考核及故障管理。加强能源基础管理，全年发电 5.3 亿千瓦时，动力介质消耗累计实现降本 6600 万元，降本成效显著。重点检修项目的组织实施安全有序，顺利完成 2 号、3 号、5 号干熄焦及相应发电机组的检修，以及苯加氢年度检修、二净化富油加热器改造、老区翻车机大修、新区克劳斯 A 炉大修等数十项大中修和改造任务。全年设备运行基本保持稳定，为公司的稳定生产提供了强有力保障。基建技改工程取得新突破，老区生化调节池、焦油库区改造完成,老区净化合并项目正式开工,筒仓和0号干熄焦项目进入招标阶段,新区焦炉机车无人化及智能化改造项目稳步推进。

【安全管理】 进一步细化了安全生产责任制度,持续推进班组安全升级达标活动,对科级管理岗位继续实施安全风险抵押。按一人一档建立培训档案,实施不间断的安全培训教育,全年在岗员工接受安全教育率100%,特种作业人员持证上岗率100%,千人负伤率小于1‰,各项指标均符合股份公司要求。顺利完成了安全生产许可证的换证工作。面对基建技改项目多的特点,加强现场安全巡查和外来施工人员的安全管理。定期开展多层次的应急预案演练并不断完善,扎实推进隐患排查治理体系建设,重新修订了《煤焦化公司重大危险源管理办法》。对新区油库、老区粗苯和苯加氢3个重大危险源实行封闭管理,并强化了硫磺等易制毒、易制爆品的管控,安装了固定报警系统,对危险区域全天候监控。开展"百日除患铸安"专项行动和"外来人员安全专项整治",在公司内部开展"奋战四季度,安全零事故"活动,效果显著。

【消防工作】 以"预防为主,防消结合"为方针,以防火和灭火救援为工作中心,为公司建设发展创造良好的消防安全环境。加强了消防安全管理,动火监护规范到位,火警处置及时有效。进行了"迎接十九大,忠诚保平安,危化品应急救援演练"等多次重大综合事故演练,应急救援水平进一步提升。参加了安徽省第二届危险化学品救援技术竞赛,获得团体优秀单位。

【节能环保】 以《马钢集团公司2017年能源环保工作计划》为指导,建立和完善环境信息化系统,实现现场监控和在线监测全覆盖,建立了2017年环境目标、指标实施责任体系,并分解落实到各单位,每月定期检查,每季度开展自我评价,有效开展环保达标竞赛活动。严抓环保设施有效运行,提升了防控效果,顺利通过了各级环保督查。全年排污申报率100%,环境污染事故为零,环保设施同步运行率99.5%,基建技改项目环评执行率100%,竣工项目环保验收合格率100%,焦油渣、生化污泥、除尘灰等工业固废综合利用率和危险废弃物安全处置率均为100%。三个煤气净化系统的硫化氢指标均有明显改善。组织各项环境保护法律法规的学习,根据规范成功取得了排污许可证。采取不定期抽查、专业技术人员对新老区焦炉进行互查、每月在焦炉现场召开环保例会等新措施,提高无组织放散管理效果。加强与欣创环保的协同合作,实现了新区生化的托管运营。完成了老区生化系统的改造,废水脱色攻关成效明显,筒仓项目已立项、启动,脱硫脱硝完成了可研文本。全员环保意识不断增强。

【体系管理】 以卓越绩效方法和理念,定期组织各专项管理体系的自我评价活动,结合内审、外审工作,对每次检查中存在的问题,均提出了整改要求并实施了跟踪验证检查。完成了质量、环境管理体系的换版,组织开展了两化融合管理体系标准及相关文件的宣贯和实施,组织编写、更新和发布了21个体系文件。结合到基层走访调研征集的意见和建议,重新修订了《煤焦化公司2017年生产经营绩效管理办法》、《煤焦化公司专项竞赛办法》,对各单位的生产绩效指标进行了重新梳理、分解。及时对部门管理职责和岗位标准进行修订和完善,完成生产、设备等管理制度的修订。导入品牌培育管理体系,扎实推进"品牌就在身边工程",营造了"人人树品牌、处处创品牌"的浓厚氛围,精心制作了干熄焦品牌故事微电影,获得全国品牌故事大赛(合肥赛区)第二名。

【技术创新】 抓住生产经营的重点难点问题,持续推进科研、攻关项目有效开展,为公司焦炭保供、化产销售、降本增效等起到了支撑作用。确定2017－2018年度科研及技术攻关项目共32项,其中股份公司级科研及攻关项目6项,煤焦化公司级攻关项目9项。《焦炉机车的无人化及智能化改造》被省科技厅列为省对外合作项目,《煤基气制环氧丙烷产业化及系统集成关键技术研究》被省科技厅列为省重大专项,苯加氢QC攻关小组被授予全国优秀质量管理小组;《焦化行业过程气体净化及节能减排关键技术研究与应用》荣获安徽省科学技术进步三等奖。全年获授权专利19项,其中发明专利4项,另获取国家软件知识产权2项。在第二届中国焦化行业科技大会上,煤焦化公司被授予"技术创新型焦化企业"称号,并作为样板企业在大会上进行宣讲和推广。首次参加全国企业创新方法大赛,荣获三等奖。依托雄厚的技术力量,组织了对淮北临涣焦化、芜湖新兴铸管、铜陵泰富、大连科利特、黑龙江建龙等多家单位的焦炉、干熄焦及化产技术服务,均获得客户好评。在上年实施试点工作的基础上,将管理创新作业区竞赛推广到各分厂,取得了良好效果。同时,积极组织开展管理创新成果的收集、总结及申报工作,获得马钢管理创新成果奖4项,并向公司申报2017年度管理创新项目7项。

【化工产业发展】 根据马钢"十三五"战略规划及"1+7"多元产业发展战略,积极策划完善煤化工板块资源整合方案，在公司和相关部门的推动下，本着“体制改革，焦、化分离”的原则，形成了《关于股份公司煤化工资源整合的议案》，并经集团公司董事会审议通过，拟成立独立法人资质的“安徽马钢化工能源科技有限公司”。与马钢奥瑟亚公司、安徽工业大学联合申报的“马鞍山市煤化工材料工程技术研究中心”获批组建。积极推进与马钢化工合资企业的协同发展。派遣定制焦保供小组长期进驻临涣焦化，稳定其日常生产，确保焦炭质量，全年为马钢供应86万吨优质定制焦。以EVI项目为平台，对马钢奥瑟亚公司在原料采购、产品质量、人才支持等方面给予全面协助，为其生产运营平稳、效益提升提供了有力支撑。持续加强与金马能源公司、盛隆化工公司的交流对接，协同水平持续提升。

【基建技改】 2017年7月，总投资3.8亿元的老区净化合并项目正式开工，到年底土建施工基本结束，35吨锅炉房新电磁站和新3号电捕设备已先后投用，钢结构、主要设备的安装工作按照进度计划顺利推进。完成了老区焦油槽区的大修改造，安全环保水平进一步提升。新区焦炉机车无人化及智能化改造项目在稳步推进，并在韩国浦项完成了初步设计审查。此外，新建筒仓、0号干熄焦项目也进入了招标流程。

【人力资源优化】 坚持稳中求进、系统推进、精准施策、补齐短板的总体方针，全年在岗人数减少128人，年底在岗1556人，完成了股份公司下达的人力资源优化任务。持续规范管理人员的交流及选拔，全年交流科级管理人员10人次，新选拔1名科级管理人员，10名优秀人员通过民主推荐进入科级管理人员后备人才库。不断加强高级人才的培养，共选派12人到韩国进行交流和考察，10名优秀科技人才成为煤焦化公司青年专业带头人，首次开展安全、环保专家的评选和聘用。3人被评为中国焦化行业优秀科技工作者，王飞、方亮青被列入安徽省538人才计划，李平受聘为马钢首席技师并获“马钢年度人物”称号，李强大师工作室被授予省级技能大师工作室，并入选国家级技能大师工作室。

【党群工作】 推进“两学一做”学习教育常态化制度化和“讲政治、重规矩、作表率”专题警示教育，深入开展矩阵式党建。组织开展党员安全“两无”、党员义务劳动等活动，推进“党员示范岗”、“党员责任区”建设。认真开展“贴近一线作表率、服务基层解难题”活动。扎实推进基层党组织标准化建设工作。全年发展党员12名，8名预备党员转为正式党员。公司党委被马钢集团公司党委授予“先进基层党委”荣誉称号。组织开展“十九大精神在基层”“焦化工匠”“蓝天保卫战”“两学一做”“矩阵式党建”等主题宣传。全年在网站刊发稿件700余篇，在各类新闻媒体刊用新闻稿件300余篇。全面加强党风廉政建设。完善了材料备件管理制度、出入库制度，开展了巡视整改问题落实情况跟踪检查。将焦化南区净化合并等重点工程项目作为监察对象，有效落实监督责任。完善风险防控基础工作，组织领导干部和关键岗位人员参加廉政讲座，有计划开展关键岗位人员的交流轮岗。严格贯彻执行“三重一大”决策制度，奖金分配等按规定程序执行，进行集体决策。持续加强职工文学、摄影等特色文化建设，开展“精彩焦化人暨身边工匠”摄影比赛、“讲述马钢好故事”微信创意大赛等活动，煤焦化职工书屋被全国总工会授予“全国职工书屋”称号，煤焦化公司职工文学、摄影作品在《马钢日报》专版刊登。参加马钢首届职工健身运动会，取得良好成绩。

（胡智慧）

气体销售分公司

【主要技术经济指标】 2017年，生产合格氧气7.05亿立方米，氮气8.03亿立方米，氩气0.17亿立方米。全年实现重大生产事故、重大设备事故、火灾爆炸事故、环保污染事故均为零，岗位噪音控制达标。

【气体介质供应】 2017年，分公司抓住行业发展难得机遇，加快推进产品制造流程重组优化，加快推进产品升级、产线升级。在生产用气极不稳定、不均衡，尤其是在二铁2号高炉大修、四万制氧机组同步检修期间，分公司保产供气面临巨大挑战。面对压力，分公司灵活应对，实时分析公司生产形势，判断生产需求变化，不断提高生产管控水平，积极推进能源系统经济运行工作，细化能源基础管理，强化制氧机负荷调整，严控氧气放散和氧气生产综合电耗。强化生产运行管理，在重点保产机组——四万制氧机组大修计划实施前夕、分子筛重大隐患突发，分公司果断采取措施，科学合理安排制氧机组检修顺序及组产方式，系统处理好种种矛盾和困难，成功化解了风险。进一步优化操作工艺，四万机组工况偏离得到纠正，恢复了氩气产量；完成二万制氧机组性能提升考核，氩提取率大幅增加，氩气调控能力不断增强；改善二液化膨胀机工作轮固有频率,减少颤动,提高了制冷效率。全年实现制氧机组运行有力、备用有效,圆满完成安全保供任务,超额完成公司考核指标。

【设备管理】 2017年,分公司四万制氧机组大修是重点检修任务,项目多、时间紧、技术难度大,分公司克服了交叉作业多、受限作业多、施工单位多等组织困难,连续奋战40多天,高质量地完成了检修任务,更换了空压机一级叶轮缺损部件,更新改造了分子筛纯化系统,恢复了机组性能。顺利完成三万五及三万机组隐患消缺整改工作,有效地提高了机组运行效率,增强了设备的安全性和稳定性。稳步推进四万机组新厂房建设工作,统筹安排处理好生产与建设的矛盾,为机组长周期运行提供了安全保障。实施了三万五、二万制氧机低压氮气管网连通改造,实现氮压机互备,氮气供应量有效提升。二万机组分子筛电加热器节能改造,彻底解决了困扰已久的设备难题;增建医用氧储罐,为外销提供了物质资源。在"零故障生产线"创建活动中,分公司四万、三万及两万制氧生产线分别获得了公司劳动竞赛委员会给予的优胜生产线通报表彰。全年设备管理实现点检到位率、有效率、命中率100%,检修质量、工期达标率100%。

【安全管理】 作为危化品生产企业,分公司始终坚持合法合规开展生产,严格遵守国家法律法规。2017年,完成了危险化学品登记、安全生产标准化、安全生产许可证换证复审工作,完成了氦氖混合气充装安全评价及验收工作。分公司不断提高安全管理要求,严格落实安全生产主体责任制,层层签订安全生产责任书,强化部门安全生产职责,落实一岗双责要求,开展了危险品整治、"百日除患铸安"等专项行动;加强对重大危险源的安全辨识和监控管理,建立了安全生产风险六项管控机制。积极开展应急救援演练,实行常态化管理,提升了员工应变保供能力。完善安全隐患排查治理体系,建立了作业区、分厂、科室三级排查网络,全年通过层层排查共发现安全生产隐患49项,全部整改完毕。深入推进安全生产标准化,积极开展安全管理标准化示范班组创建活动,四万作业区被评为市级标准化示范班组,正积极申报全国示范班组。2017年,分公司首次荣获公司消防先进单位。

【气体营销】 2017年,分公司采取灵活的销售及定价机制,快速应对市场行情变化,争取销售利润的最大化。在做好常规气体产品销售的同时,主动出击抢抓机遇,加大医用氧销售力度,拓宽销售范围。营销人员行驶里程达13800余公里,与6家医院签约合同,先后开发了江苏扬州、安徽太和等多家医用氧分销商。投入资金40700元为6家医院安装医用氧槽罐液位无线远程监测系统,通过互联网+APP管理模式实现对槽罐的远程监测,精准的服务赢得客户赞誉。分公司深挖设备潜力、积极开发高附加值液体产品,2017年开发的新产品——食品添加剂氮气做到了当年取得生产许可证、当年实现销售,这是继分公司涉足医药行业后又一次成功跨界食品行业。加快稀有气体、混合气开发工作,混合气实现在公司内部的试用,高纯氮、高纯氩已完成研制。全年分公司销售收入超过1亿元,超额完成公司销售目标。

【人力资源优化】 稳步推进人力资源优化工作,及时宣传解释公司人力资源优化政策,通过耐心细致的工作,11名员工政策性离岗,圆满完成人力资源优化目标任务。在推进人力资源优化的同时,分公司把提高职工技能素质作为工作之重,积极拓宽渠道、创新模式开发人力资源。坚持技术竞赛、岗位练兵活动等有效学习形式开展岗位员工适应性培训;充分发挥技术骨干作用,采取职工讲堂、技能专家专题讲座等形式开设针对性的单点课;采取"以赛促学"方式调动一线关键岗位职工学习积极性,组织电工、化学分析工20人参加马钢公司第八届职业技能竞赛,11名职工进入本工种前50名。探索实施大工种作业,通过技能鉴定、考核评价及培训奖励机制,鼓励制氧工一专多能,推进区域化作业,强化职工队伍业务技能水平,以适应不断优化的人力资源需求。

【党群工作】 深入开展"两学一做"活动,坚持基层跟班蹲点活动。扎实推进矩阵式党建工作。深入开展"讲政治、重规矩、作表率"教育活动,认真对照十二个专项治理自查自纠,建立问题清单,确定责任人,进行销号整改。大力开展党员"责任区"建设、党员"两无"等实践活动。扎实推进基层党建标准化工作。坚持开展合理化建议活动,共收到合理化建议176条,142条建议获得等级评定。坚持开展"供气双佳"评选,宣扬好人好事。制作分公司形象宣传片。关心职工生活,为全体职工投保参加了公司帮困互助资金会;筹集资金35000余元对困难职工进行补助,发放助学金7800元开展"金秋助学"活动。2017年,分公司荣获市、公司企业文明单位荣誉称号。管理创新成果"打造'马钢气体'品牌,拓展非钢产业领域"获公司三等奖,二万作业区QC成果《减少二万制氧机氮气退网次数》获省冶金质协二等奖。

(马咏梅)

财务公司

【经营概况】 2017年,抢抓存款较多和外部市场资金价格高位的有利条件,在保证集团资金支付和稳定贷款规模的前提下,灵活运用各项资金配置手段,促使资金效益明显提升。全年实现综合效益3.88亿元,为成员单位节约财务费用1.36亿元。风险管控和公司治理日臻完善,连续第二年获得财务公司行业评级A类和银监会监管评级A类。

【信贷业务】 受人行MPA指标考核、集团关联交易限额及吸收存款波动影响,信贷投放规模受限。通过实地调研和客户财务状况分析,相应加大信贷投放力度,保持信贷规模稳定增长。全年新增贷款33.76亿元,办理票据贴现23.82亿元,合计信贷资金投放57.60亿元。截至2017年底,信贷资产余额60.79亿元,日均余额58.93亿元,最大限度满足了成员单位的融资需求。持续推进买方信贷业务,理顺集团内部相关单位管理职能,进一步完善管理办法、业务流程及风险防控措施,积极联系推介业务,大力开发新客户,全年为3家经销商客户提供买方信贷4600万元,支持下游客户购买马钢产品。

【资金和投资业务】 抓住市场机遇,充分利用货币基金、银行理财、同业存单等方式灵活配置资金,通过银行间市场债券质押回购、同业拆借和再贴现渠道融入资金,解决资金临时性头寸需求,注重长、短期资金灵活配置,获得较好收益。积极争取18家金融机构65亿元授信,并通过银行间市场债券质押回购、同业拆借融入资金370.56亿元。日均再贴现规模1.54亿元,成功办理安徽省首批绿色票据再贴现。同时,抢抓集团公司提前发债、外部市场资金价格高位的有利时机,灵活调整各项资产配置,逐步扩大货币基金、银行理财、同业存单等外部投资收入比重,资金运作由"内生型"向"外向型"转变。

【票据业务】 进一步加大电票业务推广力度,通过远程培训或上门服务的方式为成员单位提供业务指导,已有78家成员单位接入财务公司电票系统,直接接受财务公司电票的外部单位有300余家。通过年初增资放大电票开票额度,全年为成员单位开立电子银行承兑汇票42亿元,累计兑付电票44亿元,电票承兑期末余额21.71亿元,日均余额22.96亿元,有效缓解了成员单位融资压力,也提升了财务公司电票在外部的认可度。

【资金集中】 资金归集取得新突破,成功完成埃斯科特钢、马钢比欧西气体和防锈材料公司等股权多元化成员单位的资金归集工作。不断加大资金集中管理力度,通过积极争取保留共管账户开户行资格、资金池外账户排查、外部保留资金额度与时间监控、非工作时间上收等有效措施,截至2017年底,资金集中度创出新高达67.46%,比上年增加6.31个百分点,最大限度提升了全集团资金使用效率。

【业务创新】 持续创新金融服务,推动集团产业协同发展。一是获准开办延伸产业链金融服务试点业务,全面打通产业链金融服务的上下游通道。开展产业链客户"一头在外"票据贴现、应收账款保理业务,进一步提升了集团核心竞争力。全年办理"一头在外"票据贴现2.45亿元,"一头在外"应收账款保理2000万元。二是积极推进跨境资金集中运营,成功完成首笔跨境资金归集及放款业务。积极沟通外汇管理局、股份公司计财部、海外事业部及海外公司,推进跨境资金集中运营业务,统一政策理解,疏通业务渠道,完善业务流程,于2017年11月成功完成首笔跨境资金归集及放款业务,取得了突破性进展。

【风险管理和内部控制】 开展"公司治理建设提高年"活动,通过梳理和完善治理架构等,进一步夯实管理基础。主动与6家直联银行联合排查成员单位联动账户,力保资金安全。稳步推进反洗钱工作,完善相关制度和反洗钱自评估体系与可疑交易甄别标准,加大人员培训和宣传力度。严格按照监管要求,完成"三违反""三套利""四不当"等专项治理工作。在2016年度马鞍山市金融机构考评中,被市政府评为"马鞍山银行业服务二等奖"。

【人力资源与信息化建设】 以开拓经营管理思路、提升业务运营效率为着力点,安排管理、技术业务人员参加各级监管部门举办的专项业务培训40期、74人次。推行技术津贴人员带题上岗制度,引导技术骨干利用专业特长解决公司疑难问题。多方位优化升级信息系统,重点完成资金系统硬件更新、征信和电票系统升级、票交所ECDS迁移切换等工作,全力保障各项业务稳定顺行。2017年3月,财务公司纸质票据业务在上海票据交易所正式上线运营,这在安徽省非银行金融机构中尚属首家。

【党群工作】 扎实推进"两学一做"学习教育常态化制度化,深入学习贯彻党的十九大精神,严格落实

"三会一课"。狠抓基层党组织标准化建设,将党建工作要求纳入公司章程。严格落实"两个责任",深入推进党风建设和反腐倡廉工作,健全完善廉洁风险防控体系,开展经常性廉洁自律警示教育。坚持以人为本推进企业文化建设,努力提高员工综合素质。大力开展员工教育培训,扎实推进厂务、党务公开民主管理等工作。2017 年,财务公司被评为马鞍山市第 17 届文明单位、马钢第 27 届文明单位。

(姜　勇)

废钢公司

【主要经济指标】 2017 年,采购废钢 202 万吨,销售废钢 199 万吨(含外销 3 万吨);实现营业收入 34.46 亿元,利润总额 9041.65 万元,净利润 6778.06 万元。

【市场营销】 2017 年,针对钢厂提高废钢质量、堆比重等要求,准确研判市场,制定了灵活的采购策略,应用定价机制调动供应商资源供给的积极性,及时调整品种结构,由原来的普通重废为主转变为工业重废为主,加大对优质废钢和破碎废钢的采购力度。钢厂"量"和"质"的需求得到了保证。积极拓展外销业务,先后到南京钢铁公司、芜湖新兴铸管公司、常州中天钢铁公司、宁波钢铁公司等大型钢铁企业进行走访,接洽废钢合作事宜,达成了废钢供应意向;与韩国现代制铁公司、日本三井公司、英国 EMR 公司以及英国斯坦科公司联系,在马钢国贸公司配合下,获得了对韩国现代制铁出口废钢 6500 吨销售合同。2017 年累计外销废钢 3.07 万吨,实现销售收入 5305.11 万元,盈利 563.22 万元。

【供应链建设】 创新供应管理模式,以基地建设为龙头,强化供应链建设。以诚兴基地的成功经验为基础,进一步扩大合作空间,启动了"破碎生产线"项目建设的前期工作,以此推动新型合作关系的形成。其次在深入考察和有效评估的前提下,选择滁州市洪武、绍兴市富李、安徽双赢、常州同正等四家可靠供应商,签订了合作基地建设框架协议,设立"马钢废钢公司废钢合作基地",实现合作的双赢。

【质量管理】 一是完善管理体系。制定"三标"管理体系换版推进计划,开展了管理评审,推进部门过程识别和《管理手册》修订工作。二是修订技术标准,满足采购、验收和使用的需要。修订了《优质打包块等技术条件》《精选废钢 I 等技术要求》;应中国废钢铁应用协会邀请,执笔《废钢铁行业标准》。三是强化问题废钢管理。进一步加强密封容器的管理,严控疑似高砷渣块的鉴别,加强镀锌废钢的控制,研究开发了镀锌废钢的鉴别方法。四是提高检验信息效率和透明度。实施了检判数据快速传递系统和检判数据实时显示开发项目,提高了效率。

【基础管理】 完善 ERP 信息化管理工作,加强系统内物料数据维护,协调解决各单位提出的系统操作功能、运行等问题;对新增物料、已有物料进行物料编码、工艺路径维护、系统错误数据更正,针对系统漏洞提出改进建议,优化完善了系统数据。加强设备的维护保养,加快设备检修,保障生产运行。开展了一分厂 7 号龙门吊的大修工程、2 号料场厂房滑线及支架整体更换施工、6 号抓钢机进行电磁盘改造、打包机液压系统进行修理等,为生产稳定顺行提供了保证。

【家园文化】 组织职工参加公司首届职工健身运动会八个项目的比赛。开展抓钢工、行车工、调度工和质检员岗位劳动竞赛和微信创意竞赛。深入推进和改进合理化建议工作,围绕降本增效、管理创新,挖掘深度、提高质量等方面,新征集建议 11 条,上年及本年度实施完成 16 条建议。开展互助帮困工作。采取职工支付一半、工会补贴一半会员费的方式,174 名职工参加了集团公司工会帮困救助会。开展"送温暖"慰问等活动,慰问职工 43 人次,发放慰问金 3.5 万元。

(废钢公司)

马钢集团矿业有限公司

马钢年鉴

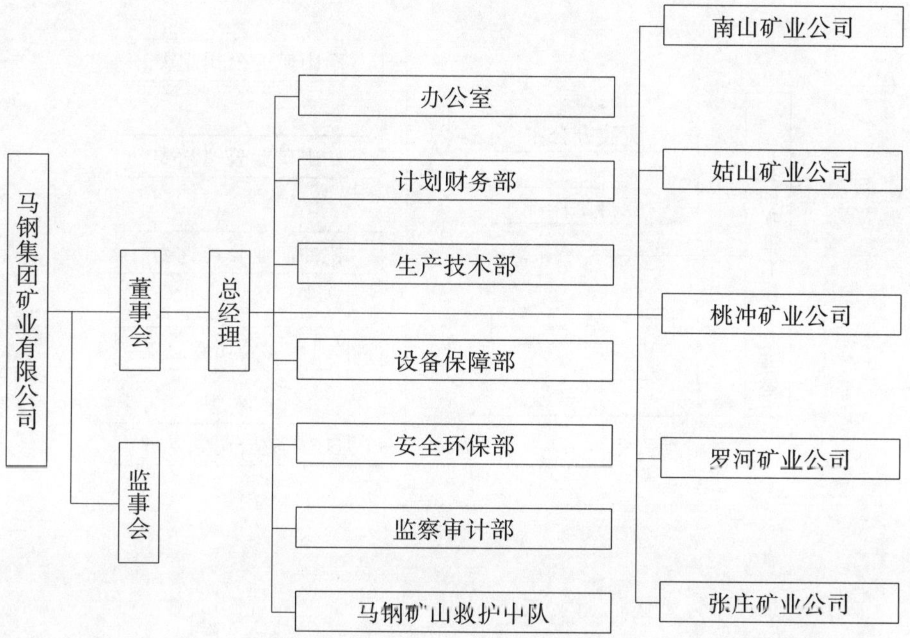

图5　马钢集团矿业有限公司组织机构图

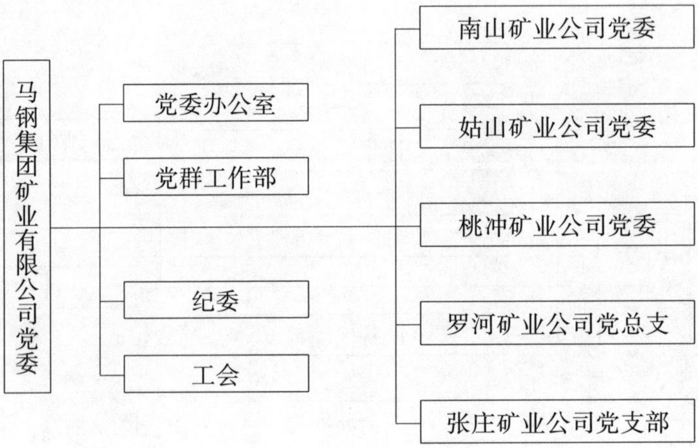

图6　马钢集团矿业有限公司党组织机构图

董事会

【**董事会工作**】 1.2017年1月8日,召开马钢集团矿业有限公司第二届董事会第十五次会议。会议审议通过以下决议:

为了解决矿山维持简单再生产资金严重不足的问题,补充投资项目资金来源。在当前矿价较好的形势下,从2017年1月份起,各矿山恢复计提矿山维简费。

(1)计提标准及会计核算

矿山维简费按18元/吨原矿计提,会计核算按矿业公司维简(技改)计划管理办法执行。

(2)使用办法和规定

1)各矿山计提的矿山维简费,作为专项储备暂时不得安排维简项目和资金支付。

2)从防范风险的角度出发,矿业公司将视外部市场的变化,另行通知维简计划的安排与实施,以确保全年经营目标的实现。

2.2017年1月21日,召开马钢集团矿业有限公司第二届董事会第十六次会议。会议审议通过以下决议:

根据马钢集干〔2017〕1号文件精神,决定聘任赵雄江为马钢集团矿业有限公司财务总监。

3.2017年2月9日,召开马钢集团矿业有限公司第二届董事会第十七次会议。会议审议通过以下决议:

姑山露天采场西帮第四系边坡滑坡治理工程项目,因涉及征地,当地政府部门需要该项目立项的批复文件。该事项已上报集团公司,集团公司领导及相关部门原则同意。鉴于以上原因,会议原则同意姑山露天采场西帮第四系边坡滑坡治理工程项目立项,由姑山矿业公司具体组织实施,费用由姑山矿业公司自行解决。

4.2017年7月7日,召开马钢集团矿业有限公司第二届董事会第十八次会议。会议审议通过以下决议:

(1)会议审议并原则同意《马钢集团矿业有限公司章程》修改方案,上报集团公司批准。

(2)会议审议并同意《马钢集团矿业有限公司董事会议事规则》、《马钢集团矿业有限公司总经理办公会议事规则》修改方案。

5.2017年11月23日,召开马钢集团矿业有限公司第二届董事会第十九次会议。会议审议通过以下决议:

(1)审议同意按照省国土资源厅《关于钟九铁矿矿业权价款缴纳事宜的复函》(皖国土资函〔2017〕1630号)意见预缴纳钟九铁矿矿业权价款6952.33万元,待省国土资源厅对钟九铁矿矿业权价款重新评估后,多退少补。

(2)审议并批准《安徽马钢张庄矿业有限公司章程》、《安徽马钢罗河矿业有限公司章程》修改方案,上报集团公司备案。

6.2017年12月23日,召开马钢集团矿业有限公司第二届董事会第二十次会议。会议审议通过以下决议:

(1)审议同意姑山"露转井"项目分期实施方案,上报集团公司批准。

(2)研究安徽马钢张庄矿业有限公司、安徽马钢罗河矿业有限公司上市事宜。会议同意开展安徽马钢张庄矿业有限公司、安徽马钢罗河矿业有限公司上市工作,按照集团公司的部署和要求推进。

(3)审议"关于为罗河矿业公司贷款提供担保的议案"。因安徽马钢罗河矿业有限责任公司(以下简称"罗河矿业公司")股东股权比例变更,其中马钢矿业公司占66.16%的股权,龙桥矿业公司占33.84%的股权。该股权比例为罗河矿业公司2017年11月股东会上变更后的比例。根据罗河矿业公司与庐江当地银行及马钢集团财务有限公司的贷款协议,罗河矿业公司的股东按各自拥有的股权比例对罗河矿业公司的贷款提供连带责任保证。鉴于罗河矿业公司的股权比例已经变更,相应的贷款担保合同也应变更。现需马钢矿业公司为罗河矿业公司的下列贷款提供连带责任保证:

1)中国农业银行庐江支行,担保总额21833万元;

2)马钢集团财务有限公司,担保总额7939.2万元。

会议审议并同意为罗河矿业公司上述贷款提供担保,上报集团公司批准。

7.2017年12月28日,召开马钢集团矿业有限公司第二届董事会第二十一次会议。会议审议通过以下决议:

安徽马钢罗河矿业有限责任公司(以下简称"罗河矿业公司")300万吨建设项目累计向中国银行庐江支行申请了项目贷款共3.8亿元,由于当时马钢的出资人还没有变更为矿业公司,该贷款的担保人是马钢集团公司。截至 2017 年 2 月,罗河矿业公司仍有 20100 万元贷款未还。考虑到在合同归还到期日(2018 年 2 月)无力全部还贷,罗河矿业公司于 2017 年 2 月向贷款行申请,对该 20100 万元项目贷款延期两年还贷。2017 年 12 月 21 日,中国银行安徽省分行正式批复,同意罗河矿业公司的申请,但必须提供项目贷款延期的担保函并签订担保的补充协议。由于集团公司前期签订的担保合同未到期(到期日为 2018 年 2 月 2 日),因此银行要求本次贷款延期的担保函和补充协议主体人仍为马钢集团公司,且担保比例不变。

会议审议并同意罗河矿业公司该 20100 万元项目贷款延期两年还贷,报请集团公司为罗河矿业公司该 20100 万元项目贷款延期两年事项延续提供担保,担保总额 11055 万元。

(李敬鹏)

监事会

【监事会工作】　马钢集团矿业有限公司监事会成员列席董事会历次会议,并充分发表意见和建议。

(李敬鹏)

·专业管理·

矿业管理

【基本情况】　2017 年,矿业公司以迎接党的十九大召开和学习宣传贯彻党的十九大精神,围绕"改革转型升级、做强做优做大,全力打造经营型矿业体系"的工作主题,以效益、效率为目标,以市场、质量为导向,以科技、产线为支撑,以现场、管理为抓手,塑造优质产品和服务品牌。安全、生产经营取得良好绩效。全年生产矿产品 1100 万吨,其中含铁成品矿 758 万吨,建材 269 万吨,白云石熔剂 73 万吨;实现营业收入 46.9 亿元,内部利润 4.7 亿元。

【生产经营】　1. 加大柔性组产力度。根据市场变化,结合生产实际,加强计划与措施,确保计划兑现率;推进现场、产线、工艺优化调整,确保各产线产、供、销均衡运行,保持了生产良好态势。上半年抢抓市场较好机遇,加快释放各采场能力,成品矿月度产量屡创历史新高;下半年,主动应对国家环保督查和部分采场资源枯竭、原矿品质劣化和股份公司高炉检修等不利因素,通过提质降杂增效工作,推进技术攻关,开展张庄精矿 EVI 项目等措施,持续发力,解决了制约生产的关键因素,提高了成品矿质量及市场竞争力。

2. 持续提升资源综合利用水平。加大对极贫矿和含铁围岩的整体利用,向围岩要产量,向综合利用要创收。2017 年,固废资源化利用总量达 930 余万吨。其中,南山矿含铁围岩回收干选矿 300 多万吨,姑山矿、张庄矿、罗河矿尾砂充填总量 295 万吨,加大露天闭坑尾矿回填工作,南山矿、姑山矿、张庄矿分别完成废石回收建材 200 万吨、37 万吨、102 万吨,经济效益、社会效益、环境效益显著。加快伴生金属利用论证研究。积极开展白象山尾矿钴、镓资源利用研究。加快罗河矿伴生铜资源利用步伐,完成铜硫分离选矿工艺研究的论证评审工作。

3. 不断加强服务意识。通过月度对接会和多层次走访客户等多种形式,了解客户实际需求,积极开展 EVI 服务,及时调整、改进,提高客户满意度。张庄、罗河、和睦山精矿质量高水平运行,白象山精矿质量下半年取得新突破,凹精、东精质量在困难中改善,青阳白云石等熔剂基地保供作用显著,得到用户肯定和好评。

【企业管理】　2017 年,矿业公司全面推行精细化管理,"严"字当头,"细"处着手,"实"字托底,转作风、抓落实,补短板、挖潜力,运营管控体系不断完善。

1. 以管理体系建设为抓手,进一步夯实基础管理。一是全面推进"三标一体化"管理体系建设,一次性通过外部认证审核。矿业公司按照集团公司马钢品牌建设工作的总体思路,结合矿业公司打造"经营型矿山"管理体系目标,矿业公司及各矿山成立了管理体系建设工作领导小组和"贯标办",明确了两个层级的管理者代表和联络员。建立了月度管理体系建设工作推进会机制。以卓越绩效模式为框架的管理手册编制为工作主线,通过岗位标准的修订、法律法规辨识、危险源环境因素辨识,完善补充相关制度,对部门职能和生产过程工序业务的梳理,整体推进"三标一体化"管理体系建设工作。通过管理体系标准和部门、工序业务梳理两个维度对管理体系建设进行评价指导,促进了马钢矿业管理标准化、规范化、科学化水平不断提升。2017 年 8 月,"三标一体化"管理体系一次性通过外部认证审核,获得了国家认证证书。二是财务共享中心建设工作有序推进。通过 EAS 基础核算、产品功能优化，提高了矿业公司核算质量和核算的效率，加强矿山子分公司管控，实现财务向价值创造的转型。

2. 全面开展品牌建设工作。积极贯彻落实集团公司品牌建设动员大会精神，制定下发了马钢矿业公司“2017 品牌就在身边”工程工作方案。通过以“打造经营型矿业板块”为核心，围绕“安全标准化建设”“打造高品质球团精”“资源综合利用”“保持行业利润排名”“建设绿色家园”等方面打造矿业品牌。把品牌建设工作与年度战略行动计划相结合，与生产经营持续改进相结合，与“品牌就在身边”活动相结合，与强化“把工作做到极致就是品牌”的理念相结合，在推进过程中不断建立和完善落实、评价、引导机制，确保品牌建设工作按照年度品牌建设战略行动计划和战略规划的指引高效稳步推进，以实实在在的成效促进经营绩效的提升。

3. 强化“6S”现场管理。成立公司现场管理检查指导组，定期到各单位进行现场管理检查指导。以现场环境专项整治、“高水平现场管理示范车间”创建、精益现场管理等活动为抓手，与“三标一体化”建设工作相结合，充分依托党建优势，组织党员开展义务劳动和突击会战，现场管理水平得到了有效提升，现场环境得到了明显改善。

4. 持续推进管理创新。围绕公司重点、难点问题，积极探索，努力创新。在马钢管理创新成果评比中，马钢矿业荣获一等奖 2 项，二、三等奖各 1 项；在全国冶金企业管理创新成果评比中，马钢矿业创造的《建设国家一级安全标准化体系》成果荣获一等奖。

5. 强化“标杆管理”。通过建立标杆管理体系、确定“太钢矿业公司”为标杆对象和目标、制定标杆管理办法和实施方案，系统性推进标杆管理工作。从加强指标的管理和控制入手，优化生产工艺，不断完善工艺流程，合理组织生产，力争各项指标达标创新，确保在行业内的排名不后退。

6. 人力资源优化工作取得阶段性成果。按照集团公司的部署及要求，通过创新生产组织模式，加快推进井下无人驾驶系统，选矿自动化集成系统等工艺技改项目实施，实现机械化减人、自动化替代人；优化劳动组织。按照大工种区域化作业、一专多能、检操合一等模式，科学合理地编制岗位定员定编；多品种、多机制发展，转移安置富余人员，完成了集团公司下达的人力资源优化目标，提高了矿业板块全员劳动生产率。2017 年，人均年生产成品矿 1211.4 吨，在国内同类型矿业公司中名列前茅。

7. 降本增效工作深层次推进。矿业公司围绕今年生产经营任务，将成本与市场挂钩，指标与先进对接，继续完善成本核算体系，做到人人头上有指标，人人都算成本账；开展精准对标，实现增产提质，指标改善。通过解决技术难题，完善技术标准，促进成果转化、技术装备升级施行技术降本。推进节约降本，严控非生产性支出，加强废旧物资处置力度；降低修理和工程费用，扩大自主维保和自营修理项目，加强采选重点设备的运行管理监控，积极拓展自营工程范围，减少外委工程费用。加大筹融资力度，加强资金管理。拓展融资渠道，降低融资成本，确保生产经营的资金。调整融资结构，减少两金占用，提高资金周转效率，防控资金风险。加强与地方政府和有关部门沟通协调，积极争取直购电、资源补偿费返还、营改增、资源税优惠等政策支持。全年直购电结算返还电费 4000 万元，资源补偿费返还、营改增、资源税优惠、争取专项补贴资金等共节约资金约 1.05 亿元。加快推进“三供一业”分离移交工作，进一步减轻企业负担，降低企业成本、优化发展环境。

【科研和技术攻关】 大力实施技术创新。坚持科技矿山理念，科研创新，技术革新，技师创新工作室持续发力。制定下发了“高村采场资源综合利用效能和效益双提升”等 30 项重点科研和技术攻关项目。同时加快一批“短平快”技改项目的实施，科技转化成果进一步显现。凹选淘洗工艺在短时间内实现试运行，精矿质量明显改善。白象山选厂分级磨矿新工艺效果显著。罗河矿提质降硫技术攻关初见成效，精矿含硫量显著降低。张庄矿成功实施井下无人驾驶系统、选矿自动化集成系统，有力提升了企业生产效率和管控水平。2017 年，公司及各单位取得授权专利 44 项。在马钢首届创新方法大赛中，获得一等奖 1 项、二等奖 1 项、三等奖 2 项。张庄矿《特大型地下金属矿山高效绿色开发关键技术研究》荣获马钢集团公司科技进步二等奖。

【安全、绿色矿山建设】 一是安全生产管理取得新成效。突出安全工作源头管控和现场过程控制，加强基础管理、隐患排查、综合治理、标准化建设，重大安措工程顺利实施，实现了安全生产轻伤以上事故为零，创历史最好水平。安全管理标准化班组建设取得新成绩，共有 6 个班组被中国安全生产协会评为示范班组，5 人被评为优秀班组长，公司获得优秀组织奖。二是绿色矿山建设取得新突破。深入贯彻新发展理念，树立“绿水青山就是金山银山”观念,以中央环保督查为契机,扎实开展非煤矿山综合整治并顺利通过现场验收。推进矿区绿化、土地复垦和地质环境恢复治理,启动了凹山坑生态修复等工程,青阳白云石矿、皖宝矿业绿色矿山建设率先通过验收,张庄矿、和睦山铁矿、和尚桥铁矿环评均验收达标。持续强化废弃物综合利用、安全处置和安全管控,“三废”处理达标。

【重点工程、技改项目】 矿业公司根据预算安排,加大矿山技改、科研投入,保证矿山发展后劲。

1. 和尚桥铁矿。2011年8月17日,马钢集团公司以马钢集〔2011〕131号文批准和尚桥铁矿立项,2014年2月进入试生产阶段。为推进项目总体竣工验收工作,2017年7月13日初步设计由500万吨/年调整为300万吨/年审查完成。

2. 罗河铁矿。罗河铁矿为合资项目,其中马钢集团占55%股份,庐江龙桥矿业占45%股份,2007年9月6日开工建设,2014年1月进入试生产阶段。2014年9月通过了矿山一期工程安全设施竣工验收。2017年11月24日,马钢集团工程管理部队该项目进行了最终竣工验收。

3. 白象山铁矿。白象山铁矿为井下矿山,建设规模为200万吨/年,该项目于2003年11月由马钢集团立项,2008年3月26日正式开工建设。2017年7月20日,集团公司工程管理部组织相关部门完成了该项目的竣工验收。

4. 张庄铁矿。张庄铁矿于2010年6月在六安市霍邱县注册成立;2011年10月,取得采矿许可证;2011年3月,通过项目建设用地预审;2011年11月,项目通过国家发改委核准;2012年2月,获得国家安监总局安全专篇的批复,项目正式开工建设。

5. 凹山选矿厂碎矿前移工程。改项目于2017年3月10日由集团公司总经理办公会同意立项,2017年3月1日开工建设,2017年10月30日进入联动试车阶段,2017年11月30日竣工投产。

6. 凹山总尾矿库环境影响区域避险安置工程。粗碎站料仓及挡墙混凝土完成,26号通廊短柱混凝土浇筑完成,部分钢结构支架安装完毕,尾矿坝前道路及桥涵已建成;8-11号转运站主体结构施工即将结束;-39米水泵房及水池结构施工完成,正进行填充墙施工。至2017年10月底已完成投资6847.517万元。

7. 姑山铁矿露天转地下建设工程。2016年,集团公司发文(马钢集〔2016〕181号)批准该项目立项。该项目已在省发改委办理核准,主、副井已开工建设。至2017年10月底,已完成投资2764万元。

【党群工作】 深化矩阵式党建工作,推进基层党组织标准化建设,党建工作深度融入生产经营,服务矿山实践,把生产经营、降本增效的重点、难点作为党组织的重点工作。认真开展“两学一做”学习教育活动。对经营型矿业体系建设和品牌建设以及南山矿高村采场、姑山白象山铁矿和罗河铁矿采剥(掘)计划的准备和落实情况等重点工作进行督查,对发现的问题及时通报并督促落实整改。加强形势任务教育,“党员活动日、党员困难帮扶、党员示范岗”等活动规范化制度化,开展了“送温暖”“送清凉”活动。组织开展专项劳动竞赛,打造创新工作室、大师工作室“品牌”。

(李敬鹏)

·二级单位·

南山矿业公司

【主要技术经济指标】 2017年,南山矿完成采剥总量2392.78万吨,生产铁矿石1010.09万吨,生产铁精矿285.52万吨。采出矿石平均品位19.54%,其中高村18.31%,凹山21.08%,和采21.51%。原矿成本56.35元/吨,其中高村49.30元/吨,凹山41.73元/吨,和采75.57元/吨。铁精矿成本420.89元/吨,其中凹选437.73/吨,东选290.81元/吨,和选435.48元/吨。铁精矿平均品位63.83%,其中凹和精63.87%,东精64.10%。实现销售收入172477.81万元,实现内部利润10143.27万元。

【生产经营】 2017年,南山矿在外部环保要求严格、凹山矿石资源枯竭、高村铁矿资源禀赋不良、配矿条件恶化、高温天气以及生产经营和工程建设交织并行等生产组织中的诸多困难和挑战下,以“服务股份、服务高炉”为经营的中心,以“保球团品位、保精矿质量达标”为生产组织的重心,运用APQP方法、EVI方式深入开展“五品联动”,对生产工艺的改进制定了近期和远期的技术方案,通过适时、适度技改,精心操作和精益管理,稳定和改善了铁精矿品质,不仅在“硬指标”上较好地完成了上级公司下达的任务,而且在“软要素”上有了提升。

一是生产组织平稳高效。高村铁矿克服生产和建设交织的矛盾,通过优化采场空间布局、适时开拓

-90m新水平、发挥高村半连续生产线作用，改善供矿品质，为选厂稳质稳产创造了条件。全年累计完成采剥总量1159.51万吨。和尚桥铁矿通过强化马塘矿段稻田泥剥离、加快大尾山矿段西部推进、提高含铁围岩资源综合利用率，努力拓展采场空间，稳定和提升产能，利用资源达268.51万吨。凹山车间通过开展深度地质环境治理，回收可利用资源102万吨，为全矿生产目标的实现提供了有力支撑。凹山选矿厂通过工业试验攻关进行“提质降杂”，完善质量管控体系、加大考核力度，质量总体趋稳。和尚桥选矿厂通过开展以磨矿系统、筛分系统为代表的一系列技术攻关，提高系统作业率和工作效率，保证了生产稳定顺行。东山选矿厂通过开展不同矿源混合入选的生产试验，提高了精矿品位的稳定性，全年成品矿超计划4.38万吨。铁运车间通过合理调度车组、实施多条线路技术升级改造、建设87米对凹山坑的排土线、开展和尚桥采场高含泥软岩剥离铁路外排攻关，全年完成运输总量1289.65万吨。动力车间发挥“马钢创新工作室”作用，完成了50#变电所投入运行工作，强化动力保供。酸水车间通过对酸水库坝体局部压密加固、周边修筑挡水墙和改造酸水处理工艺，确保了酸水库安全稳定。尾矿车间通过创新生产作业模式、精心组织生产、严格落实尾矿安措项目、改造供水管道，保证了“两库”安全度汛，完成了凹山坑、东山坑排尾及保供水任务。

二是设备物资管理不断加强。通过扎实推进TnPM设备管理，深化与大型设备厂家战略联盟，使设备运行效率得到稳步提高，全矿主体设备完好率96.3%，采掘、运输、磨选等关键设备作业率分别为85.4%、76.1%和95.8%。大力开展“规范用电管理，促进降本增效”“避峰就谷，分时用电”和直供电工作，全年用电4.45亿千瓦时，比上年下降11.3%。全矿电耗峰值占比32.3%，平谷值占比73.7%，优于对应平均值1.1%、0.2%。全年申报各类物资需求计划244批次，收发各类物资5893个品种，采购资金17170万元，较上年减少311万元。同时全面推行钢球承包采购、汽柴油随行就市采购、大车轮胎小时消耗制采购招标、石灰单耗制采购招标、运输胶带寿命周期承包采购、特殊物资议价机制等降本措施，大幅降低了物资采购成本。

三是劳动竞赛深入开展。坚持服务大局导向，按照“抓系统、调结构、稳工序”的思路，围绕实现生产经营任务目标，组织开展了“保产量、保质量、班产月产”一条龙劳动竞赛、“碎矿前移”和“头顶库”治理两大重点项目专项劳动竞赛和年终停产检修劳动竞赛，进一步激发了广大职工的创造热情和工作积极性。

四是科技创新再接再厉。从岗位创新到团队攻关，全面支撑生产经营、技术改造、工程建设。取得授权专利18项。申报马钢科协双革成果223项。《凹山采场爆破减震技术试验研究》和《爆振区内保证高村半连续系统建设和设施安全的关键控振技术》项目分别获得安徽省爆破协会科学技术特等奖和一等奖。《基于TRIZ理论研制一种铁路自翻车滚轴装置拆装器》获第二届全国企业创新方法大赛三等奖。《利用半连续工艺提高出矿品位》QC成果获冶金行业二等奖。

【改革与管理】 2017年，南山矿以体系建设为抓手，强化专业管理，夯实基础管理。《以可持续发展为目标的生态矿区建设》荣获马钢管理创新成果一等奖。《近城大型露天矿区基于系统理论的协调发展》荣获第二十四届国家级企业现代化管理创新成果二等奖。

一是强化安全环保管理。2017年，南山矿按照“持续改进”的原则，有效运行采矿、选矿、尾矿系统安全标准化体系。在宏观安全管理中，立足南山矿区域开放、安全矛盾复杂的实际，与政府加强联动，发挥政企、警企平安共建的作用，坚持将安全、保卫工作相结合,努力打造大区域的平安环境。在生产线的安全管理中,坚持“三反”管理是底线、现场管理是基础、安全标准化是抓手的工作方法,落实“教育、检查、整改、考核”八字方针,夯实全矿安全管理基础。通过开展安全生产宣誓、班组“小讲堂”、事故案例警示教育、安全生产知识竞赛、《安全技术操作规程》学习、职业病防治知识培训等各项活动,加强全员安全教育,提高全员安全意识。2017 年,荣获马钢安全生产金牌单位,全矿有 5 个班组被中国安全生产协会评定为“全国安全管理标准化示范班组”,有 4 名班组长被评为“全国安全管理标准化示范班组创建活动优秀班组长”,有 16 个班组被上级公司命名表彰为“安全标准化示范班组”,南山矿被市安监局评为“职业健康工作良好单位”。环保方面,以贯彻落实党中央、国务院关于加强生态文明建设和环境保护重大决策部署为指引,以环保督查问题为抓手,以勇担当、善作为、抓落实的工作态度,在系统分析矿区环境承载力的基础上,全面梳理各产线、各项目存在的环保问题,通过完善机制和整改

问题,夯实了环保基础。同时推进矿区蓝天行动保卫战,全员的环境保护意识和工作能力进一步提升。全年共按期整改完成中央、省、市环保督察事项 9 项。“头顶库”治理、“高村半连续工艺”等项目的环境影响评价通过评审。完成了和尚桥铁矿采选工程、凹山采坑改建尾矿库项目环境保护自主验收工作。评审并备案了《南山矿环境风险应急预案》。完善了矿区环保管控体系。成立“马守斌创新工作室”,将环保节能工作融汇到职工创新工作之中,大力开展环保治理、清洁生产、生态恢复工作。

二是管理体系建设全面深化。编制完成了《南山矿综合管理体系管理手册》,新编管理制度 44 部,修订、补充完善公司所有岗位的《岗位作业标准》484 项。开展了公司危险源、环境因素“双辨识”工作,识别出环境因素合计 712 项,重要环境因素 8 项,危险源辨识 122 项,3 级重大风险 8 项。质量、环境、职业健康安全管理体系各项工作按计划推进,圆满通过了三体系贯标外审。

三是现场管理取得实效。以现场环境专项整治、“高水平现场管理示范车间”创建、现场“六源”排查与改善、“两线四室”整治、现场管理党员身边“亮”起来等活动为抓手,与“三标一体化”建设工作相结合,现场管理水平有效提升,现场环境明显改善。被集团公司评为“两线四室”优秀组织单位,和尚桥选矿厂办公室盥洗室再获马钢最佳盥洗室。

四是品牌建设扎实推进。深入贯彻集团公司品牌建设精神,开展全方位、多层次的品牌建设工作。树立“百年矿山、生态矿区”的南山矿品牌。打造产品品牌:“凹选铁精矿”,民主管理标杆:“民主管理厂务公开”,群众活动品牌:“南山锣鼓”,工匠品牌:“卜大师工作室”。全年品牌建设取得积极成效。凹精品位总体稳定,厂务公开换版升级通过中质协外审,南山锣鼓荣膺马鞍山市“江南之花”文艺会演一等奖。

五是标杆管理深入开展。选取采矿、选矿、工艺、产品、社会责任等关键性指标,建立了切合实际的标杆管理体系,通过“立标、对标、超标、创标”,找寻自身差距,持续改进,追求卓越。对标尖山铁矿,2017 年高村铁矿柴油单耗、炸药单耗分别降低了 217.65 千克/万吨·千米、1544.66 千克/万吨,凹山选矿厂、东山车间、和尚桥选矿厂电力单耗分别降低了 1.63 千瓦时/吨、7.85 千瓦时/吨、3.47 千瓦时/吨,凹山选矿厂、和尚桥选矿厂磨矿机利用系数分别提高了 0.14 吨/立方米·台时、0.76 吨/立方米·台时。

六是人力资源管理扎实推进。加大人才培养和职工培训力度,全年共组织培训 139 项,培训人数 3621 人,完成 88 名在聘技师到期续聘工作。将公司 200 余名技师以及享受优秀科技人员津贴待遇的技术骨干纳入技能大师工作室管理,充分发挥他们的骨干带头作用。加大创新型人才培养力度,开展了第二届“岗位

技术带头人"评聘工作,公开竞聘选拔了 26 名"岗位技术带头人",其中技术业务岗位 13 人,操作维护岗位 13 人,涉及 16 个专业(岗位)。袁英杰当选马钢高级技术主管,林震源、王本治晋升为马钢首席技师,增补 4 人享受优秀科技人员津贴待遇,1 人被评为安徽省第六届学术、技术带头人。认真落实大工种区域化作业,实行专业化集中归口整合,优化业务流程和劳动组合,形成专业化管理。完成了优化 310 人、在岗人数控制在 3335 人的编制岗位定员工作。与此同时,推进检修系统、后勤服务系统的改革,汽修车间汽修工段、动力车间电修工段划归检修车间管理,集聚检修力量,保障南山生产,服务矿业系统。

【重点项目建设】　2017 年,以"五大发展理念"为指引,循环经济建设迈出坚实步伐。自 2011 年南山矿结合实际形成生态矿区建设共识以来,以生态建设谋划可持续发展,经过七年来的实践,逐步明确了"环境优良、产业坚实、人群幸福"的发展方向。

一是循环经济建设迈出新步伐。"凹山选矿厂节能减排升级改造搬迁工程"碎矿前移项目("碎矿前移"项目)、"向山独立工矿区凹山总尾矿库环境影响区域避险安置项目"("头顶库"治理项目)相继开始筹备建设,启动了凹山坑生态修复工程,积极做好城门峒尾矿库生态修复治理工作,与中建材南京中联混凝土公司达成固废综合利用框架协议,这些工作为南山矿的新发展打下了基础。2017 年,集体企业和徽瑞公司、徽祥公司共循环利用固废 402 万吨,回收生产铁精矿 29 万吨,回收硫精砂 4.6 万吨,促进了矿区循环经济产业发展。

二是全面启动面向区域化布局的规划编制。启动了《南山矿区矿产资源开发利用规划》的编制工作。该规划以促进区域生态恢复和再造为基础,围绕高村三期、和尚桥东矿段、排土场资源利用,规划了城乡和矿山融合发展具体路径、重点项目、人力资源保障等方面工作。秉持不仅要解决当期生产经营难题,更要立足高质量发展的理念,启动了区域的地质环境、生态环境调查工作,为开辟南山矿新发展打基础。

【花山留守处情况】　2017 年,花山留守处一是以创收增效为中心,全年承揽矿山绿化工程总量 194 万元,创利润 60 万元。二是积极做好后勤保障工作,为留守处的在职、退休老职工做好供水、供电、供气以及各项保障性服务工作。三是严格留守处费用的管控工作。四是认真做好资源的看护工作。

【精神文明建设】　深入开展党的十九大精神学习宣贯工作,组织开展十九大精神大宣讲。举办三场专题辅导报告。购买十九大专题学习资料 20 余种 9000 余册发放到基层各党总支(支部)。开展"十九大学习专栏"和"落实十九大精神在基层"征文活动。成功召开公司第十一次党代会。结合基层换届改选,对所属 21 个党总支(支部)、73 个分支部同步配备了专兼职书记,配齐配强总支(支部)委员班子,同时全面推行基层党政主要领导双向进入、交叉任职,落实党建工作责任制。着力推进党建工作标准化,按照"六有"标准建设和规范党的基层组织,建设了 21 个标准化党员教育活动室,完善了 16 项党建工作制度。深入开展"一个支部一个品牌"创建活动,表彰了 31 项优秀基层党建创建成果,召开了优秀案例发布会。全年围绕生产经营、降本增效、党建标准化建设等 8 个项目开展督查,共发现整改各类问题 12 项,落实工作建议 18 项,制定管理制度 8 项。深入推进"两学一做"学习教育常态化制度化,扎实开展"讲重作"专题教育和警示教育。加强党风廉政建设,强化"两个责任"落实,突出监督执纪问责,认真做好 12 个方面专项治理、省级廉政文化示范点创建、廉洁风险防控等工作。以全国劳模卜维平技能大师工作室作为工匠精神建设示范点,整合创新工作室资源,成立了职工创新工作总室。2017 年共取得岗位创新创效成果 150 项,征集合理化建议 415 条,岗位创新创效近 2160 万元。成功承办了"马钢首届职工经济技术创新成果现场会"。马钢矿山工匠基地落户南山。市级林震源技能大师工作室正式授牌。开展"百年矿山情、生态矿区梦、最美南山人"家园文化系列活动。成功举办第十届职工运动会暨首届职工健身运动会。组队参加集团公司首届健身运动会并获得了团体总分第一的好成绩。修缮了戴塘体育场。建设南山法治文化园和文化大舞台,丰富了矿山职工文化精神生活。开展"季度最美南山员工"和"南山十大魅力女工"评选活动。广泛开展困难职工帮扶工作,全年发放慰问金 130 余万元。职工收入同比增长 15% 以上。

【荣誉】　2017 年,南山矿先后荣获第五届全国文明单位、安徽省第十一届文明单位、安徽省首批"幸福家园"、安徽省"安康杯"竞赛优胜单位、安徽省基层职工互助保障工作优秀单位、马钢安全生产金牌单位、马钢先进基层党组织、马钢女工工作标兵单位等荣誉。省国资委授予高村铁矿党总支"省属企业基层服务型党组织示范点"荣誉称号。

(王传龙)

姑山矿业公司

【主要技术经济指标】 2017年,生产成品矿176.55万吨,完成计划的103.85%。全年实现销售收入10.65亿元,上缴集团公司价差1415万元,实现报表利润8063万元,内部利润1.11亿元。比预算增利9273万元,比上年增利1.16亿元。上缴国家税费1.31亿元。

【生产经营】 白象山完成了地表斜坡道、-500米水平运输水平开拓系统设计并施工;完成充填系统管路优化工作,单月最高充填5.72万立方米,降低了充填成本;开展-440米水平顶底柱下采矿技术研究,确定了锚索联合锚网喷的支护方式及矿房开采顺序,安全高效回收矿石60万吨;安全通过-500米水平东运输巷F5断层。全年生产白精107.78万吨,并创出月度10.31万吨的高产纪录。

和睦山强化配矿,保证入选原矿品位和磁性率。强化进路出矿管理,严禁矿石中混入废石,根据不同矿段、不同采矿进路矿石的品位和磁性率,合理确定出矿比例;降低潮矿量,保证溜井的畅通和选矿系统的生产顺畅。全年生产和精43.87万吨,在和睦山矿区进入中后期开采的情况下,努力保持了安全高效开采。

姑山露天矿全面完成采场滑坡地质灾害治理工程。按照设计要求,对地质灾害区域实施清基压渣石渣置换处理,完成了+8米平台挡土堤工程施工,在防汛工作中发挥了重要作用。全力开展采场清淤工程,自2017年8月清淤工程正式开工,共清淤约9万立方米。

挂帮矿针对井下可采矿量不足、采准充填比例失调、矿石采出平均品位下降等现状,反复研究、精心筹划,确定了加快-142米与新延伸中段-158米的分层转换,以-158米中段为主,采矿量调节的出矿指导思想,采掘生产组织较为平稳。全年生产成品矿24.89万吨。

选矿厂技术攻关方面:白象山系统将中碎2460双层筛改为3060双层筛,原矿处理量从18万吨/月提高到20万吨/月;固化湿筛厂房干磁机运转频率,抛尾量从300吨/天提高到500吨/天,降低了入磨量;完成了两台陶瓷过滤机安装使用,白精水分较改造前下降。和睦山系统完成了和睦山选矿3段球磨机前加旋流器技改、重磁拉选分级磨矿联合作业新工艺配置,保证了和精品位在65.00%以上。红矿系统根据姑山原矿情况灵活组织生产,充分利用通过受矿槽、粉矿仓、中矿仓调节生产,最大限度地降低生产能耗。

辅助后勤方面:铁运车间坚持以内外运输保产为中心,不断理顺运输生产关键环节,着力提高保产能力,实现了公司对铁路运输的保产所需。汽运队较好地完成了成品矿外运铲装及块矿加工内部倒运任务,全年成品矿外运铲装15万吨、块矿落地堆积12万吨。安全高效完成了职工通勤任务,全年大客车出车9500余台次,接送职工20余万人次。机制公司认真做好备品备件加工和钢球生产工作,努力提高服务水平和服务质量。全年生产钢球900吨、备品备件加工100余万元。行政科强化职工食堂的监管力度,提高职工工作餐质量;进一步加强液化气站管理,确保供气安全;推行净化站水质达标考核制度,提升水质达标率。全年创收405万元。做好"三供一业"分离移交协调工作。

【安全管理】 一是强化安全责任,全面落实安全生产责任制。强化安全生产绩效考核,提高科级管理人员"一岗双责"、"齐抓共管"的安全管理责任意识,与各二级单位签订《安全环保责任书》,明确安全生产、环境保护工作的责任和义务。二是加大管理力度,确保外来单位安全平稳运行。将外来单位安全管理纳入公司安全管理。公司领导参加合同采矿单位月度安全领导小组会议,强化对合同采矿单位安全生产的监督和指导。三是开展专项检查,努力打造"平安姑山"。每个月由公司领导带队进行检查。检查重点包括人的不安全行为、物的不安全状态、制度执行情况等。将检查结果进行通报、整改,做到闭环管理。四是认真组织落实安全专项行动。开展了"百日除患铸安"、风险管控"六项机制"和"双重预防"建设、非煤矿山综合整治、外来单位安全专项系统整治行动等活动。五是严格规范执行职业健康工作制度。完善所有职业危害的岗位告知牌。完成了白象山铁矿、和睦山铁矿(扩能)职业健康控制效果评价及公司职业健康现状评价。六是依法规范经营,重视推进环保工作。制定下发了《固废管理办法》,编制了《环境突发事件应急预案》。对龙山(白象山)选矿厂除尘设施进行了改造。全力做好国家环保督查工作并顺利通过。

【技术攻关】 一是开展多项研究,努力实现成果转化。开展了白象山铁矿西部厚大矿体集约化开采和防治水研究与设计,优化了白象山铁矿多中段顶底柱回采工艺；开展了和睦山铁矿-150米以上回采工艺及开采设计，确定可回收资源储量103.9万吨；完成了挂帮矿二期-82米以上矿产资源勘探，确定开发利用资源储量99万吨，延长服务年限2-3年；采用重磁拉对和睦山入磨原矿湿式预选，可提前抛出15%～20%的合格尾矿；开展了尾矿输送工艺研究，确定了龙山-姑山尾矿输送设计方案并组织实施。

二是强化技术创新，成果显著。全年共有10篇论文分获各种奖项，其中《姑山矿选厂磁矿系统提产提质工艺及装备技术研究》《极软弱矿体中采矿进路基于时效性稳定顺行研究》项目分获集团公司技术创新成果二、三等奖；《重磁拉选与预分级磨矿联合作业新工艺攻关》获矿业公司优秀技术攻关一等奖。2017年共申报专利13项，《一种进路式采矿充填密封装置》等两项专利被授权。

三是加强重点项目管理，工程推进有力。完成了姑山露天地质灾害治理和边坡治理工程。主体工程通过公司及专家组的验收，为姑山采场边坡安全和姑山矿区周边稳定奠定了基础。完成了青山尾矿库“头顶库”治理工程。重点实施了尾矿库主坝十六期子坝筑坝工程、十六期子坝滩前子堤修筑等，提高了尾矿库的稳定性。完成了和睦山铁矿扩能工程项目及安全设施竣工验收；完成白象山铁矿地表斜坡道工程设计及评审，工程正式实施。积极完善钟九铁矿行政审批手续及采矿证办理，钟九铁矿开发利用手续基本完成。

【企业管理】　一是降本增效常抓不懈。公司每月下发财务指标并坚持降本督查，努力打造经营型矿山。白象山铁矿强化新的采矿方法降低生产成本；和睦山铁矿充填工艺进一步优化，充填成本大幅下降；姑山铁矿立足自身加大自营工程量，降低成本费用；选矿厂通过一系列的技术攻关、工艺改造，降低了生产成本，提高了产品质量，也创造了更好的经济效益。在全年铁矿石普氏指数平均71.44美元的情况下，实现内部利润1.11亿元。

二是强化设备管理，抓好物资保障。以TnPM管理为抓手，强化设备管理工作。在2017年中国设备管理大会暨全国TnPM大会上，荣获“设备管理金点子奖”二等奖、“现场六源治理组织奖”三等奖。重点监控设备（生产线）各项控制指标均达标。全年入库物资13464万元，出库13425万元，库存金额1669万元，控制在矿业公司要求库存资金1750万元之内，为公司生产顺行提供了设备物资保障。

三是强化落实人力资源再优化。根据集团公司文件精神，帮助职工在充分理解政策的基础上，由职工个人结合自身实际做出选择。着眼大工种、区域化和自动化减人目标，进行岗位优化研究。圆满完成人力资源优化指标，共优化全民职工112人。

四是深入开展创新创效竞赛活动。开展了“大干3月份，白精产量冲刺9.8万吨”等8项劳动竞赛；举办了磨矿分级工等8项职业技能竞赛；以职工创新工作室为平台，充分发挥一线技术骨干带头作用。李明军创新工作室被马鞍山市命名为“大师级创新工作室”，肖挺工作室被命名为“马钢职工创新工作室”。李明军荣获首届“马钢优秀工匠”称号，杨松付被聘为马钢首席技师。《主井料仓卸料口分料器的设计与安装》等三项成果分别获得马钢职工岗位创新创效成果一、二、三等奖。

五是强化现场管理。2017年，公司现场管理向纵深推进，在创建、管理、检查、考核等方面努力创新。在集团公司开展的多元板块现场环境专项整治活动中，受到集团公司的充分肯定并在集团公司召开的总结大会上作典型发言；在矿业公司举行的高水平现场管理示范车间竞赛活动中，龙山（白象山）选矿厂被评为“高水平现场管理标杆车间”。

六是稳步推进贯标工作。公司“三标一体化”建设按照矿业公司统一部署稳步推进，形成了系统的管理体系，覆盖了公司全部业务职能、现场、人员和全部外协单位。2017年8月，体系建设顺利通过了外审，并获得认证。

七是抓好综治维稳工作。认真做好十九大期间综治维稳工作，确保了十九大期间矿山和谐平安。签订了综治目标管理责任书，层层建立了责任制；坚持“预防为主、防消结合”的消防工作方针，实现了“火灾、爆炸”事故为零的目标。坚持互利共赢，加强矿乡共建，有效管控涉农纠纷，促进公司生产稳定顺行。

【党建工作】　认真学习宣传贯彻党的十九大精神。公司领导确定了党建工作联系点，到基层单位进行十九大精神宣讲。积极开展党建标准化建设。白象山铁矿等三个党总支（支部）率先开展了党建标准化创建试点工作。以问题为导向，结合公司实际情况，开展了党员安全“两无”活动等四项专项督查，对督查过程中发现的问题及时落实整改。各党总支（支部）围绕本单位的党建、生产经营重点工作、管理制度落实情况及奖金分配等问题开展督查，提升了矩阵式党建工作水平。扎实开展“两学一做”学习教育活动。党委严格按照学习教育的总体要求，制定了《关于推进“两学一做”常态化制度化的实施意见》,公司领导坚持到基层单位讲党课。各级党组织召开了“讲政治、重规矩、作表率”专题警示教育民主生活会、组织生活会,强化了公司内控管理,防范了各类经营风险。

(芮　锋)

桃冲矿业公司

【主要技术经济指标】 2017 年,生产成品铁矿 25.97 万吨,挂帮矿项目部采矿 41.50 万吨,石灰石 131.23 万吨,云粉 72.84 万吨,石灰石、白云石产量创历史纪录。实现营业收入 2.30 亿元,上缴各项税费 3678 万元。老虎垅石灰石矿、青阳白云石矿分别实现利润 1648.71 万元、1043.18 万元,创历史最好经营业绩。完成了集团矿业公司下达的经营目标任务,减亏 1578.11 万元。

【生产经营】 1. 主业生产。面对井下铁矿石资源枯竭,强化生产组织、优化生产工艺,充分发挥各个系统生产效能,保持了生产稳定。长龙山铁矿积极发挥找矿工作组的作用,开展地质探矿等工作,增加可采矿量 15 万吨;加大边残矿回收力度,全年回收边、残矿 22.89 万吨。强化配矿管理执行和考核,原矿品位合格率达到 85%;优化生产组织,开展劳动竞赛,1 号斜井单班工效大幅提升。长龙山选矿厂针对矿石含泥量多情况,充分利用井下排水加大洗矿,减少矿产品中硅含量;优化工艺参数,加大质量管控,稳定产品质量。运输车间强化调度指挥,积极做好发运工作,全年组织成品矿发运 24.48 万吨。采、选、运系统高效运转,促生产顺产、稳产、增产,生产、销售铁矿石成品矿 25.97 万吨。挂帮矿项目部继续实行模拟市场化绩效管理考核,激发职工的积极性,在充填欠账、安全作业环境差、可采矿量下降情况下,开采铁矿石 41.50 万吨。

2. 辅料生产。4 月底,中央环保督查进驻安徽,老虎垅矿、青阳矿在执行地方政府一刀切式的停产 30 天、49 天情况下,强化内部管理,紧盯产品结构调整和市场,优化物流,为生产经营指标的完成提供了强力支撑。老虎垅矿、青阳矿产品产量分别完成 131.23 万吨、72.84 万吨,达到建矿以来最高产量;实现利润 1648.71 万元、1043.18 万元,创历史经营最好业绩。老虎垅矿通过近年来的探索和总结,生产组织更加成熟,营销体系基本建立,生产和销售趋稳趋好;积极把握淡季和旺季、天气和季节、外部环境和内部组织的变化,瞄准市场,柔性组产;实施了“三班两运转”,生产效率持续稳定提高,实现 23.33 万吨月度最高产量;实施原矿、土夹石(废石)的采场直销。青阳矿按照“青阳云粉、绿色引领、和谐发展”的思路,启动了高硅废石的采场直销,开拓了云片的外部市场;完成破碎筛分改造,调整作业时间,产品产量不断提高,单月产量迈进 8 万吨大关,出色地完成了云粉保供任务。

【重点工程】 1. 青阳矿绿色矿山工程项目。公司将绿色矿山创建工作作为重点工作任务之一,扎实推进绿色矿山创建工作。按照《池州市绿色矿山建设管理办法》,研究对策、制定措施、狠抓落实。完成了生产过程、车辆运输和环境整治等方面整改和创建工作,得到池州市地方两级政府的充分肯定,通过两级地方政府组织的绿色创建验收。真正做到在矛盾面前不推诿,履行国有企业的社会责任面前不回避,落实云粉保供工作压力面前不退缩。

2. 姑山铁矿露天转地下项目。举办了“3·20”开工仪式;实施了露转井主、副井防治水地表预处理工程。7 月 26 日、8 月 24 日副井、主井井筒掘砌工程相继开工,主、副井分别成井 324.70 米、272.60 米。强化项目质量管控,严格执行“日碰头会”和“周例会”制度,建立了 24 小时值班制度,加强现场施工质量监管、检查。围绕安全无事故目标,认真落实有关安全生产的法律法规、政策和上级安全生产工作的要求,完善安全管理网络,认真开展隐患排查治理工作,加大施工现场安全巡查,制止违章,实现了事故为零目标。严格控制项目投资,共完成项目各类合同 45 份,合同金额 1.03 亿元,实际发生投入资金 4109.55 万元;不断优化设计方案,缩短工期,节约投资。其中,主井高压旋喷设计优化,缩短工期 15 天,节省投资约 55 万元;生产水池、空压机房充分利用现有资源,不再新建,节省投资 80 余万元。

3. 老虎垅矿 200 万吨技改扩能项目。先后组织技改工程初步设计、技改工程安全设备设施设计、技改工程职业卫生设计方案的专家评审工作,并全部通过评审,最后一项手续正在办理之中。在完成采场的穿孔、爆破、铲装、运输配套工作后,实施两班制作业。矿山采矿权整合已获省国土资源厅批复,新采矿权范围的储量核实等一系列工作稳步推进。

4. 青阳矿绿色矿山创建和达产技改工程。完成《青阳矿绿色矿山建设实施方案》编制并通过集团矿业公司评审,绿色矿山Ⅰ期建设顺利通过池州市、青阳县两级地方政府验收；达产技改工程和基地建设正在紧张地施工中。

【企业管理】 1. 安全管理。认真落实安全法律法规、政策和上级要求，坚持“严防严控，安全第一”的安全理念，扎实开展安全工作，实现了安全生产“五个为零”目标。认真开展安全教育培训及宣传工作，促进职工安全意识和安全技能提升。持续推进隐患排查治理体系建设，开展“百日除患铸安”、重大危险源等各类检查。开展危险有害因素辨识与评价，制定了关键任务作业指导书；健全和完善安全生产应急预案，开展了江边码头船舶碰撞事故等应急演练。组织接触职业危害、新入厂员工的职业健康体检工作；完成了铁矿石系统职业危害现状评价并通过评审。全力推进安全管理标准化的有效运行；持续推进安全管理标准化示范班组建设工作，实现示范班组建设全覆盖，全矿71个班组100%达标。完成长龙山铁矿、长龙山选矿厂两个系统的整治及验收工作。认真落实安监总局第62号令等要求，把外来单位安全工作纳入我矿安全管理体系，同管理、同考核。

2. 降本增效。2017年，面对降本困难和压力，充分调动各级人员的积极性、主动性，集众智优化生产组织、开展对标挖潜、盘活资源、严格控制一切生产、非生产性支出，全方位立体降本增效。一是开展对标挖潜。加强采、选工艺管理和指标控制，减缓井下铁矿石资源短缺对指标影响，26项主要指标达标率88.46%，采矿炸药单耗处于行业前列。二是抓好结构调整。铁矿石系统加大边际贡献较大的粉（块）矿生产，累计生产粉（块）矿19.37万吨，与预算比提高17.39个百分点。老虎垅矿提高附加值高的建材产量，累计生产建材64.54万吨，产率与预算比提高1.18个百分点。三是盘活资源。开展江边码头堆场、原水泥厂机修厂房等对外出租；启动了海冲尾矿库资源整体出售前期工作；推进老虎垅石灰石、青阳高硅废石的合作开发；做好尾矿、尾砂的综合利用，全年创效265.60万元。四是争取政策降本。积极争取直供电和资源税返还政策，协定年度直供电指标1422万千瓦时，兑现75万元；返还资源税91.00万元。五是加强设备和动力管理。继续推进分时供风、避峰用电，节约电费54.31万元；大力开展修旧利废，完成修旧利废项目212个，节约修理费用260.76万元。六是减少外委，自营降本。完成山南变压器更换、江边防洪泵维修、老虎垅矿高压线移位等8项工程，节约外委工程费用8.60万元；自制备件24.77万元。七是严格控制非生产费用支出。招待费、差旅费、小车费同比再压缩2-10%。

3. 人力资源优化。完成了优化减员87人，超优化目标12人；完成186名劳务人员集中管理的移交工作。积极通过优化劳动组合、加强培训与狠抓劳动纪律管理工作，消化减员的不利因素，满足生产。全年岗位变动655人次，劳动纪律检查43次，培训566人次，培训面占在职职工总数的78.72%。

4. 内控体系建设。持续完善内控体系建设，严格程序，规范运作。开展了内部环境等4个公司层面的控制流程和资金管理、采购管理、业务外包等8个业务层面的控制流程自评，2017年，集团矿业公司评审结论，桃冲矿对纳入评价范围的各流程均已实施内部控制，达标率98.26%，达到公司内部控制的目标，不存在重大缺陷。

5. 管理创新。认真落实《桃冲矿管理创新项目管理办法》，创新驱动推进矿山发展的长效机制基本形成。2017年，紧紧围绕“脱困境、谋发展”为主题的8个管理创新项目，涉及生产经营、降本增效、结构调整、绿色发展等方面，为矿山的脱困发展发挥了积极作用。

6. 品牌建设。扎实推进“2017年品牌就在身边”工程，积极探索具有桃冲矿特色的品牌建设方式，围绕打造经营型矿山、推进安全生产标准化建设、打造绿色家园和强化资源综合利用建设生态矿区的四大品牌建设，制定计划，细化措施，推进落实，促进产品市场竞争力和整体效益提升。

【党群工作】 持续开展“两学一做”学习教育常态化制度化和“讲重作”专题警示教育，认真落实领导干部党建联系点制度和下基层跟班蹲点制度，着力解决职工群众关心的各类问题。2017年领导班子成员跟班蹲点55次，收到意见和建议65条，解决问题52个。完善修订了《党委议事规则》《内部审计管理办法》等，制定了《桃冲矿党委关于落实党组织研究讨论是经理层决策重大问题前置程序的要求的实施细则》。围绕生产经营、项目建设、品牌建设、绿色发展、降本增效和党建，认真做好内、外部宣传，矿电视台播出稿件693篇，在《马钢日报》及省级以上报刊媒体刊登宣传稿件123篇。围绕“讲看齐、见行动”、“学意见、谈感悟、促改革”开展主题征文活动，撰写征文70余篇；组织13篇论文参加集团公司的政研活动。大力开展形势任务教育，刊发《桃矿宣传》13期、《情况反映》28期；组织了47名管理、“三管六外”人员赴革命老区金寨接受革命传统教育。投入近30万元对13个党员活动场所升级建设，扎实推进基层党组织党建标准化建设并通过集团公司党委评审、验收。制定技术业务岗“岗位之星”评选办法,1-3季度表彰了33名“岗位之星”;科级管理人员实施党建和发展“双百”考核。工会坚持围绕生产经营,积极开展民主管理、合理化建议、劳动竞赛、岗位创新创效等工作。11件职代会提案件件有落实。建立江金余创新工作室;征集合理化建议320条;开展13项指标劳动竞赛和“安康杯”、职工技能竞赛,“高水平现场管理示范车间”竞赛取得实效。开展矿区环境和工人村饲养家禽及私搭乱建专项整治,并拆除老旧平房;规划建成三区、四区小广场,增设停车位;对67户回购楼房办理产权过户等相关手续;开展第七批住房补贴登记工作。发放困难补助40万元、液化气补贴76万元。积极推进“三供一业”移交工作。举办了“快乐运动、健康职工”为主题的职工健身运动会。

(孙宗荣　赵士童)

罗河矿业公司

【主要技术经济指标】 2017年,累计处理原矿284万吨,生产成品矿128.34万吨(磁铁精矿101.2万吨,红铁精矿0.43万吨,硫精矿21.05万吨,块矿5.65万吨),销售成品矿128.84万吨(磁铁精矿104.5万吨、红铁精矿0.7万吨、硫精矿20.06万吨、块矿3.57万吨),完成销售收入7.34亿元,实现利润总额1.83亿元。

【降本增效】 深入推进标杆管理和降本增效工作,生产成本较预算明显下降。2017年原矿单位生产成本80.39元/吨,比预算86.41元/吨下降6.97%;铁精矿平均制造成本315.96元/吨,比预算366元/吨下降13.67%;铁精矿吨矿完全成本432元/吨,比预算519.26元/吨下降16.8%。

【企业管理】 以“三标一体化”建设为推动,实行PDCA循环管理,各项工作稳步推进,取得较好成效。公司顺利通过三标管理体系认证,取得认证证书。一是安全环保管理进一步细化。认真落实安全环保工作责任,严格安全环保隐患排查治理和检查考核,2017年整改各类隐患466起,累计考核32000元。二是技术创新管理进一步深化。全年围绕采矿、选矿、爆破、充填工艺开展科研攻关10余次,其中1项成果获评集团公司三等奖,1项成果获评矿业公司二等奖,全年申报专利3项。三是生产、质量管理进一步强化。着力生产计划兑现和质量偏差控制,生产计划兑现率102%,较2016年提高11个百分点;磁铁精矿计划兑现率109%,较2016年提高3个百分点。磁铁精矿销售平均品位66.28%,较计划提高0.78个百分点,含硫0.42%,较计划下降0.03个百分点。全年未发生一起质量异议,销售质量加价1175万元。四是物资管理进一步细化。严把工程质量、进度和投资关,工程项目建设有序推进,全年签订工程合同182项,合同金额13570万元;强化物资供应和用电管理,全年签订物资合同771份,合同金额10194万元,安全供电1亿千瓦时,用电金额7042万元,吨矿能耗36.76千瓦时,较2016年(38.62千瓦时)下降1.86千瓦时。扎实开展设备综合管控,全年未发生重大设备事故。五是财务、销售管理进一步提升。严格各类费用管理,积极疏通融资渠道,加大市场化销售和货款回笼力度,公司产品实现全部市场化销售,罗河铁精品牌在长江中上游地区逐步打响,初步形成稳定的客户群。全年销售净利率18%,较2016年(8.06%)提高123%;资产负债率45%,较2016年(52.31%)下降14%;应收账款周转天数44天,较2016年(65.15天)缩短21.15天。积极争取政策支持,全年获补政策资金800万元。六是人力资源管理进一步优化。全年完成各类人员招聘41人,内部调动13人次,办理居家休养1人,组织专家讲座14场次,送外培训66人次,开展各工种岗位操作技能培训31场次、275人次,100人通过初中高级职业技能等级鉴定。职工收入大幅度增长,较2016年增长15%以上。七是美丽生态矿区建设深入推进。全年投入资金800余万元,开展矿区综合整治和环境综合治理,矿容矿貌较以往有明显改观。

【党群工作】 认真学习贯彻党的十九大精神,以开展基层党组织标准化建设为契机,努力提升党建工作水平。一是强化形势任务宣教,通过报纸、内网、微信、宣传栏等媒介积极开展目标措施宣传,凝聚共建共享家园的强大合力。二是推进“两学一做”学习教育常态化制度化和“讲政治、重规矩、作表率”专题教育,深化矩阵式党组织建设工作,学做并重,融入中心,服务公司生产经营中心工作。三是强化党风廉政建设,严格落实党风廉政建设“两个责任”,增强党员和各级管理人员廉洁自律意识,全年未发生违纪违法问题。四是组织实施党员安全“两无”和党员示范岗活动,努力发挥党支部战斗堡垒和党员先锋模范作用。五是加强对群团组织的领导,积极维护职工合法权益,群众性技术创新活动扎实开展，为建设美好矿山做出了积极贡献。

（张 政）

张庄矿业公司

【主要技术经济指标】 2017年，生产原矿418万吨，精矿121.1万吨，块矿21万吨，建材106.6万吨，实现销售收入9.1亿元，利润1.8亿元。精矿年平均品位66.45%，各项指标均满足客户需求。

【生产经营】 一是加强生产组织管理。强化生产运行管理及考核，生产组织进一步规范高效，生产计划有效落实。通过过程管控，推行半月计划制，实施错峰生产，促进井上、井下系统紧密衔接，各系统生产连续性、协同性逐步提高。积极开展生产拉练活动，检验了公司各系统运行水平和协同能力，全面完成全年生产目标任务。二是着力推进品牌建设。制定并实施了品牌建设战略行动计划，通过扩品种、强品质、增服务，产品品牌效应初步显现，全年铁精矿品位稳定在66%以上。与炼铁技术处、制造部等联合实施的精矿进烧结系统EVI行动计划完成二档目标，年终评比获得一等奖。三是提高系统运行水平。推进TnPM设备管理体系建设，加强设备三级点检维护，强化运行稳定性和功能精度技术攻关，开展重点设备精度管理和“红旗设备”评级管理活动，促进设备“两高一低”，设备运行保障能力不断提高。

【科技创新】 一是推进创新平台建设。编制了《科技创新工作计划》；强化研发平台建设，成立了研发中心；深入开展“产学研”合作，完成了张庄铁矿弱磁选铁精矿精选工艺研究等工作。二是破解关键技术难题。针对影响经济运行的难点，大力推进技术创新，解决了一批难题，形成了一批成果。完成了90米段高采矿工艺研究并组织实施；新中段开拓工程完成设计优化并开始施工；二步采回采研究、下向扇形孔回采研究取得成效并推广应用；开展了选矿流程考察以及阶段抛尾攻关，选矿入磨品位、干抛产率、湿抛尾矿捞砂产率等指标进一步改善。推进关键设备国产化技术攻关，与马钢重机公司合作开展了高压辊磨辊系国产化技术攻关项目并取得阶段性成果。三是加快形成技术储备。组织开展了新中段底部结构设计优化，实施后将比原设计方案多回收矿石700余万吨。助推公司多元化发展和产业链延伸，完成了《张庄矿铁精粉链箅机—回转窑氧化球团技术研究》报告。四是加强知识产权管理。全年申报专利2项。联合中国矿业大学制订了《极细尾砂充填企业标准》。《特大型地下金属矿山绿色安全高效关键技术开发》获得马钢技术创新成果二等奖并申报安徽省科技进步奖和冶金科学技术奖。五是推进智慧矿山建设。井下-480米运输水平无人驾驶项目实现单机试运行，选矿厂碎矿、磨选系统自动化集成进入试运行阶段。

【企业管理】 一是持续推进体系建设。“三标一体化”通过认证，两化融合管理体系通过外审，管理标准化、规范化、系统化水平不断提升。二是推行专业化外包。继采矿、运输、破碎、物流、除尘、钢球、衬板实现专业化外包后，又实施了主井提升系统、皮带维检修和过流件等专业化外包。三是强化现场管理。“6S”高水平现场管理示范车间创建活动深入开展，实施了生产区、办公区美化工程，基层现场管理水平和环境面貌不断改善。创建国家“绿色工厂”“绿色矿山”工作正式启动。四是扎实开展管理创新。《特大型地下矿山建设发展模式构建与实施》获安徽省企业管理现代化创新成果三等奖、冶金企业管理现代化创新成果二等奖、马钢管理现代化创新成果一等奖。

【精神文明建设】 一是加强党建工作。深入学习党的十九大精神,“两学一做”学习教育常态化制度化和“讲政治、重规矩、作表率”专题教育扎实有效开展。推进基层党组织标准化建设和加强廉政建设。二是加强企业文化建设。在集团公司企业文化引领下,启动了特色文化体系建设,形成了以“开发矿产资源、创造卓越价值”为企业使命,以“打造矿业知名品牌、建设安全高效生态智慧矿山”为企业愿景,包含十项子文化理念在内的企业文化体系。三是积极推进共享共建。职工收入大幅提升。在一线岗位实施了岗中免费工作餐制度,开通了免费通勤车,食堂实行自主管理,自来水引入、医务室、职工浴室等“民生工程”建成投用。

【荣誉】 2017年,张庄矿业公司先后获得马钢技术创新成果二等奖、中国职业安全健康协会科学技术奖、中国冶金矿山企业协会“十佳厂矿”称号。公司3人分获安徽省劳模、六安市劳模、马钢劳模称号;1人当选集团公司优秀共产党员;1人当选集团公司优秀党务工作者。

(吴学成)

马钢工程技术集团有限公司

马钢年鉴

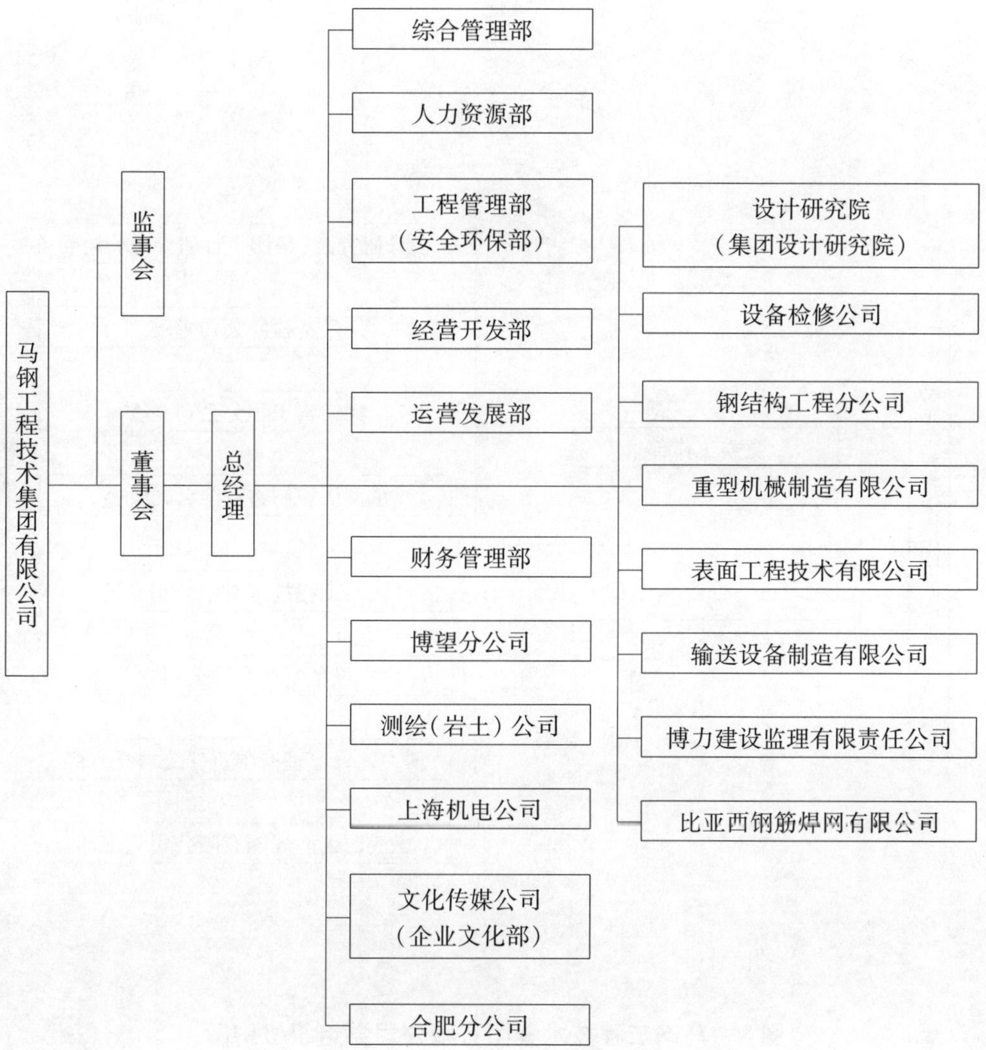

图7　马钢工程技术集团有限公司组织机构图

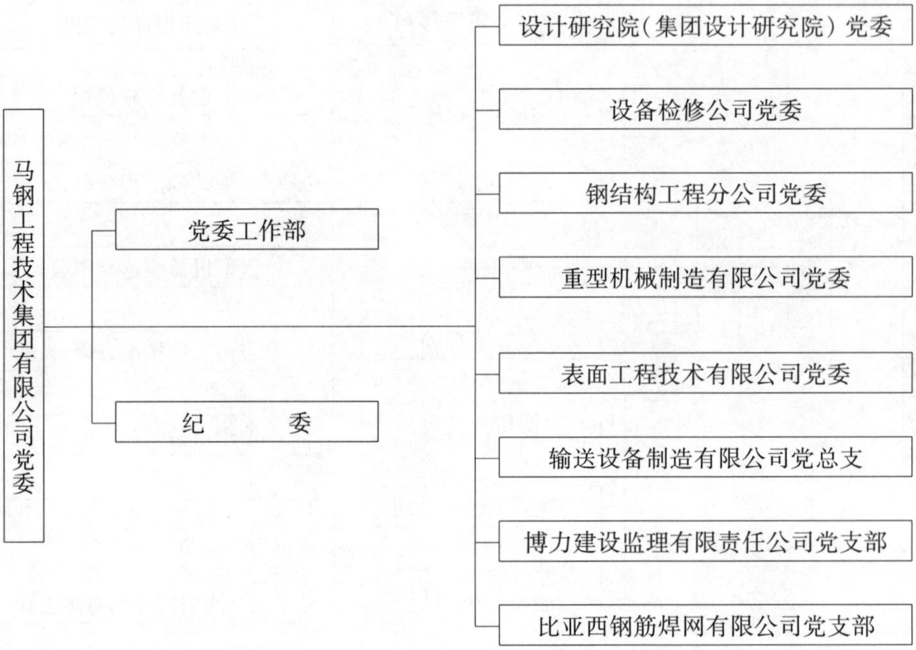

图 8　马钢工程技术集团有限公司党组织机构图

董事会

【董事会工作】 2017年,工程技术集团董事会紧紧围绕生产经营、运营管理、改革发展等重点工作,主要通过召开公司董事会作出决议,注重依法决策和科学决策,不断提升决策效率和决策质量,促进了企业生产经营和改革发展。

1.2017年3月24日,工程技术集团以通讯方式召开第二届董事会第十六次会议。会议同意委派万恩三担任比亚西公司董事,并聘任为比亚西公司总裁;免去张平远比亚西公司总裁职务;樊远军不再担任比亚西公司董事,并免去比亚西公司副总裁职务。

2.2017年4月19日,工程技术集团以通讯方式召开第二届董事会第十七次会议。会议审议通过《关于向马鞍山农村商业银行申请授信的议案》。同意向安徽马鞍山农村商业银行申请综合授信人民币8000万元。审议通过《关于对输送公司委托贷款的议案》。审议通过《关于安徽马钢比亚西钢筋焊网有限责任公司设立分公司的议案》。

3.2017年4月20日,工程技术集团以通讯方式召开第二届董事会第十八次会议。会议审议通过《关于合资设立泵业子公司的议案》。

4.2017年5月17日,工程技术集团召开第二届董事会第十九次会议。会议审议通过《关于计提2016年坏账准备及资产减值准备的议案》。审议通过《马钢工程技术集团2017年生产经营计划》。审议通过《马钢工程技术集团2017年财务预算》。审议通过《关于向中国银行马鞍山分行申请授信的议案》。同意向中国银行马鞍山分行申请总额度1.1亿元的应收账款质押授信。审议通过《关于重机公司车轮生产线预加工项目新增机床及设备大中修改造立项的议案》。审议通过《关于重机公司向工程技术集团提供委托贷款的议案》。审议通过《关于转让马鞍山马钢表面工程技术有限公司部分股权的议案》。审议通过《马钢集团设备检修工程有限公司董事会人选》《马钢集团设备检修工程有限公司章程》。同意程建国、黄加坤、张吾胜、李怀迁、连玮为董事,程建国担任董事长。同意刁节和为监事,并担任监事会主席。审议通过《安徽马钢三联设备技术服务有限公司董事会人选》《出资设立安徽马钢三联设备技术服务有限公司协议书》《安徽马钢三联设备技术服务有限公司章程》。同意程建国、杨帆为董事,程建国担任董事长。审议通过《设立设备检修子公司的财务处理方案》。会议讨论了《工程技术集团劳务集中管理工作方案》和《关于合资设立工程技术服务公司的报告》。

5.2017年7月25日,工程技术集团以通讯方式召开第二届董事会第二十次会议。会议审议通过《关于钢结构建设公司办公楼扩建的议案》。审议通过《关于办理银行贷款的议案》。同意向中国银行马鞍山分行办理人民币5000万元的流动资金贷款,贷款期限1年,利率为同期一年期银行贷款基准利率。审议通过《关于对马钢矿业公司委托贷款的议案》,向矿业公司提供总额为2000万元的流动资金贷款,用于矿业公司补充流动资金。审议通过《关于马钢集团设计研究院有限责任公司土地划转和子公司处置的议案》。审议通过《关于设备检修子公司执行董事、监事、总经理建议人选的议案》。安徽马钢设备检修有限公司设一名执行董事,不设董事会。同意委派程建国担任安徽马钢设备检修有限公司执行董事,并聘任为该公司总经理。同意委派赵德乾担任安徽马钢设备检修有限公司监事。

6.2017年9月21日,工程技术集团以通讯方式召开第二届董事会第二十一次会议。会议审议通过《关于修订马钢工程技术集团有限公司章程的议案》。审议通过《关于修订马钢集团设计研究院有限责任公司章程的议案》。审议通过《关于审议安徽马钢设备检修有限公司章程的议案》。审议通过《关于修订安徽马钢重型机械制造有限公司章程的议案》。审议通过《关于修订马鞍山马钢表面工程技术有限公司章程的议案》。审议通过《关于修订安徽马钢输送设备制造有限公司章程的议案》。审议通过《关于修订马鞍山市马钢集团测绘有限责任公司章程和马鞍山马钢矿山岩土工程勘察联合公司章程的议案》。

7.2017年9月26日,工程技术集团以通讯方式召开第二届董事会第二十二次会议。会议同意聘任崔代宝为工程技术集团副总经理。

8.2017年12月25日,工程技术集团召开第二届董事会第二十三次会议。会议审议通过《关于集团设计院引入投资者增资扩股的议案》。审议通过《关于修改〈固定资产投资及运营管理办法〉的议案》。审议通过《关于对马鞍山马钢表面工程技术有限公司减资的议案》。审议通过《关于设备检修公司购买中迪钢业资产的议案》。审议通过《关于重机公司办公楼、辅楼改造工程立项的议案》。审议通过《关于修订马鞍山马钢表面工程技术有限公司章程的议案》。审议通过《关于调整表面技术公司董事、监事的议案》。同意朱广宏、潘廷刚、杨凡、徐风雷、黄翔为董事。同意陈捍华、蔡艳为监事。

(赵家星)

监事会

【监事会工作】 2017年,工程技术集团监事会按照年初确立的工作思路与目标,不断加强队伍素质建设,改进工作方式、方法,通过强化日常监督,紧密结合公司实际工作,注重协调落实,正确行使监事会相关职能。

(赵家星)

·专业管理·

工程技术管理

【主要经济指标】 2017年,工程技术集团完成营业收入34.6亿元(含监理公司),实现利润总额3337万元,净利润2798万元(含全额土地使用费,不含补交年金2173万元)。工程技术集团本部及设计院实现营业收入9.93亿元,利润总额1137万元。钢结构公司实现营业收入6.57亿元,利润总额289万元,实现扭亏为盈。设备检修公司实现营业收入7.09亿元,利润总额2098万元,实现扭亏为盈。电气修造公司实现营业收入3979万元,利润总额155万元。重机公司实现营业收入4.53亿元,利润总额-440万元。表面技术公司全年实现营业收入2.35亿元,利润总额2183万元。输送设备公司实现营业收入1.53亿元,利润总额-145万元。监理公司全年实现营业收入1502万元,利润总额182万元,业绩达到历史最好水平。比亚西公司全年实现营业收入3.56亿元,比2016年翻一番,利润总额397万元(不含计提坏账345万元)。

【改革改制】 积极推动改革改制。表面技术公司完成向慈湖高新区2000万元股权转让,并启动"新三板"挂牌上市工作。集团设计院积极对接中钢国际、市经开区建投等战略投资者,推动股权多元化改革。成立设备检修子公司,赋予营销议价自主权,闯市场积极性进一步提高。大力实施经营层改革。调研马建集团经营情况,向集团公司建议对马建集团进行深化改革,协助制定《马建集团扭亏脱困改革发展方案》,重新组建经营团队,对竞聘产生的经营层人员实行市场化管理。比亚西公司试点模拟职业经理人,重新选聘组建经营层。大力实施资源资产专业化整合。将电气修造公司资源资产整合至设备检修公司,开展钢结构公司和设备检修公司工程机械、吊装物流业务整合调研。

【重点工程项目建设】 重点工程项目取得良好实施效果。二铁总厂2号高炉大修改造、合钢连续镀锌线、埃斯科特钢棒线材深加工、资源分公司南区钢渣处理、长材事业部南区铁水倒灌站、南山矿凹选碎矿前移等总承包项目圆满完成。型材升级改造、重型H型钢生产线、重型H型钢异型坯、资源分公司北区钢渣处理等重点工程项目抓紧推进中。在市场化导向下建立总承包项目管理模式,工程技术集团逐步实现由保产服务型向市场经营型转变。内部保产确保稳定。立足内部市场,强化专业协同,优质高效地完成马钢各类大中修、抢修、检修项目,在确保生产稳定顺行的前提下实现盈利。根据工艺特点和业主要求,做好工程概预算编制,优化方案设计,实现项目工期、进度、质量、成本、安全文明"五大目标"的统一。

【市场开拓】 组建贵州工程项目部,签订11.6亿元贵州快速干道、回迁安置房项目框架协议。湖北襄阳高铁站钢结构项目签订合同。全年签订外部合同额12.7亿元,锁定外部合同额13.5亿元,实现外部收入9.47亿元,比2016年增长2.9亿元。国际化经营取得进展。向莫桑比克提供合钢轧钢设备合作项目签订四方备忘录。俄罗斯MMK带冷机、哈萨克斯坦Aktobe矿样测试、乌兹别克斯坦润通棒材线等海外项目按期执行。大力拓展新业务。工程技术集团与中建国际、市雨山区签署三方战略合作框架协议,共同开发建设雨山产业园区。与新日铁住金工程公司、南京环科所、国家土壤污染控制重点实验室联合开展土壤污染调查与治理项目。承揽博望河综合整治、贵州旧州水务等环保项目。

【经营管理】 推行市场化运营机制。比亚西公司总裁、长材事业部型材升级改造项目经理公开竞聘。2号高炉大修改造、合钢连续镀锌线等项目试点独立考核新方法。平稳实施人力资源优化。全年人力资源优化实现净减547人，完成人力资源优化500人目标的109%。重点推进劳务集中管理。劳务派遣人员移交720人。设备检修公司全年压缩劳务人员10%，压缩劳务队伍1/3。科学管理持续强化。推进战略管理规范化开展，对战略规划实施情况进行评价，协同专业咨询公司开展未来三年战略规划调研工作，形成《工程技术集团2018-2020年战略规划报告》。以品牌建设为引领全面推进精益运营，编制工程技术集团品牌培育管理体系手册及程序文件。瞄准目标开展标杆管理工作，成立标杆管理工作领导小组，制定标杆管理工作计划、标杆管理办法和实施方案，建立标杆指标体系。扎实做好内部管理。开展风险评估、内控自评，编制工程技术集团内控手册。健全"三标"管理体系，开展内审自查工作和外部审查工作。现场管理、安全标准化建设卓有成效。认真履行安全生产责任制，建立项目协调例会制度，对重点工程项目现场进行安全例行检查，未发生大事故或以上事故。资金风险得到有效控制。协调开展清欠工作，2017年年底应收账款周转率同比增长30%，资金占用风险进一步降低。大力争取银行授信，获得各类授信额度共计2.1亿元。积极履行社会责任。为工程技术集团结对帮扶贫困户募捐衣被书包。

【技术服务】　信息化建设取得成果。"业财一体化"ERP系统全面上线运行，规章制度文件实现云平台共享，开展人力资源信息化建设基础性工作。技术创新成绩突出。获得授权专利72件，其中发明专利29件。成功申报省认定企业技术中心、市级BIM工程技术研究中心，获评市"优秀建筑企业"。获全国优秀工程勘察设计计算机软件二等奖1项、咨询成果三等奖1项，获全国冶金建设行业优秀工程设计、软件一等奖2项、二等奖3项、三等奖4项。高端移动带式输送机开发、高炉TRT系统长周期稳定高效运行等6个项目被列入马钢APQP、EVI项目，新产品开发市场前景良好。资质升级增项取得突破性进展。马建集团取得房屋建筑工程施工总承包特级资质，工程技术集团取得钢结构工程专业承包一级、建筑装修装饰工程专业承包二级、建筑幕墙工程专业承包二级、市政公用工程施工总承包三级、风景园林工程设计专项乙级等资质，冶炼工程施工总承包一级资质相关材料报住建部审批。

【党建工作】　认真学习宣传贯彻党的十九大精神，学习全国国有企业党的建设工作会议精神。推进"两学一做"学习教育常态化制度化，扎实开展"讲政治、重规矩、作表率"专题教育。严格执行重大问题党委会前置程序及"三会一课"制度。明确"三重一大"事项决策范围，按规范决策程序执行。以矩阵式党建工作为抓手，有效发挥各级党组织纵向融入服务、横向监督保障功能。成立三个矩阵式党建协同区，对各单位、各部门工作落实、制度执行等情况进行督查。成立2号高炉大修改造项目临时党支部，在开展项目建设的同时进行党组织生活。党委班子成员认真履行"一岗双责"，用好监督执纪问责"四种形态"；开展12项违规行为专项治理自查自纠，对发现的5项13个问题进行整改落实、督促指导、追责问责。认真查办信访案件，严肃处理违纪违规人员。

（赵家星）

·二级单位·

设计研究院
（集团设计研究院）

【主要经济指标】　2017年，设计研究院完成营业收入9.93亿元，比上年增长12.2%，比年度预算目标5.8亿元大幅增长71.2%，创历史最好成绩；实现利润总额554万元，完成年度预算目标。签订经营类合同205项，合同金额10.5亿元，首次迈上10亿元台阶。完成设计图纸4619套，折合19499.5张甲1图纸，创历史最好水平。

【重点工程项目建设】　圆满完成2号高炉大修改造、合肥公司连续镀锌线、南区钢渣处理、四钢轧总厂热轧平整分卷线等重点工程项目建设。稳步推进埃斯科特钢公司、南山矿凹选碎矿前移、和尚桥矿避险安置等总承包项目。型材升级改造、重型H型钢生产线、北区钢渣处理、四钢轧总厂钢渣处理等重点工程项目建设有序推进。

【市场开拓】　大力拓展外部市场业务，通过贵州快速干道和回迁安置房、贵州安顺旧州水务、铜陵旋力竖炉球团改造、济钢连铸搬迁等外部项目的设计和总承包，加大向外部市场转型力度。借助"一带一路"战略机遇，寻求海外市场新发展，俄罗斯MMK带冷机、哈萨克斯坦Aktobe矿样测试、乌兹别克斯坦润通棒材线等海外项目按期执行。资质申报取得进展，获得金属冶炼工程、金属材料工程专业乙级，抓紧申报市政、水利、污染修复等资质。

【改革改制】 相关制度完善、运行规范有序,形成制衡,经营层管理职能健全。重大改革事项按要求推进,计划将于2018年一季度完成集团设计院引入中钢设备公司和马鞍山经济开发区建投公司战略投资者,激活设计咨询板块运营机制。

【技术质量】 以品牌建设为引领,全面推进高效组产、规范管理、精益运营,加快打造高新技术企业。获省认定的企业技术中心、市级BIM工程技术中心。通过市企业研发项目经费税前加计扣除研发项目9项,研发经费1840万元。完成公司下达的专利申报计划,获得授权专利24件,其中发明专利13件。获全国优秀工程咨询成果三等奖1项,获全国冶金建设行业优秀工程设计、软件奖一等奖2项、二等奖3项、三等奖4项。信息化建设取得成果,"业财一体化"ERP系统全面上线运行,规章制度文件实现云平台共享。根据工程技术集团标杆管理工作计划,建立标杆管理指标体系,选定对标目标单位。制定《2017年度质量管理工作计划》《2017年度业务建设项目计划》。

【人力资源优化】 持续推进人力资源优化,全年净减人员22人。完善激励约束机制,部分工资按比例进入绩效考核,收入与业绩挂钩,鼓励员工多劳多得,挖掘潜力提高岗位创效。落实《2017年教育培训工作计划》,全年参加公司内外部专业培训和技术讲座约4880人次,8人取得各类注册师执业资格。

【内部管理】 对现行管理制度进行全面梳理,对照管理过程和业务流程,补充、修订、完善人、财、物等各项管理制度。大力开展管理评审工作,对暴露出的问题分析原因、制定方案、整改落实,为导入卓越绩效管理模式打好基础。邀请专家授课,制定卓越绩效管理模式导入计划,系统推进卓越绩效管理。完善质量、环境、职业健康安全管理体系,有效运行"三标"管理体系。根据"三标"管理体系要求开展内外审工作,发现问题立即整改。协调、开展设计院清欠工作,资金利用效率进一步提高。

【党群工作】 开展党的十八大、十八届三中、四中、五中、六中全会和党的十九大精神学习宣传贯彻活动,学习习近平新时代中国特色社会主义思想和视察安徽时重要讲话精神以及全国国有企业党的建设工作会议精神。规范开展党建工作,坚持民主集中制,落实"三重一大"决策制度。严格执行"三会一课"制度,按规定召开民主生活会、组织生活会,开展民主评议党员。深入学习贯彻马钢第五次党代会精神,加强服务型党组织建设,积极推进矩阵式党建工作,建立工程板块矩阵式党建两个二级协同区。切实履行"一岗双责",总体部署党风建设和反腐倡廉工作。完善反腐倡廉相关制度,强化重要岗位人员权力运行监督制约。贯彻落实公司《关于严禁设立"小金库"的规定》,重新清查"小金库"。积极支持、配合审计工作,按要求开展审计,发现问题的立行立改。关爱职工,维护职工合法权益,开展扶贫帮困、"送温暖"等互助帮扶工作。在全体团员中开展"一学一做"教育实践。关心大学生成长,及时掌握青年关心的热点问题和青年思想状况,帮助青年解决实际困难。

(赵家星)

重型机械制造有限公司

【主要技术经济指标】 2017年,完成机械产品总量2.58万吨,工业产品销售总量3.12万吨,销售总额4.17亿元;其中机械产品销售总量3.11万吨,销售总额4.168亿元。全年实现销售收入4.5亿元;内部利润完成98.74万元;机械加工件产品综合合格率97.99%,铸钢件综合合格率98.05%,铆焊件综合合格率94.54%。千人负伤率2.6‰。

【生产经营】 2017年,重机公司紧紧围绕"夯实基础管理促效益,巩固市场优势创品牌"的工作主题,通过开拓内外部市场、优化生产管理模式、优化人力资源、深挖资源潜力、强化降本增效等工作,同口径考核实现扭亏,超额完成三年规划的既定目标。

1. 抢抓市场机遇,内外部市场不断拓展。一是在马钢内部市场方面,围绕马钢主生产线,本着"精度恢复、功能改善、本地替代"的原则,提升服务水平,新制和修复大量备件,赢得客户充分信任,备件承接总量上升15%。积极参加公司基建技改项目,成为1580平整机、特钢优棒粗轧机、中型材轧机设备的主要供应商。二是在外部市场方面,稳固了与西马克、中冶华天、中钢设备等老客户的合作关系,先后承揽西马克印尼轧机、俄罗斯MMK带冷机、宁钢线材等项目;本着"控制风险、确保贡献、有的放矢"的原则,新开发了上海亚新、淮钢、南京工业大学等优质客户,共承接项目1000余吨。三是与天马冶金合作开发石油阀体模块项目,大锻件外部市场承接量增长60%以上,月产量从2016年的不足500吨上升至2017年的800余吨,跃上年产万吨台阶。全年累计承接机械产品合同3.3

亿元,较上年增长50%以上。其中外部合同9061万元,占合同总额的27.5%。加工件合同承接量大幅上升,外部项目和锻坯类承接量明显放大。资金风险控制较好,应收款总量持续下降。其中,外部应收账款由年初的9599万元降到8030万元。

2.加快转型发展,技术服务业务持续拓展。一是借鉴先进模式,体现重机特色,实施连铸总包服务,年总包吨位超过800万吨。连铸技术服务得到业主单位的认可和业界的高度评价,达到国内先进水平,3号连铸线被奥钢联评定为全球样板连铸线。二是创新服务模式,与板带轧线深度融合,实施磨辊间运行总包。持续拓展磨辊服务范围,5月下旬,开始接手了四钢轧总厂热轧2250磨辊间运行总包。三是优化辊修、堆焊两个专业修复基地建设,保证了离检配套修复。至此已形成了对股份公司板坯铸机和磨辊间技术服务业务的全覆盖。四是服从大局、自我加压,承接车轮预加工工序业务。1月,完成加工设备搬迁,3月实现月产3万件并达产,4月成立车轮加工分厂,11月突破月产4万件,形成了与轮轴事业部配套的工序保障能力。五是启动了CSP离检基地建设,并拉开了型坯综合技术服务基地建设的序幕。六是发挥在线检测与机械制造的联动优势,为轧钢生产线提供精度恢复综合解决方案,全年累计为冷轧总厂、四钢轧总厂、莱钢、中冶华天等提供了数十组轧机、辊系、轴承座等在线检测及精度恢复解决方案。2017年,技术服务业务收入达到1.6亿元,形成了与机械制造并行的双轮驱动。

【企业管理】 1.持续强化基础管理,全面提升运营质量。一是规范资金管理,提高资金运作收益。规范资金支付程序,理顺资金支付流程,适当调整资金支付方式,通过采用财务公司电票、银行承兑汇票、现款等多种方式支付,实现降低采购成本和获取资金收益之间的平衡。二是持续梳理内部管理流程,不断修订和完善各项管理制度。2017年,制发了重机公司合同管理办法、产品内部质量索赔及外部质量赔付管理办法、工艺技术分级管理办法、效能监察管理办法、内协管理和评价办法等各项规章制度。三是在内控方面,根据《重机公司内部控制手册》和《企业内部控制基本规范》等相关监管要求,组织风险评估,识别关键风险,采取有效应对措施,每季度组织评价,风险控制整体良好,开展内控自评,内控体系运行有效。四是在现场管理方面,制定6S现场管理制度和检查标准;各专业部门强化定置管理,各单位划分责任区责任人落实责任;组织检查评价,各专业部门坚持月度检查、考核和整改,现场管理水平有所提高。五是于8月底启动“三标一体化”体系建设工作,制定下发《重机公司推进体系建设工作计划》,以提高管理有效性为目标,全面推进管理体系的建设与运行,提升公司综合管理水平。

2.强化订单管理,深化量化考核。一是以加强订单管理为抓手,串联计划编排、过程推进和出入库管理,对生产管理人员分工进行调整,以订单进行责任划分,订单兑现率提高了13%。二是深化量化考核,实现效率持续提升。2017年深化量化考核的重点是结构分厂。结构分厂自二季度起,项目兑现率持续上升,产量不断突破,新制件占比不断提升,生产局面有效改善。重型加工厂月产量已从2016年的1100吨跃升到1200吨以上,三季度月提升至1300吨,为机械产品总量的持续提升提供了有效保障。锻件和铸件产量也有一个相当大程度的升幅。量化考核已落地生根,完成对所有工序的全覆盖。

3.深挖内部潜力增效益,持续推进降本增效。一是持续深化人力资源管理,优化配置、强化培训,调薪酬、增活力。开展了优化减员、导师带徒、班组长培训、锻工职业技能大赛等工作,积极参加马钢第八届职业技能竞赛,选拔一线骨干申报马钢首席技师,谢叶华、刘峰分别被聘任为机床工、电工首席技师。二是持续规范采购管理,大力推进集中招标,不断优化供应商队伍。2017年集中招标比例较2016年上升15.6%,总体采购价格相对稳定、合理。其中紧固件、焊材、树脂等材料通过年度锁定价方式采购,较市场价格降低8%。三是加强对各种介质消耗的监控,适时预警、改进,确保能源消耗始终处在低位运行。大锻造综合能耗下降了414千克标煤/吨。四是加大流动资产变现力度,开展了去产能流动资产、报废设备及废旧物资、备件等处置工作,2017年实现存货变现4600万元,减少存货资金占用,加快存货周转。五是持续盘活闲置固定资产。原20吨电炉区域已改造为车轮预加工基地、15吨电炉区域按照规划将改造为型坯铸机维保基地。六是发挥专业优势,积极组织承接股份公司机床维修业务,为公司增效。2017年承揽了股份公司3台轧辊磨床大修合同。

【技术质量】 1.加强科技创新和品牌建设。一是坚持年度策划与实时开发相结合,技术引领、创新驱动,大力开发新产品,拓展产品结构、攻克技术难关,完成科研攻关项目13项。完成高线飞剪曲轴熔覆修复、提高四钢轧连铸1号、2号机1/2段整体弧度稳定性等攻关项目。申报的《设备再制造生产管理创新》项目荣获马钢管理创新成果三等奖。二是根据马钢公司品牌建设规划及“2017品牌就在身边”工程,策划和实施了“连铸机离检维保”“磨辊间维保”“在线检测与精度恢复”等3项品牌建设工作。三是积极组织国家高新技术企业申报工作,提升企业品牌价值和市场效应,2017年11月7日获得国家高新技术企业认定,跻身高新技术企业“国家队”。四是组织开展了2017年度科技管理论文征集评选发布和表彰工作,为广大基层科技人员搭建了展示、交流平台。

2. 强化技术服务基础管理,提高保障能力。紧紧围绕“预警、计划、成本、顺行、优化、创新”的工作主题,制订季度重点工作计划并有效实施。全系统立足巩固和扩大维保市场,着力提升技术服务的水平和能力,提高计划兑现,稳定修复质量,修订完善运行管理制度,加大考核激励,启动了专业信息化平台建设,较好地满足了一、四钢轧总厂,冷轧总厂,轮轴事业部全天候、满负荷、快节奏的生产需要,支撑了钢轧、车轮产线的精益运营和重机公司的转型发展。

【党群工作】 1. 扎实推进党建标准化建设。严格按照党组织建设标准逐条对照,制定计划,夯实党建基础。召开了重机公司第一次党代会。2. 嵌入生产经营,全面落实党委的主体责任和纪委的监督责任。一是将党组织研究讨论作为董事会、经理层决策重大问题的前置程序,并写入公司章程中。二是继续加强和深化对工程、工序外委、物资及设备备件采购等资源和资金领域的管理。三是加强党风廉政建设,签订党风廉政建设责任书、科级管理人员签订廉洁从业承诺书,赴市党风廉政教育基地学习,开展《警示Ⅲ》学习及心得征文活动等。四是开展廉洁风险防控工作,及时调整风险防控体系、风险防控识别表,调整党风信息监督员队伍。五是开展效能监察项目,对去产能后流动资产处置进行立项,加强过程监督。3. 扎实开展“两学一做”常态化制度化及“讲重作”专题教育。认真组织学习,扎实开展“讲政治、重规矩、作表率”专题教育和警示教育活动,开展三个阶段的专题学习讨论。4. 扎实开展群团工作,提升企业凝聚力。一是落实民主管理和厂务公开,开展为困难职工帮扶,为职工购买大病、意外互助保险,为职工排忧解难。二是开展群众性创新创效活动。以创建“职工创新工作室”为载体,发挥职工创新团队作用。对22名职工进行“读书自学先进表彰”。三是围绕生产项目、现场检修等开展各类劳动竞赛,针对生产经营、企业管理等方面,征集126条合理化建议。四是针对安全生产状况,开展党员“安全两无”“安康杯”“青安杯”活动。五是关心职工身心健康。举办了两期健康保健“职工大讲堂”讲座,利用重大节日开展“健康环湖徒步”、羽毛球比赛等职工喜爱的文体活动,组队参加马钢首届职工健身运动会,获得“体育道德风尚奖”。

(邹　唯)

设备检修公司

【主要经济指标】 2017年,实现收入6.43亿元,较上年增长9900万元;实现利润1076万元,较上年增效1400多万元,剔除考核之后实现盈利2100万,超出集团考核指标2469万元。职工收入实现稳步增长。优质完成了二铁总厂2号高炉技术改造等马钢重点工程建设。

【机制优化】 为进一步满足公司市场化运作的需要,2017年7月,检修公司正式设立为具有独立法人资格的工程技术集团全资子公司,并于9月正式运作;同月,又对电气修造公司进行组织机构优化,实现两公司“一体化”管理,进一步做强电力电机专业,延伸多元化发展。继对铁前系统及机关部门进行整合之后,按照区域归并、业务归类的原则,对钢轧及辅助系统进行了优化整合,形成“大部制运作”机制,公司基层单位由19个优化为13个(含电气修造),机关部门由11个精简为8个。通过资源优化整合,系统效能得到充分释放。

【维检总包】 在二铁总厂球团区域、三铁总厂烧结区域、四钢轧总厂热轧区域等试行检修区域项目总包,三大区域总包试点一年来,经营流程与效率大为提高,维检服务质量明显改善,实现了由被动检修向主动巡检的转变,全年总包费用达4000余万元;扎实做好TRT专业总包,推进水泵修复业务,通过不断深化服务模式,带动公司技术与质量全面升级,为股份公司生产稳定顺行提供强有力的保障。精心组织,快速反应,二铁总厂1号高炉铁水倒灌、三铁A炉火灾等事故的高效抢修,充分体现了检修公司的快速响应能力。科学组织施工、强化“四新”技术应用、改进施工工艺,圆满完成马钢内部各项重大检修项目,尤其是二铁2号高炉大修改造工程,公司历经145个日夜的拼搏,克服诸多困难,确保了马钢年度头号重点工程圆满完成。

【企业管理】　全面推进马钢人力资源优化工作，圆满完成公司人力资源优化目标，离岗安置各类人员150人。根据集团公司体系认证工作的总体规划，结合公司实际，有序地开展质量、环境、职业健康安全管理体系认证工作，由传统管理模式向体系化管理模式转变，整体提高企业管理水平，助力公司转型发展。推进资质申报，2017年底成功获取冶金工程施工总承包三级资质，检修公司具备独立参与市场竞争的能力。安全管理方面，在“百日除患铸安”活动的基础上，大力开展“安全生产集中整治百日攻坚”专项行动，在全公司范围内进行了拉网式安全隐患大排查专项整治，进一步提升全员安全防范意识。现场管理方面，不断强化作业现场定置管理以及标准化管理，着力推进检修现场看板管理，通过持续推进现场管理，作业区及检修现场面貌明显改观，职工“6S”管理意识也明显增强。发挥机动物资管理效能，降低库存，盘活资金，全年累计利用和盘活库存52.89万元；成立机具租赁站，集中管理公司重点机具，降低重复采购，大力推行设备自主维修，降低外委维修费用。认真落实公司打造检修工匠基地战略部署，精心抓好工匠基地建设，积极营造工匠文化氛围，充分发挥工匠基地作用，打造检修公司技能人才摇篮。

【技术创新】　积极开展技术创新、岗位创新创效活动。立项重点技术攻关项目26项，确立QC活动课题68项，炼钢维检南部第三QC小组的《缩短卧式烘烤器大盖更换时间》获得首届安徽省企业质量改进经典案例暨QC小组成果发布赛一等奖。组织收集“检修（施工）技术方案”329篇，为固化检修（施工）技术成果，做好技术传承提供资料支撑。

【市场开拓】　不断强化全员服务意识和市场意识，积极抢抓马钢内部市场，主动出击，有效扩大了大中修项目的市场份额，承揽设备大中修项目464项，合同额16204万元。同时依托现场找市场，南山矿和尚桥选场和高村铁矿维保，合钢工程项目、长钢大中修项目，都给公司带来了可观的经济效益。外部市场方面，承揽股份公司以外项目102项，合同金额12187万元，其中与马钢之外的企业签订合同38项，合同金额5876万元；先后承揽了山西安泰集团型钢、连铸大修项目、九江萍钢项目、（宁波）林德气体公司检修项目等。

【党群工作】　成功召开设备检修公司第二次党员代表大会。深入开展“两学一做”常态化制度化和“讲重作”专题教育活动；加强党风廉政建设；进一步加强两级党组织学习，深入贯彻十九大精神；召开党员领导人员民主生活会和“讲重作”警示教育民主生活会。推进党建标准化试点工作，认真梳理完善公司党委层面各类制度21个，完善对应资料80余项；梳理基层党支部工作流程，制定《党支部工作标准化建设考核细则》。推进矩阵式党建工作，成立了铁前协同区、钢轧协同区及工程和公辅协同区三个矩阵式党建协同区，各协同区围绕“检修互动、现场管理、管理创新、创新创效、作业区建设”等课题开展活动。加强合理化建议的实施分解，2017年共征集合理化建议1099条，合理化建议实施率达91%。进一步规范民管小组的运作机制，全面推进作业区民管小组建设，实现公司所辖范围内民管小组的全覆盖。

（张　峰）

表面工程技术公司

【主要经济指标】　2017年，实现了备件产品和基建技改项目总量上的新突破，保证了生产顺行和销售稳定。努力开拓内外部市场，品牌、技术、服务优势逐渐显现，生产经营业绩显著提升，利润总额再创新高。全年实现销售收入2.35亿元，实现利润1768万元。

【生产经营】　一是持续市场开拓，突出项目兑现，生产经营提质增效。积极争取马钢“十三五”技改工程项目，实现了任务承接总量上的新突破，保证了生产经营目标的完成。全年完成沉没辊141组、其他超音速喷涂辊43组、电镀辊4299根、铜板修旧51套、新制8套、铜管453根、层流辊389根、主被动辊55组、耐磨板2126平方米。全年承接了长材事业部1号连铸机大修、轮轴事业部现场检修、二铁总厂和三铁总厂年修等项目。承接了长材事业部2号连铸机改造、中型材冷床与精整区设备等近4000万元的技改项目，快速提升了公司业务总量。围绕优势机械产品和表面技术产品积极拓展外部市场，年初承接到公司历史上最大的外部项目——中钢设备公司出口俄罗斯的带冷项目，该项目一方面弥补了上半年机械产品任务的不足，另一方面使得公司优势机械产品走出国门。全年还新开发了邯郸钢铁、安阳钢铁、二重、西重所等外部市场客户。此外，日照钢铁全年任务承接超过1000万元，通过中冶南方、中冶华天、西重所承接的项目也超过2000万元。

二是按照“营销围绕市场、生产服务营销、其他保障生产”的生产经营方针,树立“系统谋划、超前部署、统筹兼顾、快速行动”的生产管理理念,坚持“月计划、周平衡、日推进”工作模式。在长材事业部1号连铸机大修项目中,各部门积极协作,紧密配合,仅用了3个多月的时间就成功完成了从图纸设计到设备制作的任务,为承接2号连铸机改造项目打下了良好的基础。轮轴事业部9000吨油压机在线检修项目也创造了质量和工期最好纪录。全年工艺总产量同比增加5%。未发生重大工期延误和断供停产事故。

【技术创新】 2017年,公司再次通过高新技术企业认定和省企业技术中心评价,认定为市2017年知识产权试点企业,国家火炬计划产业化示范项目《基于超音速复合涂层技术的高性能冶金备件》、省级科技攻关项目《新型超音速喷涂层复合材料设计及其冶金装备应用的关键技术》和省企业发展专项资金计划项目《超音速热喷涂二期扩建项目》顺利通过验收,满分通过2016年度市科技“小巨人”培育企业项目验收,在集团公司立项多元产业APQP项目1个。与西马克合作开发结晶器槽外电镀技术、与郑州机械研究所合作开发特种堆焊新材料新技术、与上海光机所合作开发型材轧辊孔型激光强化技术、与安徽工业大学表界面工程中心合作开发高温炉辊;与邢台轧辊围绕支撑辊堆焊和复合辊制造、与西安交大围绕铝硅线沉没辊涂层开发探讨合作途径。

抓住机遇,开发了目前国内最大的津西新线1240异型坯结晶器铜板,为马钢即将建设的重型H型钢异型坯结晶器铜板制作积累了经验。2250大板坯和CSP薄板坯结晶器铜板试用取得新突破,即将形成批量供货。2016年投产的采用新型堆焊工艺的二铁总厂3号烧结机的星轮和篦板使用寿命有望提高2倍,深受用户好评。高温炉辊的涂层修磨再生技术得到批量应用,中低温炉辊已在多条产线试用,有望成为公司的一项核心战略产品。研制的“车轮检测线搬运机械手”样机通过验收,并获得了轮轴事业部的10台机械手订单。一钢轧总厂卷取机侧导卫的“板改辊”改造,成功消除了硅钢板带的荷叶边,降低了孔洞率,为硅钢生产提供了有力的保障。

2017年,申请专利11件(其中发明3件、实用新型8件),获得授权专利6件(其中发明3件、实用新型3件),高新技术产品2项,在集团公司创新方法大赛中获一等奖1项,获集团公司“双五小”成果一、二等奖各1项,一篇科技论文获集团公司优秀科技论文二等奖。

【企业管理】 持续推进质量振兴工程,坚持以市场为导向,以客户为中心,以持续改进为目标,完善各项管理制度,加大对质量目标的监控和考核力度,全年质量考核扣奖比上年增加63%,其中科级干部扣奖比上年增加104%、质量巡查曝光扣奖比上年增加179%,不断提高产品的实物质量。全年出厂质量事故23起,其中厂内质量事故4起,外委外购件质量事故5起,重大出厂事故为零,较好地完成了公司年度质量目标。以中钢(俄罗斯)带冷机项目为契机,以创响品牌为目标,用精品的标准进行工艺策划,优化了产品质量控制流程,明确了生产过程质量控制点,设计了制造和检验工装,加强了检验记录、标识和外观质量的控制,实现了传统结构件精益化生产,得到了客户的充分肯定。同时,将中钢(俄罗斯)项目的成功经验,向其他产品拓展应用。在公司一线员工中开展了月度“质量之星”评选活动,全年共评选出“质量之星”7名,营造了全员参与质量提升活动的氛围,提高了员工的质量意识。针对电镀轧辊和超音速喷涂沉没辊试行了标准化作业,使产品质量得到了稳定和提升。界定了9项重点产品,修订了《重点产品现场服务管理办法》,定期对重点产品进行现场跟踪,持续改善服务。以营造创响品牌,精益现场环境为目标,长效组织开展现场改善整治活动,联系实际制定“现场改善工程”综合治理方案,建立责任到人的网格化管理机制,实行“日完善、周检查、月考核”的自主管理模式,保持现场管理常抓不懈。以多元化产业现场整治为契机,从两线四室、物品定置、环保色标、厂房改造、企业文化等方面入手,开展了大规模的现场改善工作,美化了公司整体形象,提升了员工精神面貌,受到内外部客户的一致赞扬。

【党群工作】 宣传贯彻党的十九大精神,深入学习习近平新时代中国特色社会主义思想;开展“两学一做”学习教育常态化制度化以及“讲重作”专题警示教育活动;开展党建工作标准化工作。落实党员活动日制度,落实干部跟班蹲点制度,严格规范组织生活,密切党员干部与基层群众的联系,强化干部队伍作风建设。以矩阵式党建工作为抓手,围绕公司的生产经营目标,开展了主题实践、党员示范岗、党员“两无”和专项督查等工作。2017年,公司荣获马鞍山市厂务公开民主管理工作先进单位、马钢公司工会女工工作先进单位;机械设备厂数镗班荣获马钢公司“工人先锋号”称号,表面修复厂喷涂班荣获马钢公司“标杆班组”称号，金属结构厂王庆（女）荣获马钢公司“优秀班组长”称号。

（车小求）

钢结构工程分公司

【主要经济指标】 2017年，完成营业收入6.56亿元，其中外部收入2.7亿元，占比41.16%；实现利润830万元，超指标2606万元；应收账款周转率为1.87，超指标0.16。

【市场开拓】 出色完成二铁2号高炉、长材倒罐坑、长钢加热炉等一批马钢检修改造项目，积极承揽电炉埃斯科、四钢轧总厂平整线、电炉优棒、长材事业部中型材、瑞泰马钢等新建工程；成功签订新疆天龙、泰国精炼炉、日本ITEC相马工厂钢构件、俄罗斯烧结机、阿尔及利亚球团、埃及EN钢结构等海内外订单；矿车开发取得实质性进展，签订合同214万元。

【精益运营】 与富煌钢构进行对标，对标管理效果初显；强化“6S”管理，加快推进“精益现场管理”创建，围绕材料库存实施JIT管理，围绕设备集中维护实施TnPM管理，现场管理扎实有效；基层单位以利润控制为中心，管理部门以费用控制为中心，稳步实施全面预算管理，通过利润测算、成本分解，找出各业务板块盈亏关键点，制定对应措施，加以改进；有序推进人力资源优化和劳务集中管理，全年实现人力资源优化152人，超额完成公司下达的指标。

【内部管理】 新增制度21项、修订53项，制度建设再上新台阶；完成三标体系复审，实施内控手册编制并发布；严格合同评审，有效识别合同风险；强化合同执行，实行客户经理全过程负责制；针对钢价波动，启动商务谈判，实现合同调差260万元，公司利益得到有效维护；规范招议标行为，招标（比价）率达到100%；编制《项目施工造价数据库》，形成完整成本核算和控制体系；加强外委分包管理，对100万元以上分包预算进行外审，减少外委支付50万元，分包结算二次审减费用290万元；坚持“以收定支、量入为出”，减少资金占用、提升利用效率；加大资金清欠力度，加速应收账款周转，实现年内应收账款下降1亿元的既定目标；完善安全责任体系，落实“一岗双责”，开展“外来单位安全专项整治行动”，针对外包内作、检修协力、工序委托开展专项督查；完成安全标准化评审并通过，安全专项整治按计划推进，已基本完成；推进“安全生产标准化班组”达标，落实《安全保证金》制度，严把外来单位准入关；开展“百日除患铸安”专项行动，推进隐患排查治理工作，消除安全隐患355个；推行“班前六分钟”和“安全随手拍”活动，提高作业人员安全意识；坚持绿色发展，开展“水性漆”应用调研和试用，不断加大环保投入，全年未发生环境责任事故。

【技术创新】 组织21名技术人员进行详图设计建模培训，举办QC成果和施工方案发布会，一项QC成果获省冶金协会一等奖，矿车开发APQP项目在马钢集团立项并顺利结题；申报管理创新课题两项，探索《创建工程项目管理新模式》，推行项目经理负责制，保证项目管理目标实现；制定年度《物资采购成本控制措施》，采取生产主材厂家直购、大宗材料集中采购等措施，同比降低采购成本500余万元。全年申报专利6项，获得专利授权6项，保持张烨大师工作室，“彭清兵创新工作室”获马钢授牌，“刘多鹏创新工作室”获钢构公司授牌。

【品牌创建】 取得钢结构一级施工资质，申报房建总包施工二级资质，完成欧盟、加拿大、国际标准认证复审，启动日本H等级认证复审和特种设备资质复审；制订品牌战略行动计划，以钢构制作、焊接、炉窑、非标设备专业品牌建设为抓手，弘扬品牌文化，提升品牌价值，扩大品牌影响力。推进质量创优，全干熄焦工程获省“黄山杯”，张庄矿工程获市“翠螺杯”；砌筑工代表队获全国冶金行业职业技能竞赛团体第五名，许忠获个人第15名；张烨荣膺“马钢杰出工匠”称号，戴飞、尹翔在全省第二届焊工技能大赛中分获二、三等奖。

【党群工作】 推进“两学一做”学习教育和“讲重作”专题教育，开展3次专题研讨，党委班子成员上党课18次，开展“重温入党誓词，祭扫烈士陵园”主题活动；党委召开两次专题民主生活会，共查摆问题32个，已逐项整改。继续开展跟班蹲点活动，解决实际问题24个。大力推进党组织标准化建设，整理8个方面43项党群系列制度，制成汇编进行下发；梳理7大项、57个子项党建标准化资料；启动“互联网+党建”工作，利用内部网站搭建“党建工作”平台，组织学习并开展研讨。学习贯彻落实十九大精神、深入学习习近平新时代中国特色社会主义思想；在全公司范围内开展“转变思想大讨论”活动，收集职工建议120多条；完成企业画册和宣传片制作。在《马钢日报》等媒体用稿220余篇，其中1篇获季度好新闻，1篇获优秀新闻奖，检修图片获“高温下的马钢人”摄影大赛三等奖。邀请集团公司纪委、招标中心进行招投标相关规定解读,举办“合同管理知识竞赛”。组织科级以上管理人员和部分“三管六外”人员到市监狱开展警示教育;邀请花山检察院举办“规范管理程序、预防职务犯罪”专题报告;组织观看《永远在路上》等警示教育片。开展12项专项治理,对查出的三个方面6个问题,从流程上进行完善,从制度上刚性执行,全面进行整改。全年开展重点工程劳动竞赛5次;征集合理化建议138条;开展“劳动美”摄影赛及“我在现场查隐患,重整改”随手拍活动;参加首届马钢职工健身运动会,多个项目取得好成绩。开展女职工“烘享快乐,焙感幸福”体验活动,表彰“五好文明”及“学习型”家庭;团委开展“五四”表彰、青年户外拓展训练、新入职大学生座谈会等活动。

(徐峻峰)

输送设备制造公司

【主要技术经济指标】 2017年,承接任务总量13704.57吨,总价17665.47万元(其中备件项8556.53吨、11724.94万元),总价完成计划的141.32%,是上年的175.69%;分厂入库产量6636.19吨,分厂入库产值7780.66万元,分别是上年的94.72%和106.82%;销售收入15257万元,完成计划的127.1%,是上年的114.7%(其中马钢外部销售1993万元,是上年的110.1%);利润总额-225万元(含土地费等),超预算计划的36.6%,较上年增加155万元;安全生产稳定顺行。

【生产经营】 以技术开发、生产制造、售后服务为支撑,以营销业绩考核为推动,依托马钢及工程技术集团,立足内外市场开拓,强化销售和资金回笼考核。在马钢集团内部,以输送类等特色产品为主导,抓住有利时机,稳定炉箅条、托辊、滚筒、输送辊等备件,备件收入突破9000万元;做好内部输送设备等工程项目技术服务,承接了南山矿碎矿前移与“头顶库”治理、股份公司型材升级改造及优棒工程等,合同总额超5000万元。外部市场上,南方路机、苏州东亦石等业务量稳定,广州特瑞特克合同量增加(全年合同总额近800万元);先后与日照钢铁、柳州钢铁签订了炉箅条上线试用合同,与上海安麦、蒂森克虏伯等首次开展业务合作。在南山矿碎矿前移与“头顶库”治理项目、港务料场M系统改造、振华港机港口工程项目建设、维护期间,技术、营销、分厂等组成的售后服务人员,深入项目制造、安装、调试现场,及时化解难题,体现输送设备公司以顾客为关注焦点及合作共赢的服务意识和经营理念,赢得用户一致好评。

【技术研发】 完成托辊自动生产线功能升级维护、架体喷漆与数控火焰切割机移位改造,定期进行重点设备点检保养,及时更新、规范处置淘汰设备,库房、计量等管理按要求规范整改。通过了质量管理体系等年度外部审核,MA按期换证;系统安排新产品开发,成功开发集团APQP项目——国内首台MGYD122042新型履带移动伸缩皮带输送机,打破了英国特雷科斯公司(TELESTACK)的垄断局面,并在马钢南山矿高村现场投运。完成B2200高炉主皮带强力滚筒改型设计与制造,改进托辊半自动线、横梁自动焊接工装;完成两项发明、四项实用新型专利申报,获得六项专利授权;启动高新技术企业申报前期咨询准备工作,开展MGSS商标设计与注册,品牌建设工作有效开展;自动装卸圆管输送机等三项产品获得市高新技术产品认定。

【基础管理】 内部生产组织以新型履带移动伸缩皮带输送机样机试制、高村碎矿前移改造、料场M系统改造、宝钢韶关辊道项目等为抓手,加大内部协同与消化力度,工程项与备件兼顾,强化工期、质量、成本控制,实现安全稳定运行。重新修订下发《输送设备公司安全生产责任制》,层层签订《安全目标责任书》,完善职业卫生管理制度,做好外来人员安全教育培训及现场监督管理,开展气体储存、液态金属吊“事故”等应急处置演练。制定年度成本费用计划,盘活库存,清理应收款,收回苏冶、梅钢等超信用期项目款;完成金蝶EAS系统上线和内部ERP系统升级改造;持续推进人力资源优化配置,妥善办理离岗人员与新入职员工相关手续和交接工作,完成顶岗技术劳务人员与利民公司接续的平稳过渡。推进内控体系建设,强化合同等专项管理,完善风险防控、物资采购、外委外协等管理制度;继续开展全员岗位绩效年度评价,适时开展卓越绩效、“三标一体化”等前期培训与策划,四项环境专项整治效果显著,荣获市文明卫生先进单位。

【党群工作】 学习宣传贯彻党的十九大精神,认真贯彻落实“两学一做”学习教育常态化制度化和“讲政治、重规矩、作表率”专题教育;扎实推进基层党组织标准化建设;不折不扣地落实好巡察整改任务;积极推进党风廉政建设和反腐倡廉工作;狠抓重大事项党委前置讨论程序及“三会一课”制度落实;推进矩阵式党建工作。深入落实企业民主管理工作,健全以职工代表大会为基本形式的民主管理制度,推进厂务公开;关爱职工身心健康,高温期间为员工送清凉,合理安排职工疗休养,组织全体员工健康体检,参与“马钢职工万步有约活动”,参加马钢首届职工健身运动会并获团体三等奖和道德风尚奖。组织开展女职工环湖步行活动和丰富多彩的文体活动。开展困难职工家庭帮扶和“送温暖”活动,为职工购买《马钢职工意外伤害及重大疾病保险》《马钢职工家庭财产险》,坚持开展“金秋助学”活动。开展职代会提案征集及分解落实工作,开展合理化建议、“大干100天”劳动竞赛、技能竞赛和技术比武、“安康杯”等活动,引导职工岗位创新创效。

(胡文婷)

监理公司

【主要指标】 2017年,完成(上报)监理产值1502.02万元,其中,外部产值340万元,外部市场占22.64%。上缴利润182.28万元,完成了考核指标的121.5%。全年监理工程项目122项,未发生一起监理责任的质量安全事故,工程监理质量合格率100%,监理合同履约率100%,工程监理顾客满意度达95分以上。财务预算执行情况良好,公司无不良资产和不良债务,资金状况良好。

【企业管理】 1.市场开拓方面。对于马钢内部市场,根据工程信息,及时主动与项目主管部门及项目建设单位联系,做到早介入、早谋划、早服务,确保了马钢项目一个不丢,全面承接。对于马钢外部市场,认真贯彻“走出去”的发展战略,积极寻求与十七冶、中钢、工程技术集团等大型企业合作,承揽监理任务。2017年,新签合同80份(对应建安量20亿元),合同监理费2487万元,其中,外部工程合同31份,合同监理费449.95万元,外部市场占18.09%。2.现场管理方面。明确总监为项目监理的第一责任人,充分发挥总监在项目管理上重要作用。严格审批各项目的监理规划、评估报告等管理作业文件,确保了监理工程管理作业文件处于受控状态,提升技术管理水平。在项目现场,项目监理部全面推行“定置化管理”,使项目管理的规范性、有效性和标准工作得到了有效提升,形成了企业特色,赢得了业主好评。公司还通过项目季度检查、日常巡查等手段,及时发现问题,立即整改。开展了市监理企业安全目标考核、监理企业信用考核、“百日除患铸安专项行动”、“质量月活动”等专项活动,有效促进了现场管理工作,现场管理工作规范有序。3.质量管理方面。公司ISO9001:2015版质量管理体系换版工作全面启动,于2018年3月底完成外部审核认证工作。4.人力资源优化方面。按照集团公司人力资源优化目标要求,全年共办理退休4人、调出1人、协商解除合同1人、居家休养1人,合计优化7人,实际完成人力资源优化目标的117%,人力资源优化整体工作平稳有序。5.品牌建设方面。公司制订了品牌建设行动实施方案,确立“博力监理”为公司品牌名称,以突出品牌为引领,内抓管理,外树形象。6.教育培训工作。一是为不断适应监理行业新技术、新标准、新规范不断更新和国家注册人员继续教育,共安排17人次参加了培训;二是为进一步提升公司管理水平,安排管理人员参加有关企业管理、财务管理、合同管理、品牌建设以及人力资源管理等方面的培训20人次;三是组织开展了2场21人次参加的内部监理员再教育培训和新入职人员业务培训,新入职人员培训面达到100%;四是和业主单位共同组织开展了6场约150人次参加的安装工程监理培训。7.财务管理方面。以财务预算为纲领,加强预算管理,通过分析预算执行情况查找生产经营中存在的不足与问题,提前预防,及时纠偏。2017年,重点加大了过程财务风险防控,加强了对大额资金的运作和管理,及时清欠应收账款。同时,以成本为中心,以项目为单元,开展单项工程成本核算工作。8.降本增效工作。从开源节流两个方面做好降本增效工作,一是重视经营工作,加大市场开拓力度,实现增收增效。二是重点做好外部工程资金清欠工作,做到无超账龄工程项目。三是优化劳务派遣人员结构,控制使用数量。四是压缩非生产性开支。9.信息化建设方面。按照工程技术集团统一部署,公司“业财一体”信息化建设工作全面完成。财务系统于9月份上线,与老系统双轨运行至年底,现已正式单轨运行。人力资源和合同管理系统也上线运行,运行状况良好。10.档案管理工作。全年共完成2017年度文件汇编372件,2016年文档89件,2017年度科技归档资料136卷、荣誉奖牌3件、证书7件、声像档案58张,完成了年度计划的95%以上。

【主要成果】 2017年未发生一起质量安全事故,

无业主投诉和不良记录。公司获2016年度安徽省、马鞍山市"优秀监理企业"。新增工程质量奖4项,即宿马现代化产业园区机械园一期工程获2016年度马鞍山市"翠螺杯"优质工程奖、马钢新区全干熄焦工程和马钢新区后期结构调整四钢轧转炉及精炼建筑安装工程分别获2016年度安徽省"黄山杯"优质工程奖、马鞍山市"监理示范工程"1项。新增个人奖项9项,7名职工获马鞍山市优秀总监理工程师称号,2名职工获马鞍山市优秀监理工程师称号。

【党群工作】 1. 加强党组织建设。以《党支部工作手册》为载体,以"三会一课"为制度要求,认真学习宣传贯彻党的十九大精神,深入学习贯彻习近平新时代中国特色社会主义思想和习近平视察安徽重要讲话精神,全面推进"两学一做"学习教育常态化制度化,扎实开展"讲重作"专题教育,全面提升党员干部队伍的综合素质。修订了公司《章程》,明确了"三重一大"事项支委会前置的工作程序。2. 深化矩阵式党建工作。以矩阵式党建为抓手,在有效发挥党组织纵向融入服务的同时,充分发挥横向监督保障功能,不断提高党建工作科学化水平。3. 加强党风廉政建设。支部领导班子认真落实"一岗双责",深入推动党风建设和反腐倡廉工作,努力营造良好的廉洁从业环境。开展了12项违规行为专项治理自查自纠工作,坚持正反典型案例警示教育,坚持在科级管理人员和重点岗位人员中开展了廉洁从业教育并签订了廉洁从业承诺书。4. 完成基层党建标准化建设。依据标准化建设推进计划,制定了"三个清单",按照"六有"标准完成了党员活动室建设工作,建立并健全基层党建工作制度19项,完成了党组织和党员基本信息采集和录入工作。5. 进一步发挥工会组织的桥梁纽带作用。5月,组织开展了工会换届选举工作。工会组织深入落实民主管理和厂务公开,切实做好女职工劳动保护工作,继续开展节日慰问、金秋助学、大病住院探望等活动。

（檀言来）

比亚西钢筋焊网有限公司

【主要经营指标】 2017年,主要产品产量焊网70548吨、冷轧带肋产品60648吨;实现销售收入35625万元,较上年增加100.32%;上缴税金1123万元。

【企业管理】 2017年3月,马钢公司委派了新的比亚西总裁。新管理团队秉持"用共同的信仰凝聚人,用合理的制度规范人,用高尚的人格感化人,用共同的利益激励人,用宽广的胸怀容纳人"的管理思路,激发员工敬业爱岗工作热情。在充分调研,成本测算的基础上,对全体员工实施工龄工资,废除仅原马钢身份员工独有的年金补贴。对生产系统、销售系统原有不公平的分配机制逐步调整,在企业健康快速发展的同时,增强员工的获得感。按照马钢集团公司党委的要求,做好比亚西党支部各项工作。

【市场营销】 2017年,公司寻求与安徽水利、安徽高路集团等省内重点客户,以及中铁物贸等战略客户在集中采购等方面进行深度合作,全年的产品销量及合同量较上年度有了较大的提高。公司在提高质量保证的基础上,在高铁领域争取签订现款甚至预付款焊网合同。其中与安徽水利集团签订了标的额较大预付款焊网合同,缓解了公司极度紧张的资金链,为后续快速、健康发展创造了条件。

【基础管理】 2017年,比亚西公司狠抓质量管理,践行"买比亚西产品,就是买放心"的服务理念,打造比亚西品牌,提高比亚西公司产品的核心竞争力。通过大力营造"终身学习、知识技能共享"的学习氛围,公司着力打造学习、开放、共享、创新的企业文化。

（杨发明）

其他二级单位

马钢年鉴

新闻中心

【主要指标】 2017年,《马钢日报》全年出报250期;电视播出马钢新闻250期,新闻视野52期,各类专题50部。《冶金报》记者站对外发稿省级以上报刊见报140余篇,其中各版头条53篇。评论员文章《关山飞越敢为先》、消息《马钢车轮上演速度与激情》获全国冶金行业新闻一等奖,《马钢车轮以420公里时速助中国高铁腾飞》获全国企业电视好新闻一等奖,《炉火丹心》获省委组织部优秀党课微视频二等奖,《姑山风骨》获马鞍山新闻奖优秀策划奖。

【党的十九大专题宣传】 在党的十九大召开前,报纸、电视开辟了"喜迎十九大"专栏,广泛宣传党的十八大以来,公司在生产经营、改革发展、党的建设等各方面取得的重要成就。在党的十九大召开期间,按照上级要求,中心全体采编人员夜以继日连续奋战,《马钢日报》共增刊3期、扩版3次、加版32版,为创刊以来首次;马钢电视双频道全部转播中央一套,确保播出安全;开设了"党啊,我有话对你说"专栏,播发电视专题报道11篇。党的十九大胜利闭幕后,报纸、电视开设了"十九大精神在江淮""十九大精神在马钢""十九大精神与我们这一行"专栏,发表马钢及各单位学习贯彻党的十九大精神新闻报道近百篇,推动马钢迅速掀起学习宣传贯彻党的十九大精神热潮。党的十九大期间,新闻中心还按照上级要求,实行管理人员值班制度,同时升级安保设备措施,与宣传部签订安保协议书,安保工作扎实有效。

【新闻宣传】 一是主题宣传旗帜鲜明。报纸、电视、新媒联动,先后开展了"两学一做"常态化、制度化宣传,党建标准化宣传,"讲重作"专题警示教育宣传,家园文化宣传,贯彻公司职代会精神宣传,新区建设十周年宣传等,以鲜明的主题、密集的宣传态势牢牢把握舆论导向。二是重点宣传浓墨重彩。新闻宣传主动融入现场和市场,聚焦公司生产经营、改革发展当期重点,开设专栏、专版,撰写稿件,发表评论,主动发声。报纸、电视先后开辟了"新春走基层""攻坚2号炉,拼搏在现场""做强品牌在一线""对准新区检修,聚焦高效生产""总工谈质量"等专栏。《马钢挥手告别"功勋炉"》《马钢汽车板跨入"高端行列"》《马钢成为德铁亚洲首家供应商》等一批优秀作品被多家媒体转载。三是新闻策划彰显深度。坚持策划先行,深入基层一线,深度挖掘典型,做到月月有策划。《热电品牌炼成记》《二铁总厂转型发展探秘》《"9·20"新区建设十周年系列报道》《工程技术集团攻坚2号炉》、《高炉过冬》等深度报道和连续报道在公司引起较大反响。四是典型宣传有声有色。与宣传部和工会以及有关部门合作,组织策划了"马钢的故事"宣演活动。"劳模风采"、"年度人物""十大女杰"宣传以鲜活、生动的人物报道受到职工好评。开辟"岗位星座""马钢大工匠""马钢文化名人"等栏目,全面展现马钢人的风采。全年报纸电视联手报道了7位"马钢大工匠"事迹;"马钢文化名人系列"被评为全国报纸副刊优秀栏目。五是资源整合更有力度。4季度以来,与宣传部形成更加紧密的联合体,计划一起做、采访一同去、重任一肩挑,宣传部与中心优势互补、人力协同、内外宣传共同发力。主动承担了宣传部一些外宣发稿任务,同时进一步完善通讯员网络和信息对接机制,以联合、联手、联动的方式,充分整合利用现有宣传资源,建立精干高效的工作模式。

【企业管理】 一是强化制度考核。四季度,中心进一步明确职能界面,明晰业务流程,分清管理层次,严格责任追究,所有岗位明确底线和红线,力争做到新闻报道"硬伤不出手"。二是完善激励机制。在原有基础上进一步完善稿件打分、技能津贴评选等绩效考核机制,推行稿件纠错、好稿评选、"岗位之星"评选等激励措施,充分调动职工工作积极性。2017 年"记者节"期间,在全体职工公推公选年度"十佳职工",发挥示范引领作用。三是深化机制改革。根据公司党委要求,顺应广大职工诉求,初步拟定了新闻中心改革方案。对电视、报纸部分采编人员进行了初步调整。

【党建工作】 一是深入学习宣传贯彻党的十九大精神。组织全体职工收看十九大开幕式,组织全体党员认真学习党的十九大报告和新党章。二是扎实推进"两学一做"常态化、制度化。制定了中心实施方案和专题学习计划。班子成员按规定到基层上党课。严格党内政治生活,全面开展民主评议党员活动,参评率100%。开好 2016 年党员领导干部民主生活会、"讲重作"专题民主生活会和组织生活会,深刻剖析,查摆问题,认真梳理整改落实。三是有序推进组织建设。按照党建标准化的要求,落实"三会一课"制度。四是加强党风廉政建设。贯彻落实党风建设和反腐倡廉工作部署要求,落实廉洁风险防控管理工作,建立党风建设工作责任制。五是加强作风建设。召开民主生活会、组织生活会按阶段对党员干部作风建设进行总结和梳理。六是加强队伍建设。深化走转改,采编人员定期跟班到基层,蹲点到一线。加大培训力度,组织采编人员、通讯员参加业务培训。关爱职工,慰问困难党员 2 人,对多名生病住院的职工及职工家属进行了慰问探望。

(戴 虹)

教育培训中心

【概况】 马钢教育培训中心成立于 2009 年 8 月。中心以安徽冶金科技职业学院、安徽马钢技师学院的人员及资产为基础,保留原"安徽冶金科技职业学院""安徽马钢技师学院""马钢党校""马钢高级技校""马钢卫校"的牌子。中心的三大任务是:员工培训,高等、中等学历教育,管理研究和科研开发。中心占地面积 26.67 万平方米,总建筑面积 15.2 万平方米,固定资产总值 1.3 亿元,建有 10 个计算机机房、3 个多媒体语音室以及数控、汽车、电气等 50 多个实验室、20 多个校外实习、实训基地。中心设有"国家职业技能鉴定所",可以组织冶金、机械、电气、计算机等近 100 个工种的中高级技能鉴定。图书馆藏书 21.83 万册,安装了图书计算机管理系统,建有电子阅览室。以教学管理系统、办公自动化系统、"校园一卡通"系统为主要内容的统一校园信息门户已经基本建成。《安徽冶金科技职业学院学报》是经国家新闻出版署批准的具有 CN 和 ISSN 刊号的刊物,《马钢党校》是具有准印证号的出版物。

【培训工作】 2017 年,完成公司各级各类培训 159 个项目、26000 人次,项目完成率 100%;完成 40 个工种,2637 人次的初中高级工、技师、高级技师的职业技能鉴定。承办马钢第八届职业技能竞赛理论考试和实作考核。制定了涉及 114 个项目的《马钢教培中心培训项目清单》,完善了《马钢教培中心培训师资清单》,中心荣获"中国企业教育先进单位百强",荣获 2017 年第十三届中国企业培训创新成果金奖。

【品牌建设】 中心全面落实公司职代会精神,把"做强品牌"的工作重点落在实处,重点打造一批特色品牌项目和培训师资队伍,开展了《品牌建设》《公司卓越绩效》等品牌专项培训。组织开展国家"创新工程师"资格认证考核,开展 TRIZ 推广与应用的学员专利申报专项评审。中心承办马钢首届创新方法大赛,共有 15 支代表队、39 个创新项目、97 名选手参赛。

【学历教育】 2017 年,完成中高职 61345 学时的教学任务,强化招生宣传,落实马钢定向招聘政策,录取各类学生 870 人。规范做好学生资助工作,发放各类资助资金 300 万元。组织编写了高职 19 个专业人才培养方案和中职 5 个工种教学计划。组织完成《工业机器人技术》《物业管理》两个新专业申报工作,实施马钢订单式培训一期 59 人。完成马钢定向两院招聘新员工 183 人。

【专业建设】 组织 7 门精品开放课程和 1 门"教学做"一体化课程立项评审;通过 3 门院级精品开放课程中期验收;通过了 3 门院级精品开放课程结题验收;通过 1 门"教、学、做"一体化课程结题验收。通过 1 门"教、学、做"一体化课程中期验收;做好 2017 年省质量工程、振兴计划和创新项目申报。2017 年,学院在省市各类大赛中取得优异成绩,共获得省赛 1 个一等奖,5 个二等奖,6 个三等奖。

【制度建设】 落实《普通高等学校学生管理规

定》。根据教育部令 41 号文件精神，学院修订制度 31 项，制定管理制度 7 项，汇编了《〈普通高等学校学生管理规定〉(教育部令 41 号)安徽冶金科技职业学院实施办法》。

【管理研究】 协同公司党委工作部开展马钢"党委书记论党建"征文评选活动，按照公司党委部署认真组织党的十九大精神宣讲活动，协助公司组织开展"马钢家园文化建设""大型国有企业矩阵式党建的理论与实践"等马钢管理决策咨询研究，参与了马钢"十三五"企业文化建设规划的讨论起草工作。

【科研课题】 组织实施了 2 个省教育厅高校人文社科项目，《传统徽文化与非物质遗产保护》《基于晶界取向差的 X80 管线钢强塑性协调机制研究》等 6 个课题获得 2017 年省教育厅立项，中心自主立项 2 个项目，组织开展"马钢企业文化建设体系"等马钢管理决策咨询研究，完成了《彩图板图层测量》等技术开发课题研究。中心教职工出版自编教材 2 部，在各类杂志期刊共发表论文 16 篇。

【师资队伍建设】 2017 年，中心有 86 人次参加教育部、省教育厅、人社厅及复旦大学等高校举办的各级各类师资培训，29 名教师申报各类职称，其中晋升高教系列副教授 3 名、讲师 7 名，中职系列高级讲师 3 名、讲师 4 名。

【人力资源优化】 按照公司 2017 年人力资源优化的要求，组织制定中心 2017 年人力资源优化实施方案，全年优化减少 20 人，精简科级机构 2 个，全面完成 2017 年中心人力资源优化目标。

【基础建设】 投入 350 多万元，完成中心网络核心平台升级云服务项目，完成 150 机位计算机房建设，多媒体语音室改造，新建一个 100 机位机械系计算机仿真机房，完成 2 号教学楼监控系统、图书楼 LED 屏、教学广播系统的升级改造工作，利用省财政支持完成护士资格证考试模拟系统建设和老年康复护理实训室建设。

【后勤保障】 组织全国文明城市测评检查的迎检工作。开展了"爱国卫生月""法制宣传月""综治宣传月"等活动，开展防火、防盗、禁毒宣传，认真开展安全大检查，维护了中心教学、生活秩序的稳定。认真做好后勤、保卫和安全工作，学生、教职工违法、犯罪率为零。中心荣获 2017 年度安徽省卫生先进单位、马钢综合治理先进单位、马钢禁毒工作先进单位等荣誉称号。

【党建工作】 一是"两学一做"学习教育常态化制度化。开展"讲政治、重规矩、做表率"专题教育和警示教育，坚持"三会一课"制度。建立了中心领导党建工作联系点制度，领导班子成员下基层跟班蹲点，参加专题组织生活会，对专题教育开展督查；党委组织开展"迎接党的十九大"主题教育活动。强化作风建设，开展了"十二个方面违规行为专项整治"工作。二是抓好党组织建设。对机关三个党支部进行了调整，新组建了机关四党支部，开展"党员示范岗"创建、党员承诺践诺、党员活动日等主题实践活动，全年共发展党员 37 名，21 名预备党员按期转正。举办了一期入党积极分子培训班。中心党委表彰了 4 个先进党支部、24 名优秀共产党员和党务工作者，命名了第一批 4 个"党员示范岗"。中心 2 个集体、4 名个人受到公司党委表彰。全年提拔 2 名正科级、2 名副科级管理人员，交流 5 人，按规定严标准做好考察、公示和任命等相关工作，办理了 4 名科级管理人员改非手续。三是加强基层党组织标准化建设。按照公司党委的统一部署，梳理出中心党建标准化建设的问题清单、整改清单和责任清单，明确改进措施。加强党委议事场所、各系党员活动室、机关支部联合党员活动室建成，并通过公司检查验收。加强制度建设，先后拟订印发了《马钢教培中心党员活动日制度》《马钢教培中心党建工作例会制度》等制度。四是加强思想政治工作。中心召开了思想政治工作研究会论文发布会，3 篇论文荣获公司思政研究会论文二等奖，获得公司"千字文主题征文"优秀组织奖。改版了中心新网站，完善了"安冶学院"微信公众号，全年在各类媒体发稿 300 余篇。组织了安冶学院第十二届、技师学院第九届校园文化艺术节、第八届运动会。中心荣获第 17 届马鞍山市文明单位、第 27 届马钢文明单位荣誉称号。五是做好群团工作。工会强化民主管理，组织换届改选、组织职工代表视察，组织提案征集，办结率 100%；开展"优化教学设计、加强岗位练兵"教案比赛，汇编了优秀教案；查隐患促安全，首次开展"安康杯"竞赛活动，开展"校园查隐患随手拍"活动，编制宣传画册，开展劳动保护征文评审等活动。

(王 丽)

自动化公司

【主要经济指标】 2017 年，实现营业收入 3.53 亿元，比上年增长 26.3%；实现利润总额 3344 万元，比上年增长34.6%,整体经营状况良好并实现持续增长。全年未发生工亡、重伤、重大设备和重大火灾爆炸事故。

【存量业务】 通过优化流程、强化技能、拓展合作,切实提高存量业务的规模效益和整体竞争力。一是创新维保模式,持续开展“春雨行动”服务品牌活动,充分发挥工程“突击队”作用,强化快速响应与处理机制;依托五大运维中心,创新运维模式,加强保产联动机制,保产服务能力与效果稳步提升;严格落实环保刚性要求,通过不断技术改造,确保监测数据的准确可靠性;配合集团公司圆满完成中央、省、市等部门的环保督查迎检工作。全年累计完成各类定修、检修、年修任务580起,UPS巡检、定检、抢修1469台/次,处理各类仪控故障4200起、信息化故障5562起、监控有线对讲3728起,由调度协调指挥的各类重点设备故障483起。二是强化内部运营管理,推行重点工程项目化管理模式,确保工程按期推进,马钢(合肥)板材公司镀锌线、协同办公平台、轮轴智能制造数字化车间等项目如期上线运行,IPS&QMS、特钢优棒、长材事业部中型材升级改造等项目稳步推进;搭建智慧应用平台,采用移动互联网等技术,实现移动办公、移动管理,极大提高用户管理水平,高效完成马钢家园助手、销售公司综合服务管理等移动APP开发项目;聚焦产线应用前沿,加大自动化、轧钢工艺等技术研究,成功突破制约镀锌线控制系统的关键技术,完成对光整机延伸率、轧制力等进行协调控制的数学模型建立并成功投运。三是加大外部市场创效,与中冶华天、中冶东方等专业冶金院所开展深度合作,承接业务量同比大幅增长;加快推进市平安城市一期升级改造、市慈湖河水系整治、欣奕华液晶平板生产线调试、联峰钢铁转炉倾动控制系统、安徽科达电力综合管理系统等外部项目建设。

【增量业务】 抢抓市场机遇,提升新技术应用能力,全面提高增量业务盈利能力。一是有序推进工业机器人集成业务。成功研发贴标、喷码、锌锅捞渣、套筒安装、桁架机械手等七个系列20套机器人应用系统,其中冷轧总厂彩涂卷取机套筒安装机器人应用系统将作业流程由原来30秒压缩至9秒,成功实现“机器换人”,切实提高了工作效率,为产线的安全生产提供有力保障。二是全力推进云计算服务的运营与推广。加快数据中心建设,进一步规范运营机制,顺利通过ISO27001体系认证、国家信息系统安全等级保护三级和国家A级数据中心评测工作;强化与运营商、知名厂商、产学研等合作;加大云公司市场推广力度,成功为市知识产权局、雨山区村镇大管家、安徽工业大学等推广云服务,实现在政府、教育行业“零”的突破。全年实现首次运营盈利。三是扎实开展咨询服务工作。充分发挥专业优势,推进企业信息化建设,等保测评服务范围不断扩大,现已涵盖电力、医疗、公安、电子政务等领域,覆盖全省16个地市;联合省市及公司相关部门开展网络安全、工控安全、两化融合体系等多场培训;顺利完成马钢股份公司的两化融合体系贯标工作。

【企业管理】 一是加强基础管理。深入推进创改试点、新三板挂牌、卓越绩效、品牌建设等专项重点工作,全面梳理现行管理制度与业务流程,建立健全各项规章制度,强化规范监督检查机制,确保企业管理取得实效。二是加强合同管理。修订《合同管理办法》《物资采购供方及工程分包方选择与评价管理办法》;重视合同管理的月度分析工作,实现合同签订、执行情况全过程监督;及时完善客户动态评价管理体系,实时把控风险。全年合同、信用管理工作做到“零失误”。三是加强采购管理。严格执行集团公司集中招标程序,修订《采购控制程序》,采用单价招标、年度备件招标等采购方式,提高备品备件采购效率;采购流程局部信息化效果显著,全年累计采购663次,无异议,无投诉,为实现采购全面信息化奠定基础。四是加强资质管理。完成公司建筑业企业资质换证、省“安全标准化”二级企业资质复审、省企业技术中心年度评价等工作;顺利通过CMMI3认证及马鞍山市工业机器人技术研发中心认定工作,企业综合实力得到稳步提升。五是加强安全管理。建立健全安全生产责任体系,落实安全生产责任制;组织开展“百日除患铸安”专项行动,切实抓好安全整治工作;加强对外来施工单位的安全监督管理,杜绝生产事故发生,确保安全生产形势持续稳定。六是加强交流合作。充分发挥信息产业既有优势,成功与电信安徽分公司、联通安徽分公司等签订战略合作协议,在技术、资源等方面开展互惠合作,为信息产业快速发展提供有力支撑。

【技术创新】 一是加强科研管理。加大科研投入力度,组织开展自动化公司2017年科研项目征集、评审工作,累计投入研发费用2868万元。二是强化技术管理。获得计算机软件著作权登记证书32项、授权专利6项,全年软著、专利申报数量与质量较上年均有较大幅度提升。三是注重科研及管理成果转化工作。《冶金机器人研发与应用》被成功列入市科技“小巨人”培育计划项目;申报的《连退线贴标签机器人》通过集团公司APQP项目结题验收;《优化重卷检查线控制,提高产品成材率》获"马钢岗位创新创效一等奖",《基于云平台的钢铁企业两化深度融合发展》获"中国钢铁工业协会2017年冶金企业管理现代化创新成果一等奖"、"安徽省第十三届企业管理创新成果二等奖",《马钢SAP系统整体迁上云平台》获"CSUA用户协会金龙出海奖"并被评选为"2016年度安徽省信息化十件大事"。

【人力资源管理】 一是推进人力资源优化。根据集团公司统一部署,制定《自动化公司人力资源优化实施方案》,通过强化人力资源管理、改善员工年龄结构等途径,持续推进2017年人力资源优化工作。全年优化79人,超额完成计划目标的108%。二是落实员工培训工作。加强职工教育经费管理与投入,修订《自动化公司职工教育经费管理办法》,强化监督机制,确保落到实处;加大人才培养,制定《自动化公司2017年员工培训计划》,全年完成自办培训22项,送外及各类专项培训69项,累计培训公司内外1030人次。三是完善员工激励机制。建立完善项目绩效评价体系,将项目目标责任及推进过程与绩效挂钩,实施过程动态监督管理,切实提高项目实施的质量与效果;完成9个《项目责任书》的节点或全额兑现。加大外部市场开拓力度,制定《自动化公司外部市场开拓激励管理办法》《自动化公司清欠管理办法》,鼓励全员参与市场开拓,确保外部市场的稳健快速增长。

【党群工作】 一是加强形势任务教育。深入学习贯彻党的十九大精神,持续推进"两学一做"学习教育与"讲重作"专题警示教育常态化。全年累计开展党委中心组学习15次,各党支部集中学习72次。二是扎实开展领导跟班蹲点活动,全年累计蹲点59次,解决现场问题78个,做到件件有落实;三是建立矩阵式党建工作长效机制。开展"两个嵌入"主题活动,完成10个《项目任务书》的考核评价工作;下发矩阵式党建监督任务6项,对发现的11处问题,全部落实整改;四是开展党建标准化工作。建立完善各类标准制度31项、党员活动"三室"21处,严格落实监督责任,加强定期跟踪考核,确保各项标准落到实处;顺利通过马钢基层党组织的标准化验收。五是深入推进党风廉政建设和反腐倡廉工作。建立以党支部纪检委员为网络的基层监督队伍,全力推进纪检监察各项工作;完成风险防控体系测试,确保PDCA循环有效运行;积极开展效能监察,制定自动化公司《效能监察管理办法》《立项效能监察实施办法》,全年立项6项,全部完成。六是加大舆论导向。全面改版"党建在线",设计开发"党建APP"。全年累计刊登在各类网站、微信、报纸共计500余篇文稿。自动化公司荣获"2016年度马钢宣传系统新闻报道先进单位"称号。七是做好群团工作。积极开展"树品牌展巾帼风采,读好书育家园情怀"等系列活动。组织开展金秋助学、扶贫帮困等工作,累计发放金额13.92万元。完成团委换届工作;深入推进共青团"一学一做"实践教育,成功举办"讲理想、比贡献"演讲比赛。

(王驾宇)

招标公司

【主要技术经济指标】 2017年,承接招标业务5463项,累计招标总金额69.5亿元,实现降本增效7.9亿元。其中:招标采购65.2亿元,节约采购资金7.4亿元,节资率10.2%;竞价销售4.3亿元,超预期收益0.6亿元,收益率14.0%。各项主要技术经济指标大幅增长,招标总金额、降本增效额、招标项目数分别比上年分别增长30.64%、41.07%、22.76%。超额完成集团公司设定的招标总额50亿元计划目标。

【机构变革】 2012年8月,招标中心成立。2017年9月26日,马钢集团招标咨询有限公司正式注册成立,为集团公司全资子公司。注册成立招标公司,走市场化运营发展之路,标志着马钢招标实现了转型发展。招标公司成立后快速具备了政府采购代理、机电产品国际等招标代理资格,成为马鞍山市行业内唯一具有机电产品国际招标代理的单位。

【重点项目】 全力支撑矿山系统建设项目,南山矿尾矿库避险安置项目,为国家遏制尾矿库重特大事故的刚性要求,明确治理内容、项目资质、安全标准,通过规范操作,支撑工程技术集团中标;姑山矿露转井项目,依据矿山井巷特殊要求,科学设置评审标准,重点关注施工技术,公平选出实力强的施工方与最优施工方案。全力支撑铁前系统技改和大修项目,深入二铁2号高炉技改现场,了解需求,精准发力,完成系列招标51项,总金额2057万元,为"9·20"按期烘炉提供有力支撑。聚焦三铁A炉B机中修,保工期、提质量,完成系列招标37项,总金额1364万元,为A炉顺利开炉达产奠定基础。全力支撑轧钢产线升级改造项目,高端汽车零部件用棒线材深加工项目,注重实力业绩,以打造品牌产线为目标,完成系列招标54项;长材升级改造以及供辅配套工程上,围绕提升产品档次,组织力量、分头突击,完成招标84项;动车用车轮配套项目中,紧盯质量、明确标准,高起点、严要求,完成招标28项。全力支撑多元产业发展项目,瑞泰马钢新材料制造基地工程,牵头与市公管局协调,破解复杂局面,精心策划方案,实现内部单位中标。此外,高质量完成了煤焦化净化系统合并EPC总包、IPS与QMS信息化项目等重点招标工作。

【品牌建设】 牢固树立"把招标工作做到极致"的品牌意识,扎实推进"2017品牌就在身边"工程,精心谋划"马钢招标"品牌战略与品牌文化,科学制定品牌培育管理手册,系统搭建质量管理体系,修订完善27个管理办法和14个岗位工作标准,量身定做招标公司宣传册。与宝华国际、南京鑫源深入对接交流,建立互信互访、互相对标机制。与市供电公司、马鞍山监狱招标办、雨山区政府招标办等建立联系。在省招协第二届理事会第五次会议上,王志刚被推选为省招协副秘书长;王海赴市公管局挂职;陶炜在以"采购链生态"为主题的发展论坛上,发表了题为《互联网和大数据融合下国有企业采购管理能力提升》的演讲,受到国内招标业界和大型国企的高度关注。这些活动极大地推动了"马钢招标"品牌的传播。

【企业管理】 一是推进"互联网+招标",完成马钢招标门户网站升级换版,吸引1200余家有实力的供应商注册申请;建成全流程电子招标投标交易平台,实现43家合同主体单位全面上线,推动"互联网+招标"迈上新台阶。二是打造四支"精英团队",开展周末大课堂、季度案例分析会等活动,创新岗位技能竞赛方式。朱岚增补竞聘为马钢高级技术主管。三是注重团队协作,互相补位、互相搭台、经验分享、共同提高,保证了重点复杂项目质量。四是提升创新能力,培育创新型人才、创新型团队。以高级技术主管带头,建立了创新工作室。明确了优秀科技人员"四个一"具体要求,开展"人手一项"管理创新活动。2016年获得马钢管理创新二、三等奖的3项课题,转化为创新成果,运用于招标实践。2017年,主动申报、稳步推进马钢创新课题6项。在中国《招标采购管理》期刊再次发表专业论文《国有企业招标采购理论探索和实践》。

【企业文化建设】 一是党组织嵌入法人治理结构,矩阵式党建融入业务,明确"把方向、管大局、保落实"的核心作用。开展跟班蹲点下基层活动,解决实际问题。二是持续开展"两学一做"主题教育、"讲重作"专题教育,抓牢党风廉政、廉洁从业教育。三是深入推进家园文化、精益文化、竞争文化,成功提炼马钢招标的特色文化。广泛形成"紧张并快乐"的工作氛围。积极倡导共建共享的团队意识。主动搭建职工成长成才大舞台。

(方中峰)

汽车运输公司

【主要技术经济指标】 2017年,完成总收入3.3亿元,实现利润总额3600万元,其中:运输总收入2.3亿元,修理收入3600万元,油品销售收入7095万元,其他经营收入3078万元。

【运输主业】 一是提高运行效率。积极关注股份公司各总厂的生产变化情况,主动沟通协调、制定预案、平衡运力,适应性调整车辆人员配置,实施跨区域、跨分公司协同保产,多运输分公司联合运输等多种组产形式,发挥了规模运输优势,提高了运输效率,经受了股份公司快节奏、高产能组产带来压力的考验,实现了保得住、保得好的目标,为股份公司生产稳定顺行提供了强有力的运输保障。二是提升服务质量。修订完善了《车辆卫星导航系统使用管理办法》和相关运输作业标准,使相关标准更加符合客户现场作业要求。不断强化车辆运输过程管控,采取限载、限速、选择符合环保要求车型及严格管理考核等手段,有效控制了现场抛洒问题。持续开展服务质量月活动,加强与客户的交流沟通,定期走访客户单位,征求意见和建议,完善了服务体系,提高了服务能力,树立了汽运新形象。三是增强创效能力。充分挖掘自有运力,抢抓市场机遇,全力组织好各项临时性、突击性运输任务,积极做好新增的水转汽张庄精、张庄块倒运,筛下粉进流程,焦煤内倒和大 H 型钢、四钢轧总厂冷轧原料跨区域倒运等运输任务,实现了增量任务全部由内部自有运力承担。同时,积极推进汽运业务整合,实现了马钢水渣运输业务由汽运公司总包,为进一步优化运输资源配置打下了基础。

【辅业经营】 在服务好钢铁主业运输保产的同时,公司努力开拓多元创效渠道,推进辅业增收增效。巩固集团修理业务总包成果,新增了 4 家单位的修理保产任务。组织实施马钢二级单位特种车辆的“黄改绿”技术改造项目。建成了危运车辆维修专用车间,顺利通过评审取得了危险品货物运输车辆维修资质。连续十年被评为“省汽车维修一类企业 AAA 级质量信誉单位”,连续四届获得中国汽车维修行业协会“全国诚信企业”荣誉称号。报废汽车拆解厂继续做好马钢各类报废回收车辆的环保拆解、精细分类。最大限度发挥报废车辆的剩余价值,积极做好拆解可用件内部回用和对外销售工作。全年上交拆解废钢 450 吨。油品贸易分公司坚持以市场为导向,主动关注油价行情,抢抓燃油价格变动机遇,扩大进销价差,获取差额利润。开通了电信翼支付、微信支付、POS 机等多种支付方式,实现了“两站三点”的联网布局和加油“一卡通”功能,为用户提供了便捷服务。与 12 家外部运输单位签订了燃油供应协议,进一步拓展了外部市场。危运公司大力加强危运车辆运行管控,积极开展危险品运输综合整治、危化品专项整治等活动,确保危险品运输安全平稳。在做好固定运输保产任务的基础上,努力开拓危运业务范围,承接了煤焦化公司洗油运输业务和马钢轨道交通装备有限公司瓶装氮气运输业务,市场化竞争获取了马钢奥瑟亚公司煤焦油长途运输业务。旧车交易中心以做好管理服务为重点,重新修订完善了岗位工作标准,进一步明确岗位职责,强化内部管理,树立窗口形象,提升服务质量。积极应对二手车市场的变化,及时调整经营对策,维护好市场经营秩序。积极做好车辆营销,拓展新车销售业务。同时,加强小汽车租赁业务经营管理,对外开展小汽车租赁业务。

【企业管理】 全面加强基础管理和体系建设工作,提高企业管理水平,为公司发展提供了有力支撑。一是持续优化人力资源。认真贯彻落实集团公司人力资源优化和去产能政策,做好人力资源优化和富余人员的分流安置工作,超计划完成了集团公司下达的人力资源优化目标,截至 2017 年底,职工在岗总人数 512 人,与年初在岗人数 542 人相比,减员 30 人。按照“授权组阁、竞聘上岗”的要求,对部分副科级管理岗位进行了公开竞聘。修订完善了《劳务工管理办法》,按照集团公司劳务集中管理的要求,实施了劳务集中管理。二是深化体制机制创新。为进一步精简机构、优化管理流程,对部分部门和单位进行重组归并。撤销了人力资源(企管)部,将其全部职能划入综合管理部。将物流配送项目部并入马鞍山市旧机动车交易中心。对红旗南路加油站和综合贮油站合并重组,成立了油品贸易分公司。为适应现行体制和管理模式下的发展要求,注册成立了郑蒲港分公司。修订了公司全员岗位绩效考核办法,使岗位绩效考核体系进一步健全和完善。三是不断加强体系建设。开展了质量环境职业健康安全、品牌培育管理体系认证和卓越绩效模式导入工作,全力推进体系化管理。制定发布了《标杆管理办法》和《汽运公司 2017 年标杆管理工作实施方案》,每季度开展竞争力分析,推动了对标挖潜工作深入开展。不断完善内部控制体系建设,抓好管理工作闭环,对各业务流程进行梳理,建立了月度工作报告制度。大力开展“2017 年品牌就在身边”工程,营造了浓厚的品牌氛围。公司已成为中国物流与采购联合会理事会员单位,已获得中国物流与采购联合会运输型 4A 级物流企业资质认证,公司的外部形象得到进一步提升。四是持续抓好专业管理。扎实开展“百日除患铸安”专项行动,深化安全生产大检查。顺利通过了安全标准化达标二级企业复审工作。对公路运输车辆管理现状进行了调查梳理,制定了《马钢物流公路运输管理办法》,待集团公司发布后实施。物流公路运输综合调度信息系统正在进行升级改造。组织开展了现场环境专项整治活动,基础设施和环境面貌得到明显改观。认真履行了马钢授权管理的车辆及公路管理职能。

【党群工作】 深入推进矩阵式党建工作,进一步强化“融入”“服务”和“监督”“保障”功能。深入学习贯彻党的十九大精神,扎实推进“两学一做”学习教育常态化制度化和“讲政治、重规矩、作表率”专题教育。部署落实集团管控等12个方面违规行为专项治理工作,紧密结合内部管理和马钢党委巡察发现的问题等,制定切实有效的整改措施,抓好整改提高,确保责任明确、整改及时、落实到位。在公司党员干部中开展“三警”教育。强化党组织在公司法人治理结构中的领导作用,明确了党委研究讨论重大问题决策前置程序。开展了“驾驶员岗位创效能力”和“分公司车辆创效能力”“大干四季度,建功十三五”“保障股份公司检修工程”等劳动竞赛和合理化建议活动。充分发挥“查飞创新工作室”引领作用,不断深化创建工作,公司新命名两个创新工作室。开展讲述汽运故事“微信创意大赛”“‘提升办公能力,创建岗位品牌’办公软件应用技能竞赛”等活动,评选出“岗位创新创效成果”7项,“先进操作法”4条。共青团组织开展技术沙龙、志愿者活动和文明交通劝导活动,与工会女职委联合组织开展“爱心牵手,家的味道”趣味包饺子比赛活动,让团员青年感受到家的温暖。

(刘　刚)

国际经济贸易有限公司

【主要经济指标】　2017年,实现贸易收入50亿元,比上年增长43%,利润总额7597万元(含股权转让收益3098万元),比上年增长99.9%。全年未发生重大财务坏账和经营风险事件。

【风险防控】　修订《国贸公司合同管理办法》《国贸公司风险控制管理办法》,制定期货工作小组规定,重新定义授信及分类管控,修订《内控手册》及测试表。结合业务流程重新梳理风险点。首次启用“企查查”软件,及时跟踪、反馈供方、客户变化情况。

【贸易经营】　利用期货套保,有效冲抵部分业务经营损失。扩展贸易规模,煤炭业务大幅增加。铁合金及废钢等业务有较大增长,酒水、燃料油零售类业务有进步。及时恢复煤炭贸易,全年销售焦煤7万吨,实现销售收入0.6亿元。全年销售电煤67万吨,实现销售收入3.4亿元,比上年增加386%,实现了量的突破。依托钢铁主业,做好服务双赢工作。全年共承担股份公司移交富余矿227万吨。找准市场机遇开展峰景焦煤的业务。备件业务量有较大的发展,签订了合钢板材和长江钢厂两个较大的项目。抓住机会与废钢公司共同出口韩国两单约6500吨废钢,开创了马钢废钢出口的先例。

【项目引进】　配合集团公司“十三五”重点工程建设,做好技术项目引进商务工作,完成特钢公司钢坯出口轧制等系列工作。同时,一些基建技改项目已开始启动。全年完成设备进口1000万美元,新签约进口项目合同27个。

【子公司管理】　子公司建设有序推进。上海公司完成了《内控手册》等风控体系建设。自9月起,上海公司受托全面接管了酒水业务,酒水工作实现平稳过渡和服务延续。筹备澳门子公司成立运营的各项前期工作。完成内外部投资审批流程。国贸公司持有的香港公司9%股权转让给马钢股份公司,实现了平稳过渡。

【党建工作】　加强党建工作,促进党建与经营业务的深度融入。将党建工作纳入到章程之中,使其制度化。实施“双岗双责”。组织开展“两学一做”“讲政治、重规矩、作表率”“不忘初心、牢记使命”等主题教育活动。

(王挺松)

资产经营管理公司

【主要经营指标】　2017年,实现收入20446万元,其中:房产租金收入4642万元,土地租金收入8151万元,土地收储收入4766万元,营业外收入2691万元,外转供电收入196万元;实现考核利润6061万元,超目标利润61万元;全年重大安全伤亡、设备、火灾事故为“零”。

【资产经营】　2017年,围绕“坚定不移深化改革,坚持不懈做强品牌”工作主题,以盘活集团公司低效、闲置存量资产为突破口,多渠道、多手段增加效益,全年共牵头完成盘活资产和争取政策项目11个,为集团公司增加资金或收入19115万元,实现收益4384万元。一是出售工程技术集团剩余4套上海房产,为工程技术集团创效1200余万元。二是盘活海口历史清欠房产,于2017年6月17日签订补偿协议,收回资金504万元。三是结合去产能政策契机,盘活原向阳中学和粉末冶金公司预留土地资产,两宗地合同总价的

80%计4524万元已经到账。四是实行资产有偿使用,按照市场化原则与承租单位签订租赁协议,确保集团公司资产保值增值。五是处理北京办事处房产、土地税相关事宜,为集团公司节约资金约655万元。六是清理资产核减费用,通过清理核实慈铁新村、红旗路、前钟村等拆迁小区沉淀的维修基金,增加收益70万元。七是寻求盘活马钢宾馆存量资产途径,积极寻求与中冶华天、朗诗集团等在养老、大健康、文化旅游和智慧城市产业上战投合作的机会。八是核减集团公司13宗账实不符土地资产使用税,每年可为集团公司减少税金336万元。九是清理集团本部房产权属,通过现场查看、查找档案资料对集团本部房产权属情况进行清理,共整理出权属存在瑕疵房产364项,已向公司行文报告,寻求解决方案。

【企业管理】 一是强化安全和消防管理。落实安全生产责任制,建立健全安全和消防管理体系,修订完善管理制度,制定应急预案;加强巡查,及时查找安全隐患,责令整改。二是加强资产管理。资产管理信息化平台上线运行,实现多部门协同合作,初步完成资产管理信息的实时采集、在线管控。三是加强工程项目管理。努力提高工程项目管理水平,全年90多项工程安全无事故,质量显著提高,工程费用和进度得到有效控制。四是规范单身公寓管理。保证入住人员进退有序,把公司对大学生的人文关怀落到实处。为大学生公寓新装空调30余台,全年发放租房补贴46万元。五是做好金海岸名邸项目重启前期准备。牵头起草工作建议和推进计划,代集团行文报省国资委备案;与绿地集团、碧桂园、中南熙悦、安粮房地产公司就后续开发及其他地块合作开发进行交流。

【“三供一业”分离移交】 主动对接省国资委、马鞍山市政府及相关部门和单位,按照时间进度节点逐步推进马钢“三供一业”分离移交工作。2017年1月,与马鞍山市政府签订《省属企业职工家属区“三供一业”分离移交协议》。水、电、气移交改造项目有序组织实施;物业分批和雨山区、花山区政府签订了物业移交协议,将马钢职工家属区45046户居民的物业管理移交。向省国资委和财政厅申请省财政补助资金6245万元已经到账。马钢“三供一业”工作进展顺利,受到省国资委表彰,经验做法在全省推广。

【党建工作】 一是扎实推进“两学一做”学习教育活动,把“三个一”活动作为“两学一做”常态化制度化的重点工作加以推进。二是扎实推进矩阵式党建工作。强化党组织纵向管理,党支部围绕经营管理主线,建立横向协同工作线,加大党建工作与业务工作的深度融合。三是积极推进党支部标准化建设。从加强班子建设、党建制度建设、健全组织生活、深化活动载体、落实重点工作、完善党建工作台账等方面逐一落实。2017年11月10日,召开了第二次党员大会,开展党支部换届改选。四是强化反腐倡廉教育,党支部深入开展专题教育活动,突出抓好领导人员、重要岗位人员廉洁从业教育,提高廉洁意识和自觉性。

(张 宣)

投资有限公司

【主要经营指标】 2017年,围绕资本投资运作主线,谋划股权投资,强化证券投资,推进马钢企业挂牌“新三板”,设立基金公司协助集团实施市场化债转股,全年实现投资收益6800万元,实现考核利润6280万元,全面完成集团公司下达的目标任务。

【推进“新三板”挂牌】 挂牌“新三板”工作实现突破。欣创公司成功挂牌“新三板”,对马钢多元产业探索资产证券化,进一步规范法人治理,引入战略投资者,打造多元个性品牌提供有益借鉴。

【设立私募基金公司】 抢抓政策机遇,设立马钢(杭州)投资管理有限公司。在基金业协会收紧对其他类基金备案的前提下,经过4个多月的努力,两轮意见反馈,一次高管约谈,顺利通过备案审查,取得管理人资格,并接管马钢债转股基金,帮助集团降低资产负债率1.6%。

【研究设立融资租赁公司】 成立融资租赁公司,通过“融物”方式实现“融资”目的,为集团新增一个融资平台;利用其盈利能力较强,以及明显的节税效应,为集团新增一个利润增长点。计划在上海自贸区成立马钢(上海)融资租赁有限公司,注册资本3亿元。起步阶段以集团内部业务为基础,采取直租或售后回租方式,服务马钢企业产线建设、设备采购和技术改造等项目。公司运营稳定成熟后,利用集团上下游优质客户、国资企业、政府平台等渠道,选择医疗、教育、节能环保、公用事业、民生消费等领域,开展外部业务。力争到2018年将资产规模做到10亿元,实现营业收入2500万元,利润总额1500万元。

【研究设立商业保理公司】 成立商业保理公司,利用马钢优质信用融入低成本资金,马钢供应商或客户,如有融资需求,可以持有的马钢债权或货权作为质押,申请办理保理服务。在此过程中,马钢赚取信用利差,将自身优质信用转化为实在收益,供应商获得较低成本的融资,实现合作共赢。计划在上海自贸区成立马钢(上海)商业保理公司,注册资本3亿元。力争到2018年将资产规模做到25亿元,实现营业收入4000万元,利润总额2500万元。

【配合集团公司和股份公司发债】　与券商合作,成立3个定向资管计划,在银行间市场开展马钢债投资,配合集团公司10亿元中票和股份公司20亿元短融发行,降低发债成本2000万元。

【谋划股权投资】　一是收购自动化公司5%股权,支持其挂牌"新三板";二是参与设立冶金资产公司,对冶金及相关行业不良资产进行管理,获取较高水平资本回报;三是储备具有IPO前景的投资项目,择机开展股权投资。

【合作交流】　学习考察宝武集团、鞍钢、太钢和华菱钢铁,开展融资租赁和商业保理业务、PE投资和股票投资、市场化债转股、市场化用工及薪酬体系、全面风险管理等经验做法。与鞍钢、太钢投资公司开展合作交流,定期研讨资金市场、债券市场和股票市场等的发展趋势,开阔视野、打开思路、取长补短、共同提高。

【基础管理】　一是设立风险管理部,全面加强风险管理;二是明确对外投资项目,必须履行"先审批、后实施"的程序;三是建设内控体系,制定系列规章制度和工作流程,梳理和优化决策层、经营层和部门职责,构建分工合理、权责明确的公司治理结构,形成良好内控环境,有效提升内控水平。

(季海俊)

物流公司

【主要经济指标】　2017年,物流公司本部完成营业收入9300万元,比上年增加28%,其中外部市场营业收入1761万元,占比19%;板块并表营业收入7.3亿元,比上年增加43.1%,其中外部收入9000万元,比上年增加80%。本部利润700万元,比预算增加94.4%;板块并表利润9000万元,比上年增加107.4%,超预算90%;本部完成物流优化降本3100万元,比预算增加55%。全年落实财政返还864万元。全年完成实物物流量7924万吨。其中:采购物流总量4261万吨(水运2524万吨、铁运1257万吨、汽运480万吨),生产物流总量2300万吨,销售物流总量1363万吨(水运513万吨、铁运160万吨、汽运587万吨、外贸103万吨)。

【基础管理】　一是完善法人治理结构,依法行使出资人责任。进一步加强董事会、监事会建设,增设董事2名,调整了监事会成员。对子公司的董事会、监事会成员进行相应调整,确保公司治理机制的正常发挥。2017年,公司召开董事会会议6次,审议了郑蒲港务公司增加注册资本、中联海运公开竞购船舶等议案,依法行使出资人责任。二是加强风险防控,实行财务集中管控。根据集团公司风险防控要求,梳理物流公司和各分子公司财务风险点,逐步完善各项财务管理制度,对全资及分公司实行财务集中管理,积极做好风险防控专项治理工作。三是夯实基础管理工作,物流创新取得突破。梳理管理和业务流程,健全各项管理制度。着手制修订价格管理、合同管理、供应商管理等一系列管理办法,为公司规范运营提供制度保障;启动月度物流计划的编制和运行评价,通过计划—执行—评价—调整等运行机制,为股份公司物流精益化运行提供指导。根据公司经营业务发展需要,成立市场经营部,实现了管理和业务的分离,为外部市场开拓创造了有利条件。针对马钢厂区公路物流现状,制定并发布《马钢物流公路运输管理办法》,为厂区物流规范运行提供了支撑。把握政策,抢抓机遇,物流创新取得突破。完善物流信息化平台建设,申报马鞍山市"两化融合"示范企业;水运物流协同平台和物流监控调度平台建成投用,推进了股份公司采购水运物流管理标准化进程,提升了供应链协同效率和管理能力,为马钢物流信息化建设打下了基础。公司申报的"以生态智能为目标的现代化钢铁物流企业建设"荣获2017年度马钢集团公司管理创新成果一等奖,并经集团公司推荐申报中钢协管理创新成果奖。

【保产服务】　一是精心策划,完成年度物流运输业务招标工作。在集团管理部门的指导下,协同招标中心、采购中心、销售公司等单位,共同策划,精心设计,认真组织,实施采购、生产和销售物流联动,完成了年度招议标工作。此举优化了流程,锁定了运力,打造了一条稳定、安全、经济、高效的马钢物流供应链,为完成全年保产保供任务提供了有力支撑。二是周密组织,协同完成港口谈判及布局工作。根据股份公司年度需求计划,进一步强化"一体两翼"整体布局,周密安排原燃料中转港口的合作方案，以货量的倾斜加深与战略港口的合作关系，降低港口中转物流费用，缩减泊船作业时间，努力提升物流效率。三是积极应对，做好保产保供工作。2017 年，物流公司克服困难，发挥集中管控、统一协同的优势，采取包括建立装运卸联动机制，提前出运满足用料节点，以船代库保证库存安全，水、铁、汽方式互补，建立核心运力体系，高炉投产及技改物流攻关，灵活启动调价机制，系统联动、刚性衔接等一系列有效应对措施，做到保产保供有效有力。四是无缝对接，提供满足产品属性的物流服务。根据客户要求，制定冷卷集装箱装卸方案，设计了马鞍山至广州的物流线路，物流运输方式更加经济、环保、安全和高效；特钢高线是新高附加值产品，其对物流运输提出更高要求。通过积极对接特钢公司，梳理物流各环节，组织物流培训讲座，与特钢公司、承运车队共同制定出适合特钢高线的运输方式，保障了产品运输的质量。五是问题导向，开展物流 EVI 服务工作。以长材事业部出口 H 型钢为切入点，开展“提升 H 型钢物流运输质量”EVI 项目，跟踪 H 型钢下线、入库、厂内装车、汽运、港口装卸，船运等物流环节，加强对 H 型钢物流各环节的监督和管控，制定汽运、港口和船运等环节的标准化作业技术方案，形成关键过程控制 KPI 指标，全面保障 H 型钢的物流运输质量。

【市场开拓】 积极拓展内外市场，经营业绩明显提升。以马钢集团物流业务为主体，梳理集团内部物流市场，创收增利；以外部市场为导向，逐步提高客户信任度，打造马钢物流品牌，推动以多式联运为核心的全程物流业务：科学筹划、精心组织，全年回运张庄精 127 万吨，完成张庄矿物流总包业务，为张庄矿保产和股份公司保供提供了有力支撑；做好服务，持续优化了 H 型钢外发业务；提前介入、解决困难，开展了特钢产品外发业务；以点带面、逐步深入，稳步发展资源公司销售外发业务。合肥公司通过不懈努力取得了张庄矿机制砂的销售与物流业务，同时也开拓了合肥建材市场，为物流公司创造了可观的效益，同时在风险可控的前提下尝试了“贸易+物流”的经营模式。郑蒲港新区马钢物流园项目取得突破，入驻企业 22 家，本部额外争取税收返还 93 万元。全年经营收入 0. 8 亿元，毛利 465 万元。与多家客户建立起长期全程物流合作关系，同时重点发展外部市场客户 10 余家，客户网络初步形成，收入、利润实现较快增长。

【多式联运】 物流公司抢抓国家新一轮综合交通发展的机遇，积极开展多式联运项目的申报工作。2017 年 11 月 10 日，全国多式联运现场推进会在郑州召开，会上发布了第二批全国多式联运示范工程名单，物流公司牵头申报的项目《依托长江黄金水道，立足皖江城市带，马鞍山多式联运示范工程》成功入选。该项目是安徽省第一个，也是全国冶金行业唯一一个入选项目。交通运输部将对符合要求的示范工程中的枢纽站场项目，根据有关政策给予投资补助以及国家专项资金，并享有省级人民政府、示范项目所在地人民政府及有关部门的政策、土地、财税等方面的支持。

【申报 5A 级物流企业】 2017 年 8 月 31 日，公司申报国家 5A 级物流企业启动，成立资产、设备设施、管理服务、信息化四个工作小组，收集准备相关资料，4 月 4 日申报材料完成提报，4 月 17 日通过省物联初审，5 月 23 日申报材料提报中物联等待通过再审。预计 2018 年年内公司可以获批国家 5A 级综合服务型物流企业。

【物流商大会】 2017 年 10 月 24 日，成功组织召开“马钢 2017 年度物流服务商大会”。大会全面总结了公司成立以来取得的成绩和面临的实际问题，明确了公司从企业物流向物流企业转型的总体思路。根据总体转型思路，制定了公司“一大转变、两大目标、三大任务、三大规律、六项原则”的“12336”战略构想，并确立了公司“推进专业化运营，强化协同化发展；建设标准化体系，实现规范化物流服务；搭建信息化平台，实现智能化物流服务；增强创新功能，实现集成化物流发展；注重人才培养，形成专业化物流核心团队”等五个着力方向。

【党建工作】 2017 年，公司党支部以“两学一做”学习教育活动为工作主线，以党建标准化建设为抓手，加强监督，扎实开展党建各项工作。一是全面加强党建制度化工作。严格贯彻执行《关于落实党组织研究讨论是董事会、经理层决策重大问题前置程序的实施意见》；制定了《物流公司党支部组织生活制度》，从制度上规范党内组织生活；根据基层党组织标准化建设要求，建立党员活动室。二是坚持党管干部的原则，规范选人用人程序。对三个科级管理岗位采取群众民主推荐、班子集体研究、组织多方考察等形式产生出人选，并按规定进行公示、任前谈话。三是深化矩阵式党组织建设。紧密围绕公司实际，聚焦重点工作，及时发现并解决各项管理工作中的问题，充分发挥纵向融入服务和横向监督保障的作用。四是加强党风廉政建设。组织党员干部参观市党风廉政教育展览；召开班子警示教育专题民主生活会，广泛征求意见，开展批评与自我批评,拟出问题清单,制定并落实整改措施。

(祝　凯)

仓配分公司

【主要技术经济指标】　2017年,完成各类炉料出入库总量2850万吨,物资出入库总金额73亿元,废旧物资回收销售总额1.1亿元。实现全年炉料、物资保供安全运行无事故。

【改革发展】　2017年,仓配分公司顺应改革大势,推动仓配资源整合,转变身份竭诚为股份公司服务,并成为集团公司物流板块重要组成部分。一是坚定不移地推进人力资源优化。通过两年的努力,2016年完成优化减员197人,2017年再优化减员106人,完成了公司下达的优化减员任务。二是贯彻“多劳多得、名利双收”的理念。采取20%奖金自主分配、单位间奖金系数差异化、劳务替代奖励基金精准发放等措施,用经济杠杆鼓励员工向劳务替代岗位、缺员岗位和边远岗位流动。同时较大幅度提高包括班组长在内的业务骨干奖金水平,对科级干部、改非科级干部引入层级管理,实行分层级奖励。三是大力开展全员培训,打造精干职工队伍。坚持重培训、增技能、提素质的思路,依靠“订单式”培训,针对特种作业、仓储配送业务、办公技能、管理能力等各方面需求,集中开班或送培,并成立“童云吴波创新工作室”,形成了自己的教培力量。在广泛培训的基础上,组织开展了第二届职工职业技能竞赛,共有379名职工报名参赛,约占操作维护岗总数的80%。四是贯彻“人人皆可成才”的理念,为员工提供发展平台。按照三支队伍建设要求,关注员工职业发展通道。2月份在物资板块推行作业长制,公开选拔竞聘了12名作业长;3月份公开竞聘提拔科级管理人员;3月底评定优秀科技人员、技术能手;9月,完成了在操作维护岗人员中公开竞聘技术业务岗工作,并按照“人尽其才”的原则,将他们配备到合适岗位。

【生产保供】　2017年,仓配分公司转变观念,全面贯彻服务意识,坚持以股份公司生产稳定为中心,努力提供高效优质的服务。在炉料保供服务中,以满足生产厂需求为重点,持续加强对焦炭、块矿、合金、辅料等原料的仓储配送工作,严格执行供应计划,努力做好生产保供过程的动态控制管理。重点做好2号高炉检修期间的焦炭等各类炉料平衡保供。顺利接收并做好合金、直供贵重辅料的押车工作。持续加强库存管理,依据公司设置库供物料的最低储量红线,制定紧急预警及替代保供方案,确保低库存状态下物料保供顺畅。在材料保供服务中,修订完善了《材料入库验收管理办法》等制度,规范材料仓储配送作业,竭诚为用户服务。在日常保供及突发事件中,形成有效的快速反应机制,确保物资全时段、全天候供应。在废旧物资回收工作中,积极主动加强与管理部门及厂矿的工作联系,掌握废旧物资信息,合理安排人力、物力进行统一回收,使公司资源做到颗粒归仓。在备件保供服务中,严格执行公司各项备件出入库管理规定,优化业务流程和库区设置,持续做好无库存备件、协议制总包备件的入库验收管理,加强零库存及零库存转协议制备件的过程控制。针对二铁总厂2号高炉、长材事业部南区3号加热炉等生产线大修,及时开展备件保供及回收。完成了设备部交办的2100万元备件实物分类下架、历史遗留的代用库8800万元的账面清零。按照公司总体工作部署,完成了长材事业部南区备件库房整体搬迁。机旁库综合整治工作持续有效推进,并完成了机旁库备件及代保管备件的价值估算工作。

【对外经营】　仓配分公司立足于现有条件开展对外经营,在保产的基础上完成经营目标。一是全面开展仓库、料场、房屋的租赁业务,对内面向马钢公司各厂矿、对外面向社会用户进行招租。二是在物流配送上有所作为,积极开拓并逐渐稳固了公司重点工程用钢材、粉末冶金焦粉、金雪驰润滑油等仓储物流服务。三是建立专业经营团队,公开招聘经营部管理人员,配备了一线经营班组,对招聘的科级干部实行特殊政策,以经营业绩定收入。2017年,经营业务已涉及库房租赁、原燃料仓储装卸、钢材转储、润滑油仓储接卸、合金加工管理,全年签订合同额244万元,完成经营收入230万元,较2016年增长130%。

【企业管理】　进一步理顺内部管理程序,坚持用制度管权管事管人,年初针对进入集团后发生的变化,对仓配制度进行了全面梳理、修订,5月份制定发布各类规章制度189份。把严格执行制度的理念渗透到生产管理的各个方面,着力纠正落实不力、效率不高、执行力不强的问题,并在制度运行的过程中,结合生产实际不断完善,努力构建内部严谨、优质、高效的工作运行机制。在安全管理方面,落实安全生产责任制,加强安全管理体系运行管理,积极推动安全标准化创建及示范作业区建设,顺利通过安全标准化三级达标评审。

推进安全风险"六项机制"建设,组织应急预案的修订和演练,先后组织开展了一氧化碳泄漏、消防、火灾、中暑等事故应急救援预案演练20次,共计有386名职工参与了演练。经常性组织开展对外来单位的安全专项检查,保障重点工程安全有序推进。在设备管理方面,进一步完善设备管理制度,加强日常维护和点检,实时掌握设备状态,提高设备运行效率;紧密围绕生产经营重点工作,认真做好有关项目建设,积极开展技术创新,为生产经营提供设备保障。重点完成了炉料一站环境整治施工、一铁焦炭库大棚建设及铁路道轨隐患整改检修等项目,备件中心还建库房、一铁焦炭库皮带线改造等工程在建。在环保工作方面,贯彻"环境经营,绿色发展"理念,认真落实公司节能减排工作计划,提升现场环境绩效,确保全年环境目标实现。针对新料场环保焦点问题,按照国家、省、市以及公司要求,行动迅速,建设了喷水洗车、新增蓄水池、循环水使用等三项工程,对料堆实行覆盖。料场环境状况大有改观,顺利通过后续督查。在管理体系运行方面,进一步提高质量、环境、安全、能源、计量、内控——"六位一体"管理体系的运行效率,通过加大体系文件的培训力度,深化"写所需、做所写、记所做、纠所错",持续改进管理体系,不断满足各类认证、审核个性化要求。在现场管理方面,按照"6S"管理标准,以料场定置、库房整治、场所卫生等为重点,进一步推动现场环境的改善。持续提升"两线四室"管理水平,广泛开展了"星级四室"和"最美办公室"评选活动,配送中心装卸作业区休息室等2个场所荣获马钢"最美四室"称号。

【党群工作】　一是大力开展形势任务教育和宣贯。开展"讲重作"警示教育活动,"两学一做"学习教育常态化制度化。认真学习宣传贯彻党的十九大精神。以人力资源优化、保产服务、职工技能竞赛、对外经营为重点,开展宣传工作,全年外发稿件300余篇。举办四期政治理论和党建知识培训。开展纪念建党96周年系列活动,组织全体党员开展"我是党员我承诺"签名活动。二是深入推进党建工作标准化。完成党员活动场所"六有"标准,完善了相关党建工作制度。严格执行"三会一课"、组织生活会、民主评议党员、党员活动日等基本制度。三是深化矩阵式党建工作,着力建设服务型党组织。四是深化管理人员下基层跟班蹲点。班子成员及机关管理人员坚持到基层跟班蹲点,与职工沟通交流。五是落实党风廉政建设"两个责任",切实履行"一岗双责"。组织召开党纪党规学习教育,强化廉洁从业监督制约,构建作风建设长效管理机制,推进廉洁风险防控常态化管理。六是全面推动精神文明建设,积极开展文体活动。开展仓配特色文化培育,参与马钢职工技能大赛、职工健身运动会等活动。七是充分发挥工会维护职工合法权益的基本职能和桥梁纽带作用。组织开展合理化建议活动,共征集建议70条。切实做好困难职工的帮扶工作,开展困难救助、慰问探望等"送温暖"活动。

(徐今来)

·集体企业·

利民企业公司

【主要经济指标】　2017年,实现主营业务收入8.60亿元,比上年增加2.27亿元,增幅为35.86%,创近年来最好水平。劳务总包及协力保产劳务、建筑安装、生产贸易三大板块的营业收入,都出现较大幅度增长。其中:劳务总包及协力保产劳务实现产值3.20亿元,建筑安装实现产值3.50亿元,生产贸易实现产值1.90亿元。

【劳务总包】　自2016年顺利对接经评审的股份公司部分生产性劳务项目后,2017年初,又陆续承接了股份公司余下的劳务项目。按照集团公司劳务集中管理实施意见,从二季度开始,先后对接了汽运公司、耐火公司、矿业公司等集团公司的劳务项目。下半年,集中力量对接了工程技术集团大部分劳务项目。全年共对接劳务项目161项(其中股份115项,集团46项),签订劳务总包合同244份,合同量4.70亿元。涉及马钢二级单位31家,外来劳务分包单位51家,外来劳务人员7000余人。在做好劳务管理的同时,协力保产劳务做好保产工作。各协力保产分公司,既管理好对接的劳务分包单位,又做好自身的协力保产工作,均超额完成了与公司签订的年度经济责任制考核目标。

【市场开拓】　建安系统立足于内部服务好马钢,先后中标二铁总厂制粉中心二期扩建工程、资源分公司北区钢渣处理综合利用工程等10余项较大项目。对于中标项目,按照公司现行的工程管理规定,对公司所承揽的总包项目均通过招标的方式确定专业分包和劳务分包单位,并在同等条件下内部专业分公司优先的原则,实现了效益最大化。在服务好马钢内部市场的同时,建安各分公司积极开拓外部市场,取得了产值和利润双丰收,支撑了建安公司业绩高增长局面的形成。

【贸易转型】 星火微粉实现双线生产,生产矿渣微粉45万吨、钢渣微粉3万吨,全年产量增长,实现大幅减亏。合作的两座回转窑脱锌生产线解决了马钢部分难以处理的固(危)废,保证了马钢生产顺行,实现了循环综合利用,为公司获得了经济、环保、政策、社会等效益。商贸公司全年完成钢材代理1.40万吨,销售马钢固废资源44.60万吨。同时,向农产品和实体经济转型,"占岭兰芽"牌茶叶的销量和客户实现双增长,为维护和延伸品牌打下基础。

【党建工作】 开展矩阵式党建工作和基层党组织标准化建设。坚持党委中心组学习、"三会一课"等学习制度,认真学习宣传贯彻党的十九大精神和习近平总书记系列重要讲话精神。2017年10月,成功召开公司第三次党代会,部署了党建工作重点任务,选举产生了新一届"两委"领导班子成员。

(汤　莉)

合资公司

· 控股公司 ·

马钢(合肥)钢铁有限责任公司

【主要技术经济指标】 2017 年,合肥公司合并利润-24571 万元,其中钢铁主体利润-27158 万元,提固定资产损失 25381 万元;板材公司盈利 2074 万元,实现了自投产以来的首次年度盈利,超额完成了集团公司下达的年度经营目标,合肥板材所属工业供水公司盈利 491 万元,继续保持盈利势头。全年板材技术经济指标持续向好,酸轧产量 104.93 万吨;连退产量 82.9 万吨,其中汽车板 41.85 万吨,占比 50.5%;镀锌产量 17.23 万吨,其中核心产品产量 2.68 万吨,合计成品产量再创历史新高。全年计划执行率、产品让改率、质量异议、吨材质量损耗等指标均优于目标值,实现重大安全事故为零,重大安全隐患为零。

【生产经营】 合肥板材与股份公司建立了从原料排产到产品出库的生产管理协调系统,科学组产排产。10 月,在原料足额保供条件下,酸轧产量高达 12.3 万吨,基本具备了 150 万吨年产能力。镀锌线 5 月底试生产后,8 月产量即达设计能力,9 月、10 月连创月产纪录,仅用 4 个月时间即达到并超过生产设计能力。核心产品经过 5 月和 6 月两轮试制后,工艺操作逐渐成熟,生产呈现平稳态势,合格率、成材率均保持较好水平,成为公司新的经济增长点。

积极开展与冷轧总厂等标杆企业对标活动。2 月份下发了 16 项指标对标挖潜方案,3 月,方案内容增加到 24 项,涵盖了经营、财务、人力资源、采购、营销、生产制造、技术研发、设备运行及节能减排等各方面。坚持日成本分析、周成本通报、月度全面对标分析,找差距,订措施,狠抓落实,降本效果明显。全年 16 项可量化挖潜指标累计降本 3390.87 万元,超额完成年度降本目标。

优化管理流程。先后对外委检修、物资采购、废旧物资销售等计划的申报和实施等业务流程进行了优化,突出了工作计划性,提高审批透明度和决策科学性。大力推进体系建设,完成了 IATF16949 标准转版工作,按新标准要求建立了文件化质量管理体系并通过外部审核;启动了环境、职业健康安全体系及两化融合体系建设,体系手册和相关文件已经发布;为动态识别公司风险,制定了风险应对措施,编制了《内控手册》,经集团公司内控办审核后已正式发布实施。加强设备管理,设备月平均故障时间同比下降 9.3 小时。积极推进现场管理,完成了现场定置管理,实现了现场整治常态化。

【层级管理改革】 根据集团公司指示精神,合肥板材全面推进层级管理改革,打造三支队伍。年初启动了全员岗位绩效考核、作业长制等基础性工作,下发了《员工岗位层级管理实施方案》和配套的《员工成长积分制及岗位晋升管理办法》《岗位职数控制管理办法》《员工岗位工资管理规定》三个文件材料,编发了岗位层级管理政策解读材料并深入宣传,在公司首届二次职代会上,层级管理实施方案获得高票通过。10 月,完成了作业长培训和竞聘工作,完成了 61 名技术(业务)主管、39 名技能主管评聘工作,一批年轻人脱颖而出,成为公司技术队伍的新生力量。12 月初,公司完成了专业管理人员、技术(业务)高管竞聘工作,顺利完成了年度层级管理改革阶段性任务。

【资产处置】 按照国有资产处置相关规定,合肥公司依法合规推进冶炼区域资产处置工作。公司成立了冶炼区域资产处置工作领导小组,先期完成了部分存货资产的处置和 1.47 万平方米的建筑物拆除任务。根据合肥市东部新中心规划建设需要,与瑶海区政府达成协议,积极推进工业遗产保护资产的移交工作。剩余资产处置,已完成清单整理、标段划分和评估及招拍挂的前期工作,公司董事会、股份公司董事会分别审议通过处置方案,资产评估报告已向社会公示。

【精神文明建设】 组建了宣传队伍,搭建了宣传平台,积极宣传马钢企业文化。完成了板材厂区环境建设,马钢企业文化标识标牌亮化了环境,厂区阶段性绿化美化初具规模。积极组织合理化建议活动,共收到职工合理化建议 165 条,部分建议将转化为实实在在的成果。后勤工作竭力服务生产生活,完成了 216 套公租房的分配,开通了公租房区域通勤车;职工食堂启动了内部结构改造,为下一步规范化管理奠定基础;车棚、门禁等公共服务设施建设促进了厂区管理规范化。全年职工人均收入比上年大幅增长,职工福利持续改善。全年共审核、办理大病救助 27 人次,救助金额 89742 元;"两节"慰问困难职工 93 人次,发放慰问金 121500 元;继续为女职工办理年度健康体检、女职工特殊疾病互助保险;为全体员工办理了意外伤害保险。

(朱道林)

长江钢铁股份有限公司

【生产经营】　2017年,长江钢铁积极抢抓国家推进供给侧结构性改革政策机遇,紧紧围绕"提升运营绩效,做强长钢品牌"工作主题,狠抓生产稳定,持续挖潜增效,推进节能减排,提高产品质量和市场竞争力,取得了备受瞩目的辉煌业绩。公司钢产量首次突破400万吨,共生产铁397万吨、钢433万吨、材434万吨;销售收入首次突破百亿元大关,实现销售收入148.82亿元;公司总资产88亿元,盈利水平创历史新高,利润总额26.72亿元,上缴税金10.13亿元。

【安全管理】　长江钢铁坚持日常安全管理与重点安全监管相结合原则,实现安全管理全覆盖。积极开展隐患排查治理工作,全年共整改隐患1532项,查处违章259人次。通过《安全操作规程》人人过关、安全生产约谈会、"百日除患铸安"等活动夯实安全管理基础,同时,加强外来单位和外来人员安全管理,落实安全生产责任制,有效防范和遏制各类生产安全事故,确保了公司安全生产形势总体平稳可控,全年重伤和工亡事故为零。

【节能环保】　长江钢铁始终坚持和践行绿水青山就是金山银山的理念,将环境经营视为企业经营战略的核心要素,把节能减排作为企业生产经营活动和运营管理的重要内容。2017年,公司吨钢综合能耗为566千克标煤/吨,共消耗标煤约245万吨,同比节约标煤9.4万吨,吨钢耗新水1.98立方米,炼钢工序能耗-30.56千克标煤/吨,为行业先进水平。全年环境污染事故为零,环保"三同时"执行率100%,工业固废利用率达到99%以上,危废安全处置率100%。深入推进节能环保项目建设,全年余能发电量约7.5亿千瓦时,自发电比例达到45%。顺利通过了国家环保督察,维护了公司生产经营稳定大局。并以此为契机,梳理问题,持续改善,先后完成煤气发电超净排放脱硫等一系列节能环保项目,有力推动公司环保工作迈上新台阶。

【荣誉】　2017年,在安徽省企业环境信用评价中,公司获得"环保良好企业"等级;公司"荣恒"品牌获"中国国有钢厂优质建筑用钢品牌"。

(韩　远)

粉末冶金有限公司

【主要经营指标】　2017年生产海绵铁30918吨、还原铁粉25083.60吨,销售还原铁粉25089.60吨,销售收入11613万元,税前利润1224.48万元(不含政府收回去产能土地的补偿金),超额完成生产经营任务,连续三年实现了公司效益倍增。

【生产经营】　公司生产经历了由年初的"一窑两炉"到年中"两窑四炉"的大转变,各项工作围绕提速增效不断推进。铁粉分厂始终强化主体设备隧道窑的稳定顺行,完善工艺控制,将质量合格率、品种兑现率及降本增效统筹考虑,不断改善了经营指标。"稳定的质量就是最好的质量"理念深入人心,生产对销售的保障作用明显。公司实施了设备定修制度,开展了整体设备维护保养外委承包,对配套生产线设备进行一系列的改造攻关,积极推进20吨合批机、大球磨、环保除尘等一批设施的建设与改造,基本建成了通畅有序的生产工艺线,还原铁粉产量同比增长82.08%。

【市场营销】　年产4万吨技改项目投产,实现规模增效的途径在市场。首先,公司继续强化市场大营销理念,铁粉分厂、技术质量部等单位全力以赴提供对销售的支撑,做到以客户为中心,努力改善个性化技术服务。其次,积极抢抓市场机遇。面对销售增量的压力,销售部对外全面开拓市场,巩固老客户谋求增量,开发新客户抢抓订单,全方位加强与客户的沟通和服务,对内实行有效的营销激励政策,突出了提升销量和保资金回笼。针对客户需求,加大了对中间产品(海绵铁颗粒、生粉等)的促销,全年销售4933吨。适时组织了低松比还原铁粉的生产攻关,巩固了老三样产品的竞争优势,缓解了销售销量的压力。此外,不断完善灵活的营销策略,价格上实行随行就市,鼓励客户以增量谋取优惠的价格,紧密贴近市场变化,站稳了月销3000吨平台,实现了产销平衡,销售同比增长69.32%,实现了历史性新跨越。全年共开发新客户60余家,其涉及面覆盖江苏、浙江、西南等重点区域,充分发挥出销售的龙头作用。

【节能技改工程】　公司紧贴市场,果断决策,加快工作节奏,年产4万吨还原铁粉二期技改项目不断得到推进。3月9日,公司第二条197米隧道窑建成点火烘窑。5月15日,改造后的5号精还原炉送电。

7月29日,6号精还原炉建成投料,形成了"两窑四炉"生产新格局,标志公司年产4万吨二期技改项目正式投产。12月20日,公司又启动了年产6万吨还原铁粉三期技改项目,第三条236米隧道窑基础进入施工。

【技术创新】 公司强化"产学研"相结合,围绕雾化粉项目、预混合合金粉项目,做了大量的调研及筹备工作。针对生产经营的难点,确定实施了"1号隧道窑工艺参数的探索"等15项技术进步和降本增效课题。公司高度重视技术研发,组织开展了低松比还原铁粉、磁性材料用粉的技术攻关与试产,新增了公司第三个高新技术产品和6个专利,努力实现打造国内一流金属粉材服务商的战略目标。

【企业管理】 一是现场环境整治有一定改观。公司借助二期技改项目全线竣工的良好整治时机,加大资金投入,完善除尘硬件,改善现场作业环境。强化了管理的规范,严格现场管理的考核,促进了环境面貌的较大改观。二是强化品牌建设,多层次开展了宣传教育,申报注册公司商标。三是推行标杆管理,以莱钢粉末冶金公司为行业对标单位,挖掘潜能,促进提升。四是开展"三标一体化"体系建设,不断完善体系管理文件,力争体系早日通过外审。五是确定了企业精神、核心价值观、企业使命、企业愿景和子文化理念,建立了企业文化理念识别系统,企业文化建设取得新进展。六是安全生产基础得到加强,安全效果明显改善。

【体制机制创新】 公司不断改进经营体制与机制,进一步完善了经济责任制考核办法,促进了效益提升和员工收入的大幅增加。继续改进全员岗位竞聘,特别是对中层管理人员的考聘,强化责任担当,形成了能上能下的用人机制。10月10日,省国资委正式批复公司为安徽省第一批混合所有制员工持股试点单位,体制机制创新取得了实质性突破。公司迅速组织开展了政策宣传动员,统一思想认识。完成了资产评估、专项审计、员工持股申购预登记、公司章程修订、合伙人企业工商注册筹备等工作。

【党的建设】 一是强化理论武装。深入学习贯彻了党的十九大会议精神,深刻领会习近平总书记系列重要讲话特别是视察安徽重要讲话精神,深刻领会治国理政新理念新思想新战略以及新时代中国特色社会主义的思想,"两学一做"学习教育常态化制度化、"讲重作"专题教育扎实有效,"三会一课"执行较好。二是党组织标准化建设全面得到推进。完善了一批管理制度,组建了党员活动室。确定了党员示范岗、党员责任区,全体党员佩戴党徽上岗。开展了优秀党员表彰,组织了赴渡江纪念馆和金寨县开展革命传统教育,重温入党誓词,党性意识得到增强。三是严格了作风建设。公司领导班子以身作则,深入贯彻执行中央八项规定和省委省政府"三十条"、马钢改进作风"二十条"规定,严格党风廉政责任制,坚持反"四风",强化"两个责任",落实全面从严治党各项要求,形成了风清气正的良好政治生态,带动了广大党员先锋模范作用的发挥。四是以马钢集团公司党委第一巡察组专项巡察问题的整改为契机,全面加强党对各项工作的领导。严格落实了党支部研究讨论是董事会、经理层决策重大问题前置程序的要求,规范基础管理,提升核心竞争力,为公司生产经营建设和改革发展的新突破起到了强大的引领作用。

(蒋忠根)

嘉华商品混凝土有限公司

【主要经营指标】 2017年,商品混凝土公司生产商品混凝土52.6万立方米;实现销售收入17906.91万元;实现税前利润323.19万元;上缴税费656.96万元。无重大设备、人身事故和重大质量事故的发生,计生、维稳、综合治理等均达到考核指标。

【资金回笼】 公司面对2017年严峻的资金形势,及时成立了"资金清欠工作领导小组",下设清欠办,并由内控(信贷)部经理和财务部负责人分别担任主任和副主任。公司对资金回笼工作无论在理念上还是在行动上都进行了重新定位,强调在当前的形势下"回款是第一要务"。其主要举措有:

一是为确保老项目的风险逐步降低,通过清欠文化引领,即"风险受控,一笔一策,哪壶不开提哪壶",加大力度处理解决遗留问题,除电话催款外,公司领导还多次亲自上门与国有及中字头等客户进行面对面的深度沟通,在解决问题的同时也取得优质客户的理解和支持;另一方面加大法律诉讼力度,聘请新的法律顾问,形成竞争机制。职能部门加大检查督促力度,每月召开两次信贷会,即下旬的计划会和月初的检查会,同时建立微信清欠群,三地清欠资源共享,多举措确保清欠战果不断扩大。

二是对经营过程中可能产生的新风险严防死守,从源头抓起,从合同条款抓起。首先是加大培训力度,为增强公司合同办理人员的法律意识,提高企业合同管理水平,提升风险防范能力及化解风险的能力,年度内开展了两次培训,牢固树立合同及风险防范意识,多次反复强调有效的合同条款等同于法律条文;其次是营销结算、生产供应、资金回笼等工作均以合同约定条款为立足点,有序开展各项工作,这也是资金回笼工作从治标逐步向治本过渡的主要体现,2017 年度马鞍山和铜陵两个分公司没有新增资金风险。

三是原合肥分公司遗留的清欠项目,2016 年 3 月初仍未收回的 608. 6 万元,经过近两年的努力大部分已收款完毕,尚有两项共 68 万余元,另原合肥分公司计提的坏账准备尚有 85 万元。

【转型发展】 公司面对环保标准提高、市场竞争加剧、原材料价格持续攀高等严峻形势,积极开展深化改革和转型发展工作。2017 年公司在开拓建材原料购销业务、进军灌浆料市场的同时,加大了改革力度,做好顶层设计,激活体制机制。2017 年 8 月 24 日,公司根据“一业为主、多元发展”的需要,成立了张庄矿资源综合利用项目部,在公司内部选聘人才,实施模拟职业经理人这一新的用人办法,通过去行政化,实现“能上能下、能进能出”的新机制,职业经理人全面负责项目公司管理,发挥管理效能。转型成功的这两个项目均在 2017 年开始产生了一定的经济效益。11 月,为进一步释放产能,提高生产保供效率,调动员工工作积极性,公司在经过充分的调查研究基础上,决定将 3 台故障频出、工序成本居高不下、管理难度较大的泵车和马鞍山分公司的固定设备维修工作分别采用“工序承包”的方式由内部员工牵头负责承包经营。截至 2017 年末,在实施承包经营后的两个多月时间里,承包队员们仍干劲十足,精神面貌和工作作风有了极大的转变,不仅混凝土泵送和设备维修的工作效率日益提高,而且在保供服务态度等方面皆得到了公司内外特别是客户们的一致好评。

【环保改造】 公司原第三搅拌站所用地为慈湖高新区园区,土地使用性质为租赁慈湖乡曙二村集体土地,属于“小产权”,期限截止日为 2017 年 11 月 20 日。由于该站没有进行环评验收,公司通过召开各种相关的专题会议,最终研究决定,并报请股东批准,将原慈湖混凝土搅拌站(三站)予以关停。后因市政府有关部门明确要求一个月内予以拆除,公司生产部及时拿出了详细的拆除和宋山站改造方案。三站部分设施进行保护性拆除,能用的备件通过内部资产调拨用于一站生产维护,大部分钢结构留存作为其他搅拌站升级改造用材料。

【安全管理】 公司自 2017 年初以来定期对各单位进行安全检查和不定时抽查,检查内容包括:危险源(点)、安全隐患、现场文明、消防设施等,以及各种资料的收集整理,对照安全规章,强化安全责任,加大违规操作的处罚力度。同时,公司本着“安全第一,预防为主,综合治理”的方针,要求各分公司每周召开一次全体员工参加的安全例会,并有针对性的结合一些事故案例认真总结事故教训,杜绝各类事故的发生。

【质量管理】 为了公司整体质量工作的正常运行,公司相关部门加强了对各分公司的技术业务、质量工作的指导与管理。严格控制混凝土生产过程中的每一个环节,从而确保混凝土质量。2017 年下半年,公司以“质量月”为契机,全面强化质量管理工作,严控“质量风险”。

【物资采购】 公司的大宗原材料采购全部委托给马钢集团公司招标中心进行集中招标,从而进一步规范和完善了公司的招标程序。为强化风险防控,加大公司采购管理力度,进一步降低采购成本,明确管理责,2017 年,公司相关职能部门对各分公司的水泥、黄沙、石子、粉煤灰、矿粉、外加剂、备品备件等的采购以及设备租赁,严格按照招投标管理程序进行了招投标,比质、比价、比服务。选取产品质量好、价格相对低、垫资能力强的供应商作为公司混凝土生产的原材料、备品备件和设备租赁的供应点。同时,公司成立了采购领导小组,重大的采购政策根据市场的变化,由采购领导小组集体研究,特别重大的事项由采购领导小组报请集团公司分管领导批准后实施。

【设备管理】 2017 年,在移动设备维修方面,公司将本单位的主要车辆(含混凝土运输罐车、生产用工具车等)全部委托给马钢汽运公司进行维修保养,设备管理人员要求维修单位必须本着“以修为主”的方法,采取“修、补、替”的维修方式。设备管理人员经常深入修理现场了解维修进度,关注修理质量,督促和确保车辆维修按时、按质完成,及时投入到公司的生产与运输中。混凝土泵车管理实行内部员工承包工序的办法,由承包人全权实施对泵送设备的维护保养与使用。

【生产组织】 强化调度工作体系,充分发挥生产调度系统的指挥职能,精心组织、合理安排,确保生产不受影响是企业生产经营过程中的必然要求。公司总调度室和各分公司的值班室作为公司生产调度指挥系统的中枢神经,对每一个混凝土施工项目做到计划周密，保供有力，同时，强化了现场服务工作，加强了与甲方、施工单位的沟通与协调。

【人力资源】 根据董事会确定的总体目标，合资公司细化、量化了各项考核指标，做到了人人受纪律约束，个个有考核指标。月考核根据每名员工的岗位，对照工作说明书，由主管领导逐项打分，其结果直接与当月工资挂钩，通过月绩效考核达到了多劳多得，少劳少得，鼓励先进，鞭策落后之目的，从而激励了全体员工的工作热情，确保经营目标的实现。

【厂务公开】 2017 年公司成立了厂务公开领导小组，并筹备召开了合资公司首届职工代表大会，随着首届职工代表大会的召开，合资公司的厂务公开工作必将迈上一个新的台阶。

【党群工作】 自 2017 年 5 月起，由公司党总支组织的“讲政治，重规矩，作表率”专题教育在全公司展开，各分公司党支部根据公司党总支统一部署，广泛开展了基层调研、个别谈心、代表座谈、向全员征求意见和开展批评与自我批评等活动，且将教育实践活动与资金回笼、三大风险控制和降本增效等工作紧密结合起来，真正做到教育实践活动与生产经营各项工作“两不误、两促进”。根据马钢集团公司党委的统一部署，2017 年 7 月 10 日至 19 日，马钢党委第二巡察组对我公司 2014 年至 2016 年的工作进行了（专项）巡察，并于 2017 年 9 月 27 日反馈了巡察情况。公司党总支按照马钢集团公司党委规定和第二巡察组要求，及时制定了问题整改方案，坚持立行立改、标本兼治、统筹推进的原则，狠抓整改落实工作，在规定时间内取得了阶段性成效。

【精神文明建设】 为激励员工的集体荣誉感和增强关心企业的凝聚力，公司以文化为引领，先后设计制作了文化墙、企业宣传片、宣传画册；公司工会在抓好自身建设、提高服务的同时，积极组织开展系列活动，以“节油、方量、安全、质量、回款”为主题的劳动竞赛、重大节假日文体活动的开展丰富了员工的文化生活；团总支组织开展了“青安岗”活动；女工委适时组织开展了三八评先表彰等活动，构筑和谐向上的企业文化氛围。

（童红武）

嘉华新型建材有限公司

【主要经营指标】 2017 年，公司生产矿粉 134.67 万吨，委托加工生产矿粉 273.75 万吨，合计销售矿粉 408.42 万吨，实现销售收入 7.73 亿元，净利润 9088.99 万元，缴纳税金 6986.26 万元，安全环保和质量达到目标要求。

【整合发展】 2017 年 3 月，与和县浙徽公司新签合作协议，增加矿粉规模 70 万吨，委托加工规模达到 330 万吨；与自身 120 万吨矿粉产能合并，新型建材公司运营规模达 450 万吨。马钢本部 530 万吨高炉水渣实现 100% 加工，转化为矿渣微粉。通过与和县浙徽公司的合作，提升了和县与巢湖地区水泥厂及滁州矿粉市场份额；正因为与和县浙徽公司的合作，当合肥清雅加工点因环保等原因而停产半停产之际，及时对和县浙徽加工点水渣原料进行增量平衡，督促释放产能，缓解了合肥矿粉供应紧张的局面。

【生产经营】 一是着力市场协调。持续对省内外各区域市场产销、物流和竞争态势密切调研跟踪，保持与同行业兄弟单位之间的沟通，重点稳定和拓展江、浙、沪区域及周边市场产品销售，注重研判和更多争取合肥、皖西、皖北、武汉等重点市场份额。2017 年矿粉市场开拓的新亮点包括：直接与霍邱中国五矿安徽公司、溧阳金峰水泥、南京中联混凝土等当地有影响力的企业达成战略合作。二是全面释放产能。精心组织物流对产供销支撑，积极配合各加工点计划发货和水渣均衡供应。优化内外部条件、优化设备操作参数，提高台时产量约 1.47 吨/小时。特别是本部全年生产矿粉 134 万吨，超过产线设计产能 11.7%。三是强化设备管理。完善加工点设备检修协调工作，有计划、有步骤、交叉检修，本部全年设备运行率达到 87% 以上。持续推进技术改造和技术进步，利用检修停机时机，对日常在线难以施工循环水网、灰库斗提机改型等项目及磨机和灰库散装设备完成技改，为全年生产任务创新高提供了先决条件。四是对标挖潜增效。采取“走出去，请进来”等学习交流方式，赴南钢嘉华、鄂钢嘉华学习考察，通过不断对标找差距，解难题，调控磨机出口温度、操作技术参数等工作，实现电耗指标 41.3 千瓦时/吨，与上一年相比下降了 1.23 千瓦时/吨。

【马钢模拟职业经理人试点】 2017 年 4 季度，在马钢模拟职业经理人试点工作中,在马钢党委工作部指导下,公司变更了总经理人选,并在马钢集团公司范围内组织招聘了副总经理、总经理助理,经理层与马钢解除劳动合同,与新型建材公司签订聘用协议,通过契约化考核,突出业绩导向,聚焦绩效表现,增强职业经理人市场意识,把压力变为动力,加快改革发展,提升公司竞争力。

【卓越绩效管理】 为增强体系管理水平,有效规避发展风险,为并购上市打牢基础,结合内控审计和监察工作意见,根据卓越绩效导入诊断评价建议,加强整改、运行跟踪验证,深化精益管理,不断向省市质量奖迈进。具体包括完善集中采购,加强供应商管理;加强物流监管,优化物资盘点方式,避免物流及存货损失;强化委托加工点管理,明确指标考核标准、巡查抽查内容及管理职责。增强授信管理,限制授信规模,对应收货款规模进行整顿,学习制度、执行纪律,严格审批程序,升级进销管理系统保证发货量和货款情况自动匹配反馈,并在月度绩效评价中加强对相关问题的考核。

【荣誉】 公司获批安徽省第二批高新技术企业、成长型小微企业和马鞍山第10批企业技术中心,“井下矿山充填高强度干粉砂浆固结剂”获颁安徽省《高新技术产品认定证书》;《进销管理系统》等两项软件著作权取得国家确权证书,《一种烟气脱硫灰中亚硫酸钙的电化学氧化方法和装置》等2项发明专利被国家知识产权局受理。

(徐　平)

和菱实业有限公司

【主要经营指标】 2017年,实现营业收入34002万元,利润总额4334.72万元,超额完成了利润总额1800万元的年度经营责任目标。其中,包装实现营业利润2211.87万元,车桥实现营业利润10.32万元,捆带实现营业利润94.48万元,其他业务实现营业利润201.15万元。首次实现了包装、车桥、捆带、开平四大业务全面盈利的佳绩。

【生产经营】 2017年,和菱实业公司依托马钢股份,面向市场经营,以“协同、共赢”推进产业链延伸为目标,始终秉持精细管理理念,强化“六大计划联动”,推进“六化一提升”经营管理举措,固化机制变革成果,发挥管理体系和设备、技术的支撑作用,依靠全体员工的努力拼搏,各项工作都取得了喜人业绩。

1.服务能力全面提高。围绕火车运输热轧卷、大梁钢高强系列品种钢卷、厚规格低合金钢种(厚度大于14毫米的)、冷轧中间品、银亮材、特殊顾客需求,提出了包装整体解决方案;车桥、捆带业务技术营销涉及11家客户,通过充分交流和指导,赢得了顾客信任;自产捆带内部全系列使用,外销捆带经受了市场的全面考验;开平业务对接马钢各钢材加工中心,承揽了13000吨开平业务量,错位互补服务取得突破。

2.产业延伸全面展开。4月,开始启动了热轧打捆机业务总包,围绕包装实现了延伸服务;推动防锈材料生产,合资公司于10月26日正式投产运营;先后选用了塑料板、防锈罩、彩涂卷作为包材,先验证再推广,包装效果良好;依据市场导向开发了中置轿运车车桥、主车带提升功能承载桥等新产品,正在继续接受市场的考验。

3.人员招聘全面启动。履行了人员招聘审批程序,11月,启动了工程技术人员校招和社招;督促工序承揽单位先后招聘了409名包装、特种操作、专业维修人员,招聘规模前所未有。5个基层管理岗位按照“规范化外包”要求逐步移交工序承揽方,置换出来的合同制人员得以补齐公司管理环节短板。

4.运营质量全面提升。一是协同服务得到新推进。恪守“保产保质保安全”目标,遵循合同管理要求,服从业务协同安排,推进产业链延伸。包装业务增强全局意识,对一、四钢轧热轧打捆机业务实行总包,通过“三必六有”措施,使CSP、1580、2250线打捆机平均故障率分别由2%下降到1.5%、8%下降到5%、23%下降到9%,总包成果初步显现;在1580、2250成品库设立钢卷出厂“检验点”,每班设专人负责检验,确保不合格包装不出厂。主动作为,克服人员招聘难、技能培训难、安全风险大等困难,先后承担冷轧总厂18台行车的操作,有力支撑了甲方人力资源优化,现场管理、调运质量、发送效率诸多方面都得到甲方认可;根据甲方要求并经管理部门认可,承接了一、四钢轧取样切割业务,担负起相应的保产责任。依靠四钢轧支持,热轧卷汽车外发平台修缮一新,不仅拓展了平台宽度,更突出了停靠位置的安全性,职工作业环境得到改善;热轧卷汽车外发平台全年外发量达到42257卷,同比增加了66%。伴随马钢产能的释放,全年完成包装量1449万吨,取得了较好经营效果。开平业务眼睛向内,深挖潜力,在设备精度下降、内部开平增加、经营难度加大的情况下,加强与加工中心的互动,努力开发新客户，见缝插针排产，提升现有设备利用率。共承揽仓储和对外开平量2.7万吨，销售收入95.73万元，基本保持了同期水平。二是市场拓展实现新突破。对外经营围绕顾客需求精准发力，拓展了发展空间。车桥业务依据市场导向和客户需求，通过产品研发升级、优质客户寻找、车桥品种开发，先后与上汽红岩、江淮专汽、华菱星马、山西晨丰等知名企业合作，实现销售车桥（含出口车轴）12912根，销售收入2729万元，应收账款同比下降了23.38万元，在风险防控和制造成本控制并重的前提下扭亏为盈，实现了经营绩效的突破。捆带业务固化一体化运营成果，发挥技术营销优势，在原有近二十个客户的基础上，又开发了铜陵有色金隆、八一钢铁、鸿路钢构、广州太平洋马口铁、苏州裕景泰等新客户，外部客户达到31个；同时，加强生产线设备抢修，不断强化库存、采购与物流的紧密联动，努力提升产量；多方举措使捆带成材率达到97.61%，降低制造费用并保持同类生产线领先水平。全年生产捆带8629吨，其中：对外销售捆带3142吨，销售收入1459.76万元，全年支撑包装降本468万元，保持了持续向好的态势。三是管理工作取得新进展。制度建设不断加强，管理工作持续推进，保证了各项工作有序展开。全面推进卓越绩效管理模式，邀请中质协专家进行管理现状及成熟度诊断，制订全面整改措施，持续推动组织与个人的绩效改进。积极推进对标管理工作，选取国内和行业内具有代表性的企业开展对标，分别从基本指标、财务指标和业务指标方面进行了对标管理。稳步推进品牌建设工作，策划了四项重点工作，开展“品牌就在身边”活动，开发新的包装方式，持续改进包装质量，为马钢品牌创建提供支持。多管齐下落实人力资源优化措施，推行“产、供、销”一体化运营模式，实现自主减员降本；2017年人员跨区域流动218人次，适应保产的波动性和人员紧配需要；培养“一专多能”，提高工作饱和度，实现人力资源优化配置。跟随推进精益现场和现场环境专项整治行动工作。梳理排查出37项问题，制定整顿方案并加以落实；变革包装材料现场配送班次，按照甲方要求再降现场包材30%存放量，适应现场精益管理需要；包装现场发布“利用废弃材制作的工器具摆放架”等精益管理改善成果10项，有力配合了马钢的二方审核工作。有序推进体系复评工作，按期通过了二级安全标准化年度审核，“质量、环保”以及IATF16949体系复审顺利通过。扎实推进安全管理工作。以企业安全文化及安全管理标准化示范班组创建工作和现场6S管理为引领，开展安全风险管控“六项机制”建设和“百日除患铸安”等活动，狠抓新进员工的安全教育，使安全工作常抓不懈。大力实施节能环保，两次委托有资质单位对废气进行检测，做到主动预防；采用彩涂板直接制作内外钢护角产品替代冷轧带钢加喷漆的工艺，VOCs（挥发性有机物）排放量相对年初减少了60%左右，全年未发生环境责任事故。四是科技攻关收到新成效。修订了《科技活动管理制度》和《专利管理办法》，紧紧围绕包材环保研究、包装自动化、中置轿运车桥、机器人应用等8个课题，推进“新材料、新技术、新包装、新设备”为内容的“四新”科技创新工作，其中2项结题、6项结转，助推产品升级、产业提质。完成信息化系统升级，满足业务核算和风险管控需要；借助马钢与中汽研战略合作平台，全力开发第二代轻量化车桥，推动产品制造“上等级”。推进自主研发，“L型系列包装”通过了安徽省名牌产品的复评，全年申报专利6项，年内授权专利16项，参与《YB/T4567-2016 捆带用冷轧带钢》行业标准制定，作为主要单位参与《包装用捆带》国家标准审定会，先后获得省、市政府专利资助3.5万元和行业标准制定60万元奖励。

【精神文明建设】 一是党建工作发挥新作用。适应全面从严治党新要求，坚持理论武装，着力“两学一做”常态化制度化，开展“讲重作”专题教育，坚定政治立场；强化班子建设，严格中心组学习和民主生活会制度，提高班子整体素质；抓好党员教育管理，坚持“三会一课”制度，推进基层党组织标准化建设，不断提升组织力；贯彻国有企业党建会议精神，落实党建工作纳入公司章程和党组织对企业重大事项前置讨论的程序要求，发挥党组织领导核心和政治核心作用；实施效能监察立项，部署廉洁风险防控工作，落实党风廉政建设“两个责任”；坚持“跟班蹲点”，切实转变作风，密切联系群众；依靠矩阵式党建，按照“融入、服务”和“监督、保证”要求，发挥党建作用和党员先锋模范作用。贯彻“依靠”方针，打造命运共同体。二是员工待遇获得新改善。坚持“发展为了职工、发展依靠职工，让发展成果惠及全体职工”的方针，千方百计增进福祉，使广大职工有更多的获得感。依据董事会批准的薪酬方案，通过考核评审，员工年人均收入同比增加10%以上，保持了员工收入与企业效益同步增长。主动争取，圆满解决多年悬而未决的商业保险“四统一”问题，让职工享受实实在在的利益；多方寻找依据，妥善解决了遗留的退休人员每月30元的物业补贴；坚持为职工进行健康体检，216名职工通过预防性检查，把对职工的关心落到实处;首次为职工实施重大疾病互助保障计划,继续为职工办理互助帮困基金,对生病住院员工和困难员工进行慰问,切实让困难员工感受到企业的温暖;借助马钢渠道,2017 年安排了 10 名职工疗休养;坚持新年、春节开展长跑、拔河、摸奖等员工喜闻乐见的文化娱乐活动,营造健康、欢乐的氛围,增进团队意识和团结协作精神。三是档案、保密、公文、信访、综治、调研、信息、武装、女工、计划生育等工作也按照公司的要求得到落实。全年未发生失密事件,未发生集体越级上访现象,未发生有影响的群体性事件。

(杨　健)

康泰置地发展有限公司

【主要经济指标】　2017 年,实现主营业务收入 2.86 亿元,利润 1820 万元,上缴税金 588.3 万元。

【企业改革与管理】　1.制度建设。坚持“边制定、边执行、边完善、边上报备案”的原则,在对现有制度进行修订的基础上,全面梳理并形成了《康泰公司制度汇编》。采取业务部门内训和专业技术人员授课的方式,有针对性地组织管理制度和操作规程的学习,增强了全体职工的遵纪守规意识,提升了业务层面操作的规范性。建立起各单位、各部门之间自我监督、互相监督,以及专业部门定期监督的制度执行保障体系,确保了制度执行的“掷地有声”。

2.机制革新。试点推行模拟职业经理人,通过公开竞聘,选聘了两名子公司负责人,有效落实了干部“能上能下”的机制。积极倡导“一岗双责、多岗协作”的工作理念,在机关推行“AB”岗工作制。在集团公司指导下,积极推进混合所有制改革,与中航美丽城乡集团公司和北京环卫鹏鹞公司分别就企业改革、业务合作进行了初步洽谈。进一步推行三级报表制度,把财务核算细化到基层单位,在公司内部形成了模拟市场化运作的局面。建立健全了风险抵押金制度,在班组试点推行承包经营,进一步发挥了绩效考核的导向和激励作用。

3.标准化建设。顺利完成了 ISO14001：2015 环境管理体系转版工作,通过了“三标一体”的外部审核。以新版 ISO9001：2015 国际标准体系文件为依据,结合标准化班组建设、现场作业和环境专项整治工作要求,制定了物业小区标准化服务工作流程和服务质量评价标准(试行),并进行了试点运营。按照集团公司标杆管理要求,分别在校园物业服务和单身宿舍管理两个业态上确定了对标单位,按月上报对标工作推进情况,努力向标杆企业看齐。切实抓好成本预算、控制、考核三个环节,加强对经济考核的事前管理和事中控制,按月度做好预算目标执行情况的跟踪、监控。按照集团公司的统一部署,分步推进并实现了协同办公软件的上线运营,为下一步推行无纸化办公奠定了基础。

4.安全工作。按照构建“六项机制”要求,进一步强化安全防范治理能力,通过了安全标准化复审,结合各类检查和创建活动切实提升了对安全管理的考核力度。面对高温和寒冻天气,迅速组织召开专题会议,严密部署、层层落实,特别加大了用电高峰期的值班巡视力度,确保了辖区内安全无事故。将“安全第一”的观念贯穿到全年的各项经营工作中去,进一步强化“党政同责、一岗双责、失职追责”责任意识,定期召开安全形势分析会,全方位加大宣传教育力度,组织开展了“安全生产月”、“百日除患铸安”专项行动以及“外来单位安全专项系统整治行动”等专题活动,认真做好十九大召开期间的安全巡查工作,扩大了“安全模范班组”活动的覆盖面,切实提高了全体职工的安全防范意识。

【产业经营与发展】　1.专业化服务。从业主需求角度出发,通过开展“贴心服务”系列活动,大力宣扬“工匠精神”,提升了服务的专业化水平。以建设好马钢单身大学生“家园文化”阵地为指导思想,从单身大学生生活的实际需求及安全保障角度出发,添置了电扇、爱心小屋、门禁系统、体育设施等硬件设施,妥善安置了马钢新招 255 名大学生。以打造马钢特色的公寓文化为目标,组织开展了大学生座谈会、文体竞技比赛、文明宿舍评比等丰富多彩的精神文化生活。组织宿管员为单身职工提供贴心温暖服务,并在除夕组织集体“年夜饭”,营造了“家园”般的氛围。根据《马钢多元板块现场环境专项整治行动计划》的要求,有组织、分步骤地开展了康泰公司现场环境“百日”专项整治活动,有效提升了辖区内的环境卫生情况。充分利用投入的 440 万元物整资金,不仅改善了辖区内居民的居住环境,还提升了资产价值。按照集团公司部署,基本完成了马钢 217 号、218 号中转楼的清理整治工作。积极参与并组织开展创优评比,在稳固优势业态的同时提升了品牌形象,在全市六家“市优”物业服务项目名额中一举拿下两项,安工大振兴图书馆成为马鞍山唯一一家非住宅“市优”项目。按照市区两级政府要求，积极推行集贸市场长效化管理工作，实行每周检查、每季度考核评比、每半年表彰通报，天天市场被授予“2016—2017年度安徽省食品安全规范化食用农产品批发市场（农产品市场）”，新岗市场在花山区综合考评中被评为“进步奖”，获得了政府以奖代补资金约14.3万元。积极配合市及马钢有关单位认真筹划、有序推进了改造移交的相关工作，完成了7224户外转供水改造，七里甸供电改造以及涉及马钢外转供电12个区域改造的前期准备工作；先后完成了第一、二类物业小区涉及辖区内10个物业小区以及第三类零散小区，合计50608户的现场移交工作。

2.产业拓展。根据业务发展需要，物业服务新增了5项营业内容、建安贸易新增了4项营业内容，为下一步产业增量打下了基础；各项业务积极参与市场各类投标，全年共中标了29个项目，合计合同金额3784万元。物业服务业务新拓展服务面积约139万平方米，增加服务收入约800万元。成功中标安工大秀山校区项目并正式入驻安徽冶金职业技术学院和花山区上湖一期安置房物业服务项目。天天市场积极对外开拓市场，与边防检查站建立起农副产品供应合作关系，新增营业收入34.2万元，盈利4.1万元。开发经营业务积极协助集团房地产项目部做好项目运营维护的相关工作，持续探索矿内、孟塘、七里甸等老旧住房区域实施棚改的可行性，实现了盛泰名邸门面房出租率达60%。坚持“效益优先、规范运行”，把握住市场回暖的契机，实现了金海岸名邸（一期）全年销售122套，回笼资金1.34亿元，销售率达77%，超额完成了全年的销售任务。建安贸易业务新增钢结构工程专业承包三级资质和施工劳务资质。聚焦马钢内部市场，承揽了马钢内部工程项目114项；紧盯外部市场，与大型工程企业建立起合作关系，相继获得了十七冶绿化工程、马鞍山依瑞佳康养中心工程、梅山水库宿舍楼工程等一批项目。与矿业公司建立了轮胎、电缆供应物资贸易合作关系，矿石贸易收入稳步提升。房（资）产经营业务直面网络市场对实体经营市场的冲击，增强主动服务意识，深入市场、走近经营户开展调研，积极协调解决租赁户在日常经营中遇到的各类困难合计约20起。积极探索租赁新模式，以分割租赁、合作经营等灵活的方式有效盘活了部分存量资产。

【党建工作】 积极推进“两学一做”学习教育常态化、制度化建设，组织开展了“讲看齐、见行动”及“讲政治、重规矩、作表率”等一系列专题活动。将“红色革命电影展播月”与“送党课到基层”活动相结合，丰富了党建教育形式；以职工群众为监督主体，组建了党风监督信息员队伍；组织开展了党员安全“两无”活动，发挥了党员模范带头作用。按照基层党组织标准化建设和“12个专项治理”的要求开展了自查自纠，对党员台账、“三会一课”、支部学习等基础资料进行了全面系统的检查，按照“六有”标准创建了党建工作室和党员活动室，顺利通过了上级部门的检查验收。通过表彰“模范班组”、“党员示范岗”、“模范责任区”、“先进个人”等正面典型，激励职工立足岗位做贡献。完成了“单身宿舍行”专题片的拍摄工作，与马钢报社联合开展了“康泰杯·爱我家园”人物通讯征文活动。重点加强了高温下坚守、“百日除患铸安”、“党的十九大”等宣传报道工作，全年在各类媒体发表稿件约208篇，广泛传播了马钢“家园文化”，被马钢评为宣传报道先进单位。认真做好十九大召开期间的信访维稳工作，组织开展了信访隐患大排查，坚持突发事件及时上报制度，确保了辖区内的安定和谐。

【群团工作】 坚持把企业发展成果惠及全体职工，实施了企业红利分配，职工收入与上一年相比增长约5%。深入关怀职工的日常生活，组织开展了帮扶慰问、“金秋助学”、“健康家园快步走”等活动，增强职工的家园归属感和企业凝聚力。康泰公司工会获得“全省机械冶金系统工会工作先进集体”称号，康泰公司被授予“第十七届马鞍山市文明单位”。

（俞　琛）

欣创节能环保科技股份有限公司

【主要经营指标】 2017年，实现营业收入7.65亿元，利润6566万元；外部市场营业收入1.17亿元，占比为15.33%。

【改革发展】 2017年7月24日，收到全国中小企业股转公司（新三板）的挂牌通知函；8月18日，正式挂牌新三板（股票简称“欣创环保”、股票代码871890）；9月5日在京举行挂牌仪式。2017年5月，公司借助南京大学环境规划设计研究院有限公司的学府背景和能力，组建了安徽南大马钢环境科技股份有限公司，重点开拓水处理及土壤修复等市场；借助北京日川公司绿基金背景优势及贵州六盘水的区位优势和政策支持，成立了贵州欣川节能环保有限责任公司，提前布局西南地区的节能环保市场。2017 年底,获批成为省国资委首批深化改革、创新发展的试点单位,为公司今后改革发展赢得宝贵的政策支持。

【企业管理】 扩大贯标范围,实现业务全覆盖,2017 年底顺利通过上海质量管理体系中心外审认证。2017 年 8 月起在集团公司部署下,着手导入卓越绩效管理体系,为 2018 年申报市长质量奖奠定基础。进一步完善制度建设,制定和完善了《标杆管理办法》《资金支付管理办法》《企业专利工作管理办法》等 10 多项管理制度。公司党委成立基层党建标准化推进工作领导小组,推动"两学一做"学习教育常态化制度化。同时,强化纪检监察工作,先后开展"生石灰原料采购、固废处置、氧化铁红销售及水质运营流程风险评估""分包方规范管理情况专项检查""规范备件管理"监察项目。公司全年未发生任何职务犯罪事件。

【重点工程】 已形成工程管理标准化模板,实现了安全、质量、设备管理全过程受控。建成二铁 2 号高炉技术改造配套环保设施项目、和尚桥矿、姑山矿除尘项目、港原 AB 矿槽除尘项目。市中心城区 PPP 项目于 11 月 15 日完成消除黑臭阶段性任务,实现了黑臭水体治理"水清、岸绿、环境优美"的目标。山西"七一"煤矿瓦斯发电项目如期建成,9 月份进入商业运营阶段;山西"余吾"瓦斯发电项目进入设备安装调试阶段。山东金能化工推焦除尘、九江萍钢脱硫工程等项目顺利投用;天长乡镇污水处理、铜陵 PPS 污水治理、黄山黟县水处理等项目建设有序推进。

【专业化托管运营】 持续完善脱硫、除尘集中监控中心建设,标准化托管运营模式渐趋成熟。全年托管运营的近百套除尘设施、16 台套脱硫脱硝设施、100 多处水处理设施运行稳定,排放达标,环境绩效优良,满足业主要求。全力以赴抓好生产操作、物料保障、水质运营、设备保产、现场环境管理等 5 大重点管控环节,实现"设备事故零发生""小时均值达标""环保设施运营水平逐年提高"三个目标,确保马钢通过中央环保大督查、蓝天保卫战等多次督查。

【技术进步】 公司组建环保设计研究院,进一步充实设计团队力量。自主编制完成 25 项除尘、水处理技术方案、20 个项目的除尘器及相关配套设施设计工作,承担 14 个项目的技术服务工作。相继取得环境工程设计(水环境)乙级资质,市政公用工程施工总承包、建筑工程施工总承包两项二级资质。成功获得安徽省"三重一创"高新技术企业发展政策支持;多项技术、产品入选省节能环保产业"五个一百"名录。2017 年新立项研发攻关项目 9 项,承担集团公司科技攻关项目 9 项。"焦化废水污染物减量与深度处理技术的应用""低温脱硝催化剂研发"两个项目入选马钢公司 APQP 与 EVI 项目。截至 2017 年底,公司累计获得 29 项授权专利,其中发明专利 5 项、实用新型专利 22 项、著作权 2 项。

【市场开拓】 公司优化营销策略,重点围绕 200-800 万吨钢铁企业、独立焦化厂、市政污水及厨余垃圾处理、危废处理、煤矿瓦斯综合利用等重点客户和目标市场,全力以赴开辟外部市场。2017 年 10 月起,首次以标准化模式托管铜陵旋力特钢脱硫设施,环保设施托管运营成功迈出外部拓展第一步,2018 年 1 月,按照马钢水质运营总包模式,托管运营铜陵旋力特钢水处理业务。会同中冶华天工程技术有限公司,持续推进市中心城区水处理 PPP 项目施工和水质运营工作;联合南大马钢公司,中标铜陵 PPS 项目、黟县污水处理提标改造项目;联合贵州欣川公司,承接唐山宝利源炼焦有限公司、徐州伟天腾达公司干熄焦及发电项目;联合欣巴公司推进焦化废水治理攻关,中标广西盛隆焦化废水运营项目。此外,合肥分公司推进工业水厂二期项目建设,并以此为依托开拓合肥地区的节能环保业务。

(王希通)

华阳设备诊断工程有限公司

【主要经营指标】 2017 年,实现营业收入 1684.73 万元,利润 521.65 万元。

【生产经营】 1. 设备诊断业务持续发展。2017 年公司设备诊断完成合同量 400 余万元,其中马钢外部单位约 60 万元。2017 年,监测、诊断及动平衡处理设备合计约 2960 台次,编写各种诊断报告 298 份,承担 50 台次设备现场动平衡校正工作,为客户创造了巨大的经济效益。2. 无损检测业务稳步推进。公司无损检测体系经多年来逐步发展,拥有了一批具有各种检测资质的技术人员。已具备超声(UT)、射线(RT)、磁粉(MT)、渗透或着色(或着色 PT)、目视(VT)、硬度、金相分析、光谱分析等多种检测的能力。2017 年无损检测通过了 CMA 相关复评及扩项工作,确保了检测规范、检测结果的正确性及可追溯性。3. 液压元件再制造完成了基础设施建设,初步建立了液压元件再制造的实验室和技术人员团队。已和安徽华塑集团签订了首批近1000个液压阀,近50万元的再制造合同。4.再制造板块快速发展。伺服阀和比例阀的检测与维修形成维修作业标准。在稳定马钢内部市场同时,与铜陵有色公司、山西安泰建立了正常的合作关系。实现了雾化器部分规格产品的国产化,筹建了高速旋转雾化器的维修、装配车间并正在制定相关装配、维修作业标准。对SDA半干法脱硫工艺中高速旋转雾化器进行了国产化转化,并成功制造出F100雾化器,经现场使用反映良好;同时实现了F100、F800雾化器的销售目标。5.环境监测板块步入正轨。2017年完成了马钢能环部常规检测任务的同时,以检测项目扩项和CMA扩项为抓手,开拓第三方环境检测市场为重点任务。2017年共完成噪声、大气、废水等千余次检测任务,完成建设项目竣工环评验收检测工作7次,竣工环评验收检测管家式服务项目3项。

【技术进步与交流】 完成了CMA资质换证以及环境检测部扩项的工作,目前能够检测的项目共计77项,其中废水与水质38项,废气与空气21项,土壤与底质36项,噪声8项。这次扩项工作的完成,为公司进一步拓展第三方环境检测市场,配合参与重大环境治理工程,全面提高公司综合效益,打下了坚实的基础。在原有阀维修业务的基础上,与MOOG公司合作举办了“伺服阀现场使用维修及故障诊断”培训活动,拓展了新阀维修业务。协助中国钢铁工业协会冶金设备分会举办了“冶金设备诊断及远程控制技术”交流会。该会议作为中国钢铁工业协会冶金设备分会第一届第四次理事(扩大)会议的分会场,于2017年10月19日在常州举行。马钢华阳诊断工程有限公司协助完成了设备诊断论文征集、论文点评与修改等工作。

埃斯科特钢有限公司

【主要经营指标】 2017年累计生产高品质乘用车零部件精棒产量538吨,成材率指标稳定提升至80%,最好指标达到84%。实现销售2277.6吨,其中销售自产材375.8吨,委托加工161.5吨,贸易材1740.3吨。2017年实现销售收入1104.89万元。

【市场开拓】 围绕市场开拓,与马钢股份公司特钢公司紧密合作,建立一体化营销模式,加强产销联动、营销互动、对接客户,形成推荐、调研、评审、生产、服务为一体的产销新格局。2017年实现批量供货8家,小批量及样件供货17家,联系重点客户70家。与法方专家共同组成市场开拓团队,走访了博世等在中国建厂的10余家世界知名汽车零部件企业,及中车、庞巴迪等数家轨道交通零部件制造国内领军企业。成功实现向中国上海弹簧公司(芜湖工厂)批量供应悬架簧和稳定杆用银亮材棒料,同时向上汽、法国索格菲、中车等企业提供了样件。通过公司上下努力奋力,开拓市场,2017年5月份公司销售实现零的突破,为公司产品进一步打开市场奠定了良好的开端。

【生产建设】 充分挖掘法国搬迁线生产效益,提升产线驾驭能力,取得一定实效。自2017年8月起,ICB线从月产几吨提高至目前200多吨,实现批量生产,并具备5000吨年生产能力。通过降低剥皮量和中间停机次数,改善了成材率指标,从生产初期的70%提高到目前80%,最好指标为84%;设备故障大幅降低,各项消耗趋于稳定,其中刀片消耗从年初400元/吨下降至140元/吨。此外,为L35、L50配套增建的矫直、无芯磨床等设备也将建成投产,彻底解决L35、L50产品的表面质量缺陷,实现棒材银亮产品向客户稳定供货。

【项目建设】 以一期项目建设为重点,紧盯“安全、质量、工期、成本”四大目标,全力推进项目建设,期间克服了高温及雨季影响、环保督查限制、厂房钢结构安装和土建基础交叉施工等实际困难,顺利完成了南北区约6万平方米厂房建设任务;南区项目已完成竣工及环保验收。北区罩式炉、酸洗线按期建成开始试生产,拉拔线设备正安装调试即将投产。2017年项目建设施工质量、施工安全、工期及成本控制均达到目标要求,较好地完成了年度项目建设计划的预期任务。

【产品开发】 以搬迁线为切入口,积极消化吸收ASCO公司在高端乘用车和轨道交通零部件用材领域国际一流的先进工艺及技术,2017年开发10个钢种17个规格新产品,其中汽车用热绕弹簧、稳定杆用银亮棒材产品4个(55SiCrV、55SiCr、60Si2Mn、55Cr3),通过上海中国弹簧公司(芜湖工厂)疲劳试验,并实现稳定供货;铁路用弹簧钢60Si2CrVAT满足TB/T2211-2010中国铁路标准300万次疲劳试验及货车用铁路弹簧技术要求,并成功向包一机、齐齐哈尔、天津、贵阳等车辆厂供样。此外,开发经罩式炉球化退火的轴承钢GCr15产品,实现向欧美克等客户小批量供货,有力地支撑了公司生产销售。

【体系建设】 年初完成公司质量手册和程序文

件重新修订和增订工作,新增程序文件3个,总数扩展为37个。6月份通过芜湖中瑞、杭州弹簧、浙江裕荣等4家专业弹簧制造公司二方审核,9月份完成公司内部管理评审。11月份通过汉德公司质量体系审核,获得了IATF16949和ISO9001认证证书,促进了公司质量管理体系有效运行,提升了产品实物质量。

【品牌建设】 结合公司打造"品牌就在身边"工作主题,发动全员参与品牌建设。以品牌建设为契机,向公司全员灌输"质量是饭碗"的思想,树立"谁不重视质量,谁就是在砸合资公司饭碗"的质量理念。针对搬迁线ICB银亮材表面质量、尺寸公差及产能释放等问题,组织开展了ICB弹簧钢表面质量攻关和高端汽车零部件用材质量课题研究,通过对产线工艺参数修正和优化,提高了产品尺寸公差、圆度及表面粗糙度等级,满足了芜湖中瑞的质量要求,并从兴澄特钢和宝钢手里抢到了订单。同时,充分消化吸收法方技术资料,展开搬迁线设备功能恢复和完善工作,升级改造了搬迁线老化设备,使其具备了生产条件;实施了备件国产化,进一步降低了生产成本,提高了产品市场竞争力。并依托新钢种开发工艺试验,有效解决了生产存在的问题,实现了弹簧钢棒材向客户稳定供货,提升了公司产品在高端乘用车零部件用材行业的知名度。

【安全和现场管理】 牢固树立安全生产的红线意识,坚持党政同责、一岗双责、齐抓共管、失职追责,建立安全生产责任清单,强化安全生产责任制刚性执行,抓好项目施工和安全生产管理,签订好安全生产责任书,明确工作责任,做到"谁负责生产,谁负责安全",预防各类安全事故的发生。加强新入职员工安全教育,严格执行安全生产各项管理制度,进一步加大检查与考核力度,杜绝违规违纪行为,提高安全效果,促进员工和施工人员安全和责任意识的提高。同时,加大现场"6S"管理,加强生产现场和环境整治,把现场管理与清洁生产有机结合起来,同步推进,共同提高,努力打造清洁、绿色的工厂。

【内部管理】 加强财务管理,完善了财务收支审批、预算、资金、成本的管理,制定了存货管理等制度和办法,进一步增强了公司财务风险防控能力。梳理业务流程,借助特钢公司一体化办公力量,梳理管理子流程500多个;明确领导分工及部门职责,梳理管理办法200余项,新编评审150个管理制度,为规范管理打下良好基础。优化人力资源,按照"整合资源,打破界限,一人多岗,一专多能"编制岗位定员,制定和完善了岗位薪酬、岗位标准、岗位技能等管理办法,以及招聘和员工培训各项管理制度。全年新招和引进人员39名,完成了66个课目46场各类培训,确保员工队伍精干高效。强化经济责任制考核,将公司年度生产经营指标目标层层分解到部门和分厂,加强月度绩效考核,有力地推动了公司各项工作任务的落实。开展现场专项整治,制定了现场管理考核办法,加强检查、问题整改及通报,使生产现场、厂区环境明显改观。落实安全生产责任制,坚持生产和施工现场日巡查、周检查制度,重点加强设备检修安全检查,及外来单位和施工人员安全管理,及时发现问题、及时通报,限期整改,确保安全生产和施工。完善人防、技防、物防措施,加强治安综合治理和开展消防宣传。

【党群工作】 公司党支部紧紧围绕项目建设、生产发展、品牌建设、党建标准化、企业文化等重点工作,扎实推进党建工作,为完成公司全年目标任务提供强有力的组织和政治保证。同时,建立了工会组织机构,开展了员工伤病探视、抚恤慰问等互助关爱活动,组织了生产劳动竞赛及员工文体活动。加强对外宣传,制定了宣传考核奖励办法,2017年完成对外宣传稿件36篇,其中省级以上12篇,市级、公司新闻媒体稿件24篇,并组织宣传了公司员工当选"最美马钢人"报道。在"家园文化"大氛围下,打造特色企业文化。

(张　磊)

祥云科技有限公司

【经营指标】 随着各项业务的陆续开展,销售收入处于递增趋势。2017年累计签订销售合同57份,合同额4919.8万元,实现销售收入1510.24万元,利润217.38万元。

【市场开拓】 2017年外部市场实现销售收入498.5万元,占年度销售收入的33%。1月,中国联通皖南数据中心落地公司,5月,与电信签署战略合作协议,在IDC业务发展上取得较大进展。同时加强与知名厂商的合作,通过技术交流、培训的方式,取得杭州宏杉、苏州科达、上海爱数的代理资格,在平台上推出多种解决方案和产品,实现互利共赢。深化产学研合作机制,为安徽工业大学搭建实训基地,通过技术研发服务引进实习生,与雨山区人民法院共建司法人工智能联合实验室。多次与市经信委、信息办召开专题会,接待市区领导的参观调研,积极谋求合作机会,为后期发展奠定基础。

【运维管理】 公司提供 7×24 小时运维值守服务,并设立热线电话。运维值守服务包括基础设施、IT设备、平台系统的巡检及受理用户故障申报。针对数据中心基础设施、云平台和解决方案,2017 年共制定应急运维预案 15 个,其中基础设施应急预案 4 个,云平台应急预案 4 个,解决方案应急预案 7 个。在十九大期间,为保证数据中心平台稳定运行,制定了十九大期间专项运维预案。2017 年共完成 80 套已运行管理类应用系统的迁移,承载 110 套马钢集团内部管理类应用系统的在线稳定运行。

【科研项目】 2017 年,根据省经信委要求,完成《云计算平台建设》项目的绩效自评报告,并通过 2016 年省企业发展专项资金绩效评价现场检查组及安徽华安会计师事务所的检查。完成《网络虚拟化应用研究》项目的申报与结题工作。积极申报专利和软著,促成科研成果转化。已获得软件著作权 20 项,已提交申报专利 1 项。积极响应政府扶持政策,完成安徽省科技型中小企业的备案工作,完成市科技创新券的申请和兑现材料的申报工作,完成规上企业的申报工作,准备申报高新企业认定材料。

【资质申请】 积极推行 ISO9001 质量管理体系、ISO27001 信息安全管理体系、ISO20000 信息技术服务管理体系标准工作,已获得三项体系认证证书。已通过国家信息系统安全等级保护三级评测和国家 A 级数据中心评测验证,并取得相关评测报告,为公司稳定生产经营夯实基础。提交商标复审材料,已通过国家工商行政管理总局商标评审委员会的初步审定。

(童　琨)

欧邦彩板科技有限公司

【公司投资】 根据股东会决议,投资 200 万元新建了一条覆膜板生产线,覆膜线的年产量为 100 万平方米,已完成安装调试,试订单生产 18.9 万平方米。该线以建筑覆膜板生产为主,配套家电覆膜的制样生产。

【主要经营指标】 2017 年实现销售收入 7971.69 万元,其中:建筑覆膜板收入 317.35 万元,金属覆膜一体板收入 64.99 万元,钢贸收入 7433.84 万元,开平剪切收入 113.79 万元,仓储服务收入 41.72 万元。2017 年经营盈利 9.7 万元,实现了扭亏为盈,主要得益于主营高附加值的建筑覆膜板、金属覆膜一体板产品,已开始批量销售。

【市场开拓】 公司生产经营紧紧围绕覆膜板、彩涂板两大类产品,开展终端产品的新产品开发。利用现有的客户渠道,依靠战略合作和马钢的品牌优势,不断开发建筑覆膜板的新用户,市场正在放量。海螺集团的城市垃圾焚烧发电项目指定采用马钢金属覆膜板,伊利集团养殖场改造项目已将马钢金属覆膜板编入工程招标技术文件,正大养殖项目已在技术文件中正式确定采用马钢的金属覆膜板,中材华晟开发的旅游移动房屋项目、铜陵有色金剑铜业、现代牧业、君乐宝集团、正邦养殖、天邦养殖等企业的项目工程,均正在试用马钢金属覆膜板。公司积极推出新产品金属覆膜保温装饰一体板,联合浙江智胜南洋公司实施精品制造,广泛用于建筑外墙墙体材料,该产品对比传统的建筑外墙材料具有环保、多功能、轻量化、长寿命、综合性价比高、施工便捷、造型美观等七大优势,受到业内市场的欢迎。

【重点项目】 实施公司管控下的项目经理制,积极为项目业主提供金属覆膜保温装饰一体板的建筑外观效果图、排版设计、二次深化设计和现场技术指导服务。2017 年,已完成马钢长材事业部办公楼项目 3200 平方米,冷轧总厂围护系统 3300 平方米,覆膜一体板材料受到业主方的广泛认可。

【企业管理】 持续加强制度建设,相继出台《采购管理办法》、《赊销授信实施细则》、《生产经营绩效管理办法》、《劳务派遣暂行管理办法》、《作业现场文明生产管理细则》等管理制度。建成并运行内控体系,于 2017 年 11 月通过了集团公司内控专家组的审核。同时,积极开展公司质量、环境、职业健康安全“三标一体化”体系建设,发布了《综合体系管理手册》,力争 2018 年通过三体系认证审核。

(周凯波)

防锈材料科技有限公司

【概况】 2017 年 4 月 20 日,马钢股份公司与武汉市洪福防锈包装化工有限公司共同出资注册设立安徽马钢防锈材料科技有限公司。公司注册资本 1000 万元,由马钢股份控股,马钢股份出资比例为 51%,武汉洪福出资比例为 49%。截至 2017 年底,公司实收资本600万元,其中,马钢股份出资306万元,武汉洪福出资294万元。公司主要经营范围是生产气相防锈纸、中性纸及复合材料、无纺布及复合材料等。2017年5月1日开始试生产,2017年10月26日正式投产。

【主要经营指标】 2017年5月至12月,公司生产销售防锈纸750吨,实现销售收入581万元。

【生产经营】 公司先期投入建成一条生产线主要生产宽幅2800毫米及以下的各类防锈纸,包括镀锌防锈纸、冷普防锈纸、硅钢防锈纸、冷普卷芯纸、镀锌卷芯纸等,年生产能力为3000吨。自成立以来,公司逐步建立健全相应管理机构,完成作业班组员工招聘配置等工作,组织制订并完成了35项公司规章制度。组织新员工现场作业培训,提高员工的生产技术水平和生产作业效率;组织员工参加安全生产培训,增强员工安全意识和责任。开展消防演练等消防安全实训活动,进一步提升员工应对突发性安全事故的应急处置能力。公司针对项目环境保护和职业健康安全合法合规性要求,按照项目建设"三同时"要求投资环保建设了一套环保设施,并于2017年9月通过市环保局防锈纸生产项目竣工验收。公司建立覆盖全过程的质量管理体系,2017年10月通过ISO9001质量管理体系认证。公司在做好防锈纸的基础上,积极寻找商机,不断开发新产品,已逐步延伸生产无纺布防护罩、覆膜编织布防护罩等。

(辛晓莉)

瑞泰马钢新材料科技有限公司

【主要经营指标】 实现营业收入101528万元,比上年增加40%;利润总额2294万元,比上年增加64%;净利润1919万元,比上年增加85%。

【生产经营】 4月10日至11日,新厂区工艺规划、厂区总体规划、主要设备表、投资估算等经过论证评审。5月4日,"节能环保型高温材料智能化制造基地和高温材料创新中心"项目的可行性研究报告顺利通过专家评审;5月19日,瑞泰马钢新材料科技有限公司正式注册成立,合资合作取得标志性成果,成为2017年中国耐火材料工业十件大事之一。9月29日,新厂区不定形生产线主体厂房正式开工建设,12月底进入设备安装阶段。11月1日,钢包衬砖及滑动水口生产线开工建设。同时,认真做好合资进程中的人员、资产、业务和财务四项交割工作,取得了预期成效,确保了人员和各项业务工作的稳定顺行。公司获马钢技术标准管理创新先进单位和马钢多元产业创新发展奖。多措并举降本增效,为提高生产经营绩效提供了有力支撑。一是拓宽采购渠道,加大招议标力度,降低原材料采购成本。同时,建立与瑞泰科技各成员单位共享资源渠道,共建采购平台,降低采购成本。二是充分利用分时电价政策,削峰填谷,调整生产作业时间,月降本近5万元;对节假日加班实行严格控制,使加班费用逐年降低。三是积极开展税收筹划,实现财税优惠奖励,同比降低税负40%。此外,新产品增效、技术降本、废次耐材回收综合利用等降本效果显著。

【科技进步】 制定了专利管理办法,鼓励技术人员积极进行专利申报,为高企建设提供条件支撑;组织一钢钢包机压无碳砖渣线包底整体试验包、二钢钢包不烧滑板、三钢转炉镶锆板闸阀及四钢自产钢包熔池钢包预制砖等系列产品试验,效果良好;与钢轧厂联合攻关的四钢钢包预制砖、四钢RH炉无铬化技术研究和三钢钢包保温三项技术进步项目,通过细化项目实施及评价激励方案,实现了与股份公司共同提升、互利共赢;积极配合做好企业研发费用税前加计扣除,制定并推进了钢包滑板新技术研究等14项技术进步项目,其中,机压无碳免烧刚玉尖晶石钢包衬砖已通过马钢股份公司准入评审;参加了《RH炉用方镁石—镁铝尖晶石砖》团体标准制定,参与了《菱镁矿和白云石耐火制品的化学分析方法》行业标准制定;专利申报6项;《优质合金钢模铸用莫来石流钢砖开发与应用》获安徽省科学技术三等奖;高挡渣率转炉闸阀砖、高附着性钢包包壁整体修补料、优质合金钢模铸用莫来石流钢砖获得高新技术产品认定;《无碳钢包砖》行业标准获工信部立项。

【企业管理】 以高效规范的管理组织体系,努力确保耐材总包业务平稳运行。一是完善项目经理负责制,合理调整人员配置,不断提升项目管理团队业务技能,固化总包业务流程。二是通过区域整合、业务归并等措施,打造具有竞争力的供应链。组织召开了2016年度耐材总包运营总结暨优秀分供方表彰会。三是跟进股份公司"十三五"产品结构调整技改项目,与使用单位开展3项联合攻关项目,提供涉及耐火材料的系统解决方案。四是针对业主单位去产能人员分流安置需要,扩大业务承揽范围,共开展26项增值和延伸服务。五是实现耐材总包价格合成,由过去各业务主体单位工序定价模式合成为产线耐材总包总价。六是协调实现了耐材总包价格与耐材原料价格的指数联动机制，为耐材价格调整提供了制度支撑。七是努力扩大自产销售，自产销售额突破3亿元，创历史新高。八是实施黏土高铝生产线关停并转，部分产品贴牌生产，产能优化持续推进。同时，全面落实多元板块重点工作取得突出效果。一是加快推进财务信息化工作。二是全面推进体系建设，顺利通过了中质协“三标一体化”外部审核。三是全面开展对标管理工作，较好提升了公司的相关指标数据。四是开展APQP和EVI项目工作。《轻烧滑板砖开发》通过评审，作为2017年马钢多元产业公司级APQP和EVI项目之一正式立项。五是积极开展马钢多元板块现场环境专项整治与企业文化建设工作。逐步实现了“现场规范化、场所整洁化、管理可视化”的公司环境品牌新形象。

【党建工作】 认真抓好十九大精神学习贯彻，开展不同层次的宣讲等活动。将党建工作纳入子公司章程，明确了党组织在公司治理结构中的核心地位。积极推进“两学一做”学习教育常态化制度化和“讲政治、重规矩、作表率”专题教育及形势任务教育，组织以“讲重作”专题警示教育为主题的民主生活会、组织生活会和“党员活动日”及党员骨干赴红色教育基地进行革命传统教育，培养以适应市场竞争为重点的党员干部队伍，全面增强“四个意识”，坚定“四个自信”。深入推进基层党组织标准化建设和矩阵式党建工作，进行12个方面违规行为专项治理；加强纪检监察和预防职务犯罪工作，加强新厂区建设项目廉洁工作，修订完善公司工程建设“十不准”，对公司全体风险岗位人员签订廉洁承诺书，重点部门业务单位签订廉洁协议书，并与69家业务单位开展了集体廉洁从业谈话工作。

【精神文明建设】 树立“精品制造、精心服务”企业文化理念和“敬业爱岗，诚信共赢”核心价值观，进一步弘扬家园文化，坚持各类先进评比，形成了风清气正的良好氛围。承办了瑞泰科技2017年决算及2018年预算工作会议、中国耐火材料行业2017年度生产统计工作会议。接待了市雨山区“两代表一委员”视察公司新区项目工程建设现场，显著提升了企业影响力和品牌形象。

【荣誉】 公司获马鞍山市安全生产先进单位，连续第五年获马钢安全生产金牌单位称号。公司获第十七届马鞍山市文明单位和马钢第二十七届文明单位等称号。

（孙　俊）

马钢（慈湖）钢材加工配售有限公司

【经营情况】 2017年钢材销售总量114万吨，比上年增加37%。销售收入35.24亿元，上缴各项税收2420万元。2017年加工32.32万吨，比上年增加24%，实现净利润3695万元。

【市场开拓】 制定灵活的经销策略。一是取消经销商品种订购限制，建立综合经销商制度，签订协议，只定数量，更有利于经销商进行品种开发；二是启用计划外产品经销政策，选定少数渠道稳定、资金实力强的经销商，签订经销协议，约定最低销售量，收取保证金，实行月度考核，鼓励多经销马钢计划外产品。加大市场开拓力度。维护现有销售渠道，不断开拓新的销售市场，2017年新增合作单位351家；定期对客户进行拜访，拉近与客户的距离。

【客户服务】 热轧产品市场同质化竞争激烈，在提供合格产品的同时更注重融入服务。在公司的销售政策范围内，根据客户需求灵活运用销售政策满足客户端个性化需求。为客户提供包括产品、加工、物流配送等一揽子销售服务，为客户减轻工作量、降低成本。对产品质量问题快速反应、及时处理、充分沟通，获得客户肯定。

【经营管理】 推行制度化、规范化、标准化管理，提升管理水平。一是加大公司在人、财、物等关键环节的风险梳理工作，降低或规避风险；二是强化安全管理，确保生产经营安全顺行；三是在协议仓库的选择上，选择符合公司设库条件的仓库。四是在资金管理上，把风险防控作为资金管理的重中之重，杜绝一切资金风险的发生。

【党群工作】 定期召开党员干部“两学一做”教育学习，充分依托党支部、工会力量，组织劳动竞赛、球类健身等活动，丰富职工业余生活。通过培训学习，提升职工劳动技能。了解职工疾苦，帮扶困难职工，营造积极向上的企业文化氛围，充分发挥职工的主观能动性和积极性。

【荣誉】 2017年荣获马鞍山市“集体协商工作示范单位”、慈湖高新区“工会工作先进单位”。

（销售公司）

马钢(合肥)钢材加工有限公司

【主要经营指标】 2017年实现销售钢材77.8万吨,较之2016年全年的66万吨增长11.8万吨,增幅17.89%,直供占比超过93%。实现销售收入33.96亿元,实现净利润3388万元。

【市场开拓】 承接公司发展战略,立足于区域汽车、家电两大用钢行业,一方面努力开拓新渠道、新用户,另一方面充分挖潜现有客户。汽车板渠道注重点面结合,实现多点开花,增强渠道抗风险能力。以河北长安、陕汽、众泰等为代表的新增渠道贡献了近4.2万吨的增量,弥补了因自主品牌汽车行业不景气造成的现有渠道销量的下滑;家电板渠道注重深耕细作,实现全面合作,解决渠道的规模化能力。2017年实现家电板销量46.7万吨,环比增加14.7万吨,增幅高达46%,创历史新高。

【经营管理】 解决主要矛盾,突出专业化、专职化管理,规范内部职能设置。相继成立技术质量部、安环部、设备保障部,并将部门职能、责任、权限相应写入作业文件;梳理过程文件,突出制度化、有效化管理,强化"做所写"。共识别出12个过程,其中主导过程4个,支撑过程5个,管理过程3个,并围绕着这些核心过程,重新汇编了三级作业文件共52个、四级记录130个;落实安全制度,强调红线意识,奖惩有度,狠抓现场安全作业;以目标结果和过程问题为导向,突出关键绩效的分析和评价应用,实现持续改进。

【降本增效】 通过木架回收、铁架替代、钢带自制、纸套筒回收等,实现降本增效98万元,比上年的53万元,增幅高达84.9%;通过专业化管理和内部流程管控,2017年未发生轻伤及以上人身伤害事故、重大质量事故和批量性事故、重大设备事故。现场6S和定置化管理继续保持较高水平。

【党群工作】 2017年开展了"两学一做"教育学习活动,每月组织党员上党课,与战略客户江淮公司定期进行党建交流活动,提高党员素养,工作中充分发挥党员的先锋模范作用,积极引领各项工作规范化、精细化。年底针对困难员工开展帮扶及"送温暖"工作。

【荣誉】 2017年,荣获江淮汽车有限公司"合作共赢奖"、陕汽"优秀服务奖"、江西昌河铃木汽车有限责任公司"优秀供应商"、临沂众泰汽车零部件制造有限公司"优秀质量奖"。

(销售公司)

马钢(合肥)材料科技有限公司

【主要经营指标】 2017年销售钢材3.48万吨(不含来料加工),营业收入共计2.18亿元,实现净利润1079.32万元。

【客户服务】 始终以客户需求为关注焦点,借助马钢总部的技术研发、生产制造、区域物流等优势,协同马钢(合肥)钢材加工有限公司共同发挥全体系配套能力,充分挖潜客户需求,牢牢占领合肥市场,做区域内最具规模和影响力的钢铁材料服务商。强化品质管控和现场服务,定期进行客户回访,追求解决问题的及时性和有效性,并回到生产现场进行改进闭环,切实有效提升客户满意度,做区域内先进的板材加工示范工厂。2017年下半年,随着第二条激光拼焊线的正式投产,服务能力进一步提升。

【经营管理】 始终将安全生产作为工作的重中之重,全面落实安全生产主体责任,坚持问题导向,定期开展安全隐患排查,有效遏制事故发生,2017年未发生重大安全伤亡事故,安全生产平稳有序。强化现场管理,努力改善员工工作环境,定制化和目视化管理明显改善。统计梳理设备备品备件的采购渠道与采购周期,完善设备台账,改进并实施日常设备点检标准,建立设备履历表,将设备纳入全周期生命管理,保障了设备的正常运行。全年质量工作有序推进,在总部的指导和监督下,强调依法合规,紧紧围绕总部年度质量指标,并结合自身产品质量管控特点开展质量管理工作,整体质量稳定可控,无重大、批量质量问题发生。实施落料线工艺废料的分类收集,推行包装材料回收再利用,以及自主制作铁托盘,降本工作取得显著成效。

(销售公司)

马钢(金华)钢材加工有限公司

【经营情况】 2017年共加工钢材6.62万吨,销售钢材19.35万吨,实现销售收入7.79亿元,实现净利润1117.56万元。

【市场开拓】 大力开发直供用户，2017年新开发直供用户10家，稳定合作的直供用户54家，销售直供比例达到90%，其中部分用户为高附加值产品用户。加大镀锌特别是锌铁合金在金华周边市场的销售力度，2017年销售镀锌约3.11万吨，环比增长20%，马钢镀锌产品在永康地区取得了一定的品牌效应。加大汽车板销量力度，2017年累计销售汽车板3.12万吨。

【经营管理】 1.加快产品结构调整，强化考核机制，积极拓展市场空间，提升营销业绩；同时，优化营销渠道，终端客户逐步取代经销商。2.以推行设备"4大标准"为契机，加大对设备协理考核，严格规范点检。3.改革员工收入分配，引进激励机制，减少固定收入，加大变动收入，奖金向重点岗位倾斜，提高员工工作积极性。4.强化风险控制。按照公司要求，结合公司风险控制文件，多次组织职工学习；对照文件，各部门重新梳理流程，审核风险点，强化风险意识，做好风险控制工作。5.开源节流，降低费用支出。积极与政府相关部门沟通，根据本地政府相关政策，实现退税近160万元；同时深入贯彻"八项规定"精神，严格控制"三公经费"支出，合理调配资金，严控财务费用开支，降低耗材成本及可控费用支出。

【党群工作】 成立了党员活动中心，组织学习党的最新理论，大力宣扬正能量，发挥党员先锋带头作用，提升企业管理水平。

（销售公司）

马钢(芜湖)加工配售有限公司

【主要经营指标】 2017年累计销售板卷33.98万吨，净利润847.47万元。销售汽车板17.33万吨。

【市场开发】 在宏观利好的有利形势下，加快产品结构调整的步伐，将汽车板、家电板产品作为销售主攻方向，品种钢占比、终端占比显著提升。积极开拓市场，增加优质客户，推动销售渠道向多元化、高端化转型。

【客户服务】 作为销售前沿与服务平台，公司积极承担股份公司本部大量的汽车板新品调试加工任务，先后为奇瑞汽车、吉利汽车、上汽、柳州汽车等汽车厂加工调试料，累计规格多达241个，从几千克到几吨不等，推进马钢汽车板应用。

【经营管理】 1.强化风险管控，开展风险识别、事件影响分析及风险点的原因分析，并制定应对措施予以管控，做到无管理漏洞。2.完善技术质量相关管理制度。加强过程检查，对违反工艺纪律及质量标准要求的严格考核；编制产品过程质量控制计划，指导检验人员进行检验，提高对关键尺寸的检控能力。3.规范员工的三级安全教育，减少和避免员工安全事故发生，完成年初确定的安全生产目标，2017年未发生中、大设备、人身安全事故。

【党建工作】 积极开展党员学习教育活动，使广大党员树立正确的世界观、人生观、价值观，发挥共产党员的先锋模范作用，有力地促进了企业的健康发展。同时积极开展健康的精神文明建设活动，开展"送温暖"活动帮助困难职工，提高企业凝聚力。

（销售公司）

马钢(芜湖)材料技术有限公司

【主要经营指标】 2017年销售板卷39.83万吨，销售收入1.74亿元，较2016年增长0.59亿元，实现净利润36.59万元。

【市场开发】 1.充分利用汽车板营销小组技术优势，加大汽车板销售力度。新开拓了山东寿光万龙、山东诸城迪瑞、无锡凯龙汽车等重点汽车板终端客户，以及苏州普热斯勒、凌云驱动等潜在的热成型汽车板终端客户，2017年新开拓汽车板终端直供客户10家，中小零售经销客户9家。2.南通万高电机及其新增工厂威格电机已经形成供货，开拓非汽车板终端客户5家。3.成功引进吉利润达公司配套的吉利帝豪、远景等车型业务，首批次46组件，模具已陆续进场生产供货。

【客户服务】 为支持股份公司新品和新客户开发，承担大量的调试料加工送样工作，先后为奇瑞汽车、凯翼汽车、通用汽车、吉利汽车、北汽昌河等进行多批次调试料供货工作。

【经营管理】 1.建立资金、物资风险防控体系。加强外部仓库监管，规范合同签订和发货的授权流程。2.强化财务监督。2017年财务部会同业务部重新对现有业务流程进行梳理、优化，细化存货及产成品的核算方式。3.加强现场管理。设置专人管理，做好定置管理，区域划分责任区，长期监督改进，改善公司现场环境,提升公司综合竞争力。4. 完善技术质量相关管理制度。定期组织开展模修、模修人员理论知识、现场操作及安全培训;加强过程检查,对违反工艺纪律及质量标准要求的责任人严厉考核;编制产品过程质量控制计划,指导检验人员进行检验,提高对关键尺寸的检控能力。

【党建工作】 积极开展党员学习教育活动,培养艰苦奋斗作风。以"激发员工活力、全面精益运营"为党建目标,以"纵横两条线"为具体抓手,积极整合资源,大力推进协作,有力地促进了企业的健康发展。同时积极开展健康的精神文明建设活动,开展"送温暖"活动帮扶困难职工,提高企业凝聚力。

(销售公司)

马钢(扬州)钢材加工有限公司

【主要经营指标】 2017 年加工总量 16.84 万吨,销售总量 42.69 万吨,实现净利润 1808.38 万元。

【市场开拓】 根据马钢"十三五"规划,继续推进产品结构调整,优化库存结构,积极拓展渠道、抢抓订单。密切关注市场动态,灵活制定价格政策,合理安排销售节奏,取得了较好的经营业绩。

【客户服务】 借助马钢"五位一体"的客户服务模式,有效解决了重点客户点对点的服务问题,满足客户个性化需求,提高客户满意度、忠诚度、美誉度,着力向客户导向型转变。

【经营管理】 积极贯彻"安全第一,预防为主"工作方针,强化安全管理,严守标准化作业,坚持"谁主管,谁负责"原则,建立三级安全组织管理网,促进生产现场管理文明化、科学化,并逐级签订年度安全生产责任书,使安全生产工作"事事有人管,层层有专责"。人员配置上,优化组合,合理调配,对每天的生产状况和进度,做到心中有数。在确保质量、产能的前提下,努力缩短交货期。同时,加强设备维护和点检力度,将设备问题处理在萌芽阶段,减少设备事故发生,降低维修费用。深化比价采购,将资金成本占用费降到最低。做到以营销为先导,生产为保障,采购全面跟上的工作链。通过对各项降本增效"点"的监督和执行,对生产现场的原材料、机械设备、工作人员、操作方法以及现有的环境,进行合理化的定置管理和看板管理,将生产现场的原材料、成品、废次材、工器具等进行调整并予以定位,为公司节约 30 多万元。

【党群工作】 开展学习十九大会议精神、党的群众路线教育实践活动、"两学一做"及廉政建设等系列党建活动。开展批评与自我批评民主生活会,以问题为导向,改正日常生活工作中不良态度和作风。

(销售公司)

马钢(广州)钢材加工有限公司

【主要经营指标】 2017 年钢材加工总量 16.58 万吨,销售总量 33.11 万吨,净利润为 676.37 万元。

【市场开拓】 2017 年借助钢材市场有利形势,积极进行市场开拓,新增客户 91 家,完善健全了客户档案 280 家。

【客户服务】 以品牌战略为引领,全面推行"五位一体"服务模式,强调"客户第一,我为客户服务"的理念,通过推动服务重心前移,围绕客户贴身服务,获得客户广泛认可,进一步树立马钢品牌形象。

【经营管理】 在风险控制管理方面,强化过程管控,从"人财物"三方面考虑,分别加强和完善流程审核制度和监督机制;在生产安全方面,全面落实安全生产主体责任,完善厂房相关设备、电气线路的定期保养、维修制度,严格实施安全培训、安全巡查、丰富班前会安全教育内容,不断强化红线意识和安全生产发展观念;在体系建设方面,为了更好地全面加快推进华南地区汽车主机厂进入速度,于 2018 年 1 季度通过 IATF16949:2016 质量管理体系认证;在降本增效方面,根据公司提出降本增效的策略,先后采取打包带二次利用、复合纸二次利用、加强监督包装耗材、加大木架回收力度、针对设备维修采购加大询价力度等措施,2017 年累计降本增效约 70 万元。

【党群工作】 坚持公司运作与党建工作并重的原则,积极开展"两学一做"教育学习;召开"关于新形势下党内政治生活"等主题的民主生活会;组织全体党员通过电视观看十九大开幕式;按照标准对党员活动室进行了整改完善,丰富了学习书籍,营造了较好的学习环境;组织员工拓展、安全培训、技能竞赛、年终文体比赛、困难群众慰问等活动。

(销售公司)

马钢(重庆)材料技术有限公司

【主要经营指标】 2017年实现钢材销售30.84万吨(其中汽车板26.37万吨)、加工8.34万吨(其中自有加工量6.57万吨、来料加工量1.77万吨),实现销售收入13.06亿元、净利润2000.62万元。截至2017年12月31日,公司总资产4.36亿元,净资产2.81亿元。

【市场开拓】 2017年得益于去产能的强力推进、"地条钢"的全面取缔、环保停限产的力度加大等因素,钢铁行业迎来了重大发展机遇,马钢(重庆)材料技术有限公司把握时机,以汽车产品为主的区域定位,采用积极灵活的经营策略,抢占市场份额。2017年销售量比上年增加2.42万吨,汽车板销量比上年增加2.86万吨,2017年销售品种钢20.8万吨,品种钢占比67%,比上年增加4.6%。

【客户服务】 以价格为先锋、质量为基础、服务为后盾减少流通环节,开展技术营销。实行客户经理负责制,按照"五位一体"的工作流程,及时更新客户档案,详细记录现场情况、客户满意度、客户往来台账等数据,并采用一人一厂定点无缝对接的方式,高效传输客户需求,提升服务质量,稳定销售渠道。注重培养优质客户,建立经销商渠道,通过经销商抢占重庆地区配套领域市场,加大销售力度,扩大马钢产品的用户群。2017年直供用户保有数量达到13家(含三方直供),比上年三方直供增加5家。

【经营管理】 1.按照IATF16949体系换版要求学习整改,2017年11月通过IATF16949外部审核,并获得认证。2.2017年无较大加工再生缺陷发生。公司不断加强对生产现场纪律的监管、保证车辆有序调度。同时,持续完善安全生产管理制度、操作规程、组织专业培训,消除安全隐患。3.积极开展"降本增效""回收再利用"工作,对生产中收集的废旧包装耗材进行二次利用,全年降低包装耗材采购费用15万元以上。4.资金的支付严格按照相关的制度和规定,严格控制审批程序;严格遵守银行账户管理、票据管理、结算管理、融资管理等规定,合理有效调度订货资金、统筹管理和运作资金并对其进行有效的风险控制。加强授信资金的管理,对授信的几家终端客户在授信额度内结算,同时为其购买了商业信用险或提供银行保函,并督促其在规定的时间内回笼货款,确保了公司资金和资产的安全。5.物资仓储地选择以国企库、自主仓库(具有自己的资产和土地)、信誉度高的仓库为基本原则,每周对社会仓库进行抽查,每月末进行全盘。

【党群工作】 根据上级党组织"两学一做"工作要求,公司党员定期开展互帮互助活动、学习习总书记系列重要讲话、领悟中央文件精神。要求每位党员全面理解党的纲领,牢记党的宗旨,毫不动摇地履行党员的权利和义务,保持政治本色,在思想上、政治上、行动上与党中央保持高度一致。公司工会了解职工疾苦,为帮扶困难职工,营造积极向上的企业文化氛围,年底组织开展了公司"优秀员工"和"先进个人"评选。

【荣誉】 2017年被重庆市北部新区评为"AA级劳动关系和谐企业"。2017年被重庆市渝北区评为平安建设暨综治工作先进单位。

(销售公司)

·参股公司·

比欧西气体有限公司

【主要经营指标】 2017年,公司累计实现销售收入57139万元,实现税后利润18029万元,顺利完成了预定目标。2017年供气可靠性达到100%、设备可靠性达到100%,实现了为马钢股份公司生产保供的目标。2017年无重大伤亡事故,无重大环境事故及重大产品质量事故。

【生产经营】 公司设备运行稳定,2017年共生产管道氧气647148KNM^3,管道氮气754667KNM^3,管道氩气27500KNM^3,液体氧气22625763NM^3,液体氮气30444238NM^3,液体氩气1193311NM^3。产品质量全部达到了合同要求。氧气放散率0.5%、液氧损失率0.1%,均小于目标值,SPC=0.809KWH/NM^3(液氧产品单位电耗)。各项指标完成较好,达到成本节约的目标。2017年,公司核心管理工作持续向以关注装置经济运行和强化执行力为主要管理目标的方向转变,继续以简单有效的工作原则,优化以信息化为主要管理手段的生产管理体系;继续建立和完善"过程执行监控体系",完成工作过程评审与绩效管理的有机结合,全面提升了各项工作的执行质量;继续贯彻以计划维修PM为主,以隐患管理为核心、以SAPPM为管理枢纽的设备管理理念,及时发现消除隐患,保证设备稳定和生产顺行;持续开展工艺过程研究,2017 年完成技术变更及工艺改进 15 项,完成了主变改造增容,这些项目的实施弥补了管理和技术缺陷。

【安全管理】 重点加强对检维修工作许可制度和“承包商管理程序”的执行监督,2017 年工作许可证执行的符合率达到了 99.68%,承包商现场作业安全管理符合率达 99.7%。此外,通过专题培训、安全技术知识学习、安全小组会议、安全通告、安全宣传等形式继续加强员工安全、健康、环保和质量控制方面的培训工作,开发和优化了各类应急预案,并扎实有效地开展了演练工作,推进安全生产工作。

【财务管理】 针对 2016 年底马钢内审提出的问题,于 2017 年 3 月进行了彻底整改,并对公司原有的财务制度进行了修改,补充编写了《内部牵制制度》,对公司的主要经济活动进行了规范;接受投资双方的监督,及时准确地提供双方管理所需资料,满足投资各方的管理要求,进一步完善各类财务分析报表,为生产经营提供财务分析及指导;积极向花山区政府争取税收奖励政策,2017 年取得 350 万元的税收返还;5 月份,将冗余资金的 50% 加入马钢财务公司“现金池”,实现利益共享;2017 年实现净利润 1.80 亿元,按照 2017 年第 21 次董事会 2 号决议:每年分红两次,分别于每年 6 月和 12 月完成,2017 年上半年已分配 1.5 亿元;下半年因马钢高层要求滞后在 2018 年分配股利。

(陶　颖)

江南化工有限公司

【主要经营指标】 2017 年,实现主营收入 5987.55 万元,净利润 1150.28 万元,发生销售、管理、财务三项费用合计 1453.72 万元。2017 年共销售工业炸药 11992.112 吨,其中,胶状乳化 5656.812 吨、铵油混装车 286.2 吨、重铵油 6049.1 吨。企业实现安全管理、生产经营、产品质量稳定。

【经营服务】 2017 年,在民爆行业市场的整体下滑、产能过剩的情况下,主要通过以下措施保证产销平衡。一是完成重铵油频道增补工作;二是加强省内客户的走访和沟通,积极开发省外市场,寻找新客户,注重推销胶状乳化产品;三是优化售后服务。加强营销队伍的建设,积极主动和客户沟通联系,更好地为客户服务;四是坚持把服务马钢矿山当作销售工作重心,不断提高产品质量和服务水平,保质保量地做好马钢矿山的保供,把江南化工当作马钢矿山一分子,让矿山各单位放心满意。

【安全管理】 1. 贯彻安全生产“五落实五到位”的规定。公司党政领导对安全生产责任负同等责任,定期向江南化工集团等报告安全生产工作。2. 明确责职,细化考核。公司人人都签订了《安全生产责任状》,横向到边,纵向到底,并将工资的 20% -30% 作为安全工资,按照《安全考核细则》,每月由安全部门考核。3. 抓好安全培训教育,提高安全意识。所有员工进行规程、制度、装备使用前安全培训,特种作业人员外部培训,持证上岗。每月公司、部门都召开安全例会,班组每天开工和结束都坚持召开安全例会。4. 坚持安全检查,切实整改各类隐患。坚持安全检查不松懈,除进行日常安全巡查外,公司 2017 年已组织 13 次安全检查、隐患排查和 7 次专项安全检查,针对发现的问题,都制定整改方案,确定责任人,限期整改。公司在市安全生产隐患排查治理体系建设系统的绩效考核均为 A 级。

【生产管理】 1. 强化设备管理。加大设备维护、保养力度,对关键设备都及时更换易损件,绝对不让设备带病和超负荷运行。2. 加强贮存、运输的管理。严禁库房超量贮存,保持库房通风、降温;加强对危险品运输车辆和押运的监管,严禁车辆带病上路,确保危险品运输的安全。3. 加强特种设备和安全装置管理。对特种设备锅炉、压力容器、叉车等,都及时检测,做到持证上岗;防雷装置、消防设施、电子监控系统及安全阀、压力表、温度计等各类安全装置、设施都及时检查、检测、效验,确保安全有效。4. 建立应急管理体系。公司完善了应急救援体系,制订了应急救援预案,配备了应急救援队伍和物资,每半年组织员工对预案进行培训,每年至少进行 2 次应急救援预案演练。

【技改建设】 1. 安全技改资金投入约 1400 万元。以完成胶状乳化炸药安全技改,同时解决硝酸铵库和生产工房外部距离不够问题,现已基本完成。另外,锅炉环保达标改造工程完工。2. 胶状乳化炸药(含乳化铵油炸药)生产线 14000 吨产能调整技改工程,初步估算投入约 400 万元。3. 积极筹备总库区新建库房项目,已投入 419.49 万元。

【企业管理】 1. 在 SAP 信息化中,规范各项基础工作,严格费用开支标准和范围,逐月进行预算指标完成情况、资金收付预算和计划分析以及资金回笼和经济运行的分析，积极做好税收筹划，配合化工集团做好审计、财务检查、企管检查和控股集团监察检查。2. 精细物资管理流程。严格供应商管理，做到货比三家。关注库存动态，降低库存资金，利用信息化手段监控材料收发存，加速库存资金周转。3. 完善标准化体系及制度建设。完成各种管理制度和管理标准的制定。制定完成了马鞍山江南化工内部控制制度体系、安全管理制度和标准的制定、内部绩效考核制度的制定和修改、人员和各岗位标准的制定等几十项工作。

【荣誉】 2017 年，公司荣获"市级职业卫生示范企业""市级安全生产隐患排查治理体系建设示范企业""市级两化融合示范企业""市级安全文化建设示范企业""市劳动保障诚信 A 级单位"雨山区"纳税大户""工业二十强企业""纳税突出贡献企业"荣誉和称号。车间乳化班也正积极创建市安全标准化示范班组。

（李敬鹏）

皖宝矿业股份有限公司

【主要经营指标】 2017 年，石灰分公司在停产 6 个月的情况下，生产生石灰 17.9 万吨，秀山矿在停产 8 个月的情况下，生产冶金辅料石灰石成品矿 51.7 万吨，生产建材石料 10.8 万吨，复产后迅速实现了按月达产运行；销售冶金辅料"两石"83.7 万吨，销售生石灰 20.8 万吨，销售建材石料 47.6 万吨，实现销售收入 14312 万元；实现利润总额 191.4 万元，超额完成了 2017 年 180 万元的利润总额指标。

【企业建设】 积极响应地方政府绿色矿山、绿色企业创建要求，率先启动秀山矿绿色矿山创建工作。完成了秀山矿外运道路提质改造、露天堆场封闭大棚、场地硬化与绿化等一系列创建项目，总投入达 3200 万元。6 月，启动了绿色企业创建工作，编制了《石灰分公司绿色企业创建方案》，梳理形成了抑尘网围挡、地面硬化及排水系统完善、收尘系统、露天堆场封闭大棚等绿色企业创建项目，预算投入 512 万元。

【运营管理】 针对绿色矿山创建，矿山无法生产的现状，公司启动应对机制，力保生存。调整经营思路，抽调人员启动并拓展外购外销业务，外购外销"两石"辅料 31.15 万吨，增加效益 395 万元；多渠道供给石灰分公司石灰石原料 1.8 万吨，延缓了石灰窑封窑时间；利用资源紧张的时机，处理了历年库存的滞销规格白云石 1 万余吨和秀山矿试生产期间生产的 7.3 万吨滞销规格产品，增加 140 余万元收入；启动了秀山矿排土场废石利用工作，挑拣废石加工建材石料 3.9 万吨，增加效益 82 万元；结合各部门生产状况，合理安排驻现场人员，降低相关费用 15 万元；针对停产经营萎缩的现状，提前谋划，安排好资金调度，保障了 3000 万元流贷资金到期后顺利续贷到位，维持了现金流的正常运转。

【生产管理】 推进并完成秀山矿绿色矿山创建市、区两级验收达标工作，组织开展并完成石灰分公司安全质量标准化三级认证工作，出台了《环境保护管理实施细则》。针对绿色矿山、绿色企业创建多项目同时施工、交叉施工的现状，从源头控制、风险管理、过程监督三方面强化协力单位管理，把好协力安全管理关。针对长时间停产，员工可能出现思想松懈的现象，在复产前，全覆盖式组织员工安全培训和隐患排查工作，培训员工和协力员工 142 人次，开展安全检查和隐患排查 9 次，排查隐患 13 个，并逐一加以解决。实现了安全生产无事故目标，公司安全生产运行继续保持平稳的态势，并被宝钢资源公司评为 2017 年安全生产优秀单位。

【企业管理】 成功处置棠溪矿资产。11 月，完成了资产交割，回笼资金 2794 万元，实现处置收益 890 万元。同步开展人员分流安置研究，稳妥推进并顺利完成了人员分流安置工作。启动港埠公司关停工作。公司与相关股东方启动了港埠公司关停准备工作。进行了资产清查，着手研究人员分流工作，积极寻求早日解决港埠公司问题的方法。继续实施月度重点工作周交流、月点评、年考核机制。进一步强化质量管理工作；实施秀山矿独立核算；不断改善运营效率，改善人力资源管理，积极推行阳光采购。

【项目建设】 成立了公司二期项目建设领导小组，启动二期项目研究工作，确定了"一矿一厂"的二期项目同步推进的建设思路，并组织开展相关筹备工作。一是组织对池州及周边地区的冶金辅料资源开发及产品深加工状况进行跟踪调研；二是组织相关专业技术人员，赴周边地区、省份，就矿山破碎生产工艺、机械设备、生产线除尘等方面进行调研；三是通过公告征集秀山矿二期项目建设方案，并委托设计单位编制秀山矿二期项目建设的可行性研究报告。同时，公司还积极寻找石灰分公司二期项目的设计单位，着手开展前期工作。

（付　艳）

郑蒲港务有限公司

【主要经营指标】 2017 年实现营业收入 139.4 万元,较上年增长 71%。2017 年累计完成集装箱吞吐量 19125TEU,件杂货吞吐量 27022.62 吨,散货吞吐量 498.22 吨。其中集装箱、件杂货吞吐量比上年分别增加 97.5%,205%。

【经营管理】 1.经营业绩得到了提升。2017 年维持了郑蒲港—泉州港—广州港南方江海直达航线以及郑蒲港—武汉港、郑蒲港—合肥港(芜湖港、天顺港)等内河航线运行。7 月,开通了郑蒲港—盘锦港(营口港)北方江海直达航线,全年实现集装箱吞吐量 19125TEU。抓住机遇,积极争取出运货源,2017 年件杂货吐出量达到 27022.62 吨,较上年增长了 205%;积极营销客户,实现散改集,集装箱量也得到了一定提升。7 月 5 日,首条越南籍"海豚 15"号货轮,满载印度尼西亚的进口货物停靠郑蒲港装卸,海关、边检、国检、海事等口岸联检单位进港运作,检验了郑蒲港口岸的通过能力。

2.郑蒲港一期工程顺利通过国家口岸核心能力达标验收。为确保郑蒲港一期工程口岸核心能力建设在规定时间通过达标验收,公司成立了口岸核心能力建设领导小组,总经理任领导小组组长,副总经理任领导小组副组长,各部门为领导小组成员。编制任务分解表,要求各部门按分解表中的内容逐项按时按质完成,发现问题及时沟通解决。定期召开进度推进会,解决过程中存在的问题。2017 年初专门邀请了市有关部门领导和专家来公司对相关人员进行培训,对照标准按五大类共 43 项逐一梳理,确保了 7 月 26 日省预验收考核组考核验收通过。9 月 9 日,顺利通过国家口岸核心能力达标验收。

3.强化生产、安全、设备管理,不断提高作业效率。一是进一步完善海船模式下集装箱生产作业方式,着力解决生产任务不均衡、生产设备单机配置无备用、作业班制不齐全、三班员工上下班通勤不便利的问题,通过合理制定生产计划、现场组织模拟信息化管理、员工连续在港待命、一人开三台集卡等方式,在 5 月至 9 月使用门机+简易吊具的装卸工艺顺利完成了两条集装箱海船上线后的作业任务,2017 年月集装箱最高吞吐量达到 2853TEU,最高效率达到 22TEU/小时(平均效率 15TEU 小时),效率方面较 2016 年提升 50%。二是推进安全管理体系建设,提升安全管理水平。一方面落实安全生产责任制,压实主体责任。公司与部门、部门与班组、班组与员工层层签订安全生产工作责任书,严格按照安全生产责任制的有关规定,进行监督考核,按照"谁主管谁负责"的原则,对事故责任人按制度严格问责;另一方面完善安全基础工作,加强台账记录管理。完善了安全生产责任、规章制度、安全会议、教育培训、检查整改、应急演练和事故处理六个方面的基础工作,形成完整的台账档案。2017 年迎接省级安全检查一次,市级安全调研、安全检查各一次,港航分局安全检查 12 次,均达标通过。2017 年未发生重大机损或人身伤害责任事故,荣获马鞍山市安康杯劳动竞赛先进集体和郑蒲港新区安全生产工作先进单位。三是规范设备日常检查保养,及时做好故障抢修工作。通过制定完善的设备保养、检修制度,明确设备日常检查、定期检查等各项工作,基本形成了每日当班司机检查,每周主管技术人员检查,每月部门检查,每季度一次大规模保养的工作模式;采用主管技术人员 24 小时跟班模式,做到故障发生后及时处理,基本保障了设备满足生产要求。

【队伍建设】 公司十分重视员工队伍建设,从能力素质、责任心入手,通过目标设置和双向沟通,帮助员工改进工作方法,引导员工不断增强工作主动性,提高自我管理能力,从而使整个企业管理水平得到进一步提升。为进一步提高员工素质,打造一支不断学习、能打硬仗的员工队伍,公司全年累计培训正面吊操作司机 5 人、桥式起重机(Q4)操作司机 10 人、低压电工 4 人、高压电工 2 人,以提升员工的职业素养和团队的核心竞争力。

(物流公司)

港口(集团)有限公司

【主要经营指标】 2017 年港口集团全面完成各项经营指标。装卸自然吨完成 2194 万吨,创历史新高;物流收入、外部收入均创历史新高;外籍轮从港口集团进出 130 艘次,比上年增长 17.6%,为外籍轮开航以来年度最高。

【经营战略】 2017 年,《马鞍山港口(集团)有限责任公司"十三五"发展战略研究》制定完成、通过专家评审和董事会审议，并在全公司范围内开展宣贯。港口集团“十三五”发展战略明确了“建设现代港口物流企业，努力实现转型发展、可持续发展”的目标，确立“全国内河领先的码头运营商和现代港口物流的服务商”的发展定位，树立需求方经营战略观念，实施“港口+物流”的经营模式，走转型发展、创新发展、融合与协同发展、安全绿色发展之路，努力为马鞍山市经济发展提供物流保障。为支撑港口集团“十三五”发展战略部署与实施，同年确定了环保、人力资源、信息化3项专业发展规划，并从战略协同发展要求出发，港口集团四家子公司也积极落实制定经营发展规划。

【转型发展】 2017年，物流收入突破一亿元，再创历史新高。扬子江公司作为主要的物流业务平台，全面提升竞争力，积极响应马钢水(公)路物流、海螺集团水泥熟料水运物流的招投标工作，通过招投标寻找市场，拓展业务；首次实现进口矿江海联运，拓展进口矿海运段运输业务；新承运“常州—马鞍山”废钢物流业务、“广西—张家港”的硅锰合金海运业务、湖北段辅料水路运输业务等，与马钢(扬州)加工中心、埃斯科特钢、钢晨物流园等客户建立了长期稳定的关系。在努力做好合钢物流业务的同时，新开辟合钢冷卷“合肥—马鞍山”门到门移库全程物流业务；提升张庄矿水运物流管理水平，克服临淮岗闸拥堵等困难，完成张庄精矿水运100万吨。与马钢集团物流有限公司、上海铁路局、安徽省郑蒲港务有限公司等联合申报“依托长江黄金水道、立足皖江城市带马鞍山多式联运示范工程”并被交通运输部和国家发改委批准为第二批多式联运示范工程项目。

【市场开拓】 集装箱业务重新启动。2017年，港口集团加强与中国上海外轮代理有限公司和上海中远海运集装箱运输有限公司的交流互访，共同商讨拓展物流业务，策划开辟集装箱航线。6月份，马鞍山至广州航线内贸集装箱航线开通运行。加强物流合作，区港融合发展。2017年3月，港口集团与慈湖高新区合办区港融合发展暨物流合作洽谈会，高新园区内15家物流企业受邀参加会议。会议旨在进一步推介港口集团在现代物流服务方面的物流功能、港口服务等优势，加强港口与慈湖高新区园区内部企业在物流方面的交流合作。

【技术创新】 2017年港口集团获得授权专利5件，其中发明专利1件，实用新型专利4件，完成软件著作权登记5件，《一种震动破拱装置及其使用方法》填补了公司发明专利的空白；12月，完成“物流库场智慧管理平台研发”项目，并投入试运行。携手中科大工程科学学院开展产学研合作。2017年7月，与中科大工程科学学院签署了产学研合作协议。这是港口集团继与安徽工业大学、河海大学文天学院、长江航运规划设计院、安徽长江河道测绘研究院等签订产学研合作协议后与第五家高校、科研院所签订的产学研合作协议。

【企业管理】 1.《内河港口集装箱卷板装卸作业技术规程》通过评审。2017年6月，港口集团申请的《内河港口集装箱卷板装卸作业技术规程》通过安徽省地方标准立项，12月通过安徽省交通厅专业评审委员会的评审。2. 顺利通过高新技术企业重新认定。2017年11月3日，安徽省科技厅发布了《关于公布安徽省2017年第一批高新技术企业认定名单的通知》(科高〔2017〕62号)，港口集团继2014年首次获得高新技术企业认定后再次被认定为高新技术企业。公司将以此为契机，继续加大科研投入，加快技术成果的产出和转化，为港口集团转型升级提供更强有力的保障。3. 通过国家级标准化试点中期评估验收。2017年8月，港口集团顺利通过由省质监局、省标准化研究院及市质监局领导组成的评估组对公司国家级服务标准化试点创建工作进行的中期评估验收。港口集团自成为省级服务业标准化示范单位之后，成功申报了国家级服务业标准化试点建设项目。4. 开展对标管理，构建竞争力指标体系。2017年5月，港口集团首次召开竞争力分析大会，发布《港口集团2016年度竞争力分析报告》，报告从总体概况、经营指标分析、成本指标分析、价格分析、技术指标分析、市场占有率指标分析六个方面全面总结分析了港口集团竞争力指标情况。通过“跟自己比—看趋势、跟行业比—找差距、跟标杆比—学先进”的方式，总结经验与成绩，找准短板和不足，明确改进方向，为持续改进提升、实现战略目标提供了有力支持。

(孙建广)

马钢建设集团有限公司

【主要经营指标】 2017年，公司以建筑工程施工总承包升特为契机，努力谋求市场转型，狠抓资金清欠落实，开展了大量工作。但是受融资能力不足、任务承接艰难、多年来机制和管理问题积重难返等因素制约，公司生存遭受严峻挑战,主线任务严重不足,辅线收入大幅降低,整体经营状况堪忧。2017 年实现营业收入 16.57 亿元,其中主营施工产值不足 7 亿元,经营性亏损 1.37 亿元(其中马钢审计反映潜亏 1.09 亿元),当年亏损 0.28 亿元。

【企业改革】 为帮助马建脱离危局,马钢集团公司高度重视坚定支持,专门成立了马钢帮助马建扭亏脱困领导小组,开展"精准扶贫",给予了最有力的帮扶。2017 年 9 月,公司实施了以改革体制机制、攻坚脱困为目标的脱胎换骨的重大改革,顺利完成了高级经营管理层公开招聘、机构改革改组、中层管理人员竞聘上岗工作,原高级经营管理层全部离岗,原中层管理人员竞聘落聘率达 21%。新的企业管理流程重建、管理文件和作业文件改版发布、项目经理负责制等多项改革管理工作全面推进实施,公司已初步实现了新班子、新机构、新体系运营。

【市场开拓】 面对市场同质化竞争激烈、融资垫资能力薄弱等状况,公司积极拓展内外市场。一是开拓马钢内部市场。先后承揽了马钢 2 号高炉大修工程、特钢优棒生产线工程、长材事业部型材升级改造工程等马钢重点项目,保证了公司在马钢内部的市场份额。二是布局外部市场。跟踪当涂开发区奥克斯工业园、顺丰工业园、淮北烈山区棚户区改造、安徽辉龙集团、山东日照康养、广西贵港棒材、印尼高炉等一批项目信息,多个项目已进入最后的招议标阶段。三是紧盯市场大单。加强与各大央企之间的沟通合作,公司领导层分赴中冶南方、中冶华天、中钢设备等央企进行了深入的高层对接,已顺利承接广东广青项目,为后续签订大订单奠定了基础。2017 年累计收集跟踪工程信息 286 项,中标 135 项,签订合同 135 份,金额 29.1 亿元(其中 20 亿元为与灵璧县政府签订的意向协议)。

【施工生产管理】 一是项目施工总体可控。公司在建工程呈现点多、量小、管理幅度大的特点,个别项目遭到业主投诉,但总体处于受控状态。马钢 2 号高炉改造工程、四钢轧平整分卷检查线工程、宁钢高线工程、市博望河水环境整治工程按期投产交付使用,马钢优棒生产线、长材事业部型材升级改造、四钢轧 1580 新建 3 号加热炉、市水环境整治、京唐二期水处理等项目进展顺利;二是辅线单位自我加压。汽车修理厂、物流公司、门窗公司、精诚检测公司、材料租赁公司面对不利市场条件,不等不靠、外拓市场、内抓管理,辅助生产按期交付较好,保持了生产大局的稳定;三是技术质量取得佳绩。公司审核施工组织设计(专项方案)33 篇,完成了 4 篇发明专利,5 篇实用新型专利的申报受理工作;与安徽工业大学合作申报省级课题《建筑垃圾生产再生混凝土自保温墙材的关键技术及推广应用研究》,取得 2017 年省重点研究与开发计划立项;省级企业技术中心 2017 年评价材料获"马鞍山市工业倍增企业转型发展专项资金"奖励;马钢四钢轧 1580 生产线工程获安徽省优质工程"黄山杯"奖;宿马工业园标准化厂房等 4 项工程获马鞍山市优质工程"翠螺杯"奖。

【经营审计管理】 面对极大的运营资金压力,公司采取多方措施狠抓已完项目结算和在建项目的经营管控工作。一是艰难推进工程结算。公司安排工程结算计划 64 项,实际完成 41 项,计划安排工程结算金额 11.45 亿元,实际完成 6.48 亿元,完成比例为 56.6%。二是规范内部分量职责。修订印发了《关于工程项目内部分量及资金分配的规定》,明确了主体单位、专业队伍和机关部门在工程施工过程中、竣工后、结算后的报量结算职责分工、内部分量和资金分配的规定和程序,杜绝内部扯皮引致的资源流失问题。三是向项目经营要效益。公司制定印发了《项目投标及管理(暂行)规定》,修订了《工程劳务分包招议标管理办法》和《工程分包合同版本》,开展了严禁工程挂靠的整顿工作,加强项目风险防控,最大限度地提升项目效益。2017 年共签订工程劳务分包合同 200 项,合同签订额 2.9 亿元;审核分包结算 378 份,审减金额 238.76 万元,审减率 2.8%。

【财务资金管理】 由于工程任务严重缺口导致资金来源不足、历史遗留老大难项目结算清欠困难、银行融资大幅缩减等原因,公司陷入了资金濒临断链的艰难境地,为努力维持施工运营和职工基本生活,公司千方百计抓紧结算清欠和融资筹划。一是依法维护企业经营权益。公司针对欠款额度及清欠难度大的项目,启动了合肥水泥院等项目的法律诉讼维权工作,全年处理诉讼案件 48 起,案件总值 2751 万元,为降低经营风险发挥了积极作用。二是克服银行融资困难,努力探索创新项目融资模式。由于持续受行业融资政策限制、非公企业性质、经营困难等诸多因素影响,公司依靠自身信用融资、维持存量授信十分艰难,为稳存量求增量、避免银行抽贷,公司全力协调相关银行的融资授信工作。三是强化成本费用管理,防范财务运行风险。规范核算基础工作,着力强化对各单位收入成本的监控,规范内部银行管理,优先保障存款单位的资金使用,优先保障在建工程项目的资金需求;严格执行预算指标,规范可控费用和专项费用及其他开支审批程序,着力做好营改增政策框架下新项目税负平衡及各层面基础管理的衔接工作。

【党建工作】 一是强化党的基层组织建设。以"两学一做"学习教育常态化制度化为主线,按照花山区工作安排和要求,将学习教育与当前工作有机结合,与改革改组有机结合,认真开展"讲政治、重规矩、作表率"活动,践行党委服务计划书和党员服务承诺,深入开展项目部临时党支部堡垒工程创建和党员先锋号活动等,积极发挥党支部的战斗堡垒作用和党员的示范表率作用。公司顺利通过花山区经信委党工委和市委组织部党组织标准化建设验收。二是深化教育汇聚力量。公司认真组织学习贯彻党的十九大精神,深入开展改革改组过程中的宣传思想和党建组织保障工作,通过《马建集团报》、公司门户网站等形式不断深化形势任务教育,提振信心、凝聚士气;公司工会深入开展先模评比、合理化建议、劳动竞赛等活动,为职工立足岗位建功创效搭建平台。三是切实保障职工权益。加强和完善职代会规范化建设,畅通民主管理渠道,坚持发展依靠职工、发展为了职工,全力确保职工工资(公司统筹部分)发放。四是关心关爱职工。通过互助帮困基金、金秋助学、大病救济、泰康大病保险、市总职工意外伤害互助保障计划、马钢集团公司工会专项帮困基金等途径加大帮扶力度,帮助困难职工度过生活难关,2017 年 62 人次职工得到住院赔付保险金额共计 19.22 万元,共走访、慰问生病和家庭困难职工 254 人次,发放救济金额 9.68 万元;六是努力培育和谐稳定的发展环境。职工思想复杂多变、队伍暗流涌动,两级党组织结合实际深入细致地开展职工思想政治工作,加强信访维稳,妥善化解各类矛盾纠纷,确保企业施工运营、改革改组各项措施的平稳实施和发展大局稳定。

(王秀勤)

钢晨实业有限公司

【主要经营指标】 2017 年,面对钢铁行业限制、淘汰落后产能,环保、安全管理升级,钢材价格一路上扬,钢铁企业效益变好的外部形势,公司坚持以市场为导向,及时调整经营策略,加强新市场、新渠道、新产品的开发力度,抢抓机遇,不断提高产品市场占有率和盈利能力,实现销售收入 22 亿元(不包括远大公司和欣创公司),实现净利润 458 万元(未经审计)。

【市场开拓】 2017 年,公司 21 个主要产品中有 11 个业务量创历史新高,有 18 个实现同比增长。各实体继续加大新市场、新渠道、新产品开发力度,2017 年评选了钢材业务、神马废钢矿粉业务、神马辅料业务、报业战略客户开发以及润滑油危废业务等 5 个市场开发一等奖、2 个二等奖和 6 个三等奖。项目开发初见成效。与鑫源钢铁签订了酸洗板加工项目合作协议,投资建设了 3#库厂房;积极推进危废综合利用项目,形成油桶综合利用项目可研报告;完成了浙江台州和舟山废钢基地考察报告,提交了废钢基地合作建设方案;完成了宝钢 6 号库和欧珏智慧仓储考察报告,研究了物流园智慧仓储建设方案;持续跟踪、关注马钢焦炉煤气制氢项目。在基建技改方面,完成了钢铁交易中心停车场、物流园公交站台、物流园亮化工程、门禁系统、一期龙门吊轨道修复、磁盘吊改造等项目建设;实施润滑油危废基地整改工程;完成了新能源车更新;积极推进物流园门前道路开口事宜,完成了道路开口方案评审工作等;成立了项目政策研究小组,积极争取政策支持,2017 年共获得政府补贴 140 余万元。

【企业管理】 加强风险控制和内部控制管理,狠抓合同及授权制度落实工作,坚持每半年全面检查一次,及时进行修改调整以适应形势发展需要,将内外部风险保持在可控范围内,确保公司平稳运营;成立了资金小组,新增了农商行、徽商行、工行等外部融资业务,增加授信 5000 万元;加强内部资金调度,提高资金使用效率,2017 年资金周转率 11 次,比上年加快了一倍以上;进行了纳税统筹,积极争取税收优惠政策,2017 年财政返还 100 余万元;落实了管理为经营服务的理念,组建了经营分析体系,定期对实体进行效益分析和专题分析,为生产经营决策提供支持。加强人力资源管理工作,参加了安徽工业大学、河海大学、新安人才网等组织的人才市场招聘会 20 余场,招聘了一批优秀大学毕业生;组织了《阿米巴经营模式》、《合同管理》、《授权管理》、《营销管理》、《安全管理》等相关培训,全体职工参加各类培训合计 552 人次;修订了部门及实体考核办法,完善了四级考核体系。整合了管理机构,完成了两化融合贯标、安全、工程、权证、战略澄清、市场开发、6S 标准化推进等日常管理工作;安全工作按照年度计划认真落实、紧抓不懈,各实体和部门加强安全生产布置和落实工作,坚持安全生产检查制度,保持了稳定的安全生产局面。

【精神文明建设】　贯彻学习党的十九大精神，组织学习《新党章》及习总书记十九大报告，积极开展党员“传、帮、带”活动，荣获开发区“先进基层党组织”、“五四红旗团组织”荣誉称号；组织开展了钢晨首届羽毛球比赛，组队参加马鞍山经济技术开发区第一届“科达杯”职工运动会，获得了团体总分第四、男子篮球等三个项目冠军的好成绩；完成了工会换届工作；组织开展了公司职工年度健康体检、大病职工理赔及慰问等工作，做好意外伤害职工保险理赔工作；开展了合理化建议活动和职工评优评先活动。2017 年，公司共有 23 人获得“2017 年度先进个人”称号，7 人获得“2017 年度优秀职工”称号。

【荣誉】　2017 年，公司获得了安徽省两化融合示范企业、安徽省两化融合贯标示范企业，通过了国家两化融合贯标体系认证；物流园通过了国家 4A 级物流企业认证，并列入马鞍山市 2017 年第一批省级中小企业服务机构名录库、安徽省物流产业聚集区；物流园和绿能公司通过 ISO9000 质量管理体系认证等。

【钢材分公司】　在确保盈利的基础上，扩大了钢材销售量，稳定了市场龙头地位；设立了安庆直销处，进行驻点式销售，提高了品牌影响力，辐射池州、安庆、铜陵等周边市场，为进一步拓展皖西南市场打下了基础；销售雨花钢材 4.4 万吨，已成为本地区最大的雨花钢材经销商；增加了涂镀冷轧、特钢、工业材销售，加强了周边制造企业的渠道开发；板材销售和直销项目稳步发展，取得较好效益。

【物流园公司】　继续打造仓储、钢贸两个平台，增加了 H 型钢、耐低温钢等新仓储品种，拓展了动产质押、板材加工等新业务，仓储客户已达 188 家；运输配送业务量持续增长，开拓了水运、集装箱、特钢钢坯、废钢、水泥罐装料等新品种运输业务，服务各类客户已达 80 余家；保产运输成功竞标港口集团场内货物短倒运输业务；招商工作取得实质进展，引进农商行、马钢建材销售部、鑫源钢铁等重要客户，提升了品牌影响力。

【神马公司】　市场开拓卓有成效，增加了 4 家优质供应商、7 家重点客户，新增球团矿、轻烧镁球等新的业务品种；精矿粉业务呈现恢复性增长，废钢销售区域从萍钢、马钢扩大到鞍钢和本钢，并利用环保整治契机先后与长钢、新兴铸管和恒润重工等建立了白云石、石灰石等辅料供货关系，2017 年共实现炉料贸易量 87 万吨，比上年增长 310%，业务规模及效益指标均突破历史记录。

【报业分公司】　凭借多年的市场经验和技术积累，精心做好生产、设备、人员、运输等预案，成功取得持续跟踪 3 年的《滁州日报》印刷业务，在众多的竞争对手中脱颖而出；拓展了书刊制版业务，商务制版业务不断增长；电商业务持续开展；积极探索报业转型，初步确定报纸广告、非新闻纸印刷转型方向。

【润滑油分公司】　围绕“巩固原有、发展新品、规范经营、精心服务”的经营理念，扎实推进各项业务，油品销售量、危废处置业务及经营效益均取得历史性突破；开发了硅钢涂料新业务；顺利通过了中央环保组对马钢危废管理的督察；稳定了氧化铁皮回收劳务队伍，保产工作进行顺利；积极与环保主管单位进行协调沟通，推进危废综合利用项目。

【绿能公司】　抓住市场回暖的有利时机，努力扩大销量，主要品种业务量创出历史新高；继续推进“煤改气”项目开发；完善钢瓶管理制度，加强发货流程管理，取得了 ISO9000 质量体系认证；开展与同业合作，应收账款在业务增长的情形下有所下降。

【铜陵远大公司】　加大政府协调力度，努力做好生产、设备、市场等各方面准备工作，矿山于 8 月份顺利恢复生产；积极推进矿权整合工作，取得初步成效。

【氢业公司】　产供销进一步提升至设计规模水平，并达到新的平衡，2017 年业务量大幅提高。

（吴　娟）

力生集团有限公司

【主要经营指标】　2017 年实现服务经营收入 3.95 亿元，完成了年度服务经营目标，实现工亡、重伤、食物中毒等重大事故为零。

【品牌服务】　推进工作餐服务稳定均衡提升。以服务业标准化试点为契机，围绕打造区域领先的公共服务品牌，持续改进提升工作餐服务。强化工作餐质量管理，严格落实工作餐“五统一”，规范完善工作餐标准化制作，精心设计菜单，开展大灶厨师创新菜培训，进一步丰富工作餐菜肴品种，提高菜肴质量。强化工作餐食品卫生管理，升级食品监督检验中心，检测项目达到 22 项，加大工作餐原料验收检测力度，增加餐用具杀菌消毒的检测频率，切实防范、识别和控制了食品安全风险。强化工作餐现场管理，严格落实食品卫生、环保相关要求，积极争取主体单位支持，改进现场硬件设施，加强现场物品分类摆放管理，提高现场管理水平，提高工作效率，提升企业形象。推进厂容厂貌优质服务长效化管理。围绕创建厂容厂貌服务品牌，持续深化绿化环卫、浴室、公厕管理专项整治活动。通过强化品牌意识教育、改进作业计划制订、完善两级检查机制、加强联查联动、严格刚性考核，促进绿化环卫和浴室管理"工作标准、工作质量、工作效率"的全面提升。以迎检为标准，推进道路清扫、洒水的长效化管理，圆满地完成了马鞍山市文明城市复审、马钢"9·20"纪念日庆典、马钢蓝天保卫战、国家环保督查等各类厂区环境保障工作。加强服务硬件建设。根据马钢股份公司关停6家单位9条桶装纯净水生产线的工作安排，扩容改造食品饮料厂纯净水生产线，保障了供应；更新了洗扫车、垃圾车、吸粪车、洒水车、工作餐配送车辆等13台，保持了环卫装备在全市领先，保障了服务。全面提升品牌，积极参加国家、省、市行业协会有关管理活动，公司当选为安徽省质量协会常务理事单位、安徽省餐饮行业协会副会长单位，先后荣获"中国团餐百强企业""安徽省餐饮业十佳团餐品牌""安徽省质量奖""安徽省园林绿化企业50强"和"省级优秀园林绿化企业"等荣誉，提升了知名度，扩大了影响力。

【市场经营】　餐饮管理公司充分发挥专业化管理、品牌化服务的优势，大力开拓外部市场。新增托管市政府、市住建委机关、雨山区检察院、人民医院、马钢嘉华新型建材有限公司、郑蒲港广纳园区、孵化园区等7家单位食堂。市政公园酒店开业以来，瞄准创马鞍山一流酒店目标，强化菜肴创新，提升服务质量，大力拓展招待餐、婚宴等市场空间。园林建设公司在服务好马钢绿化工程市场的同时，大力开拓外部市场，2017年中标"和县鲁堡美好乡村绿化工程"、"博望河水系整治绿化工程"等14个工程项目；发挥园林绿化设计资质优势，进一步拓展了"和县和佳生态园规划方案设计"、"博望区S314绿色长廊提升工程设计"等外部绿化设计市场。暖通工程技术公司着力开拓马钢改造工程市场，承揽了马钢生产运营中心中央空调改造等多项工程，获得了股份公司美的民用空调供货资格，增加了收入，提升了效益。食品饮料厂、徽谷商贸等单位以"主动、及时、优质、高效"的服务，保质保量做好马钢股份公司防暑降温服务保障工作，同时积极开拓外部市场，努力增收增效。酒店托管等单位在加大营销力度、积极拓展市场空间的同时，进一步强化内部管理，优化人力资源，努力减员增效。幼教中心发挥集团办学优势，大力推进高品质办园，逐步形成一园一特色、一园一品牌，进一步提升了幼教品牌的影响力。

【企业管理】　全面推进人力资源优化。按照"流程再造、精益管理"要求，结合工作餐分项核算，对食堂核算员岗位进行优化配置，提高了劳动效率；针对不同实体经营情况，对部分实体人员进行优化整合，减少了用工，降低了成本。深化劳动纪律管理。修订完善《劳动纪律补充规定》，强化常态化检查和联查，严肃处理违纪人员，全年下发违纪通报5期，处理违纪人员48人次，解除劳动合同17人，营造了严格管理、刚性执行的工作氛围。严格管理问责。制定下发《力生公司中高层管理人员问责管理办法》，加大管理问责力度，严肃责任追究，2017年考核中层管理人员51人次，经济处罚4.24万元，有关人员受到了相应的处罚。强化集中采供管理，拓展源头采购，新增冷冻海产品等集中采供新品种；完善采供绩效评价机制，强化全过程管控，进一步提升采购效果、效率。围绕提升双休日、节假日现场工作质量和服务质量，加强改进值班管理，建立定时报告制度，强化现场巡查督查，实现管理巡查督查365天全覆盖，保障了主体服务质量稳定均衡提高。加强资金管理。严格执行资金限额，缩短经营结算周期，组织清欠工作，压缩存货资金占用；盘活各单位存量资金，推进金融机构授信，注重资金流动，控制投资风险，保证资金稳定收益。全面推行食堂日成本核算工作。统一报表编制方式，完善人员、设备配置，加强检查指导，开展交流学习，食堂日成本核算工作体系初步建立。高度重视安全工作，公司通过安全生产标准化三级企业复评。

【创新发展】　以"强化品牌建设，追求卓越绩效"为主题，深化卓越绩效评价模式导入，扎实推进标准化管理，成功申报安徽省服务业标准化试点单位，成为全省唯一的团餐服务标准化试点企业。以"拓展多元产业，推进后续发展"为重点，依托产业优势，向外部市场拓展，向上下游产业延伸，新成立的锦绣物业管理有限公司，中标马鞍山市慈湖高新技术开发区49万平方米道路清扫、保洁服务，迈出了公司拓展市政服务市场的第一步。着手餐厨垃圾资源化处理项目的调研、论证和筹备工作。以"培养人才队伍，提高核心竞争力"为目标，持续加大人才培养力度，着力提升菜肴创新研发水平。大师工作室牵头创新、研发新式宴席菜肴28道、面点12种、工作餐菜肴20道，在总结、继承、创新的基础上，形成具有力生特色的名菜名点。积极参加技能竞赛,公司选手包揽马鞍山市第七届职业技能大赛西式面点专业前三名;在2017年中国徽菜博览会评比中,公司2名选手荣获“2017年度安徽省餐饮业烹饪金匠奖、工匠奖”荣誉。争取形成良性机制,公司获得校企合作办学政策扶持资金和服务业专项奖励,连续多年获得市政府稳岗就业补贴。

【精神文明建设】 加强宣传和思想教育工作,围绕企业中心工作,深入开展“讲看齐,见行动,做表率”主题教育,组织“先模话改革,标兵讲故事”千人宣讲活动,开展“讲好力生故事”征文,传播力生好声音,弘扬企业正能量;加强形势任务教育,编印3期《力生信息》学习特刊,增强了凝聚力,提升了执行力;深入开展文明创建活动,公司荣获马鞍山市第十七届文明单位、安徽省卫生先进单位等荣誉。加强党组织标准化建设,制定公司党组织建设标准,扎实推进“两学一做”学习教育常态化、制度化,深化“三创”党建品牌建设,组织开展“做强品牌,对标赶超”主题实践活动、“党员三创”评先表彰活动,推动党建工作融入中心、融入日常。加强干部队伍建设,学习、引用马钢模拟职业经理人工作经验,制定了公司职业经理人管理办法,修订完善中层管理人员绩效考评制度,强化了绩效激励导向;根据工作需要,提拔、调整、交流了11名中层管理人员。加强品牌文化建设,开展公司商标申报,“沁夏”商标被认定为马鞍山市知名商标、安徽省著名商标;制作发布了公司首部形象宣传片,制作宣传手册,对网站进行改版升级,开展餐饮文化论坛研讨,丰富了文化内涵,提升了品牌形象。加强党风建设和反腐倡廉工作,强化党风党纪教育,对新提拔和调整中层管理人员开展任前廉政谈话;强化廉洁从业意识,对重点岗位和重要人员实行廉洁监督。加强员工队伍建设,开展了灶头厨师、后备管理员、园林绿化等培训工作,举办了中式面点、宴会特色菜肴和团餐菜肴等技能竞赛,激发了员工学习热情,营造了良好学习氛围;筹建力生职业培训学校,深化校企合作、联合办学,首届力生烹饪班学生已经成为公司新员工,第二届学生已到公司顶岗实习,人才队伍建设逐步迈向良性循环。发挥群团组织优势,围绕服务经营和重点工作,开展创“一流服务、一流业绩、一流队伍”劳动竞赛,组织“双先”评比表彰活动,弘扬先模精神,引导员工立足岗位建功立业。不断完善帮扶机制,开展送温暖、力生互助资金会救助,参加全总互助帮困保障计划、为职工购买大病意外商业保险等工作,全年为困难职工提供帮扶救助资金38万多元。积极践行社会责任,响应国家精准扶贫政策,采购贫困地区农副产品,走访慰问结对帮扶对象,捐款捐衣物送温暖;热心公益事业,组织员工开展无偿献血,展示了一个负责任企业的良好形象。

(刘向阳)

盛隆化工有限公司

【主要经营指标】 2017年生产焦炭221万吨,甲醇17.3万吨,焦油9.2万吨,轻苯1.26万吨,粗苯1.78万吨,硫铵3.02万吨。实现销售收入52.56亿元,实现利润7.78亿元,创出了效益最好年。

【企业管理】 一是不断强化安全生产“红线”意识,全面推进安全生产责任落实,通过筑牢安全责任体系,抓实全员培训体系,搭建安全排查体系,从严三违考核体系,布设安全控制体系,抓好常态环保体系等措施,确保公司安全生产形势稳定。

二是深入抓好了生产和设备管理,对生产系统、设备点巡检、检维修等各项管理制度进行了完善。通过提升设备大修质量,严审施工队伍资质,跟踪落实安全监护,加强维修队伍建设,提高自控应用水平,增强电气运行效率,深挖提高产率方法等举措确保生产系统运行更加稳固。

三是持续强化经营管理,实施“产销平衡、要素互补”的经营策略,经济效益再创新高,实现了效益最好年。坚持源头采购、终端销售,灵活把握销售节点,坚持客户群体的综合评价制度,规范完善合同的审签管理,严格规范招投标管理,坚持市场日分析、周总结、月对标,重过程更重结果,积极争取奖励和优惠政策,通过以上一系列举措,市场把控能力得到明显提升。

四是坚持全厂服从市场,生产服从销售,其他服从生产的原则,从生产和经营的源头抓起,深入开展降本增效。全员发动开展降本增效,2017年累计降本6819万元,修订下发了《2017年经济责任制实施方案》,促使各车间从自身抓“降本节支、挖潜增效”。此外还通过优化工艺达和加工自制,也达到良好降本效果。

五是技术开发步伐继续加快。排定技改计划和方案,落实责任单位、人员和完成时间,定期召开技改项目协调会,重点落实技术改造项目,2017年共完成大小技改69项,经济和社会效益显著。同时积极探讨校企共建的模式,促进公司的技术开发提档升级。

六是制约发展瓶颈得到破解。二期遗留的村庄完成搬迁，新村建设正在有序组织进行，解决了多年存在的安全和环境制约瓶颈，为今后发展奠定了坚实基础。三期工程得到股东单位的支持，在枣庄市和滕州市两级政府领导帮助下，通过大量扎实有效的工作，目前项目在产能指标、项目选址、政策研究、关系协调等诸多方面进展较快，目前已进入到可研报告编制阶段。

七是内部管控力度不断提高。严格按照《生产调度管理制度》的要求，认真组织召开生产调度会、生产协调会，及时解决生产中出现的问题，调度管理得到加强。深入开展了纠风肃纪监察活动，工作效率得到提高。制定了《管理人员考评办法》和《关于检维修人员技能等级评价的实施意见》，人员考评得到规范。规范人员选聘机制，竞聘上岗更加严密。

【党建工作】 注重加强党群建设，充分发挥党群组织保障作用。始终围绕“进管理，到现场，塑队伍，促和谐”为定位，完善设立了党委、纪检、工团等党群组织，党建工作融入现场促进管理。

（陶　颖）

金马能源股份有限公司

【主要经营指标】 2017 年，公司累计生产焦炭 221 万吨（干基 209 万吨），加工焦油 17.1 万吨、粗苯 13.2 万吨，外供煤气 3.74 亿立方米，实现销售收入 51.4 亿元，归属母公司的净利润 5.32 亿元，上缴税金 4.05 亿元，利税超 9 亿元，实现了股东权益的增值高效，超额完成董事会下达的目标。

【股改上市】 金马股改上市项目于 2016 年 9 月正式启动，先后完成博海化工及金宁能源的收购重组、金瑞能源增资扩股等工作，在股东方、董事会的大力支持下，在中介机构和经营团队的共同努力下，金马能源于 2017 年 10 月 10 日在香港联交所主板成功上市。

【项目建设】 1. 金瑞能源 LNG 项目于 2017 年 3 月开工建设，已经完成 95% 工程量，进入最后的单机试运工作和配套设施的调试运行，3 月下旬投料联合试车。2. 5 亿立方米/年焦粒制气和空分装置计划预计 2018 年 8 月全面投运，满足 LNG 满负荷生产的用气需求。3. 金瑞燃气济北官庄站、金瑞站建设完毕，计划于 2018 年 3 月试运行。4. 煤场密闭大棚项目预计于 2018 年 4 月建成投运。

（陶　颖）

上海大宗钢铁电子交易中心有限公司

【主要经营指标】 2017 年，公司累计成交量 2424.3 万吨，比上年度（3389.5 万吨）下降 28.5%；成交额 865.3 亿元，比上年（892.8 亿元）下降 3.1%；实物交收量累计 480550 吨，比上年（638620 吨）下降 24.8%；2017 年公司实现主营业务收入 989.5 万元，比上年（1303.09 万元）降低了 24.07%，完成利润总额 1003.4 万元，实现 1000 万元的利润目标。

【生产经营】 2017 年 7 月 28 日，上海大宗正式推出冷轧卷板交易合同。为顺应新形势下的产品结构变化，上海大宗及时推出冷轧卷交易合同，相关条款、规则设计紧贴现货贸易实际，充分满足市场需求。新合同推出后，9 月至 11 月都有实物交收，合计超过 3000 吨，市场关注度和参与意愿都比较高，反馈良好。为突破平台交易规格匹配困难的瓶颈，上海大宗积极创新，与江苏沙钢集团展开全面深度合作，拟推出产销对接服务项目。该项目要求在合同到期前，由上海大宗平台收集买方客户的具体规格要求，汇总整理后交钢厂进行排产，并按照提交的规格需求完成最后交付，钢厂在价外收取一定服务费。通过该项目，钢厂实现按需生产，零库存运营，同时实现品牌和服务溢价，买方获得自己想要的货物，平台提升了服务实体经济的功能和效率。

【管理创新】 为适应新形势下客户移动办公需要，公司在 2016 年新交易系统上线后，紧接着开启新版移动客户端的开发工作，历时半年多打磨测试，于 2017 年 4 月 27 日正式推出新一代移动客户端。新版 APP 是上海大宗独家定制开发，针对最新交易系统进行全面优化，可快速查询行情并进行委托下单操作。软件界面简洁美观，删除冗余、突出核心、一目了然。给客户带来高效的移动交易体验，市场反响良好。

【企业管理】 2017 年初，清理整顿各类交易场所部级联席会召开第三次会议，正式启动“回头看”检查相关工作。上海地方政府紧跟其后出台相关整顿措施，根据监管要求，所有交易场所不得从事任何具有“中远期交易”特征的业务活动。上海大宗主要业务模式受到具体挑战，为此，公司及时将相关情况呈报大股东及董事会，同时与上海市有关部门反复积极沟通，展开应对，但收效甚微。10 月 9 日，公司签署《企业承诺书》，承诺自 10 月 15 日起根据新的监管政策，事项

"全款全货"。10 月 20 日,经董事会商议通过,公司向主管部门提交《承诺书》,并暂缓推出新的中远期合同。在此期间,上海大宗经营层与大股东、董事会保持密切沟通,及时汇报有关情况,并谋求适应新监管要求的业务转型方案。11 月 14 日,公司召开紧急董事会,经充分商讨形成决议,继续和上海市政府相关部门保持积极沟通,争取保留现有业务,积极谋求业务转型,以适应新的监管要求。

(陶　颖)

马钢奥瑟亚化工有限公司

【主要经营指标】 截至 2017 年底,公司生产总值达 75,476 万元,销售额 72,654 万元,2017 年实现利润总额 2,878 万元。

【生产管理】 2017 年公司围绕"精益生产、诚信经营、合作共赢"的生产经营方针,通过有序组织确保全年生产过程平稳顺行。生产过程中严格执行生产和销售计划,以市场需求为生产导向,以客户需要为改进目标,确保产品质量达到客户满意。由于沥青市场较好,公司最大限度地提高沥青生产比例,创造了可观的效益。分别于 4 月和 10 月顺利完成了 2 次停产检修。通过全体员工共同努力,克服原料焦油质量不稳、产品市场变化快、现场改造任务重、安全环保压力大等诸多困难,圆满完成全年生产计划任务。2017 年累计处理焦油 256980 吨,月平均处理 21415 吨,日均处理量 763 吨。生产产品:沥青 100253 吨、炭黑油 68199 吨、蒽油 30243 吨,轻油 2624 吨,酚油 5168 吨,工业萘 31260 吨,洗油 11173 吨,粗酚 2525 吨,产品总收率 97.82%。

【设备管理】 2017 年设备运行情况总体较平稳;共完成为期 15 天的设备大修 2 次,完成检修项目 120 项,检修过程中的安全和环保事故为零,主要检修项目围绕如何降低能源介质消耗和提高工厂环保设施高效运行开展,使得 2017 年能源介质消耗逐步降低,工厂环境得到较大改善;现场设备故障主要集中在离心泵机械密封泄漏、管道泄漏,其中机械密封泄漏处理 80 次,管道补焊、更换 90 余次;积极推动设备技术改造升级,确保全厂设备稳定高效运行。

【安全管理】 2017 年是马钢奥瑟亚化工有限公司安全生产的起步之年,在制定完善各项安全工作的基础上,不断优化管理结构,突出风险管理重点,加强人员安全意识培训,努力创建企业的安全文化氛围,使安全管理工作既能够保持合法合规,也能够因地制宜,完善发展。

公司在试运行期间不断建立完善各项安全生产制度,目前共有安全规章制度 53 项,在试运行阶段申请安全产生许可,并获得了危化品安全生产许可证书,同时在试运行结束前,对公司安全设施进行了安全验收工作,及时跟进法规要求,自主实施了"三同时"验收,并顺利通过,保持了安全生产的合规性要求。

在满足法规的前提下,公司制定安全内控指标要求,结合 OHSAS18001 管理体系的建立,对安全风险实施 PDCA 的循环管理,对公司安全体系从目标责任、制度文件、过程管控、应急管理等各个方面实施了有效管理,顺利完成年度安全目标任务,为下阶段安全管理的深入开展夯实了基础。

【市场营销】 以客户为关注焦点,积极联络沟通客户,听取客户的意见与诉求,落实解决客户提出的问题并及时向客户反馈;强化销售管理,注重过程服务,努力营造良好的经营环境;巩固老市场,开拓新市场,不断优化销售渠道;密切关注市场动态,积极应对市场变化,提高快速反应能力;以市场为导向,动态调整产品销售品种结构,在兼顾客户利益的同时,追求公司收益最大化;加强市场调研,为公司决策提供依据;以周边焦油采购为基础,远距离比价、择优采购作补充,满足生产需求,降低采购成本。2017 年采购焦油总量 25.58 万吨;国内主要产品销售量:沥青 5.07 万吨、工业萘 3.14 万吨、炭黑油 6.69 万吨、蒽油 2.97 万吨、洗油 0.98 万吨,内销收入(含税)6.91 亿元;沥青出口 4.42 万吨,创外汇 2400 万美元。

【企业管理】 为了提高公司管理水平,加强产品质量及环境安全的管控力度,自 2017 年 7 月起,公司进行了 ISO9001 质量管理体系、ISO14001 环境管理体系和 OHSAS18001 职业健康安全管理体系的建设与推行工作,前后历时 10 个月,先后完成了管理体系设计、管理制度编制与修订、管理体系实施与运行、审核与评价等过程,并于 2018 年 4 月 25 日顺利通过了认证。

【荣誉】 公司年处理量 35 万吨煤焦油加工项目促进了马钢煤化工产业的发展和产品技术升级,被安徽省发改委列为"861"重点项目。2017 年 6 月,公司荣获"安徽省全省推进重点项目建设先进集体"的称号,并且连续两届(2016 年及 2017 年)获得马鞍山市雨山区"年度突出贡献奖"和"工业二十强企业"等荣誉。

(钟小庆)

马钢共昌联合轧辊有限公司

【主要经营指标】 2017年销售轧辊106支3904吨，实现轧辊销售收入6686.75万元。其中销售马钢43支，共昌52支，国内销售11支。此外余料回收实现销售收入240.99万元，外协加工服务实现销售收入6920.49万元。2017年共实现营业收入13848.23万元，利润100万元，安全生产情况良好。

【生产经营】 公司通过重组改革摆脱了开工不足，连年亏损的泥潭，连续两年实现盈利，借助马钢、美电、共昌三方的资源、技术实力及市场，马钢轧辊在市场上的影响力逐步提升，订单业务也在不断增加，通过不断平衡支承辊业务与外协加工业务，充分发挥出各工序产能，产量稳定达到每月750吨/月。

【市场开拓】 在2016年基础上，2017年首先保持和维护已有的客户关系，其次继续进行新的客户开发，与全球顶尖的德国西马克公司北京办事处、意大利米诺公司天津办事处、美国铝业昆山公司等进行了洽谈，并在米诺和美铝两家公司取得了成果，同时依托股东方的协助，2017年公司共签订合同41份，合同额16256万元。

【财务管理】 加强效益测算，为实现盈利，积极预测，从成本角度加以分析，从经营角度加以管控，严控非生产性支出，加强资金安全管理，在应收款下降的同时，确保汇票安全兑付。

【技术质量】 公司引进美国联合电钢锻钢支承辊制造技术；生产的轧辊材质有美电牌号DH3Cr、5CrMo、DH15，满足了板带冷、热轧机的使用要求。鉴于国内有些客户习惯于采用中国早期的轧辊材质牌号70Cr3Mo，为了满足这部分用户的要求，公司开发了70Cr3Mo热处理工艺，产品性能满足了客户技术要求。同时，公司三项实用新型专利通过国家专利总局审批。

（陶　颖）

·境外公司·

马钢（香港）有限公司

【主要经营指标】 2017年，实现营业收入22.42亿港元，比上年减少18.88亿港元。其中铁矿和煤融资14.53亿港元、钢材出口融资6.25亿港元，海运费收入1.64亿港元。主要原因也是进口矿业务下降，但利润远好于预计。2017年实现税前利润4016.6554万港元，净利润3766.1736万港元。

【生产经营】 2017年钢材合同签约量为153067吨，比上年增长13.78%，其中香港市场119411吨，占比78.01%；其他市场33656吨，占比21.99%。2017年钢材出运量为167,642吨，比上年增长39.49%，其中香港市场13.79万吨，占比82.27%；其他市场2.97万吨，占比17.73%。实现了东南亚销售市场的零突破，新开发了12个新用户，涵盖越南、印尼、马来西亚、韩国、孟加拉国及阿联酋等市场。针对新客户，合同履约率100%，资金安全结算。截至12月底，香港公司在Rabobank，BNPPARIBAS，ABN-AMRO和中银香港四家银行已落实独立授信（DA）额度2.8亿美元，3家外资银行的2.3亿美元授信已开始生效使用，中银香港的5000万美元额度在申请外管备案之中。在香港已直接融资成本2.6%左右。

（俞　斌）

马钢（韩国）事务所

【主要经营指标】 2017年，实现营业收入714245美元，折合人民币约464.26万元，全部为销售马钢钢材的佣金收入，利润总额为161.45万人民币。

【经营管理】 2017年马钢（韩国）事务所操作合同签约量为155445吨，合同金额为8255万美元。合同实际装运量为19.29万吨，实际装运金额为9983万美元。H型钢实际装运量达到61260吨，达到了出口韩国配额的60%，为公司创造了良好的经济效益。2017年共开发新客户8个，签订合同79个，合同总量155445吨，其中H型钢37825吨，镀锌卷800吨，硅钢2000吨，冷卷1120吨，热卷 113250 吨,线材 150 吨,热轧酸洗卷 300 吨。所有实际装运合同全部顺利安全及时结汇,没有发生任何资金风险,圆满完成公司交办的任务。协助公司与韩国认证机构,认证咨询机构间的信息沟通。协助产品试样检验,KS 证书换版等事宜。协助公司出访日本、韩国团组处理硅钢质量异议,取得良好效果。按照公司安排,到阿联酋迪拜具体实施马钢(中东)公司的设立申请等工作,已经取得公司营业执照。

(俞 斌)

马钢(澳大利亚)有限公司

【主要经营指标】 2017 年,公司实现销售收入 5610 万澳元。

【经营管理】 2017 年是澳洲公司无人常驻后由海外事业部托管运营的第一个完整年度。在没有增加编制的情况下,借助网络等各种手段,海外事业部完成澳洲公司的远程运营日常管理并降低了管理成本。2017 年,参加澳洲公司合营企业管理委员会会议 3 次,并承办了 2017 年 11 月在上海举行的会议。同时,澳洲公司在海外公司中率先完成风控管理系统建设。

威拉拉合营企业的合营矿山金步巴的资源量计划 2018 年 3 月份全部开采完毕,按照合营协议约定,届时威拉拉合营企业的协议终止。马钢继续完成每年纽曼矿的规定义务,并继续获得毛利。2017 年下半年开始按照合营协议的规定,与各合营参与方一起落实对合营矿石采完之后收尾运营方案和税务安排方案。

(俞 斌)

德国 MG 贸易发展有限公司

【主要经营指标】 2017 年,MG 公司完成贸易额约 217 万欧元,实现税前利润约 6.8 万欧元,税后净利润 4.5 万欧元。

【钢材销售】 2017 年 4 月,MG 公司完成了首单销往意大利终端客户的硅钢订单,5 月,完成了首单销往德国市场的汽车板订单。2017 年完成签约量 2070 吨,主要为电工钢、汽车板,签约金额约 154 万美元;完成发货量为 1795.735 吨,累计发货金额 125.51 万美元,所有货款均安全议付到账。

【备品备件采购】 2017 年累计签订备品、备件、材料销售合同 50 个,合同金额 EUR 5245177.09;累计发货 49 批,实现销售金额 EUR 1372321.37;累计采购降本金额约 153130.45 欧元,并开发了 Vesuvius GmbH Borken 等 5 家原供商。

【党建工作】 组织员工认真学习新时期党和国家的各种路线、方针、政策。大力推动网络党建资料学习,并积极参加驻地使领馆组织的政治学习。努力提高自身的党性修养和觉悟,确保员工能在思想上同党中央保持高度一致。

(俞 斌)

马钢(美洲)有限公司

【主要经营指标】 2017 年配合本部实现销售车轮 25000 片,轮对 596 套,独自实现销售其他钢材产品 2000 余吨,新开发美洲客户 4 家,实现经营收入约 200 万美元,利润约 17 万美元。

【经营管理】 完成向美国一级铁路公司和一级新车制造商以及南美市场主要铁路厂商的注册工作。配合轮轴事业部开展车轴产品的 AAR 资质申报工作,完成了现场审核。美洲公司协助处理车轮产品质量异议 2 次。协助轮轴事业部参展美洲地区最大的铁路展会 RAILWAY INTERCHANGE。2017 年完成 4 笔备件采购任务,合同金额 58 万美元。代表公司参加在美国举行的“337 调查”和解会议。

(俞 斌)

统计资料

2017 年马钢集团统计资料

主要指标完成情况

表 1

指标名称	单位	本年实际		
		本年实际值	子项	母项
一、工业产值				
新产品产值	万元	608164		
二、主要产品产量				
铁矿石原矿	吨	20885362		
铁矿石成品矿	吨	7584922		
烧结铁矿	吨	24585088		
球团铁矿	吨	6033960		
生铁	吨	18171286		
粗钢	吨	19714002		
钢材	吨	18579940		
焦炭	吨	4648135		
耐火材料制品	吨	81580		
企业自发电量	万千瓦小时	606515		
钢丝	吨	61469		
三、销售及库存				
钢材销售量	吨	18632440		
钢材库存量	吨	206535		
钢坯销售量	吨	254825		
钢坯库存量	吨	210546		
产品销售率(实物)	%	100.28	18632440	18579940
产品销售率(价值)	%	100.12	6925030	6916920
四、产品质量及物耗				
生铁一级品率	%	69.93	12706300	18171285
炼铁原料矿石消耗	千克/吨	1638.81	29779272440	18171285
综合焦比	千克/吨	491.37	8928907590	18171285
喷煤比	千克/吨	135.99	2471180300	18171285
粗钢钢铁料消耗	千克/吨	1062.19	20940008300	19714002
转炉炉衬寿命	炉	16482.71		
电炉冶炼综合电耗	千瓦时/吨	435.97	321540000	737533
钢材质量等级品率	%	123.07	22941980	18641566
钢材质量优等品率	%	65.03	12122449	18641566
锭坯至材综合成材率	%	95.89	18700489	19501835

续表1

指标名称	单位	本年实际		
		本年实际值	子项	母项
五、能耗				
能源消耗总量	万吨标煤	1247.18		
万元产值能耗	吨标煤/万元	1.79	12471845	6983616
吨钢综合能耗	千克标煤/吨	583.09	11495079422	19714002
吨钢可比能耗	千克标煤/吨	541.54	10675937844	19714002
吨钢耗新水	立方米/吨	3.16	62264579	19714002
六、劳动工资				
全部从业人员劳动生产率	元/人·年	1709617	69836157400	40849
年末全部从业人员	人	38771		
全部从业人员平均人数	人	40849		
全部从业人员工资总额	万元	320897		
七、固定资产投资				
本年固定资产投资完成额	万元	195063		
八、安全环保				
千人负伤率	‰	0.71	29	40849
千人工亡率	‰	0.02	1	40849
死亡人数	人	1		
工业废水排放处理率	%	100	1515545693	1515545693
工业废气排放处理率	%	100	414495890000	414495890000
污染物综合排放合格率	%	99.98	605751	605873
九、外经外贸				
出口创汇率	%	5.76	398575	6925030
钢铁产品出口额	万美元	58934		
其中:钢材	万美元	58934		
钢铁产品出口量	吨	1062273		
其中:钢材	吨	1062273		

（朱　宁）

主要产品生产能力

表2

指标名称	单位	年初生产能力	本年新增能力				本年减少能力	年末生产能力
			本年新增能力合计	新建增加	改造增加	其他增加		
黑色金属矿采选								
铁矿石开采能力	万吨/年	2251.00	39.00			39.00	400.00	1890.00
铁矿石选矿处理原矿能力	万吨/年	2401.00	39.00			39.00		2440.00
人造块矿								
烧结铁矿	万吨/年	2918.00						2918.00
球团铁矿	万吨/年	695.00						695.00
炼铁产品								
生铁	万吨/年	1992.00					59.00	1933.00
粗钢	万吨/年	2362.50					64.00	2298.50
转炉钢	万吨/年	2252.50					64.00	2188.50
电炉钢	万吨/年	110.00						110.00
连铸坯	万吨/年	2360.00	49.50		6.00	43.50		2409.50
方坯	万吨/年	753.00	6.00		6.00			759.00
矩形坯	万吨/年	100.00						100.00
板坯	万吨/年	1188.00	43.50			43.50		1231.50
圆坯	万吨/年	118.00						118.00
异型坯	万吨/年	201.00						201.00
钢材生产能力	万吨/年	2127.00	50.00	32.00		18.00	50.00	2127.00
热轧钢材	万吨/年	1582.00					15.00	1567.00
铁道用钢材	万吨/年	32.00						32.00
热轧大型型钢	万吨/年	252.00						252.00

续表2

指标名称	单位	年初生产能力	本年新增能力				本年减少能力	年末生产能力
			本年新增能力合计	新建增加	改造增加	其他增加		
其中:H型钢	万吨/年	187.00						187.00
热轧中小型型钢	万吨/年	42.00						42.00
热轧棒材	万吨/年	78.00						78.00
热轧钢筋	万吨/年	611.00						611.00
线材(盘条)	万吨/年	121.00						121.00
其中:高速线材	万吨/年	121.00						121.00
热轧中板	万吨/年	110.00						110.00
热轧中厚宽钢带	万吨/年	336.00					15.00	321.00
冷轧(拔)钢材	万吨/年	390.00	15.00			15.00	35.00	370.00
冷轧薄宽钢带	万吨/年	331.00	12.00			12.00	35.00	308.00
冷轧电工钢板(带)	万吨/年	59.00	3.00			3.00		62.00
镀涂层板(带)	万吨/年	155.00	35.00	32.00		3.00		190.00
镀层板(带)	万吨/年	125.00	35.00	32.00		3.00		160.00
其中:镀锌板(带)	万吨/年	125.00	35.00	32.00		3.00		160.00
热镀锌板(带)	万吨/年	125.00	35.00	32.00		3.00		160.00
涂层板(带)	万吨/年	30.00						30.00
焦炭	万吨/年	510.00						510.00
机焦	万吨/年	510.00						510.00
耐火材料制品总计	吨/年	171000.00					171000.00	
致密定型耐火制品	吨/年	35000.00					35000.00	
不定型耐火制品	吨/年	136000.00					136000.00	

(朱　宁)

固定资产投资完成情况

表 3

单位：万元

项目名称	开工年月	建成投产年月	计划总投资	自开始建设至本年底累计完成投资	本年完成投资					本年固定资产投资资金来源
					本年完成投资合计	按构成分				自筹资金
						建筑工程	安装工程	设备购置	其他费用	
合计			2681573	1736256	195063	77085	9312	96686	11980	201730
50–3000 万元项目小计	201201	201612	157722	155082	38638	9525	2943	25371	799	41000
和尚桥铁矿	200808	201312	185000	184827						
马钢（合肥）钢铁公司环保搬迁项目	201102		1378700	702473	25797	12351	996	11093	1357	27000
高速车轮用钢（电炉）工程	201005	201112	255400	299081	3				3	10
马钢硅钢二期技术改造工程	201108	201309	149000	113994	2787	2175			612	3000
电炉厂合金棒材精整生产线工程	201205		22480	10650	1242	310		932		1300
精品车轮加工检测线搬迁改造	201606	201712	5800	3009	3009			3009		3100
车轮公司 2 号、3 号车轮检测线技术改造	201606	201801	8800	1014	1014	228		786		1100
车轮公司新建精品车轮加工检测线改造	201009	201312	8960	6458						
马钢轮轴系统创新能力建设工程	201609	201812	5590	615	615	26		589		620
技术中心理化检验一站改造系统	201201	201212	3000	797	5	5				10
煤焦化公司新区（2014）全熄干熄焦工程	201410		15000	11340	2442	1513	10	814	105	2500
煤焦化公司 5 号焦炉大修工程	201504		15000	13873	728	461			267	750
煤焦化公司（南区）净化系统合并项目	201706	201805	38000	3168	3168	3155		13		3200
铁运公司铁水第二运输通道工程	201401		6941	4928	778	778				800
新区结构调整总图运输系统配套	201105		4099	1359						
二铁总厂 2 号高炉技改工程	201606	201709	32000	22204	22204	9526		11562	1116	23000
二铁总厂 2 号高炉渣处理大修工程	201705	201709	3800	3353	3353	2163		950	240	3500
二铁总厂 2 号烧结机烟气脱硫工程	201504		5800	4840	243	95	79	11	58	250
二铁总厂 1 号\2 号竖炉大修改造工程	201401		6051	3390						
三铁总厂 B 号烧结机烟气脱硫工程	201312		4800	4012						
三铁总厂链篦机–回转窑烟气脱硫工程	201406		3600	3142	1947	184		1763		2000
二钢轧总厂型材生产线技术升级改造项目	201511	201609	4000	1038	790	596		162	32	800
长材事业部型材升级改造项目	201702	201806	45000	15540	15540	14849		118	573	16000
长材事业部型材升级改造工程公辅配套项目	201704	201904	36000	4543	4543	2989		354	1200	4600
三钢轧总厂高线改造工程	201502	201512	11800	9601	722			695	27	750
四钢轧总厂热轧平整分卷检查线			8000	6140	6140	2465		3600	75	6200
四钢轧总厂 1580 毫米热轧生产线新建 3 号加热炉工程	201704	201712	8900	1500	1500	1500				1500
冷轧总厂二硅钢新增常化机组工程	201704	201805	12800	1300	1300	1298			2	1300
冷轧总厂新增电解脱脂机组工程	201508	201605	8000	5751	987	14		973		1000
热电总厂 135 兆瓦机组锅炉烟气脱硫治理	201405		4400	3733	2857	1824		495	538	3000
资源分公司南区钢渣处理综合利用	201609	201612	6500	6500	6500	3800		2300	400	6500
资源分公司北区钢渣处理综合利用	201704	201710	4800	1414	1414	1408			6	1500
马钢高端汽车零部件用特殊钢棒线材深加工项目	201603	201607	6000	4574	2108	2030		78		2200
马钢高端汽车零部件用特殊钢棒线材深加工项目–优棒生产线工程	201611		59000	1597	1597	1577			20	1600
马钢新区后期结构调整信息化改造工程	201203		3200	2100						
二铁总厂南区 3 号高炉大修改造	201610	201701	9000	6767	299		299			300
三钢轧大 H 型钢生产线大修	201406	201407	3400	3396	75			75		100
马钢（合肥）板材连续镀锌线项目	201409	201704	132030	106913	40478		4985	30943	4550	41000
长江钢铁北渠及水塘硬化项目	201712		3200	240	240	240				240

（朱　宁）

2017 年年底保有的地质储量及三级矿量

表 4

矿山或矿区名称	露天或坑下	矿石种类	基础储量			基础储量其中:储量			资源量			查明保有资源储量			质量情况
			矿量(万吨)	金属量(万吨)	品位(%)	矿量(万吨)	金属量(万吨)	品位(%)	矿量(万吨)	金属量(万吨)	品位(%)	矿量(万吨)	金属量(万吨)	品位(%)	
铁矿合计			59924.79	19291.6	32.19	59924.79	19291.6	32.19	38827.91	12239.49	31.52	98752.7	31531.1	31.93	
凹山铁矿	露天	铁矿							1441.42	390.91	27.12	1441.42	390.91	27.12	
东山铁矿	露天	铁矿							465.19	149.23	32.08	465.19	149.23	32.08	
高村铁矿	露天	铁矿	7774.48	1610.87	20.72	7774.48	1610.87	20.72	9849.48	2040.81	20.72	17623.96	3651.68	20.72	S:0.77%、P:0.14%、V_2O_5:0.03%
和尚桥铁矿	露天	铁矿	5963.75	1277.44	21.42	5963.75	1277.44	21.42	1087.38	232.92	21.42	7051.13	1510.36	21.42	S:4.96%、P:0.06%、V_2O_5:0.07%
姑山铁矿	露天	铁矿							1670.44	685.38	41.03	1670.44	685.38	41.03	
和睦山铁矿	坑下	铁矿	767.29	302.24	39.39	767.29	302.24	39.39	1488.6	586.36	39.39	2255.89	888.6	39.39	
白象山铁矿	坑下	铁矿	10943	4314.82	39.43	10943	4314.82	39.43	3594.22	1417.2	39.43	14537.22	5732.02	39.43	
长龙山铁矿	坑下	铁矿	78.42	33.03	42.12	78.42	33.03	42.12	115.47	48.64	42.12	193.89	81.67	42.12	S:0.039%、P:0.01%、CaO:15.86%
罗河铁矿	坑下	铁矿	16519	5803.12	35.13	16519	5803.12	35.13	17639.4	6196.72	35.13	34158.4	11999.84	35.13	
张庄铁矿	坑下	铁矿	17878.85	5950.08	33.28	17878.85	5950.08	33.28	1476.31	491.32	33.28	19355.16	6441.4	33.28	

矿山或矿区名称	开拓矿量				采准矿量				备采矿量				累计亏欠量		年底存储矿量
	矿量(万吨)	金属量(万吨)	品位(%)	月数	矿量(万吨)	金属量(万吨)	品位(%)	月数	矿量(万吨)	金属量(万吨)	品位(%)	月数	掘进(米)	剥离(万吨)	合计
高村铁矿	1828	422.63	23.12	43.8					201	40.34	20.07	4.2			
和尚桥铁矿	3701	912.67	24.66	148					100	20.76	20.76	2.7			
姑山铁矿	10.5	4.67	44.48	6.2	10.5	4.67	44.48	6.2	7	2.92	41.71	4.2			
和睦山铁矿	570	229.31	40.23	62	40	16.09	40.22	4	10	3.85	38.5	1			
白象山铁矿	820	317.75	38.75	49.2	180	70.2	39	10.8	85	33.39	39.28	5.1			
长龙山铁矿	78.42	33.15	42.27	20.9	68.96	29.17	42.3	18.4	59.15	25.02	42.3	15.8			
罗河铁矿	3200	1113.6	34.8	128	526.3	187.89	35.7	21	308.5	113.47	36.78	12.3			
张庄铁矿	504	163.8	32.5	12	189	61.99	32.8	3.8	117	38.67	33.05	2.5			

(朱　宁)

科技活动情况

表5

指标名称	单位	本年实际	指标名称	单位	本年实际
一、研发人员情况			期末仪器和设备原价	万元	60204
研发人员合计	人	4768	其中:进口	万元	29250
其中:女性	人	430	四、研发产出及相关情况		
其中:全职人员	人	2595	(一)自主知识产权情况		
其中:本科毕业及以上人员	人	3741	当年专利申请受理数	件	396
二、研发经费情况			其中:发明专利	件	200
研发经费支出合计	万元	216454	期末有效发明专利数	件	558
其中:使用来自政府部门的研发资金	万元	1173	其中:境外授权	件	2
(一)企业内部的日常研发经费支出	万元	204018	其中:已被实施	件	279
人员人工费(包含各种补贴)	万元	64944	专利所有权转让及许可数	件	0
原材料费	万元	116298	专利所有权转让及许可收入	万元	0
折旧费用与长期费用摊销	万元	8389	(二)新产品生产及销售情况		
无形资产摊销	万元	1366	新产品产值	万元	1732370
其他费用	万元	13021	新产品销售收入	万元	1741665
(二)当年形成用于研发的固定资产支出	万元	6614	其中:出口	万元	89114
其中:仪器和设备	万元	5842	(三)其他情况		
(三)委托外单位开展研发的经费支出	万元	5822	发表科技论文	篇	257
其中:对境内研究机构支出	万元	1797	期末拥有注册商标	件	41
对境内高等学校支出	万元	1136	其中:境外注册	件	3
对境内企业支出	万元	2165	形成国家或行业标准	项	8
对境外支出	万元	724	五、其他相关情况		
三、企业办(境内)研发机构情况			(一)政府相关政策落实情况		
期末机构数	个	13	研究开发费用加计扣除减免税	万元	3064
机构人员合计	人	827	高新技术企业减免税	万元	917
其中:博士毕业	人	14	(二)技术获取和技术改造情况		
硕士毕业	人	201	引进境外技术经费支出	万元	475
本科毕业	人	612	引进境外技术的消化吸收经费支出	万元	855
机构经费支出	万元	89594	购买境内技术经费支出	万元	647
机构承担研发项目数	项	0	技术改造经费支出	万元	158876

(朱　宁)

劳动工资统计

表6

指　　标	单位	集团公司	股份公司	合计
在册年末职工人数	人	15272	27635	42907
其中:在岗职工	人	13674	25097	38771
在册职工年平均人数	人	15885	28363	44248
其中:在岗职工	人	14560	26289	40849
在册职工工资总额	万元	118208.35	214726.69	332935.04
其中:在册年平均工资	元	74415	75707	75243
在岗职工工资总额	万元	113189.80	207706.91	320896.71
其中:在岗年平均工资	元	77740	79009	78557

（李光进）

专业技术职称构成情况

表7　　　　单位:人

级别 专业	专业比例	总　计			高级职称			中级职称			初级职称		
		集团公司	股份公司	合计	集团公司	股份公司	合计	集团公司	股份公司	合计	集团公司	股份公司	合计
工程	69.8%	2294	3092	5386	831	744	1575	719	988	1707	744	1360	2104
教育	3.5%	264	4	268	41	0	41	117	2	119	106	2	108
财会	4.8%	177	192	369	27	23	50	76	89	165	74	80	154
经济	6.4%	250	243	493	18	10	28	147	145	292	85	88	173
政工	13.2%	539	476	1015	157	77	234	230	218	448	152	181	333
其他	2.4%	101	81	182	7	9	16	64	45	109	30	27	57
合计	100%	3625	4088	7713	1081	863	1944	1353	1487	2840	1191	1738	2929

（李光进）

人　物

马钢年鉴
MA GANG NIAN JIAN

2017年马钢先进人物

全国“五一”劳动奖章获得者名录

程　鹏

马钢劳动模范名录

樊　新

刘山平

宋　晔

胡夏雨

牟新玉(女)

施立发

张　斌

李　明

聂　毅

喻盛建

兰　宇

李永康

程　序

吴江淮

方礼生

孙　斌

杨润珍

李大培

高安阳

李 鹏

陆 军(回)

赵业明

（工 会）

2017 年马钢名录

马钢(集团)控股有限公司中层以上管理人员名录

公司领导

董事长、党委书记 魏 尧(12 月任职)
高海建(12 月离任)
总经理 丁 毅
党委副书记 丁 毅
陈冬生(3 月任职)
董 事 魏 尧(12 月任职)
高海建(12 月离任)
丁 毅
杨 阳(9 月退休)
陈冬生
钱海帆
陆克从
副总经理 杨阳(9 月退休)
苏世怀
唐琪明
陈昭启
蒋育翔
严 华
任天宝
工会主席 张晓峰
纪委书记 陈冬生
党委常委 魏 尧(12 月任职)
高海建(12 月离任)
丁 毅
杨 阳(9 月退休)
张晓峰
陈冬生
蒋育翔
钱海帆
陆克从
严 华
总工程师 苏世怀
总会计师 陈昭启
总法律顾问 蒋育翔
副总会计师 张乾春

办公室(党委办公室)

主 任 邓宋高
副主任 郝 军
曹玉龙
黄全福(5 月提任)
信访办主任 郝 军
档案处主任 查满林
住房公积金分中心主任 陈伟革

党委工作部(团委,机关党委)

部长、机关党委书记 王东海
副部长 朱春喜
李传艳(女,1 月由股份公司四钢轧总厂提任)
机关党委副书记 朱春喜(1 月任职)
机关工会主席 朱春喜
团委副书记、机关纪委书记 杨智勇

党委宣传部

部 长 于 进(9 月改任调研员)
黎 兵(9 月由股份公司三铁总厂调任)
副部长 杨子江

纪委(监察审计部)

副书记、部长 毛文明
副部长 方金荣(公司中层正职)
徐小苗(9 月任职)
办公室主任 徐小苗
信访检查室主任 毛文明
审计室主任 秦学志

公司党委巡察工作办公室

主 任 毛文明
巡察员 李 军(9 月离任)
顾明星(9 月由股份公司资源

分公司调任）

副巡察员　王双抢
陈　晋
郑晓明
汪根祥
李悦社

工　会

主　席　张晓峰
副主席　胡晓梅（女）
经济工作部部长　王卫东

企业管理部

经　理　张吾胜
副经理　王　谦
王东峰

人力资源部

经　理　李　博（1月离任）
杨本华（1月由股份公司检测中心调任）
副经理　唐叶来
许延平
何　军

人力资源服务中心

主　任　李博（1月离任）
杨本华（1月由股份公司检测中心调任）
副主任　赵鲁卿（9月离任）

行政事务部

经　理　张　艳（女）
副经理　于　颖（女，5月离任）
公司中层副职管理人员　余方超（5月提任）

法律事务部

经　理　郭　斐（5月提任）
副经理　郭　斐（主持工作，5月离任）
陈　全（5月提任）

安全生产管理部

经　理　王世发
副经理　刘德华
丁伯埙

能源环保部

经　理　汪为民
副经理　唐胜卫（5月提任）

财务部

经　理　张乾春（兼）
副经理　赖永兵（1月由矿业公司调任）
冯为民
乐志海

工程管理部

经　理　崔代宝
副经理　洪　伟（1月离任）
徐风雷
连　炜
杭　挺（1月由股份公司二铁总厂提任）
马钢冶金质量监督站站长　崔代宝（6月任职，职能调整到工程管理部）

资本运营部

经　理　王文忠
副经理　诰盛中
万恩三（3月离任）
周浩锋（9月由股份公司嘉华建材公司调任）
戴修明（5月提任）

科技管理部

经　理　张　建
副经理　殷朝海
崔银会

海外事业管理部

经　理　叶　毅
副经理　张卫明

外事办

主　任　叶　毅
副主任　陈　东

矿业公司

董事长　杨　阳（兼）
党委书记、总经理（法人代表）　王文潇
副总经理　赖永兵（1月离任）
任文田
李　雷
财务总监　赵雄江（1月由财务部提任）
纪委书记、工会主席、监事会主席　张　踪

南山矿业公司

经理、党委副书记　朱青山
党委书记　李生玉
纪委书记、工会主席　王建军
副经理　李生玉

彭　中
王维勤
汪令松

姑山矿业公司
经理、党委书记　李大培
党委副书记　何　军(5月任职)
纪委书记、工会主席　何　军
副经理　奚树才
王文景
陈　轲

桃冲矿业公司
经理、党委书记　许如亭
党委副书记、纪委书记、工会主席　钟先进
副经理　邓付古
冯志刚(3月离任)

罗河矿业公司
董事长、总经理、党委书记　徐泰松
党委副书记、纪委书记　潘浩峰
副总经理　潘浩峰
吴新义
王宏喜
财务总监　潘浩峰

张庄矿业公司
执行董事、总经理、党总支书记　张　华
党总支副书记、工会主席　朱开桂(5月任职)
副总经理　朱开桂(5月离任)
李　东
陈五九(5月由姑山矿业公司提任)

工程技术集团
董事长　任天宝(兼)
总经理(法人代表)　夏会明
党委书记　夏会明(9月离任)
崔代宝(9月任职)
党委副书记　夏会明(9月任职)
许　洲
纪委书记、工会主席　许　洲
副总经理　许　洲
崔代宝
程建国
吴芳敏
陈孝文
张平远
总工程师　陶明华
财务总监　吴浩波
职工监事　石玉军

工程技术集团设计研究院
院长、党委副书记　陈孝文
党委书记　许　洲
纪委书记、工会主席　黄朝武
副院长　陶明华
张太平
蔡长生
总工程师　陶明华

安徽马钢重型机械制造有限公司
董事长、总经理、党委书记　吴芳敏
党委副书记　张有飞
许　庆(5月任职)
副总经理　张有飞
龚　杰
总工程师　龚　杰
纪委书记、工会主席　许　庆

原工程技术集团设备检修公司(7月更名)
总经理　程建国(7月离任)
党委书记　黄加坤(7月离任)
党委副书记　程建国(7月离任)
刁节和(7月离任)
纪委书记　刁节和(7月离任)
工会主席　黄加坤(7月离任)
副总经理　黄加坤(7月离任)
詹　旭(7月离任)
宁光岩(7月离任)
黄　俊(7月离任)
朱兆山(5月提任,7月离任)

安徽马钢设备检修有限公司(7月更名)
执行董事、总经理　程建国(7月任职)
党委书记　黄加坤(7月任职)
党委副书记　程建国(7月任职)
刁节和(7月任职)
纪委书记　刁节和(7月任职)
工会主席　黄加坤(7月任职)
副总经理　黄加坤(7月任职)
詹　旭(7月任职)
宁光岩(7月任职)
黄　俊(7月任职)
朱兆山(7月任职)

马鞍山马钢表面工程技术有限公司

董事长、总经理、党委书记　朱广宏
党委副书记　陈捍华(5月任职)
纪委书记、工会主席、监事会主席　陈捍华
副总经理　潘廷刚
　戴　勇

工程技术集团钢结构公司

总经理、党委书记　张平远
党委副书记　张宏亮(5月离任)
　汤　杰(5月任职)
常务副总经理　刘家彪
副总经理　赵宗利
　张宏亮(5月离任)
纪委书记　赵宗利(1月离任)
　汤　杰(1月任职)
工会主席　汤　杰

安徽马钢输送设备制造有限公司

董事长、总经理　石玉军(公司中层副职)
党总支书记　石玉军(公司中层副职,3月任职)
　钱保友(3月改任助理调研员)
工会主席　钱保友(3月改任助理调研员)
副总经理　钱保友(3月改任助理调研员)
　任　伟

监理公司

经理、党支部书记　张秀龙(公司中层副职)
副经理　杨岐山
马钢冶金质量监督站站长　张秀龙(6月离任,职能调整到工程管理部)

安徽马钢比亚西钢筋焊网有限公司

总裁、党支部书记　张平远(3月离任)
　万恩三(3月由资本运营部调任)

保卫部(武装部)

部长、党委副书记　周　青
党委书记、工会主席　李　寅
纪委书记　艾红兵
副部长　李　寅
　艾红兵

离退休职工服务中心

主　任　李　兰(女)
党委书记　李　兰(女,5月离任)
　刘希贤(5月提任)
党委副书记　刘希贤(5月离任)
　李　兰(女,5月任职)
纪委书记　刘希贤
工会主席　杨　骏
副主任　刘希贤
　杨国平
　杨　骏

新闻中心

主　任　于　进(9月改任调研员)
　杨子江(公司中层副职,9月任职)
党总支书记　于　进(9月改任调研员)
　黎　兵(9月由股份公司三铁总厂调任)
副主任　赵建勋
　杨子江(9月离任)
冶金报记者站站长　于　进(9月改任调研员)
　杨子江(公司中层副职,9月任职)
《马钢日报》社总编　赵建勋

马钢教育培训中心

主　任、党委书记　张永涛
党委副书记、纪委书记、工会主席　王　艳(女)
副主任　牛树刚
　陈厚新

马钢党校

校　长　陈冬生(兼,7月任职)
常务副校长　张永涛

安徽冶金科技职业学院

院　长　张永涛
党委副书记、纪委书记、工会主席　王　艳(女)
副院长　牛树刚
　陈厚新

马钢高级技师学院(马钢高级技校)

院长(校长)　张永涛
党委副书记、纪委书记、工会主席　王　艳(女)
副院长(副校长)　牛树刚
　陈厚新

马钢国际经济贸易公司

董事长、总经理　叶　毅
党总支书记　严太霞(女,9月离任)
　叶　毅(9月任职)

工会主席　严太霞(女,9月离任)
副总经理　严太霞(女,9月离任)
陈　东
严春明
张卫明

投资公司

董事长　高海建(兼)
监事长　陈冬生(兼)
总经理　陈昭启(兼)
党支部书记、副总经理　严太霞(女,9月由国贸公司调任)

马钢资产经营管理公司

总经理、党支部书记　王福宁(公司中层正职,5月提任)

财务公司

董事长　丁　毅(兼)
总经理、党支部书记　伍生林
副总经理　盛重乐
风险总监　汪冬妹(女)

原招标中心(8月更名)

主任、党支部书记　陶　炜(9月离任)
副主任　水声文(9月离任)
刘　瑛(5月提任,9月离任)

招标公司(8月设立)

执行董事、总经理　陶　炜(9月任职)
副总经理　水声文(9月任职)
刘　瑛(9月任职)

安徽马钢自动化信息技术有限公司

董事长、总经理　梁越永
党委书记　梁越永(9月离任)
李　军(9月由公司党委巡察办调任)
党委副书记　梁越永(9月任职)
纪委书记、工会主席　王裴凤(女,1月改任助理调研员)
李　军(9月由公司党委巡察办调任)
监事会主席　王裴凤(女,1月改任助理调研员)
副总经理　裴秋平
何诗兴

物流公司

董事长　陆克从(兼)
党支部书记　龙吉宁(公司中层副职)
总经理　徐劲松(9月由股份公司合肥公司调任)
副总经理　王开定(公司中层正职,1月由股份公司采购中心调任)
龙吉宁
常　明
财务总监　史一兵(1月由财务部提任)

安徽马钢汽车运输服务有限公司

董事长、总经理、党委书记　钱时华
党委副书记、纪委书记、工会主席、监事会主席
童旭霞(女)
副总经理　占成友

仓配公司

经理、党委书记　管孝群
党委副书记　于　颖(女,5月由行政事务部调任)
副经理　田路生
孔　剑
工会主席　田路生(5月离任)
于　颖(女,5月由行政事务部调任)
纪委书记　孔　剑(5月离任)
于　颖(女,5月由行政事务部调任)

中联海运公司

董事长　王开定(公司中层正职,1月由股份公司采购中心调任)

安徽省郑蒲港务有限公司

总经理　方啸云(公司中层副职)

安徽马钢耐火材料有限公司

董事长、总经理、党委书记　陈海山
党委副书记　张宏亮(5月由钢结构公司调任)
工会主席　陈海山(5月离任)
张宏亮(5月由钢结构公司调任)
纪委书记　郁书中(5月离任)
张宏亮(5月由钢结构公司调任)
副总经理　卢咏明

郁书中

总工程师　郁书中

瑞泰马钢新材料科技公司(5月合资设立)

董事长　蒋育翔(兼,6月任职)

总经理　陈海山(6月任职)

副总经理　卢咏明(6月任职)

郁书中(6月任职)

安徽马钢粉末冶金有限公司

董事长、党支部书记　徐瑞林(公司中层副职)

副总经理　吕祖涛

利民企业公司

经理、党委书记　温业云

党委副书记　尹绍慷(9月任职)

纪委书记、工会主席　尹绍慷

副经理　尹传毅

马钢嘉华商混有限公司

董事长、总经理、党总支书记　姚效云

安徽欣创环保节能科技有限公司

董事长　严　华(兼)

总经理、党委书记　史德明

副总经理　戚震彪

马钢集团康泰置地发展有限公司

董事长　杨　阳(兼)

党委副书记　张福成

纪委书记、工会主席　张福成(5月任职)

(胡腾兵)

马鞍山钢铁股份有限公司中层以上管理人员名录

公司领导

董事长　丁　毅

总经理　钱海帆

董事　丁　毅

苏世怀(11月离任)

钱海帆

任天宝

张文洋(11月任职)

常务副总经理　高海潮

副总经理　陆克从

田　俊(1月任职)

张文洋(1月任职)

伏　明(10月由二铁总厂提任)

工会主席、监事会主席　张晓峰

总工程师　高海潮

副总工程师　乌力平

黄发元

总经理助理　王　炜(11月退休)

杜松林

田　俊(1月离任)

张文洋(1月离任)

章茂晗(9月由市场部提任)

董秘室、监秘室

主　任　胡顺良(1月改任调研员)

副主任(主持工作)　何红云(女,4月提任)

监察审计部

经　理　毛文明

副经理　秦学志

徐小苗(9月任职)

办公室(党委办公室)

主　任　邓宋高

副主任　郝　军

曹玉龙

黄全福(5月提任)

信访办主任　郝　军

档案处主任　查满林

住房公积金分中心主任　陈伟革

工　会

主　席　张晓峰

副主席　胡晓梅(女)

经济工作部部长　王卫东

企业管理部

经　理　张吾胜

副经理　王　谦

王东峰

人力资源部

经　理　李　博(1月离任)

杨本华(1月由检测中心调任)

副经理　唐叶来

许延平
何　军

法律事务部
经　理　郭　斐(5月提任)
副经理　郭　斐(主持工作,5月离任)
陈　全(5月提任)

安全生产管理部
经　理　王世发
副经理　刘德华
丁伯埙

能源环保部
经　理　汪为民
副经理　唐胜卫(5月提任)

工程管理部
经　理　崔代宝
副经理　洪　伟(1月离任)
徐风雷
连　炜
杭　挺(1月由二铁总厂提任)

资本运营部
经　理　王文忠
副经理　诟盛中
万恩三(3月离任)
周浩锋(9月由嘉华建材公司调任)
戴修明(5月提任)

科技管理部
经　理　张　建
副经理　殷朝海
崔银会

海外事业管理部
经　理　叶　毅
副经理　张卫明

市场部
经　理　章茂晗(9月离任)
副经理　张　峰(主持工作,9月由销售公司调任)
朱付林

计划财务部
经　理　邢群力
副经理　许继康
潘松林
江　鹏
主任会计师　许继康

制造部
经　理　张文洋(兼,9月离任)
刘国平(9月由四钢轧总厂调任)
党总支书记　何大顺(5月任职)
副经理　何大顺(公司中层正职,1月由港务原料总厂调任)
高长松
周　全
陈　斌

设备部
经　理　田　俊(兼,9月离任)
熊佑发(9月由气体分公司调任)
副经理　李怀迁
徐兆春
杨　凡
洪　伟(1月由工程管理部调任)

计量管理处
处　长　张爱华
副处长　方啸震

炼铁技术处
副处长　黄　龙(主持工作)

招标中心
主任、党支部书记　陶　炜
副主任　水声文
刘　瑛(5月提任)

保卫部(武装部)
部长、党委副书记　周　青
党委书记、工会主席　李　寅
纪委书记　艾红兵
副部长　李　寅
艾红兵

技术中心、新产品开发中心
副主任　苏世怀(兼)
常务副主任、新产品开发中心主任、党委副书记
程　鼎
党委书记　朱伦才
副主任　朱伦才
张明如
朱　涛

刘永刚
李帮平(1月由三铁总厂调任)
总工程师　朱　涛
纪委书记、工会主席 张明如

检测中心

主任、党委副书记　杨本华(1月离任)
张林平(1月提任)
党委书记　李继宁
纪委书记、工会主席 张林平(1月离任)
李继宁(9月任职)
副主任　李继宁
茅建新
王　健
张林平(1月离任)

销售公司

总经理　王　炜(兼,9月离任)
章茂晗(9月由市场部调任)
党委书记、工会主席 黄　鹏
党委副书记、纪委书记　胡继兵
副总经理　黄　鹏
销售总监　胡继兵
张永翔
张　峰(9月离任)
赵　勇

采购中心

经　理　胡夏雨
党总支书记　王开定(1月离任)
李　博(1月由人力资源部调任)
副经理　王开定(1月离任)
李　博(1月由人力资源部调任)
徐　权
杜轶峰
徐葆春
工会主席　王开定(1月离任)
李　博(1月由人力资源部调任)

铁路运输公司

经　理　钱　曦
党委书记　赵广化
党委副书记　钱　曦
程　宏
纪委书记　程　宏
工会主席　赵广化
副经理　赵广化
刘世刚
陆智刚
总工程师　刘世刚

资源分公司

总经理　王　蕾(9月提任)
党总支书记　顾明星(9月离任)
王　蕾(9月提任)
党总支副书记、工会主席　潘兴炉(5月由公司纪委提任)
副总经理　王　蕾(主持工作,9月离任)
顾明星(9月离任)
曹芳胜

马鞍山马钢废钢有限责任公司

执行董事、总经理、党总支书记　董　雷
副总经理　韩　枫
党总支副书记、工会主席　谢　华(女)

港务原料总厂

厂　长　何大顺(1月离任)
殷光华(1月提任)
党委书记　何大顺(1月离任)
杨文武(5月提任)
党委副书记　殷光华(1月任职)
朱　晨
纪委书记、工会主席 朱　晨
副厂长　殷光华(1月离任)
杨文武
朱梦伟(5月提任)
总工程师　殷光华

第二炼铁总厂

厂　长　伏　明(兼)
党委书记、工会主席 马桢亚
党委副书记　伏　明(兼)
徐　军(9月离任)
纪委书记　马桢亚(9月任职)
徐　军(9月离任)
副厂长　马桢亚
王德川
殷　欢
梁晓乾(3月改任助理调研员)
孙国毅

总工程师　　殷　欢

第三炼铁总厂

厂　长　　丁　晖
党委书记　　黎　兵(9月离任)
　　丁　晖(9月任职)
党委副书记　　丁　晖(9月离任)
　　徐　军(9月由二铁总厂调任)
纪委书记、工会主席　　黎　兵(9月离任)
　　徐　军(9月由二铁总厂调任)
副厂长　　黎　兵(9月离任)
　　李帮平(1月离任)
　　刘晓超
　　吴宏亮
　　陈生根(9月提任)
总工程师　　吴宏亮

第一钢轧总厂

厂长、党委书记　　许　健(9月离任)
党委副书记　　陈　钰
　　吴耀光(主持工作,9月任职)
纪委书记、工会主席　　陈　钰
副厂长　　吴耀光(主持工作,9月任职)
　　陈　钰
　　周庆升
　　胡玉畅
总工程师　　吴耀光

长材事业部

总经理、党委书记　　王光亚
党委副书记　　叶景好
　　张　纲
工会主席　　叶景好
纪委书记　　张　纲
副总经理　　吴　坚
　　琚泽龙
　　钱晓斌
总工程师　　吴　坚

第四钢轧总厂

厂　长　　刘国平(9月离任)
　　毛学庆(9月任职)
党委副书记　　刘国平(9月离任)
党委书记、纪委书记、工会主席　　毛学庆
副厂长　　毛学庆(9月离任)
　　范满仓
　　司小明
　　邓　勇
总工程师　　司小明

冷轧总厂

厂　长　　杨兴亮
党委书记　　杨兴亮(5月任职)
　　张　鸣(1月改任调研员)
党委副书记　　杨兴亮(5月离任)
　　朱瑞琨
纪委书记、工会主席　　朱瑞琨
副厂长　　张　鸣(1月改任调研员)
　　沈新玉
　　严开龙
　　杨必祥
　　卫　东
　　张四方(5月提任)
总工程师　　沈新玉

轮轴事业部

总经理　　杜松林(兼)
常务副总经理　　安　涛(公司中层正职)
党委书记　　李小宇(1月改任调研员)
　　徐旭东(5月提任)
党委副书记　　徐旭东(5月离任)
纪委书记、工会主席　　徐旭东
副总经理　　李小宇(1月改任调研员)
　　李　翔(公司中层正职,4月提任)
　　杨　霄
　　刘爱兵
　　谷　源
　　肖　峰(5月提任)
总工程师　　李　翔(5月离任)
　　肖　峰(5月提任)

轨道装备公司

董事长、总经理　　杜松林(兼)

马钢-瓦顿股份有限公司

董事长　　乌力平(兼,4月离任)
　　杜松林(兼,4月任职)
总　裁　　乌力平(兼,4月离任)
　　李　翔(公司中层正职,4月由轮轴事业部提任)

特钢公司

经　理　　曹天明
党委书记　　曹天明(5月离任)

胡新华(5月提任)
党委副书记　曹天明(5月任职)
孙铭章
纪委书记、工会主席　孙铭章
副经理　胡新华
苏　炜
龚志翔
石　玮(5月提任)
总工程师　龚志翔

埃斯科特钢公司

董事长　钱海帆(兼)
总经理　曹天明(5月任职)
副总经理　高　峰(5月提任)
王　强(5月提任)

煤焦化公司

经理、党委书记　邱全山
党委副书记、纪委书记、工会主席　张益民
副经理　彭宗胜(9月改任助理调研员)
毕振清
朱乐群
汪开保
总工程师　汪开保

热电总厂

厂长、党委书记　李　通
党委副书记、纪委书记、工会主席　杨效东
副厂长　翁海胜
王仲明(9月提任)

能控中心

主任、党委副书记　罗武龙
党委书记、工会主席　左爱华
副主任　左爱华
吴正球
戴辉棣(9月离任)
张　健
曹曲泉
纪委书记　吴正球
总工程师　吴正球

气体销售分公司

经理、党委书记　熊佑发(9月离任)
戴辉棣(9月由能控中心提任)
纪委书记　李　辉
工会主席　蒋卫兵
副经理　李　辉
蒋卫兵

马钢和菱包装材料公司

董事长、总经理、党总支书记　王华新
副总经理　方国强
杨德佳

安徽马钢嘉华新型建材有限公司

董事长　蒋育翔(兼,6月任职)
周浩锋(公司中层副职,6月离任)
总经理、党支部书记　周浩锋(公司中层副职,9月离任)
赵鲁卿(公司中层副职,9月由集团公司人力资源服务中心调任)

马钢(合肥)公司

董事长　钱海帆(兼,9月任职)
张庆奇(1月改任调研员)
徐劲松(1月任职,9月离任)
党委书记　徐劲松(9月离任)
总经理　张庆奇(1月改任调研员)
徐劲松(1月任职,5月离任)
汪　洋(5月提任)
副董事长　徐劲松(1月离任)
党委副书记　张庆奇(1月改任调研员)
汪　洋(5月任职)
王文宝(1月任职)
纪委书记、工会主席　王文宝
副总经理　汪　洋(5月离任)
闫　敏
利小民(5月由冷轧总厂提任)
总工程师　闫　敏(5月任职)

安徽长江钢铁股份有限公司

董事长、党委书记　李建设(9月退休)
许　健(9月由一钢轧总厂调任)
副总经理　马春风

滕州盛隆煤焦化公司

总经理　赵业明(公司中层副职)

(胡腾兵)

退休中层以上管理人员名录

姓　名	单　位	退休前职务	退休前职级	退休时间
徐同钦	行政事务部	调研员	正处级	2017 年 2 月
胡松地	财务部	助理调研员	副处级	2017 年 4 月
奚　铁	科技管理部	助理调研员	副处级	2017 年 4 月
梁赤民	彩涂板事业部	助理调研员	副处级	2017 年 6 月
张　勤	能控中心	助理调研员	副处级	2017 年 7 月
葛凤鸣	党委工作部	调研员	正处级	2017 年 7 月
王步更	三钢轧总厂	调研员	正处级	2017 年 8 月
李建设	长江钢铁公司	长江钢铁股份有限公司董事长、党委书记	正处级	2017 年 8 月
徐　超	安全管理部	调研员	正处级	2017 年 8 月
杨　阳	办公室	集团公司党委常委、董事、副总经理	副公司级	2017 年 8 月
王作安	气体分公司	调研员	正处级	2017 年 10 月
王　炜	办公室	股份公司总经理助理、销售公司总经理	正处级	2017 年 10 月
方正芳	工程技术集团	调研员	正处级	2017 年 11 月
杨开保	耐火材料公司	调研员	正处级	2017 年 12 月

（李光进）

公司级优秀科技人员名录

屠世香	陆玲娟	宋兴平	朱正勤	方正平	高 京	胡 颖
王晓云	王 珏	李富江	张 璐	冯晓燕	丁少华	王红霞
金 静	蒋祝宇	胡 芳	张 嫔	金 燕	谈 谊	王 芳
赵 强	徐桂枝	雍晓莉	王 蓓	李淑华	唐慧娟	魏爱玲
谭清梅	许冰融	朱 宁	程广萍	吕 嵘	岳丽娟	刘高峰
纪凤芹	叶 平	琚红兵	毛庆云	张 萌	董春玉	恽廷忠
夏 冰	倪 军	马世银	胡晓丽	张 云	周宁生	何章清
杨 勇	阮 超	王晓刚	李 宏	张 伟	李向东	万代云
张 燕	徐 郡	殷丽君	钱向红	刘建民	吴 波	贺 钢
陈宁华	强国文	余腊莲	舒国权	周伯虎	杨进勇	唐锋刿
李冠军	徐 川	张 明	戴宏军	季 萍	丁 刚	范唯实
许章泽	许杰峰	傅立东	辛昌杰	陆伟斐	毕军华	邓荣杰
付应龙	蒋宗好	王 翔	汪 俊	李 新	陈海文	王秀莹
吴会超	程旭辉	朱鹏飞	史海欧	桂兴亮	包 钢	王 鑫
赵 良	吴 争	刘 智	潘胜利	许佩廷	汤金春	焦莉军
赵 慧	杨 阳	张 鹏	张小飞	周燕弟	李庆阳	陈志芳
常银生	晏 超	尹成凯	周黄斌	喻忠武	蒋吉明	昂正新
贾 君	叶 辉	邓士勇	邵 欣	王 勇	李忠良	张 辉
李庆园	万利军	谢德勇	邓立龙	胡四清	秦玉强	高思伟
黄远居	许 兴	完颜卫国	李保运	胡正君	沙 慧	李 雷
徐林林	程方波	张树山	孙 山	张本练	张国庆	吴 胜
白志文	赵 晖	罗志贵	何 佳	陈道海	赵永俊	林继承
徐 海	赵 攀	胡都敏	谷 葵	梁 军	李 景	於 琪
李宁辉	李 全	汪秀圣	不唐咏	张 繁	郑菊芳	刘正兰
金 铭	高丽娟	李 宁	张 伟	沈 列	东郭红玲	张继海
彭 彤	李 军	江红庆	郑晓辉	邵 芹	郭燕琴	董建平
藏 健	李 慧	陈 军	杨 涌	何发平	张瑞清	付尚红
孙志远	汪娜娜	夏广杰	王 莹	吴清泉	王 浩	李宏洲
徐朝军	吉 飞	何寒冰	孟庆杰	李有河	周 攀	李贤春
张金红	黄冉齐	占 成	皇甫少骏	黄宏杰	王 磊	易守安
谭万东	苏 牧	詹三林	谢义康	沈振杰	胡 超	李 阳
王 涛	程书生	张 勇	侯中勇	杨 斌	张婉君	张秀清
陈广成	刘积红	洪 波	胡 莺	邓槟杰	张云锦	周 峰
栾 硕	周立宏	顾仲熙	尹 丰	毛 成	李 杰	鲁光耀
刘前芝	吴明收	张宗宁	牛金印	雷 杰	沈国林	胡以元
王玉龙	肖 强	潘 飞	温亚伟	肖 倩	鲍未强	韦文郁
石俊龙	梁俊德	张文峰	张学森	裴红光	马伦飞	李春江
王法钢	赵锦江	潘龙博	赵金泉	程采金	江 济	戴修强

赵士光	葛国华	翟顺建	吴　峰	吴运动	赵　斌	刘国振
杨　旭	徐传星	娄堆钻	刘　飞	李　伟	邓永前	刘　兵
胡黄毛	徐进军	王合兵	纪　杰	贺仁华	沈远海	张启文
周　权	吴国军	杜修德	王跃风	陈传兵	王利元	许保峰
袁正香	陈宗援	吕永明	陈义新	孟玲俊	李红香	张　瑞
毕可程	邓国平	郑　意	赵文华	顾敏华	安太平	雷重飞
何先文	徐思贤	宋伍林	蔡定佳	代　伟	丁　鹏	王　宋
黄礼俊	尹　力	周经峰	杨文彬	揣　新	王建华	孟繁涛
陈　旭	徐永姝	陈若萍	沈　冰	田新生	王峥嵘	逯富强
石永豹	张国虎	张　骥	陆　虎	祝小龙	曹跃进	付崇军
兰家祥	王　欢	段贤宏	何修荣	张　东	程高福	朱文龙
黄善达	佘毅力	王本才	王秀才	王　亮	周昌银	刘益勇
曹建明	陶　华	邓新民	李敏生	尹炳富	吕安国	于建辉
方　禹	苏德奎	张全一	曹进静	夏　政	任定平	孟令国
魏　城	秦胜利	赵　梅	杨　斌	魏小姝	宫　琪	张国樑
王　辰	詹圣望	孙自勤	祝林峰	徐　震	陈　刚	王　文
田　军	王　强	杨世才	吕晓军	陆培业	杨　征	曹悦欣
李　刚	陈　干	邵学梅	周升科	徐　青	宋　明	张世友
毕晓红	石　璞	袁　丰	赵　峰	周道付	张建军	曹　奎
陈志虎	王光友	王　强	韦有东	吴　俊	周　平	桂　扬
王德荣	郭保国	宋海军	檀长松	汪　丰	吴其华	张　熙
石伟光	何　娴	陶友军	李　彤	吕秀荣	徐　杰	徐　晞
洪志祥	金　伟	王建军	王　伟	王秀峰	徐广兵	谢崇东
范　晨	高　玲	龚新燕	黄　溯	李　明	刘海涛	刘　强
刘晓芳	鲁　帆	司海霞	汪胜旺	王　辉	肖　慧	殷娟娟
王晓楠	张绍钢	陈国兵	李　鹏	凌　晨	鲁晓帆	汤家银
王拥军	王有栋	尹正刚	宇荣发	袁方勇	袁胜兵	张　杰
王　程	郑　茹	包仕伟	曹承奇	陈杨范	卫　锋	侯森林
陆　彬	庞金辰	唐　军	谢　炜	张　兵	兰骁骏	李　烨
骆　晖	孙金平	司武松	张　然	高　婷	王　治	戴　泉
黄在强	张正群	丁传友	丁　正	李海波	姚　庆	查丛文
程桂生	李一心	王会伟	吴文华	杨　滋	王绪安	张　敏
曹成虎	贾　飚	胡　伟	熊华报	刘　强	李宝庆	刘　勇
唐　政	沙文岗	罗　霄	李　林	张　停	杨进晶	陈军奎
汪　健	王跃华	齐文川	鲍文宏	卢瑞冰	周　云	高争一
解　阳	周小龙	黄　曼	施立发	舒宏福	王美珣	胡芳忠
王德宝	李忠义	谷海容	龚庆华	赵　海	阚　斌	周劲军
于文坛	宋灿阳	柴立涛	裴陈新	肖洋洋	王海波	张　峰
施国兰	饶添荣	蒲玉梅	夏征宇	周晨辉	孙德涛	陆　军
浦　红	陈讲彪	夏雪兰	程锁平	郭　湛	王小燕	彦井成
杨　峥	武　轶	张晓萍	方　政	张晓峰	汤亨强	刘其明
何　峰	占云高	郭俊波	姜　婷	汪建威	邹　强	张耀辉
马孟臣	田志俊	荚江霞	王庆学	李　平	马冬冬	陆学龙

宋志丹	吴俊生	晏延军	李 力	颜 红	孙贺杰	朱绍林
杨清会	柏万铭	陈 尧	蒙瑞稳	晋 杰	戴华裕	张婷婷
杜培明	赖金春	朱纵柯	徐 峻	刘贵亮	邱中华	尹 磊
刘立新	万 芳	杜建轮	洪 平	孙 燕	胡永涛	陈 波
方 农	汪崇青	王 辉	孙前进	王陇陇	许先清	马开志
赵 昊	彭人钢	张世涛	施发胜	魏海波	朱克满	方英传
张长龙	周志敏	孙建平	史赵芳	刘云海	何爱民	袁 月
许思梦	冒建忠	豆天普	查道平	姜伟宏	李 明	陈立斌
伏庆昌	刘 玮	沈宝明	李 斌	凌本泉	徐书坤	曹 龙
周 杰	刘长雄	王永林	张志强	方亮青	王水明	王国峰
何谋龙	张良桥	张增兰	甘恢玉	余素萍	李文忠	李善宁
查旭东	徐国虎	柴才明	曹先中	马 超	方 兴	王少华
曹 磊	李昊岭	杨应平	杨忠木	沈立嵩	苏 平	周 诚
赵 飞	张 宣	刘玉兰	刘 欣	董伏庆	张 晴	张 文
周 蕾	刘多鹏	张汪林	张学英	杨启荣	吴志华	李尊善
俞 霞	周 勇	魏庆生	于勇超	牟德新	陶凌云	戴 伟
李建华	陈晓畅	郝 丽	付 瑶	王 玮	柏胜虎	马衍徽
荣长计	胡小红	郑志成	李全才	叶文虎	韩建军	杨 钧
王庆红	徐小龙	熊道毅	何励明	何 真	游慧超	龙胜平
杨德伦	任 华	赵海民	孙家亮	曹志刚	王春喜	王 飞
张 杨	赵伟隽	杨少华	卢学蕾	李国锋	寇雨成	席 磊
陈智康	何 伟	张喜秋	许 宁	孟庆军	廖 彬	范海宁
章 鸣	万举勇	陈 磊	彭荣才	杨仕清	倪立伟	王 萍
连 恭	刘振雷	黄 佳	张世伟	熊 楚	靳 立	胡世民
魏 东	夏明炜	雷文彬	刘无华	郭 涛	俞 安	聂华林
费书文	陈 洪	叶远龙	王 皖	颜群英	周 奎	曾 晶
周灿霞	郑守俊	陈 瑛	吴炳贵	姚卫红	刘 强	曹 烈
邱 红	黄 琳	陈家庆	王德才	熊 英	李 兵	崔 峰
俞能富	陈金宝	姜承志	陈啟谦	张 峥	岳国均	刘金龙
何丽萍	沈 琳	刘海清	吴 坤	高建芳	樊 弘	武立仓
邓 航	耿云慧	樊杰才	吴越华	宣 刘	官明徽	李金宏
吴晓宁	高 飞	李 慧	何大汉	程 颖	董 平	缪晓胜
雷七四	张若信	鲁照亮	李进春	王鹏飞	袁玉梅	吴艳丽
苗宏恩	杨京芳	郭海斌	程永安	冯长英	纪艳生	周永梅
陶雪源	宋广林	孙宏根	芮燕兰	殷余宝	李艳华	程永平
李艳霞	尤探月	王治春	林元琦	黄智光	王 男	吴珍莹
张斗俊	方 承	张书荣	郭 静	苏晓明	王跃东	赵大庆
彭如斌	马 斗	李永文	李 萍	夏 蔚	李欣国	罗远征
阮 兵	鞠 晖	颜 芳	匡一新	江宏法	曹 林	李文川
钱先花	刘 燕	刘 振	杨海波	晓 丽	徐洁诚	裴 杨
孙国庆	李 卓	李道勇	程 黎	李光进	洪 瑾	肖 勇

（洪 瑾）

公司级技能专家名录

刘　弋	刘　伟	沈　飞	沈成钢	张盛华	路　勇	杨守兴
徐平飞	赵　军	卢永刚	陶东路	周铭浙	蒋忠云	孔　苑
孙　炎	罗先勇	曹　东	邵世平	张　权	杨　杰	梁　彪
王　玮	潘风江	王　彤	陈中凯	倪　俊	田继胜	何　军
朱桂海	张　岑	武茆平	潘　兵	陈道祥	杨　纪	范　晔
王　成	吴玉江	张　毅	陶莹光	何　宇	颜吉平	徐　杰
王　庆	俞本明	刘思军	何忠奎	董　波	李　宏	张　巍
撒　峰	白志爱	江金松	刘　军	刘迎春	许孝才	郁继春
秦来喜	朱世宏	赵　俊	解文中	孙智勇	闵正广	孙　伟
丁大勇	廖真忠	吕　鸣	郑金敏	秦　刚	金太保	朱宜强
王　岿	杨英保	谢叶华	刘　峰	李培文	刘义峰	郭　健
杨慧平	李朝晖	徐为民	林震源	朱玉国	马　钢	王本治
沈　杨	孙玉林	汪玉宝	周金城	石成军	唐友军	陈连明
肖　挺	杨松付	高大林	刘志生	占　军	邢寿来	刘　刚
张东亚	李国敏	付　新	张风杰	徐建军	宣祖发	赵　安
刘世俊	夏　雷	汪　铭	喻先成	卜英才	李　全	朱克荣
刘静江	赵兴亮	刘献文	占其平	胡　勤	刘广伟	丁俊山
吴安民	李学军	王振飞	程　鹏	顾　星	王晓勤	衷振环
朱世清	计德兵	周　雷	张　晨	崔皆明	李传仁	吴　波
刘　明	王加林	杨春雷	钱仕平	夏　祺	董　平	徐　钢
李海山	戚新宏	吕永林	王吉宁	武徐雁	汤志贵	刘　文
魏海峰	张秀斌	张　明	张大杏	李邦国	孙承龙	姜如标
何小顺	杨伯华	张　琳	申家华	夏其胜	濮　华	陈克胜
赵柏亭	张　炜	苏玉江	喻正强	宋　磊	王义平	严林冲
张文艺	夏德田	王勇卫	王昌勇	陶兴宏	彭德勇	汪　洋
刘普生	温耀峰	李炳庆	朱新华	奚云平	佘才义	苏金虎
刘迎庆	王　球	齐　勇	杨连明	吴　明	钱智雄	张　斌
朱　勇	孙兴龙	潘爱农	殷玉忠	刘玉景	薛培新	查　飞
景风金	李　韦	王剑波	杨晓军	夏孝轩	谢长林	杨玉国
秦本权	赵　勇	邵　峰	张　宁	潘　铭	黄　强	赵俊龙
姚祖才	张　军	刘永平	李　飞	赵仕富	江金余	王　平
梅　峰	纪　荣	许继民	刘华玉	莫润生	李　信	高敬东
孙　勇	袁为保	吴其春				

（洪　瑾）

取得高级职称任职资格人员名录

正高级工程师

李冬清　刘爱兵　王　洋　孙业长　程　鼎　王立涛

冶金工程专业高级工程师

王邦策　武晓鸣　芦海洋　李保章　何丽萍　顾敏华　黄克斌
张　英　牛金强　程旺生　施立发　柴立涛　王春喜　武站军
张云锦　毕军华　王　泉　崔晓梅　熊　磊　王庆高　周金凤
易萍萍　王德才

机械工程专业高级工程师

宁瑛剑　石华胜　杨培俊　韩云松　蒲晓庆　李　江　王　海
王海豹　吴星星　董军辉　曹　辉　吕建亮　汪　成　张　鹏
李　慧　胡胜利　曹　超　崔　剑　张　杰　曹　林　李　林
龚　蕾　张　霞　於　琪　刘文旭　喻忠武　晏　超　陈　昌
余素萍　赵　晖　林继承　吕秀荣　王　钢　鲁　明　王　艳
李一心　陶振兴　冯　涛　杨　滋　尹　力　黄　俊

高级政工师

唐　军　艾红兵　侯爱民　熊丽军　张　伟　张耀妮　庞　湃
赵陶春　王　蕾　袁修和　戴　群　马　岚　姜晓份

（张志斌）

2017 年马钢逝世人物名录

逝世的县处级以上(含享受)离休干部名录及简历

姓　名	出生年月	参加工作时间	离休时间	原工作单位及职务	享受待遇
孙　峰	1929 年 4 月	1943 年 12 月	1989 年 10 月	卫生处处长	副地市级
张庆森	1928 年 1 月	1946 年 2 月	1989 年 7 月	汽运处党委书记	副地市级
刘玉璞	1921 年 11 月	1938 年 4 月	1983 年 10 月	矿山公司材料设备处副处长	副地市级
钟明泰	1927 年 10 月	1948 年 10 月	1983 年 7 月	销售处副处长	副地市级
邢添泽	1933 年 10 月	1949 年 2 月	1993 年 12 月	二铁厂党委书记	县处级
张寿桥	1930 年 4 月	1947 年 3 月	1982 年 12 月	第三机械厂副厂长	县处级
张冠三	1926 年 7 月	1948 年 6 月	1986 年 10 月	马钢医院党委副书记	县处级
赵兴金	1929 年 12 月	1949 年 6 月	1989 年 12 月	生活服务公司工会主席	县处级
郭佩球	1931 年 4 月	1949 年 5 月	1982 年 8 月	房产处副处长	县处级
佀改彦	1929 年 11 月	1946 年 2 月	1982 年 9 月	接待处党支部书记	县处级
王明建	1926 年 12 月	1945 年 10 月	1985 年 6 月	南山矿科长	县处级
卢吉甫	1931 年 1 月	1947 年 8 月	1991 年 6 月	材料处党支部书记	县处级
贺守朝	1926 年 12 月	1945 年 4 月	1987 年 3 月	生活服务公司冰厂厂长	县处级
刘培财	1928 年 2 月	1947 年 3 月	1984 年 2 月	姑山矿武装部长	县处级
李春明	1929 年 12 月	1948 年 1 月	1989 年 5 月	生活服务公司科长	县处级
崔庆余	1928 年 6 月	1947 年 9 月	1988 年 10 月	三轧厂科长	县处级
戴家旺	1927 年 1 月	1947 年 7 月	1982 年 10 月	二铁厂科长	县处级
郦根土	1927 年 2 月	1949 年 4 月	1987 年 11 月	矿山公司副科长	县处级
蒋传勉	1921 年 9 月	1949 年 9 月	1983 年 3 月	三铁厂副科长	县处级
李传林	1933 年 1 月	1949 年 5 月	1993 年 2 月	劳资处副科长	县处级
黄世华	1928 年 6 月	1949 年 9 月	1988 年 12 月	计划处副科长	县处级
潘东勇	1931 年 8 月	1948 年 10 月	1991 年 11 月	接待处干部	县处级
彭建勋	1932 年 3 月	1949 年 6 月	1992 年 5 月	二铁厂干部	县处级
秦福寿	1930 年 2 月	1949 年 5 月	1990 年 5 月	汽运处干部	县处级
殷德成	1927 年 10 月	1946 年 6 月	1982 年 8 月	生活服务公司干部	县处级
齐广真	1928 年 12 月	1945 年 11 月	1982 年 8 月	生活服务公司干部	县处级
马富锁	1929 年 12 月	1946 年 8 月	1990 年 2 月	征迁处干部	县处级

(李步云)

附　录

马钢年鉴

MA GANG NIAN JIAN

2017 年马钢荣获集体荣誉名录

获得全国“安康杯”竞赛优胜企业名录

马钢集团公司

获得 2016 年度全国重点大型降耗钢铁生产设备节能降耗对标竞赛(2017 年下半年评选表彰)

四钢轧总厂 1 号转炉获得“冠军炉”

三铁总厂 A 烧结机荣获“优胜炉”

获得马鞍山市工人先锋号

长材事业部线棒分厂

设备检修公司轧钢维检南部型钢电气维检作业区

2017 年马钢重要文件选登和部分文件目录

文件选登

关于印发《马钢集团公司党委关于推进基层党组织标准化建设的实施方案》的通知

2017 年 4 月 5 日　马钢集发〔2017〕11 号

各单位党委(直属总支、支部),机关党委及所属总支、支部:

现将《马钢集团公司党委关于推进基层党组织标准化建设的实施方案》予以印发,请遵照执行。

马钢集团公司党委关于推进基层党组织标准化建设的实施方案

为进一步贯彻落实全面从严治党要求,深入推动基层党组织建设,根据省委组织部《关于推进基层党组织建设标准化建设的意见》(皖组发〔2017〕3 号)、省国资委党委《省属企业基层党组织标准化建设实施方案》(皖国资党发〔2017〕21 号)精神,结合公司实际,制定本实施方案。

一、总体要求

全面落实公司进一步深化矩阵式党建工作要求,按照定量与定性相结合的方式,建立基层党组织可遵照执行、上级党组织可考核监督的标准体系,着力提升基层党组织建设制度化、规范化和科学化水平,全面增强基层党组织的创造力凝聚力战斗力,为公司转型升级、健康发展提供坚强的组织保证。

(一)系统设计。根据省委、省国资委党委统一部署,制定实施方案,梳理和完善党建工作制度体系,全面制订基层党组织建设系列工作标准,进一步细化工作任务和推进措施。

(二)规范有效。组织基层党组织立足实际,对照标准开展工作,整改党的建设弱化、淡化、虚化、边缘化问题,按照卓越绩效管理模式,重视过程,更重视效果,全面实现 PDCA 循环,努力提升工作水平。

(三)深度融入。坚持围绕中心、服务大局,统筹兼顾、合理安排,把基层党组织建设和党组织活动融入渗透到生产经营管理各个环节,努力服务和助推生产经营,以改革发展成果检验党组织的工作和战斗力。

(四)责任落实。建立日常考核记录制度,结合年度综合考核工作,对基层党支部标准化建设进行全面考核。把监督检查、考核验收、责任追究有机结合起来,形成基层组织标准化建设的强大推动力。

二、目标任务

借鉴质量贯标体系“写所需、做所写、记所做”要求,通过建立和执行工作标准,进一步夯实基础管埋,提高基层党建工作水平。

(一)组织体系设置标准化。以扩大党组织覆盖和党的工作覆盖为着力点,突出务实、管用、有效,不断健全完善基层组织体系,优化组织设置,理顺隶属关系,确保做到应建尽建、设置规范、调整及时、体制明晰。

(二)班子队伍建设标准化。以增强班子整体功能为着力点,创新培养选拔机制,选优配强基层党组织领导班子,特别是基层党组织负责人,做到选拔导向鲜明、人员素质优良,班子结构合理、成员责任明确、整体功能发挥。

(三)党员教育管理标准化。以发挥党员先锋模范作用为着力点,严格发展党员,注重运用信息化手段,强化党员日常教育管理,妥善处置不合格党员,做到党员队伍信念坚定、素质优良,规模适度、结构优化,纪律严明、作用突出。

(四)党内组织生活标准化。以增强党组织生机活力为着力点,认真落实“三会一课”、民主评议党员等基本制度,党内各项组织生活正常规范、严肃认真,党员参与率高、教育效果好,党员“四个意识”得到显著增强。

(五)工作载体建设标准化。以党员群众满意为着力点,强化服务功能,拓宽服务领域,增强服务本领,各项载体抓手务实管用,受到党员群众普遍欢迎,在服务改革、发展、民生、群众和党员方面取得明显成效。

(六)活动场所建设标准化。以建好用好管好活动场所为着力点,推进场所规范建设,丰富场所服务功能,做到场所面积达到规定标准,硬件配置齐全、场所功能完备,标牌设置规范、管理制度健全,较好满足党员活动和服务群众需要。

(七)工作运行机制标准化。以推动基层党组织工作规范化为着力点,健全完善工作机制,强化机制运行,做到责任明确、领导有力、运转有序、保障到位。

(八)基本工作保障标准化。以保证基层党建工作正常开展为着力点,强化人员力量保障,建立健全多元化投入、稳定的经费保障制度,做到基层党支部有人干事、有钱办事、能办成事。

三、方法步骤

按照“打牢基础、持续完善、全面提升”的要求,在公司基层党组织有力有序有效推进。

(一)前期准备工作(3 月底前完成)。设计和使用《党支部工作手册》。学习领会上级文件精神,制定实施方案和各项工作标准。选择和确定基层党组织,开展标准化建设工作试点,为全面推进积累经验。

(二)搞好动员部署(4 月 10 日前完成)。在公司党委工作会议上进行专题部署。召开由基层单位分管党群工作领导、党群部门负责人和组工干部参加的动员会,进行专门动员和部署。各基层党组织结合自身实际,召开专题会议,广泛宣传发动,积极组织实施。

(三)加强业务培训(4 月底前完成)。组织实施年度干部培训计划,把基层党组织标准化建设作为基层党组织负责人和党务骨干培训的重要内容,进一步明确基本思路、目标任务和相关要求,为党建标准化建设奠定坚实的思想、理论和业务基础。

(四)指导摸底自查(5 月底前完成)。各基层党组织对照标准,广泛开展自查,切实摸清底数。对工作中存在的暂不符合标准要求的问题进行认真分析,找准原因,提出改进措施,明确问题、责任和任务清单。逐级建立标准化建设管理台账,实行动态管理,并报送省国资委党委领导小组办公室。

(五)对照标准推进(6 月至 10 月)。各级基层党组织要积极参与标准化建设,主动开展“争创先进党支部、争当优秀共产党员”等党组织活动。正确自我评估,总结经验,并及时向上级党组织提供。要注重整合各方面力量和资源,加强综合协调,为基层支部标准化建设创造有利条件。

(六)促进工作交流(10 月底前)。结合矩阵式党建专项督查和横向区域协作,加强基层党组织标准化建设工作的沟通和交流,进一步营造工作氛围。以工作调研、论文撰写等多种形式,加强经验交流,促进基层党组织相互学习、共同进步、持续提升。

(七)组织考核验收(11 月至 12 月中旬)。建立基层党组织标准化建设考核评价制度。公司党委组织对所属基层党组织达标申报对象进行考核验收,按照基层自评、组织考评的步骤定期开展。经考核验收合格的,纳入已达标基层党组织台账管理;经考核未达标的,要督促整改落实、尽快达标。

(八)先进评比表彰(2018 年 7 月)。基层党组织要广泛征集标准化建设中的成功经验,通过报纸、电视、杂志等多种媒体进行宣传。树立党建标准化示范单位,发挥典型引领作用。把标准化建设作为评先的重要依据,不断激发基层党务工作者更大的工作热情。

(九)综合考核提升(2018 至 2019 年)。在年度综合考核中,严格按照基层党组织标准化建设要求进行考核检查,不断提升基层党组织标准化建设水平。

四、组织保障

各级基层党组织要把标准化建设作为党建工作的重要抓手,发挥严实作风,坚持落细落小,确保取得实效,为深化矩阵式党建工作落实落地提供有力支撑。

(一)强化组织领导。成立领导小组,公司党委主要领导和分管领导担任组长和副组长,成员由党群部门和企管部负责人组成,搞好统筹谋划,定期研究调度,细化工作措施,精心组织实施。

(二)注重督查指导。各基层党组织要认真落实责任,加大督促检查和跟踪落实力度,及时了解情况、发现问题、督促改进。各级党组织负责人要深入基层,开展调研,指导帮助基层落实好各项工作要求。

(三)营造浓厚氛围。各级基层组织要注重培育、发现、宣传先进典型。要尊重基层首创精神,鼓励基层积极探索,加大总结推广力度。要注重宣传基层好经验好做法,引导比学赶超,营造良好氛围。

(四)提升工作实效。紧密联系本单位工作实际,把标准化建设同“两学一做”学习教育结合起来,同日常工作结合起来，确保工作顺利进行、取得实效。注重以制度形式固化好做法，建立长效机制，不断提升标准化建设水平。

关于印发《马钢集团化解过剩产能期间员工居家休养暂行规定》的通知

2017年1月3日　马钢集〔2017〕3号

各单位：

为进一步推动员工离岗安置，公司对原居家休养政策进行调整，制订了《马钢集团化解过剩产能期间员工居家休养暂行规定》，经2016年12月22日集团公司十八届一次（股份公司八届一次）职工代表大会审议通过，现印发给你们，请认真贯彻执行。

马钢集团化解过剩产能期间员工居家休养暂行规定

第一章　总　则

第一条　为积极、稳妥做好集团公司化解过剩产能实现脱困发展人员退出安置工作，确保安置目标顺利实现，依据国务院《关于钢铁行业化解过剩产能实现脱困发展的意见》（国发〔2016〕6号）、国家人力资源和社会保障部等七部门《关于在化解钢铁煤炭行业过剩产能实现脱困发展过程中做好职工安置工作的意见》（人社部发〔2016〕32号）、安徽省人民政府《关于在化解钢铁煤炭行业过剩产能中做好职工安置工作的实施意见》（皖政〔2016〕52号）精神，根据《马钢集团化解过剩产能实现脱困发展人员退出分流安置总体方案》，结合集团“十三五”人力资源优化工作的要求，特制定本规定。

第二条　居家休养规定适用于与马钢集团公司、马钢股份公司签订劳动合同且劳动关系存续期间的所有员工。

第二章　员工居家休养条件

第三条　员工符合下列条件之一的，经个人申请、所在单位批准，可办理居家休养。

（一）距法定退休年龄5周年以内的员工。

（二）连续工龄男满30年、女满25年（按自然年计算）且距法定退休年龄10周年以内的员工，但不适用一条（二）项退休的。

第四条　为确保公司生产经营和战略发展的需要，各单位要严格审批管理。对下列员工提出居家休养的，原则上不得批准，特殊情况单位需提出审核意见并报公司同意后，方可办理：

1. 公司中层以上管理人员，以及研发、生产技术、设备、市场经营部门或关键产线区域的科级管理人员和作业长。

2. 公司高级技术主管、享受各级技术津贴人员。

3. 公司首席技师、享受各级技能、高级技师津贴人员。

第三章　员工居家休养待遇

第五条　员工居家休养期间改发生活费，其待遇标准为预备岗岗位工资、保留工资、工龄工资、辅助工资、物业补贴五项之和，另每月给予生活补助500元。

第六条　为鼓励距法定退休年龄2周年以内的员工退出工作岗位办理居家休养，其待遇标准为本人居家休养前的岗位工资、保留工资、工龄工资、辅助工资、物业补贴五项之和，另每月给予生活补贴600元。居家休养前岗位工资低于预备岗岗位工资与500元之和的予以补齐。

居家休养员工达到本条年限的，其待遇改按本条规定执行。

第四章　员工居家休养审批

第七条　员工居家休养需个人书面申请，由单位申报，按管理权限分层级审批。

（一）中层以上管理人员，由集团公司党委工作部审批。

（二）其他管理、技术业务岗及操作维护岗人员，由各单位填报《员工居家休养审批表》和《员工居家休养花名册》，报集团人力资源部审批。

第八条　符合居家休养条件的员工当月办理离岗手续，签订离岗退养协议，次月执行居家休养待遇。

第五章　其　他

第九条　居家休养员工不占单位编制定员，按在册员工统计，工龄连续计算，日常管理仍由所在单位负责。

第十条 居家休养员工应按公司现行规定缴纳养老、医疗、失业保险费、住房公积金和企业年金。其达到法定退休年龄时办理正式退休手续,享受当期相应的退休待遇。

第十一条 居家休养员工今后在公司工资调整、一次性效益奖发放、大病救助、困难帮扶、补充医疗保险待遇以及企业改制等方面,享有公司在册员工相应的权益。

第十二条 员工居家休养期间,被依法追究刑事责任的,按公司在册员工的相关规定执行。

第十三条 员工居家休养期间到马钢以外单位工作受到事故伤害,公司不承担任何责任和费用。

第十四条 员工在居家休养期间不得回单位上班,达到编外条件的,可申请转办编外。

第六章 附 则

第十五条 本规定实施期限暂定为2016年至2018年,从2016年1月1日起执行。今后如遇政策调整,按调整后政策执行。

第十六条 公司原《员工居家休养暂行办法》同时废止,已办理居家休养的按本规定执行。

第十七条 本规定由集团人力资源部负责解释。

部分文件目录

字 号	文 件 标 题
马钢集发〔2017〕2号	马钢集团公司关于推荐我省出席党的十九大代表候选人提名建议人选的情况报告
马钢集发〔2017〕3号	关于命名表彰2016年“榜样·马钢尖兵”年度人物的决定
马钢集发〔2017〕4号	关于印发《关于严禁设立“小金库”的规定》的通知
马钢集发〔2017〕6号	关于中共马钢集团公司仓配公司委员会更名为中共马钢集团物流有限公司仓配分公司委员会的通知
马钢集发〔2017〕7号	关于印发《马钢集团公司党委关于贯彻落实〈中共安徽省委关于进一步加强国有企业党的建设工作的意见〉进一步深化矩阵式党建工作的实施意见》的通知
马钢集发〔2017〕11号	关于印发《马钢集团公司党委关于推进基层党组织标准化建设的实施方案》的通知
马钢集发〔2017〕12号	关于命名表彰马钢第27届文明单位的决定
马钢集发〔2017〕16号	关于印发《关于推进“两学一做”学习教育常态化制度化的实施意见》和《关于开展“讲政治、重规矩、作表率”专题教育的实施方案》的通知
马钢集发〔2017〕18号	马钢集团公司党委关于落实党组织研究讨论是董事会、经理层决策重大问题前置程序的要求的实施意见
马钢集发〔2017〕20号	关于成立中共马钢股份公司制造部总支委员会的通知
马钢集发〔2017〕21号	马钢集团公司党委关于将党建工作要求纳入子公司章程有关事项的通知
马钢集发〔2017〕22号	马钢集团公司党委关于在推进“两学一做”学习教育常态化制度化和“讲政治、重规矩、作表率”专题教育中开展集团管控等12个方面违规行为专项治理工作的通知
马钢集发〔2017〕26号	关于表彰2016-2017年度党内各类先进的决定
马钢集发〔2017〕29号	关于中共安徽马钢工程技术集团有限公司设备检修分公司委员会更名为中共安徽马钢设备检修有限公司委员会的通知
马钢集发〔2017〕31号	关于成立中国共产党马钢集团投资有限公司支部委员会的通知
马钢集发〔2017〕33号	关于马钢(集团)控股有限公司领导班子部分成员工作分工调整的报告
马钢集发〔2017〕38号	关于全面深入学习宣传贯彻党的十九大精神的实施意见
马钢集发〔2017〕39号	关于中共马钢集团公司招标中心支部委员会更名为中共马钢集团招标咨询有限公司支部委员会的通知
马钢集发〔2017〕41号	关于印发《关于推进马钢集团法治建设的实施意见》的通知
马钢集发〔2017〕42号	关于印发《马钢集团公司各单位领导班子和领导人员综合考核工作办法》的通知
马钢集发〔2017〕43号	关于认真学习习近平谈治国理政第二卷的通知

马钢集发〔2017〕44 号　关于印发《马钢集团公司党委贯彻〈中国共产党问责条例〉实施办法》的通知
马钢集发〔2017〕45 号　关于印发《马钢集团公司“十三五”企业文化建设规划纲要》的通知
马钢集发〔2017〕46 号　关于印发《公司党内先进评选表彰管理办法》的通知
马钢集发〔2017〕47 号　关于印发《马钢党员示范岗和党员责任区管理办法》的通知
马钢集发〔2017〕48 号　关于印发《管理人员跟班蹲点管理办法》的通知
马钢集发〔2017〕49 号　关于认真学习贯彻习近平总书记在瞻仰中共一大会址时重要讲话精神的通知
马钢集发〔2017〕50 号　关于中共钢结构公司委员会更名为中共钢结构工程分公司委员会的通知
马钢集〔2017〕1 号　关于印发《马钢公司 2017 年安全生产工作计划》的通知
马钢集〔2017〕2 号　关于印发《马钢集团化解过剩产能实现脱困发展人员退出分流安置总体方案》的通知
马钢集〔2017〕3 号　关于印发《马钢集团化解过剩产能期间员工居家休养暂行规定》的通知
马钢集〔2017〕13 号　关于印发《关于规范收入分配秩序严肃收入分配纪律的暂行规定》的通知
马钢集〔2017〕14 号　马钢集团公司关于报送《马钢集团公司进一步深化改革方案》的报告
马钢集〔2017〕15 号　关于表彰 2016 年度安全生产金牌单位金牌“三连冠”单位及优胜单位的决定
马钢集〔2017〕37 号　马钢集团公司关于推进审计全覆盖的实施意见
马钢集〔2017〕38 号　马钢集团公司关于报送《马钢集团进一步深化改革方案》的报告
马钢集〔2017〕41 号　关于下发《集团公司劳务集中管理工作方案》的通知
马钢集〔2017〕56 号　关于调整公司在职因病非因工死亡职工遗属抚恤金标准的通知
马钢集〔2017〕66 号　关于调整马钢冶金质量监督站管理隶属关系的通知
马钢集〔2017〕69 号　关于印发《马钢集团公司 2017 年人力资源优化指导意见》的通知
马钢集〔2017〕70 号　关于印发《马钢集团公司离岗安置政策调整的若干规定》的通知
马钢集〔2017〕71 号　关于马钢慈湖新区 300 米高压通廊内重大违法建设处理情况的通报
马钢集〔2017〕77 号　关于表彰 2016 年马钢管理创新先进单位和管理创新成果奖的通报
马钢集〔2017〕79 号　关于印发《马钢 2017 年现场管理工作计划》的通知
马钢集〔2017〕80 号　关于印发《2017 年集团公司内控体系建设与运行工作计划》的通知
马钢集〔2017〕84 号　马钢集团公司关于欣创公司投资设立欣川公司的备案报告
马钢集〔2017〕86 号　马钢(集团)控股有限公司关于 2016 年度预算执行情况的分析报告
马钢集〔2017〕87 号　关于“差别电价”政策对马钢生产经营的影响及有关建议的报告
马钢集〔2017〕90 号　关于印发《马钢集团 2017 年标杆管理工作实施方案》的通知
马钢集〔2017〕92 号　关于成立公司人才开发和人力资源优化工作领导小组的通知
马钢集〔2017〕98 号　关于印发《马钢多元板块现场环境专项整治行动计划》的通知
马钢集〔2017〕101 号　关于成立突出环境问题工作领导小组的通知
马钢集〔2017〕102 号　关于印发马钢集团公司 2017 年人才工作要点的通知
马钢集〔2017〕103 号　关于报送《马钢 2017-2021 年发展规划》的报告
马钢集〔2017〕106 号　关于设立马钢(杭州)投资管理有限公司的决定
马钢集〔2017〕107 号　关于印发《马钢集团公司推进体系建设工作计划》的通知
马钢集〔2017〕108 号　关于印发《马钢集团公司深入推进卓越绩效管理行动计划》的通知
马钢集〔2017〕109 号　马钢集团公司关于铜陵远大石灰石矿业有限责任公司三矿、四矿整合的意见
马钢集〔2017〕110 号　马钢集团公司关于设立全资房地产子公司备案的报告
马钢集〔2017〕114 号　马钢(集团)控股有限公司 2017 年度工资总额预算编制报告
马钢集〔2017〕115 号　马钢集团公司关于贯彻落实《安徽省五大发展行动计划》的实施意见
马钢集〔2017〕117 号　马钢集团公司关于 2017 年上半年预算执行情况的报告
马钢集〔2017〕118 号　马钢集团公司关于截至 2017 年 6 月末担保情况的报告
马钢集〔2017〕119 号　马钢集团公司关于欣创公司投资参股中冶华欣公司的备案报告

马钢集〔2017〕120 号	马钢集团公司关于企业负责人 2017 年度和 2017-2019 年任期考核目标建议值的报告
马钢集〔2017〕126 号	马钢集团公司关于三级以下企业专项整治工作方案的报告
马钢集〔2017〕128 号	马钢集团公司关于实施第一期市场化债转股的报告
马钢集〔2017〕134 号	关于成立马钢集团招标咨询有限公司的决定
马钢集〔2017〕136 号	马钢集团公司关于报送《马钢粉末冶金公司员工持股改革试点方案》的报告
马钢集〔2017〕138 号	马钢集团公司关于 2018-2020 年国有资本经营三年收支规划编制的报告
马钢集〔2017〕148 号	马钢集团公司关于开展模拟职业经理人制度第一批试点工作的备案报告
马钢集〔2017〕150 号	马钢集团公司关于成立马建集团脱困转型帮扶领导小组的通知
马钢集〔2017〕157 号	关于成立集团公司中央环境保护督察整改工作领导小组的通知
马钢集〔2017〕163 号	关于下发《马钢精益现场推进工作计划》的通知
马钢集〔2017〕171 号	马钢集团公司关于《资产转让管理办法》备案的报告
马钢集〔2017〕173 号	关于一次性补缴企业年金的通知
马钢集〔2017〕175 号	关于印发《集团公司 2018 年度预算编制意见》的通知
马钢集〔2017〕177 号	马钢集团公司关于《固定资产投资项目审批管理办法》备案的报告
马钢集〔2017〕178 号	关于印发《公司"外来单位安全专项系统整治行动"实施方案》活动的通知
马钢集〔2017〕180 号	关于表彰 2016 年度马钢荣获安徽省科技奖、冶金科技奖及全国企业创新方法大赛项目奖的通报
马钢集〔2017〕181 号	关于表彰 2016 年度马钢技术创新成果奖项目的通报
马钢集〔2017〕182 号	关于表彰 2016 年度优秀科研及技术攻关项目的通报
马钢集〔2017〕183 号	关于表彰 2016 年度马钢一线职工岗位创新创效成果奖的通报
马钢集〔2017〕185 号	关于表彰"奋战在两大战场"优秀技术业务人员的通报
马钢集〔2017〕198 号	关于发布《马钢品牌战略规划》的通知
马钢股〔2017〕63 号	关于实施煤化工资源整合的决定
集办发〔2017〕2 号	关于迎接 2016 年度省属企业综合考核的通知
集办发〔2017〕3 号	关于公司党委保密委员会成员调整及职责分工的通知
集办发〔2017〕4 号	关于转发《2016 年巡察发现问题的管理建议书》推进标本兼治的通知
集办发〔2017〕5 号	关于印发《马钢 2017 年党的工作重点任务分解表》的通知
集办发〔2017〕6 号	关于印发《马钢集团公司党委网络意识形态工作责任制实施细则》的通知
集办发〔2017〕7 号	关于印发《马钢 2017 年党风建设和反腐倡廉工作重点任务分解表》的通知
集办发〔2017〕8 号	关于印发《马钢集团公司预防职务犯罪 2017-2020 年工作实施意见》的通知
集办发〔2017〕9 号	马钢集团公司党委 2017 年巡察工作意见
集办发〔2017〕10 号	关于印发《马钢集团公司党委推进巡察全覆盖的工作方案》的通知
集办发〔2017〕11 号	关于调整集团公司领导层部分成员工作分工的通知
集办发〔2017〕12 号	关于调整集团公司劳动争议调解委员会成员的通知
集办发〔2017〕13 号	关于调整陈冬生同志担任的公司议事协调机构领导职务的通知
集办发〔2017〕14 号	关于印发高海建同志在马钢党委中心组(扩大)学习会暨在"讲政治、重规矩、作表率"专题教育中开展专项治理工作动员会上讲话的通知
集办发〔2017〕15 号	关于调整公司矩阵式党建工作区域指导组的通知
集办发〔2017〕16 号	关于印发《2017 年马钢集团公司信访工作意见》的通知
集办发〔2017〕17 号	关于调整马钢集团公司信访工作领导小组成员的通知
集办发〔2017〕19 号	关于印发《关于进一步加强党委联系服务人才工作的实施意见》的通知
集办发〔2017〕20 号	关于调整马钢集团公司党委意识形态工作领导小组的通知
集办发〔2017〕22 号	关于印发《关于做好服务保障党的十九大网络安全工作的实施方案》的通知

集办发〔2017〕23 号	关于印发《2017 年马钢集团公司党委文件和党内制度规定制定计划》的通知
集办发〔2017〕24 号	关于切实加强马钢“十三五”发展规划工程建设管理工作的通知
集办发〔2017〕25 号	关于调整马钢集团公司密码工作领导小组的通知
集办发〔2017〕26 号	关于下发《12 个方面违规行为专项治理整改任务分解表》的通知
集办发〔2017〕27 号	关于印发《马钢(集团)控股有限公司党建工作经费管理办法》的通知
集办发〔2017〕28 号	关于印发《中央巡视组巡视“回头看”反馈意见整改 2017 年制度建设清单》的通知
集办发〔2017〕30 号	关于印发《公司领导与公司中层管理人员谈心谈话制度》的通知
集办发〔2017〕32 号	关于调整集团公司领导层部分成员工作分工的通知
集办发〔2017〕33 号	关于认真组织收听收看党的十九大开幕式的通知
集办发〔2017〕35 号	关于加强马钢“十三五”重点工程建设项目监督工作的通知
集办发〔2017〕36 号	关于印发《马钢“十三五”重点工程建设项目巡察实施方案》的通知
集办发〔2017〕37 号	关于建立公司领导党建工作联系点制度的通知
集办发〔2017〕38 号	关于在全公司范围内迅速组织开展学习宣传贯彻党的十九大精神的通知
集办发〔2017〕39 号	关于开展党的十九大精神宣讲工作的通知
集办发〔2017〕40 号	关于实行公司领导党风廉政建设“一岗双责”制度的通知
集办发〔2017〕45 号	关于魏尧同志工作分工及担任公司议事协调机构领导职务的通知
集办〔2017〕8 号	关于规范聘请中介机构开展审计等工作的实施意见
集办〔2017〕9 号	关于印发《马钢公司 2017 年品牌建设战略行动计划》的通知
集办〔2017〕16 号	关于发布马钢集团公司 2017-2019 年度审计、评估、造价咨询业务会计师事务所备选库名单的通知
集办〔2017〕17 号	关于调整职工工作餐餐费标准的通知
集办〔2017〕26 号	关于调整公司深化改革领导小组成员的通知
集办〔2017〕27 号	关于国贸公司专业化经营马钢公务用酒的通知
集办〔2017〕30 号	关于建立马钢与市政府对接机制、深化对接工作的通知
集办〔2017〕36 号	关于做好 2017 年化解过剩产能档案工作的通知
集办〔2017〕38 号	关于补提 2017 年度和计提 2018 年度企业补充医疗保险的通知
集办〔2017〕39 号	关于印发《关于深化公务用车制度改革方案》的通知

2017 年省级以上报纸有关马钢报道

报 摘

改革发展路漫漫　千锤百炼始成钢
——马钢转型发展 5 年足迹

党的十八大以来,在市场的洗礼和不断锤打下,在企业的持续创新、精细管理和奋力攻坚下,马钢历经千锤百炼,实现了浴火重生。5 年来,马钢深化改革,转型升级取得新突破;大力提升产品竞争力和综合竞争力,多项产品具备行业领先优势;淘汰落后,优化工艺,绿色发展成绩获得广泛认可;创新技术和服务,高端产品抢占国内外高端市场,留下了敢于变革、勇于创新的发展足迹。

深化改革,推动企业生产经营实现新突破

面对国内经济下行压力增大和世界经济复苏缓慢的实际情况,马钢坚持问题导向,聚焦难点,全面深化改革,着力推进体制机制创新。自 2013 年以来,马钢先后推行全员岗位绩效考核、人力资源优化整合、劳务精简、全员竞聘上岗等改革措施,激发企业活力。为确保各项改革顺利推进,马钢深入开展"两学一做"到基层、"百人宣讲到基层,千堂党课进支部""中层以上领导跟班蹲点"等活动,引导职工自觉增强"四个意识",坚定做强做优做大马钢的信念。

随着改革的深入推进,马钢取得了生产经营、产品升级、多元增效等方面的新突破。今年上半年,马钢实现利润 16.43 亿元,同比增长 262.98%。近 3 年来,马钢获冶金科学技术奖和安徽省科学技术奖 20 余项,获国家授权专利 690 项,冷轧带钢及钢带被评为"冶金行业品质卓越产品",海上石油平台用 H 型钢获冶金产品实物质量认定"特优质量奖",高寒地区结构用热轧 H 型钢获 2017 年中国钢铁工业协会、中国金属协会设立的冶金科学技术奖一等奖。同时,马钢还获得"清洁生产友好型企业""全国实施卓越绩效模式先进企业"等称号。

补齐"短板",促进企业长远健康发展

高炉炉况失常是马钢最典型的"短板"之一。曾几何时,市场上流传着一种"邪说",即"只要市场行情好,马钢高炉就要倒"。当时,马钢每年因高炉炉况失常所造成的损失最少达上亿元。

为破解这一长期困扰马钢的难题,2014 年 5 月份,马钢首创了高炉体检制度,在 9 座高炉全部采用顺行评价法。同时,马钢通过举办"点将论道"论坛,让高炉工长结合实际操作的经验和体会,向炼铁岗位传递"真经"。在技术先行、管理跟进、文化引领、责任落地的共同作用下,马钢高炉持续稳定顺行,目前已稳定顺行 1000 天以上。

非钢产业体量小、经营能力脆弱是马钢发展过程中的一个软肋。为扭转多元产业长期裹足不前的被动局面,2013 年,马钢构建了"1+7"多元产业发展模式,即以钢铁主业为核心,以金融、矿业、物流、房地产、工程技术、节能、贸易板块为重心,支撑企业做大、做强、做优、做活;建立了相应的法人治理结构和市场化运营机制,破解企业体制机制不活、市场竞争意识不强、管理能力低下等难题。

2016 年,马钢贸易物流板块实现营业收入 38 亿元、利润 3800 万元;物流板块完成股权整合,实现港口、仓储、运输、配送一体化运作,实现营业收入 13 亿元、利润 4100 万元;煤化工板块实现营业收入 4.98 亿元;新材料板块实现营业收入 11.7 亿元、利润 2600 万元;节能板块实现营业收入 54 亿元、利润 4200 万元;信息板块实现营业收入 2.8 亿元、利润 2400 万元。2016 年,马钢实现利润 12.29 亿元,其中,多元板块营业收入、利润分别占到集团总额的 28%、31%,有力地支撑了马钢钢铁主业发展。

"淘汰+优化",建设"花园式工厂"

为还城市蓝天白云,2016 年,马钢痛下决心,对马钢合肥公司炼铁、炼焦、烧结、炼钢等落后装备和机组实施永久性关停。

为进一步改善空气质量，全面净化周边环境，马钢以建立清洁绿色“花园式工厂”为目标，不断加强设备在线安全检测和环境综合整治。“十二五”期间，在整个钢铁行业生产经营和资金极其有限的情况下，马钢优先挤出环保建设所需资金，累计投资17.5亿元，有序、有力、有效安排好环境治理项目建设，完成了烟气脱硫脱硝、烧结脱硫、废水治理、锅炉电除尘等项目，形成了每年减排二氧化硫3万吨、脱硫8500吨、脱硝5600吨和处理烟气能力达7702立方米/小时、处理废水能力达285万吨/日的能力，并实现了“不向长江排放一滴污水”的目标。

今年6月，马钢环保工作顺利通过了中央环保督查组的验收。

创新技术、服务，“抢滩”国内外高端市场

产品技术含量低、产品附加值低和高新产品比例低，严重制约了马钢的发展。

近年来，为快速提高高新产品开发比重，马钢选择比较成熟的产品工艺技术，进行了耐候H型钢、低噪音车轮、重载车轮、弹性车轮、高品质整体机车轮、时速250公里/小时和时速350公里/小时及用于轨道交通等领域的轮轴系列产品开发，取得了高端产品研发技术上的关键突破。目前，马钢H型钢以60%的比例占领了国内海上石油钻井平台市场；时速350公里的高速车轮于2016年获得国内首张CRCC（中铁检验认证中心）认证书，实现为中国标准动车组批量供货；家电板、电工钢凭借优越的性能，成为国内龙头家电企业和压缩机制造企业核心供应商；低噪音车轮以绝对优势“抢滩”国内大中城市地铁市场；高品质整体机车轮性能达到国内领先和国际先进水平，并荣获2016年度“中国钢铁工业产品开发市场开拓奖”。

与此同时，在研发和制造过程中，为帮助客户进一步降低使用成本、提高生产效率，马钢成立了10个APQP（产品质量先期策划）项目组和17个EVI（供应商先期介入）技术服务组，深入现场与客户进行面对面交流，并利用手机、微信、微博、QQ、邮件等方式，随时解答客户疑问、听取客户意见和建议，赢得了客户的一致好评。2016年，马钢汽车板行销全国26个省（市、自治区）、87家重点客户，年产销量突破200万吨，其中汽车面板产销量达到7.3万吨，分别比2013年增长89%、106%。

在满足和服务国内高端领域的基础上，马钢还着力推进国际化经营。近年来，马钢在海外设立了4家公司和1个事务所，遍布亚洲、欧洲、美洲等地区，主要经营业务除了包括销售各类钢铁产品外，还涉及各类机械设备、备品备件贸易，以及船舶租赁、金融等多个方面。马钢香港公司积极发展多边贸易，在发挥海外布局“桥头堡”作用的同时，积极做好金融风险防范工作，数次为马钢缓解了钢材出口融资还贷难的问题；马钢德国公司积极拓展各项业务，经营业务范围从成立初期的机器、工业成套设备、国内外钢铁产品经营，拓宽到技术服务、代理等，经营效益逐年增长；马钢韩国公司充分发挥马钢H型钢、无取向电工钢的品牌优势，强化市场营销，进一步稳固了马钢产品在韩国市场的地位。

此外，马钢海外布局还十分注重“引进来”。近年来，通过合资、分销、互派专业技术人员和收购等方式，马钢与法国瓦顿公司、埃斯科公司、德国巴登公司、韩国奥瑟亚公司、美国通用电气公司、全球四大铁矿石巨头（淡水河谷、力拓、必和必拓、FMG）开展了文化交流、技术对接、项目引进和高速动车组车轮技术消化等活动，为马钢打造高端商务车零部件制造基地、扩大高速车轮国产化生产比例、进军海外能源化工领域、增强大功率机车轮海外市场竞争力创造了有利条件。

（杨子江　于　进　章利军）

2017年10月17日《中国冶金报》

马钢开拓高端铸就领军品牌

5月5日，马钢召开竞争力分析会，公布了企业第一季度经营业绩。第一季度，该公司实现利润9.02亿元，同比增长359%，居行业第3位，取得了自2008年以来单季最好的经营业绩。同时，马钢以高速车轮、H型钢为代表的拳头产品连续供应到中国标准动车组、海上石油钻井平台、铁道车辆用钢等高端领域。这些都是马钢抢抓供给侧结构性改革机遇、强化品牌建设、优化结构调整的重要成果。

开启品牌建设新征程

近年来，马钢高度重视品牌建设，在市场上叫响了一批品牌产品。继马钢车轮、H型钢获得中国名牌产品称号后,马钢高品质整体机车车轮获得2016中国钢铁行业工业产品开发市场开拓奖;马钢高速车轮在完成60万公里考核运行后,于2016年7月15日伴随中国标准动车组在郑徐线完成了世界上最高时速的交会试验,并于2016年底通过CRCC(中国铁道建筑总公司)的认证;马钢研发的家电板于2016年实现产销312万吨,拥有100余家客户,并实现压缩机行业品种、国内龙头家电企业全覆盖;马钢硅钢于2016年全部实现终端化,终端化比例率达到100%;马钢特钢于2016年在火电用超临界高温高压锅炉用P91的制造上取得重要突破,应用于高端核电用钢,并填补了海洋工程用高强度镀锌钢丝绳C82D2在国内的生产空白。2016年,马钢还荣获了全国质量奖,成为当年钢铁行业唯一获此殊荣的企业。

取得成绩固然可喜,但马钢并没有居功自傲。马钢以获得全国质量奖为新的起点,开启品牌建设新征程。今年1月13日,马钢召开全国质量奖评审反馈报告交流会,邀请中国质量协会专家梁健进行主旨演讲。梁健在重点改进建议及其他注意事项等6个方面做了精心讲解和解读,为马钢下一步做好专项改进和在更高层次推进卓越绩效管理提供了指导。

为系统推进品牌建设,提升企业综合竞争力,2月22日,马钢又召开了2017年度品牌建设首次推进会。会上,马钢领导指出,质量是品牌的灵魂,品牌是质量的象征。马钢应紧紧围绕"坚定不移深化改革,坚持不懈做强品牌"工作主题,通过全方位推进品牌建设,全力提升客户满意度、忠诚度、美誉度,进而提高马钢品牌溢价能力和企业综合竞争力。

质量成就未来,品牌铸就辉煌。为全面增强全员质量意识、品牌意识、竞争意识、服务意识,3月3日,马钢召开了品牌建设动员大会暨品牌培育咨询项目动员会。会上,马钢邀请中国质量协会秘书长段永刚、安徽省质量技术监督局副局长张文静等领导做专题报告。他们要求马钢以科学的方法作为指导,高效率提升品牌价值,以诚信作为品牌文化基础,以提高产品质量作为核心,系统规划品牌建设;用内外部相结合的方式,对企业品牌价值进行全方位评估,紧密结合新技术、新模式、新业态,从全产业链着手创新品牌培育方式,提炼品牌核心要素,通过系统谋划、深度整合,最终形成具有马钢特色的企业品牌。

依托品牌提升竞争力

创建品牌更要培育品牌,培育品牌还要善于依托品牌。马钢研发的铁道车辆用耐候H型钢,是用于制造铁路货车、客车、平板车等车辆的特殊钢种,深受国内车辆厂的青睐。今年初以来,青岛、大连、株洲、南京浦镇等车辆厂向马钢订购了大量耐候H型钢。4月,一家客户在用车皮装载造车材产品时,因为间隙过小造成下钢困难,紧急向马钢求助。马钢为充分发挥品牌优势、技术优势,登门进行面对面的技术指导和服务,以最快的速度化解了客户的难题。

为了客户能正确使用产品、熟悉和了解产品性能、马钢还成立了市场开拓组,定期走访,讲解技术要领,并通过手机、微信、QQ、邮件等便捷方式与客户交流,受到了客户的普遍欢迎。第一季度,凭借品牌优势、服务优势、技术优势、马钢耐候H型钢产销约6.8万吨,接近去年的产销总和。4月至5月,马钢日产造车材保持在750吨左右。

马钢特钢研发起步虽晚,但起点很高。经过几年的磨炼和锤打,马钢特钢在轮轴、能源及高端制造用钢等领域进步较快。为依托品牌提升企业竞争力,马钢今年积极拓展高端汽车用钢市场,瞄准了世界500强、德国工艺巨头——蒂森克虏伯旗下的蒂森克虏伯发动机零部件(中国)有限公司。该公司于2012年9月建成投产,主要生产汽车配套发动机曲轴及连杆,客户主要有福特、大众、通用、宝马、保时捷等。能通过这家国际知名企业二方审核,不仅是德系企业的要求,也是马钢实施国际化经营战略、进入高端汽车零部件市场的需要。为确保闯关成功,马钢成立了攻关团队,加快相关技术知识培训、内部文件及管理的改进与完善。同时,马钢还邀请国内知名过程审核公司的专家进行专业技术培训,并结合内外部审核、体系评价和自查形成的问题报告,及时落实整改,制订有效的改进方案。经过不断努力,马钢于2月份顺利通过了审核,这是马钢特钢在高端汽车钢领域的又一次飞跃。

挖掘人才培育新动力

马钢近年来相继制订了《高级技术主管管理办法》《首席技师管理办法》《技术技能津贴管理办法》《引进人才管理办法》等优惠政策,营造发现人才、重视人才、关心人才、珍惜人才、使用人才的良好氛围。从2015年开始,马钢坚持问题导向,持续加强高级技术主管队伍建设,关注为企业解决重大问题的人才开发,培育了100名在岗技术高管。同时,马钢积极开展新一届技术技能津贴评审,共有935名技术业务岗位员工享受技术津贴,248名操作工享受技能津贴。为激励研发、工艺技术人员专心走技术之路,培育专业技术领军人才，马钢选择行业重大难题公开发榜，招募项目团队经理，由其组建攻关团队，签订分档期合同，团队的奖励完全由项目经理做主。

马钢突破体制机制上的障碍，大胆引进外部人才，通过公开招聘优秀人才，充实马钢技术力量。仅2016年，马钢公开选聘EVI（供应商前期介入）关键人才2名、材料专业博士1名、硕士研究生67名，返聘12名员工。其中，原公司高层1名、高级技术主管1名、首席技师2名。今年，马钢将利用猎头公司、网络等各种途径招兵买马，对内外部紧缺人才实施退休返聘，同时借助政府公共平台补充马钢对人才的需求。

目前，马钢有2人获得国务院津贴，1人获得安徽省政府津贴，1人入选安徽省特支计划，2人入选安徽省第5批战略性新兴产业技术领军人才，12人入选安徽省国资委“538英才工程”，2个团队当选“马鞍山市高层次产业创新团队”。卜维平大师工作室晋升为国家级技能大师工作室。

（于　进　章利军）

2017年5月10日《中国冶金报》

江南一枝花，今日更妖娆
——马钢持续加强节能减排促环境建设纪实

5月4日，央视《新闻联播》原主播、“找钢网”高级副总裁兼首席战略官郎永淳走进马钢，通过网络视频直播，带领广大网友领略了绿化、美化、香化、净化的马钢厂区环境，令网友赞叹不已。当天直播吸引了184.8万人观看，绿色马钢成为“网红”。

6月1日，中央环保督查组对马钢防治污染工作进行全面检查后，给予了肯定。这是继2016年国家发改委环保检查组、钢铁煤炭化解过剩产能督查组和安徽省委、省政府相继对马钢淘汰落后产能、节能减排工作进行验收后，马钢又一次获得的高规格褒奖。

近年来，通过和谐发展、绿色发展，享有“江南一枝花”美誉的马钢收获诸多赞誉，今日分外妖娆。

为了城市天空更加湛蓝

近年来，马钢严格控制SO_2、NO_x、COD（化学需氧量）排放总量，强化大气污染防治工作，累计投资70多亿元实施脱硫、脱硝和除尘技改等工程，先后完成了二次烟尘治理、石灰窑治理、燃煤锅炉电除尘、4台烧结机烟气脱硫、热电锅炉烟气脱硫脱硝和135兆瓦发电机组烟气脱硫等技改工程。“十二五”末，马钢吨钢SO_2排放量、吨钢烟粉尘排放量、吨钢COD排放量较“十一五”末分别下降了38.39%、14.29%、16.67%；吨钢综合能耗为601千克标准煤、吨钢新水消耗量为3.8吨，同比分别下降6%、16%。

2016年，马钢紧抓国家供给侧结构性改革机遇，坚决化解过剩产能，淘汰高污染、高耗能炼铁产能222万吨、炼钢产能281万吨。今年1月和2月，马钢又主动提前关停了1座500立方米高炉和1座40吨转炉，淘汰炼铁产能62万吨、粗钢产能64万吨。同时，马钢积极配合中央环保督查组综合检查，并以G20峰会环境管控模式为基础，主动作为、系统联动，践行环境经营理念，打造绿色发展品牌，顺利通过了中央环保督查组的“大考”。这些实实在在的举措，提升了马钢及其周边环境的空气质量。4月，在安徽省16个地市环境质量评比中，马鞍山市作为全省唯一的重工业城市参加评比，名列第四。马钢的绿色贡献，也为马鞍山市保持全国文明城市、全国卫生城市、全国环保模范城市、全国旅游城市等荣誉称号奠定了基础。

不向长江排放一滴污水

马钢临江而建，水资源十分丰富。进入“十二五”后，马钢深刻意识到，任何以牺牲环境为代价的发展就是对国家、对社会、对未来的极端不负责。为解决水资源保护意识淡化、虚化、弱化的问题，马钢向社会承诺：不向长江排放一滴污水。

为实现水资源消耗减量化、水资源利用循环化、生产过程清洁化，马钢大力推广工业节水新技术，重点开展了中水回用、串级用水、供水管网优化等技改工作。同时，马钢于2014年3月实施水处理管理优化运作，将所有水处理系统划归能控中心统一管理，并将各个水处理系统划归各主线单位管理。马钢能控中心负责在线监测，指导各主线单位合理有效管理水资源。水处理系统划分后，马钢加强了供水、用水单位之间的协调联系，减少了系统水量不平衡的现象，提高了水资源循环率，优化了输水、配水系统运行方式，提高了再生水量；通过规范输水管理，降低了制水自耗率和输水损耗率，减轻了水处理系统的供水保产压力，减少了新水消耗量和外排水量，实现了不向长江排放一滴污水的目标。如今,马钢厂区道路清洗、厂区绿化带浇水等均采用中水。

让废弃资源高效利用起来

钢铁生产过程中产生的废渣、富余煤气、冶金粉尘、余热煤气,如果不加以回收利用,将对生态环境造成污染。马钢为了让废弃资源得到高效利用,坚持以转变发展方式为主线,大力发展低碳经济,实施集约化管理,为废弃资源找到了"好归宿"。

以前,马钢每年产生的180万吨钢渣经磁选后,会剩下大量的尾渣。这些尾渣长期露天堆放,不仅容易产生扬尘,还污染周边环境和耕地。为解决固废污染的难题,马钢积极依靠先进技术,提高废弃资源的综合利用率。他们在烧结生产工序按比例科学掺入尾渣,降低了炼铁成本;利用钢渣微粉生产线生产钢渣微粉,使废弃资源增值。同时,马钢依靠冶金渣开发出成熟的尾渣材料技术,生产市场前景较好的复合微粉和矿渣微粉,带来了显著的环境和经济效益,每年可生产烧结用尾渣30万吨、钢渣微粉70万吨、矿渣微粉60万吨。

近3年来,马钢共投资7.5亿元进行节能项目建设,先后建成了煤气综合利用发电工程、能源管理中心工程、煤焦化新区全干熄焦工程和煤粉炉脱硫脱硝工程等。马钢作为国内较早应用全烧高炉煤气锅炉技术的企业之一,近年来开发了多项国内最新锅炉燃烧技术,申报了多项发明专利,带动了行业煤气发电技术的进步。目前,马钢烟尘、二氧化硫、氮氧化物每小时排放均值达标率达99%,粉煤灰综合利用率为100%,危险废弃物处置率达100%,CEMS(固定污染源烟气排放连续监测系统)投运率大于99%,各类事故发生率为0。

近年来,马钢先后获得中宣部、国家发改委命名表彰的"节俭养德全民节约行动先进单位"、中国钢铁工业协会"中国钢铁行业清洁生产环境友好企业"等称号。

(于　进　章利军)

2017年7月20日《中国冶金报》

报道目录

标　题	报纸名称	时　间	作　者
微利时代马钢如何管控现金流	《中国冶金报》	1月3日	于　进　章利军
深化改革　加快转型	《中国冶金报》	1月6日	于　进　章利军
马钢敲定多元产业发展目标	《中国冶金报》	1月10日	于　进　章利军
复盘2016马钢实现三大目标	《中国冶金报》	1月19日	于　进　章利军
做精做准各种金融业务	《中国冶金报》	1月20日	于　进　章利军
马鞍山小南山职工无偿献血	《中国冶金报》	1月18日	于　进　章利军
马钢赢得“十三五”精彩开局	《安徽工人报》	1月19日	于　进　章利军
2017年,我们撸起袖子这么干	《中国冶金报》	1月24日	于　进　章利军
马钢近400万元救助556户重症家庭	《中国冶金报》	1月27日	于　进　章利军
马钢去年优化品种结构增效近7亿元	《中国冶金报》	2月7日	于　进　章利军
马钢气体公司获省级食品级氮气生产许可证	《中国冶金报》	2月10日	于　进　章利军
电票生“金”	《中国冶金报》	2月17日	于　进　章利军
马钢元月生产经营“春光明媚”	《安徽工人报》	2月16日	于　进　章利军
科技之化香飘高端市场	《中国冶金报》	2月21日	于　进　章利军
马钢发出350公里/小时动车组车轮批量销售指令	《现代物流报》	2月27日	于　进　章利军
马钢家电板缘何光芒四射	《安徽工人报》	2月28日	于　进　章利军
马钢350公里/小时动车组车轮将批量销售	《中国冶金报》	3月1日	于　进　章利军
青春有梦　事业无悔	《中国冶金报》	3月3日	于　进　章利军
马钢家电板缘何光芒四射	《现代物流报》	3月6日	于　进　章利军
去年马钢出口商品材量价齐升	《中国冶金报》	3月7日	于　进　章利军
马钢出口商品材量价齐升	《安徽工人报》	3月14日	于　进　章利军
把每一块铁矿石炼成“真金”	《中国冶金报》	3月15日	于　进　章利军
推广重型H型钢在锅炉行业的应用	《中国冶金报》	3月22日	于　进　章利军
铁精矿何以变成“金矿”?	《中国冶金报》	3月22日	于　进　章利军
中国标准动车组穿上马钢“跑鞋”	《安徽工人报》	3月23日	于　进　章利军
我国最高时速动车组穿上马钢“跑鞋”	《中国冶金报》	3月24日	于　进　章利军
打响市场内外信息化品牌	《中国冶金报》	3月24日	于　进　章利军
马钢家电板客户缘哪里来	《中国冶金报》	3月28日	于　进　章利军
大型地下矿山如何经营?	《中国冶金报》	4月5日	于　进　章利军
马钢生产经营取得全新突破	《现代物流报》	4月10日	于　进　章利军
马钢启动优棒生产线项目建设	《安徽工人报》	4月13日	于　进　章利军
马钢启动优棒生产线建设	《中国冶金报》	4月14日	于　进　章利军
马钢股份2016年减亏增利超60亿元	《中国冶金报》	4月18日	于　进　章利军
马钢矿业首季盈利1.8亿元	《中国冶金报》	4月19日	于　进　章利军
钢城一体,融合发展	《中国冶金报》	4月21日	于　进　章利军
张庄矿首季实现利润7379万元	《中国冶金报》	4月26日	于　进　章利军
用先进文化铸安全盾牌	《中国冶金报》	4月28日	于　进　章利军
马钢矿业:下好风险管控“先手棋”	《中国冶金报》	5月3日	于　进　章利军

马钢与中国中车签署战略合作协议	《中国冶金报》	5月4日	于 进 章利军
马钢吹响品牌建设“进军号”	《中国冶金报》	5月5日	于 进 章利军
矿山软实力助推马钢矿业盈利	《中国冶金报》	5月5日	于 进 章利军
马钢与中信证券开展全面合作	《安徽工人报》	5月9日	于 进 章利军
开拓高端铸就领军品牌	《中国冶金报》	5月10日	于 进 章利军
马钢与中信证券开展全面合作	《中国冶金报》	5月12日	于 进 章利军
马钢气体公司食品级氮气产品成功进入市场	《中国冶金报》	5月12日	于 进 章利军
马钢与中信证券开展全面合作	《现代物流报》	5月15日	于 进 章利军
创新技术,实现固废资源科学高效利用	《中国冶金报》	5月18日	于 进 章利军
马钢持续推进安全标准化体系建设	《安徽工人报》	6月2日	于 进 章利军
马钢淘汰落后获省通令嘉奖	《安徽工人报》	6月6日	于 进 章利军
安全月来了,钢企有哪些活动?	《中国冶金报》	6月8日	于 进 章利军
马钢全力打造绿色发展品牌	《安徽工人报》	6月9日	于 进 章利军
马钢去产能情况获安徽省通令嘉奖	《中国冶金报》	6月9日	于 进 章利军
铸就H型钢领军品牌	《中国冶金报》	6月13日	于 进 章利军
让地条钢永无藏身之处	《中国冶金报》	6月20日	于 进 章利军
马钢荣获两项省部级环境大奖	《中国冶金报》	6月20日	于 进 章利军
马钢防治污染通过“大考”	《安徽工人报》	6月27日	于 进 章利军
马钢防治污染工作通过中央环保督查组“大考”	《中国冶金报》	6月29日	于 进 章利军
马钢安全生产赢得巡查组肯定	《安徽工人报》	6月30日	于 进 章利军
抓好党建是抓好一切工作的“牛鼻子”	《中国冶金报》	7月6日	于 进 章利军
江南一枝花,今日更妖娆	《中国冶金报》	7月20日	于 进 章利军
当好品种结构的“调酒师”	《中国冶金报》	7月27日	于 进 章利军
你用真心帮助我,我就用真情回报你	《中国冶金报》	8月2日	于 进 章利军
马钢参股“欣创环保”获批“新三板”挂牌	《安徽工人报》	8月3日	于 进 章利军
马钢党委点准管理“穴位”	《中国冶金报》	8月4日	于 进 章利军
画家王非深入马钢传画技	《中国冶金报》	8月11日	于 进 章利军
被“逼”出来的智能智造	《中国冶金报》	8月16日	于 进 章利军
用好管好“钱袋子”	《中国冶金报》	8月17日	于 进 章利军
花香“墙”内外	《中国冶金报》	8月18日	于 进 章利军
马钢党委联系实际学习习总书记重要讲话	《中国冶金报》	8月18日	于 进 章利军
马钢高品质H型钢再获佳绩	《中国冶金报》	8月29日	于 进 章利军
马钢股份经营创五年最佳	《安徽工人报》	8月29日	于 进 章利军
营造家一样温馨的工作环境	《中国冶金报》	8月30日	于 进 章利军
马钢股份上半年获利16.43亿元	《中国冶金报》	8月31日	于 进 章利军
把党建优势转换成竞争优势	《中国冶金报》	9月1日	于 进 章利军
国资委冶金局老领导调研马钢	《中国冶金报》	9月6日	于 进 章利军

钢协、矿协等考察团调研马钢张庄矿	《中国冶金报》	9月6日	于　进　章利军
行销大江南北扬帆"一带一路"	《中国冶金报》	9月7日	于　进　章利军
开一片矿山,还一片林海　百年矿山开启新征程	《中国冶金报》	9月8日	于　进　章利军
马钢与万鸿国际共同举办用户座谈会	《中国冶金报》	9月12日	于　进　章利军
百年矿山开新颜	《中国冶金报》	9月13日	于　进　章利军
智能智造的春天扑面而来	《安徽工人报》	9月14日	于　进　章利军
马钢张庄矿全面实施EVI服务项目	《中国冶金报》	9月20日	于　进　章利军
特效党建开拓企业特色之路	《安徽工人报》	9月21日	于　进　章利军
让列车像骏马一样奔腾	《中国冶金报》	9月29日	于　进　章利军
马钢建设国内首条重型H型钢生产线	《中国冶金报》	10月10日	于　进　章利军
马钢"十三五"转型升级重点项目全面开工	《中国冶金报》	10月12日	于　进　章利军
马钢高端产品金秋产销再发力	《安徽工人报》	10月16日	于　进　章利军
改革发展路漫漫　千锤百炼始成钢	《中国冶金报》	10月17日	杨子江　于　进　章利军
马钢干部职工认真收听收看十九大盛况	《中国冶金报》	10月19日	于　进　章利军
不忘初心　推动发展奋力前行	《中国冶金报》	10月20日	于　进　章利军
幸福之花盛开十里南山	《中国冶金报》	10月24日	于　进　章利军
全总职工书屋创新论坛在马钢举办	《中国冶金报》	10月26日	于　进　章利军
推行绿色制造　构建美好生活	《中国冶金报》	10月31日	于　进　章利军
海内外市场的马钢力量	《中国冶金报》	11月1日	于　进　章利军
马钢10月份高端产品销售抢眼	《中国冶金报》	11月2日	于　进　章利军
中国去产能让全球钢企受益	《中国冶金报》	11月2日	于　进　章利军
马钢钢渣综合利用工程热试车成功	《中国冶金报》	11月2日	于　进　章利军
创新的脚步永不停息	《安徽工人报》	11月7日	于　进　章利军
以十九大精神为统领走好改革发展长征路	《中国冶金报》	11月8日	于　进　章利军
党建创新出特效	《中国冶金报》	11月10日	于　进　章利军
让钢铁产线智慧起来	《中国冶金报》	11月15日	于　进　章利军
马钢成为德铁亚洲首家直供商	《中国冶金报》	11月17日	于　进　章利军
江淮工匠兵是如何练成的?	《中国冶金报》	11月17日	于　进　章利军
马钢自动化公司外揽合同总额首次超亿元	《中国冶金报》	11月17日	于　进　章利军
当好高炉"大夫"和全天候"保姆"	《中国冶金报》	11月30日	于　进　章利军
数年磨炼马钢打造出国内国际化品牌	《安徽工人报》	11月30日	于　进　章利军
马钢一束束高科技之花怒放市场	《安徽工人报》	12月4日	于　进　章利军
追求卓越　永不止步	《中国冶金报》	12月5日	于　进　章利军
丁毅当选马钢股份公司董事长	《中国冶金报》	2月8日	于　进　章利军
小南山:建设矿乡和谐的生态矿山	《中国冶金报》	12月13日	于　进　章利军
让美丽的"云"彩扮靓钢铁产线	《中国冶金报》	12月27日	于　进　章利军
马钢高速车轮荣获"质量之光"魅力品牌	《安徽工人报》	12月28日	于　进　章利军

2017年马钢编辑出版的部分书刊目录

《马钢》总目录

本刊特稿

融入内嵌创新企业党建　强根铸魂引领马钢发展
——马钢党委推行矩阵式党建工作的实践与思考
高海建(1)

质量成就未来　品牌铸就辉煌
——全面开启马钢品牌建设新长征　丁　毅(1)

不忘初心再出发
——写在纪念中国共产党建党96周年之际
高海建(2)

感念过往汲取前行力量　放眼未来共建美好家园
——在马钢纪念日升旗仪式暨马钢新区投产十周年庆典上的讲话　高海建(3)

打造品牌工程　推进转型升级
——在马钢"十三五"转型升级重点工程全面开工暨重型H型钢项目开工仪式上的讲话　丁　毅(3)

新年献词

深入贯彻习近平新时代中国特色社会主义思想　为推动马钢实现高质量发展而不懈奋斗
——在马钢(集团)控股有限公司十八届二次(马鞍山钢铁股份有限公司八届二次)职工代表大会上的讲话
魏　尧(4)

奋力实现新时代马钢全面精益运营的新跨越
——集团公司总经理、股份公司董事长丁毅访谈录
本刊记者(4)

喜迎党的十九大

凝魂聚气建家园
——党的十八大以来马钢党建文化工作综述
高跃飞(3)

敢破敢立辟新天
——党的十八大以来马钢改革创新工作综述
张　泓(3)

凌霜傲寒跃层峰
——党的十八大以来马钢经营转型工作综述
郭旷怡　荣　建(3)

学习宣传贯彻党的十九大精神

公司党委印发《意见》部署全面深入学习宣传贯彻党的十九大精神　高举伟大思想旗帜　共建美好钢铁家园
——马钢深入学习宣传贯彻党的十九大精神综述
高跃飞(4)

企业党建

突出问题导向　真学真改真干
——马钢"两学一做"学习教育扎实开展取得实效
庆　辉(1)

沧海横流显本色
——南山矿业公司党委强根固基守家园　李先发(1)

文化引领　人人思进
——三铁总厂党建工作聚焦"三个建设"精准发力
张维忠(1)

规范系统　特色多元
——能控中心党委推进"四化"建设打造党建品牌
陈　润　卞红钰(1)

提高站位把方向　深度融入保落实
——上半年公司党建重点工作推进情况综述
本刊记者(2)

强化"五种意识"　提升专题警示教育实效　钢　纪(2)

推进党建标准化　打造党建新平台
——能控中心"党员活动室"建设的实践与思考
左爱华(2)

创新工作思路　推动改革发展
——仓配公司党委融入中心抓党建纪实　孙　凯(2)

长风劲送征帆远
——采购中心围绕采购经营开展党建工作纪实
王　杨(3)

强基固本展宏图
——马钢积极探索推行基层党组织标准化建设综述
郭旷怡　汤怡啸(4)

向一线深度延伸　在基层"开花结果"
——马钢基层单位开展矩阵式党建工作综述
张　泓　汤怡啸(4)

警示教育

牢牢守住廉洁的底线　龙吉宁(4)

净化内心不迷航　徐　军(4)

用好监督执纪"四种形态"　落实全面从严治党新常态
王　艳(4)

反腐永远在路上　赵鲁卿(4)

新时代　新气象　新作为

从"高速"向"高端"挺进

——特钢公司加速推进“马钢高线”转型升级纪实
高跃飞　罗继胜(4)

管理创新

卓越马钢启新程　高跃飞　解珍健(4)
智慧马钢舞云端　荣　建　后　盾(4)
高炉革命开新篇　张　泓　程旺生(4)

做强品牌

打造“四型矿山”　树立品牌形象　张　华(3)
瞄准行业一流　做强欣创品牌　方　辉(3)
立足本职砥砺奋进　打造“马钢投资”品牌　苏成强(3)
强化服务意识　打造运维品牌　蔡　栋(3)
以服务为引擎　以品牌赢市场　伍　炜(3)
以先进思想方法　加强品牌建设　熊道毅(3)
打造最具创新竞争力的马钢品牌
——科技管理部负责人就《马钢品牌战略规划》答记者问
奔腾不止　共享无限
——马钢大力推进品牌建设纪实　荣　建(4)
做强马钢检修品牌　提升企业核心竞争力　程建国(4)
让品牌活力点亮新征程　张永和(4)
以“保姆式”服务提升“软实力”品牌　王　威(4)
发挥系统的最大效能　打响马钢干熄焦品牌　李　平(4)

做精钢铁

红梅傲雪唤春回
——马钢实现生产经营“开门红”探秘
许　涛　崔家冀(1)
为有生机满家园
——写在长材事业部成立一周年之际
郭旷怡　沈宝明　郭亚娟(1)
敢为天下先
——马钢强力担当中国H型钢领跑者纪略　高跃飞(2)
勇踏层峰辟新天
——马钢热轧结构钢板产品开发及生产纪略
郭旷怡(2)
勇立潮头谱新篇
——二铁总厂转型发展探秘　辛文仁(3)

品牌马钢

水墨钢城烟雨中
——郎永淳带你感受“江南一枝花”直播侧记
张　泓　许　涛(1)
“精”“新”创品牌
——马钢技术中心APQP组围绕市场和用户开发新品扫描　刘军捷(1)
工作做到极致　品牌争创一流
——冷轧总厂精心打造“三大品牌”　于长华(1)
创造更加辉煌的未来
——马钢全面打造“国内领先，世界一流”轮轴品牌
许　然(1)
江南一枝花正艳　精彩绽放上海滩
——马钢参加第十七届中国国际冶金工业展纪实
辛文仁(2)
树立用户思维　推进品牌建设　赵云龙(2)
技术创新是品牌发展的动力源泉　李　勇(2)
既有优质的产品　更有一流的服务　吴文林(2)
做足车轮“表面”文章　陈　涌(2)
品牌建设须担责当先　谢庆云(2)
提高体系运行水平　打造马钢检测品牌　姚　岚(2)

绿色马钢

绿色钢铁装点碧水蓝天　荣　建　曹　超　程黄根(2)
把环保责任写进蓝天　杨祖年(2)
百年凹山展新颜
——写在凹山采场结束百年开采、开启生态修复之际
李先发(2)

多元产业

勇力潮头扬远帆
——耐火公司创新驱动发展纪实　高跃飞　孙　俊(1)
聚集专业创品牌
——欣创公司抢抓机遇加快发展纪略　欣　轩(2)

新区十年回眸

十年筑梦谱华章
——三铁总厂建成投产十周年巡礼
张　泓　赵　岚　张维忠(3)
十年砺剑创辉煌
——四钢轧总厂建成投产十周年回眸
高跃飞　潘兴胜(3)

人力资源优化

聚合澎湃力　打好攻坚战
——写在马钢新一轮人力资源优化工作推进之际
马新平(1)

工作研究

警惕国际贸易中的“陷阱”
——马钢进口原燃料采购的风险与防控
王　杨　杨　红(1)
马钢多元板块企业文化建设的探索和思考　企文办(2)
国有企业招标采购的理论探索和实践　陶　炜(2)
浅谈马钢保卫系统品牌建设　艾红兵(2)
试论“钢筋混凝土模型”在“矩阵式党建”工作中的有效运用　朱伦才(3)
“六项机制”全力推动国企反腐
——马钢构建“不能腐”体制机制的探索　鲁世宣(3)

家园文化

栉风沐雨书锦绣 战鼓催征越关山
——马钢举行“9·20”系列活动侧记 荣 建(3)
盛世盛会谱华章 全民健身开新篇
——马钢首届职工健身运动会综述 郭旷怡(3)

《江南文学》总目录

祖国颂

中国赞歌 欧 震(4、5)

颂歌献给党

——贺中国共产党第十九次全国代表大会
不忘初心跟党走 同心共筑中国梦 马艳芸(6)
歌颂十九大 徐雯雯(6)
不忘初心实现中国梦 苑永梅(6)
建设奔强国 复兴中国梦 何 瑜(6)
大海航行靠舵手 孙 静(6)
迈向美好生活 翟润枝(6)
新的征程 杨 漪(6)
工会,我的家 陶翠兰(6)
青春赞党 代 慧(6)
我们从这里走来 年丹丹(6)

文学马钢

马钢煤焦化公司职工文学协会作品专辑(下)
父亲的盖房 史周军(1)
老大住楼上 李开庆(1)
安全帽 戴国清(1)
学车记 夏 洁(1)
校秤 李 丽(1)
月亮家族(组诗) 李冶金(1)

马钢长材事业部作品专辑

记忆中的老市里 郭亚娟(2)
叶子黄了 潘 瑾(2)
思念的夜晚 董雪敏(2)
年轻的味道(外一篇) 方晓茜(2)
乌江烧饼 叶荣惠(2)
母亲啊,我拿什么奉献给您 孙义桃(2)
那一天 卫江华(2)
许我一个花季 朱 蕾(2)
漫话“铡美案” 李金华(2)
同学的那些事 武 莉(2)
夕阳下的城中城 高 敏(2)
读书是一种境界 陈 刚(2)
初秋漫记 董小明(2)
智慧的净土 虞舒佳(2)
平民的尊严 程 斌(2)
幸福的密码 何 欣(2)
戏说寓言三则 张晓华(2)

家园佳事

投入心灵的醇香 王 杨(2)
康二保二则 程迎兵(2)

巾帼风采

马钢女工读书活动获奖作品专辑
读书,人生最美好的状态 张 菁(4、5)
让幸福来敲门 於 晖(4、5)
美好自己,跟上幸福的脚步 刘 丽(4、5)
拥有积极心态 绽放女性光彩 陈 蓉(4、5)
幸福万花筒 沈娟娟(4、5)
做个不抱怨的女人 汤 莹(4、5)
因为专业 所以卓越 徐利华(4、5)
解读互联网时代品牌系统创新 李艳冰(4、5)
读《品牌是什么?》有感 叶 婷(4、5)
品牌即价值 郭亚娟(4、5)
打造生活之美 吴 丽(4、5)
何处再见“幸福” 车 茗(4、5)
加强系统联动,用心打造炼钢辅料品牌 胡 敏(4、5)
幸福,需要关注 毛春燕(4、5)
我为我是女性而骄傲 庞 伟(4、5)

特别推荐

那年夏天 张 铭(1)

一线作家

跋涉在冬季 崔化树(1)
年(外二篇) 李博知(2)
短篇小说二题 李冶金(4、5)

实力中篇

告密者 郭启林(4、5)
高小云的哨子 郭启林(6)

短篇小说

那年爱情 古 工(2)
陈章永小说二题 陈章永(6)

散文天地

走过城市一角 何根松(1)
那一碗蛋炒饭 林 寒(1)
忆老三 郭立文(1)
在德国的日子 司友翠(1)
偷懒人絮语 大 平(1)
散文四章 潘成奎(2)
温暖心灵 黄忠斌(2)
冬日三章 孙 萍(2)
世态炎凉 郭翠华(4、5)
走进运漕(外一篇) 王 笋(4、5)

父亲是座山　何根松(4、5)
读书札记一组　李承峰(4、5)
走进石杨深处　黄宗斌(4、5)
随笔三则　陈　超(4、5)
江边　黄玉龙(4、5)
清晰又模糊的记忆(外一篇)　蔡德华(4、5)
中原散记　黄　滔(6)
我的母亲　撒世琴(6)

五月诗会

小雨滴(外五首)　王　笋(2)
围着雨山散步(外四首)　海饼干(2)
樱花(外四首)　杨丽华(2)
清晨的盥洗室(外四首)　仝志男(2)
饥渴的雨要走多久,
才能返回干净的天空(组诗)　兵戈戈(2)
小丑(外一首)　章文翔(2)
初穿警服(外一首)　王旭辉(2)

散文诗

春之散曲　戴　璐(1)

诗林

甘宗平诗歌　甘宗平(1)
落下的最后一片叶子　舒　园(1)
旧体诗一组　程家宏(1)
在光阴中行走　孙艳萍(4、5)
总有一场雨要穿过春天　刘利红(4、5)
迟大斌诗歌　迟大斌(4、5)
短诗一组　赵　洁(4、5)
香火记忆(组诗)　陶　奎(4、5)
梨花又开放(组诗)　李　钢(6)

微语清风

北戴河的夫妻店(外三篇)　洪　玲(6)

北国书简

忆旭光　程　远(2)

微篇空间

话语快感　乡　人(2)
时空问题(外二篇)　梅　烟(2)

家有儿女

重返14岁　张耀妮(1)
那些年我们未曾停下的脚步　深　巷(1)
一首小诗引发的伤感　邓宋高(1)
一起成长　冯海燕(1)
小姨　华慧霞(1)
爸爸的“名言”　杨志伟(1)
女儿带给我的幸福　李博知(1)
分离　耿云慧(1)
带着叮咛出发　余思晨(1)

新人新作

卡布是条狗　董小明(2)
王伟帆的诗　王伟帆(6)

谈艺录

在尘埃中绽放　夏　冰(1)
我身边的艺术家朋友(三题)　严歌平(4、5)
无痕呓语　沙　鸥(6)

家园集

马钢女工读书活动获奖作品专辑
一等奖
从《三国演义》浅谈检测品牌的创建　苑永梅(3)
新媒体与马钢品牌传播　张秋红(3)
创建特色党建工作品牌的思考　谭春琳(3)
《品牌是什么》读后感　欧阳方言(3)
打造品牌马钢,该从何做起?　张晓萍(3)
二等奖
读《国学之光——女性之美》引发的读后感　丁徽苏(3)
《国学之光—女性之美》读后感　秦海英(3)
幸福开关　贾敬频(3)
我们都可以成为幸福捕手　许　莉(3)
品牌与马钢　李　霞(3)
也谈输出点正能量　兴　凤(3)
女人如井　蔡　刚(3)
铸强品牌　质量当先　范晓丽(3)
“工匠精神”铸品牌　张　琴(3)
幸福随想　余雅萍(3)

咀华集

阅读啊阅读　乡　人(3)

一线集

大山的孩子　草　茵(3)

红星集

鲁迅身后的女人　桂　芳(3)
偶然邂逅的美好　耿嘉妮(3)
孤城里的国王　黄琪越(3)
黑夜又怎能遮住您慈柔的光芒　许云洁(3)
坚持做自己　詹　昊(3)
那些需要你爱的宠物　王乐盟(3)
倾听《哑舍》里的声音　汪　敏(3)
温暖如童话,感动皆人事　王黎欣(3)
怎能忘了西游　郁慧如(3)

豆蔻集

聚是一团火,散是满天星(外一篇)　杨雨禾(3)

易安集

2013年夏季纪事　李丽娟(3)

爱晚集

旧雨集

美术星空

《安徽冶金》总目录

·试验研究·

·技术交流·

·生产实践·

·综合评述·

《冶金动力》总目录

·节能环保·

·冶金·

·热电·

· 供排水 ·

·供用电·

·燃气·

烟气脱硫技术在首钢京唐的应用实践与研究
林　娜(8-29)
燃煤气锅炉煤气管道堵塞原因及预防对策
张　帅(8-31)
新型 POC 高炉煤气柜运行缺陷分析及处理
肖任情　陈远明(9-19)
威金斯煤气柜活塞倾斜原因分析及处理措施
李建立(9-26)
多边型稀油密封储气柜立柱漏油攻关的实践
张天寿　张善明　梁明明(9-31)
混合煤气热值波动的原因与解决办法
张卫东　张　伟　李朝进(9-34)
转炉煤气干法除尘中的蒸发冷却器应用
方　向　王树乾　蓝　飞　张　斌　杨　俊(9-37)
煤气管道排水器加温方式的研究与应用
刘　喆(10-10)
冷轧煤气混合装置流量异常分析及故障处理
韩仁德　邓万里(10-12)
高炉煤气列管式散热器泄漏分析及设备优化改造
杨永涛(10-16)
发生炉煤气湿度对爆炸极限的影响分析
苑卫军　郭　健　陈　玲(10-19)
非放散状态下煤气零泄漏技术研究
矫继东　徐　伟　赵　伟　梁会云　张　函(10-22)
钢铁厂煤气锅炉快速切断阀的选择　陈　丽(10-24)
利用烟气在线监测调整煤气配比实现烟气 SO_2 达标排放
刘俊明(11-20)
石油伴生气在首钢京唐的应用 王玉兴　王树忠(11-23)
论高炉煤气湿法除酸工艺的一种选择方法
陆　桢　钱卫强(11-25)
南钢煤气站所区域值守方案及实施　李耀驹(11-28)
16.5 万 m^3 焦炉煤气柜改造为回收转炉煤气的实践
谭永庆(11-31)
一起煤气混合站窜气事故的思考
刘　健　蓝仁雷　张　伟(12-9)
提高煤气储存及调峰能力的优化改造　李策腾(12-12)
氧化钒工艺还原尾气综合利用及治理　刘海河(12-14)
酒钢煤气加压站无人值守技术改造
蒋玉岭　盛　勇　孙　强(12-16)

·制氧·

一起拉别令密封失效引起的漏油故障的分析与处理
付建永(1-65)
降低氮气露点提高冷轧镀锌板表面质量
王振飞　高喜义(1-68)
先进控制技术在空分设备上的应用
张宝峰　李海英　高贵敏(1-71)
空压机节能改造实践　王洪军(2-58)
冶金企业大型空分增氮改造方法　邓　文(2-60)
净化压缩空气系统露点超标事故分析
吴　滨　步　彬(3-52)
包钢 9#制氧机组调试和运行总结
赵信义　李义科　潘　刚(3-54)
56000m^3/h 空分装置主换热器中部温差扩大的影响与调整
张　兴(3-57)
空气增压机轴振故障原因分析及措施
洪　君　马永进　沈安武　马令军　江志良(4-50)
KDON-35000/40000 型空分装置热开车优化操作探讨
位天时　鄂厚彪(4-54)
液压元件等废弃备件的再利用探索　王　海(4-57)
透平压缩机电动机的振动故障诊断及现场动平衡
吴立业　程英辉(5-29)
大型空分保护性异地搬迁技术的开发及利用
姚　夏　王　伟(6-26)
空气冷却塔出口空气温度异常偏高的判断与处理
邵新中(6-29)
空分装置系统改造后调试探讨
位天时　黄春涛　唐友军(6-32)
空分装置启动双膨胀机增加液体产量实践
张宝峰　李海英(7-25)
国产变频器在液氧泵中的应用　程栋桥　富利娟(7-28)
高压氢气充装系统设计特点　杨　静(8-33)
线性规划在大型空分制氧机组负荷调节决策上的应用
赵刘强　陈恩军　吴　冰　凌　晨(8-36)
分子筛三杆阀故障分析与处理
蒋小林　袁　苑　石成军　吴继强　陈　旭(9-40)
氧气液化装置在工程施工、调试和运行期间出现的问题及优化　洪　君　马永进　程杰平　马令军(9-43)
20000m^3/h 空分设备优化改造调试总结
唐友军　袁　苑　黄春涛　王凤铁　孙争收(10-26)
内压缩流程制氧机液氧流程泵突发停泵故障的应急处理及注意事项　马永浩(10-30)
气相色谱仪 S600 在粗氪氙分析中的应用
卢德云　王胜利　袁　苑　陈若萍(11-33)
英格索兰 C150MX5N2 型氮压机降压节能改造
刘晓鹏　张小永(11-38)
科学论证新建空分机组,确保安全与节能重大效益
韩学华　付　强　郭天明(12-18)
15000m^3/h 液氧/液氮气化后备系统调试运行及问题处理
徐永齐　何　琳(12-21)
分子筛纯化系统吸附性能下降的分析与处理
黄开军(12-24)

·自动化·

·综合·

·简讯·

《安徽冶金科技职业学院学报》总目录

冶金科学技术

·冶金与工艺·

·冶金与机械·

·冶金与自动化·

·冶金与建筑·

·综合·

高等职业(其他)教育

企业经济与管理

人文学术研究

《马钢党校》总目录

教育培训工作研究

党建和思想工作

学习党的十九大精神

马钢管理研究

教学与科研

纵横谈

马鞍山钢铁股份有限公司
2017 年年度报告(摘编)

一、公司简介

1. 公司信息

公司的中文名称	马鞍山钢铁股份有限公司
公司的中文简称	马钢股份
公司的外文名称	MAANSHAN IRON & STEEL COMPANY LIMITED
公司的外文名称缩写	MASC. L.
公司的法定代表人	丁　毅

2. 联系人和联系方式

职务	董事会秘书	证券事务代表
姓名	(董事长代行董秘职责)	何红云
联系地址	中国安徽省马鞍山市九华西路 8 号	中国安徽省马鞍山市九华西路 8 号
电话	86-555-2888158/2875251	86-555-2888158/2875251
传真	86-555-2887284	86-555-2887284
电子信箱	mggfdms@ magang. com. cn	mggfdms@ magang. com. cn

3. 基本情况简介

公司注册地址	中国安徽省马鞍山市九华西路 8 号
公司注册地址的邮政编码	243003
公司办公地址	中国安徽省马鞍山市九华西路 8 号
公司办公地址的邮政编码	243003
公司网址	http://www. magang. com. cn(A 股); http://www. magang. com. hk(H 股)
电子信箱	mggfdms@ magang. com. cn

4. 信息披露及备置地点

公司选定的信息披露报纸名称	上海证券报
登载年度报告的中国证监会指定网站的网址	www. sse. com. cn
公司年度报告备置地点	马鞍山钢铁股份有限公司董事会秘书室

5. 公司股票简况

公司股票简况			
股票种类	股票上市交易所	股票简称	股票代码
A 股	上海证券交易所	马钢股份	600808
H 股	香港联合交易所有限公司	马鞍山钢铁	00323

6. 其他有关资料

公司聘请的会计师事务所	名称	安永华明会计师事务所(特殊普通合伙)
	办公地址	中国北京市东城区东长安街 1 号东方广场安永大楼 16 层
	签字会计师姓名	安秀艳、董楠

二、发行及上市

1993 年 9 月 1 日,本公司正式成立,并被国家列为首批在境外上市的九家股份制规范化试点企业之一。公司 1993 年 10 月 20 日-10 月 26 日在境外发行了 H 股,同年 11 月 3 日在香港联交所挂牌上市;1993 年 11 月 6 日-12 月 25 日在境内发行了人民币普通股,次年 1 月 6 日、4 月 4 日及 9 月 6 日分三批在上海证券交易所挂牌上市。

三、会计数据和财务指标摘要

1. 主要会计数据

单位:千元　币种:人民币

	2017 年	2016 年	本年比上年增减(%)	2015 年
总资产	72191590	66245531	8.98	62454466
营业收入	73228030	48275100	51.69	45108927
归属于上市公司股东的净利润	4128940	1228892	235.99	-4804300
归属于上市公司股东的扣除非经常性损益的净利润	3969089	1409937	181.51	-5129505
归属于上市公司股东的净资产	23895740	19764172	20.90	18455838
经营活动产生的现金流量净额	4489916	4619861	-2.81	5865332
期末总股本	7700681	7700681	-	7700681

2. 主要财务指标

主要财务指标	2017 年	2016 年	本期比上年同期增减(%)	2015 年
基本每股收益(元/股)	0.536	0.160	235.00	-0.624
稀释每股收益(元/股)	0.536	0.160	235.00	-0.624
扣除非经常性损益后的基本每股收益(元/股)	0.515	0.183	181.42	-0.666
加权平均净资产收益率(%)	18.92	6.43	增加 12.49 个百分点	-23.01
扣除非经常性损益后的加权平均净资产收益率(%)	18.18	7.38	增加 10.80 个百分点	-24.57

3. 非经常性损益项目和金额

单位:千元　币种:人民币

非经常性损益项目	2017 年金额	2016 年金额	2015 年金额
非流动资产处置损益	-176952	-51189	32966
计入当期损益的政府补助,但与公司正常经营业务密切相关,符合国家政策规定、按照一定标准定额或定量持续享受的政府补助除外	170645	74523	259053
与公司正常经营业务相关的政府补助	238868	116980	87185
除同公司正常经营业务相关的有效套期保值业务外,持有交易性金融资产、交易性金融负债产生的公允价值变动损益,以及处置交易性金融资产、交易性金融负债和可供出售金融资产取得的投资收益	217459	62627	14846

非经常性损益项目	2017 年金额	2016 年金额	2015 年金额
员工辞退补偿	-216124	-347469	-
单独进行减值测试的应收款项减值准备转回	3632	928	-
处置子公司股权的投资收益	737	-	4161
收购子公司原持有股权公允价值调整产生的投资收益	391	-	-
联合营公司增资导致股权被动稀释产生的投资损失	-22335	-	-
除上述各项之外的其他营业外收入和支出	-11147	-19729	-12683
少数股东权益影响额	-11689	-6551	-391
所得税影响额	-33634	-11164	-59932
合计	159851	-181044	325205

4. 采用公允价值计量的项目

单位:千元　币种:人民币

项目名称	期初余额	期末余额	当期变动	对当期利润的影响金额
以公允价值计量且其变动计入当期损益的金融资产	555322	1546139	990817	178977
以公允价值计量且其变动计入当期损益的金融负债	-	10499	10499	-10499
合计	555322	1556638	1001316	168478

四、2017 年经营情况及 2018 年工作措施

按中国企业会计准则计算,本集团 2017 年营业收入为人民币 73228 百万元,同比增长 51.69%;归属于上市公司股东的净利润为人民币 4129 百万元,同比增长 235.99%;基本每股收益为人民币 0.536 元,同比增长 235%。报告期末,本集团总资产为人民币 72192 百万元,同比增长 8.98%;归属于上市公司股东的净资产为人民币 23896 百万元,同比增长 20.90%。

按中国企业会计准则计算,2017 年度,本公司实现净利润人民币 2694 百万元,扣除年初的未弥补亏损 126 百万元,计提 10% 法定盈余公积后,2017 年末可供股东分配的利润为人民币 2311 百万元。综合考虑公司盈利及未来可持续发展,董事会建议派发 2017 年末期股利每股现金人民币 0.165 元(含税),未分配利润结转至 2018 年度,不进行资本公积金转增股本。该等分配方案尚待提交股东周年大会审议批准。

回顾 2017 年,国家继续实施积极的财政政策和稳健的货币政策,中国经济保持稳中向好的发展态势,GDP 同比增长 6.9%。房地产、汽车、家电等主要用钢行业增长好于预期,基础设施投资保持较高水平,钢材消费整体情况明显改善。同时,钢铁行业深入推进供给侧结构性改革,去产能工作取得明显成效,“地条钢”得以全面取缔。据国家统计局统计,2017 年全国粗钢产量 8.32 亿吨,同比增长 5.7%。国内钢材价格合理回升,钢材综合价格指数由年初的 99.51 点上涨到年底的 121.80 点,上涨 22.29 点,同比上升 22.4%。钢铁行业运行稳中趋好,效益显著好转。

2017 年,公司紧紧围绕“坚定不移深化改革、坚持不懈做强品牌”工作主题,牢牢抓住供给侧结构性改革政策机遇,系统谋划“1345”品牌建设工程,精益运营,追求卓越,通过持续巩固轮轴产品领先优势,有效拓展板材产品后发优势,充分发挥长材产品传统优势,持续优化产品结构;完善高炉体检、预警和应对制度,强化配料和原燃料质量管控,铁前稳定顺行,指标不断改善;通过降低铁钢比,优化产线分工和计划排程,充分释放关键产线效能;持续开展工艺及装备技术攻关,加强质量流程管控,强化质量责任追溯和考核,产品质量明显提升;深化技术创新管理,“高寒地区结构用热轧 H 型钢关键制造技术研究与应用”项目获得冶金科学技术奖一等奖。

管理方面,不断提升管理体系运行的有效性。多项管理创新成果获得中钢协 2017 年冶金行业管理现代化

创新成果奖,其中“高炉运行评价与预警保障体系的构建与实施”、“以 EVI 技术服务战略推动商业模式创新”分别获得一、二等奖,“基于环境经营与城市融合发展的绿色和谐钢铁企业建设”等3项成果获得三等奖。

工程项目方面,高速车轴生产线、南区钢渣综合利用项目、合肥公司板材镀锌线等项目建成投产,重型H型钢、特钢优棒、中型材升级改造等项目开工建设。

对外投资方面,参股公司欣创环保于2017年9月5日在新三板挂牌,金马能源于2017年10月10日在香港联交所上市。

资金管理方面,公司于2017年4月18日成功发行短期融资券人民币20亿元,于2017年9月19日成功发行短期融资券人民币10亿元,优化了债务结构,补充了营运资金;拓展备件零库存和功能保障范围,全年资金占用与上年相比有所下降。

社会责任方面,公司继续致力于推动企业与社会、环境的全面协调发展,积极创建“绿色马钢”。2017年,公司积极落实国家钢铁行业化解过剩产能政策,提升综合生产效率,关停一座高炉和一座转炉,涉及炼铁产能62万吨、炼钢产能64万吨;能源环保指标改善,吨钢综合能耗583公斤标准煤,同比下降2.35%,吨钢耗新水3.47m^3/t,同比下降4.93%。此外,公司还顺利通过中央环保督察,被认定为首批国家级“绿色工厂”。

展望未来,2018年是贯彻十九大精神的开局之年。国家将坚持质量第一、效率优先,以深化供给侧结构性改革为主线,推动经济发展质量变革、效率变革、动力变革。钢铁行业面临的主要矛盾已经转化为产业结构与市场竞争需求不适应、绿色发展水平与生态环境需求不适应的矛盾。

面临国家新形势和行业新变化,公司必须强化危机意识,着力提高因势而谋、顺势而为的能力,加速产品升级和国际化经营,抢占钢铁行业新一轮转型发展的制高点,加快公司由生产制造商向材料服务商转变。2018年,公司将以“加速提升创新竞争力”为工作主题,牢牢把握高质量发展这个根本要求,大力实施创新驱动战略,奋力实现新时代马钢全面精益运营的新跨越。为此,公司主要采取以下措施:

第一,加速提升技术创新竞争力。以增强自主创新能力为核心,聚焦市场、现场和问题,加大技术创新力度,培育公司可持续发展优势;聚焦轨道交通、重型H型钢、汽车新材料等战略产品,实施一批重大技术创新项目;健全技术创新、知识产权与技术标准互动支撑机制,围绕市场和国际化经营推进专利布局。

第二,加速提升产品创新竞争力。聚焦“一三五”产品竞争战略,持续深化结构调整,加速“轮轴、板材、长材”三大类产品升级步伐;巩固提升产品质量,建立“不接受缺陷、不制造缺陷、不传递缺陷”生产流程管控机制,着力提升重点产线质量稳定性;大力推进认证工作,支撑大规模定制化生产和优质客户拓展,促进高端客户开发。

第三,加速提升市场创新竞争力。坚持开拓在市场,服务在市场,创效在市场,构建精益型采购营销新格局;通过加强信息管理,完善价格监测体系,建立分析模型,提高市场研判准确率,强化市场研判对采购、销售、制造等各环节的引领,提升研判创效能力。

第四,加速提升现场创新竞争力。坚持工作在现场,思考在现场,创新在现场,打造精益工厂;深入推进精益 TnPM 和设备信息化系统升级改造,强化新技术应用,支撑高端产品制造;以排污许可“自证式守法”为重点,加快由“要我环保”向“我要环保”转变,提高绿色发展水平。

第五,加速提升管理创新竞争力。以“品牌就在身边工程”为抓手,提升品牌培育管理体系运行效果;构建员工岗位胜任能力模型,促进精益方法推广运用和职工技能素质持续提升;坚持以服务对象为中心,持续优化流程,系统推进精益流程建设管理,由“碎片化”向“体系化”转变。

第六,加速提升文化创新竞争力。推动公司特色文化创造性转化、创新性发展,开展“不忘初心、牢记使命”主题教育,丰富文化体系内涵,打造家园文化、精益文化、竞争文化互相融合、互为支撑的特色文化体系。

五、研发支出

研发支出情况表

单位:百万元

本期费用化研发投入	759.11
本期资本化研发投入	11.24
研发投入合计	770.35
研发投入总额占营业收入比例(%)	1
公司研发人员的数量	3709
研发人员数量占公司总人数的比例(%)	12.27
研发投入资本化的比重(%)	1.46

六、投资项目进展

重大的非股权投资

单位:百万元

项目名称	预算总投资额	报告期新增投资额	工程进度(%)
品种质量类项目	11024	703	51
节能环保项目	2843	347	69
设备更新及其他技改项目	1626	250	79
其他工程	不适用	467	/
合计	不适用	1767	/

报告期末,主要在建工程项目的具体情况如下:

单位:百万元　币种:人民币

项目名称	预算总投资	工程进度
重型H型钢轧钢生产线项目	1196	处于构建厂房、设备招标阶段
型材升级改造及公辅配套项目	810	处于桩基施工、设备安装阶段
高端汽车零部件用特殊钢棒线材深加工及公辅配套项目	650	处于构建厂房、设备基础施工及安装阶段
煤焦化公司(南区)净化系统合并项目	380	处于设备制造及安装阶段
重型H型钢生产线异型坯连铸机工程	330	处于土建施工、设备招标阶段
冷轧总厂硅钢高牌号改造项目	260	处于构建厂房、设备制造及安装阶段
煤焦化公司老区0#干熄焦工程	160	处于组织招标阶段
一钢轧总厂新建六机六流方坯连铸机	100	正在实施搬迁
合计	3886	/

七、重要事项

1. 公司、股东、实际控制人、收购人、董事、监事、高级管理人员或其他关联方在报告期内或持续到报告期内的承诺事项

承诺类型	承诺方	承诺内容	承诺时间及期限	是否有履行期限	是否及时严格履行	如未能及时履行应说明未完成履行的具体原因	如未能及时履行应说明下一步计划
其他	集团公司	通过马钢投资公司以合法合规的方式,以适当价格增持不低于人民币4.09亿元马钢股份A股,增持计划全部实施完成后6个月内不出售所增持的股份。	2015-7-24	否	否	2017年,集团公司生产经营形势有所缓解,但受钢铁行业去杠杆工作的深入,2018年将加大去杠杆的力度,使得集团公司资金面仍较为紧张,截至目前尚未筹措到增持所需资金。	集团公司将在保障生产经营资金正常运转的前提下,积极筹措资金,以合法合规的方式实施增持计划。

八、股份变动及股东情况

1. 股份变动情况

报告期内,公司股份总数及股本结构未发生变化。

2. 股东总数:

截止报告期末普通股股东总数(户)	239411
年度报告披露日前上一月末的普通股股东总数(户)	234331

3. 截止报告期末前十名股东、前十名流通股东持股情况表

单位:股

前十名股东持股情况							
股东名称	报告期内增减	期末持股数量	比例(%)	持有有限售条件股份数量	质押或冻结情况		股东性质
					股份状态	数量	
马钢(集团)控股有限公司	-	3506467456	45.54	0	无	0	国有法人
香港中央结算(代理人)有限公司	3,202,000	1714016900	22.26	0	未知	未知	未知
中央汇金资产管理有限责任公司	-	142155000	1.85	0	未知	未知	国有法人
海通证券股份有限公司	未知	35027700	0.45	0	未知	未知	未知
北京昊青财富投资管理有限公司-昊青价值稳健8号投资基金	未知	33756512	0.44	0	未知	未知	未知

前十名股东持股情况							
股东名称	报告期内增减	期末持股数量	比例(%)	持有有限售条件股份数量	质押或冻结情况		股东性质
					股份状态	数量	
中国人寿保险股份有限公司-传统-普通保险产品-005L-CT001沪	未知	20766599	0.27	0	未知	未知	未知
李晓忠	未知	16464955	0.21	0	未知	未知	未知
晋正贸易有限公司	未知	15701600	0.20	0	未知	未知	未知
中国国际金融股份有限公司	未知	13166000	0.17	0	未知	未知	未知
华润深国投信托有限公司-润之信50期集合资金信托计划	未知	12897000	0.17	0	未知	未知	未知
上述股东关联关系或一致行动的说明			马钢(集团)控股有限公司与前述其他股东之间不存在关联关系、亦不属于一致行动人,但本公司并不知晓前述其他股东之间是否存在关联关系及是否属于一致行动人。				

集团公司已于2017年12月21日购回其于2016年12月8日质押的8亿股本公司股份。详见公司于12月27日发布的公告。检索地址为:http://static.sse.com.cn/disclosure/listedinfo/announcement/c/2017-12-28/600808201712286.pdf。

除上述情况之外,报告期内,集团公司所持股份没有被质押、冻结或托管的情况,但本公司并不知晓其它持有本公司股份5%以上(含5%)的股东报告期内所持股份有无被质押、冻结或托管的情况。

香港中央结算(代理人)有限公司持有本公司H股1714016900股乃代表其多个客户所持有。

基于公开予本公司查阅的资料,尽董事会所知,截至本报告公布之日,本公司符合香港联合交易所有限公司《证券上市规则》之公众持股量的有关要求。

于2017年12月31日,公司董事、监事及高级管理人员均未在本公司或本公司相联法团(定义见《证券及期货条例》)的股份、相关股份及债券中拥有权益或淡仓。

于2017年12月31日,本公司并未知悉任何根据《证券及期货条例》而备存的登记册所记录之权益或淡仓。

4.公司与实际控制人之间的产权及控制关系的方框图

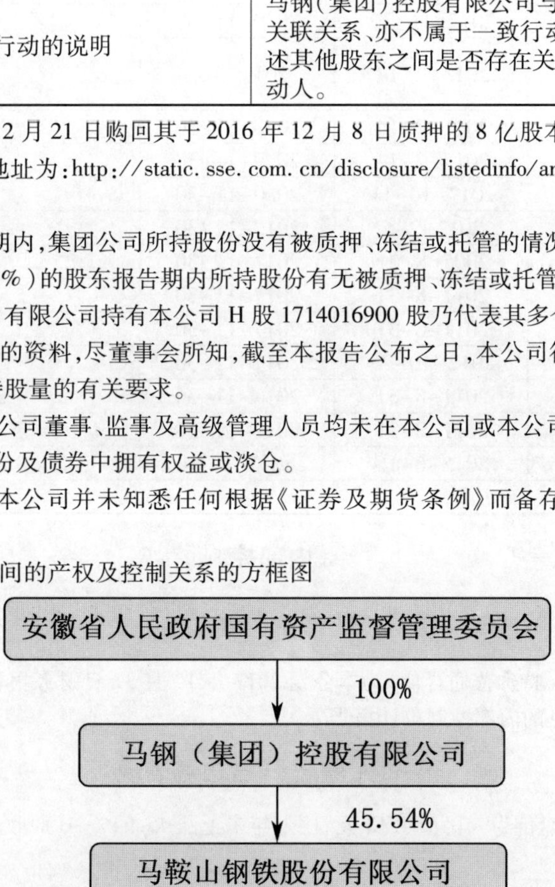

九、董事、监事、高级管理人员情况

现任及报告期内离任董事、监事和高级管理人员持股变动及报酬情况

姓　名	职务	任期起始日期	任期终止日期	报告期内从公司获得的税前报酬总额（万元）
丁　毅	董事长	2013-8-9	2020-11-30	-
钱海帆	董　事	2011-8-31	2020-11-30	63.50
	总经理	2011-7-14		
张文洋	董　事	2017-11-30	2020-11-30	46.79
	副总经理	2017-2-14		
任天宝	董事	2011-8-31	2020-11-30	-
张春霞	独立董事	2017-11-30	2020-11-30	0.83
朱少芳	独立董事	2017-11-30	2020-11-30	0.83
王先柱	独立董事	2017-11-30	2020-11-30	0.83
张晓峰	监事会主席	2008-8-31	2020-11-30	57.07
张乾春	监　事	2017-11-30	2020-11-30	-
严开龙	监　事	2015-12-1	2020-11-30	32.81
秦同洲	独立监事	2017-11-30	2020-11-30	0.61
杨亚达	独立监事	2017-11-30	2020-11-30	0.61
高海潮	常务副总经理、总工程师	2013-2-17	2018-3-5	57.28
陆克从	副总经理	2011-7-14	2020-11-30	57.07
田　俊	副总经理	2017-2-14	2020-11-30	46.74
伏　明	副总经理	2017-10-11	2020-11-30	12.69
苏世怀	董　事	2013-2-5	2017-11-30	-
方金荣	监　事	2005-8-31	2017-11-30	-
秦同洲	独立董事	2011-8-31	2017-11-30	9.17
杨亚达	独立董事	2011-8-31	2017-11-30	9.17
刘芳端	独立董事	2012-10-25	2017-11-30	9.17
苏　勇	独立监事	2011-8-31	2017-11-30	6.76
王振华	独立监事	2011-8-31	2017-11-30	6.76
胡顺良	董事会秘书	2015-6-16	2017-2-14	4.08
合　计	/	/	/	422.77

十、内部控制

公司第九届董事会第五次会议于2018年3月20日审议通过《公司2017年度内部控制评价报告》,确认本公司2017年度内部控制有效。

安永华明会计师事务所(特殊普通合伙)为本公司2017年12月31日财务报告相关内部控制有效性进行了审计,并出具了无保留意见的内部控制审计报告。

十一、A股及H股市场表现

2017年末,马钢A股收盘价为人民币4.13元,比上年末上涨45.94%;H股收盘价为港币3.69元,比上年末上涨63.27%。

(李　伟)

图书在版编目(CIP)数据

马钢年鉴.2018/《马钢年鉴》编委会编.—北京:
方志出版社,2018.12
ISBN 978-7-5144-3540-5

Ⅰ.①马... Ⅱ.①马... Ⅲ.①马鞍山钢铁公司—
2018—年鉴 Ⅳ.①F426.31-54

中国版本图书馆CIP数据核字(2019)第013362号

马钢年鉴(2018)

编　　者:《马钢年鉴》编委会
责任编辑:冯　松

出 版 人:冀祥德
出 版 者:方 志 出 版 社
　　地址　北京市朝阳区潘家园东里9号(国家方志馆4层)
　　邮编　100021
　　网址　http://www.fzph.org
发　　行:方志出版社图书经销中心
　　电话　(010)67110500
经　　销:各地新华书店
印　　刷:皖南海峰印刷包装有限公司

开　　本:787×1092　1/16
印　　张:23
字　　数:575千字
版　　次:2018年12月第1版　2018年12月第1次印刷
印　　数:001~800册

ISBN　978-7-5144-3540-5　　　定价:180.00元